华夏历史一本通

上古——东汉 第二卷

张生栋 ◎ 著

花城出版社
中国·广州

图书在版编目（CIP）数据

华夏历史一本通．上古—东汉：全6册／张生栋著．-- 广州：花城出版社，2022.9
ISBN 978-7-5360-9604-2

Ⅰ．①华… Ⅱ．①张… Ⅲ．①中国历史－上古-东汉时代－通俗读物 Ⅳ．①K209

中国版本图书馆CIP数据核字（2022）第132960号

出 版 人：张　懿
责任编辑：陈诗泳　梁宝星　凌春梅
技术编辑：薛伟民
装帧设计：迟迟工作室

书　　名	华夏历史一本通．上古—东汉 HUAXIA LISHI YIBENTONG SHANGGU DONGHAN
出版发行	花城出版社 （广州市环市东路水荫路11号）
经　　销	全国新华书店
印　　刷	广东鹏腾宇文化创新有限公司 （广东省珠海市高新区唐家湾镇科技九路88号10栋）
开　　本	787毫米×1092毫米　16开
印　　张	154.5　6插页
字　　数	2470,000字
版　　次	2022年9月第1版　2022年9月第1次印刷
定　　价	488.00元（全6册）

如发现印装质量问题，请直接与印刷厂联系调换。
购书热线：020-37604658　37602954
花城出版社网站：http://www.fcph.com.cn

目 录

001	第六章	东周上（春秋）
003	第 一 节	周平王东迁
007	第 二 节	郑庄公小霸
016	第 三 节	郑昭公辞婚、郑厉公夺位
023	第 四 节	齐襄公荒淫丧命
031	第 五 节	齐桓公得国、管鲍之交、管仲拜相
040	第 六 节	尊王攘夷、强夺人妻、桃花夫人、田完奔齐、老马识途、卫宣公娶媳、好鹤亡国、庆父不死鲁难未已
064	第 七 节	召陵之盟、齐桓公称霸、"三贵"饿死齐桓公
078	第 八 节	宋襄公争霸
086	第 九 节	曲沃代晋、骊姬乱晋、假途灭虢
104	第 十 节	秦穆公用贤、"五羊大夫"、由余归秦
118	第十一节	背信杀重臣、拒谏当俘虏、重耳出亡
134	第十二节	晋怀公弃妻、重耳娶怀嬴、宽恕仇人、介子推之死
149	第十三节	晋文公勤王、坐怀不乱、城濮之战、晋文公称霸
178	第十四节	蹇叔哭师、秣马厉兵、秦晋失和、秦晋崤之战、秦穆公霸西戎
189	第十五节	楚穆王弑父、"夏日之阳"、赵穿弑晋灵公、董狐笔、赵氏孤儿
206	第十六节	一鸣惊人、问鼎中原、神箭手养由基、艳后夏姬、贤内助樊姬、贤相孙叔敖
227	第十七节	邲之战、楚庄王称霸、绝缨之会
242	第十八节	"断足子"和"夺妻者"、郤克出使受辱、鞌之战、病入膏肓、晋悼公复霸
257	第十九节	栾氏灭族、挂羊头卖狗肉、崔杼弑齐庄公

274	第二十节	上下其手、楚王好细腰、叔向论楚难、音乐家师旷、折冲樽俎、二桃杀三士、司马穰苴、晏子使楚
302	第二十一节	强夺子媳、伍子胥出逃、贤相子产、延陵季子、专诸刺王僚
322	第二十二节	要离刺庆忌、费无忌乱楚、伯嚭奔吴、军神孙武
338	第二十三节	阖闾伐楚、掘墓鞭尸、申包胥救楚
357	第二十四节	夫差忘仇、卧薪尝胆、西施媚吴、"破吴七术"
371	第二十五节	圣人孔子、问礼老子、阳虎与孔子、孔子相鲁、夹谷之盟、隳三都、周游列国
391	第二十六节	孔子见南子、列国受困、微言大义、《道德经》、孔门十哲
408	第二十七节	子贡出使、田氏代齐、伍子胥之死、勾践灭吴、勾践称霸
424	第二十八节	陶朱公范蠡、鸟尽弓藏、数典忘祖、白公胜之乱、叶公好龙

第六章

东周上（春秋）

第一节　周平王东迁

周幽王死后，犬戎被前来勤王的附近诸侯国军队击退。经过各方力量的博弈，最终由申国、鄫国、鲁国、许国（今河南省许昌市东）等诸侯国拥立周幽王原来的太子姬宜臼为王，称之为周平王。犬戎虽然退兵回去，但仍然对繁华的镐京念念不忘，时不时前来劫掠一番。周平王不堪其扰，为了躲避犬戎的侵扰，最终将都城从镐京迁到东都洛邑，因此此后的周朝，在历史上被称为东周，以与此前的西周相区别。这一年是公元前770年，既是东周的始年，也是春秋时期的开端。

周平王在迁都的过程中，得到了秦国秦襄公的鼎力支持。那么秦国又是何时建国的呢？

秦人的祖先，是颛顼帝的后代。颛顼帝有个孙女名叫女脩。女脩有一天在纺织的时候，天上飞过一只玄鸟，掉下来一只卵，女脩吞下了那只卵，之后怀孕生下儿子大业。大业娶了少典氏的女子，名叫女华。女华生下大费（又名伯益、柏翳），大费曾经跟随夏禹平治水土。治水成功以后，帝舜赐给大费黑色的玉圭。大禹接受玉圭时说："不是我一个人就能成功的，还有大费等人帮助我。"帝舜于是对大费说："大费你帮助大禹成功治理洪灾，赐给你黑色的旗带。你的后代将会兴旺。"于是把姚姓的一个贵族女子嫁给他。大费拜受赏赐，辅佐帝舜驯养野禽野兽，鸟兽大多被驯服，帝舜赐他姓嬴。

大费生了两个儿子：一个叫大廉，也就是传说中长着鸟类身躯但讲人类语言的鸟俗氏的祖先；另一个叫若木，是费氏的祖先。若木的玄孙叫费昌，他的子孙有的住在中原，有的住在夷狄地区。费昌在夏朝夏桀之时，离开夏朝归顺商朝，给成汤驾车，在鸣条之战中打败夏桀。大廉的玄孙叫孟戏、中衍，他们的形状都像鸟，但讲人话。商王太戊知道了他们，想让他们驾车，占卜的结果非常吉利，于是便让他们驾车，并给他们娶了妻子。从帝太戊以后，中衍的后代子孙代代都有功劳，以辅佐殷商，所以嬴姓子孙大多显贵，于是成为诸侯。

中衍的玄孙叫中潏，住在西部戎族地区，保卫商朝的西部边境。中潏生蜚廉（也作飞廉）。蜚廉生恶来（又叫恶来革）。恶来是个大力士，而蜚廉善于奔跑，父子二人凭着他们特有的材力，一起事奉殷纣。周武王伐纣之时，一并杀死了恶来。当时蜚廉替殷纣出使北方，等他回来之时，殷纣已经死了，他没有地方报告他的出使经过，于是就在霍太山（今山西太岳山）筑起一座祭坛祭祀殷纣，并把出使的情况报告给他。结果蜚廉获得了一副石棺，棺上有铭文说："天帝特命你不参与殷难而死，赐给你石棺，为你的宗族增光添彩。"蜚廉死后，便葬在霍太山。蜚廉还有一个儿子叫季胜。季胜生下孟增。孟增深得周成王的宠幸，当时的人们，都把他称为宅皋狼。宅皋狼生下衡父，衡父生下造父。造父因为善于驾车而被周穆王所宠幸，穆王得到八骏名马，就让造父驾着车到西方巡狩，非常逍遥快乐。徐偃王在东方作乱时，造父替周穆王驾车，马不停蹄地赶回周朝，日行千里以救乱。因为造父驾车有功，于是周穆王就把赵城（今山西省临汾市洪洞县赵城镇）封给造父，造父一族从此姓赵。从蜚廉生下季胜以下五代直到造父，独立为姓，居住在赵城。后来晋国的赵衰就是他的后代。

恶来由于早死，他有个儿子名叫女防。女防生旁皋，旁皋生下太几，太几生下大骆，大骆生下非子。因为造父受到周穆王宠幸，所以他们都蒙受恩惠，居住在赵城，姓赵。

大骆的封地在犬丘，所以非子也跟着居住在犬丘。非子喜欢马及牲畜，他饲养的马匹不仅长得肥壮，而且繁殖很快。当时周孝王为了振兴王室，抵御西部北部戎狄之族的侵扰，于是在汧水、渭水之间的天然草场命人大量养殖马匹，以加强国防力量。有一次周孝王前往牧场，从一个犬丘人那里得知非子善于养马，于是就召见了非子，让他专门为周王室养马。非子不负所望，将周王室的马养得非常肥壮，并且繁殖了不少的马匹。

非子当时养马的这个功劳，无异于后世为国家制造飞机和舰艇等军事设备，意义非常重大。周孝王非常高兴，为了表彰非子，于是有意让他做大骆的嗣子，让他继承大骆，做犬丘之主。

大骆的嫡子成是申侯的外孙，申侯为了保住外孙的继承人之位，就向周孝王讲条件，提出只要不废成的继承权，他就可以出面斡旋，不动干戈与西戎讲和。

周孝王权衡利弊，保留了成的嫡子之位，于是说："从前伯益替帝舜驯养牲畜，牲畜繁殖得很多，帝舜封给他土地，赐姓嬴。现在他的后代也替我繁殖马匹，我就分给他土地做一个附属国吧。"于是把秦谷（今甘肃省天水市西南）赐给非子做封邑，让他重新延续嬴氏的祭祀，因此非子又称为秦嬴。

秦嬴生秦侯，秦侯在位十年而卒。秦侯生公伯，公伯在位三年而卒。公伯生秦仲。秦仲即位三年，正赶上周厉王之乱，许多诸侯背叛了周王室，而西戎也趁机起兵，攻灭了居住在犬丘的大骆一族人。周宣王即位之后，于是任命秦仲做大夫，让他征伐西戎。西戎兵力强大，杀死了秦仲。秦仲在位二十三年，最终死在西戎。秦仲有五个儿子，他的长子叫庄公。周宣王于是召见庄公兄弟五人，给他们七千士兵，让他们讨伐西戎。庄公兄弟凭着这七千兵力，攻破了西戎。于是周宣王再一次赏赐秦仲的后代，将包括他们祖先大骆的地盘犬丘都分封给他们所有，并任命庄公担任西垂大夫。（西垂是当时对西方边地的泛称，相当于今甘肃省东南部一带。）

庄公居住在他们先祖的故地西犬丘，生了三个儿子，长子叫世父。世父说："西戎杀死了我的祖父秦仲，我不杀死戎王就不敢进城居住。"于是带兵攻打西戎，把继承人之位让给他的弟弟襄公，让襄公做了太子。庄公在位四十四年而死，太子襄公继位。襄公即位之后，西戎曾经带兵攻打犬丘，世父率兵反击，结果被西戎俘虏。不过过了一年多，西戎又把世父送了回来。

因为周幽王宠幸褒姒废黜太子姬宜臼之位，所以招致了申侯和犬戎的联合进攻。秦襄公因为和西戎结下世仇，所以在其他诸侯都徘徊观望的情况下，带兵奋力反击西戎，救援周王室，为救亡立下了大功。

周平王继位之后，为了躲避犬戎侵扰，于是决定迁都洛邑，秦襄公于是又派出军队一路护送周平王前往洛邑。周平王对秦襄公非常感激，于是封秦襄公为诸侯，赐给秦国岐山以西的土地，并对他说："西戎无道，侵夺我岐山、丰水（古水名，今陕西省西安市户县东南，注入渭水）地区，秦国如果能攻打并赶走西戎，就可以占有那些土地。"之后，周平王与秦襄公盟誓，并赐给他封地和爵位。从这个时候起，秦国才成为真正的诸侯国。秦国攻占岐山以西的土地之后，逐渐强大了起来。

周平王在秦国等诸侯国的帮助下顺利迁都洛邑，但让他感到尴尬而无奈的是，竟然有人又拥立了一个周王，致使周王朝出现了二王并立的分裂局面。

周幽王被杀后，在申侯等人拥立周平王继位的时候，北虢公姬翰等大小十几个诸侯也拥立周幽王的弟弟姬余臣为新的周王，定都惠邑（古地名，今址不详，应当在陕西渭南一带），历史上称之为周携王。

公元前760年，为了维护周王朝的统一，支持周平王的晋文侯在得到周平王允许后，带兵攻杀周携王，结束了东周时期长达十年的二王并立局面，维护了周平王的权威。周平王非常高兴，特意写下《文侯之命》一文，以表彰晋文侯的功绩。

中国历史上的各个王朝通常都有一个规律，立国之初，君强臣强，比如周文王、周武王和他们的辅臣姜尚、周公、召公等，都是多谋善断才干优长的人物；传国至中，就成了君强臣弱，因为为了巩固王权，充满危机感的国君都会尽量限制或者是剪除来自权臣的威胁。大臣们通常都被打压得直不起腰，战战兢兢如履薄冰，自主性和创造性受到严重摧残，所以能够发挥的才能有限，自然是要么示弱要么真弱；朝代之末，又会演化为君弱臣强，因为权臣们一般也在逐步试探，能不受压制就尽量不受压制，一步一步争取权力，而国君越来越懒惰，越来越骄奢，越来越不想过问政事，最后自然而然就会被权臣架空。而此时的东周，虽说离灭国还有五百余年的时间，实际上也已经到了比较衰微的阶段，它的存在大多是象征意义上的，只不过一些强大的诸侯为了达到一些外交目的，还必须尊奉周王，以便赢得某种政治上的声誉或者是优势。周平王东迁之后，周王室大权旁落，诸侯们纷争加剧，周天子的威望便每况愈下。

周平王死后，由于他的儿子姬泄父早死，因此王位由孙子姬林继承，称为周桓王。周桓王因为和郑国的一段战事，使周王室几乎成了诸侯的笑柄，自此，王室的权威荡然无存。

第二节　郑庄公小霸

　　郑国的首任国君是郑桓公姬友,他是周厉王的小儿子、周宣王的庶弟。周宣王在位二十二年之时,把姬友封在郑地(今陕西省宝鸡市凤翔县一带)。郑桓公当政三十三年,因为他把郑地治理得非常好,所以百姓都非常拥护他,于是周幽王就任命郑桓公担任司徒。

　　郑桓公担任司徒之后,由于施政得当,所以百姓都和睦团结,其乐融融,黄河、洛水流域的人们都在传扬他的好名声。

　　郑桓公当了一年的司徒之后,正赶上周幽王宠幸褒姒,朝廷的政事多有荒废,许多诸侯开始背叛周王室。郑桓公担心有一天祸及己身,于是就问太史说:"王室灾难深重,我能逃脱死难吗?"太史回答他说:"唯独洛水的东部地区,黄河、济水以南地区可以安居。"郑桓公不解地问:"为什么?"

　　太史告诉他:"那一带接近虢国(今河南省郑州市西北)、郐国(今河南省郑州市新密市东北),虢国、郐国的国君贪财好利,百姓根本不亲附他们。现在您在朝中担任司徒,百姓都非常拥护您,如果您请求居住在那里,虢国、郐国的国君见您正在朝中当权,为了讨好您,就一定会把他们的土地献给您。如果您最终能居住在那里,那么虢国、郐国的百姓都会成为您的百姓。"

　　郑桓公说:"我想往南到长江之上,怎么样?"太史回答说:"从前祝融做高辛氏的火正,他的功劳是很大的,但是他的子孙后代在周王朝并没有兴盛,楚国就是他的后代。周王朝衰微,楚国一定会强盛。楚国强盛了,就会对郑国不利。"郑桓公说:"我想住到西方去,会怎么样呢?"太史回答说:"那里的老百姓贪婪好利，恐怕难以久居。"郑桓公说："周王朝衰败了，哪一个国家会兴盛呢？"太史回答说："大概是齐国、秦国、晋国、楚国吧！齐国是姜姓，伯夷的后代，伯夷辅佐帝尧掌管礼仪。秦国是嬴姓，是伯翳的后代，伯翳辅佐帝舜怀柔百物。还有楚国的祖先，都曾经为天下人立下功勋。周武王战胜纣王后，周成王封叔虞在唐邑（今山西省临汾市翼城市一带），那里地势险阻，凭这些有利条件与衰败的周王室并存，晋国也一定会兴盛的。"郑桓公听了非常认同，于是说："好。"他马上向周幽王提出这个请求，把他的百姓向东迁移到了洛水东部，虢国、郐国果然献给郑桓公土地，总共是十个邑，郑桓公就在那里建起了郑国（今河南郑州新郑一带）。

之后发生的事情，果如郑桓公和太史所预料的那样，两年之后，西周因为周幽王怠政乱政并废长立幼，引来了犬戎和申国的攻击，周幽王被犬戎杀死，郑桓公之前的预感虽然准确，但很不幸的是，他并没有躲过这场灾难，也在勤王时被犬戎兵杀死。

郑桓公死后，他的儿子掘突被郑国人拥立为国君，这就是郑武公。郑武公即位十年的时候，娶了申侯的女儿为夫人，名叫武姜。姜是美人、夫人之意，武姜实际上也就是武公夫人之意。这样一来，郑武公就成了周平王的堂叔加姨父。

武姜生大儿子的时候，生得不太顺利，因此武姜很不喜欢大儿子，并且就此给大儿子起了个名字叫寤生（据说是刚刚睡醒之后，发现将要分娩，没有做好足够的心理准备，难产加上受了点惊吓，因此取了这个名字），后来生小儿子姬段的时候，生得比较顺利，因此武姜比较喜爱小儿子。郑武公死的时候，武姜请求郑武公把王位传给姬段，但郑武公没有答应，最后还是由长子姬寤生即位，称为郑庄公。

郑庄公即位之后，把弟弟姬段封在郑国的京邑（今河南省郑州市荥阳东南），号为太叔。郑庄公的卿士祭仲就劝谏他说："京城这个地方比郑国的国都还要大，不能把不是太子的姬段封在那里。"郑庄公表示很无奈："我母亲本来想让我把姬段封在地势险要的军事重地制地（今荥阳市区西北），但我没有答应，现在她又逼我把姬段封在京城，我没有办法反对。"

姬段被封到京城之后，仗着有母亲撑腰，因此在封地招兵买马，加强战备，郑庄公对这一切看得清清楚楚，但隐忍不发。祭仲屡次劝郑庄公采取措施除掉姬段，但郑庄公就是不表态，对姬段一再退让。姬段不仅不知收敛，反而更加放肆嚣张，野心越来越大，竟然与母亲武姜里应外合，一起发动了叛乱，意图篡夺郑庄公的君位。郑庄公对姬段的行动其实早就了如指掌，提前得知了他的起兵日期，于是在他发动叛乱之日，迅速派精兵袭击姬段的封地京城，京城的百姓并不拥护姬段，因此姬段被一战击败。姬段逃到了鄢地（今河南省许昌市鄢陵县），郑庄公的军队随即向鄢地进发，鄢地的百姓逃散，叔段只好逃到了卫国的共地（今河南省新乡市辉县市），最后死在共地，因此姬段又称为共叔段。

郑庄公对母亲串通弟弟阴谋反叛的行为非常痛恨，再加上此前母亲一直不喜欢他，甚至在郑武公面前怂恿废掉他而另立姬段，因而新仇旧恨，使郑庄公对母亲再也无法容忍。于是他把母亲武姜迁到了城颍（今河南省许昌市襄城县东北）这个地方，并发誓说："不到黄泉，无相见也。"中国的文字历来对病、老、死、灾等缺乏喜庆气氛的事件进行避讳，黄泉本来指地下的泉水，后来成为阴间的代称。郑庄公发誓的意思，也就是说，我和母亲您，除非死了之后才见面。郑庄公愤怒之下，把话说绝了，没有留下回旋的余地，但是过了一年多时间，他就后悔了。因为母亲毕竟是母亲，儿子毕竟是儿子，母亲的行为可以过分，儿子却不能不孝，在周礼还比较盛行的春秋时期，郑庄公放逐母亲，自然为许多人所不齿。但郑庄公也是一国之君，话已出口，覆水难收，违背誓言又觉得难以下台。

颍谷（今河南省郑州市登封市西）有一个名叫考叔的人前来给郑庄公进献礼物，郑庄公赐给他饮食。考叔说："我家里还有老母亲，请求国君把您赐给我的饭赐给我母亲吧。"一句话触动了郑庄公，他向颍考叔讨教说："我很思念母亲，但我又怕背上违背誓言的恶名，该怎么办呢？"颍考叔就给郑庄公出了个主意说："既然您曾发誓说和您母亲不到黄泉不相见，那您挖个地道，一直挖到有泉水的地方，和老夫人在地道里见面，这不就使誓言应验了吗？"郑庄公听了非常高兴，于是通过颍考叔这个办法，把母亲迎了回来。（颍考叔后来在郑国进攻许国时奋勇作战，争先登城，结果却被嫉妒他战功的郑国大夫公孙子都背后放暗箭射死，成语"明枪易躲，暗箭难防"即典出于此。）

中华文化博大精深，连说绝的话都能找到补救的方法，高超智慧真是令人叹为观止。郑庄公消灭弟弟姬段的这个谋略叫"欲擒故纵"，既是大名鼎鼎的三十六计之一，又是兵法的著名战术，为后世的许多军事家所不断沿用，可谓非常高明。而且有许多名言警句，如"多行不义必自毙""将欲取之，必先与之"等，都是郑庄公的首创。不过郑庄公也因此受到了后人的许多非议，说他明明知道弟弟的不法之举，不去阻止却故意纵容，等到罪行败露再一举消灭他，实在是有点狡诈狠毒。还有他碍于誓言与母亲在地道中相见，也显得非常虚伪。实际上,无情无义的并不是郑庄公,而是权力和政治这一只强大而无形的手。政治的可怕和凶险之处在于,不论是一个什么样的人,只要跟政治沾上任何一点关系,就必须服从于它的规律,谁要是违逆了它的规律,谁就会大祸临头。对权力的角逐从来就是不归路,郑庄公不消灭姬段,姬段就会杀死他,历史上这样的例子不胜枚举,杨广杀杨勇、李世民杀李建成,等等,就是最好的注解,因此,说郑庄公狠毒不仁,未免有些不公平。

在孔子所撰的《春秋》之中,将郑庄公击败共叔段叛乱这一事件称为"郑伯克段于鄢",认为共叔段的所作所为不像兄弟,所以不说他是弟弟;兄弟二人相争,就像两个国君打仗一样,所以用个"克"字;而把郑庄公称为"郑伯",是讥刺他没有对弟弟尽到教诲之责;赶走共叔段,是出于郑庄公的本意,不写共叔段出奔,是史官笔下有为难之处。

当然,郑庄公平息内乱,只是他执政生涯中的其中一件大事。而事实上,郑庄公一直都拥有双重身份,其中一个身份是郑国的国君,而另一个身份则是周王室的卿士(相当于执政官,扮演着相的角色)。因为周平王在被拥立为天子和迁都的过程中,郑国出过大力,况且郑桓公因为救驾死于王事,因此郑国的国君很受周王室的器重和信任。但随着郑国势力的进一步扩张,这种以往的友好就变成了一种威胁。周平王对郑国怀有很深的戒备心理,于是找机会削弱郑庄公的权力。他趁着郑国多事,郑庄公没有入朝处理政事的机会,把一些本应该属于郑庄公管理的事务交给虢公忌父去处理,想借此分庄公的权,并免掉他卿士的职位。郑庄公得知消息后非常不满,就赶到洛邑质问周平王,周平王比较畏惧势力强大的郑庄公,再三向郑庄公赔礼道歉,说没有这回事,但郑庄公仍然不依不饶。为了给郑庄公一个交代,周平王只好提出让次子姬狐到郑国去做人质。因为此举实在是有损周王室的尊严,于是大臣们又提出一个折中的办法,让郑庄公的儿子姬忽也来洛邑做人质,而姬狐前往郑国,则用前去学习的名义。这就是发生在春秋初期著名的"周郑交质"事件。从这件事情上可以看出,当时的周王室实际上已经沦落到跟诸侯国平起平坐的地步了,甚至还不如一些实力强大的诸侯国。但王室由于实力不济,对这一切也没有任何办法。

由于周平王的太子姬泄父早死,因此在郑国做人质的姬狐又被立为太子。周平王病死之时,姬狐回朝准备继位,但因哀伤过度,加上路途劳累,结果回朝之后就病死了。于是姬泄父的儿子姬林被拥立为周天子,是为周桓王。

周桓王即位后,也深知郑国名为周王朝的股肱,实为周王室的大患,如果不加以遏制，后果不堪设想。并且许多人将姬狐之死归咎于郑国，使周王室更加颜面无存，因此周桓王更加怨恨郑庄公，想要免掉郑庄公的卿士之位，经大臣劝谏，才采取较为稳妥的策略，先把郑庄公降为左卿士，实际上已经削夺了郑庄公的大部分权力。郑庄公表面上不动声色，但采取了一些报复性措施，派祭仲带兵先后盗割了周王室温地、成周的谷子。周桓王非常生气，决定还以颜色，于是在三年后郑庄公前来朝见时，没有按常规性礼节接见他，既不宴请也不赏赐，倒让他拉了一车谷子回去了，说如果你国中缺粮，就把这些粮食拉回去备荒，再不要偷偷摸摸地割我的谷子好不好？着实让郑庄公大失颜面。周公见此情景，就劝周桓王说："我们周室东迁，依靠的就是晋国和郑国。友好地对待郑国，以此鼓励后来的人，还怕人家不来，何不以礼相待呢？郑国以后恐怕不来朝见了。"果不其然，郑庄公因为怨恨周桓王不礼遇自己，于是拿郑国的祊地（祊音崩，今山东省临沂市费县西南）交换了鲁国的许田（靠近许昌一带的田地）。因为祊地距离鲁国很近，而许田距离郑国很近，两家换地之后，管理起来都比较方便。

要说两个诸侯国换块地方，也不是什么大不了的事情。但其实不然，因为祊地是周王室赐给郑国，让郑国国君陪同周天子一齐祭祀泰山时专用的汤沐邑。而许田也是鲁国国君前来朝见周天子时专用的汤沐邑，在礼法上是不能随便调换的。但郑国却送给鲁国礼物，编了一套虚假说辞，最终和鲁国换了，以示周王室已经没有能力巡狩管理这些地方。这种做法让周王室非常恼恨但无可奈何。

过不多久，郑庄公出于战略上的需要，出兵攻打宋国。为了师出有名，郑庄公宣称是奉了周王室的命令。对于郑庄公的行为，周桓王非常生气，下令免掉了郑庄公的左卿士之位，把国政全部交给虢公忌父处理，连个虚位都不再给郑庄公保留。同时，周桓王行使周天子的予夺封地之权，下令收回郑国控制的邬、刘（今河南省洛阳市偃师市南）、为（今孟津县北）、邘（今沁阳市西北）等京畿城邑，又把属于苏国（西周开国元勋苏忿生的封国）的温（今温县境）、原、郗、向、樊（都在今济源市境）、怀、显成（今武陟县境）、攒茅（今修武县北）、盟（今孟津县东）、陉（今沁阳市西）、聩（今获嘉县北）等十二个城邑划给郑国。而划给郑国的这十二个城邑，都在今黄河以北的河南省境内，和郑国隔着黄河，实际上处在卫、晋两国的势力范围之内，不仅增加了郑国行政管理的难度，还增加了郑国与苏国、卫国、晋国三国之间的矛盾。许多人因此评价说，周桓王将会失去郑国的支持，他拿不属于自己的土地换给诸侯，诸侯不来朝见，难道不是很正常的吗？

郑庄公对周桓王的做法理所当然感到不满，一连五年不去朝周。

诸侯不朝天子，这就给周桓王制造了口实，周桓王立即统率周军，联合陈国、蔡国、虢国、卫国四国的军队攻打郑国。因为当时的诸侯国中，郑国是强国，如果打败了郑国，那么王室的权威便可重新树立起来，进一步加强对诸侯国的控制。周桓王这个想法很好，他也确实是一个有作为的周王，但他遇到了韬略和才能比他更胜一筹的郑庄公，这就使这个想法变得不切实际。因为郑庄公既然能使郑国变得强盛，那就证明他绝对不是一个暗弱无能任人宰割的国君。于是他立即带领祭仲、高渠弥等重臣率军迎战。

双方军队在繻葛（今河南省许昌市长葛市北）这个地方相遇。郑庄公通过观察形势，发现陈国军队实力最弱，于是从最薄弱环节突破，一举击溃了陈国军队，蔡国和卫国一看立即怯阵，居然不战自退。之后郑庄公集中优势兵力夹击周桓王率领的周军，周军难以抵抗，立时大败。周桓王被郑庄公的部将祝聃（音丹）一箭射中肩窝，狼狈不堪地忍痛指挥周军冒死突围。祝聃射中周桓王之后，准备乘胜追击活捉周桓王，却被郑庄公制止了。庄公说："冒犯了长辈都会受到人们的指责，何况现在我们冒犯了天子，不要追了。"周桓王这才避免了当俘虏和全军覆没的下场。

在这场战役中，郑庄公创造性地使用了当时最新式的阵法"鱼丽之阵"，也就是战车在前冲锋，步兵在后随行，相互掩护，整体推进，攻击性强且阵形严密，相当于现代的坦克或装甲车队，因为这样的编队看上去就像鱼群在游，因此命名为"鱼丽"。

仗打完了，那就必须让天下人知道，谁胜了，谁败了，周王室教训不朝周的诸侯是否奏效，能不能给别的诸侯一点颜色看看，就是这个时候要做的事情。但很可惜，周王室战败了，没办法跟诸侯说。不过周桓王毕竟是天子，郑庄公也毕竟是诸侯，因此虽然郑庄公打了胜仗，但以下犯上，在礼法上到底说不过去，况且他也不想跟周王室彻底翻脸，于是派上卿祭仲带着礼物深夜去看望并慰问战败的周桓王，低声下气地请求周桓王原谅。要说这一手也确实损人，把人家打了之后再把笑脸贴上去，换了气量小一些的估计早就气得金疮崩裂吐血身亡了。不过周桓王到底有自知之明，知道周王室的实力比不上郑国，在这个时候根本无力和郑国抗争，只好忍气吞声表示接受郑庄公的道歉，之后率军回国。

回都之后，周桓王越想越气，准备传檄四方，让其他诸侯国前来一齐讨伐郑国，主政的虢公林父就劝谏说："诸侯们之中除了陈国、蔡国和卫国，其他的都已经跟郑国结盟，您不传檄倒也罢了，您这一传檄，全天下的人都知道您打了败仗，而传檄之后诸侯们不来，就更会让郑国当笑话看。既然郑国已派祭仲向我们道了歉，那我们也就趁机原谅他们算了。"因为好歹人家给了个台阶，再不乘势而下就会闹得更加颜面无存。周桓王想想也只能如此，只好愤愤地作罢。

周桓王发动的这一场战争最终自取其辱，让周王室彻底威信扫地，一些诸侯国因为周桓王被射伤这一事件而开始公然蔑视王室，全不把周天子放在眼里，而郑庄公声威大振。曾经跟随周桓王攻打郑国的宋国、卫国、陈国都来向郑国求和，郑国一时成为当时最强盛的诸侯国。

不过郑国的强盛是相对于中原而言的，因为此时南方的楚国也开始变得强大。

楚国的祖先出自颛顼帝高阳氏。颛顼帝有个儿子叫称，称生子卷章，卷章生重黎。重黎为帝喾当司火官，很有功绩，能使天下充满光照，帝喾于是赐给他一个"祝融"的称号，意思是"开始光明"之意。后代共工氏作乱，帝喾派重黎前去诛讨，但是没有完全消灭。帝喾于是就杀了重黎，然后让他的弟弟吴回作为重黎的继承人，又做司火的火正，仍称之为"祝融"。

吴回生下陆终，陆终有六个儿子，他们都是母亲剖腹而生的。长子叫昆吾，二子叫参胡，三子叫彭祖，四子叫会人，五子叫曹姓，六子叫季连，芈姓，楚人就是他的后代。昆吾氏，在夏朝时曾经做侯伯，夏桀在位的时候，他被商汤所灭。彭祖氏，在殷朝时曾经做侯伯，殷朝中期彭祖氏被商王武丁所灭。季连生附沮，附沮生穴熊。他们的后代中间衰落，有的居住在中原国家，有的居住在蛮夷地区，他们的世系不明，史书已经没办法记载。

周文王时期，季连的后裔叫鬻熊。鬻熊比较有学问，曾经担任周文王的老师和火师，但还没有受封就死去。他的儿子叫熊丽。熊丽生熊狂，熊狂生熊绎。熊绎处在周成王时期。周成王举用周文王、周武王功臣的后代，封熊绎在楚蛮，赏赐他子男爵位的田地，姓芈氏，居住在丹阳（今湖北省宜昌市秭归县东南）。这个时候，楚国才算真正建立。楚子熊绎与鲁公伯禽、卫康叔的儿子姬牟、晋侯姬燮、齐太公姜尚的儿子吕伋共同侍奉周成王。楚国自熊绎之时起，开始大力开发一穷二白的荆楚地区和长江汉水流域，国家在相当长的一段时间里都很贫瘠。

熊绎生熊艾，熊艾生熊𪡏，熊𪡏生熊胜。熊胜让他的弟弟熊杨做继承人。熊杨生儿子熊渠，熊渠有三个儿子。其时正值周夷王之时，周王室微弱，诸侯有的不来朝见天子，互相攻伐。熊渠很得长江、汉水一带百姓的拥戴，于是兴兵讨伐庸国、扬粤（古族名，百越的一支，居住在今长江汉水流域一带），到达鄂地。熊渠说："我是蛮夷人，不必采用中原国家的称号谥号。"于是立他的长子熊无康为句亶王，次子熊红为鄂王，三子执疵为越章王，都在长江边上楚蛮地区。等到周厉王在位时，由于他凶狠强悍，崇尚武力，熊渠害怕周厉王兴兵攻打楚国，于是去了自己的王号。

熊渠的继承人本是熊无康，但早死。熊渠死后，他的次子熊红即位。熊红死后，他的弟弟杀死国君而自立，叫熊延。熊延生儿子熊勇。熊勇六年，周朝发生了国人暴动。熊勇在位十年死去，他的弟弟熊严做了继承人。熊严有四个儿子，长子伯霜，二子仲雪，三子叔堪，四子季徇。熊严在位十年死去，长子伯霜接替即位，这就是熊霜。

熊霜即位之年，周宣王也刚刚即位。熊霜在位六年死去，他的三个弟弟争夺王位。结果仲雪死了，叔堪逃亡到濮地（今贵州省北部一带）避难，小弟季徇即位，这就是熊徇。熊徇在位十六年之时，郑桓公才封在郑地。熊徇在位二十二年死去，儿子熊咢即位。熊咢在位九年死去，儿子熊仪即位，这就是若敖（楚国的"敖"，本意是一种尊称，意义类似于中原的"子"，如孔子孟子的"子"，后来，敖成为楚国做国君不太成功且死后没有得到谥号者的专用称呼）。

若敖二十年，周幽王被犬戎所杀，周朝向东迁都，秦襄公才列为诸侯。若敖在位二十七年死去，他的儿子熊坎即位，这就是霄敖。霄敖在位六年而死，儿子熊眴（音舜）即位，这就是蚡冒（后世又称为楚厉王）。蚡冒十三年，晋国因为曲沃的缘故发生内乱。蚡冒在位十七年卒，他的弟弟熊通杀死蚡冒的儿子而自立。

熊通在位期间，正在中原的诸侯纷争加剧之时。晋国的曲沃庄伯杀了晋宗主国国君孝侯，郑庄公的弟弟共叔段作乱，郑国侵占了周王室的田地，卫国人杀死了他们的国君卫桓公，鲁国人杀死他们的代理国君鲁隐公，宋国的太宰华督弑杀了他们的国君宋殇公。

这个时候的楚国，经过多年的发展，疆域已经越来越大，实力也变得越来越强，看到中原周王室衰弱，于是就想让周王室赐给更高的爵位。但楚国已经好久没有与周王室往来，再加上讨封这种事情不好自己直接提出，于是就想了一个办法。

熊通在位的第三十五年，他率军攻打临近的随国（姬姓诸侯国，今湖北省随州市一带）。随国国君说："我无罪，贵国为什么攻打我？"熊通说："我处在蛮夷之地，现今诸侯都背叛周王室相互侵伐，有的互相残杀。我有军队，想凭借军力参与中原国家的政事，请求周王室尊奉我的名号。"随国国君为了避免被灭国，只好派人替楚国前往周朝出使，请求周王室赐给楚国"王"的爵号。

随国的使者前来讲明来意之后，周桓王非常生气。周王室虽然没落，周王也刚刚被郑国射了一箭，但王室的尊严的气节绝对不容践踏，于是周桓王严词拒绝了楚国的要求。

随国使者没有完成使命，于是回报楚国。熊通发怒说："我的祖先鬻熊，曾经担任周文王的老师，没有受封就去世。周成王举用我的先公，赐给子男爵位的田地，让他居住在楚地，蛮夷部族都来归顺。我们楚国立下了这么大的功劳，可是周王不为我加封爵位，我还是自己尊奉自己吧。"于是自号为武王，与随国人订立盟约后离去。这个时候，楚国开始开拓并占有了濮地。

熊通自立为楚武王，楚国周围的一些小诸侯国不敢得罪楚国，全都派遣使者向楚国祝贺，周桓王一点脾气也没有。要说周桓王也确实想干一番大事业，而且也做了非常大的努力，付出了很多辛劳，算得上是一个积极有为的天子，但那个时候王室的衰微已经是不争的事实，他对好多事情无能为力也不是他个人的过错，因为他可以发挥的力量实在有限。而更主要的原因是，他遇到了比他厉害许多倍的郑庄公，周桓王的水平和才能比起郑庄公来说，确实还有不小的差距，这个也确实不能怪周桓王。

又过了六年，郑庄公与齐国、卫国、宋国等诸侯结盟，成为中原的霸主。不过这个霸主始终没有得到周王室的承认，因此郑庄公实际上是有霸主之实，而无霸主之名，生生地把"春秋第一霸"的称号让给了后来的齐桓公。郑庄公成为霸主，在历史上被称为"郑庄公小霸诸侯"。

第三节　郑昭公辞婚、郑厉公夺位

郑庄公拥有如此出众的政治智慧，但智者千虑，必有一失，他在继承人问题上最终留下了遗憾，为郑国带来了后患。

郑庄公的太子名叫姬忽，系先娶的邓国女子所生。姬忽比较骁勇善战，在当时的诸侯国非常知名，不过更知名的则是他提出的"齐大非偶"的婚姻观点，直到今天仍然让人感觉到意义非同寻常。之前郑国和齐国在石门（今山东省济南市平阴县北、长清区西南）之会上，齐僖公就主动提出要把自己的女儿嫁给姬忽，两国联姻。郑庄公非常高兴，回国后征求姬忽的意见，但姬忽推辞说："郑国是小国，齐国是大国，大小不匹配，我不敢仰攀。"再后来，大概郑庄公也为了让儿子姬忽的爱情观有所转变，并顺便找个机会让齐僖公有个台阶下，于是在齐国遭受北戎的侵扰并求救之时，派姬忽为将，率兵救援齐国。姬忽不负父亲之望，率军打了个漂亮的歼灭战，赶跑了北戎，帮齐国解了围。齐僖公又提出要把另一个女儿嫁给姬忽，但姬忽又推辞了。他说："我现在奉父王之命前来救援齐国，很幸运地取得了胜利，然后就把齐国的公主娶回家，外人一定会议论我说依仗战功强迫齐国把公主嫁给了我，这怎么能说得清？"当时祭仲也一齐去了，就劝他说："你父亲的儿子很多，你现在虽说已经被立为太子，但如果你没有强大的诸侯国做外援，以后继承君位将会变得异常困难，三位公子都有可能做国君，你好好想一想。"祭仲所说的三位公子，就是太子姬忽、宋国雍氏女子雍姞所生的姬突，还有三弟子亹（音尾）。但姬忽还是拒绝了。齐僖公被接连拒绝之后也很生气："我女儿如此才貌出众，还怕将来找不到好女婿？"从此不再提这件事。

姬忽的这些观点在后来被概括为"齐大非偶",也就是说小户人家跟大户人家缔结姻亲,门不当户不对,多有不便。妻家太强,夫家太弱,夫家就会受制于妻家,独立权和自主权被严重干涉,本国的发展就会严重受限。要说姬忽的这个看法也确实有相当的正确成分在里面,男子汉大丈夫,独立自主很重要,依仗婚姻成就事业,说出去确实有点不光彩。

不过姬忽虽说因为辞婚保住了自己的自由和英名,但也正如祭仲所预料的那样,他之后的国君之路走得异常不顺,最后还因此而死于非命,他的两个弟弟也确实先后当上了国君,这大概是他始料未及的。强国虽说常会通过婚姻关系支配弱国,但弱国有时也需要依赖婚姻关系仰仗强国,这是个相互对等的关系,姬忽只看到对自己不利的一面,而没有看到对自己有利的一面,确实存在一定程度的片面性。当然了,"齐大非偶"只是姬忽嘴上这么说的,而他内心的真实想法别人已经永远无法知晓了,说不定他当时就有可能已经听闻了齐国公主的一些丑闻,所以才辞掉了这一桩婚姻。史料证明,齐僖公刚开始在石门之会上准备许配给姬忽的公主,就是后来让卫宣公父夺子媳的宣姜。而后来帮齐国战败北戎之后齐僖公准备许配给他的,就是后来的鲁桓公夫人文姜。姬忽作为盖世英雄,缔结这样的耻辱婚姻,那是说什么他也不会答应的。

郑庄公临终前,准备把君位传给次子姬突,于是就召来非常信任的卿士祭仲商量,但祭仲不同意,他说:"废嫡立庶,这种事情臣不敢奉命。"郑庄公考虑到不论是姬忽即位还是姬突即位都需要掌握实权的祭仲来辅佐,而祭仲不同意的人,即使继承了君位,君臣不和也必定难以长久。于是郑庄公让姬突去了宋国,然后把君位传给了姬忽,这就是郑昭公。

郑庄公的这个决策为郑国带来了内乱,郑国也由此而由盛转衰。因为姬突也是一个很有才干的人,而更让他的哥哥郑昭公无法相比的是,他施展阴谋诡计的手腕更高,为人也更为凶狠毒辣,不像姬忽那样坦坦荡荡,仁慈善良。之前北戎在侵扰齐国前,也曾经进攻过郑国。当时郑庄公采用的就是姬突诱敌深入的策略,才将北戎打了个一败涂地。姬忽继承君位,姬突自然很不服气,因为他不仅和姬忽一样立下战功,而且拥有姬忽无法相比的优势,那就是强大牢固的婚姻背景。不过这个婚姻背景并不是来自他本人,而是来自他的母亲。姬突的母亲是宋国雍氏女子,雍氏在宋国是大族,很受宋国国君的宠信。于是雍氏立即出面活动,请求宋国国君帮忙,宋国国君满口答应,并开始策划夺位行动。

郑昭公新君即位,必须派遣使节到其他诸侯国去,行使一些外交礼节。主要的意图非常明了，大意就是老国君去世了，现在郑国我当家，之前我们两家建立了友好的双边关系，以后我们还将继续维持和发展这种传统友谊等等，彼此心照不宣。而郑昭公派到宋国的使臣就是祭仲，郑昭公派祭仲出使宋国实际上还有另外一层用意，那就是想让祭仲看看在宋国的姬突有没有异常表现，如果有异常表现应该采取什么样的措施等等。但郑昭公说什么也没有料到，他的这一出使安排不仅没有给自己带来好处，反而被宋国国君趁机利用。宋庄公在会见时扣留了祭仲，威胁祭仲说如果不拥立姬突即位，就要杀死他。祭仲没有办法，只好屈服了。

祭仲是郑国的权臣，在朝中很有势力，拿下祭仲，就相当于捏住了郑国的命门，宋庄公的这步棋不可谓不厉害。

之后，宋国又诱骗姬突前来，声称已经说服祭仲，要一起结盟。可是等姬突前来之后，宋国把姬突也抓了起来，然后借机向他索要财物。姬突对宋国有所求，自然也就答应了。

于是祭仲和宋国进行了盟誓，然后带着姬突回国，准备重新将他立为国君。

郑昭公姬忽听说祭仲在宋国要挟之下，已经与宋国结盟并要拥立姬突，害怕自己会被加害，于是赶快逃到了卫国。回想一下前文，如果之前姬忽和齐国缔结了婚姻关系，那么这个时候的宋庄公子冯敢这么干吗？绝对不敢，齐僖公甚至都不用发兵，只需要派出一个使臣就可以解决所有问题：你子冯小儿，敢动我女婿，我派兵灭了你。小小一个宋国，敢跟齐国叫板吗？至少是要认真思量一番的。现在好了，齐僖公才懒得管这闲事，你们都不是我姑爷，郑国的国君，爱立谁立谁。

祭仲把姬突从宋国带回来之后，拥立为国君，是为郑厉公。

郑厉公即位之后，宋庄公依仗自己拥立有功，于是不停地向郑国索取财物，郑国实在无法忍受，于是严词拒绝。宋庄公十分生气，于是联合齐、宋、卫、燕四国军队前去攻打郑国。郑国不甘受辱，联合纪国（今山东省潍坊市寿光市）、鲁国的军队和四国的军队交战，最终击败了四国军队，并与鲁国结为忠实盟国。宋庄公更为生气，于次年联合齐、蔡、卫、陈共五国军队再次攻打郑国，焚烧郑国都城的渠门，并进入郑国都城的大街上。在攻占东郊的牛首之后，把郑国太庙的椽子拿回去做宋国卢门的椽子。

郑厉公虽然得到宋国支持而当上了国君，但给郑国带来了深重灾难，使郑国疲于奔命。而实际上，从受到宋国胁迫并被迫拥立郑厉公之时起，祭仲就从来没有相信过郑厉公。为此，他把权柄牢牢地掌在手里，并不交给郑厉公。祭仲的专权令郑厉公极为不快，他决定除掉祭仲，于是就暗中吩咐祭仲的女婿雍纠，让他去杀死祭仲。

这个雍纠，是郑厉公母亲雍姞的族人，当初宋庄公为了让祭仲、郑厉公和雍氏家族之间建立一种非常稳固的合作关系，于是建议祭仲把女儿嫁给雍氏，而有幸做了祭仲女婿的这个雍氏族人就是雍纠。实际上祭仲当时决定把女儿嫁给雍纠，也确实是因为沦为阶下囚迫不得已，翁婿之间没有一点感情基础，要不然此时郑厉公也不会放心地把刺杀祭仲的任务交给雍纠去。要说郑厉公这个时候也确实是棋差一着，他信任雍纠并且雍纠愿意替他卖命是一回事，但他忘了叮嘱雍纠保守秘密。雍纠是祭仲的女婿，有祭仲的女儿在旁，不泄密的概率实在是太低。雍纠回家之后，看见妻子之后居然面露惶恐之色，被妻子看出了破绽，妻子左磨右磨，从雍纠口中得知他要在野外宴请祭仲。

祭仲的女儿也是一个非常聪慧的人，她一听丈夫的话，就知道这里面有问题。在选择丈夫还是选择父亲面前，虽然心情很矛盾，但还是着实考虑了一番。考虑来考虑去，自己无法决断，于是就去问她的母亲，提了一个非常难回答的问题："请问母亲，您说父亲和丈夫，到底哪一个更亲？"母亲告诉她说："当然是父亲亲了，因为父亲只有一个，你没生下来的时候就已经定了，而丈夫可以自由选择，全天下的男人都有可能当你丈夫。"（"父一而已，人尽夫也。"典故"人尽可夫"的出处，本意是指一个女子，是人人都可以成为她的丈夫的，而父亲是天然骨血关系，只有一人，不能和丈夫相提并论。但这个成语发展到后来，词性起了变化，成了贬义词，形容生活作风不检点的女子）。

祭仲和雍纠的命运就此决定！祭仲的女儿哭着说："今天为了父亲，顾不得丈夫了。"于是对祭仲说："雍纠准备宴请您，但他不在家里设宴而是放在野外，我怀疑他有什么阴谋。"还需要女儿解说得再明确一点吗？祭仲是什么人？三朝元老，功高盖世，足智多谋，当年替郑庄公出的计谋把周桓王都戏耍了，怎么会由着这些小儿辈在他面前放肆？祭仲当机立断，立即派人杀死了雍纠，并把他的尸体扔在了大街上示众。郑厉公对祭仲无可奈何，没有检讨自己的过失，却埋怨雍纠说："做大事还和妇人商量，这种人死了真是活该。"

鉴于郑厉公这样对待自己，祭仲也就不再对他客气。之前虽然和宋国有盟约，但现在郑厉公违背誓言在先，那祭仲也就没什么顾忌了。谋刺失败，郑厉公知道祭仲马上就会采取措施对付自己，于是立即逃往郑国边境一个名叫栎（音悦，今河南省许昌市禹州市）的地方。祭仲于是又把姬忽迎了回来，郑昭公复位。这一年是公元前697年。

当年秋天，郑厉公依靠栎邑的人杀死了栎邑大夫檀伯，然后定居在那里。和郑厉公结有盟约的鲁桓公听说郑厉公出奔，于是和宋庄公、卫惠公、陈庄公，准备攻打郑国帮助郑厉公复位，结果被郑国军队击败，最终败退而去。

诸侯们听说郑厉公出奔，于是率兵前来攻打郑国，但因为祭仲设守甚严，没有攻克而去。为了保护郑厉公，宋国派出重兵前往栎邑，帮助郑厉公守城，所以祭仲和郑昭公也没办法讨伐郑厉公。

郑昭公的一生，可谓是命运多舛。由于没有强国做外援，之前好好的国君之位说没就没了，现在刚刚回来，还没当上两年国君，却又命丧权臣之手。这一次要他性命的人是高渠弥。

还是在他做太子的时候，郑庄公准备任用高渠弥为上卿。郑昭公不同意，劝谏郑庄公说："高渠弥这个人，贪婪而狠毒，不是个正派人，不能委以重任。"郑庄公想了想，也确实如此，就任用祭仲为上卿。不过高渠弥也颇具才干，在郑国与周王室及其他诸侯国的争战中屡立大功，因此郑庄公因功任命高渠弥为副卿。这就给郑昭公种下了此时被杀的祸根。而更为不利的是，郑昭公本来就无外援，此时又失内助。因为前次祭仲和宋国结盟迎立郑厉公一事，郑昭公一时感情上转不过弯来，和祭仲相处得非常尴尬，也没法再信任祭仲，这就给高渠弥制造了机会。现在郑昭公复位，高渠弥害怕郑昭公有朝一日会杀死自己，于是趁着与郑昭公一起外出打猎的机会，在野外射杀了郑昭公。要说郑昭公也确实心慈手软，他知道高渠弥狠毒不正派，但前后两次为君，居然没有除掉这个人，最后反而死在了这个人手里，也真是性格使然啊。

郑昭公死后，祭仲和高渠弥都不敢迎郑厉公复位，因为前事不忘，后事之师，把狠毒的郑厉公迎回来，那就无异于自寻死路。两个人经过商议，拥立郑昭公的弟弟子亹即位，因为子亹后来死得毫无价值可言，因此就没有给他谥号。

子亹刚刚当上国君七个月，齐国的齐襄公在靠近郑国的首止（今河南省商丘市睢县东南）这个地方大会诸侯，召子亹赴会。因为之前子亹和齐襄公都未即位的时候，两个人曾经有过争斗，结下了很深的仇怨。况且此时的齐襄公在国内声名狼藉，总想找机会仗着齐国的强大势力插手诸侯国事务以重树形象提升威望，而郑昭公被臣下所弑，郑国就很容易成为齐襄公"维护正义"的靶子。祭仲非常聪明，他知道齐襄公召集诸侯会盟不安好心，于是就劝子亹不要赴会，但子亹说："齐国是强国，我如果不去，他就会率领诸侯来攻打郑国，还会把郑厉公送回来复位，我不如前去，去了也不一定受侮辱。再者说了，也不至于会发生你所担心的那种事情。"祭仲见子亹不听劝告，害怕同去之后会给自己招来杀身之祸，于是借口生病没有随行，由高渠弥陪着去了。结果去了之后，子亹没有向齐襄公道歉，齐襄公果然埋伏士兵杀死了他，并车裂了高渠弥。

子亹及高渠弥被杀之后，祭仲又从陈国召回子亹的弟弟子婴，立为国君。因为公子婴也死得非常憋屈，所以也没有封号，后世称为郑子。郑子即位十二年的时候，祭仲死了，这就使居住在栎地的郑厉公有了可乘之机。郑厉公让人诱劫了郑国的大夫甫瑕，让甫瑕帮助自己恢复君位。甫瑕为了保命，就答应了郑厉公。郑厉公和甫瑕结盟之后，释放了他。甫瑕回国之后，找机会杀死了郑子和他的两个儿子，把郑厉公迎了回来。

郑厉公复位之后，其狠毒的本性立即显露。他先是斥责他的伯父姬原说："我逃亡在外，你也不想办法把我迎回来，是不是太过分了？"姬原说："事奉国君，不应该怀有二心，这是作为臣子的本分，我知道自己的罪过了。"说完自杀。郑厉公于是又回过头来对帮助他复位的甫瑕说："你这个人，事奉国君有二心，你说让人怎么能相信你？"于是派人诛杀他。这个时候的甫瑕，就是悔青了肠子也没有用，他临死前叹息着说："郑子对我有大恩，我没有去报答他，反而帮着别人杀死了他，看来这是我应得的下场啊。"

之后，郑厉公开始追查当初协助祭仲杀死雍纠之人，杀死了一个公子，又对一个大夫施以了刖刑。在谥法上，"厉"是杀戮无辜的意思，此前的周厉王也曾得到这个谥号，而郑厉公的这个谥号，则确实是对他做了一个恰如其分的定位。

郑厉公后又在位七年，其间曾平定周王室之乱。郑厉公之后，郑国总共传位十五位国君，分别是：郑文公姬踕在位四十五年，其间由于没有接纳流亡的晋国公子重耳，使郑国后来遭到晋国攻打。郑穆公姬兰在位二十二年，他的后代成为郑国著名的"七穆"之族。郑灵公姬夷在位一年，期间发生著名的"染指"事件。郑襄公姬坚在位十八年，其间郑国曾被楚庄王率军攻占。郑悼公姬沸在位两年。郑成公姬睔（音棍）在位十四年。郑禧公姬恽在位五年，被相国子驷弑杀。郑简公姬嘉在位三十六年，其间任用贤人子产为相，郑国强盛。郑定公姬宁在位十六年。郑献公姬趸在位十三年。郑声公姬胜在位三十八年。郑哀公姬易在位八年，被郑国人所杀。郑共公姬丑在位三十一年。郑幽公姬已在位一年，被韩国的韩武子韩启章攻伐郑国时所杀。郑繻公姬骀在位二十七年，其间因为杀了相国子阳，被子阳的党羽所杀。郑康公姬乙，在位二十一年，公元前375年，被韩哀侯灭国。

郑国前后共历二十三君，享国四百三十二年。关于郑国的事迹，除去之前的"多行不义必自毙""齐大非偶"等典故，还有"染指""郑人买履"等趣闻。

染指的典故来自于郑文公的孙子郑灵公。当时郑国有两位卿士分别是子公、子家，也是类似于之前祭仲、高渠弥一样的权臣。子公与子家将要觐见郑灵公时，子公的食指动了一下，子公就对子家说："我的这个手指只要一动，我就会尝到美味。"其实当时楚国给郑灵公送了一只甲鱼（大鼋），郑灵公正在宫里炖汤喝，子公和子家作为权臣，没有不知道的道理，因此说食指动了就能品尝美味，实际上已经标志着当时卿士的势力已经凌驾于诸侯之上，而且也是君弱臣强的另一注解，不过这比后来赵高那个指鹿为马还是要收敛许多。子公与子家入宫之后，郑灵公果然端来了甲鱼汤。子公就笑着说："看，我说得没错吧？"郑灵公很奇怪，就问子公为什么笑。子公就把刚刚说过的食指一动要尝美味的事情告诉了郑灵公。郑灵公感觉很受愚弄，偏偏不给子公喝甲鱼汤。子公非常生气，就把手指伸到郑灵公的鼎里蘸了一些汤，说我尝尝是什么味道，尝过之后就走了。大臣在国君吃饭的鼎里伸指头，目无君上到这种程度，换了任何一个国君都不能容忍。郑灵公非常恼怒，准备杀死子公。结果子公与子家抢先动手，杀死了郑灵公。子公伸出手指蘸汤的行为，后世称之为"染指"，比喻人们分取不应该得到的利益，也指插手某件事情，不过后来含义变得暧昧，总之是非分之想。

郑人买履的故事，出自《韩非子》。说是有一个郑国人想去买鞋子，于是就事先量了自己脚的尺码，然后把量好的尺码放在了家里的桌子上。可是在前去集市的时候，却忘了带上尺码。在集市上拿到鞋子，才突然想起来，于是又返回家中拿尺码。等到他再一次返回集市的时候，集市已经散了，最终也没有买到鞋子。有人就问他说："你为什么不用自己的脚去试试鞋子呢？"这个人回答说："宁愿相信我测量的尺码，也不能相信脚。"郑人买履的典故就这样流传了下来，后来常比喻做事死板，不会灵活变通。

第四节　齐襄公荒淫丧命

公元前696年，也就是郑昭公姬忽复位的同一年，周桓王死了，他的儿子姬佗即位，这就是周庄王。而早一年，齐国的齐僖公死，儿子姜诸儿即位，是为齐襄公。而春秋第一霸齐桓公，也是齐僖公的儿子，齐襄公的异母弟。此时距公元前679年齐桓公称霸，仅仅剩下十七年时间。

齐国是太公望姜尚的封国。

姜尚活了一百一十五岁去世，君位传给了儿子丁公姜伋。姜伋死后，其子乙公姜得继位。姜得死后，其子癸公姜慈母继位。姜慈母死后，其子哀公姜不辰继位。

哀公当国君时，纪国的纪侯在周天子周夷王面前说了他的坏话，周夷王就烹死了齐哀公，然后立他的弟弟姜静为国君，这就是齐胡公。齐胡公后来把齐国的都城迁到薄姑。

齐哀公姜不辰的同母小弟弟姜山怨恨齐胡公，就与他的同党率领营丘人袭击攻杀了齐胡公，然后自立为国君，这就是齐献公。齐献公即位之后，把齐胡公的儿子们全部驱逐出齐国，然后将都城由薄姑迁回营丘，并扩建营丘城，因营丘靠近淄水，所以改名为临淄。

齐献公在位九年死，其子武公姜寿继位。齐武公九年之时，周厉王出奔于彘地。十年之时，周王室大乱，大臣执掌国政，号称"共和行政"。齐武公在位二十六年死，其子齐厉公姜无忌即位。

齐厉公即位后为政暴虐，所以之前被齐献公驱逐的齐胡公的儿子又回到了齐国。齐国人想拥立他为国君，于是就和他一起攻杀齐厉公。但在攻打的过程中，齐胡公的儿子也战死了。齐国人就拥立齐厉公的儿子姜赤为国君，这就是齐文公。

齐文公即位之后，下令诛杀参与攻杀他父亲齐厉公的七十个人。齐文公在位十二年死，他的儿子齐成公姜脱继位。齐成公在位九年而死，其子齐庄公姜购即位。

齐庄公二十四年之时，犬戎杀死了周幽王，周王室东迁洛邑。齐庄公在位六十四年而死，他的儿子姜禄甫继位，这就是齐僖公。

齐僖公二十五年之时，北戎攻打齐国。郑国的郑庄公派太子姬忽前来救援齐国，齐僖公想把女儿文姜嫁给他，但被姬忽拒绝。

齐僖公有个同母弟弟名叫夷仲年，夷仲年的儿子公孙无知深得齐僖公的喜爱。夷仲年死后，齐僖公对公孙无知的呵护溺爱无以复加，使他的官秩、服饰、器物、俸禄等都和太子姜诸儿一模一样。齐僖公在位三十三年死，太子姜诸儿继位，这就是齐襄公。

齐襄公是春秋时期齐国有名的昏君，这个昏不仅指他道德沦丧的一面，还有他不讲信义、气量狭小公报私仇的一面。齐襄公在做太子之时，曾经和堂弟公孙无知发生矛盾，等到他即位之后，立即公报私仇，降低了公孙无知爵位、俸禄、服饰、器物等的品级。当然，他这么做也不排除规范君臣秩序名分的可能。公孙无知为此非常怨恨齐襄公。

不过公孙无知虽然怨恨，却也没有办法。但齐襄公最终还是因为自己的无耻行径给自己招来了杀身之祸。这一事件的起因，与鲁国的第十五任国君鲁桓公有关。

鲁国是周公长子姬伯禽的封国。姬伯禽受封到鲁国之后，三年以后才向周公报告鲁国的政务情况。周公感觉有些奇怪，就问他说："报政为什么这么迟呢？"伯禽回答说："改变那里的习俗，革新那里的礼仪。服丧三年然后才能除服，所以迟了。"而在当时，齐国的姜太公和伯禽同时受封到齐国，姜尚仅仅过了五个月就向周公报告了执政情况。周公问他说："为什么这么快呢？"姜尚回答说："我简化了君臣之间的礼仪，遵从那里的习俗来推行政务。"等到此时周公听到伯禽报告政事迟缓的理由，就叹息说："唉！鲁国的后代一定要面向北面臣服于齐国了！政务不简化，就不容易实行，百姓就不会亲近；政务简便易行并亲近人民，人民就必然会归附他。"

伯禽即位之后，出现了管叔、蔡叔等人的反叛，淮夷、徐戎也一同起来反叛。于是伯禽率领军队在肸邑（肸，音西，在今山东省临沂市费县西北）征讨他们，写了《肸誓》，说："准备好你们的战甲头盔，必须保持良好可用。不许毁坏牛栏马圈。马牛走失，奴隶逃跑，你们不得擅离职守去追捕，如果得到走失的牛马和逃跑的奴隶，都要恭敬地送还。不许劫掠侵扰，不许入户盗窃。鲁国西、南、北三方近郊远郊之人，准备好你们的草料、干粮和筑墙用的工具，不许缺少。我定于甲戌日修筑工事并征伐徐戎，届时不许不至，否则处以极刑。"发布《肸誓》后，很快就平定了徐戎，安定了鲁国。

鲁公伯禽去世后，他的儿子考公姬酋继位。鲁考公在位四年死，他的弟弟姬熙被拥立为国君，这就是鲁炀公。鲁炀公修筑了茅阙门，在位六年卒，他的儿子鲁幽公姬宰即位。鲁幽公十四年，他的弟弟姬晞杀死幽公而自立为国君，这就是鲁魏公。鲁魏公在位五十年死去，他的儿子鲁厉公姬擢继位。鲁厉公在位三十七年死，鲁国人拥立他的弟弟姬具为国君，这就是鲁献公。献公在位三十二年死，他的儿子鲁真公姬濞继位。

鲁真公在位期间，周王室发生动乱，周厉王出奔到彘地。鲁真公在位三十年死，其弟姬敖继位，这就是鲁武公。

鲁武公九年的春天，鲁武公带着大儿子姬括、小儿子姬戏到周王室去朝见周宣王。周宣王因为喜爱姬戏，要立姬戏为鲁国的太子。周王朝的仲山甫就劝谏周宣王说："废长立幼，不合情理；不合情理，就必定会违犯王命；违犯王命，就必定会招致诛杀。所以天子发布命令不可以不合情理。如果发布的命令不能执行，那么政权的威信就不能树立；推行政令不合情理，百姓就要背弃国君。本来下级侍奉上级，年幼的侍奉年长的，这就是顺情顺理的。现在天子建置诸侯，立他国的少子为国君，这是教导百姓违逆犯上啊。如果鲁国服从了废长立幼的命令，诸侯都去效法，那么先王的立长之命就会被废弃；如果鲁国不服从立幼的命令您就要惩处他，这是自己违背先王的命令。总之惩罚他是错误的，不惩罚他也是错误的，大王您好好考虑一下这件事。"周宣王不听劝谏，执意立姬戏为鲁国的太子。

这年夏天，鲁武公回国之后就去世了，改立太子姬戏即位，这就是鲁懿公。

懿公九年，懿公兄长姬括的儿子伯御和鲁国人一起攻杀了懿公，拥立伯御为国君。伯御即位十一年，周宣王发兵讨伐鲁国，杀死伯御，然后询问鲁国公子中能够训导诸侯的人，就让他作为鲁国国君。樊穆仲说："鲁懿公的弟弟姬称，庄重恭敬地事奉神灵，尊敬长者。征收赋税和执行刑罚，一定要先咨询先王的遗训及前朝的事例。从不抵触先王遗训，也不违背前朝故事。"周宣王说："对啊，这就够训导并治理他的百姓了。"于是就在夷宫立姬称为国君，这就是鲁孝公。因为周王室粗暴干涉诸侯国事务，所以从此以后，诸侯多有违背周王命令的。

鲁孝公二十五年，犬戎杀死了周幽王。鲁孝公在位二十七年死去，他的儿子姬弗湟继位，这就是鲁惠公。

鲁惠公在位期间，因为他的嫡夫人没有生子，而他的贱妾声子为他生了个儿子姬息。姬息成年以后，鲁惠公于是为姬息迎娶宋国宋武公的女儿。结果宋国公主娶回来之后，鲁惠公发现宋国女子长得非常貌美，于是鲁惠公就父夺子媳，自己娶了。宋国女子为鲁惠公生了个儿子叫姬允，后来被立为太子。

鲁惠公在位四十六年死去。他死的时候，太子姬允年纪还很小，于是鲁国的大夫们就推举姬息摄政，仿效当年的周公周成王故事，不说他即位。

姬息被称为鲁隐公，他在位期间，曾拿鲁国的许田与郑庄公交换郑国的祊邑，这种私自交换天子祭祀之地的做法遭到恪守礼仪的君子们的嘲笑。

后来姬允渐渐长大了，鲁隐公就想退位，把君位还给姬允，但意想不到的事情发生了。鲁国有个公子叫姬挥（即羽父，公子翚），他想当鲁国的相国，于是就向鲁隐公进谗言说："现在鲁国的百姓都这么拥护你，你为什么要把君位还给姬允？自己当国君岂不更好？我帮你去把姬允杀了，你让我当鲁国的国相。"鲁隐公拒绝姬挥说："父王临死前有遗命，因为太子年纪太小，因此让我摄政。现在太子长大了，我已经在菟裘（音兔求）这个地方修了些房舍，准备把君位还给姬允，然后到那儿去养老。"姬挥被鲁隐公拒绝之后，越想越怕，担心这件事情传出去将来姬允即位后反过来杀死自己，于是又到姬允那里诬陷鲁隐公说："鲁隐公准备杀死你自立为君，你要赶快想办法。请允许我帮你杀掉鲁隐公。"姬允当时年纪小，他的智力还不足以分辨这件事情的真伪，没有多加考虑就同意了，于是与姬挥合谋，制造机会让鲁隐公外出祭祀，在祭祀地提前埋伏兵士，杀死了鲁隐公。姬允即位，这就是鲁桓公，姬挥被任命为相国。

鲁桓公第三年，派相国公子挥前往齐国迎娶齐僖公次女文姜为夫人。为防止文姜和姜诸儿在路上闹出丑闻，因此齐僖公亲自前去送婚，为此还遭到了天下人的非议。因为国君送婚不合当时的礼法，只需要上卿和大夫去送即可。鲁桓公六年，文姜为他生下一个儿子，因为这个孩子与鲁桓公的生日是同一天，所以就取名为姬同，立为太子。

鲁桓公第十六年，因为郑国发生内乱，祭仲杀死雍纠，郑厉公出奔到栎邑。所以鲁桓公在曹国举行盟会，与曹国共同起兵讨伐郑国，想要送郑厉公回国，结果未能如愿，郑国卿士祭仲迎郑昭公复位。

鲁桓公十七年，即位四年的齐襄公向周王室求婚，周庄王于是将自己的妹妹周王姬下嫁给齐襄公，然后命令礼仪之国鲁国的鲁桓公主婚，并派遣大臣单伯先将周王姬护送到鲁国。同年冬天，周庄王派大臣荣叔到鲁国赏赐鲁桓公，然后命鲁桓公将周王姬嫁往齐国。

鲁桓公将要前往齐国主婚，他的夫人文姜也提出要和他一同前去。鲁桓公非常宠爱自己的夫人，于是就答应了。鲁国大夫申繻估计是早对文姜的风流韵事有所耳闻，所以就劝鲁桓公不要带夫人。申繻说："女有家，男有室，无相渎也，谓之有礼。易此，必败。"就是说：女人有夫家，男人有妻室，不可以互相轻慢，这就叫礼仪。如果违反了这一点，就必然会坏事。

但鲁桓公不听，还是带着文姜去了齐国。

前文曾有提及，文姜是齐僖公的小女儿，齐襄公同父异母的妹妹，生得美丽而淫荡。还是在早年未出嫁的时候，文姜就与齐襄公私通。到了春秋时期，周公的礼法早已盛行，这种原始的兄妹婚早就已经被禁止，而齐襄公与文姜之间不清不楚，也难怪当时的人们讽刺他们不知廉耻。怪不得之前齐僖公急着想要把她嫁出去，看来也实在是名声臭到了家门口，幸而当时的郑昭公姬忽没有答应，若是答应了，说不定下场也就和鲁桓公一样。

这次文姜回到齐国，居然又和齐襄公旧情复燃，再次私通。鲁桓公发觉这件事情之后，不禁怒火中烧，他大骂文姜不知羞耻，而这个文姜确实不知羞耻，做出这等事来，还生怕天下人不知道，居然把丈夫责骂她的事情告诉了齐襄公。这就挑起了事端，引来了大祸，齐襄公立即产生了要杀死鲁桓公的念头。

婚礼之后，气愤的鲁桓公向齐襄公辞行，准备回到鲁国去。齐襄公借口设宴为鲁桓公饯行，宴席上嘱咐他的大臣轮番向鲁桓公劝酒，把气愤不已的鲁桓公灌得酩酊大醉。齐襄公让公子彭生把鲁桓公抱上车，并暗中吩咐他杀死鲁桓公。彭生是齐国有名的大力士，武艺十分高强，完成这个任务简直是轻而易举，上车后略一用力，就折断了鲁桓公的腰，鲁桓公当场死在马车之内。

鲁桓公死在齐国，鲁国当然无法接受，于是派人前来讨个说法。鲁国使者对齐襄公说："我们国君畏惧您的威严，不敢安心居住在鲁国，所以前来与贵国修好。现在礼仪完成了，但没有回国。现在外间有一些不利的传闻，我们必须追究罪责，请把彭生交给我们审问，以便在诸侯之中消除丑闻。"

齐襄公哪里敢把彭生交给鲁国？于是归罪于公子彭生并处死了他，并以此向鲁国人道歉。彭生这个被齐襄公利用并最终当了替罪羊的杀人工具，临死前大骂齐襄公并发誓说："你这个禽兽，我做鬼也不放过你。"

鲁桓公死后，他的儿子姬同被拥立为国君，这就是鲁庄公。文姜因此留在齐国不敢回鲁。此后，文姜又多次与齐襄公在齐地私会通奸，受到人们的谴责。

齐襄公与文姜之事，成为当时诸侯国之中的丑闻。人们专门写下一首文学作品《诗经·敝笱》，以讽刺他们的丑行。

敝笱在梁，其鱼鲂鳏。齐子归止，其从如云。

敝笱在梁，其鱼鲂鱮。齐子归止，其从如雨。

敝笱在梁，其鱼唯唯。齐子归止，其从如水。

破鱼篓子架设在拦鱼坝上，任由鲂鱼鳏鱼游进又游出，齐侯的妹妹回到齐国来了，她的仆从如云啊多得不可胜数。

破鱼篓子架设在拦鱼坝上，任由鲂鱼鲢鱼游进又游出，齐侯的妹妹回到齐国来了，她的仆从如雨啊多得不可胜数。

破鱼篓子架设在拦鱼坝上，任由这些鱼儿游进又游出，齐侯的妹妹回到齐国来了，她的仆从如水啊多得不可胜数。

敝笱的意思是不能装鱼的破鱼篓，一方面讥刺文姜淫乱，另一方面讥刺鲁桓公无能，像破鱼篓一样，不能约束文姜的淫乱，给齐、鲁两国带来了祸患。

齐襄公要单单是淫乱并杀死鲁桓公一件事，虽然臭名昭著，倒也不至于招来杀身之祸，为他招来杀身之祸的是他的言而无信，他也为此给中国汉语贡献了一个叫"瓜代"的词汇。当时齐国边境有个地方叫葵丘（今河南省开封市兰考县一带），齐襄公因为帮助逃亡齐国的卫惠公复位，出兵击败了周王室的军队，担心周王室采取报复性军事行动，于是派连称和管至父两位大夫到葵丘去守边，说好期限为一年，等第二年瓜熟的时候，就另外派人接替他们。这在后世被概括为一个词语叫"瓜代"，也就是任期满了他人继任的意思。要说这也合情合理，守卫边疆是个苦差事，苦活不能让同一个人长时间干，按期更换也更能体恤士卒、休整部队，别的不说，谁也有家有舍，让人家回来和家人团聚一下，孝敬一下父母，看顾一下老婆，教导一下孩子，没有什么不对。但到了第二年瓜熟的时候，齐襄公迟迟不派人去接替连称和管至父。两个人暗暗叫苦，不好明问，就派人给齐襄公送去了一只瓜（这里的瓜是指木瓜，西瓜原产非洲，一直到唐朝初年才传入我国新疆地区），暗示以往的"瓜代"之约并请齐襄公另外派人接替他们。齐襄公吃起瓜来非常高兴，但一听"瓜代"大发雷霆："要不要派人去接替你们那是我的事情，谁叫你们来问？那就等到下一年的瓜熟再说。"这可就太不讲信用了，平常人不守信用都会受到人们的谴责，更何况是国君，再者拿军事国防这样的大事开玩笑，侮辱手握重兵的将军，差不多都比得上周幽王烽火戏诸侯了，不出事情简直说不过去。

管至父和连称两个人得知消息后震怒异常，他们早就知道被齐襄公降低了官爵的公孙无知想要阴谋作乱，于是两人就派人和公孙无知联络。连称有个堂妹是齐襄公的偏妃，不受宠幸。连称就让她打探宫中的消息，许诺事成之后，待公孙无知做了国君，就让她做公孙无知的夫人。从寂寞冷宫到国君正室夫人，这样的诱惑一般的偏妃谁能抗拒？连称的堂妹立即就答应了。

这年冬天，齐襄公外出打猎，结果遇到了一头野猪，随从们都说那只野猪是彭生。说彭生的鬼魂附在野猪身上，这事绝无可能，唯一的可能就是彭生长得丑，而且比较壮，有点猪相，再加上他死的时候发过誓，要回来找齐襄公报仇。因此，此时的随从们说野猪是彭生，应该是人们的迷信心理在作怪。彭生是怎么死的齐襄公最清楚，此时听到彭生二字，他最真切的心情应该是恼羞成怒，必欲除之而后快。于是齐襄公弯弓搭箭，准备射死野猪。野猪本性暴躁，要是激怒了它，别说是几个人，就是一头大象它也敢撞过来。见齐襄公准备放箭，野猪竟然站了起来，大声号叫。齐襄公大惊失色，吓得从车上掉了下来，跌伤了脚，将鞋也丢了，狼狈不堪地回了宫。回来之后无处撒气，居然把管鞋的官员找来抽了三百鞭子。

这个时候，公孙无知、连称和管至父等人也从连称之妹那里得知了齐襄公受伤的消息，立即率领手下兵士前来攻击齐襄公的王宫，结果在路上碰到了刚刚出宫的管鞋官员。管鞋的官员虽然挨了鞭子，也非常恼恨，但他仍然保持着对齐襄公的忠诚。管鞋官看公孙无知等人的架势，立即猜到他们要兴兵作乱，于是上前对他们撒了个谎说："你们先不要进去，如果进去惊动了宫中的卫士，那就不好办了。"公孙无知等人不信任管鞋官，准备杀掉他，管鞋官为了活命，让公孙无知等人验看他身上的鞭伤，公孙无知等人这才相信了管鞋官，让他先进去打探消息。管鞋官进去之后，立即把公孙无知等人在门外作乱的消息告诉了齐襄公，并把齐襄公藏到了一扇门后面。公孙无知等人在门外等了好一段时间，不见管鞋官出来，知道情况有变，立即率众攻进了宫中。管鞋官与宫中的卫士及齐襄公的近侍上前阻拦公孙无知的兵士，准备保卫齐襄公，结果全部被公孙无知的兵士杀死。要说这个管鞋官也确实是一个非常忠诚的人，一个不以私怨毁大德的人，齐襄公那样对他，而他这样对齐襄公，真是非常难得。看来再昏的昏君，身边也始终不缺忠义之士啊。

公孙无知等人在床上杀死了一个人，上前验看时才发现那是假装齐襄公的侍人孟阳。于是又开始寻找，结果有人看到门背后有一只脚，过去一看，发现齐襄公躲在门后，于是杀死了他。

杀死齐襄公后，公孙无知自立为国君。

次年春天，公孙无知到雍林游玩。因为公孙无知曾经十分无礼地对待雍林的渠丘（今山东省潍坊市安丘县西南）大夫雍廪，所以雍廪得知公孙无知将要到雍林游玩，于是就在那里趁机袭击并杀死了他。之后，雍廪担心齐国贵族讨伐他，于是就派人告诉齐国的大夫们说："公孙无知弑杀齐襄公自立为国君，我非常谨慎地对他奉行了正义的诛罚。希望大夫们改立众位公子中应当立的人，我们一定听从命令。"

公孙无知的国君仅仅当了一个多月时间，就被人杀死。从这个层面也可以看出，公孙无知实际上在朝中根本就没有得到大臣们的支持，他的力量比较薄弱，被人袭杀是迟早的。夺位自立，真不是一件容易的事情。

第五节　齐桓公得国、管鲍之交、管仲拜相

公孙无知死后，齐国一时陷入了没有国君的局面，因为没有一个公子在国内。当初齐襄公荒淫无道，杀死鲁桓公并与文姜通奸，又滥杀无辜，欺凌大臣，他的弟弟们害怕有一天齐国发生大乱会祸及自己，于是纷纷逃居他国。齐襄公的次弟公子纠因为他的母亲是鲁国的公主，于是就逃到了鲁国，管仲、召忽两位大臣辅佐他。三弟姜小白跑到了莒（今山东省日照市莒县）这个地方，鲍叔牙辅佐他。姜小白的母亲是卫国卫僖公的女儿，很受卫君宠爱。姜小白早年在朝的时候，与朝中的卿士高傒的关系非常好。这次公孙无知一死，高傒立即暗中派人联系姜小白，让他回国即位。同时鲁国得知公孙无知的死讯，也派兵护送公子纠回国即位。公子纠与姜小白之间，立即为继承君位而展开了激烈的争斗。公子纠一边准备回国，一边让管仲带兵在姜小白回国的必经之路上设下埋伏，阻挡姜小白。

管仲领命之后，带兵埋伏在莒道上，等姜小白等人走近，立即瞄准放箭，一箭正中目标，姜小白口吐鲜血，倒在车里。因为管仲的行为毕竟属于偷袭，再加上旁边有鲍叔牙等人带兵护卫，所以也不敢上前细看究竟，眼见姜小白中箭跌倒，旁边的仆从们又大声哭叫，自以为姜小白已死，于是赶快引军撤走，赶去与公子纠会合。

实际上，管仲只是射中了姜小白衣服腰带上的金属钩，姜小白害怕管仲再次放箭，于是立即咬破舌尖装死，骗过了惊慌之中来不及查验的管仲。姜小白见管仲放箭之后引兵退走，于是立即更换衣服，快马加鞭星夜兼程赶回齐国即位，这

就是齐桓公。这一年是公元前685年。

管仲回到鲁国报信，称已射死姜小白，得到消息的公子纠放下心来，自以为国君之位已经非己莫属，于是不慌不忙地赶路，沿途接受鲁国各县的庆贺，直到六天后才到达齐国边境。而此时，即位后的齐桓公派出拦截鲁国护军的军队已经到达。

中国的事情向来讲究先礼后兵，鲍叔牙遣人告诉派兵护送公子纠还齐的鲁庄公说："公子姜小白已经即位，我们齐国有国君了，天无二日，国无二君，请鲁侯您带着公子纠回去吧。"鲁庄公听闻姜小白未死，他拥立公子纠做齐侯使鲁国将来受惠的打算落空，感觉很受愚弄，也很没面子，就试图用公子纠是姜小白的兄长这样一个理由来说服鲍叔牙："齐襄公死了，那么公子纠就是齐僖公的长子，理应由公子纠来即位，现在姜小白抢在前面即国君之位，极不合适。我国已经发兵，不会无缘无故地撤兵回国的。"姜小白费尽九牛二虎之力才回国即位，又怎么能听从鲁庄公的一番迂腐说辞把君位让出去？于是两国之间的战事便无可避免地发生了。

鲍叔牙知道公子纠和鲁国不会善罢甘休，于是立即回到国内，争取齐国贵族们的支持。他充分利用自己的才能，先摆事实后讲道理，从齐国立君不贤引起内乱，到宋国帮忙立了郑国的郑厉公之后索贿无厌导致郑国疲于奔命说起，引申到如果接纳了鲁国拥立的公子纠将会产生什么样的危害等等，阐明了公子纠的不可立性和贤能的姜小白的可立性，立即说服了齐国的贵族大夫们，使姜小白得到了齐国重臣们的支持，让新君即位的齐国在较短时间内做到了君臣团结，上下一心。

听到鲁庄公不愿退兵仍然坚持要送公子纠回来，鲍叔牙力请齐桓公发兵拒鲁。于是兵分三路，开赴齐、鲁边境。带兵的将领们在经过分析之后，认定鲁庄公的军队会在齐鲁边境的乾时（今山东省淄博市桓台县南）那里驻扎停留，于是就在那里设下了埋伏。

再说鲁庄公，果真像齐国将领预料的那样，带着公子纠走到乾时这个地方，就不准备走了。管仲劝谏说："姜小白刚刚即位，齐国人心还未完全稳定，我们要快速进兵，大军长驱直入，齐国说不定就会产生内乱，我们才好趁此机会拥立公子纠即位。"鲁庄公非常不屑地挖苦管仲说："如果你的话靠得住的话，那么姜小白早就被你射死很久了。"管仲无言而退，于是鲁庄公命令鲁军在乾时安营扎寨，主力扎营在前，公子纠扎营在后。

次日，齐兵与鲁兵相遇。鲁庄公之意，如果一战打败齐国军队，挫动齐军锐气，齐国内部就自然会因恐惧而接受公子纠为君，但是很可惜，这只是鲁庄公的一厢情愿，因为此时鲁国朝堂之中才智能够胜过鲍叔牙的可能只有两个人，其中一个是施伯，鲁庄公没有带来，而另外一个就是管仲，但他非常轻视管仲，听不进去他的计谋。

那么这样一来，就注定了鲁庄公的失败。

两军对阵，鲁庄公命人出战。齐国按照预定的作战方案，先是诈败诱敌，之后两路伏兵齐出，诈败的中军又回头力战。鲁兵哪里挡得住三路夹击？立即溃败。跟随公子纠扎在后营的管仲听到前营战败，立即率兵前来接应，与鲁庄公合兵一处连夜拔营回国，不料在归途中又遇到包抄鲁军后路的齐国军队，更是被打得溃不成军，管仲保着鲁庄公狼狈逃回鲁国，倒被齐军追入鲁国境内，攻占了鲁国的不少地方。鲁国新败，士气低落，无力组织军队收复失地，对此无可奈何。

齐军凯旋回国，众人都向齐桓公祝贺，唯有鲍叔牙无比清醒，他劝谏齐桓公说："现在公子纠还在鲁国，有管仲和召忽辅佐他，鲁国为外援，这是心腹之患，必须除掉。现在鲁国刚刚被齐国打败，鲁国君臣胆寒，请让我带领一支军队前往鲁国边境，然后发出国书让鲁国杀死公子纠，鲁国一定会从命。"回想之前郑国的郑昭公和郑厉公之变，如果公子纠不死，那么齐国就一天不得安宁，万一公子纠哪天买通齐国的某个重臣，与鲁国里应外合，重新夺位也不是没有可能的事情，那样齐国就会再次陷入内乱，鲍叔牙之见，可说是深谋远虑，非常明智。齐桓公从谏如流，立即听从了鲍叔牙的劝谏，命鲍叔牙带领军队前往鲁国边境。

鲍叔牙率军到达边境之后，派人向鲁国送出了一封国书。

国书的内容大意是："家无二主，国无二君，公子小白已经即位为国君，而公子纠还想夺位，这我们齐国不能容忍。但我们齐侯为人仁慈，不忍心亲手杀死他的兄长，请鲁国自己杀死他。不过管仲和召忽这两个人，是我们齐侯的仇人，请你们遣送回来，齐侯想将他们施以醢刑（剁成肉酱）才算甘心，鲁国若不答应，齐国就会发兵围攻鲁国。"

最初，齐桓公即位之后，发兵攻打鲁国，内心深处是想杀死管仲报那一箭之仇的。鲍叔牙知道他这个心思，于是劝他说："我有幸能够跟随您，您也最终当上了国君。您现在地位尊贵，而我无法使您更加尊贵。如果您仅仅是想治理好齐国，那么有我和高傒两个人就足够了。但如果您想要称霸天下，那么没有管仲辅佐是不行的。管仲到了哪个国家，哪个国家就一定会强大，可千万不可失去他呀。"齐桓公听从了鲍叔牙的建议，于是就假称召回管仲要碎尸万段，而实际上是想任用他。

鲁庄公接信之后，就召来了大臣施伯。这个施伯，也是一个见微知著、明察秋毫的人物，论其智谋，几乎胜过鲍叔牙，堪称鲁国的智囊。

鲁庄公问施伯说："齐国要我们杀了公子纠，你说我们究竟是杀还是不杀？"施伯说："姜小白刚刚即位，就能任用贤能的人，在乾时打败我国的军队，这是公子纠没法相比的。况且现在齐国声言不交出公子纠就要出兵攻鲁，我们不如杀了公子纠，与齐国讲和。"鲁庄公想想，再耗下去也确实对鲁国不利，于是听从施伯之谋，命人杀死了公子纠，然后把管仲和召忽抓了起来。将要把两个人送进囚车的时候，召忽为公子纠死节自杀而死，而管仲自请入囚车，愿意回齐国。一旁察言观色的施伯就悄悄对鲁庄公说："我看管仲的表情，不像是要去赴死的样子，国内一定有内应会帮助他，回去之后肯定死不了。这个人是天下奇才，如果齐国能重用他，将来齐国一定会称霸诸侯，那我们鲁国就会麻烦不断。国君您不如杀了管仲，然后给齐国个尸首就行了。"但鲁庄公没有同意，而是把管仲抓起来交给了齐国。

管仲回到齐国之后，齐桓公尽释前嫌，厚赐管仲并任命他为大夫，让他处理国政。

齐国重用管仲的消息传到鲁国，鲁庄公被戏弄的心情可想而知，他非常愤怒地说："后悔没有听从施伯的劝告，现在反而被这些小儿辈耍了。"于是商议讨伐齐国，洗刷这个耻辱。

鲁国将要兴兵的消息传回齐国，齐桓公也很生气，就问管仲："我刚刚即位，不适宜频繁受到外国的干扰，我们先下手为强，讨伐鲁国怎么样？"管仲说："现在齐国还没有完全安定下来，这个时候用兵不合适。"齐桓公不听管仲的劝告，于是命鲍叔牙为将，率军讨伐鲁国。这样一来，就引发了春秋史上一段著名的以弱胜强的战事，使一个默默无闻的人一战成名，并且留下了"一鼓作气""肉食者鄙"（大意就是身居高位、俸禄优厚的那些贵族缺乏谋略目光短浅）等著名典故。这一场战役，历史上称为"长勺之战"。

齐国军队犯境，鲁庄公不胜愤怒，就问智囊施伯："齐国欺人太甚，我们还没有出兵，他们倒打上门来，请问我们怎么对付？"施伯就推荐了一个叫曹刿的人，说这个人是个将相之才，如果任用他，齐国军队根本不足为虑。之前没有听从施伯的劝告杀死管仲，结果让齐国真的重用了管仲，鲁庄公发现施伯确实有先见之明，谋略非同一般，于是就请来了曹刿。

曹刿被找来之后，鲁庄公就问说："我们拿什么办法对抗齐军？"曹刿回答说："行军打仗这类事情，一般不能墨守成规，也不能事先预测，除非亲自到战场上，根据双方的形势做出决定，这才是取胜之道。我跟着你一齐去，顺便帮您参谋一下。"鲁庄公认为曹刿说得有理，于是带着曹刿去长勺（今山东省莱芜市东北）迎战齐军。

因为上次在乾时大败鲁庄公，所以这次鲍叔牙比较轻敌，见鲁军前来，立即传令冲锋，声言有率先冲破敌阵者重赏。冷兵器时代的冲锋号就是战鼓，齐军敲响第一通鼓的时候，鲁庄公也想擂鼓对敌，曹刿制止说："这个时候齐军的锐气正盛，我们先观察一下，静观其变，不要敲鼓。"于是鲁军一动不动。齐军冲到阵前，冲不破严阵以待的鲁军，只得退后。

过了一会儿，齐军再次擂鼓冲锋，和前一次一样，鲁军还是纹丝不动，齐军又退。

齐军第三次冲锋，曹刿说可以击鼓了，于是鼓声大作，鲁军士气高昂，大败锐气已堕的齐军。鲁庄公想要传令追击败军，曹刿又说："先让我看看再说。"下车看了看齐军奔逃的车辙印，然后又登高看了看齐军败退的队形，对鲁庄公说："可以追了。"于是鲁军开始追击齐国败军，一直追出三十里地，大获全胜。

鲁庄公对曹刿这个一鼓胜三鼓的战法非常不解，就向曹刿请教。曹刿说："打战，靠的是将士们的精神状态和气势，擂第一通鼓，将士们气势正盛，擂第二通鼓，气势就减弱了，第三通鼓，气势就尽了。齐军没了气势，而我军气势正盛，哪有不打胜仗的道理（夫战，勇气也，一鼓作气，再而衰，三而竭，彼竭我盈，故克之）？"

鲁庄公又问："那么刚开始我要命人追击，你说要观察一下，等你看了之后说可以追了，这又是怎么回事？"

曹刿回答说："打仗这种事情，有时候说不准的，它还有诈败诱敌打埋伏的情况（比如上次鲁庄公在乾时被齐国打了埋伏），我下车看看齐军的车辙不整齐，再登高看看齐军的旗帜和队形也比较乱，据此判断他们是真的败退，并没有埋伏，所以让你追，这才打了胜仗。"

鲁庄公非常佩服，于是拜曹刿为大夫。

齐国战败之后，很不甘心，过不多久，又联合宋国一起攻打鲁国。结果非但没有占到一点便宜，反倒让盟国宋国的将军南宫长万做了鲁国的俘虏，致使后来南宫长万获释之后被其国君戏谑，发生了南宫长万弑国君事件。

不过这也并不影响齐桓公的称霸事业，因为他自始至终都非常信任管仲，放开手让他毫无掣肘地去处理国政。

管仲，名夷吾，字仲，颍上（今安徽省阜阳市颍上县南）人，春秋时期著名政治家。他从小家贫，但他的志向却非常远大，总想干一番大事业。年轻的时候，他与鲍叔牙非常投缘，结为兄弟，一起经商做买卖。但这一经商，却招来了一些非议。因为经商就是为了赚取利润，而在最后分配利润的时候，管仲总要为自己多分一些，给鲍叔牙少分一些。鲍叔牙的随从们非常不平，认为管仲很贪财。但鲍叔牙却不这么看，他说："管仲之所以要在分配利润时多拿一些钱，倒并不是因为贪财，而是因为他家庭情况不太好，家里有老母需要奉养。"始终和管仲保持着较好的朋友关系。

管仲曾经担任过齐国的一些小官职，但后来都被罢免了，不过即使出现了这些情况，鲍叔牙也并没有因此而改变对管仲的态度和看法。

后来，管仲看到齐襄公淫乱暴虐，预感到齐国将会发生内乱，因此和鲍叔牙商议，每人辅佐一个公子，以后不论哪一个即位，两个人都相互提携。于是管仲辅佐了公子纠，而鲍叔牙辅佐了公子小白。

之前那个与连称共同戍边并作乱杀死齐襄公的管至父，是管仲的同族。管至父与连称杀死齐襄公并拥立公孙无知之后，便向公孙无知推荐管仲，说他的族人管仲非常有才能，如果能重用他，你的国君之位就会坐得长久。公孙无知非常高兴，立即下令征召管仲，但管仲无比清醒，说你们这些人刀都架在脖子上了，自己还不知道，由是拒绝了公孙无知。后来，公孙无知等人的结局果如管仲所预料的那样。管仲的才能可见一斑。

公孙无知被杀之后，齐国国君缺位。管仲功亏一篑，箭射小白不死，结果小白即位，自己倒成了阶下囚。基于之前对管仲的了解，鲍叔牙充分运用他的智慧，力保管仲不死，并向齐桓公推荐了管仲，而自己甘愿做他的副手。

因此管仲无比感慨地说："我和鲍叔牙曾经合伙做生意，在分配收入的时候，我总要多分一些，鲍叔牙不认为我这是贪心，而是知道我家里贫穷。我曾经替他谋划过一些事情，但他照着去做的时候，却都失败了，但鲍叔牙并不认为是我出的主意不高明，而是他在具体实施时没有把握好时机。我曾经三次出仕，但三次都被国君罢免，但鲍叔牙不认为我没有才能，而是知道我没有遇到合适的时机。我曾经带兵去打仗，冲锋的时候我总在后面，退兵的时候总在前面，而鲍叔牙并不认为我贪生怕死，而是他知道我家中有老母亲需要赡养。公子纠被处死之后，召忽为之死节，而我被囚禁受辱，鲍叔牙并没有因为我不为公子纠尽忠死节而轻视我，那是因为他知道我不会为这些小节而感到惭愧，而会因为我不能实现自己的远大志向而感到羞耻。生我者父母，知我者鲍叔牙也。"

实际上，何止是知管仲者鲍叔牙，而且是活管仲者鲍叔牙。如果不是鲍叔牙，管仲早就不知道死了多少回。数千年来，人们对管仲和鲍叔牙之间的友谊给予了高度的评价和赞美，其中最根本的缘故，就是鲍叔牙不嫉贤妒能，他帮助一个比自己更有才能的朋友实现了自己的抱负，并使齐国走向了强大，这是最难能可贵的。对照后来的庞涓迫害师弟孙膑、李斯诬陷师兄韩非等事件，鲍叔牙的光明磊落和光辉人格就显得格外引人注目，他在中国历史上留下如此美名，绝非偶然。

鲍叔牙举荐管仲后，自己甘心位居其下。他的子孙世代在齐国做官，领有封邑的有十余代，都是当时的名大夫。为此，天下人不侧重于赞美管仲的贤能，而是侧重于赞美鲍叔牙能够知人。

管仲相齐之后，与鲍叔牙、隰朋、高傒等贤才通力配合，在齐国进行了大刀阔斧的改革。他下令发展捕鱼业和煮盐业，流通货物，积累财货，富国强兵，与百姓同好恶。管仲曾说："粮仓充实百姓就懂得礼节，衣食充足百姓就知道荣辱（管仲名言：仓廪实而知礼节，衣食足而知荣辱），国君遵守法度上下左右就能紧密团结。礼义廉耻这四维不能弘扬，国家就会灭亡。颁布政令就像流水的源头，一定要让它顺应民心。"所以他发布的政令力行简便而容易执行。百姓期盼的，就顺应他们的心愿让他们得到，百姓所反对的，就顺应民意革除这些弊病。

管仲将普通百姓分为士、农、工、商四类，农民的后代仍然是农民，士人（介于庶民和大夫之间的阶层）的后代仍然是士人，工商匠作的后代仍然是工商匠作，保证了四民的安定。官府经营盐铁业，土地按肥沃程度分等征收赋税，适当征发劳役，减轻人民负担。把国都分为十五个士乡和六个工商乡，十五个士乡用于保证兵源，六个工商乡用于保障财政收入和军费。这些政策的成功实施，使齐国国力大振，在此后很长一段时间内，齐国都是诸侯国中的强国，使其他诸侯国十分畏服。

管仲能够取得这样的成功，一方面固然与他自己的才能有很大关系，而另一方面，与齐桓公的充分信任和善于纳谏善于用贤也密不可分。换了一般心胸狭窄的国君，别说是任命管仲为相，不杀死他报一箭之仇就已经算得上是宽容。因此，在为管仲取得如此不凡的功绩而感到惊叹的时候，同时也应该把更多的赞美送给宽宏大度的齐桓公，贤君与贤臣的最佳结合，应该就属于这样一种模式，它能焕发出令人难以置信的魔力。

还有一个方面，则来自管仲的非凡见识。管仲不迂腐，他不是死读书的那种迂腐书生，知道什么事情大，什么事情小，什么事情上需要对国君做出让步，不能干涉。据传齐桓公曾经问过他这样一些话："我这个人，喜欢出去田猎巡狩，但仅仅喜好田猎也就罢了，又十分好色，请问这样还能称霸于诸侯吗？"齐桓公也是个实在人，对于大多数的国君来说，那都是干着见不得人的勾当，还自命为道德的楷模，要他承认缺点和错误，那简直比登天还难，可是齐桓公非常坦诚地说了，而且还非常担忧地向管仲请教，这种心情很能理解，因为之前那么多堪称道德模范化身的国君都没能称霸，何况是好田又好色的齐桓公？但管仲却对这类事情看得非常透彻，他回答说："这些事情都是小节，对称霸诸侯毫无妨碍。"齐桓公就问："那么什么会妨碍称霸呢？"管仲说："你不了解哪位臣子贤能，妨碍称霸；知道臣子贤能而不让他担任要职，妨碍称霸；让贤才担任职务而不信任他让他放开手脚去施政，妨碍称霸；既用贤才又用小人，妨碍称霸。"齐桓公对此非常赞赏，因此管仲终其一生，都得到了齐桓公最大限度的信任。

对鲁作战两战皆败使齐桓公清醒过来，他意识到以齐国当时的军事实力，还不足以达到使诸侯钦服并俯首听命的地步，争霸事业就更是无从谈起，因此接受管仲先内后外的方略，先谋求国富兵强，然后再图谋争霸中原。

齐桓公在他即位的第二年，起兵灭掉了邻近的谭国（今山东省济南市章丘市）。原因是之前齐桓公流亡之时路过谭国，谭国国君没有接待他，而齐桓公回国即位之后，谭国也没有派人前来祝贺。

经过四五年的励精图治，齐国国力大增，具备了初步的争霸条件。齐桓公就迫不及待地征求管仲的意思，想要召集诸侯会盟。而当时的一个现状是，诸侯们虽然地盘有大有小，爵位有高有低，但都认为自己和别人相差无几，既然谁都认为自己和别人相差无几，那就谁都不愿甘心情愿地听从其他诸侯国的号令。管仲于是建议齐桓公打"尊王攘夷"的政治牌，先赚取政治优势，赢得外交上的主动权。这个"尊王攘夷"，实际上跟后来三国时曹操的"挟天子以令诸侯"有异曲同工之妙，所不同的是，"尊王攘夷"这个说法不仅立场正义得多，听起来也好听得多，是尊奉周天子联合诸侯共同抵御侵扰中原的少数民族的意思，境界也比"挟天子以令诸侯"要高出许多。而实际上，二者的实质几乎没有多大差别，都是借天子的名义，将自己的意志强加于其他的诸侯，使诸侯们不敢有什么异议。

第六节  尊王攘夷、强夺人妻、桃花夫人、田完奔齐、老马识途、卫宣公娶媳、好鹤亡国、庆父不死鲁难未已

管仲和齐桓公所尊的第一个周王是周僖王,是周庄王的儿子。

周庄王有个弟弟叫王子克,之前很受其父周桓王的喜爱。周桓王临终前,将王子克托付给周公黑肩。周庄王三年,周公黑肩想要杀死周庄王并立王子克为王。周大夫辛伯就劝谏他说:"滕妾想要和王后平起平坐,庶子想要和嫡子分庭抗礼,权臣想要和卿士争夺权力,大城想要和国都一决高下,这可都是引发祸乱的根源啊。"但周公黑肩不听劝谏。辛伯于是把周公黑肩的图谋报告了周庄王,周庄王在辛伯的帮助下杀死了周公黑肩。王子克见状,于是逃到了南燕国(今河南省新乡市延津县东北)。

周庄王在位十五年而死,其子姬胡齐继位,这就是周僖王。

周僖王在位期间,周王室更加衰微,诸侯们谁也不将天子放在心上。而在这个时候,齐国这样的大国派使节前来周王室朝贺并献上重礼,这就使周僖王立即喜出望外,感觉很受尊重。

投我以桃,报之以李。周僖王接受了齐国的朝贺和礼物,就必须为齐国做一点什么,才感觉对得起齐国对周王室的尊奉。而这些,正是齐国想要的。

齐桓公向周僖王提出,宋国刚刚发生内乱,即位的宋桓公君位不稳,想让周天子颁布一道诏令,让诸侯们一起会盟,对宋桓公的君位予以官方确认。周僖王非常高兴,当即授权齐国去做这件事情。

齐桓公和管仲等就是周王室的这个授权,接到周僖王的命令之后,齐国立即向诸侯发出通知,定于第二年三月初在齐国的北杏(今山东省聊城市东阿县一

带）这个地方会盟，共同确立宋桓公的君位。

前文曾经讲到，宋国是商纣的庶兄微子启的封国，周武王死后武庚造反，周公率军讨平叛乱，以微子启代替武庚，延续商朝贵族的祭祀（兴灭国，继绝祀）。

微子启死后，他的弟弟衍继位，这就是微仲。微仲死，其子稽继位。稽死，其子宋丁公申继位。宋丁公死，其子宋湣公共继位（因为此后还有一个宋湣公，因此这个宋湣公又称为宋前湣公）。宋湣公死，其弟宋炀公熙继位。宋炀公即位之后，被宋湣公的庶子鲋祀杀死。鲋祀弑杀宋炀公之后，想要拥立宋湣公原来的太子、自己的哥哥弗父何（孔子的十世祖），但谦让有礼的弗父何坚决地推辞了。弗父何推辞不当国君，于是鲋祀就说："你不即位，那么我就应当即位。"于是自立为国君，鲋祀就是宋厉公。宋厉公死，其子宋僖公举继位。宋僖公死，其子宋惠公䩹继位。宋惠公死，其子宋哀公继位。宋哀公在位一年即死，其子宋戴公白继位。宋戴公二十九年，周幽王被犬戎所杀，西周灭亡。宋戴公在位三十四年死，其子宋武公司空继位。

宋武公的一个女儿，在嫁往鲁国之后，被鲁惠公父夺子媳，生下鲁桓公。宋武公在位十八年而死，其子宋宣公力继位。宋宣公的太子名叫与夷，宋宣公在位十九年之时病重，要把君位传给他的弟弟和，说："父死子继，兄终弟及，这是天下的通义，我要立和为国君。"和再三推让后接受了。宋宣公死后，弟弟和即位，这就是宋穆公。实际上，父死子继，兄终弟及并不是天下的通义，而是殷商的继位传统，所谓"殷道亲亲"就是这个意思，与嫡长子继承的"周道尊尊"相区别。

宋穆公时刻不忘他的哥哥宋宣公传位于他时的情景。宋穆公在位九年之时病重，于是他召见大司马孔父嘉，并对他说："先君宋宣公舍弃太子与夷而立我为国君，我不敢忘记。我死了，一定立与夷为国君。"孔父嘉说："群臣都愿意拥立您的儿子公子冯。"宋穆公说："不能拥立冯，我不可以对不起宋宣公。"为了避免产生后患，于是宋穆公让公子冯到郑国去居住。宋穆公死后，宋宣公的儿子与夷继位，这就是宋殇公。一些有学问的人听说这件事情后说："宋宣公真可以称得上是知人之人，立他的弟弟为国君成全了道义，然而最终他的儿子又享有了君位。"

然而，这句话说得实在是太早了。

宋殇公元年，卫国公子州吁杀死他的国君卫桓公姬完，自立为国君。州吁想得到诸侯的支持，就派人告诉宋殇公说："公子冯在郑国，一定会作乱，可以和我一同攻打他。"宋殇公答应了州吁，于是宋、陈、蔡、卫四国军队一起攻打郑国，包围了郑都的东门，攻打了五天才撤军。当年秋天，四国军队再次进攻郑国，打败了郑国的步兵，然后割取了郑国的谷子才回军。第二年，郑国攻打宋国，以报复东门之役。从此以后，诸侯多次前来侵伐宋国。

当然，如果仅仅是郑国等诸侯国的侵伐，还不至于给宋国带来灾难，而给宋国带来灾难的，是一个美丽的女子。

这个女子就是大司马孔父嘉的妻子。

宋殇公九年的某一天，孔父嘉的妻子外出，结果在路上遇见了太宰华督。华督非常垂涎孔父嘉妻子的美貌，目不转睛地盯着她走过来，又扭头盯着她的背影一直远去，自言自语说："真是太漂亮了，太美艳了。"于是立即产生了霸占孔父嘉之妻的恶念。而要想霸占孔父嘉的妻子，那就只有先除掉孔父嘉。

华督于是让人在国都里宣扬说："宋殇公即位十年时间，却发动了十一次战争，百姓痛苦不堪，实在无法忍受了。这一切都是大司马孔父嘉一手造成的，我将杀死孔父嘉，还百姓一个安宁。"

所有卑鄙邪恶的动机，总会找到高尚正义的借口。次年，华督率兵攻杀了孔父嘉，并霸占了他的妻子。

孔父嘉遇害之时，他的儿子木金父年纪还很小，由他的家臣抱着，逃到了鲁国。木金父的五世孙就是大名鼎鼎的孔子。

华督杀死孔父嘉并夺其妻室，令宋殇公至为恼怒。华督担心宋殇公对自己不利，于是一不做，二不休，又率兵杀死了宋殇公，然后从郑国迎回了公子冯，拥立他为国君，这就是宋庄公。

因为华督拥立有功，宋庄公让他当了国相。宋庄公在位期间，设计抓住郑国的上卿祭仲，并要挟他拥立郑厉公姬突。宋庄公在位十九年而死，他的儿子宋潜公捷继位（这个宋潜公又称为宋闵公，或是宋后潜公）。

宋潜公即位七年之时，齐桓公才刚刚即位。宋潜公九年，宋国发生水患灾害，鲁国派臧文仲前去慰问。宋潜公自责地说："我因为不能敬事鬼神，政治不明，所以有水灾。"从礼仪之国来的臧文仲听了这句话之后，感觉非常惊叹，而实际上，宋潜公并没有这样的涵养和境界，这些话都是公子御说（后为宋桓公）教给他的。臧文仲后来知道这件事情后，称赞公子御说说："这个人适合当国君，因为他有体恤百姓的心思。"

齐桓公即位之初，不听管仲的劝告，派鲍叔牙为将征伐鲁国，结果在长勺被鲁国的曹刿"一鼓作气"击败。战败后的齐国急切之间想要报仇，于是联合宋国进攻鲁国。结果鲁国的公子偃拿军容不整的宋国开刀，在战马身上蒙上虎皮，出其不意地攻击宋军，大败宋国军队。鲁庄公用箭射伤宋国大将南宫长万，南宫长万被鲁军生擒。

宋军大败，齐军势孤，只好退兵回国。之后宋国通过外交手段请求鲁国释放南宫长万，鲁庄公于是就放南宫长万回国。

南宫长万获释回国后，有一年秋天与国君宋湣公一齐出去打猎，结果因为下棋赌胜而发生了争执，宋湣公发怒并侮辱南宫长万说："之前我很尊敬你，但现在你已经得不到这个尊重了，现在的你，只不过是鲁国的俘虏罢了。"南宫长万本来就力大无比，是个莽夫，听了这话非常恼怒，竟然操起棋盘打死了宋湣公。

宋国大夫仇牧闻听事发，于是带着兵器来到宋湣公的门前。南宫长万出门与仇牧搏战，仇牧受击之下头部撞在门上而死，把牙齿都撞掉了。南宫长万趁势杀死了太宰华督，然后改立公子游为国君。

宋国因此而大乱，众公子全都逃出国都，其他人逃往萧邑（今安徽省宿州市萧县西北），而公子御说逃到了亳邑（今山东省菏泽市曹县）。

南宫长万的弟弟南宫牛和将领猛获率军把亳邑围了起来，准备杀死御说。在萧邑的宋国公子搬曹国的军队援救亳邑，共同击杀了南宫牛，猛获逃到了卫国。之后，宋国公子诈称是南宫牛得胜回师，骗开国都城门后杀死南宫长万新立的国君子游，然后立公子御说为君，这就是宋桓公。

南宫长万一看大事不妙，赶快驾着车拉着他的母亲，一天时间就跑到了陈国。

政敌待在国外一天，宋桓公的国君之位就一天不得安稳，于是宋桓公请求卫国把猛获送回宋国，并花重金贿赂陈国，让陈国擒拿南宫长万并送回宋国。

卫国很快擒获了猛获，然后把他送回了宋国。而由于南宫长万力大无比，不好对付，于是陈国国君就使了个美人计，让一些美姬们轮番给南宫长万敬酒，直把南宫长万灌了个酩酊大醉，不省人事。

之后，早已埋伏在旁的卫士们上前，用犀牛皮把南宫长万包裹并捆绑了起来。南宫长万被送回宋国之后，与猛获一同被施以醢刑。南宫长万八十多岁的老母亲也一并被杀，下场非常悲惨。

匹夫之勇逞不得，美人劝酒要当心啊。力大无穷的猛将，终究难敌娇弱美人的浅笑把盏。

此时的宋桓公，在内得到了贵族们的支持，在外除去了政敌，宋国基本上算是趋于了稳定，所以根本不存在宋桓公君位不稳的问题。而齐桓公和管仲请命于周天子召集诸侯会盟重新确立宋桓公的君位，完全就是个借口，因此惹得宋桓公很不高兴。但宋桓公虽说不高兴，盟会还必须参加，第一齐国名义上打的是帮他稳定君位的幌子，第二齐国召集会盟得到了周天子的许可。

不过，令齐桓公失望的是，到了会盟之期，只有宋国、陈国、邾国（鲁国附属国，位于今山东省济宁市邹城市境内）和蔡国四个小国的国君来了，其他的诸侯都没有来。而蔡国国君蔡哀侯能赶来赴会，还不是因为齐桓公的威望起了作用，而是因为怨恨楚国曾经俘虏过他，想要来此寻找一个更强大的靠山。

蔡哀侯被楚国俘虏，其实完全可以说是一起姐夫戏谑小姨事件引发的国际事端。

蔡国是周武王之弟蔡叔姬度的封国。蔡叔度在参与武庚叛乱后被周公流放，不久就死去了。蔡叔度的儿子叫姬胡，因为他能够遵循良好的道德行为，崇德扬善，因此周公就举荐他为鲁国的卿士。姬胡在鲁国很有作为，使鲁国得到了更好的治理。于是周公就报告周成王，把姬胡封在了他父亲原来的封地蔡地。蔡国国都最初位于今河南郑州荥阳市境内，姬胡获封后迁往今河南驻马店市上蔡县。姬胡就是蔡仲。

蔡仲死后，其子姬伯荒继位。姬伯荒死后，其子蔡宫侯继位。蔡宫侯死，其子蔡厉侯继位。蔡厉侯死，其子蔡武侯继位。蔡武侯在位期间，周厉王逃奔彘地。蔡武侯死，其子蔡夷侯继位。蔡夷侯死，其子蔡僖侯姬所事继位。蔡僖侯三十九年，周幽王被犬戎所杀。蔡僖侯在位四十八年死，其子蔡共侯姬兴继位。蔡共侯在位二年死，其子蔡戴侯姬厉继位。蔡戴侯在位十年死，其子蔡宣侯姬措父继位。蔡宣侯在位三十五年死，其子蔡桓侯姬封人继位。蔡桓侯在位二十年死，其弟蔡哀侯姬献舞继位。

蔡哀侯娶陈国公主为妻，而相邻息国的息侯也娶陈国的公主为妻。蔡哀侯的妻子是姐姐，息侯的妻子是妹妹。蔡哀侯十一年的一天，息侯的妻子息妫（音归）回陈国娘家省亲，由于半路上要经过蔡国，于是顺便来蔡国看望姐姐。息妫长得面如桃花，是万里挑一的美人，蔡哀侯早就听说这个妻妹生得貌美如花，如今她来到了蔡国，怎么能不大献殷勤？但献殷勤没有错，错就错在蔡哀侯难以把持自己，竟然在息妫面前做出了轻薄不敬之举。息妫被姐夫蔡哀侯调戏，怒气冲冲地就走了，她在陈国省亲完毕，路过蔡国时绕道回了家。

息妫回国之后，就把遭到蔡哀侯非礼的事情告诉了丈夫，息侯一听如花似玉的妻子遭了连襟的咸猪手，不禁怒火中烧，发誓要报复。但息国毕竟也是个小国，和蔡国开战又实力不济，想来想去，就想出了一个馊主意。

当时的陈国，在现今的河南省周口市淮阳区一带，息国在河南省信阳市息县，蔡国在河南省驻马店市上蔡县。都是距离湖北荆州市荆州区也就是当时的楚国都城郢比较近的地方。息侯想出的主意就是请楚国假装攻打息国，然后息国向蔡国求救，等蔡国前来救援时楚国和息国两国里应外合，把蔡哀侯抓起来狠狠地教训一番。

这个时候楚国已经相当强大，国君是楚武王的儿子楚文王熊赀（音资）。当初楚文王的父亲熊通得不到周王室的封号，因此自封为楚武王。周桓王闻讯，于是召见之前帮助楚国争取封号的随侯，斥责他拥立楚国国君为王。随侯非常委屈，回国之后，便与楚国断了往来。楚武王对此十分恼怒，觉得随国背叛了楚国，于是就亲自率兵攻打随国。结果在出兵的路上，楚武王死在了军中。楚武王死后，楚国大丧，楚军只好收兵回国。

楚文王即位之后，曾经讨伐周边的申国（今河南省南阳市唐河县南）。路过邓国（今湖北省襄阳市境内）的时候，邓侯说楚文王是他的外甥，设宴款待楚文王。邓国三位大夫建议邓侯杀死楚文王，但邓侯没有同意。结果楚文王伐申回来就进攻邓国，并最终灭亡了它。

不过，楚国虽然强大并僭越冒用王号，却始终得不到中原大诸侯国和周王室的承认。其时楚国的国君，每天想的就是怎样通过打击中原的诸侯国，从而插手各诸侯国的事务，一来扩张楚国的疆域，二来借此树立楚国在中原各国间的威信，实际上这和齐桓公想要在诸侯中称霸是有相似之处的。而这个时候息国来求，可说是正中下怀，楚文王立即就很痛快地答应了。

按照息侯的计划，楚国起兵攻打息国，息国立即向蔡国求救。小姨子有难，姐夫支援，蔡哀侯不知是计，立即亲率大军前来救援息国。结果还没有安营扎寨，就在城外中了楚军的埋伏，蔡军无法抵挡楚军攻势想要入城暂避，结果息国城门紧闭，不放入内，蔡军被楚军打得大败，蔡哀侯最后被楚军活捉。

见蔡哀侯当了俘虏，息侯十分高兴，出城隆重地犒赏楚军，并把楚文王送出国境。这个时候，蔡哀侯才知道中了息侯的诡计，立即对息侯这个连襟恨之入骨。

蔡哀侯被押送到楚国之后，楚文王本来想要杀死他，但是楚国的大臣们都不同意，认为楚国好不容易在这些小诸侯国中树立了一些威信，现在杀死蔡哀侯，会让这些努力付之东流，于是楚文王便释放了蔡哀侯，然后大摆宴席款待蔡哀侯，准备释放他回国。

在饯行宴上，有一个弹筝的女子长得十分漂亮，于是楚文王就让弹筝女子给蔡哀侯敬酒说："这个女子琴弹得又好，人长得又漂亮，可谓是色艺俱佳，蔡侯你得喝一杯。"蔡哀侯想起吃小姨子的豆腐不成反而被连襟设计报复当了俘虏的事情，心里非常恼怒，他满饮一杯后不怀好意地说："这算什么？我的妻妹，也就是息侯的夫人息妫，那才算得上是绝代佳人，天下无双。"然后把息妫的容貌添油加醋地夸奖了一番，直把好色的楚文王说得垂涎三尺，欲罢不能。楚文王叹息说："如果能见息妫一面，就算是现在死了，也不会留下什么遗憾了。"蔡哀侯煽风点火地说："以大王您的威风，就是娶齐国这样大国的公主，也没有什么不可以的，更何况是臣服于您的息国的一个妇人呢！"楚文王听了非常高兴，想要见到息妫的心情更加迫切。

蔡哀侯走后，楚文王对息妫念念不忘，于是就假借巡游的名义，带兵来到了息国，息侯自然是恭恭敬敬地设宴款待。酒至半酣，楚文王就说："前段时间我曾经帮了尊夫人一个小忙，现在你为什么不把尊夫人叫出来向我表示感谢，给我敬杯酒呢？"那个时候，贵族人家的夫人小姐一般不在外交场合抛头露面，这是个礼节问题，而这个时候楚文王提出要见息侯夫人，实际上非常无礼。但楚国是大国，得罪不起，况且楚国也确实帮息侯出气教训过蔡哀侯，息侯自然没办法拒绝，于是命人叫来妻子，向楚文王敬酒。楚文王一见，息妫果然长得天姿国色，绝世无双。楚文王手足无措，想要亲手接过酒杯，但是息妫把酒杯递给女仆，由女仆转递给楚文王，然后行了个礼就回去了。楚文王对息妫倾慕不已，酒也喝得很不畅快，当晚回到馆驿，翻来覆去睡不着觉。

第二天，楚文王借口答谢息侯，在馆驿摆下酒席，暗中埋伏兵士在四周，然后请息侯去赴宴。酒酣耳热之际，楚文王又旧话重提，要求息妫出来替他劳军，息侯刚想找借口推辞，就被埋伏的兵士们抓了起来。楚文王径直跑到息侯宫中，来寻息妫。息妫听说息侯被抓，哀叹说："我引狼入室，真是自作自受。"想要投井而死，结果被楚将拦了下来。楚文王就在军中封息妫为夫人。因为息妫面如桃花，因此被称为桃花夫人。又过了一千二百多年，唐朝也出了一个据说是貌美如花的人，不过这个人是个男的，是武则天的男宠张昌宗，长得非常英俊，人称六郎。当时就有人拍马屁说六郎面似莲花,而宰相杨再思进一步创新了马屁思维,他说:"不是六郎长得像莲花,而是莲花长得像六郎。"让人听起来倒像是莲花是照着张宗昌的面孔雕刻出来的一样。如果按照杨再思的逻辑,实际上这个时候,应该说是桃花长得像息妫,而不是息妫长得像桃花,总之是容貌非常出众,让任何人看见都觉得美貌异常。

息国被灭,成为楚国的一座城池。息侯被带到楚国,楚文王封给他十家之邑,让他延续息国祭祀。灭国之仇,夺妻之恨,只要是个男人,谁能咽得下这口气?这个时候的息侯,就是悔青了肠子也没有用,不到几年,就忧愤而死。

而桃花夫人息妫,则很受楚文王宠爱,三年时间为楚文王生了两个儿子,这两个儿子后来都成为楚王,其中一个就是大名鼎鼎的楚成王。不过息妫虽然很受宠,给楚文王生了两个儿子,但从来不主动跟楚文王说话,楚文王非常纳闷,就问她为什么不跟他说话,息妫说:"我一女事二夫,不能为前夫守节而死都已经很羞耻了,还有什么脸面跟别人说话呢?"因此唐代大诗人王维作了一首名叫《息夫人》的诗,形容她此时的这种心情说:"莫以今时宠,忘却昔日恩。看花满眼泪,不共楚王言。"应该是十分贴切的。楚文王心里惭愧,不检讨自己抢夺他人妻室的丑行,反而再次把气撒到了蔡哀侯身上,说都是蔡哀侯这个家伙害得夫人不说话,于是又起兵攻打蔡国,直打得蔡国一败涂地,把蔡哀侯再次俘虏之后才了事。这一次,楚文王再没有释放蔡哀侯,直到九年后蔡哀侯客死楚国为止。

楚文王死后,担任令尹(楚国的令尹相当于丞相加大将军,集军政大权于一身)的小叔子子元又对息妫垂涎不已,在她的寝宫旁边搭了个戏台,每天演奏舞乐,想要挑逗勾引她。息妫不为所动,命人给子元带话说:"当年楚文王以武力征服诸侯,诸侯们朝贡的不计其数,现在楚国未去中原十多年了,而令尹不想着怎么重振楚国的声威,倒是整天在我一个寡妇旁边唱歌跳舞的,这好像非常奇怪。"子元听了很羞愧,羞愧之余,就想通过攻打郑国来证明一下自己的英武,结果带兵去了郑国之后,却被郑国的智囊叔詹施了个"空城计"(这是中国历史上第一个有记载的"空城计"),不敢妄动悄悄地撤了出来。带着三军出去,一无所获回来,自然是脸上挂不住,却又假装打了胜仗高奏凯歌而还,然后派人先向息妫报喜,结果又被息妫抢白了一番:"你如果真是打了胜仗,就该向全国的老百姓公开宣告,该赏的赏,该罚的罚,然后在太庙里祭祀一下列祖列宗,你给我一个寡妇说什么?"简直把子元羞惭得无地自容。但子元贼心不死,居然又趁着息妫生病的时候去献殷勤问候，并趁机住到了宫中，想要找机会把生米做成熟饭。息妫无奈之下，只好派人出宫召集一些忠诚的将领入宫靖难，杀死了子元。

息妫的无穷魅力大抵如此，看起来只要是见过她一面的男人，就没有不对她魂牵梦萦神魂颠倒的。不过，虽说是爱美之心人皆有之，但不顾礼仪的轻薄和蛮横无理地抢夺，自然会带来无穷无尽的灾难。息侯没有实力保护自己的妻子，一念失算导致妻子被抢国灭身房，痛悔之下郁郁而终；子元垂涎美色做作表演丑态百出，也不免落个身首异处的下场；而像蔡哀侯这样身为国君不知自重轻佻放肆，不仅招致了灭国之祸，也使自己两次被俘受辱，最终客死异乡。贪图美色的教训，难道还不够深刻吗？

而此时齐桓公会盟，前来参加盟会的蔡哀侯，正是第一次被俘遭释之后，满怀着对楚国的仇怨，想要来中原找一个可以依靠的大国，试图借力与楚国抗衡，以雪被俘受辱之恨。

齐国的第一次会盟，来的诸侯大抵就是这样的一些小角色，而大一些的诸侯国，一个都没有来。齐桓公有些失望，就想推迟会盟日期。管仲劝他说："三人成众，现在五个诸侯国聚在了一起，完全可以会盟了，况且第一次会盟，不可以改期，改期就是失信，以后还怎么取信于诸侯？"齐桓公深以为然，于是和宋、陈、蔡、邾四国诸侯相会结盟。虽然宋桓公的爵位高，是公爵，而齐桓公只是个侯爵，但齐国是大国，况且齐桓公手中有周天子的诏令，因此齐桓公被推选为盟主。五国订立盟约，大致内容有三：一是尊奉周天子，辅佐周王室；二是帮助弱小的诸侯国，共同抵御戎狄等少数民族入侵中原；三是对违背盟约的诸侯国，其他各国可以联合起来共同讨伐。

齐桓公有生之年，曾经九次与诸侯会盟，史称"九合诸侯"，而北杏会盟是第一次。这一年是公元前681年。

北杏会盟之后，宋桓公心里感觉很不舒服。其一，他这个国君其实已经做得稳稳当当，根本不需要齐桓公为他正名；其二，他的爵位比齐桓公高，反而屈居齐桓公之下，心中不平；其三，五国会盟之后，齐桓公就要求各诸侯国出兵一齐去攻打没有前来会盟的鲁国、卫国、郑国、曹国等这些国家，宋国若是答应，就会跟着齐国疲于奔命，而齐国如果打败这些国家成为霸主，对宋国就更加没有好处。

基于这几点考虑，心气不平的宋桓公没有向其他诸侯国辞行就偷偷地提前回国了，齐桓公听说宋桓公负盟先归，十分生气，就准备起兵攻打宋国，又被管仲劝止。管仲说，我们讨伐宋国可以，不过以天子的名义讨伐他就显得更加名正言顺。而且，我们可以先不急着去讨伐宋国，因为宋国距离我们毕竟远一些，而鲁国距离我们比较近，先把鲁国打败，宋国不足虑。齐桓公非常赞同，于是与管仲先率兵攻打鲁国的附属国遂国，因为齐桓公之前曾经邀请遂国会盟，而遂国没有前来赴会。遂国在今山东省泰安市宁阳县一带，是个小国，被齐国一战而下。之后齐国趁胜进军，鲁国大将曹沫率军抵抗，结果三战皆败，又被齐军占领了不少地盘。鲁庄公感到了前所未有的压力，于是请求把遂邑割让给齐国，然后和齐国在柯地（今山东省聊城市阳谷县境内）结盟。虽然遂邑已被齐国攻占，但通过外交程序确认这一战果，将遂邑永久划入齐国版图，这还是非常重要的。齐桓公于是就同意了。

但在会盟时，却出现了意想不到的情况。接连吃了几次败仗的鲁将曹沫不甘心鲁国的土地因为自己战败而失去，在坛上强行用匕首劫持了齐桓公，然后威胁齐桓公归还侵占的鲁国土地。齐桓公迫于形势，只好答应了。曹沫见齐桓公答应了，就扔掉匕首回到了臣列之中。齐桓公获得自由，就想反悔并杀死曹沫。管仲就劝谏说："既然你已经答应了，就不应该再违背，如果你现在杀死曹沫，虽然可以逞一时之快，但这样会失信于诸侯，对称霸没有一点好处。"于是齐桓公就把侵占的鲁国土地全部退还给了鲁国。

本来这对齐桓公来说，是一个屈辱之举，但没有想到的是，这个屈辱之举却为他赢得了意想不到的好名声，诸侯们通过这件事情，都认为他注重信誉，可以信赖，于是争先恐后地赶来跟齐国结盟。曹沫劫持并威胁敌国国君的这个举动对后世产生了非常大的影响，比如后来的蔺相如渑池之会威胁秦昭王为赵惠文王击缶、荆轲刺秦王嬴政等，无不是受了曹沫的影响，曹沫可说是刺客雏形，侠士之祖。

公元前680年，齐桓公派使者带着丰厚的礼物前去朝觐周僖王，声称宋国不尊崇周天子，在国内擅行废立，请求周王室兴师问罪。周僖王也想借助齐国的力量来树立王室的威望，于是就答应了齐桓公的请求，派出特约代表大夫单伯，让单伯带着王室军队，前去和齐国、陈国、蔡国共同讨伐宋国。

齐桓公以周王室的名义征伐背盟的宋国，宋国当然不敢背上与周王室作对的罪名，于是立即修书致好，请求归顺王室，并与诸侯结盟。于是在第二年冬天，也就是公元前679年，齐国拉着周天子的代表与卫国、郑国、宋国三国在鄄城（今山东省菏泽市鄄城县）会盟。各诸侯国看到齐国得到周王室的支持，于是共推齐桓公为盟主，齐桓公的霸主地位，在这个时候正式得到确立，史称"齐桓公始霸"。

周僖王是一任讲求实惠而不顾礼仪的周天子，得到齐国的尊奉和厚礼，于是就承认了齐国的霸主地位，周王室虽然得到了一些经济利益，但对王室的尊严来说，显然是有损害的。而在齐桓公称霸的次年，晋国的公室小宗曲沃武公攻杀大宗国君晋侯缗，自立为晋国国君。而周僖王在收到曲沃武公的贿赂之后，竟然承认了曲沃武公的不法地位，正式册封他为晋国国君。王室的这种做法理所当然地遭到了天下人的嘲讽。

公元前676年，周僖王死，儿子姬阆继位，是为周惠王。

还是在周惠王的祖父周庄王在位时期，周庄王非常宠幸一个名叫王桃的宠妾，这个宠妾替他生了个儿子名叫子颓，也比较受宠，周庄王委派大夫蒍国做他的师傅。由于周庄王的宠爱，养成了子颓任意妄为的性格，子颓喜欢养牛，不仅亲自给牛喂料，而且还给牛披盖上好的锦缎，平时就奢靡无度，此时又仗着是周惠王的叔叔，更加放肆不知收敛，因此招致了周惠王的不满。

不过，周惠王本人的品行也比子颓好不到哪里去，即位之后，就夺取蒍国的田园来饲养野兽，夺占靠近王宫的大夫边伯的房舍，夺取大夫子禽、祝跪、詹父的田地，收回膳夫石速的官爵。周惠王的贪婪之举，理所当然地激起了这几位大夫的强烈不满。所以，蒍国、边伯、詹父、子禽、祝跪、石速等人联合贵族苏氏，一齐作乱。周惠王二年，蒍国等五名大夫拥护子颓并攻打周惠王，没有取胜，于是逃亡到温地（今河南省焦作市温县南），而贵族苏氏则保着子颓逃亡到了卫国。子颓逃到卫国之后，取得了卫惠公的支持。因为之前卫惠公杀死兄长伋子即位，受到国人的谴责和反对，周王室出兵拥立卫惠公的弟弟黔牟即位，因此卫惠公深恨周王室。此时子颓来投，正是卫惠公反击的机会，于是联合南燕出兵攻打成周，赶走周惠王并拥立子颓为天子。

第二年春，郑国的郑厉公出面调停王室之乱，但没有成功，于是郑厉公设法俘虏了南燕国君，并把周惠王带到郑国，安置在之前他曾经暂居过的那个避难地栎邑。当年秋天，周惠王在郑厉公支持下攻入成周，搬取成周的宝器回到栎邑，供自己享用。

再说王子颓占据王城之后，尽情享乐。他设宴招待拥立他的蒍国等五位大夫，遍奏所有的舞乐。公元前673年春，郑厉公联合虢公起兵讨伐子颓，将子颓和拥立他的五位大夫全部杀死，周惠王得以复位。

为了感谢郑国和虢国的拥立之功，周惠王将酒泉邑（今陕西省东部一带）赐给虢国，将虎牢（今河南省郑州市荥阳市西北）以东的地方赐给郑国。这样一来，周惠王虽然重新复位，但付出了惨重的代价。

之前周桓王在位时期，费尽九牛二虎之力才从强势的郑庄公手中将郑国控制的虎牢等地调换回来，为此还得罪了苏国，挨了郑国的一箭，使王室大失颜面。如今，周惠王又将来之不易的兵家必争之地虎牢重镇轻而易举封给郑国，他的暗弱和不明，使周王室本就微弱不堪的统治力再一次遭到了严重削弱。

扩大了自己的游园尺寸，却缩小了国家的领土面积，即位之后毫无危机意识，不懂得用积极稳妥的方式去争取、瓦解政治对手的力量，却因一己之私而激化矛盾，逼反潜在的敌对势力，这样的政治水准，实在是令人不敢恭维。

接下来的一年公元前672年，是春秋齐国史上一个非常重要的年份，因为在这一年，陈国的公子陈完因避难来到了齐国。而他的到来，竟然改写了齐国的后半段历史。

陈国是帝舜的后代。从前舜做平民的时候，居住在妫汭，他的后代因此就用这个地名作为姓氏，姓妫。帝舜死后，把天下传给大禹，而舜的儿子商均被封为诸侯。夏朝的时候，舜的后人有的失掉封国，有的接续受封。到了周武王灭亡殷商，又寻访帝舜的后代，得到妫满，就把他封在陈国，来供奉帝舜的岁时祭祀，妫满就是陈胡公。

陈胡公死，其子陈申公妫犀侯继位。陈申公死，其弟陈相公妫皋羊继位。陈相公去世，陈申公的儿子妫突被拥立为国君，这就是陈孝公。陈孝公死，其子陈慎公妫圉戎继位。陈慎公在位期间，正是周王室的周厉王在位时期。陈慎公死，其子陈幽公妫宁继位。陈幽公十二年，周厉王逃奔到彘地。陈幽公死后，其子陈僖公妫孝继位。陈僖公死，其子陈武公妫灵继位。陈武公在位十五年死，其子陈夷公妫说继位。陈夷公在位三年死，其弟陈平公妫燮继位。陈平公七年，周幽王被犬戎所杀。陈平公在位二十三年死，其子陈文公妫圉继位。陈文公即位后，娶蔡国女子为妻，又生下一个儿子妫佗。陈文公在位十年而死，其长子陈桓公妫鲍继位。

陈桓公在位三十八年死，他的弟弟妫佗的母家是蔡国人，所以妫佗勾结蔡国人杀死了陈桓公的太子妫免，自立为国君。妫佗即位之后，也娶了蔡国的女子为妻。这个蔡国女子未嫁到陈国之前，在蔡国有个老相好，所以经常回蔡国与情人相会，于是妫佗就时常陪着她回去。陈厉公陪妻子到了蔡国之后，又和蔡国的其他女子淫乱。陈桓公的三个儿子妫跃、妫林、妫臼见此情景，知道为自己的哥哥妫免报仇的机会来了，于是共同让蔡国的美女引诱妫佗，然后与蔡国人共同杀死了他。因为妫佗在位不到一年，所以没有谥号。之后，妫跃被拥立为国君，这就是陈厉公。

陈厉公二年，生子妫完（因为他是陈国公子，因此又名陈完）。陈完出生后，周朝的太史路过陈国，陈厉公就请太史用《周易》替陈完占卦，占卜的结果是《观》卦变成《否》卦。太史解卦说："这是将会拥有国土的吉兆，利于朝见天子，做天子的贵宾。他将会代替陈国做天子的诸侯吗？应该不在陈国之内，大概会在别的国家，也不在他本身，会在他子孙。如果是在别的国家，必在姜姓的齐国，姜姓是尧时太岳的后代。事物不能够同时两方面都强大，陈国衰亡后，他大概就会昌盛吧！"

陈厉公在位七年死，其弟妫林继位，是为陈庄公。陈庄公在位七年死，三弟妫臼继位，是为陈宣公。

陈宣公在位期间，曾经多次参加齐桓公主持的诸侯会盟，与齐国、鲁国等强国的关系比较和睦。陈宣公有个宠姬生了个儿子名叫妫款，陈宣公想立他做继承人，于是就杀死了他的太子妫御寇。

因为陈完平时和妫御寇的关系非常好，所以妫御寇被杀之后，陈完害怕灾祸会降临到自己头上，于是就逃奔到和陈国关系较为友好的强国齐国。

齐桓公经过和陈完接触，发现他非常有修养、懂礼节，对他很有好感，于是就想任命他为卿士，但陈完推辞不受，他说："我只是个寄居之客，侥幸免于劳役，这是国君您对我的恩惠啊，我还怎么敢居于高位呢？"齐桓公非常敬重陈完，没有勉强，于是任命他为工正，让他管理百工。齐国的大族国氏国懿仲想将女儿嫁给陈完为妻，于是进行占卜，占卜的兆辞说："这叫作雄凤雌凰，一同飞翔，相和而鸣，声音锵锵。妫姓的后代，将在姜姓的国家繁荣发展。他的子孙五代之后就会兴旺昌盛，官爵与正卿并列。八代以后，就没有人能与他相比了。"

陈完到齐国之后，把陈氏改为田氏。田完死后，谥号为"敬仲"。因此，陈完又称为"田完"、田敬仲、田敬仲完。田完就是田姓始祖，这也是"陈田一家"的由来。公元前379年，他的九世孙田和取代姜氏自立为国君，开创田氏齐国。这是后话，后文讲述。

齐桓公成为中原诸侯的盟主之后，真正使他威名远播、声望如日中天的，应该是帮助燕国抵抗山戎的进攻，大败山戎并消灭令支、孤竹两国的军事行动。

燕国是召公姬奭的封国。召公死后，下传九世，传位给了燕惠侯。燕惠侯在位期间，周王室发生"国人暴动"事件。燕惠侯死，其子燕僖侯继位。燕僖侯二十一年，郑桓公刚刚封在郑地。燕僖侯在位三十六年死，其子燕顷侯继位。燕顷侯二十年，周幽王被犬戎所杀，西周灭亡。燕顷侯在位二十四年死，其子燕哀侯继位。燕哀侯在位二年死，其子燕郑侯继位。燕郑侯在位三十六年死，其子燕穆侯继位。燕穆侯在位十八年死，其子燕宣侯继位。燕宣侯在位十三年死，其子燕桓侯继位。燕桓侯在位七年死，其子燕庄公即位。

燕庄公十二年之时，齐桓公始霸。

山戎是春秋时位于我国北方一支实力较强的少数民族，是北戎和早期匈奴的一支，活动地域主要在现今的河北省北部。

公元前664年，山戎大举进攻燕国，包围燕国国都。燕庄公无力抵抗，立即向邻国齐国求援。从道义上来说，齐桓公此时作为中原诸侯的盟主，按照盟约有救援燕国的义务；从战略上来说，如果燕国被山戎消灭，齐国就得直接面对山戎，齐国的北部边境就会失去安宁。经过权衡，齐桓公答应出兵救援燕国。在管仲的陪同下，齐桓公亲率大军讨伐山戎。山戎听说齐国大军即将前来，于是在抢掠了大量财物后撤军北还。齐军趁机北进，经过半年的艰苦征战，打败了山戎，消灭了依附于山戎的令支（今河北省唐山市迁安、迁西和滦县北部一带）和孤竹（今河北省秦皇岛市卢龙县一带）两个小国。

在征伐孤竹国的时候，齐国大军在沙漠中迷失了方向，转来转去找不到回路。眼看就要有全军覆灭的危险，管仲献计说："我听说老马可以认得来时的路，不如从军中挑选几匹本地的马，让它们走在前面，或许可以把大军带出去。"齐桓公听从管仲的建议，放开几匹本地的马，结果那几匹马溜溜达达，果然把大军带出了沙漠。这就是非常著名的"老马识途"的故事。

齐国大军在群山中行进，找不到水源，危急之间，隰朋建议说："我听说有蚂蚁穴的地方，就一定有水源，蚂蚁夏天把穴建在凉爽的地方，冬天把穴建在温暖的地方，现在是冬天，如果在向阳的有蚂蚁穴的地方挖掘，一定能挖出水来。"士兵们依照隰朋的说法，在向阳的半山腰里有蚂蚁洞的地方挖掘，果然挖出了泉水，保证了大军的用水和稳定。

之后大军又开凿山路，但是进度比较缓慢，于是管仲教给军士们一首歌，让军士们边唱歌边凿土，不料将士们居然越干越有劲，山路很快被开凿了出来。齐桓公非常惊叹，就向管仲请教。管仲回答说："这就叫劳其形者疲其神，悦其神者忘其形。"也就是说，如果你增加一个人的工作量和劳动强度，那么这个人因为体力疲乏，精神状态都会因此而萎靡不振；反之，如果你先让一个人精神愉悦，然后再增强他的工作量和劳动强度，他就会因此而忘记疲乏，仍然保持健旺的精神。通过愉悦人的精神世界来挖掘人的潜能和动力，生在两千六百多年前的管仲居然就能如此深谙并熟练掌握人类心理深层这些微妙的元素，确实是令人叹为观止。

看看上面这些，就会由衷地令人敬叹，见多识广博闻强记真是不得了，多一份知识，其实就是多了一项生存的技能，有时候，它能保证让你避免许多不利因素，立于不败之地。甚至从某种意义上说，知识强于百万大军。

齐桓公回军的时候，将攻伐令支和孤竹得来的五百里土地全部交给燕庄公，然后嘱咐他重修召公之政，向周王室进贡，就像周成王、周康王时那样。燕庄公对齐桓公非常佩服，也非常感激，亲自送齐桓公回国，一路上难舍难分，不知不觉竟然进入了齐国境内，超过边界五十余里。齐桓公说："自古以来诸侯相送，不能送出境外，我不能因此让燕国国君背上失礼的罪名。"于是把这五十里土地割让给燕国。燕国得到北方五百里土地，又加上齐国新划赠的这五十里土地，立即成了春秋时期北方的大国。中原的诸侯听说这件事情之后，纷纷归附齐国。

此后，齐桓公率军帮助被狄人侵扰的邢国和灭国的卫国重新复国，使他的声望达到了空前的高度，中原诸侯无不畏服。

邢国是周公第四子的封国（今河北省邢台市）。邢国所处的地区，是戎狄频繁活动之地，邢国肩负着阻止戎人东出太行山侵扰周室的重任，同时可以联络齐、卫等国，并与北方的燕国遥相呼应，共同藩屏周室。邢国自建国之时起，就与位于现今河北中部的戎狄长期争战，春秋之初，邢侯曾大破北戎。但到春秋中末期，邢国国势日衰，已无法再与戎狄所建的中山国抗衡。

公元前662年，戎狄大举进攻邢国，邢侯急忙派人向齐桓公求救，可是等齐军日夜兼程赶到的时候，邢军已经溃败，邢国都城被戎狄攻破。邢国人为了避难，全都逃到了西山夷仪（今邢台市邢台县浆水镇附近）。戎狄将城内的财物劫掠一空，然后放火烧了邢都后撤退。邢侯在齐国军队的保护下回到国都，眼见得一片破壁残垣，不禁哀叹连个安身之地都没有了。齐桓公不住地安慰他，答应齐国将和宋、曹两国援助邢国重新建城，邢侯这才放下心来。

公元前659年，在齐桓公的主持下，齐、宋、曹三国军队帮助邢国在夷仪建了一座新城，然后将邢国迁到了那里。邢国上至公卿，下至百姓，都对齐桓公充满了感激之情。

卫国的第一任国君是周武王之弟卫康叔姬封。卫康叔受封之时，年纪还很小，所以周公特意写下《康诰》等文章来教诲他。卫康叔遵从周公的教导，卫国得到了很好的治理。周成王成年亲政之后，举用卫康叔为周王朝的司寇，赐给卫国宝器、祭器，用以表彰卫康叔的美德。

卫康叔死后，其子康伯继承君位。康伯死，其子考伯继位。考伯死，其子嗣伯继位。嗣伯死，其子庭伯即位。庭伯死，其子靖伯继位。靖伯死，其子贞伯继位。贞伯死，其子顷侯继位。

自康叔封开始，卫国几代国君都是一方诸侯之长的方伯，而到了顷侯之时，因其德衰，因此不得再继续监察诸侯的方伯，只好降称本来的爵位，称为卫顷侯。

顷侯在位十二年死，其子僖侯继位。僖侯十三年，周都发生"国人暴动"，周厉王被赶出国都，逃往彘地。因为卫僖侯的次子姬和非常有才能，当时在朝中担任三公，因此大臣们请他暂时代掌国政，并由召公、周公共同辅政。因为姬和的封地在共地（今河南新乡辉县市），所以他被称为"共伯和"，而将他代行国政之事，称为"共和行政"。

卫僖侯在位四十二年死，由于其太子共伯余早死，因此共伯和继位为卫国国君，这就是卫武公。

卫武公即位之前曾由周王室的大臣们公推代掌国政，可见其水平之高、能力之强、德行之美。担任卫国国君之后，他重修卫康叔之政，卫国国家安定，百姓和睦，再度强盛起来。卫武公四十二年，周幽王被犬戎所杀，他率兵辅助周王室抵抗犬戎，立下赫赫战功，被周平王封为公爵（公、侯、伯、子、男五等爵位最高一级）。

卫武公在位期间，能够时常自省自警，广开言路，采纳臣民的意见建议，是卫国历史上享有崇高威望的有为之君、有德之君，此后曾受到吴国延陵季子等贤人的广泛赞誉。（卫武公在九十五岁的时候，仍然作诗自警自戒，著名的"投我以桃，报之以李"之句，就出自他作的这首诗——《诗经·大雅·抑》）。

当时的卫国，是春秋时期的强国。但到得后来，卫国却沦落为二三流小国，其主要的原因，要从州吁乱国说起。

卫武公在位五十五年而死，其子姬扬继位，是为卫庄公。

卫庄公娶齐国女子庄姜为夫人，庄姜虽然美丽贤惠，却没有生下儿子。卫庄公又娶陈国女子为夫人，陈国女子早死，陈国女子的妹妹戴妫也受到卫庄公宠幸，生子姬完。戴妫死后，卫庄公让庄姜养育姬完，并立姬完为太子。卫庄公还有个宠妾，生下一个儿子州吁。州吁喜好兵事，于是卫庄公就让他担任将军带领军队。上卿石碏向卫庄公劝谏说："州吁是庶子，又喜好弄兵，你现在让他做将军，这会给将来做国君的太子造成威胁，卫国的变乱恐怕就会因此而起，你最好是设法裁削抑制州吁的权势，而不是助长他的骄横和狂妄。"但卫庄公听不进去。

卫庄公死后，太子姬完继位，是为卫桓公。卫桓公即位二年，因为州吁骄横奢侈，于是卫桓公就驱逐了他。州吁逃到国外之后，因为郑庄公的弟弟共叔段也因叛乱而被赶出郑国，所以州吁就和颇有相同爱好并同病相怜的共叔段结交为朋友。之后，果如石碏所料的那样，州吁通过收流卫国流亡的人，竟然袭杀了卫桓公。

弑杀卫桓公之后，州吁自立为卫国国君。自立为国君之后，州吁出兵替共叔段攻打郑国，同时请宋、陈、蔡等国一起出兵。于是四国联合起来进攻郑国，包围了郑国都城的东门五天后才撤军。

因为州吁的弑君行为和恃勇好战，卫国的士大夫和百姓都不拥护他，非常反感他。为了获得士大夫和百姓们的支持，州吁就想到了卫国已经告老还乡的重臣石碏。而石碏的儿子石厚和州吁的关系非常要好，于是州吁就让石厚到石碏那里请教安定君位的方法。

石碏早就想要除掉弑君自立祸害卫国的州吁，并多次严厉告诫儿子石厚不要与好事的州吁过从甚密，但石厚把父亲的忠告一点儿也不放在心上。石碏知道儿子已经无药可救，这样下去早晚会给家族招来灭族之祸，为了保全自己的家族，于是他决定一起杀死他们两个。

见石厚来问，石碏于是对他说："能够朝见周天子，君位就安定了。"

石厚问："怎么才能朝见周天子呢？"

石碏回答说："陈桓公现在正受周天子宠信，陈国和卫国的关系又和睦，如果去请求陈桓公，通过他向周天子请命，就一定能得到周天子的册封。"

接到回信的州吁信以为真，于是就带着石厚前往陈国。而实际上，石碏早就谋划好了杀死州吁、石厚的计策。

州吁和石厚前脚刚走，后脚石碏就派人向陈国送去一封信说："卫国地方狭小，我已经年纪大了，没有什么作为了。来的那两个人，正是杀害我们国君的凶手,请你们趁机设法除掉他们。"

石碏是一个很有名望的卿士,在诸侯国有较高的名望,现在他亲笔来信,陈国自然是非常重视。陈国人于是将州吁和石厚抓住,并请卫国派人前去处置。于是石碏派遣右宰丑前去,在濮地(今河南省开封市封丘县境内)杀死了州吁。然后派自己的家臣獳羊肩前去,在陈国杀死了石厚。

因为之前石厚不听父亲的良言相劝,助纣为虐跟着州吁胡作非为,因此石碏决绝地杀死了他。石碏因为国家之大义而杀死亲生儿子的行为,受到后人们的称赞,这就是典故"大义灭亲"的来历。

石碏为什么坚持要杀掉自己的儿子,他难道不爱自己的儿子吗?答案是否定的,在那个动辄灭族的时代,如果不忍痛杀掉跟着州吁为非作歹的儿子,那么等到州吁败亡,新君即位追究州吁、石厚等人的弑君之罪,那么石家就有可能会被诛灭三族。哪样轻,哪样重,相信任何一个理智的人,都会做出虽然悲痛但正确的选择。

杀死州吁之后,石碏拥立卫桓公的弟弟姬晋为君,这就是卫宣公。

卫宣公是春秋史上一位因淫乱而臭名昭著的诸侯国国君。早先的时候,他与他父亲卫庄公的姬妾夷姜私通,生了个儿子叫伋子。因为卫宣公的原配夫人没有生育,因此伋子被立为太子,卫宣公命右公子职辅佐教导他。伋子成年之后,卫宣公就准备替他娶妻,聘的是齐僖公的大女儿,就是被郑昭公姬忽第一次辞婚的那个宣姜。等迎亲的使者先返回之后,卫宣公听说宣姜长得非常美丽,于是就起了邪念,在河边修筑了一座新台,将宣姜截留了下来,然后找借口支开伋子,父夺子媳自己娶了。《诗经》中有一篇名为《新台》的诗,就是专为讽刺卫宣公筑台纳媳而作,后用"新台"比喻不正当的翁媳关系。不过,这类丑事在春秋时期非常普遍,已经没办法用文字来谴责。

卫宣公纳了宣姜之后,非常宠爱宣姜,接连生了两个儿子,一个叫子寿,一个叫子朔,卫宣公命令左公子泄辅佐教导他们。子寿性格比较仁厚,与伋子的关系较好,而子朔则品行相当恶劣。

伋子被父亲夺了未过门的妻子之后,也并未因此而怨恨父亲,仍然恭敬孝顺地对待父亲,但子朔和宣姜并不放过他,寻找一切机会在卫宣公面前诋毁他,说他的坏话,试图夺取他的太子之位。卫宣公本来就因为夺了长子的妻子而内心充满羞耻感,时间一长,这种羞耻感便变成了对伋子的极端憎恨,必欲除之而后快。现在子朔和宣姜在面前又哭又闹,诬陷说伋子在说宣公的坏话,怎不令卫宣公恼羞成怒？恼怒之余，卫宣公竟然与子朔合谋，想出了一个十分歹毒的主意。

卫宣公命令伋子持一面白旗到齐国出使，然后叫子朔的手下假扮强盗，埋伏在伋子出使的必经之路上，劫杀伋子。子寿从母亲宣姜那里知道了这个阴谋，赶快跑去告诉了伋子并劝阻他不要去。但伋子说："违背父亲的命令不去出使而活下来，这是不行的。"于是按期前往齐国。子寿见无法劝阻伋子，就偷了那面白旗抢先赶到了边境，想救兄长一命并代伋子去死。强盗看见白旗，以为是伋子，不由分说杀死了子寿。而这个时候伋子也赶到了，他见子寿被强盗杀死，伤心欲绝，对强盗说："你们杀错了人，你们要杀的是我。"强盗本来就是子朔的手下，自然认识伋子，仔细一辨认，发现果然杀错了人，于是又把伋子杀了。

强盗杀死伋子、子寿，然后前去报告卫宣公，卫宣公于是立子朔为太子。

看看子寿，就能明白什么叫兄弟手足之情，再看看子朔，就会发现权力这个东西会使人变成什么样的恶魔！伋子和子寿同时遇害，卫宣公受了惊吓，因此得了大病，过了一年就死了。

卫宣公死后，子朔继位，是为卫惠公。因为卫惠公诬陷并阴谋杀死伋子登上国君之位，因此左公子泄、右公子职及卫国的大夫们都不服气，于是联合起来攻击卫惠公，卫惠公逃亡齐国去投奔他的舅舅齐襄公。左、右公子在周王室的帮助下，拥立伋子的弟弟黔牟为君。

黔牟即位八年，齐襄公率领齐、鲁、陈、蔡四国军队讨伐卫国，击败周王室的军队，杀了左公子泄、右公子职，拥立卫惠公回国复位（此后导致了著名的"瓜代"事件）。黔牟逃奔到了周王室避难。之前卫惠公在位三年时间，后又在外流亡八年，加上中间夺位的时间，已经过去了十三年。

卫惠公虽然复位，也杀掉了左公子泄、右公子职，但是卫国国内对他的仇视并没有消除，所以他的君位也并不稳固。还是在卫惠公第一次即位之时，卫惠公同父异母的哥哥、伋子的弟弟昭伯，因为无法接受卫惠公当国君，于是逃到了齐国，因此和齐襄公相熟。从某种程度上说，昭伯作为伋子的亲弟弟，代表着伋子一方的利益。此时为了巩固卫惠公的君位，并保全自己的妹妹宣姜，齐襄公于是做出了一个令人瞠目结舌的决定，他主张让昭伯娶新寡的庶母宣姜为妻。这样荒唐的决定昭伯自然是无法接受，于是襄公就强迫昭伯娶了宣姜。之前卫宣公就纳了自己的庶母夷姜，现在他的儿子昭伯又纳了庶母宣姜，因此卫国的百姓都嘲笑说，卫宣公遭了报应，他们家有娶后娘的传统。

宣姜的命运实际上与六百多年后王昭君的命运十分相似，先嫁了个老国君，老国君死了之后又嫁给老国君的儿子，差不多都是政治的牺牲品，自己无法决定自己的命运。所不同的是，提起王昭君，人们都会油然而生敬意，而宣姜，则是声名狼藉。六百多年后王昭君被迫从胡俗嫁给继子，当时的人们都表示惋惜和同情，因为匈奴在中原人的眼里，毕竟是荒蛮之邦。但六百多年前地处中原之地的卫宣姜嫁给继子，招致了国人的一致抨击。人们先后写下《国风·君子偕老》《国风·墙有茨》《国风·鹑之奔奔》等诗作（均收录于《诗经》），讽刺宣姜不知羞耻，认为他们的丑行已经不能用言语来形容。

昭伯与宣姜生了五个孩子，三男两女，一男早死，另外两男分别是卫戴公姬申、卫文公姬毁，两女分别是宋桓公夫人、许穆公夫人。

与声名狼藉的宣姜不同的是，她的几个子女在历史上的表现都可圈可点，尤其是许穆公夫人，在历史上留下了非常好的名声，备受国人推崇。

许穆公夫人后世又称许穆夫人，她被称为中国历史上第一位爱国女诗人，原因是后来卫国被狄人攻灭后，远嫁许国的她不忘祖国，冲破许国出于礼法的层层阻挠，多方奔走呼告，终于打动齐桓公，取得齐国的援助，最终使卫国得以复国。许穆夫人有诗作数首传世，是诗经中的名篇，如《竹竿》《泉水》《载驰》等。

卫惠公二十五年，他怨恨周王室收留自己的政敌黔牟，于是和南燕国一起攻打周王室。周惠王逃奔到温国，卫国、燕国于是拥立周惠王的弟弟子颓为王。但卫惠公的行为遭到了郑国的强烈反对，郑厉公出面杀死了子颓，又拥立周惠王复位。

卫惠公在位三十一年死（包括黔牟在位的八年），儿子姬赤即位，这就是卫懿公。而卫国遭遇灭国之祸，最根本的原因是由于卫懿公玩物丧志引起的。

卫懿公有个特殊的爱好，就是养鹤。仙鹤素来有志行高洁、延年益寿之象征，卫懿公喜欢养鹤，无非想追求超凡脱俗，不同于凡人。但普通人养上一两只趁着闲暇偶尔赏玩一下可以，而作为国君不治理国家，每天以养鹤为业，那就非出大问题不可。

卫懿公即位之后，不修国政，但对养鹤格外用心，而且他养的这些鹤，享受的待遇特别高，上等的鹤，享受大夫的俸禄，差一等的，也能享士的俸禄。卫懿公出游的时候，让仙鹤分为好几个班次，乘坐华丽的轩车，还把鹤称为"鹤将军"。卫懿公向百姓征收很重的赋税，以资养鹤的费用。有人能献鹤养鹤，也能得到重赏拿到高薪。而百姓们有什么吃不饱穿不暖之类的困难，卫懿公一概不予理会。他曾经养过鹤的地方，还因此而得名，这就是现今河南省鹤壁市的来历！

卫国一些忠诚贤德的大夫屡次向卫懿公劝谏，但卫懿公哪里能听得进去。

公元前660年，狄人发兵进攻卫国。卫懿公一看大事不妙，赶快发布战前动员令，命令百姓从军抵抗，但百姓们都逃进了深山。卫懿公大怒，命人拘捕百姓来拷问。百姓们就提了个建议说："国君您用一样东西就可以把狄人打败，何必用得着我们？"卫懿公一听喜出望外，就问："用什么东西可以打败狄人？"众人的回答简明扼要："鹤。"卫懿公哑然失笑："鹤怎么能打仗，这不是笑话吗？"百姓回答说："既然鹤不能打仗，那么你为什么养着它们，还封它们爵位，而不管人的死活呢？"卫懿公知道自己理屈，只好认错说："我知道自己错了，现在我把这些鹤全部放走，以后保证好好对待人民，你们去帮我打仗行不行？"他的大臣说："你应该赶快这么做，但恐怕也已经有些晚了。"于是卫懿公命人把鹤放了，但鹤也是有感情的动物，被卫懿公豢养了这么长时间，恋恋不舍地盘桓着不肯飞走，卫懿公彻底傻眼了。没有办法，卫懿公只好带着为数不多的兵士亲赴前线。军士们都怨声载道不肯出力，结果卫军被狄人打得大败。卫军战败之后，卫懿公不肯收起自己的旗帜，结果招致了狄人更猛烈的攻击，卫国军队一败涂地，卫懿公被狄人杀死。

当时，狄人俘获了卫国的两个史官华龙滑和礼孔，然后带着他们追赶卫国败军。两个史官说："我们是国家的太史，执掌祭祀，如果我们不先回去，你们是不能得到国都的。"狄人听了，于是就先放他们回去。两位史官回都之后，告诉守卫的卫国人说："赶快撤退，不能再等了。"当天夜里，二人带着国都的人一齐退出了国都。

狄人进入卫国国都，将财富劫掠一空，之后又追上前去，在黄河岸边再次打败卫国军队。

自从卫懿公即位，卫国大臣和百姓都不拥护他们。因为之前卫懿公的父亲卫惠公用很卑鄙的手段谗害并杀死伋子而得到君位，因此自从卫惠公复位，卫国的人就暗中议论说："天若有眼，他们一家人都不得好死。"行事伤天害理如此，竟至于使国内的百姓发出了如此恶毒的诅咒，也实在是太罕见了。

现在卫懿公被杀，于是卫国人都建议立伋子的后代。因为伋子的儿子也死了，而代替伋子死的子寿又没有儿子。伋子有同母弟二人，一个是黔牟，曾经被拥立为国君，但八年后又离开国君之位，此时也已死去。另一个是昭伯，此时也已死去。于是卫国人就拥立昭伯的儿子姬申为君，这就是卫戴公，暂时寄居在曹邑。许穆夫人在此时写下著名的《载驰》一诗，并建议赶快向齐国求救。齐桓公被深深地打动，于是派公子无亏率战车三百辆、披甲之士三千人，并联合宋、鲁、曹、邾等国军队，一齐前去救援卫国，并赠送给卫戴公不少财物。

卫戴公在位一年而死，其弟姬毁又被拥立为国君，这就是卫文公。

卫文公即位之前，因为卫国祸患实在太多，所以早在狄人攻打卫国之前就跑到了齐国避难。狄人杀死卫懿公之后，因为宋国国君宋桓公的夫人是卫戴公、卫文公的嫡亲胞妹，所以宋桓公率军在黄河边迎接逃亡的卫国军民，连夜把卫国军民接到了河对岸。卫国剩余的遗民只剩下七百三十人，加上共地、滕地逃亡的百姓，共有五千人。

卫戴公死后，齐桓公因为卫国多次发生内乱，于是就率领诸侯军队攻打狄人，并帮助卫文公在楚丘（今山东菏泽成武、曹县一带）建筑城池。

卫文公最初名叫姬辟疆，后来他到周王室朝见周天子，周王室的大臣就问他的名字，得知他叫辟疆之后，对他说："启疆辟疆，这都是天子所用的名号，诸侯是不能用的。"其时虽说周王室衰微，但诸侯僭越还是会冒天下之大不韪，遭到诸侯们的讨伐，更兼其时齐桓公尊王，所以卫文公就把自己的名字改为姬毁。卫文公在位期间，能够减轻赋税，慎用刑罚，亲自参与生产劳动，与百姓同甘共苦，收揽民心，因此卫国的国力得到了很好的恢复和发展。他在位初年，卫国的战车只有三十辆，但到他在位末年，卫国的战车达到了三百辆。卫文公是卫国历史上一个有为之君，但因为公元前644年晋国公子重耳（即晋文公）逃亡时路过卫国未得到卫文公的礼遇，因此卫国此后差一点儿招致了灭国之祸。

卫文公在复国并即位之后，对齐桓公特别感激，特意命人作诗一首，以感念齐国的恩德："投我以木瓜兮，报之以琼琚，匪报也，永以为好也。投我以木桃兮，报之以琼瑶，匪报也，永以为好也。投我以木李兮，报之以琼玖，匪报也，永以为好也。"（《诗经·卫风·木瓜》）意为你给我一个木瓜（木桃、木李），我给你一块美玉，这样做并不是为了报答你，而是为了建立永恒的友谊。这首诗用重章叠句的结构方式，反复叹唱，极具感染力。可想而知当时卫国人感激涕零的心情。

齐桓公率领诸侯国军队"救邢存卫"，使他的名望大增，成为春秋时期名副其实的霸主。

恰巧在这一个时段，鲁国又接连发生了内乱。几个国君先后被杀，事情的起因都是因为鲁国的公子庆父。

早先的时候，鲁庄公曾经修了一座高台，与大夫党氏的宅院相邻。党氏大夫有个女儿名叫孟任，长得非常漂亮，鲁庄公有好几次登台望远，都看到了党氏院里的孟任。鲁庄公非常喜欢孟任，于是就许诺立她为夫人，请求孟任嫁给他。孟任在割破手臂与鲁庄公盟誓之后，嫁给了鲁庄公，后为他生下一个儿子名叫姬斑。姬斑长大后，也学他父亲的样子，爱上了大夫梁氏的女儿，时常让一个叫荦（音洛）的马夫驾着车载着他去看。结果有一天，姬斑去看梁氏女子，居然发现他的车夫荦正在隔着墙与梁家姑娘调情。姬斑大怒，命人把荦抓起来狠狠地抽了一顿鞭子。鲁庄公毕竟已经积累了丰富的生活经验，听说这件事情后就告诫儿子说："儿子啊，马夫荦是个大力士，你现在既然鞭打了他，那就赶快把他杀掉。"姬斑不以为然地说："他一个马夫，还能把我怎么样？"并没有听从鲁庄公的话。

而在这个时候，鲁庄公病倒了。鲁庄公有三个弟弟，最大的叫庆父，其次是叔牙，最小的叫季友。庆父平日就专横霸道，不可一世，竟然与鲁庄公的原配夫人哀姜（齐襄公的女儿）私通。哀姜没有生孩子，她的妹妹叔姜为鲁庄公生下一子名叫姬开。鲁庄公宠爱孟任，就想立孟任所生的儿子姬斑为太子，于是征求三弟叔牙的意见。叔牙早就与庆父串通一气，想支持庆父当国君，此时见鲁庄公征求他的意见，于是说："父死子继，兄死弟及，这是鲁国的传统啊。庆父在，可以作为继承人，国君您有什么忧虑的呢？"

鲁庄公担心自己死后叔牙要立庆父，所以等叔牙退出之后，就问幼弟季友。季友说："我拼死也要拥立你的儿子姬斑为国君。"鲁庄公说："刚才叔牙说要拥立庆父，怎么办？"季友说："这件事情交给我吧。"

季友出宫之后，以鲁庄公的名义，命令叔牙到大夫针巫氏家里等候，然后让针季扣押了叔牙，并强迫他饮鸩酒说："喝下这杯酒，那么你还有后代祭祀，要不然，你死了连后代都没有了。"叔牙为了保全自己的家人，只得饮下毒酒而死。鲁庄公于是下令立他的儿子为叔孙氏。

鲁庄公死后，季友于是遵照他的遗愿，拥立太子姬斑为国君。因为处在父丧期间，姬斑没有回宫，就暂时住在舅舅党氏大夫家里。

庆父看到机会来临，立即找到曾经被姬斑鞭打过的马夫荦，让他去党氏家里刺杀姬斑。马夫荦当初挨了一通鞭子，一直想要报这个仇，于是立即潜入党氏大夫家里，刺杀了姬斑。季友闻听姬斑被杀，于是赶快逃亡到了陈国。

早先庆父与哀姜私通，就打算立哀姜妹妹的儿子姬开为继承人，此时庆父指使马夫荦杀死姬斑，于是如愿以偿，立叔姜之子姬开为国君，这就是鲁湣公。

鲁湣公二年，庆父与哀姜私通更加公然不避。哀姜与庆父谋划，想要杀死湣公而拥立庆父做国君。庆父于是派人在宫中袭杀了鲁湣公。逃亡在外的季友听说这件事情之后，从陈国与鲁庄公姬妾所生的儿子姬申一起前往邾国，请求鲁国立姬申为国君。鲁国的大夫们谋划杀死庆父，庆父非常害怕，于是就逃奔到莒国。

早在鲁闵公元年（公元前661年）冬，齐国大夫仲孙湫受齐桓公的委派，前往鲁国视察鲁国的内乱情况，并特意关注庆父的动静。仲孙湫回国之后向齐桓公复命之时，就说："不去庆父，鲁难未已。"（不除掉庆父，鲁国的变乱就不会停止。）齐桓公提出由齐国发兵除之，仲孙湫觉得庆父的罪恶还没有昭彰，齐国出兵师出无名。不过仲孙湫预测说，庆父离自取灭亡的日子已经不远了，他不甘心居于人下，日后必定会发动变乱，齐国趁着变乱出兵安定鲁国，正是王霸之业。

而到这个时候，仲孙湫的预言竟然真的应验了。

季友侍奉姬申回国，齐桓公派出三千甲士，助季友拥立公子申为君，是为鲁僖公。哀姜见状非常害怕，于是逃奔到邾国。

季友派人携带财物前往莒国行贿购求庆父，莒人收到重金，于是把庆父送回了鲁国。季友派人前去诛杀庆父，庆父委托大夫奚斯前去替他求情，请求让他逃亡，但季友没有答应。为了永绝后患，季友就派奚斯边走边哭去见庆父。庆父听到奚斯的哭声，知道奚斯未能帮自己完成请托事项，于是就自杀了。庆父死后，鲁国人立他的后人为孟氏。

因为庆父、叔牙、季友都是鲁桓公之子，所以他们的后代孟氏、叔孙氏、季氏被人们称为"三桓"。"三桓"在之后成为鲁国的强盛大族，鲁国的国政全部操控在他们手里，而鲁国公室越来越卑微，鲁国国君在他们面前就像小侯一样，几乎沦为"三桓"的傀儡。

齐桓公听说哀姜与庆父淫乱危害鲁国，使鲁国二君都被庆父杀死，感觉有损齐国的颜面，于是从邾国召回哀姜并将她处死，然后把她的尸体送回鲁国，在鲁国的闹市示众。齐桓公杀死哀姜，虽然维护了齐国的尊严，但有一些人认为他做得太过分了，因为齐国毕竟是哀姜的娘家，而哀姜既已出嫁，就应该听凭她夫家的处置。对鲁国来讲，虽然哀姜淫乱招致了国难，但毕竟曾为一国之母，于是鲁僖公请求安葬了她。

第七节　召陵之盟、齐桓公称霸、"三贵"饿死齐桓公

　　齐桓公帮助鲁国定乱、救援邢国并帮助卫国重新复国，使他的声名远播中原，诸侯无不钦服。当然，对于齐国的强大，也有人表示很不服气，这个人就是楚成王。

　　楚国在楚文王在位时期，把都城迁到了交通更加便利的郢（今湖北省荆州市纪南城），楚国更加强大，周围的小国无不畏惧楚国。楚文王死后，桃花夫人息妫所生的大儿子熊艰即位，称为庄敖。庄敖即位的第五年，想要杀死他的弟弟熊恽，熊恽逃到随国，与随国一齐袭杀了庄敖。之后熊恽代立，称为楚成王，熊恽也是息妫所生。

　　楚成王的王位能够巩固并使楚国在变乱中再度走向稳定强大，令尹斗子文起了很大作用。楚文王死后，楚文王的弟弟令尹子元想要篡夺王位并谋娶息妫，最后甚至住进了王宫里面，息妫被逼无奈，于是暗中命斗子文入宫靖难，这才杀了子元，平息了内乱。内乱平息之后，令尹缺位，于是斗子文被任命为令尹。

　　斗子文原名斗谷於菟（音兔），这个名字非常奇怪。斗是姓，而谷於菟是名，而子文是字。为什么起这么怪的一个名字呢？也是有一段来历的。斗子文的爷爷名叫斗若敖，娶的是郧国（郧音云，今湖北孝感安陆市一带）公主，生了个儿子叫斗伯比。斗若敖早死，于是斗伯比就跟着母亲住在郧国外祖母家，他的舅母，也就是郧侯夫人比较疼爱他，于是把他养在宫中。郧侯有个女儿，年纪和斗伯比相差无几，两个人青梅竹马，时常在一起玩耍。等斗伯比长大的时候，和表妹顺理成章产生爱情，不过不太好的是，居然发生了未婚先孕事件。郧侯夫人知

道后非常生气，为了不走漏风声并保住女儿的名节，她把女儿关了起来，不许与斗伯比再相见，也不许斗伯比再入宫。等女儿分娩之后，郧侯夫人命人将女儿所生的婴儿扔到了野外。斗伯比很羞惭，于是和母亲回到了楚国。且说仆人扔掉婴儿之时，郧侯正好到野外打猎，突然看到不远处卧着一头老虎，于是赶快命令左右放箭，结果却不是射左了就是射右了，一箭也没有射中。于是郧侯命人上前察看，居然惊奇地发现这头老虎在替一个小孩儿喂奶。郧侯非常惊讶，认为这个老虎是个神物，吩咐从人们不要惊动，然后回了宫，并把这件事告诉了夫人。夫人大惊："这个孩子正是我扔掉的。"郧侯就问："你扔的是哪里的孩子？"夫人如实回答："这个孩子就是外甥斗伯比和我们女儿生的，我怕坏了女儿的名声，所以把他扔在了野外。"郧侯一听更加吃惊："这可不得了，据说当初帝喾的妃子姜原在野外踩了巨人脚印，生下了后稷。后稷出生以后，姜原也是怕丢人，把他扔在了野外，结果牛马不踩踏，鸟儿们用羽毛覆在身上给他取暖。姜原认为很神奇，又把他捡了回来。之后后稷被尧封为农官，成为周朝的始祖。现在我们这个外孙有老虎给喂奶，将来也必定是个贵人。"于是郧侯夫妇又命人把婴儿从野外抱了回来，并把女儿送到楚国，跟斗伯比成亲。这个婴儿长大以后，就是斗谷於菟。谷，楚国方言是喂奶的意思，於菟，则是老虎的意思，斗谷於菟这个名字的意思就是：斗姓人家让老虎哺乳过的孩子，或者是，斗家那个吃过虎奶的孩子。感觉真是有趣极了。后稷的神奇出生在第二章中已经讨论过，此处不再重复，此处对照斗谷於菟的出生，就会有更充足的理由使人们相信：那些罩在后稷以及他母亲姜原身上神奇传说的实质，其实就是为了替未婚先孕或者野合找借口。此处的斗子文，老虎哺乳这事有一定的概率，古希腊传说建造罗马城的两兄弟也是被遗弃之后因为吃狼奶而活了下来，与斗子文的传说可说是相差无几，如出一辙。

斗子文担任令尹之后，看到楚国财力不足，于是号召楚国贵族向国家交还一半的封地并提倡勤俭节约，自己率先带头交地。榜样的力量是无穷的，其他人一看令尹如此，虽然内心不愿意，但也只好照做。这个举动使遭遇内乱之后的楚国迅速渡过了难关，政局也很快稳定了下来。斗子文因此被称为楚国名相。

楚成王是一个比较有作为且很有权谋的国君，在即位之初，他就知道同周边的诸侯国搞好关系，并且还派人向周王室献上了礼物。收到礼物的周惠王既有些感动，又有些畏惧，于是再三斟酌外交辞令，赐给楚成王周王室祭祀用的祭肉说："你们楚国就镇抚好南方那些蛮夷小国家，不要让他们入侵中原。"（镇尔

南方夷越之乱，无侵中国）

　　有了周王室的授权，楚国开始征伐周边的小国，疆域再次得到大幅扩张，最终成为南方的大国。楚国是大国，齐国也是大国。楚国一直得不到中原各国的承认，而齐国却得到了中原各国的追随，这就让楚国感到非常不高兴。那么齐、楚二国之间的矛盾，就自然是不可避免了。

　　不过大国之间交手，就必定会先拿和对方关系较好的小国下手，就如同两个黑社会老大拼杀之前，就必须先拿对方的小弟出气并借机试探一样。看对方实力怎么样，能不能黑吃黑，如果吃不过，那么两个老大就最好不要直接动手撕破脸皮，这样日后也好有回旋的余地。凡事留一线，日后好相见，牺牲小弟的利益，让小弟受委屈，这对老大来说是无所谓的。

　　楚国找到的这个齐国的小弟就是郑国。郑国地处河南中原地带，周围没有屏障。自从郑庄公死后，国势渐弱，便渐渐成了齐、楚以及后来强盛的晋国的欺凌对象。楚国想要向北打，郑国首当其冲；晋国想要向南打，郑国首当其冲；齐国想要向西打，郑国首当其冲……这个郑国夹在中间，比钻进风箱的老鼠还要难受，几头子受气！睡觉都睡不安稳。为了在夹缝中求生存，郑国不停地在齐国、楚国、秦国这些大国之间来回周旋，秦国打来了跟秦国结盟，楚国打来了跟楚国结盟，左右摇摆不定。这就是成语"朝秦暮楚"最早的来历。

　　楚国出兵攻打郑国，齐国自然不甘示弱，也拿楚国的小弟下手。齐国找到的这个楚国的小弟就是蔡国。

　　说起来，蔡国和楚国本来是仇敌，和齐国还是姻亲。之前蔡哀侯调戏小姨子息妫，被息侯设计让楚文王俘虏，蔡哀侯深以为耻，因此在齐桓公第一次北杏会盟的时候，还跑来和齐国结盟。之后还曾经又一次被楚文王攻打，被楚国俘虏后死在楚国。而这个时候，蔡国国君是蔡哀侯的儿子蔡穆侯。蔡穆侯的妹妹还是齐桓公的姬妾。因此，从这种关系上来说，蔡国无论如何都应该跟齐国亲密无间，跟楚国不共戴天才是，但实际上，有时候促使战略格局发生重大改变甚至截然相反的，往往是一些很不起眼或是很滑稽的小事。

　　发生在齐国和蔡国之间的这件小事，是一件很令人啼笑皆非的事情。齐桓公和蔡哀侯的女儿蔡姬在水上游玩，乘的是一条小船。蔡姬很年轻，大约二十几岁，正是青春激荡的年龄，朝气蓬勃比较活泼，再加上自小在南国长大，水性较好，就把船摇来摇去，想逗齐桓公开心，或者是想恶作剧把夫君捉弄一下。而齐桓公五十多岁六十岁的老头子了，自小在北方长大，基本上就是旱鸭子，再加上或许还有高血压冠心病等许多老年并发症，哪里能禁得起这样的折腾？当即脸色发白，恐惧异常，于是就让蔡姬别摇了，但蔡姬摇得越发起劲。齐桓公大发雷霆，说这个臭丫头不好好侍候我，不是个做夫人的料（婢子不能事君），命人把蔡姬送回了蔡国。但并没有写休书，也没说再不要蔡姬了。实际上只要是在男权社会，男人对女色或者说是女性资源的那种独占心理就一丝也不会减弱，他的女人即使他不要了，别人也绝对不能打这个主意想着再娶（比如说后来曹操的原配丁夫人，因为曹操跟张绣的寡婶私通导致长子曹昂被杀，丁夫人一气之下回了娘家，一辈子再未嫁人，别人也不敢娶她），否则就只能是坐等祸事上门。此时的齐桓公，本意就是把蔡姬送回去，让蔡国好好教训一下，然后再毕恭毕敬地送回来，然后赔情道歉，给齐国挣个天大的面子，事情也就算完了。但蔡国的蔡穆侯哪里会有这样的觉悟？见齐国把妹妹送了回来，倒感觉自己很没面子，一怒之下，把妹妹嫁给了别人。并且把妹妹嫁给谁不好，偏偏就嫁给了齐国的死对头兼自己的仇敌楚国，让蔡姬做了楚成王的夫人。

齐桓公作为中原诸侯的霸主，在诸侯国里说一不二，就连周王室也忌惮三分，可如今自己犯了错误的夫人不但不回来道歉还再嫁敌国，这个面子可伤得不轻。既然齐桓公伤了面子，那就必须找机会有所弥补。蔡国被打的命运，已经是无法改变。

第二年春天，也就是公元前656年，齐桓公率领齐、鲁、宋、陈、卫、郑、许、曹等八国军队进攻蔡国。小小的蔡国，哪里是八国军队的对手？蔡国军队一战即溃，蔡穆侯当了俘虏。

打败蔡国之后，齐桓公带着俘虏蔡穆侯，率领八国军队乘胜向南，进逼楚国边境。楚成王得报，立即派一个名叫屈完的使者前往质问："齐桓公你住在渤海边上的山东，我住在南海边上的荆襄，就是牛马发情之后狂奔追逐，也不会跑这么远，不知道你到我这里来，却是为了什么？"（君处北海，寡人处南海，唯是风马牛不相及也，不虞君之涉吾地也，何故？）这个问词相当幽默，完全不是外交辞令，颇有些打开天窗说亮话的意思，既显示出了楚国的不满，也暗藏了楚国的实力。因为如果是像蔡国那样的小国，是根本不敢用这种戏谑的口吻和语气说的，毕恭毕敬地前去劳军，说不定还会被训斥一番。齐桓公不擅长应对这种紧急的辞令，于是管仲就代他回答说："之前周王室的先王曾经授权我国的姜太公，对于不尊奉周王室的诸侯，都有权力征伐。你们楚国不向周王室进贡祭祀时滤酒用的青茅，并且周昭王南巡时没有返回，所以我们今天来问个清楚。"屈完代楚成王回答说:"好吧,不进贡包茅,是我们不对,但是周昭王南巡时淹死在汉水里,那你们就到汉水边去问吧。"因为周昭王那个时候,汉水还不属于楚国的国土,所以此时楚国会这么理直气壮。管仲见楚国使节不卑不亢,感觉到楚国必有准备,况且楚国实力也非同一般,一旦引发战争,连年战乱,并不会给齐国带来好处,于是建议齐桓公和屈完订立盟约,并应屈完之请,叫八国军队后退三十里,驻扎在召陵(今河南省漯河市召陵区),让屈完回去向楚成王复命。

　　楚国虽然强大,但面对八国大军重兵压境的不利境况,也不敢掉以轻心,经过权衡利弊,楚成王承认自己不进贡的罪过且答应立即向周王室进贡包茅,再次派屈完前来缔结盟约。齐桓公听说屈完再来,想要显示联军的军威,于是提前命令各国做好准备,然后邀请屈完一起检阅军队。只见八国军队八个方阵,鼓声响处,旌旗招展,将士们挥矛舞戈整齐划一,要多威风有多威风。齐桓公得意扬扬,咄咄逼人地问屈完说:"你看我们有这么强盛的军队,试问有什么样的仗打不赢,又有什么样的城攻不克呢?"屈完回答说:"君侯您是中原诸侯国的盟主,如果您能扶弱济困,以德服人,谁敢不从?而如果您仗着兵强马壮来以势压人,那我们楚国虽然力量相对弱小,但以高高的方城做城墙,深深的汉水作壕沟,您纵然有千军万马,也未必能有用武之地。"屈完确实是一个出色的外交家,一番出自道义上的更高境界的措辞,让齐桓公感觉很惭愧。齐桓公惭愧之余,也非常佩服屈完的才能,再加上楚国已经认错并准备恢复向周王室的进贡,自己在外交上已经取得了胜利,所以完全没有必要闹到兵戎相见的地步,于是跟楚国结盟,然后带领八国军队班师回国,并在其他各国的请求下释放了蔡穆侯。

　　齐桓公向屈完炫耀军威的这个精彩片段,后来屡次被他人效仿,甚至被小说家写进了文学作品中。罗贯中《三国演义》第四十五回:三江口曹操折兵,群英会蒋干中计。周瑜就做了同样的一件事,先拉着蒋干让他参观他的军营,然后问蒋干他的军士是不是很雄壮,粮草是不是很足备,把前来做说客的蒋干狠狠地惭愧了一把,从而触动了蒋干的自卑心理,为自己施反间计打下了基础。不过这都是小说家言,并不是事实,赤壁之战之前蒋干并没有替曹操做说客,也并没有到周瑜那里去。

　　而在此时,齐桓公带领八国军队,在召陵跟楚国订立盟约,在历史上非常有名,他率领的八国军队被称为"召陵之师",而这次订立的盟约也被称为"召陵之盟"。召陵之师在楚国人心上打下了深深的恐怖烙印,一百多年之后,楚国的楚灵王想要追求霸业,没有选择商汤、周武王等这些圣贤做仿效对象,却把齐桓公的"召陵之师"作为学习榜样,可见这次会盟给楚国人留下了什么样的深刻印象。

不过,齐桓公和管仲率领八国军队共一千多乘兵车(每乘兵车由四匹马拉动、三名甲士驾驭、七十二个步卒跟随),军容之盛,前所未有,而跟楚国一仗未打,仅仅要了几车青茅,讨了个嘴上便宜回来,也因此而受到了后人的讥讽。因为当时齐桓公作为中原盟主,其中一个很重要的职责就是率领各诸侯国共同抵御戎狄等少数民族的入侵,楚国虽然是大国,但在当时中原诸侯的眼里,也是南蛮,是少数民族。楚国屡次进犯中原,攻打郑国,此时八国大军齐集,本是力挫楚国的好机会,但就这样白白地放弃了,致使此后楚国侵犯中原如故,但中原却再也无力组织起如此大规模的军事行动与楚国相对抗。

不过客观来说,当时诸侯联军一旦选择跟楚国开战,楚国内有斗子文,外有屈完,再加上楚成王也很强悍,诸侯联军未必就能占到什么便宜,如若战争持续数年,联军虽说是外线作战,但战线拉得太长,粮草、装备等给养的运输供应都是大问题,被楚国拖个精疲力竭是完全有可能的。管仲审时度势,大军压境逼楚国就范,双方订立盟约,既避免了连年战乱,又为周王室挣回了面子,完全可以说取得了一种外交上的胜利。而齐桓公作为盟主,实际上要的也就是外交上的主动权,举倾国之力跟楚国闹个两败俱伤,那并不是理想的初衷,所以说,能与楚国缔结召陵之盟,实际上就是最好的结局。

诸侯联军班师回国,楚国如约向周王室进贡包茅,周惠王非常高兴。不过高兴之余,烦心事也随之而来。周惠王之前立齐国夫人所生的儿子姬郑为太子,但后来他又宠幸来自陈国的惠后,惠后生了个儿子叫姬带,姬带为人圆滑世故,因此很得周惠王的欢心,于是周惠王就想废掉姬郑的太子之位,改立姬带。

周惠王此时的这种做法,完全可以说是好了伤疤忘了痛,因为在这之前,他就遭受了几乎同样的变故。他的祖父周庄王溺爱宠妾的儿子子颓,他的父亲周僖王在位时也没有对子颓这个弟弟加以节制,导致在他即位不久,子颓就在几个大夫的支持下发动叛乱,周惠王不得已逃亡国外,在郑国和虢国的帮助下才重新复位。虽说子颓是他的叔叔,但这场变乱的实质仍然属于嫡庶之争的范畴,此时他非但不吸取教训帮助儿子稳固太子之位,反而试图破坏规矩废长立幼,全然不顾此举将给国内带来严重的动乱。国君当然可以凭借手中的权力依据自身的好恶来做出某些选择,但在黎民苍生和一己之私面前,究竟是选择克制还是妄为,是维护规则还是逞一时之快,就决定了他会成一个明君还是一个庸君,国运是昌隆还是衰朽，国祚是绵长还是短促，这是一个亘古不变的真理！

周惠王的图谋在会见诸侯使节时被担任齐国使臣的大夫隰朋察觉，隰朋回来告知齐桓公，齐桓公为了维护姬郑的太子地位，借此履行自己诸侯霸主的职责并树立威望，于是采纳管仲的策略，向周王室上了一道表文，说诸侯都想见太子一面，以借此表达对周王室的尊敬。这个措辞相当高妙，理由也很充分，因为齐桓公刚刚率领八国军队迫使楚国恢复了入贡，为周王室争来了天大的脸面，就算周王室不对齐国的功劳做出赏赐，那也绝对不能随便拒绝人家的请求。而只要太子参加了会盟，名分就算是定了，周王室再想反悔，首先诸侯这一关就不好过。

迫于齐国的势力，周惠王无可奈何地派太子姬郑到首止参加诸侯的会盟。不过随后，为了对付强大的齐国，他也想出了一个主意，只可惜这是一个馊主意。

周惠王派人送给郑文公一封信，让隔在周楚之间的郑国去暗中联络南方的楚国，想让楚国来效忠周王室，与齐国对抗。周惠王想出这样的主意，只能说明他不识大体，忘恩负义，而且愚蠢到家。倒不是说他想拉拢楚国有什么不对，而是楚国远在天边，就算有心扶助周王室，却也远水难解近渴，况且中间还有那么多诸侯国挡着，而齐国近在咫尺，实力雄厚为诸侯之霸，周王室有什么小动作，齐国随时都可以采取军事行动加以影响和干预，足以叫他什么事情也做不成。果不其然，郑国得到周王室的暗示，刚刚和楚国结盟，就招来了齐桓公率领的中原诸侯联军的数次攻打，最后苦不堪言，不得已选择与楚国断交，仍然与齐国结盟，楚国灰溜溜地退了回去。

周惠王费尽心机所做的一切，最后只不过是一场不大不小的闹剧。不但没有取得楚国的任何支持，反而失去了齐国的尊敬，真是得不偿失。

周惠王在忧闷之中病死，太子姬郑不敢公布死讯，赶快给齐桓公送信，取得诸侯的支持之后，这才为周惠王发丧并登基，姬郑就是周襄王。

因为姬带之前很受周惠王的宠信，培植了非常强大的势力，所以周襄王即位之后，对他非常畏惧。周襄王三年，姬带竟然联合戎、狄之兵，攻打周襄王。周襄王想要杀掉姬带，姬带在周王室待不下去，逃奔到齐国避难。

齐桓公于是命管仲带兵前去帮助周王室平定戎狄，命隰朋带兵帮助晋国平定戎狄，并顺便替姬带和周襄王讲和。

周襄王用上卿之礼答谢管仲，管仲辞谢说："臣是身份低贱的官员，现在齐国有天子的两个上卿国氏和高氏在。如果现在以上卿之礼待我，等到春秋两季我代表齐侯前来接受王命之时，王又该用什么礼仪接待我呢？作为诸侯之臣，我冒昧地请求免去此礼。"周襄王说:"我周武王娶齐太公之女为后,齐国永远是周室的舅家。所以,作为舅家的人,我奖励你有平定戎狄的功勋,不要违背我的命令。"但管仲仍然谦让不敢逾矩,最后受下卿之礼而归。

因为齐桓公带头拥立有功,因此公元前651年葵丘会盟之时,周襄王派太宰周公姬孔向齐桓公赏赐祭祀用的胙肉、朱红色的弓矢以及天子乘坐的大车,这是周王室能够向诸侯做出的最高规格的赏赐(差不多类似于后来的加九锡)。齐桓公准备下阶跪拜,宰孔又说:"还有命令,天子派我来说:'因为伯舅年纪大了,加上车马劳顿,所以赏赐一级台阶,不用下阶拜谢。'"齐桓公本想答应,但管仲建议他下拜受赏,以免给诸侯留下狂妄自大目无天子的印象。于是齐桓公回答说:"天子威严的容颜就在面前,小白我怎么敢因为天子下令而不下阶跪拜呢?"于是下了一个台阶跪拜,然后登上台阶接受赏赐。此次会盟,周王室派出使臣,向齐桓公行此重赏,标志着齐桓公霸业达到顶峰,也意味着周王室对齐桓公的诸侯霸主地位予以了承认。

在这一次会盟时,齐桓公与诸侯共同制订盟约,约定凡是参加会盟的诸侯,在盟誓之后,不论以前是否有过仇隙,都要言归于好。盟约的内容主要有五点:第一,诛杀不孝之人,不得乱行废立已经确立的太子,不得将宠妾立为正妻;第二,尊重贤士,培育人才,表彰那些有德行的人;第三,赡养老人,爱恤幼童,善待前来本国的客商游士;第四,选贤任能,杜绝贵族世代为官,不得随意诛杀大臣;第五,不得堵截水源,邻国发生灾荒,不得禁止粮食买卖,不得未经王室同意就建立新的封地。

这五条之中,前三条都与当时的政治和社会环境相符合,算是比较正常,但其中的第四条,选贤任能,改变世官制一款,对于削弱贵族阶段对权力的垄断,让更多出身寒微而有才能的人参与国政提供了条件,也算是为后世科举制的出现探索了一种思路。当然更令人称道的还是第五条,不得设置贸易壁垒,禁止粮食买卖一款,就完全可以说是现代国际贸易协定的雏形,中国在两千六百多年前就能推出这样一个协定,这是最令人钦佩和自豪的地方。这五条盟辞在不同的层面反映了当时的政治状况和新旧政治制度逐渐浸润交替的过渡状况。

当年秋天,齐桓公召集诸侯再次会盟,态度显得非常倨傲,诸侯们离心的比较多。而齐桓公更加野心膨胀,盲目自大,他认为自己向南打到了召陵,望见了熊山(神农架);向西打到了大夏(今山西太原),涉足沙漠;向北攻伐北戎,消灭了令支、孤竹,有生之年三次带兵、六次乘车,总共九次与诸侯会盟,匡扶天下社稷，他的功绩超过了三皇五帝，竟然想要举行封禅大典，祭祀天地。他的这个要求让诸侯们很吃惊，也让管仲很为难。为了阻止齐桓公这个想法，管仲不得已欺骗他说，要想封禅，就必须有祥瑞出现才行，比如凤凰（传说中的动物）、麒麟（传说中的动物）、嘉禾（双头谷穗，比较罕见，十亩田里不一定能找出来一株，如果要寻找就得一株一株找）等，要是没有，封禅就会被诸侯们当笑话看，齐桓公一听，感觉自己封禅还不具备条件，这才放弃了封禅的打算。

此次葵丘之盟是齐桓公有生之年最后一次跟诸侯会盟，六年之后，也就是公元前645年，为国操劳的管仲积劳成疾，染病不起。齐桓公知道已是回天无力，于是就在探病之时征求管仲的意见："仲父之后，谁可继你为相？"管仲在这个时候，仍然保持着一颗作为人臣的谨慎之心，他回答说："了解臣子的，莫过于君主。"意思是先让齐桓公提出来。于是齐桓公就从两人都熟悉，且他认为堪担此任的人依次问起，先问鲍叔牙怎么样，管仲回答说鲍叔牙不可以。这就很让人惊讶了，因为任何一个人都知道，管仲和鲍叔牙之间的交情，那可不是一般深，没有鲍叔牙的帮助，就绝对不会有管仲的今天，换了任何一个人的思维，这个时候，管仲都应该鼎力推荐鲍叔牙接替他当相国才对，因为一来鲍叔牙也非常有才能，二来鲍叔牙对管仲有大恩，可谁知道管仲竟然不同意。管仲的理由是：鲍叔牙这个人太正直了，善恶过于分明，对人善没有错，但对人恶就有问题，见别人做过一件坏事，就会终身不忘，试问这样谁能受得了？这就不能团结更多数的人为国君所用，因为好多有才能的人，他们的品质并非完美无缺。所以说，鲍叔牙当相国不合适。

齐桓公又问易牙这个人怎么样。管仲回答说：易牙这个人也不能重用。易牙是一个非常出色的厨师，烹饪水平极高，做出的菜肴味道极佳，有一个传说，两条不同河里的水混在一起，易牙都能品尝出来。拥有如此常人不及的味觉，是易牙成为一个顶级厨师所具备的得天独厚的天赋，再加上他后天的勤奋和钻研，他的厨艺达到了一般庖人难以企及的境界。齐桓公的大卫姬有一次生病不想吃饭，易牙通过食疗的方法，做出精致的食品进献给大卫姬，大卫姬吃了之后，病立即就好了，真是比一般的医生还厉害。有这样的本领，试问齐桓公怎么能不宠信他呢？不过易牙虽然厨艺精湛，但人品却相当低劣，有一次齐桓公自言自语说自己遍尝世间美味，什么肉都吃过了，就是没吃过人肉。谁知道第二天，易牙就端了一盘肉让齐桓公尝鲜。齐桓公吃完一问，才知道易牙把自己三岁的儿子杀了，煮熟了让齐桓公吃。易牙这种残酷的行为，可真是令人恐怖。但齐桓公为此非常感动，认为易牙能杀死自己的儿子让国君吃，爱儿子胜过爱国君，是一个天大的忠臣，重用他没有错。管仲说人世间最亲的莫过于父子，现在易牙连自己最亲的儿子都下得了这样的毒手，他将来怎样对待国君，那还不清楚吗？

齐桓公又问竖刁这个人怎么样？管仲同样回答不可以。竖刁这个人，为了能到齐桓公身边做事，于是自我阉割当了近侍，曾多次跟随齐桓公和管仲带兵出征，立下过赫赫战功。齐桓公认为竖刁爱国君胜过爱自己，也想重用。管仲却说：人最宝贵的就是自己的生命，而身体是生命的载体，一个靠自残来取悦国君的人，是根本靠不住的。

齐桓公又问卫国公子开方怎么样，管仲再次否定。卫国公子姬开方，是那个养鹤爱好者卫懿公的儿子、用卑鄙手段杀死两个哥哥并即位的卫惠公的孙子。之前齐桓公向周王室求婚，周庄王把王姬嫁给齐桓公，卫惠公的女儿大卫姬作为陪嫁的媵妾来到了齐国，受到齐桓公的宠爱。

这里顺便介绍一下媵妾制，周代的婚姻制度规定，诸侯一娶九女，也就是说，他一次要娶九个女人，其中一个是正妻，其他八个是媵妾，不过也并非不多不少刚好就是九个。媵妾一般是正妻的妹妹或者侄女，还有其他诸侯国的女子。比如这里齐桓公娶的是王室女子，卫国、徐国、蔡国国君送来陪嫁的女儿就是媵妾。之前蔡国的蔡哀侯想打小姨子息妫的主意，实际在某种程度上也是这种媵妾制度在他头脑中作怪的结果，因为如果蔡国足够强大，那么息妫十有八九就是他的媵妾，不会嫁到息国去。严格来说，媵和妾还是有区别的，因为媵是从女方陪嫁来的，而妾则是男方自己纳的或者是买的。媵这种制度随着贵族阶级的消亡而随之消亡，现今基本上已经很少有人知道了，而妾直到民国年间还存在，直到严格施行了现代的一夫一妻制才消失。现阶段人们结婚典礼时出现的伴娘，实际上就是媵这种古代婚俗的一种体现。还有一首现代的著名民歌《达坂城的姑娘》，其中有一句"带着你的嫁妆，带着你的妹妹，坐着那马车来"，也是这种媵制度的古老反映。

卫惠公在位时，曾经拥立周王室的子颓即位，因此与周惠王结下了很深的仇怨，周惠王复位之后，就让齐桓公带兵去攻打卫国出这口气。当时卫惠公已死，卫国国君是卫懿公。齐桓公打败卫国军队之后，卫懿公派长子开方出城带着礼物向齐国求和，齐桓公答应了。开方为人谄媚，又极力夸耀自己还有个姑姑，也长得非常漂亮，怂恿齐桓公纳为姬妾，齐桓公本就好色，自无不允，于是又向卫懿公送上礼物，求以为妾。这个卫姬是前面那个卫姬的妹妹，因此称之为小卫姬，与大卫姬相区别。大、小卫姬的祖母都是卫宣姜,也就是齐桓公的庶姐,实际上大、小卫姬都是齐桓公的叔伯外孙女,这辈分挺乱,不过那个时候就是这样,贵族们的婚姻通常是不能细说辈分的。公子开方就是在这种情况下,向齐桓公提出请求,要到齐国来做官。当时齐桓公就非常奇怪,说你是卫懿公的长子,卫懿公死后你就是卫国国君,放着好好的国君不当,为什么要来侍奉我?开方的回答当然是非常动听,他对齐桓公说:您是一位非常贤明的国君,如果能在您身边侍奉您,那还不比在卫国做国君强上十倍百倍!听开方这么说,齐桓公非常高兴,于是把开方带到了齐国,用为大夫,非常宠信。

开方与易牙、竖刁被齐国人称为"三贵",差不多类似于此后晋国的"二五"、明朝的"八虎"之类。

齐桓公认为开方放弃千乘之国而追随自己,且后来他的母亲死后也不去奔丧,一心一意辅佐他,确实是爱国君胜过爱己身。但管仲并不这样看,他说:公子开方放弃君位来到齐桓公身边,那么他的期望就比做卫国国君这个层次还要高,况且人世间最珍贵的莫过于父母亲情,开方连自己的亲生母亲死了都不去奔丧,你还能指望他对国君做些什么呢?也就是不孝的人绝对不忠,这样的人怎么能重用呢?

齐桓公就很纳闷说:"这三个人跟了我好长时间了啊,既然你觉得他们这么不好那么不好,为什么不早一点劝告我呢?"

管仲说:"我不说,是为了不惹您不高兴。我就像为您拦截洪水的堤坝,有我在,洪水就不会泛滥,现在我这个堤坝马上就要去了,您也要让那些洪水远去,不要让他们泛滥成灾。"

齐桓公默然离去,管仲于次日病死。

管仲不仅是一位著名的政治家,也是一位伟大的思想家。管仲的思想和主张收录在他的著作《管子》之中,共二十四卷,八十五篇(现存七十六篇),不仅包括了他治国理民的思想方略,也记载了他强盛齐国的经济政策,对后世产生了非常重大的影响。不过,这部作品却被认为成书于战国至西汉时期,其实基本上是战国时期稷下道家推尊管仲的一部作品,尤其是记载于《轻重》篇中的"衡山之谋""青茅之谋"等,被认为是后人的伪作。管仲反对向树木农林、畜牧牛羊和人口征税,禁止富商大贾对普通百姓的巧取豪夺,主张盐铁官营,加强货物流通,以积累国家财富。在人民有余财的时候,国家向人民征收较轻的赋税,在人民陷于贫困的时候,国家向人民发放较为可观的补贴。因为他认为"仓廪实而知礼节，衣食足而知荣辱"，也就是说，只有老百姓在衣食无缺、经济宽裕的情况下才会遵守礼节，知道荣辱。如果百姓连饭都吃不饱，你却高喊道德礼仪，那是非常不现实的。管仲所施行的依照土地等级和收成好坏来征收赋税的经济政策，是当时世界上最为先进的经济理论。

　　管仲处理政事，善于化祸为福，变失败为成功。他能够分清轻重缓急，谨慎权衡利弊。齐桓公曾经因蔡姬改嫁而发怒，向南攻打蔡国，管仲就顺便引导齐桓公去征讨楚国，谴责楚国不把贡品进献给周王室。本来那次出兵是齐国的一桩私事，结果在管仲的引导下，变成了一桩维护天子尊严的公事，且取得了非常理想的效果。齐桓公向北征讨山戎之时，管仲顺便让燕国重修开国之君燕召公的政策。在柯地会盟，齐桓公想要背弃跟曹沫的盟约，管仲因势利导让齐桓公信守诺言，中原各国因此归顺齐国。

　　管仲相齐之后，他的富有可与国君相比，有三房家室和国君的宴会设备，但齐国人不认为他生活奢侈，而认为那些都是他应得的。管仲去世后，齐国遵循他的政策，一直保持着比其他各国强盛的势头。

　　基于上述功勋，孔子称赞管仲说："如果没有管仲的话，我们这些人恐怕都会披头散发，敞胸露乳，成为尚未开化的蛮夷民族（微管仲，吾其被发左衽矣）。"这话虽然有一定程度的夸张成分，却也有一定的道理在其中。因为如果不是在他的辅佐下使齐国强盛并使齐桓公成就霸业率领诸侯南抗楚国，北击山戎，当时的中原文明几乎差不多都有覆灭的危险。因此，后世成为中国智慧化身的诸葛亮，就每每以管仲和乐毅自比。不过诸葛亮比管仲，倒确是有一比，但他比乐毅，却就实在是有一些差距。因为管仲和乐毅毕竟是两个不同类型的人才，一个擅长治国，一个擅长用兵。诸葛亮也是凡人，他治国理民倒是很有才能，但他行军打仗，却并没有小说中描写的那般神乎其神了。这个世界上，哪里有那么多十全十美的文武全才啊！

　　不过，管仲虽然取得了如此显赫的成就，但仍然不乏批评的声音。很多人认为，管仲在临死前没有培养好接班人，致使在他死后不久，齐国的霸业就迅速衰落。还有一个方面更是许多人所不知道的，也是为很多道学家所诟病的，那就是管仲首创并开设国营妓院的事情。管仲在全国各地设置一万七千五百家"女闾"，把国外战犯或国内死囚的女性亲属，以及那些有淫乱前科的女子充实其中，然后向她们征税。娼妓业的合法化对于吸引各国的商贾、游士来齐国有一定的作用，管仲也因此而成为娼妓这一行业所崇拜的保护神、祖师爷。管仲的这个做法被此后其他的国家所借鉴，如越国的勾践在灭吴时为了激励士气，设置"营妓"用来劳军，差不多可以说是二战时臭名昭著的日军慰安妇制度的前身。又过了五百多年，西方正式创设官营娼妓业，施行这个制度的是古希腊的改革家梭伦。

管仲生于公元前719年，卒于公元前645年，寿七十五岁。管仲死的同年，他的重要助手隰朋也病死。

管仲死后，刚开始齐桓公还能把他的忠言放在心上，疏远了易牙、竖刁和公子开方三个人。但实际上小人也是有作用的，他们能放弃自尊胁肩谄笑哄国君开心，让国君吃好玩好乐好，而这是正人君子们所不齿于去做的。所以过不多久，齐桓公就感觉到寝不安席，食不甘味，于是又把三个人召了回来。

两年以后，也就是公元前643年，齐桓公病重。因为之前齐桓公已经立郑姬生的儿子姜昭为世子，并把他托付给了宋国的宋襄公，但此时齐桓公卧床不起，立即给了易牙等三人以可乘之机。竖刁、易牙、公子开方都主张立大卫姬（又名长卫姬、卫共姬）的儿子姜无亏。为了假传君命，三个人把齐桓公的左右侍从全部赶走，竖刁带兵守住宫门，筑墙把齐桓公的寝宫围了起来，只留下一个小洞，每天让一个小太监通过小洞把饭送进去，到得后来，干脆连饭都不送了。齐桓公在病中饥渴交加，最后竟然活活饿死。齐桓公临死之前，有一个他宠爱的小妾爬过宫墙去见他。齐桓公又饿又渴，就让这个小妾给自己弄些食物。小妾告诉他易牙、竖刁及公子开方围堵了宫门，修筑了高墙，致使宫内宫外相互不通，所以别说是食物了，连人都进不来。齐桓公听了之后叹息流泪说："管仲难道不是个圣人吗？他的目光难道不长远吗？如果人死之后泉下有知，我还有什么面目去见仲父呢？"说完用衣服蒙住自己的面部，并最终饿死其中。

齐桓公死后，他的四个儿子（公子无亏，大卫姬之子；公子潘，葛嬴之子；公子元，小卫姬之子；公子商人，密姬之子）各率党羽占领大殿一角相互攻击争位，无人为他收殓发丧，齐桓公的尸体在宫中放了六十七天，最后腐烂不堪，尸体上的蛆虫爬出宫外，恶臭难闻，真是无比凄惨。

两位老臣国懿仲和高虎实在看不下去，只好以拥立易牙、竖刁二人支持的公子无亏即位为条件，让无亏先为齐桓公发丧，齐桓公的尸体这才得以入殓。

因为齐桓公在世之时，听从管仲之谋，在诸侯会盟时将郑姬所生的儿子姜昭立为世子并托付给宋国的宋襄公。齐桓公死后，大公子无亏在竖刁、易牙的支持下作乱，率领甲士手持兵器攻击大臣，因此大夫们都不敢发表意见，孤立无援的姜昭只好逃亡宋国，寻求宋国的帮助。宋襄公应人之许，忠人之事，亲自引兵护送姜昭回齐国即位，齐国的两位元老国懿仲和高虎闻讯，设计在宴席上杀死竖刁，在城外带兵的易牙情知不妙，奔逃到了鲁国。而卫公子姬开方由于拥立另一位公子姜潘而躲过此次灾祸活了下来，这在后文还要讲到。

得到宋国并大臣们支持的姜昭即位，是为齐孝公，这个时候，齐国的内乱才算基本平息。

纵览齐桓公的一生，可说是英雄一世，屈辱而死。不过，齐桓公作为一个诸侯，他所取得的成就却远非后世一般帝王所能比拟。当时逐渐强大起来的北戎横行于北方，灭邢国、卫国，势力范围扩张到了黄河北岸，而南方生产发展较快但文化发展落后的楚国相继消灭申国、息国、邓国，收服蔡国，屡次侵扰郑国，兵锋直抵中原，华夏传统文明几乎有丧失的危险。就是在这种情况下，齐桓公以他的雄才大略担负起了这个保卫中原文明的重任。他虽然有些性急，但心胸宽阔，在位期间知人善任，广纳贤才，任用管仲、鲍叔牙及"桓管五杰"等一帮贤人，使齐国在较短的时间内崛起于中原，自己成为春秋五霸之首，九合诸侯，一匡天下，通过与其他国家结盟修好，加强了黄河流域各国之间的交流和往来，对中国的统一和各民族的交流融合，对中国古代社会的促进和发展，都做出了突出的贡献。

第八节　宋襄公争霸

率兵拥立齐孝公即位的宋襄公，是宋桓公的儿子。宋襄公在春秋的争霸史上，曾经被许多人当作一段谈资和笑料。

宋襄公名叫兹甫，是宋桓公的次子，早先被立为太子。宋桓公临死之时，准备传位给兹甫，然而兹甫谦让说，他的庶兄目夷比他更贤德也更有才能，最好能传位给目夷，目夷坚决推辞，宋襄公这才继承了君位。宋襄公即位之后即重用贤能的目夷为相，以颇具才能的公孙固辅之，宋国由此得到了很好的治理和发展。从这一点上来说，宋襄公知贤而不害贤并能加以重用，不失为一个好国君。

宋襄公即位之初，正值齐桓公霸业鼎盛之时，宋襄公积极维护齐国霸权，齐国每有征战，宋国必派兵相随，因此与齐桓公建立了较为深厚的友谊。齐桓公内宠较多，他的六位宠姬都生了儿子，且又都不是嫡出，因此这些庶子感觉机会均等，全不顾齐桓公已立郑姬所生的儿子姜昭为太子，都想在齐桓公死后当国君。为避免死后齐国发生内乱，齐桓公在葵丘会盟时，将姜昭托付给了因辞让君位而以仁义名动诸侯的宋襄公。宋襄公没有想到他这样一个小国国君居然能得到齐桓公这个诸侯霸主的信任，且以这样的大事相托，惶恐之余非常感动，于是就答应了。

齐桓公死后，齐国果然发生内乱，长子无亏在易牙、竖刁等人支持下作乱，与姜昭争位，势单力薄的姜昭只好逃亡宋国，向宋襄公求助。宋襄公之前曾经答应齐桓公要拥立姜昭，他是个倡导仁义且施行仁义的人，比较信守诺言，况且此时齐国仍然是诸侯盟主国，如果能够拥立齐国的国君成功即位，就不仅可以极大地提升宋国的威望，而且还有可能使宋国接替齐国，成为新的诸侯霸主。基于这样一种考虑，宋襄公向诸侯发出檄文，要求各国派兵相助，护送姜昭回齐国即位。大一些的诸侯国见是小国宋国出面号召，感到非常不屑，并未多加理会，只有卫国、曹国、邾国等几个更小的国家派了一些兵马来。宋襄公不以为意，统率这四国的军队杀到了齐国。因为当时齐国的老臣国懿仲、高虎等人拥立无亏，也实在是为了争取早日替齐桓公治丧而被迫做出的妥协，心中仍然对姜昭怀有同情之心，并且此时也不清楚宋军的真正实力，见宋国兵到，立即杀死了无亏和竖刁，然后迎立姜昭为国君。

宋襄公因为成功扶助盟主国的齐孝公登上君位，在诸侯国中激起了一定程度的反响，宋襄公的威信也有一定程度的上升。但是，宋襄公过高地估计了自己的威望和号召力，他没有综合考虑宋国国力弱小等因素，竟然雄心勃勃地想要称霸诸侯，结果为日后受辱身死种下了祸根。

公元前639年，也就是拥立齐孝公即位的第四年，宋襄公派人出使齐国和楚国，就会盟诸侯确立盟主地位一事征求两国的意见，想要取得两个大国的支持。楚成王对宋襄公的举动感到非常轻蔑，暗笑宋襄公不自量力：宋国想要称霸，自己没有实力，却又想借助大国的力量，那么既然齐、楚两个大国有实力，又凭什么由着你宋襄公来称霸？楚成王本想拒绝，但大夫成得臣出主意说："宋襄公如此好名而实力不济，我们正好可以将计就计，趁此机会进军中原，夺取盟主之位。"楚成王深以为然，于是答应宋襄公，就诸侯会盟一事与宋国先来一次会晤。

这年春天，宋襄公与齐孝公、楚成王在齐国的鹿地（今安徽省阜阳市南）相会。宋襄公自认为自己有恩于齐孝公，齐孝公就必定会由于感激而支持他，况且齐孝公系自己所立，齐孝公就永远低自己一头，因此在齐国这一个层面，宋襄公自我感觉非常良好。殊不知施人恩惠，就最怕在受惠者面前趾高气扬让人家自尊心受挫感觉得不到尊重，齐国要是实力弱也就罢了，但偏偏齐国就是个强国，宋襄公如此不顾齐孝公的感受，就只能是让齐孝公内心深处越发反感。但宋襄公却根本没有意识到这一点，完全把齐孝公的假意敷衍当成了肺腑之情，错误地估计了形势，把齐国当成了可以依靠的同盟力量。而在楚国这一个层面，宋襄公基于对齐国立场的错误认识，又认为自己的背后既然立着齐国这个大国，那么与楚国的博弈就是二对一，楚国如果综合权衡利弊，就一定会选择支持宋国，而即使不支持，也不会站出来与宋国作对。

可惜这一切都是宋襄公的一厢情愿。鹿地相会之时，宋襄公没有事先征求齐、楚二国的意见，就拿出早已拟好的一封定于当年秋天在宋国盂地（今河南商丘睢县）会盟诸侯、共扶周王室的通告，要求齐孝公和楚成王在上面署名，并且把自己的名字签在了前面。齐孝公和楚成王对宋襄公的做法非常不满，但在这种重要的外交场合又抹不开情面，不好与宋襄公公然翻脸。推让再三，楚成王在上面签了字，齐孝公则是谦逊的好话说了一大堆，总之是坚决不肯在通告上签字。宋襄公的这种做法加剧了宋国与齐、楚二国的对立，也为自己后面的受辱再一次增添了催化因子。因为到了秋天会盟的日期，齐孝公居然没有来。齐孝公不来的理由非常充分。第一，他并不愿意宋国接替齐国成为诸侯盟主国，因为他刚上任不久就丢了盟主之位，这会降低他在齐国的威信。第二，他不能站出来反对宋国，因为宋襄公毕竟是拥立他即位的主要力量，他站出来反对，会让天下人指责他忘恩负义。第三，他感觉宋襄公似乎比较看重楚国，而相当轻视齐国。齐国感恩宋国也就罢了，但再使大齐沦为小宋的陪衬，这会让齐国成为天下人的笑柄，而这是齐孝公所不能接受的。基于这几个方面的考虑，齐孝公只能选择回避。而这一回避，就为后面楚成王的专横嚣张制造了便利条件。因为只要有齐国在场，纵然齐国不支持宋襄公，但也还没有公开反对，楚国又不太清楚齐国的立场，因此在会盟时就会稍加收敛，不至于那么肆无忌惮。只可惜，这只是一个假设。

但天下的明眼人还是非常多，宋国的国相公子目夷就是其中一个。目夷字子鱼，是一个非常有才能且谋略超群的人。之前宋国的将军南宫长万打死宋湣公后逃亡到陈国，刚刚即位的目夷的父亲宋桓公（也是宋襄公的父亲）为了除掉南宫长万这个政敌，就准备派遣使者出使陈国，让陈国把南宫长万遣送回来。当时目夷只有五岁，看到宋桓公委派使者，就断定说陈国绝对不会把南宫长万送回来。宋桓公很惊讶，就问为什么。目夷回答说："南宫长万素以勇力著称于世，而诸侯国中所缺的，正是这样勇冠三军的将领，无论他逃到哪个国家，都会被哪个国家所看重。陈国与宋国素来不和，现在派遣使者空手前去，对他们一点好处都没有，陈国怎么可能会把他送回来？"宋桓公对目夷的洞察力非常叹赏，于是让使者带着大量的珍宝前往陈国，陈国国君见到财宝果然非常动心，设计把南宫长万擒获并送了回来。目夷在五岁的时候就有这般见识，可想而知他有多么睿智和机敏。正是出于这种常人难及的远见卓识，目夷力劝宋襄公不要图谋争霸诸侯，免得给自己招来无妄之灾，因为宋国毕竟是个小国。但宋襄公自我感觉良好听不进去。

到了和宋襄公约定的会盟之日，楚、郑、陈、蔡、曹、许六国国君来了，齐孝公和鲁僖公没有来。齐孝公不到的原因前面已经陈述，而鲁僖公没来的原因则是当时齐桓公死后，宋襄公起兵帮助齐孝公即位，而鲁僖公却想帮助公子无亏，可等鲁僖公刚刚起兵，无亏已经被杀。鲁国因此与齐国和宋国产生了嫌隙，此时不来，也是事出有因。

诸侯们基本聚齐，于是在盟坛上以宾主落座，先是陈列牺牲，之后歃血署名，然后就要推选盟主。因为齐、鲁二国没有来，楚国就是大国，其他的小国都不敢发言。宋襄公因为之前与楚成王有约，本指望着让楚成王站出来提议让他当盟主，这样其他的小国就都不会有什么异议，但楚成王就是不开口。

宋襄公无奈，只好自己站出来说："诚邀各位贤侯相聚于此，是想重修先盟主齐桓公的伟业，在这里订立盟约，各国之间停止争斗，共同扶助王室，共享天下太平，不知各位意下如何？"

楚成王在这个时候却站了出来："会盟自是好事，只是不知道这盟主由谁来当？"

宋襄公有些愕然："这还有什么说的？有功的论功，无功的论爵，谁的爵位高谁就是盟主。"

楚成王说："这样说来，楚国早就称王，宋国的爵位虽然高，是公爵，但还不能排在王的前面，所以这个盟主理应由我来当。"说完并不谦让，一下子坐在了盟主的位置上。

宋襄公哪里料到会生出这种变故，不禁恼恨异常，于是上前与楚成王理论说："我这个公爵是周王室封的，天下无人不知，而你那个王是自己冒用的，是个假王，你假王怎么能压我这个真公？"

楚成王反诘说："既然我是个假王，那你把我请来做什么？"

宋襄公据理力争："这是因为我们之前在齐国鹿地会晤时有过约定，也不是我毫无根据地就把你请了来。"

楚成王理亏不能回答，跟随前来的楚国将领成得臣大声问其他的诸侯："请问各位诸侯，你们今天会盟是为了楚国来的，还是为了宋国来的？"

那些靠近楚国且比较畏惧楚国的小国诸侯立即回答说："我们是奉了楚国的命令前来会盟的。"

楚成王哈哈大笑，回问宋襄公说："你还有什么说的？"

宋襄公目瞪口呆，想与楚成王论理，可楚成王根本就不讲理，想要走，却又感觉自己首倡会盟，提前走掉有失礼节。犹豫之间，楚将成得臣已经将楚国内穿重铠手持利刃的兵士叫了上来。那些兵士奔上坛来，将赴会的诸侯们吓得一个个魂不附体。楚兵挟持了宋襄公，把宋国在馆舍内准备犒劳诸侯的财物劫掠一空，然后杀奔宋国而来。

再说公子目夷，自宋襄公前去赴会，就料定楚兵旦夕将至，于是与公孙固紧急调兵遣将，固守关隘。刚刚分拨完毕，楚兵前锋就已到达。

目夷知道楚兵挟持宋襄公前来，一定会狮子大张口，向宋国索要重金，即便如此，还不一定会放回宋襄公。于是经与公孙固商议，自立为宋国国君，暂作权宜之计，以绝楚人之望。

果不其然，楚兵前来，拿业已俘虏的宋襄公做筹码，要求宋国开城投降，不然就要杀死宋襄公。

公孙固回答说："我们已经立了新国君，至于前国君，你们想杀就杀，让我们投降那是不可能的。"

这个应对之策是楚国万万没有想到的，楚将质问说："你们的国君还在，为什么又立了一个？"

公孙固说："立国君是为了主政国家，我们国家现在没有国君，为什么不立？"

楚将无法回答，不得已只好表露本意说："如果我们归还宋襄公，你们拿什么酬谢我们？"

公孙固毫不退让："我们的前国君被人俘虏，已经使宋国受辱，即使你们归还，也不可能让他再当国君，是否归还，由你们楚国决定。但如果选择跟我们开战，那我们的兵马可是丝毫未受损失，愿与你们一决生死。"

楚将见阴谋无法得逞，只好回报楚成王。楚成王如意算盘落空，十分恼怒，于是下令攻城，但宋国守卫严密，楚兵连攻三日，非但没有占到一丝便宜，反倒损折不少兵将。楚王无法，只好传令退兵。

此时的楚成王，继续扣留宋襄公没有任何用处，而杀了宋襄公又会招致其他诸侯国的更多怨恨，可说是骑虎难下。数月之后，经过鲁国求情，楚成王做个顺水人情，释放了宋襄公。

宋襄公听说目夷已经代他自立为君，就想前往卫国避难，结果目夷的使节早就到了，向宋襄公陈明原因，又把宋襄公迎了回去。目夷自动退居臣列。

宋襄公想当盟主不成反被囚禁侮辱，因此心里非常窝火，此时归国复位，可说是报仇心切，但宋国国力弱小，没有能力远征强大的楚国，就只好出兵攻打积极支持楚国当盟主的郑国，准备一出胸中恶气。

孰料宋襄公刚刚出兵，接到郑国求援的楚国就来了个"围宋救郑"，不去郑国解围却直接派兵攻击宋国。宋襄公闻报大惊，赶快星夜回师，最终与楚兵在泓水（今河南省商丘市柘城县西北）相遇。

宋国兵力远不及楚国，因此公孙固劝宋襄公借此机会与楚国讲和，以避免两军交战惨遭败绩，但宋襄公却反驳说："楚国虽然强大，但丝毫不讲信义。我们宋国虽然弱小，却是仁义之师。不义之兵怎么能是仁义之师的对手？"又特意命人做了一面大旗，上书"仁义"二字，试图用"仁义"来取得心理上的优势并打压楚军士气。但在真刀实枪的战场上，仁义根本就不起作用，况且中原文化对开化较晚的楚地虽然时有浸染，但由于时间较迟，因此影响程度较浅，楚国对中原提倡的"仁、义、礼、智、信"并不像其他诸侯国那样重视，因此行事显得粗犷鲁莽，不守规矩，任性妄为。中原各国老是指责楚国不讲信义，实际上这才是楚国不遵守中原礼法的最根本最真实的原因，如此前的楚文王掳息妫、楚成王抢盟主等。客观来说，如果宋襄公实力雄厚再讲仁义，自然会被他人尊敬，赢得更多人的支持，但如若力量孱弱乱讲仁义，就势必会误人误己沦为他人笑料。

第二天早晨，楚兵从对岸渡河，公孙固劝他说："现在楚军大白天渡河，显然没把我们放在眼里，况且兵法云半渡而击，如果我们现在出击，楚军首尾不能相顾，就一定会打败他们。"而宋襄公却指着"仁义"大旗说："对方连河都没渡完我们就攻击，那算什么仁义之师？"

等到楚军全部渡过泓水，准备在岸边布阵时，公孙固又劝谏说："趁楚军阵势未稳，我们上前进攻，打败楚军还有胜算。"但宋襄公还是不听："人家尚未布阵，我们就去攻击，那也不是仁义之师。"楚军布好战阵，立即向宋军冲了过来，宋军难以抵挡，立时大乱，宋襄公在混乱中被射了一箭，正中大腿。幸得他平时确实很讲仁义，能够宽厚对待下属，因此得到了亲兵们的拼死救护，得以突出重围，回到宋国。

楚成王救援郑国之后，郑国的郑文公设酒宴款待他。宴席之上，郑文公带着自己的夫人芈氏（楚成王之妹）和两个女儿伯芈、叔芈，一齐向楚成王劝酒。这种做法在当时受到人们的非议，按照当时的礼节，女子送迎不出房门，和兄弟相见不越过门槛，军队打仗不接近女人的器具。楚成王离去的时候，竟然强纳了两个外甥女伯芈、叔芈，然后把她们带回了楚国。郑国的贤人叔詹据此评价说：

"楚成王实在是太无礼了,他这样的人怎么会善终呢?郑国对他以礼相待,他最后却做出了内外男女混杂无别的事情,从这件事上就可以知道他不能成就霸业了。"

泓水之战由于宋襄公的迂腐而致宋军大败,参战将士十死九伤,宋国百姓一时之间失去这么多父亲、兄弟、丈夫,无不号哭咒骂宋襄公,而宋襄公却说自己奉仁义作战,就不能乘人之危,要坚持以德服人。目夷叹息说:"军队作战就是以打胜仗作为功绩,何必讲那些庸俗寻常的理论呢?一定要像您所说的那样讲仁义,那就干脆向人家投降好了,又何必跟别人打仗呢?"

是啊,对敌人讲仁义,却使自己这么多的子弟丧生,这种仁义还能经得起论证吗?不过宋襄公也再没有更多的时间去讲仁义了,因为回国不久,他大腿上的伤口久治不愈,竟然感染了。到了第二年,宋襄公伤势加重,一病不起。不过病中的宋襄公仍然讲仁义如初,厚待流亡过境的晋国公子重耳,以新败贫困之国,筹措20辆大车并数目可观的盘缠物资接济重耳,使重耳及其随从感激不已。宋襄公的这个善举,为五年之后宋国免遭灭国之祸赢得了人心和道义上的支持。因为五年后楚国再次大举进攻宋国,即位不久的晋文公姬重耳因感念宋襄公的恩遇,责无旁贷地担负起了救援宋国的义务,联合中原各国,在城濮之战中大败楚军,也算是为宋襄公报了被辱之仇。

宋襄公,公元前650年至公元前637年在位,因为其不分场合地滥用仁义,且不自量力地争霸诸侯,因此被后世的许多人讥为假仁义。但司马迁在《史记》中却对宋襄公给予了高度的评价,认为他修行仁义,遵守道义,是个不错的国君,并把他列为春秋五霸之一。客观来讲,宋襄公讲求仁义,在本质上是没有错的,他也不是假仁义,他对待部下确实很好,在泓水之战中能得亲兵死力即为明证。但宋襄公缺乏临场机变能力,或者说是对仁义的理解和把握还不够透彻灵活,以至于到了迂腐的地步,他把仁义用在百姓和讲信义的正人君子身上,这会使正义之举得到褒奖和传承,使好的风气得到弘扬,但如果把仁义用到敌国和敌军身上,就只会使无赖之徒钻营投机,使自己白白受辱,更让别人感觉到软弱可欺。宋襄公与早他三百多年的徐偃王非常相似,不过徐偃王是只讲仁义,却不修武事,以致被当时的周穆王和楚国联合起来灭了国。徐偃王听到周、楚来攻,奉行仁义不肯出战,于是出逃,跟随他逃亡的民众就有数万之多(三国时刘备在当阳长坂奔逃时也有此景象)。但宋襄公是既讲求仁义,也整修军事,只可惜他僵硬地手持仁义的教条不知变通,在政治外交和军事斗争中处处被动,再加上急功近利想要争霸，不懂得脚踏实地通过长期积累扩充实力，于是又一次成了空谈仁义的牺牲品，沦为他人笑柄也是在所难免。

宋襄公死后，长子王臣即位，是为宋成公，为宋国第二十一代国君。此后宋国又历十四君。

宋成公在位十七年死，其弟御杀死太子和大司马公孙固自立为国君。宋国人共同杀死御，拥立宋成公的小儿子杵臼为国君，是为宋昭公。宋昭公在位九年被杀，其弟公子鲍继位，是为宋文公。宋文公在位二十二年死，其子瑕继位，是为宋共公。宋共公在位十三年死，其子成继位，是为宋平公。宋平公在位四十四年死，其子佐继位，是为宋元公。宋元公在位十五年死，其子头曼继位，是为宋景公。宋景公在位四十八年死，由于他没有儿子，于是立宋元公曾孙启为国君。启在位一年死，其弟得继位，是为宋后昭公。宋后昭公在位四十七年死，其子购由继位，是为宋悼公。宋悼公在位十八年死，其子田继位，是为宋休公。宋休公在位二十三年死，其子辟兵继位，是为宋桓侯。宋桓侯在位二十五年死，其子罕继位，是为宋剔成君。宋剔成君在位四十一年，其弟偃率兵攻打他，宋剔成君逃往齐国，偃自立为国君，是为宋康王。宋康王在位四十三年。公元前286年，享国七百五十五年的宋国被齐湣王所灭。

在宋国七百多年的历史中，以小国争霸的宋襄公，无疑格外引人注目。宋襄公的一生，可以用他所做过的三件事情来概括。他曾经鼎力帮助齐国，但自己的国家却最终为齐国所灭，虽然他热心帮忙时齐国姓姜，到后来宋国被灭时齐国姓田，但这历史的恩怨谁又能顷刻间说得清楚？他曾经高举仁义的大旗与楚国周旋，但先是被楚国欺凌扣押，后是因力量悬殊而在对楚作战中一败涂地，从而注定了他被人讥嘲的人生悲剧。只有他临死之前所做的一件并不起眼的小事，那就是以首霸齐桓公的馈赠规格，向奔亡宋国的姬重耳送出了二十辆大车，施恩于落难者并赢得了受助者的尊重，从而在身死之后为他的国家化解了一场覆国之危。

悲哉，宋襄公。

第九节　曲沃代晋、骊姬乱晋、假途灭虢

宋襄公奉行仁义却被武力拘押，泓水之战中本想一雪前耻却二次受辱，楚国背信弃义和恃强凌弱的做法激起了中原诸侯国的普遍不满，这种不满情绪的聚合，最终决定了中原各国与楚国必将产生一场对决，而最后完成这个使命的，是刚刚强盛起来并由晋文公姬重耳主政的晋国！

晋国的始祖是周武王的儿子姬虞。姬虞的母亲是周武王的正妻邑姜，有一天晚上周武王临幸邑姜，做了个梦，梦见上天对他说："我让你生个儿子，叫虞，你把唐这个地方封给他。"姬虞生下来以后，手心里有个字，看上去很像个"虞"字。既有上天托梦，又有胎记佐证，因此姬虞被封唐地显得极其顺理成章。

唐地处在现今的山西省南部，最初由周武王封给唐尧的后裔。周武王死后，唐地发生了变乱，周公率兵平乱之后，这块地方就暂时空了下来。某一天，年少的周成王与年幼的姬虞做游戏，把桐叶削成的珪板递给姬虞说："我把这个封给你。"而那个时候，珪板是天子、诸侯在举行朝会、祭祀的典礼时所拿的玉器，周成王说要封姬虞，一旁的太史立即就记了下来，然后请周成王择个良辰吉日，封一块地方给姬虞。周成王十分吃惊，辩解说，我只是哄小弟弟玩，做了个游戏，怎么能当真呢？但太史不认同，说君无戏言，您说了封就得封。周成王没办法，只好把唐地封给了姬虞。唐地在黄河、汾水的东边，方圆百里。

姬虞被封到唐地，后世因此把他称为唐叔虞，为晋国的始祖，他曾经在自己的封地里发现过一株双茎一穗的禾谷，并把谷穗当作祥瑞献给了周成王。唐叔虞

死后，他的儿子姬燮（音谢）继承了他的爵位。因为尧都旧址的南面有一条河叫晋水，所以姬燮就将自己的称谓由唐侯改为晋侯。这就是晋国国名的来历。

晋侯的儿子叫宁族，就是晋武侯。晋武侯的儿子叫服人，就是晋成侯。晋成侯的儿子叫福，就是晋厉侯。晋厉侯的儿子叫宜臼，就是晋靖侯。晋靖侯在位十八年死，其子晋釐侯继位。晋釐侯在位十八年死，其子晋献侯姬籍继位。晋献侯在位十一年死，其子晋穆侯姬费王继位。

而晋国前期的一段重大变故，就与晋穆侯有非常密切的关系。

晋穆侯娶齐国女子姜氏为夫人。晋穆侯七年，当时姜氏正怀有身孕，晋穆侯接到周宣王的命令，让他率军随周王室讨伐条戎（古代戎族的一支，活动在今山西省运城市中条山北一带），没想到晋军惨败而归。晋穆侯深以为耻，刚好这个时候夫人为他生下了第一个儿子，于是晋穆侯便为他取名为"仇"，并立他为太子，以示不忘条戎战败之耻。

晋穆侯十年，他率军讨伐北戎，与北戎在千亩（今山西省临汾市安泽县北）交战，结果晋军大胜。恰好此时夫人姜氏为他生下第二个儿子，于是晋穆侯便为他起名为"成师"。

因为这两个儿子的名字都是依据两场战争的胜负结果而起的，所以饱含着晋穆侯的主观好恶和情感色彩。晋国的大夫师服就针对这兄弟俩的名字做评论说："真是太奇怪了，国君怎么会给儿子起这样的名字呢？仇，自然意味着仇恨，而成师，却是能得到众人帮助而取得成功的意思。虽然说名字是人取的，但有些事情却冥冥之中自有一种巧合。现在晋国的嫡子和庶子名字出现这样的逆反，以后晋国一定会发生动乱。"要说师服这种说法，也是一种毫无根据的臆断，但后来发生的事情，却非常惊奇地支持了师服的推断。

单凭两个人的名字就能准确预测数十年之后发生的事情，这听上去实在是有些匪夷所思。但实际上，人的名字里面确实暗含着一些常人难以察觉的东西。首先，这两个人的名字之中确实暗含了晋穆侯本人的好恶，看见长子姬仇，就会想起败于条戎的仇恨，看见姬成师，就会想起战胜北戎的欣悦。虽说晋穆侯给予了两个儿子同样的爱，但这两个儿子，却在此后的日子里带给了他截然不同的两种心理状态。其次，一个人的名字，它或多或少会给看到这个名字的人带来某种心理影响，就如同人们看到一个"刚"字，就可以断定这个人很可能是个男子，而看到一个"婉"字，就基本上可以确定这是一个女子。基于这样一种判断，此后对待这两个人，就会表现出一种截然不同的态度。所以不能拿一盒脂粉去送给

"刚",而拿一把宝剑去赠给"婉",而刚好应该掉个个儿。那么现在一旦出现姬仇和姬成师这样的名字,那么晋国的大臣和百姓会怎样看待这两个人呢?恐怕从心理深层带给他们的影响是任何人都无法抗拒的。

晋穆侯在位二十七年而死,按照礼制,君位应该由太子姬仇继承。但晋穆侯的弟弟殇叔武力夺取了君位。姬仇不敌晋殇叔,只好奔逃他国避难。又过了四年,姬仇才凭着积蓄的力量袭杀晋殇叔夺回君位,姬仇称之为晋文侯。

晋文侯是晋国历史上一位很有作为的君主,他在位期间,因为周幽王被犬戎所杀,于是帮助周平王东迁,并率兵诛杀了与周平王二王并立的周携王,为维护东周的统一做出了很大的贡献。

晋文侯帮助周平王稳固了王位,也因此得到了辅佐周王、得专征伐的权力,凭着这些权力,晋文侯在汾水流域大肆扩张晋国领土,使晋国成为春秋时期的大国。

晋文侯在位三十五年而死,他的儿子姬伯继位,是为晋昭侯。

晋昭侯刚刚当上国君,比较忌惮这个名叫成师的叔叔,于是就把曲沃(今山西省临汾市曲沃县)这块地方封给了他。姬成师号为曲沃桓叔,由晋靖侯的孙子栾宾辅佐他,曲沃城比晋国的都城翼邑(今山西省临汾市翼城县)还要大。这个时候的姬成师已经五十八岁了,他对百姓广施恩德,因此深得民心,晋国的许多士大夫都去投奔他。晋国大夫师服因此评论说:"以后晋国如果发生动乱,就一定是在曲沃。现在晋国的情形,就如同一棵树上长出了一根比主干还要粗的枝条,怎么会不发生动乱呢?"

晋昭侯即位的第七年,被大夫潘父杀死。潘父想要迎立姬成师做国君,姬成师也跃跃欲试,想要带兵入翼,但因晋文侯姬仇这一支的拥护者势力还很强大,于是起兵反击曲沃桓叔,曲沃桓叔被击败。晋国大夫们拥立晋昭侯的儿子姬平即位,是为晋孝侯,晋孝侯即位之后,处死了试图拥立姬成师的潘父。

姬成师兵败退回曲沃,他至死也没能成为晋国国君。姬成师死后,他的儿子姬鳝世袭他的封地,称之为曲沃庄伯。庄伯继承他父亲的遗志,继续着取代晋国大宗的梦想。晋孝侯十五年,曲沃与晋国发生战事,庄伯杀死了晋孝侯。晋孝侯的儿子姬郄即位,是为晋鄂侯。晋鄂侯平安地当了六年国君而死,儿子姬光即位,是为晋哀侯。

这个时候,庄伯趁着晋国丧乱来袭击晋国,这种不讲基本道义的做法就连周王室都看不下去了,于是派兵讨伐庄伯,庄伯的军队不敢与周王室相抗,只好率兵又退回曲沃。晋哀侯即位的第二年，曲沃庄伯死，庄伯的儿子姬称袭爵，称之为曲沃武公。晋哀侯即位的第九年，被曲沃武公俘虏，后被杀。晋哀侯的儿子晋小子侯即位，不到四年同样被曲沃武公杀死。晋国又立晋哀侯的弟弟即位，是为晋缗侯，晋缗侯当了二十八年国君，但最后仍未逃脱被曲沃武公攻灭的命运。

曲沃武公杀死晋缗侯并取代晋国大宗成为晋国国君之后，为避免周王室干涉，拿晋国的大量珍宝去贿赂周王室，周僖王收到曲沃武公的贿赂之后非常高兴，于是封武公为晋国国君，曲沃武公最终得偿所愿，由是更名为晋武公。正如前面晋国人所议论的那样，姬成师的后代最终取代姬仇的后代成为晋国的国君。历史上将这一段史实，称为"曲沃代晋"，曲沃代晋先后历时六十七年。

这个世界上没有持之以恒的正义，也没有持之以恒的善举，周王室和姬成师用他们的行为充分地证明了一点。姬成师在曲沃积德行善，他并不完全是为了黎民百姓，他的终极目标是为了攫取晋国的最高权力而收买人心。周王室的表现则更是令人失望，没有受贿之前，还能履行天下共主的职责维护正义，出兵制止曲沃的越轨行为，但等曲沃献上巨贿，不但承认既成事实，还运用手中的分封权力替曲沃漂白身份，给了他们一个名分，在政治上为他们正了名。所以说所谓的威望和正义，有时候其实就是一桩交易，只看那个可以令他改变主意的价码是多少罢了。

看看姬成师，只用了三代人，自己一代，儿子庄伯一代，到了孙子武公，就取代了晋国。而姬仇之后，共经历了五代六君，昭侯，孝侯，鄂侯，哀侯，小子侯，缗侯，加上自己，共历六代，七个国君，居然最终败给了姬成师。虽然没有充分的证据证明姬仇和姬成师两个宗族的最终兴衰跟名字有关，但一定要取个好名字啊！

曲沃武公取代晋国成为诸侯的第二年，大概也是感觉壮志已酬，心愿已了，没有什么遗憾了，于是含笑闭眼，离开了人世。他的儿子诡诸继承君位，这就是晋献公。

晋献公即位之后，担心曲沃代晋之类的嫡庶更替之事重演，于是接受大夫士蒍的建议，尽诛曲沃桓叔、庄伯的后代，也就是杀光了自己的叔叔及兄弟，以消除威胁巩固君位。其狠毒程度，更甚于其祖桓叔和其父庄伯。要说姬成师这一支，虽然为人算不得仁善，但都是雄略之主。晋献公在位二十六年，东征西讨，先后攻灭骊戎（今陕西省西安市临潼区）、霍（姬处的封国）、魏（今山西省运城市芮城县到陕西省渭南市大荔县一带）、耿（今山西省运城市河津市东南）等国，击败狄戎，消灭虞、虢二国，极大地扩充了实力和地盘，为此后晋文公称霸奠定了基础。

不过晋献公为了巩固君位虽然费尽心机诛灭了桓叔、庄伯其余的子孙，但万万没有料到，自己的儿子们为了争夺君位却也闹出了非常大的动乱。

晋武公尚未离世的时候，曾向齐国求娶一名小妾，当时的齐桓公就把一个女儿嫁给了他，那时候的女子没有具体的名字，因为也是从齐国来的，因此也被称为齐姜。实际上这个时候，晋武公已经年老血衰，根本没有能力行夫妻之事了，因此这个年轻貌美的齐姜，实际上就守了活寡。那时晋献公还是太子，非常垂涎这位庶母的美貌，于是就与齐姜暗中私通，并与她生了一个儿子，悄悄地养在一户姓申的大夫家中，这个儿子因此被称为申生。晋武公死后，晋献公即位，齐姜被立为正室夫人，申生也被立为太子。但不幸的是，齐姜在又生了一个女儿之后早死（这个女儿后来嫁给了秦穆公，为秦穆公的夫人，因此被称为穆姬），正室夫人缺位，这就为申生后来的罹祸埋下了伏笔。

晋献公曾经出兵讨伐北方的翟国（今陕西省渭南市富平县到铜川市耀城区一带），后来娶了翟国狐突的两个女儿，分别为大小狐氏，大狐姬生了个儿子叫重耳，小狐姬生了个儿子叫夷吾，申生与重耳、夷吾兄弟三人都有贤名，在晋献公的八个儿子之中，是比较知名的三个。

晋献公伐骊戎的时候，俘获了骊戎国君的两个女儿，这两个女子都有倾国倾城之貌，晋献公贪恋她们的美貌，于是将姐妹俩全部纳为姬妾，大的称为骊姬，小的称为少姬。过不多久，骊姬生了个儿子叫奚齐，少姬也生了个儿子叫卓子。

骊姬在前面几章中已有提及，她与夏朝的妹喜、殷商的妲己、西周的褒姒并称为中国古代四大妖姬，骊姬能与前面三位亡国之妃并列，确实不是浪得虚名。

骊姬生了儿子之后，野心膨胀，就想让自己的儿子奚齐取代申生当太子，自己当正室夫人。因为骊姬生得美艳非凡且又工于心计，因此晋献公对她言听计从，过不多久，骊姬就被立为夫人。但骊姬并不以此满足，因为在那个母凭子贵的年代，只要儿子一天不是太子，那么她这个正妻也只是名义上的，没有任何的实质权力。甚而至于，在晋献公死后，她会随时面临被废黜或是被杀死的命运。不过骊姬并不是那种想干什么就立即跳出来大喊大叫的蠢人，她比一般妇人的高明之处在于善于通过阴谋诡计实现她的目的。

当时晋献公身边有两个佞臣，一个叫梁五，一个叫东关五，晋国人将这两个人名称为"二五"，与齐桓公身边的"三贵"颇有一比。"二五"之外，还有一个伶人，名叫施。伶人施聪明伶俐，能说会道，更兼年轻英俊，因此也很受晋献公的宠爱。凭着这一层关系，伶人施得以毫无阻碍地自由出入宫禁。而宫里面都是些什么人？不是国君的姬妾就是一些寂寞无处诉的宫人，而伶人施却是一个连男人都爱的男人，其动人魅力可想而知，时间不长，自然而然地与骊姬发生了奸情，关系十分密切。骊姬时刻不忘除掉申生，但又不敢对不知根底的大臣们乱讲，于是就向聪明的伶人施请教，伶人施出主意说："现在申生和重耳、夷吾都在朝中，必须想办法让他们出外镇守，我们才可以居中行事。但这种事情你自己又不能直接说，必须让外面的大臣们主动提出，方才显得自然。现在'二五'比较受国君宠幸，夫人您如果用重金收买二人，那么由这两个人轮流向国君进言，国君就自然没有不听从的道理。"骊姬深表赞同，让伶人施拿着金帛去交结"二五"，"二五"本是谄媚之人，本就想讨好骊姬，今骊姬又叫人把重礼送上门来，怎会有不答应的道理？

　　遇到一个合适的机会，梁五对晋献公说："曲沃是最初受封的地方（指晋献公之曾祖姬成师最先封在曲沃，后来才有曲沃代晋之事），先祖的宗庙都在那里，还有蒲（今山西省临汾市隰县）和屈（今山西省临汾市吉县）两个地方，都靠近戎狄，是边疆的战略要冲，不可以无人镇守。不如让太子申生去守曲沃，让重耳和夷吾去守蒲、屈两地，国君您在国都坐镇指挥，这样一来，晋国就会稳如磐石。"

　　因为从来没有太子出镇外藩的先例，因此晋献公就想找到一些有利于骊姬的依据，于是他问："太子可以出外镇守吗？"

　　东关五立即在旁极力怂恿："当然可以了，太子就是储君，而曲沃则是副都，让储君守副都，天下再没有比这更合理的事情了。"

　　晋献公又问："让太子去曲沃可以，但蒲城和屈邑那样的荒凉之地，怎么能镇守呢？"

　　"二五"回答说："无人镇守那里，就是荒凉之地。如果有人镇守，那么就会变成两座城池。晋国一下子增加两座城，从此就会更加强大了。"

　　此时的晋献公，其实早就起了废掉太子申生而立骊姬之子奚齐之心，于是听从了"二五"的建议。他冠冕堂皇地对大臣们说："曲沃是我先祖宗庙所在地，而蒲邑的旁边是秦国，屈邑的旁边是翟国，不派我的儿子们居守那里，我感到非常恐惧啊。"于是就让太子申生去了曲沃，让重耳和夷吾分别去了蒲和屈。申生离开国都之后，晋国的人据此做出判断，他的太子之位将要被废掉了。

晋献公十六年，晋献公扩充了军队数量，将一军扩为二军（按照周礼，天子六军诸侯三军）。由晋献公统领上军，太子申生统领下军，赵夙（赵衰之祖）担任御戎驾驭战车，毕万担任车右进行护卫，攻灭了霍国、魏国和耿国。等晋军凯旋后，晋献公为太子申生在曲沃筑城，把耿地赐给赵夙，把魏地赐给毕万，并封他们为大夫。士蒍见状十分慨叹，就劝申生说："太子您不能立为国君了。封给您先君的都城，而且授予卿的爵位，先把您推到人臣的最高位置，又怎么能够当国君呢？不如赶快逃走，免得大祸临头。仿效当年的吴太伯，不是很好吗？还可以落个谦让的好名声。"但申生不愿意听从。晋国主管占卜的大夫郭偃说："毕万的后代一定会兴旺。万，是满数；魏，又是高大的意思。把魏地赏给毕万，这是上天保佑他呢。天子号称兆民，诸侯叫作万民，现在赐给他含义高大的魏，又加上万的满数，他一定会有众多百姓的。"

晋献公十七年，晋献公派太子申生讨伐东山皋落之狄（今山西省晋中市昔阳县，一说在今山西省运城市垣曲县）。卿士里克是一个很正直的人，他前去劝谏晋献公说："太子是供奉祭祀宗庙社稷祭品、早晚问候照顾国君饮食的人，所以叫冢子。国君出行，太子就应留守。有人代为留守，太子就应随从，跟随叫作抚军，留守叫作监国，这是自古定下的制度。率师出征，需要专门谋划军事；发号施令，是国君与正卿的职责，都不是太子分内的事。统率军队，在于制定和颁发命令，如果太子一味遵从君命，就失去了统帅的威严；如果擅自发布军令，又是对君王不孝，所以国君的继承人不能统率军队。太子统率军队将失去他应有的职位，做了军队的统帅又没有威信，将来还怎么能行呢？"

晋献公有些愠怒地说："我有好几个儿子，还不知道该立谁为嗣君呢。"

里克知道自己已经没办法再回答了，于是躬身退下去见申生。

申生问他说："我会被废掉吗？"里克安慰他说："太子努力吧！国君让您统率军队，怕的是您不能完成任务，又怎么会废掉您呢？况且做儿子的应该害怕不孝，不应该害怕不能立为国君。严格要求自己而不去责怪别人，那么就可以免于灾祸。"

申生出发之前，晋献公给他穿上左右颜色各异的偏衣，佩戴半环形的金玦，然后送他出征。晋献公这些奇异的举动，不仅申生自己奇怪，许多大臣心里也犯了嘀咕。申生就问担任车右的先友说："国君赐给我这些东西，意味着什么呢？"先友安慰他说："这意味着您在这次出征中分得了一半君权，可以用金玦来决断大事，您好自为之吧！"而担任御戎的狐突却说："拿杂色的衣服让纯正的人穿，用寒冷的金属来分离人心，真是令人感到寒心，还有什么可以依赖呢？就算太子努力作战，狄人能全部消灭吗？"里克推说有病，没有跟随申生出征，申生于是带着狐突和先友前去攻打皋落狄。

在申生出征期间，晋献公私下对骊姬说："我想废黜太子，让奚齐当太子。"但狡猾的骊姬却拒绝了，因为她知道太子之位只能计取，不可强夺，否则朝中的那些大臣可不好搪塞。再者申生素有贤名，现无罪被废，以宠夺位的骊姬母子就会被全天下的人所唾骂。骊姬立即哭着劝阻晋献公说："太子册立，诸侯都已知道，而且他数次领兵出征，百姓都拥护他，怎么能因为我的缘故而废掉嫡子改立庶子呢？您一定要那样，我就去自杀。"骊姬这样一闹，使晋献公更加觉得她贤惠。

骊姬阻止晋献公过早废黜申生，表面上看起来使申生暂时获得了安宁，但为此后成功除掉申生积累了势能。

申生战胜了东山的狄人之后班师回朝，这个时候，晋国国内有关申生的谣言四起，飞短流长。由于申生居住在曲沃，不在晋都绛邑（即翼邑），这就为骊姬巧施离间之计提供了极大的便利。一贯支持申生的重臣里克在骊姬的软硬兼施之下不得已保持了中立，狐突也被迫闭门不出。对骊姬而言，她长久以来苦心经营的夺嫡之谋，终于到了可以毫无阻碍地实施的时候。

几天之后，晋献公外出打猎，骊姬见机会难得，于是派人给申生传话说："昨晚国君梦见你母亲齐姜诉苦说，她在阴间又冷又饿，你赶快准备东西祭奠她，然后把祭祀的供品献给国君。"因为当时有种迷信的说法，申生的母亲齐姜本来是晋武公的小妾，但她后来和晋献公私通而生下申生，所以到了阴间之后会受尽百般苦楚，而当时的人们对此深信不疑。按照礼仪，申生在祭祀生母之后，要把祭祀用的胙肉献给父亲，以示对国君的尊奉。而骊姬就是瞅准了这个空子，才会借献公做梦齐姜托梦这样的幌子算计申生。

申生信以为真，立即在曲沃祭祀母亲，然后派人把祭祀用的胙肉给晋献公送了一些回来。由于晋献公出猎在外，于是就把胙肉留在了宫中。骊姬立即在肉中下了毒药，并在酒中混入了鸩毒。

两天后晋献公回来，骊姬对晋献公说："我梦到齐姜对我说，她在冥界过得饥饿困苦，因为您外出，所以我命令太子对她进行了祭祀。太子送了一些胙肉回来，已经等您好几天了。"

晋献公对申生的孝心非常嘉许，心情非常愉悦，就准备要吃肉喝酒，而骊姬却拦住他说:"先等一下,酒肉是从外面来的,必须试试有没有毒。"

晋献公愣了一下说:"夫人说得对。"于是把酒壶里的酒往地上倒了一些,结果地上立即冒起了一个小土堆,又把一只狗叫进来,割了一小块肉丢给狗,结果狗立即就死了。骊姬装出不相信的样子,又让一个小宦官尝肉,小宦官说什么也不肯,最后被逼无奈吃了一块,肉刚刚下肚,就七窍流血死了。

骊姬立即哭了起来:"太子这么做,没有别的原因,都是因为我和奚齐的缘故。我愿意和奚齐前往其他的国家躲避,或者是早点自杀,不要让我们母子白白地被太子所残害。请国君把这酒和肉赐给我,我愿意代国君去死,让太子了却他的心愿。"说着就端起酒壶假装要把酒喝下去。

当着人面喝毒酒,这戏也演得确实出彩。没有骊姬,晋献公就会坐不安席,食不甘味,怎么会由着她把毒酒喝下去?于是他劈手从骊姬手中夺过酒壶,摔到了地上。骊姬再次火上浇油:"太子也太恶毒了,连亲生父亲都想杀,还有什么事情做不出来呢?现在国君已经年老了,朝不保夕,他为什么就不能多等上几天,而非要做出这种弑君的事情呢?之前国君您想废了他,我没有同意,结果今天,他就差一点儿害了国君。看来,都是我把国君您害苦了啊。"

经过骊姬这么添油加醋一闹,晋献公已经彻底丧失了理智,他怒气转加,派"二五"率兵前往曲沃捉拿太子申生归案。

朝中的老臣狐突得知信息后,立即连夜派人前往曲沃通知申生。重耳得知消息后就问申生说:众人皆知在酒肉中下毒的是骊姬,他为什么不上表申辩?但申生却认为:如果申辩不成功,反而罪加一等,而如果申辩成功,晋献公也始终护着骊姬,不可能给骊姬降罪,因此不但没有任何益处,反而会惹得年迈的父亲不高兴,不如自己自杀。重耳又劝申生逃亡,但申生也不愿意,认为自己背着弑父的恶名逃亡,如果不向诸侯说明情况,必然不容于诸侯,而如果向诸侯说明情况,就必定会败坏晋献公的名声,让诸侯看了笑话。申生既不愿选择反抗,也不愿上表辩解,更不愿出逃他国,最终自缢而死。他的老师杜原款抱着为他辩屈申冤的悲愤之心去了晋国都城,然却被晋献公下令处死。

申生以至孝的心思竭力维护着晋献公的尊严,所有的行为处事,都无不为晋献公着想,然而,晋献公早就对他恩断义绝,必欲将他除之而后快,试问他死守着这些迂腐的孝义又有什么用呢?申生和卫宣公之子伋子的遭遇几乎如出一辙,而他们的身世也颇为相似。看来所有逆反人伦的产物,不管他们如何努力提升自身的素养,都会在当事人扭曲的心理驱使下,蒙受极为悲惨的结局啊。

申生既死，骊姬的枪口立即对准了重耳和夷吾，因为不除掉重耳和夷吾，她的儿子奚齐当太子就仍然是阻力重重。

这个时候重耳和夷吾刚好来朝，他们对骊姬逼死申生之事理所当然地表达了不满。重耳和夷吾的埋怨很快被骊姬的眼线报告给骊姬。骊姬非常恐惧，于是对晋献公说："申生意图毒害国君，重耳和夷吾都是知情的，现在申生畏罪自杀，重耳和夷吾也不得不防。"

重耳和夷吾听到消息非常恐惧，于是赶快逃离了绛都。重耳去了蒲邑，夷吾去了屈邑。两个人回去之后，都动员城中将士，加强自我防守。当初晋献公让重耳和夷吾去镇守蒲、屈之时，委派士蒍前去建造蒲、屈二城的城墙。结果在建造的过程中，士蒍命人在城墙里面放进了木材。夷吾觉得放了木材的城墙不够结实，于是就把这件事情告诉了晋献公，晋献公非常恼怒，怨恨士蒍破坏他废长立幼的计划，于是怒责士蒍。士蒍于是向晋献公谢罪说："边城很少有盗贼，我觉得城墙根本没有必要修那么结实。"士蒍退下去之后唱歌说："狐皮袍子蓬松松，一个国家三个公，让我听从哪一宗？"意思是说，等城筑好之后，两个公子早晚将会与晋献公处于敌对状态，一个国家就有了三个主人，作为一个大臣，他实在不知道该听谁的了。士蒍以他的智慧，本来不想做出给晋国带来内乱的事情，但此时晋献公见责，再也没有了退路，于是迅速为重耳和夷吾修筑了坚固的城墙。

此时发生的事情，果然印证了士蒍当初的担忧，他为重耳和夷吾所修的城墙，并没有用来抵御外侮，却用在了父子之间的骨肉相残上。

晋献公见重耳和夷吾不辞而别，以为他们确实和申生是同谋，于是发兵分别攻打蒲城和屈城。率兵前去蒲城捉拿重耳的是太监履鞮（又叫勃鞮），两天的路程，他只用了一天就赶到，所以重耳还没有来得及逃走，履鞮的兵马就到了。重耳见晋国兵马到来，不愿意与父亲晋献公处于敌对状态，他下令说："君父的命令是不能违抗的，谁要是反抗，谁就是我的仇人。"反对蒲人抵抗。履鞮到了之后，即威逼重耳自杀。重耳越过城墙逃跑，履鞮追上去砍杀，一刀斩下了他的衣袖。重耳最终逃奔到了他的母家翟国。

前去攻打屈邑的晋国军队遭到了公子夷吾的顽强抵抗，屈城之内的军民也齐心协力帮助夷吾守城，晋军未能攻下屈城。

晋军攻屈不克，晋献公大怒，于是增派军队，让大夫贾华等人合力攻打屈邑，屈邑兵少，很快溃败。夷吾打算也像重耳一样，逃到他的母家翟国去。辅佐他的晋国大夫郤芮（又名冀芮）劝阻他说："不行，重耳已经在那里了，如果你也前往翟国，兄弟俩处在一起，晋君为了永绝后患，就必定会移兵攻打翟国，翟国在畏惧晋国之下，就一定会把你们抓起来送给晋国的。不如奔逃梁国（今陕西省渭南韩城市），梁国与秦国在地理上接壤。秦国强大，等我们的君主去世以后，可以请求秦国帮助您回国即位啊。"郤芮鞭辟入里的分析使夷吾瞬间豁然开朗，于是前去投奔了梁国。

之后，晋国起兵攻打翟国，翟国因为重耳的缘故，也在采桑（今河南省安阳市林州市采桑镇）攻击晋军。双方互有胜负，最终晋军撤围回国。

这个时候的晋国，已经成了一个非常强大的国家，西边的河西（黄河以西）一直与秦国接壤，北边是翟国，东边一直到河内。

晋献公二十六年，也就是公元前651年夏天，齐桓公在葵丘与诸侯举行盛大的盟会。晋献公那个时候病得很重，启程时就已经晚了，结果等别的诸侯举行完了盟会，还没有到达葵丘。晋献公在半路上碰上了接受周王室委派前去向齐桓公行赐返回的宰孔。宰孔对他说："齐桓公更加骄傲了，不致力于推行德政，却专心想要远征，所以向北攻打山戎，向南攻打楚国，向西举行了这次盟会。晋国恐怕会产生祸乱吧，国君应该致力于安定国内，而不是急着去参加会盟。"晋献公一则是病得厉害，二则听了宰孔的话，于是就再没有勉强，折身回了晋国。

晋献公回国之后，病势更加沉重，他自我感觉已经无法好转，于是就开始考虑身后之事。他叫来大夫荀息说："我想用奚齐做继承人，但是他年纪还小，大臣们可能不服，恐怕会起乱子，您能帮他安定君位吗？"

荀息见晋献公如此信任自己，于是说："我能。"

晋献公还是有些不放心，于是问他说："你拿什么来向我保证呢？"

荀息回答说："即使有一天我不幸要死，也不敢违背活着时国君托付给我的命令，而那些活着的人见我没有违背国君的命令，也不会为我感到惭愧。这应该可以作为证明了吧。"

晋献公见荀息说得非常郑重，以自身的生命做保证，确实值得信赖，于是就把奚齐托付给他，让他当国相，主持国政辅佐奚齐。

荀息，一个非常有计谋却少于明断的人。说他有计谋，是因为他可以想出一些别人难以想到的办法，助国君达到某种目的。而说他少于明断，是因为他不分是非曲直轻许诺言，最终使自己成了他人私利的牺牲品。他做的其中两件事情，非常鲜明地说明了这一点。

当时晋国的边境有虢国和虞国两个小国家。晋献公的曾祖、祖父和父亲在曲沃的时候，曾经数次发动对晋国的夺位战争，虢国作为忠于周王室的一支，多次出兵干涉曲沃的不义行为，因此两家结下了仇怨。等到曲沃代晋，晋献公稳操晋国政权，大肆屠戮曲沃桓叔、庄伯和武公的其他子孙，这些公子为了避祸，有一些就到了虢国，寻求虢国的庇护。晋国和虢国本就不睦，现在旧恨未除，又添新仇，于是晋献公就想出兵攻打虢国，教训一番虢国出这口恶气。

但是虢国和旁边的虞国非常团结，军事上互为犄角，虢国有难，虞国来帮，虞国有难，虢国来帮，因此晋国也不好贸然出兵。荀息就向晋献公献计说："可以多送一些财物和美貌的女子，向虢国求和。虢公比较好色，见到这么多的女乐，肯定会答应的。有了这些女乐，虢公沉溺于声色犬马，就一定会怠政息政，斥责大臣并疏远忠良。我们再用重金向北方的戎狄行贿，让他们在虢国的边境无端生事，趁着虢国集中精力对付戎狄，我们寻找机会攻其不备，就一定可以灭掉虢国。"

晋献公非常赞同荀息的计策，于是向虢国送去了女乐。虢国的大夫舟之侨劝虢公不要接收，然而虢公哪里肯听，在收下女乐后和晋国缔结了协约，并贪恋美色不理朝政。舟之侨再次劝谏，虢公大怒，让舟之侨出外镇守一座叫下阳（今山西省运城市平陆县）的城池。

过不多久，收受晋国贿赂的戎狄果然侵扰虢国的边境，虢公喜好弄兵，亲自带兵出征。戎狄也起倾国之兵相迎，双方打起了持久战。

晋献公一看机会来临，就准备出兵攻虢。荀息再次献计说："现在虢国和虞国亲密无间，如果我们攻打虢国，虞国必定会前来救援。我有一个办法，可以先灭掉虢国，之后马上灭掉虞国。"

晋献公大喜，就问是什么办法，荀息回答说："晋国向虢国用兵，所走的大路必须经过虞国，我们可以向虞国国君送去大量财宝，向他们借一条路出兵虢国，虞国一定会答应的。虢国和虞国互为依靠，等我们灭了虢国，虞国还能独存吗？"

晋献公又问："但是我们和虢国刚刚缔结了和平协约，现在又出兵虢国，师出无名，这怎么行？"

荀息回答说："这好办，晋国不是有一段边境与虢国接壤吗？让边境上的百姓们做一点有损虢国利益的坏事，虢国边境的官吏就一定会为此而指责我国，我们以这个为借口，还怕没有出兵的理由吗？"

"可是虞国凭什么要给我们借道呢?"

"国君您不是有一匹屈地出产的宝马和一块垂棘(今山西长治潞城一带)出产的美玉吗?我听说虞国的国君非常爱财,只要您把宝马和美玉送给虞君,不愁虞君不答应。"

屈产之马和美玉都是晋国的至宝,晋献公心里非常难舍,荀息就又劝导说:"名马和美玉固然是宝物,不过只要我们灭了虞国,它们就一定会原封不动地回到我们晋国。现在的做法,只不过是把美玉暂时寄放在别人家里,而把名马让他人代养罢了,还不用多废草料,国君您有什么不放心的呢?"

大夫里克却又提出了疑问:"我听说虞国有两个贤臣,一个叫宫之奇,一个叫百里奚,他们一定会劝谏虞君,阻止虞君借道给我们的。"

荀息回答说:"放心吧,虞君贪财而愚蠢,宫之奇和百里奚的忠言他一定听不进去。宫之奇和虞君是从小一起长大的,两个人比较亲昵,虞君并不敬重他。况且宫之奇这个人比较怯懦,只要劝一次虞君不听,他就不会再坚持。而百里奚在虞国任职时间不长,虽然是个贤臣,但并不是虞君的心腹之臣,也得不到虞君的重用。况且他之前一直很贫穷,现在好不容易在虞国得到官职,就一定会倍加珍惜,不会轻易拿生命去冒险。"

晋献公大喜,于是让荀息带着马和玉出使虞国。

虞国国君刚开始听到晋国要借道攻击虢国,非常生气,等到荀息献上宝马和美玉,立即转怒为喜。他手里捧着美玉,眼睛看着宝马,问荀息说:"这匹马和这块玉,堪称你们晋国的镇国之宝,为什么要送给我啊?"

荀息回答说:"我们的国君敬佩您的为人,畏惧虞国的强盛,所以献上马和玉,想和贵国永结盟好。"

虞君哪里肯信,天底下哪有白白给别人送礼的人?于是他问:"话虽这么说,但你们一定会有其他的什么事情要对我说吧?"

荀息说:"国君圣明。虢国的人经常侵扰我们的南方边境,我们国君为了与虢国和睦相处,因此不断妥协让步,和虢国缔结了和平盟约,但现在盟誓还没多久,虢国就又借故频繁责备我国,我们国君忍无可忍,准备前往虢国讨个公道,因此前来贵国借道。如果能够侥幸取胜的话,缴获的那些车马财物都送给贵国,并与贵国世代修好,永不相侵。"

虞公非常高兴,准备答应下来,宫之奇赶快进谏说:"国君您不能答应。虢国和虞国,唇齿相依,之前晋国灭掉了好多国家,而唯独不敢对虢国动手,就是忌惮有我们虞国。现在我们借道给他们，等他们消灭了虢国，就一定会掉过头来灭掉我们虞国的。"

虞公说："我们和晋国是同姓，都姓姬，看在祖先的分上，晋国一定不会做出这种事情来的。"

宫之奇说："国君您把晋国想得未免太仁慈了，虢国的先君虢仲、虢叔都是王季的儿子，是周文王的兄弟，和晋国也是同样的祖先，可现在晋国却决意要灭掉他们，他们又怎么会怜惜我们虞国呢？再者说了，曲沃桓叔和曲沃庄伯的子孙，那可都是晋献公的近亲，可晋献公是怎么对待他们的呢？还不是把他们全都赶尽杀绝了。虢国和虞国的关系，就像嘴唇和牙齿的关系，嘴唇没有了，牙齿就会孤立，所谓唇亡齿寒是也，国君您绝对不能给晋国借道。"

然而虞君贪图晋国的宝马和美玉，并不听从宫之奇的忠言，他斥责宫之奇说："晋国国君都舍得拿他们的镇国之宝前来与我们结交，我又怎么会舍不得区区一条路呢？况且晋国比虢国强大多了，失去弱小的虢国，而与强大的晋国结好，又有什么不好的呢？"于是允诺向晋国借道。

宫之奇想要再谏，但百里奚却拉住了他。宫之奇问百里奚为什么不帮他一齐进谏，百里奚回答说："我听说把好话说给傻瓜听，就如同把珍宝丢进野地里一样。夏桀杀关龙逢，殷纣杀比干，就是因为他们强行进谏的缘故。现在你这么做，离大祸临头也不远了。"

宫子奇说："但是这样下去虞国肯定会灭亡的。"于是带着家人离开了虞国。

再说虢晋边境，因为晋国百姓在晋献公的授意下故意生事，所以虢国的边防官员立即以此与晋国交涉，而晋国等的就是这个结果，于是两国边境再次发生了冲突。而虢国国君正与戎狄交战，顾不上及时处理这些事情，因此给晋国制造了入侵的口实。现在晋国既然得到了虞国的允许，于是大军长驱直入，灭掉了虢国。虢国国君乘夜突围，逃往周都。

晋国灭掉虢国，收降了虢国的将领舟之侨。之后把缴获的虢国的大量财物送给虞国，继续麻痹虞国。晋军元帅里克借口生病，然后把大营扎在虞国国都不远处，说要等病好后才回国，虞国国君丝毫未起戒心，反而殷勤地为他求医送药。过不多久，晋献公来到虞国，邀请虞国国君出城打猎，没打几围，忽报城中起火。虞国国君急来看时，都城已被晋军占领。

虞君追悔莫及，叹息说："后悔没有听从宫之奇的劝谏。"回头又问百里奚说，"那个时候，你为什么没有劝我？"百里奚回答说："你不听宫之奇的，难道就能听我的吗？那个时候我不劝你，就是要等到今天和你共同承受这灭国之痛。"

晋献公俘虏了虞君，并不忘挖苦他说："今天我来这里，就是特意来取我的宝马和美玉的。"玉还是那块玉，只不过马老了一些而已。

晋献公本想杀死虞君，但被荀息劝止了。从荀息的角度来讲，如果让晋献公杀了虞君，那么荀息就会更加心里不安。因为毕竟是他出使虞国诳骗虞君借道并消灭了虢国和虞国的，这本就是备受人指摘的一件阴损之事，如果再杀了虞君，荀息一辈子都不会过得安心。此时他劝阻晋献公不杀虞君，也算是在心理上对虞君有所弥补吧。晋献公留下了虞君和百里奚的性命，但为了侮辱他们，于是在出嫁穆姬时把他们作为穆姬的媵臣，陪嫁前往秦国，延续虞国的祭祀。

这就是假途灭虢典故的来历，假途灭虢充分地证明了荀息的多谋。但荀息所做的另一件事情，却就说明了他的缺乏明断。

晋献公临死之前，把年仅十一岁的奚齐托付给了荀息，嘱咐荀息照顾奚齐，荀息答应了下来。晋献公死后，骊姬按照晋献公的遗命，拜荀息为上卿，令其执掌国政。任命东关五和梁五为左、右司马，让他们统领军队，自以为大权在握，万无一失。

但里克、邳郑父这些大臣却并不愿意，晋国的老百姓们也不大乐意，因为公道自在人心，他们怀念屈死的申生，更希望贤能的重耳能够回来当国君。现在狠毒的骊姬用令人不齿的手段逼申生自杀，又逼重耳和夷吾逃亡，最后她的儿子继承了君位，谁的心里都不服气。里克经和邳郑父商议，就准备迎立重耳回来继位。但荀息受命辅佐现任国君，他们感觉还是要争取一下荀息，于是上门试探荀息的态度。

里克说："现在晋献公死了，重耳和夷吾都在国外。您作为上卿，不迎立年长的重耳继承君位，反而拥立妖姬的儿子作为国君，怎么能让天下人心服呢？申生、重耳和夷吾的拥护者都极端怨恨奚齐母子，此前只是碍着晋献公罢了。现在听说晋献公死了，他们能不群起而反击吗？更何况重耳、夷吾外面有秦国和翟国做后援，朝中有旧党做内应，您拿什么办法抵挡他们呢？"

荀息："我在晋献公临死前曾答应他，要用我的生命辅佐奚齐，奚齐之外，我不知道有其他人。万一我抵挡不了他们，那也只有以死来回报先君对我的信任。"

邳郑父又劝："死了有什么用？为什么不改变主意呢？"

荀息说："我既然答应了先君，就一定要做到，我不会食言的。"

里克和邳郑父劝了好久，荀息终是不肯改口，没办法只好告辞。

当时奚齐刚刚即位，在荀息主持下共同为晋献公治丧。里克和邳郑父暗中指使心腹力士，混杂在治丧的仆役中间，伺机刺死了奚齐。荀息见奚齐被人刺杀，就想兑现他对晋献公的承诺自杀而死。"二五"劝他说："现在奚齐死了，相国徒死无益，不如立少姬之子卓子，也算是没有违背您对先君立下的誓言。"荀息想想也有道理，于是又立骊姬妹妹少姬的儿子卓子为国君。

"二五"对荀息说："奚齐被人杀死，绝对是里克和邳郑父干的，请您下令让军士们把这二人抓起来。"

荀息说："里克和邳郑父，都是晋国的老臣，他们在晋国党羽众多，根深蒂固，大臣们里面，几乎有一半以上的人都跟他们有交情，我们贸然发兵，万一不能取胜，那我们反而会非常被动。不如等到丧事办完，等一切稳定下来，再慢慢找机会治他们的罪不迟。"

"二五"背着荀息议论说："荀息这个人，忠诚倒是非常忠诚，但就是太迂腐了，而且做事缓慢，绝对是个靠不住的人。不如我们自己想办法，除掉里克和邳郑父。"

东关五手下有位名叫屠岸夷的门客，是个大力士，力气大得能拿起一万斤（约合现今五千斤）重的东西奔跑如飞，确实是力大无穷。"二五"经过商议，就送给屠岸夷一大笔钱，然后把杀死里克的想法告诉了他。

屠岸夷一介武夫，况且又是东关五的门客，收下礼物当场就答应了下来。但令"二五"没有想到的时候，粗人也有心细的时候，屠岸夷回到家里一琢磨，就感觉其中有些问题。但他自己想不清楚这其中的大道理，于是就找了个有见识的人去问。而这一问，就坏了"二五"和骊姬的事情。

屠岸夷虽然是东关五的门客，但与大夫雅遬关系比较好，于是就把"二五"欲诛里克的图谋悄悄告诉了雅遬，问这事情能不能干。

雅遬告诉屠岸夷说："太子申生冤死，晋国没有哪个人不知道。现在里克和邳郑父想要消灭骊姬的党羽为太子报仇，这可是正义之举。你如果帮着东关五梁五这些奸人杀死里克他们，那你就会被天下人所唾骂。所以说这种事情你绝不能干。"

屠岸夷说："这些大道理我之前不懂，现在听您这么说，我算是明白过来了，那么我回去跟他们说，我不干了行不行？"

雅遄说："你不干，他们又会叫别的人去干，况且你中途变卦，他们一定不会放过你。你不如假装答应他们，在举事那天反戈一击杀掉他们，这样一来，诛灭逆党、迎立新君的功劳就是你的，而且你还会留下好名声，这总比你为做不义之事白白送掉性命强吧？"

屠岸夷说："大夫指教得非常对，我这就回去，开始准备。"

雅遄不放心，又追问了一句："你不会回去又变卦吧？"

屠岸夷为人虽粗，但一些礼节性的事情还是清楚的，他知道雅遄对他仍不放心，于是就和雅遄一起盟了个誓。古人大多比较重视信义，尤其是那些武士，更是视誓言胜过生命，大力士屠岸夷这一起誓，"二五"和骊姬的最终命运就此注定。

屠岸夷走后，雅遄立即把"二五"的图谋告知了里克和邳郑父，里、邳二人立即暗中吩咐家人早做准备，只等为晋献公送葬之日，击杀"二五"及其党羽。

等到为晋献公出殡的日子，里克自然没到。屠岸夷对东关五说："今天是为先君送葬的日子，里克作为大臣居然没有到场，这种行为绝不能容忍。请您拨给我一支兵马，我过去围住他的宅第，把他抓起来杀掉。"

东关五非常高兴，于是给屠岸夷调了一支三百人的队伍，由他领着去攻打里克的府第。之后又亲率一支队伍，前去给屠岸夷助阵。屠岸夷见到东关五，假称有事向他禀报，上前一把扭断了他的脖子。

军士一看主帅被杀，立时大乱。屠岸夷高声大喊："重耳带着秦国和翟国的兵马，现在已经到了城外，我奉了里克大夫的命令，诛灭奸贼，为死去的申生申冤，并迎立重耳为君。你们愿意的留下，不愿意的自行离开。"

因为重耳在晋国有相当高的声望，再加上屠岸夷虚张声势说他已经到了城外，军士们不辨真假，一时都被镇住了，于是都表示愿意拥立重耳。屠岸夷带着这一支军队，与里克等人的家将一齐杀入宫中，先杀死梁五，之后又在朝堂上杀死了卓子，将"二五"及伶人施灭族。骊姬被军士抓了起来，在闹市用皮鞭活活抽打致死。此时距奚齐被杀仅仅过了一个多月。当初，晋献公将要攻打骊戎，行师前卜了一卦，卦辞上说："谗言为害。"等到攻破骊戎国，获得了骊姬，后因宠爱骊姬，最终祸乱了晋国。

卓子被杀，拥护的客体已经不复存在，荀息没办法再继续履行他对晋献公许下的诺言，于是自杀而死。当时有人评论说："《诗经》上说：'白玉上的斑点，还可以磨掉，但语言上的差错，是不可以改变的。'（白圭之玷，尚可磨也。斯言之玷，不可为也。）这大概说的就是荀息吧。荀息没有背叛他自己的诺言。"

荀息忠于自己的诺言，想尽力辅佐晋献公托付给他的奚齐，这确实体现了他的忠诚，至少在道德品质这一个层面，他是无可指摘的。但是，他没有综合考虑晋献公晚年昏聩宠幸骊姬，冤杀申生并逼迫重耳和夷吾出走等因素，不顾国内即将分裂的现状而轻许诺言拥立奚齐为君，给晋国造成了相当大的动乱，忠君却害国，这是他的不明之处。正如"二五"评价他的那样，他忠诚倒确实是忠诚，但就是太过迂腐，并且还少于明断。如果他当时在晋献公面前坚持不立奚齐，而是表示要迎回重耳，晋献公见民意如此，也未必敢强立奚齐。而荀息以自家性命担保，不但没有帮奚齐保住君位，安定晋国的大局，反而搭上了自己的生命，这是丝毫不值得提倡的，因为这不是舍生取义，他拥护了代表着卑鄙投机的一方。如果荀息的目标最终实现，那么世间将不再有"正义"二字。

所以，荀息的假途灭虢，可能真的是一条高明之计，但荀息本人，似乎并不能归到高明的那一个行列里去。

而狠毒的骊姬，她挖空心思陷害申生并排挤重耳、夷吾，想为自己的儿子奚齐夺取君位，最后不但愿望落空，还送掉了儿子、侄儿的性命，自己也难逃被诛身死的下场。试想如果她宽厚待人，不作非分之想，不要侵害那么多人的利益，那么她的儿子至少能保住性命，自己也会安坐国母之位，能否享受荣华富贵姑且别论，但至少可保性命无虞。机关算尽太聪明，反误了卿卿性命，真是可悲啊。

第十节　秦穆公用贤、"五羊大夫"、由余归秦

奚齐和卓子被杀死之后，里克是重耳的忠实拥护者，在和邳郑父商议之后，于是派屠岸夷前往翟国迎立避难的公子重耳。重耳考虑到这个时候晋国的内乱还没有完全平息，再加上晋献公死后他也没有去奔丧，如果此时回国即位，不但自身的安全难以保证，就是自己的声誉也会受到很大的影响，于是婉言谢绝说："违背父亲的命令逃亡在外，父亲死了也没能尽作为人子的礼仪前去侍奉丧事，我还怎么敢回国继承君位呢？请你们改立别的公子。"

国不可一日无君，重耳不愿回来当国君，那么大臣们自然而然就想到了逃亡梁国的夷吾。

但里克反对迎立夷吾，里克的理由是，夷吾这个人其一比较贪婪，信义方面无法保证，其二他能硬着心肠做不该做的事情，待人不宽厚，拥护他的人不是很多，因此主张再请重耳。但这只是里克一个人的想法，其他的大夫感觉一次迎立重耳不成，已经伤到了他们的自尊，他们可不愿意再一次到重耳那里去自讨没趣。再说夷吾虽然各方面比起重耳来差一些，但比起晋献公其他的儿子来又强许多，于是都主张迎立夷吾。众意难违，里克拗不过众大夫，只好同意迎立夷吾。

再说夷吾，自从听到晋献公离世，每天都在思虑该如何才能回国即位，这个时候见到大臣们来迎，自然是喜不自禁，准备立即回国。但他的辅臣郤芮却提出了不同意见，郤芮说："重耳并不是不愿意当国君，而是考虑到国内的复杂局势才拒绝的。国内还有其他的公子，大臣们不从国内选国君而跑到国外来迎立您，这确实令人难以置信。现在国内的大臣们，以里克和邳郑父为首，如果您想回国

即位，就必须先重赏这两个人，笼络好他们。但即便如此，回国即位也还是非常凶险，必须借助大国的力量做后盾，而离我们晋国最近的强国是秦国，最好能够想办法取得秦国的支持，在秦兵的护送下回国，这样才能确保万无一失。"

夷吾深以为然，写信许下诺言，承诺如若回国为君，就赐给里克汾阳这个地方的土地一百万亩，赐给邳郑父负葵这个地方的土地七十万亩，然后派使者前往秦国，寻求秦国的支持。

那么此时的秦国，国内又是什么情况呢？

秦国自秦襄公派兵护送周平王东迁洛邑被封为诸侯，又得到周王室的授权征讨西戎之地，从而渐渐成为西方的大国。秦襄公后在征讨西戎的过程中死去，其子秦文公即位。

秦文公在位期间，秦国击败了西戎，然后收编了周朝的遗民，把秦国的土地扩张到岐（今陕西省宝鸡市东）以西，并把岐山以东的土地献给了周王室。其时，秦国设立了记载大事的史官，使百姓受到教化，并制定了诛灭三族的刑法。秦国百姓到了这个时候，已经完全脱离了戎族习气定居了下来，并从事农业生产。

秦文公死后，因为太子秦静公早死，于是秦静公的儿子秦宁公（又名秦宪公）继位。

秦宁公在位期间，把秦国的都城迁到平阳（今陕西省宝鸡市陈仓区），并派兵攻打亳戎（西戎的一支）的荡社这个地方（今陕西省咸阳市三原县一带），亳王逃到西戎，于是秦国夺取了荡社。秦宁公十岁继位，二十一岁去世。秦宁公有三个儿子，均为鲁姬所生，长子秦武公已被立为太子，次子秦德公，三次秦出子。秦宁公死之后，大庶长弗忌、威垒、三父废掉太子秦武公，立秦出子为国君。但秦出子在当了六年国君之后，又被弗忌、威垒、三父等人暗杀。之后，他们重又拥立原来的太子秦武公。

秦武公即位之后，非常痛恨弗忌、威垒、三父等人先是废了自己，后又杀了自己的弟弟，不除掉他们，终是国家的祸患，于是借口他们暗杀秦出子而将他们诛灭三族。

秦武公在位期间，先后讨伐彭戏氏（今陕西省渭南市白水县东北），并击败邽、冀之戎，在那里建立了邽戎邑（今甘肃省天水市区西南）、冀县（在今甘肃省天水市甘谷县一带）。又设置了杜县（今陕西省西安市雁塔区一带）、郑县（今陕西省渭南市华州区），消灭了小虢国（今陕西省宝鸡市东）。秦武公死时，首开活人殉葬之风，为他陪葬的活人多达六十六人。秦武公死后，其同母弟秦德公即位。

秦德公在位两年死去，他的三个儿子秦宣公、秦成公、秦穆公先后即位。

秦穆公，姓嬴，名任好，他的夫人是晋献公的女儿，也就是申生的妹妹，因为此时嫁于秦穆公，因此称为穆姬。

秦穆公是秦国的第十五任国君，政治上比较有作为，他在任期间，内修国政，外图霸业，征服函谷关以西的西戎国家，统一了今甘肃、宁夏等大部分地区，称霸西戎，辟地千里，使秦国一跃而成为春秋时期的大国、强国。秦国在战国时期能成为七雄之一并最终消灭其他六国统一中国，秦穆公功不可没。

秦穆公能够使秦国在春秋时崛起于西部，与他招贤纳士、重视人才和自身的器量宽宏有很大的关系。

秦穆公重视人才的标志性事件是"九方皋相马"。《列子》记载了这一件事情。秦穆公即位以后，一心想称霸诸侯，但苦于身边没有贤臣辅佐，心里非常着急。一天，他把相马的伯乐找来问："您的年纪已经渐渐大了，您的子侄辈里面还有没有善于相马的人？"伯乐回答说："我的子侄们都很愚笨，只能辨别哪一匹马相对来说比较出色一些，但让他们去相千里马，那是相不出来的。我有个朋友叫九方皋，他相马的本领，不在我之下，国君您可以召见他。"秦穆公于是召见九方皋，让他去寻找千里马。过了三个月，九方皋回报说："马已经找到了。"秦穆公问："那是一匹什么样的马？"九方皋说："是一匹黄色的母马。"结果秦穆公叫人去把马拉来一看，却是一匹黑色的公马。秦穆公很不高兴，就把伯乐找来埋怨说："真令人失望啊，你说这个九方皋善于相马，可他连马的颜色和公母这些最基本的东西都分不清楚，还能辨别出什么千里马吗？"伯乐回答说："这正是九方皋比我高明的地方，他相马的时候，能够把握最根本的精要所在而忽略一些细枝末节，重视马的内在实质而忽视马的外在表象，只看有用的内容，而不看无用的形式，所以他找到的马，往往是非常出色的千里马。像九方皋这样的相马方式，实际上比相马更具有重要的意义。"秦穆公使人鉴别，九方皋找到的马果然是千里马，于是叹服。

伯乐最后的那一句话给了秦穆公相当大的启示，他越加重视从别国寻访贤良，广致人才。他的三位贤臣百里奚、蹇叔、由余，还有他的三位军事将领孟明视、西乞术、白乙丙，还有公孙枝等人，无不是来自邻国或是他人的推荐。

先说百里奚和蹇叔。

百里奚入秦的过程可谓是一波三折。晋献公于公元前655年消灭虢国和虞国之后，俘虏了虞国国君和虞国大夫百里奚，虢国的大夫舟之侨归顺晋国。舟之侨知道百里奚很有才能，就向晋献公推荐，希望能让百里奚在晋国出仕。于是晋献公让舟之侨去试探百里奚的态度。百里奚回复说："等我哪天侍奉到虞君死了，我就答应。"这显然就是个笑话了，虞君才四十多岁，而百里奚已经快七十岁了，等虞君死的时候，百里奚恐怕早就作古多年了。百里奚很明显拒绝了晋献公。舟之侨知道百里奚很有气节，根本没办法说服他，只好告辞。百里奚叹息说："一个稍有气节的人，他即使迫不得已要离开祖国，也绝不会跑到仇敌之国，更别说是在这个国家做官了。我即便要做官，也不会做晋国的官。"或许这是百里奚在自明其志，但在舟之侨听来，却就有了故意嘲讽之意。因为舟之侨正是来到了灭了他们虢国的仇国晋国，并且在晋国做了官。舟之侨对百里奚的这句话耿耿于怀，既惭愧又愤恨，发誓要报复百里奚。

正好这一年，秦穆公派公子絷到晋国求婚，于是晋献公把太子申生的胞妹伯姬（大意为大公主，嫁过去之后称为穆姬）许配给了他。当时嫁娶流行陪嫁媵臣制度，舟之侨于是就向晋献公建议说："百里奚这个人比较有才能，但他不愿在晋国做官，心怀异志，其心叵测，不如让他做媵臣，远远地陪嫁到秦国去。"晋献公心想留着百里奚也没用，于是就同意了。

百里奚字井伯，虞国人，家境非常贫寒。三十岁的时候，才娶了妻子，生了个儿子。百里奚聪明好学，才识过人，他不甘心度过贫寒的一生，于是想出外游学求仕，但又不忍心离开妻子和年幼的儿子。他的妻子杜氏倒是深明大义，鼓励百里奚说："大丈夫志在四方，你放心去吧，我能照顾好自己和孩子。"家里只有一只老母鸡，连煮饭的柴都没有，杜氏就把鸡宰了，把门闩拆下来烧火，把鸡煮熟，烧了一瓦罐黄米饭，让百里奚吃了一顿饱饭。临别的时候，杜氏抱着孩子，拉着百里奚的衣袖边哭边说："等你富贵了，不要忘了我们母子俩。"

百里奚告别妻儿，先到了齐国，但并没有人把他引荐给当时的齐国国君齐襄公。过了几年，百里奚越发穷困潦倒，只好做了乞丐，一路讨饭。这个时候的百里奚，已经四十岁了，当他乞讨到宋国铚邑（今安徽省淮北市濉溪县临涣镇）的时候，在村里遇到了一个叫蹇叔的人。蹇叔一望百里奚的眉宇神态就知道他不是个寻常人，于是问了他的姓名，然后留他吃饭。为了验证自己的观察，蹇叔就拿一些时事和国政询问百里奚，没想到百里奚分析得头头是道，逻辑条理十分清楚，观点颇具见地。蹇叔非常佩服，慨叹说："先生有这样的才能，却过得这么贫困，命运难道就这么不公吗？"于是让百里奚住在自己家里，并与百里奚结拜为兄弟。

但蹇叔家里也不宽裕，不可能长时间地为百里奚无偿提供衣食，于是百里奚就在蹇叔所在的村子里找了个放牛的活，挣一些工钱糊口。恰巧这个时候，齐国的管至父和连称杀死了齐襄公，拥立公孙无知为君，出榜招贤。百里奚有些动心，就想前往应募。但蹇叔劝他说："齐僖公还有别的儿子流亡在外，公孙无知篡位自立，不会有好下场，你最好还是别去了。"百里奚于是打消了这个念头。

后来，百里奚听到周王室的贵公子子颓喜欢牛，给他养牛的人都得到了较高的俸禄，百里奚又想前往。这一次蹇叔没有阻止他，而是劝他说："大丈夫不可轻易做出决定到哪个国君的手下去做事。如果这个国君是个昏君，做了他的官再弃他出走，就会显得不忠诚，等他招来了灾祸与他一起共患难，又显得很不明智。此去你一定要小心在意，我先照料家里，过段时间去看看你，顺便为你出出主意。"

百里奚到了周都，见到王子颓，向子颓进献养牛的方法技巧，子颓非常高兴，想把百里奚用为家臣。正好这个时候，蹇叔来到了周都，于是百里奚就带着他一齐去见子颓。见过子颓之后，蹇叔对百里奚说："子颓这个人，看上去很有志向，但能力却非常欠缺，和他交往的都是些惹是生非的谄媚小人。他一定会有其他的非分之想，但我预料他们必定做不成这个事情，你要赶快离开他。"百里奚听了蹇叔的话，于是离开了子颓。

因为与妻儿相别太久，百里奚就想回虞国老家看看。蹇叔说："虞国有个贤臣，名叫宫之奇，是我的老朋友，我和他也好长时间没有见面了，正想去看看他，如果你想回虞国，不如我们一齐去。"于是两个人一齐到了虞国。这个时候，百里奚的妻子杜氏因为穷得实在过不下去了，领着孩子不知道流落到了哪里，百里奚触景生情，非常悲伤难过。

蹇叔与宫之奇见面之后，顺便提起了百里奚的才能和贤德，宫之奇就把百里奚推荐给了虞国国君，虞君任命百里奚为中大夫。蹇叔对百里奚说："据我观察，虞君这个人缺乏远见、刚愎自用而且爱贪小便宜，也不是那种可以赏识你并让你施展才能的君主，你还是离开吧。"百里奚回答说："我穷困潦倒这么长时间，就像一条鱼搁浅在陆地上，很想尽快得到一小洼水延续一下生命，所以我再不想失去这个职位。"蹇叔说："你因为贫困而做官，我无法阻拦你。日后你如果要找我，就到宋国一个名叫鸣鹿村的地方来，我就居住在那里。"

蹇叔辞别之后，百里奚于是留在了虞国宫廷。等到晋献公灭了虞国，虞君当了俘虏，百里奚想起了蹇叔的话，不禁叹息说："我当时没有听从蹇叔的劝告，在虞国做官本来就显得很不明智，如果在危难时刻抛弃虞君而去，那就又显得缺乏忠诚。既不明智，又不忠诚，做人没有这样的道理。"于是陪着虞君当了俘虏。

等到百里奚得知自己将要作为穆姬的媵臣陪嫁秦国时，悲愤地说："我胸怀安邦济世之才，一生未遇明主，志向丝毫未展，现在这么老了，居然沦为陪嫁的奴仆，还有比这更耻辱的吗？"于是在半道上偷偷地逃跑了。他本想去宋国找蹇叔，但路上盘查得紧，没办法只好往楚国跑，结果刚到楚国边境的宛城（今河南省南阳市宛城区），就被当作奸细抓了起来。

百里奚申辩说自己不是奸细，而是虞国灭亡后逃难的百姓。楚国军士一看百里奚这么大年纪了，料想也不是奸细，就问他会干什么，百里奚回答说会养牛。于是楚兵释放了他，让他去养牛，结果百里奚把牛养得很肥很壮。宛城守将非常高兴，就把这件事情报告给了楚成王。

楚成王召见了百里奚，问他："养牛有什么独特的技巧吗？"百里奚回答说："也没有什么技巧，只不过是按时给它们喂草料，耕作时不要超过它们的生理承受能力，能够体恤牛，心与牛合而为一，就没有什么养不好的。"

楚王非常高兴："太对了，你说的这些，不仅适用于养牛，也可以用来养马。"于是让百里奚去牧马。

再说秦国的公子絷，在前来晋国提亲的途中，猛然在路边看到了一个田夫。那个田夫面皮赤红，高高的鼻梁，卷曲的胡子，两手各拿一把锄头，一锄头下去，居然能锄进去好几尺。公子絷非常惊奇，于是让那个田夫把锄头拿过来让随从们察看，结果随从们没有一个能举起那种锄头。公子絷知道他是个大力士，于是问他的姓名，田夫说他叫公孙枝。正好此时秦穆公刻意访贤，作为贵族的公子絷自然也不例外，于是把公孙枝带到了秦国。

迎亲回来后，秦穆公翻看晋国媵臣的名单，发现里面有百里奚的名字，但没有这个人，于是就问公子絷是怎么回事。公子絷回答说："这是虞国原来的一个大夫，在半路上乘人不备逃跑了。"正好公孙枝是从晋国来的，秦穆公想他一定了解百里奚的情况，于是就问他百里奚是一个怎样的人。

公孙枝回答说："这是一个贤德有才能的人。他在虞国做大夫的时候，知道虞君不纳忠言，所以没有冒着生命危险向虞君进谏，这是他的明智之处；等到虞国灭亡，他追随亡国的虞君左右，拒绝在晋国做官，这是他的忠诚之处。这个人有经天纬地之才，只是没有得到一个好的机会，没有遇到明君罢了。"

秦穆公问："我怎样才能得到百里奚并重用他？"

公孙枝回答说："我听说百里奚的妻儿流落到了楚地，想必百里奚一定会跑到楚国去。"

于是秦穆公派了个使臣到楚国，暗中打探百里奚的下落。不久使者回报，百里奚果然在楚国，为楚王养马。

秦穆公又问公孙枝："现在我送一份重礼给楚王，让他把百里奚送到我们秦国来，不知道可不可以？"

公孙枝说："如果这样，那百里奚肯定来不了。楚王让他养马，就是因为不知道他有才能。如果现在我们拿着重礼前去，这就在无形之中告诉楚王百里奚非常贤德，楚国还会把他送回来吗？不如以逃媵的罪名，向楚国象征性地送一点赎买奴隶的薄礼，楚国就一定会把他送回来。当年齐国向鲁国索要管仲，用的也是这样的计策。"

秦穆公非常赞赏，于是命人带了五张羊皮出使楚国，对楚王说："我国有个逃奴百里奚，逃到了贵国，我想拿他问罪以警示其他逃亡的人。现向贵国奉上五张上好的羊皮，想把他赎回去，请贵国成全。"

楚成王见百里奚这么不值钱，也不去打探百里奚的底细，再加上秦国也是强国，楚国怎么可能为了一个逃奴而得罪秦国？于是就把百里奚抓起来关进囚车送到了秦国。

百里奚回到秦国之后，秦穆公立即把他放出囚车并召见了他。不过看到百里奚年纪已经有些大，心想这么大岁数了还能任以国政吗，于是问："先生您多大岁数了？"

百里奚回答说："才七十岁。"

秦穆公忍不住叹息说："太可惜了，怎么这么大年纪了？"

但百里奚却并不这么看，他回答说："如果您让我去追逐飞鸟、与猛兽搏斗，那么我确实已经老了。不过如果您让我坐在朝堂上，筹划国策，施展国政，那么我还年轻得很呢。当年姜尚也是七十多岁，在渭水边上垂钓，周文王用王车把他接回来，拜为尚父，最终建立了现在的周朝。我今天遇到国君您，不是比姜尚遇到周文王还早了几年吗？"

秦穆公被百里奚的壮言所折服，内心深处已经非常敬佩百里奚，于是向他请教说:"秦国夹在戎、狄这些小国之间,与中原国家缺乏往来,请问怎样才能让秦国崛起,成为诸侯国中的强国?"

百里奚回答说:"国君您不把我作为一个亡国的奴隶和衰迈的老者看待,而是态度异常诚恳地向我问教,我怎么会不竭尽全力呢?现秦国所在的雍州、岐山这些地方,就是周文王和周武王最初兴周的地方。山势险要,峡谷众多,易守难攻。但是周王室却不能守成,把这些地方给了秦国,这是秦国得以立国并兴盛的基础。秦国夹在戎、狄这些好战的小国之间,出于防卫的需要,因此军队的战斗力非常强。秦国地处西陲,不方便与中原诸侯会盟,这正好可以节省财力物力人力,集中一切力量发展自己。现在秦国周围的小国不下数十个,如果能够兼并这些国家,那么凭耕种这些国家的土地就可以保证有足够的粮食,把这些国家的百姓也编入军队,就可以不断壮大军事力量,这些优势是中原各国所不具备的。等全部拥有了西部之地,然后据险要之关隘,待时机成熟时进军中原,霸业可成。"

秦穆公听了,不觉叹服:"我有百里奚,就如同齐国有管仲那样啊。"

百里奚此时所说的这些,完全可以说是为秦穆公做出的一个强国纲领,一个总规划、总方针,并且完全符合秦国的实际。只要秦穆公照着这个规划去分步实施,秦国就没有不强大的道理。有才能的人就是不一样,他们对于事物的洞悉绝非一般人可比,几句话就能把复杂的问题说得清清楚楚,明明白白,让人一目了然,真是无愧于人们对他的传诵和敬仰。秦穆公非常高兴,准备拜百里奚为国相,让他施政。

但百里奚却推辞说:"我的才能比不上我的朋友蹇叔,如果您想治理好国家,最好将国政交给蹇叔,我来当他的副手。"

秦穆公有些吃惊地说:"先生的才能,我已经真切地领略到了,但若说蹇叔有才能,我却一点也没有听说过。"

百里奚说:"蹇叔的才能,不但国君您没有听说过,就是齐国和宋国的人,也很少有几个能知道,但我是为数不多的了解他的人中的一个。我曾经在齐国游学求官,想去公孙无知那里做事,但被蹇叔劝阻了。我因此而离开了齐国,最终公孙无知和他的党羽被杀,我侥幸逃脱了灾祸。后来,我又去了周王室,为子颓养牛,蹇叔又劝我离开。我因此离开了周王室。后来,子颓果然与周惠王产生了王位之争,子颓和支持他的五位大夫全部在政变中被杀,我再次得以幸免。再后来,我又回到虞国,想要在虞国出仕,蹇叔又劝我离开。那个时候我实在是太穷了，虽然我知道虞君不会重用我，但我一时贪图爵位和俸禄，于是就没有听他的，结果就成了晋国的俘虏。现在看看，我两次听了蹇叔的劝告，两次都没有卷入到祸乱中去，只有一次没有听他的劝阻，就差一点儿丢掉性命。蹇叔的智慧，那是一般人根本无法想象的。他现在隐居在宋国的鸣鹿村，国君您要赶快把他召来，不要让别国的人迎走了。"

于是秦穆公命公子絷假扮客商，带着重礼前往宋国，聘请蹇叔来秦，百里奚也特地写了一封信，极力劝蹇叔来秦国，声言蹇叔如果不来秦国，那么他也将会辞官归隐。

公子絷不虚宋国之行，在宋国找到了蹇叔。但果如百里奚所料，蹇叔并不愿意出仕。使者拿出百里奚的信交给他，并对蹇叔说，如果他不愿意出仕，那么百里奚也将会辞去官职并隐居。蹇叔叹息说："百里奚一直想成就一番大业，然而始终是怀才不遇。如今七十岁了，才非常幸运地遇到了明主，我如果不帮他实现他的大志，那么岂不是太自私了吗？"于是带着儿子白乙丙来到了秦国。

秦穆公见到蹇叔非常高兴，于是问："百里奚常常在我面前提起您，说您很有才能，现在先生您来到了秦国，还望能不吝赐教，给我提一些好建议。"

蹇叔的回答，在某种程度上可以说是百里奚所提方略的补充，但蹇叔的见解明显更胜一筹，他说："秦国地处西部，与戎狄之些小国杂居，不但地理形势非常占优，军事力量也很强大。之所以声名和实力比不上中原各诸侯国，主要的问题是威德不足。没有逼人的威力，别人就不会畏惧你，而不推行德政，百姓就不会拥护你。别人既不畏惧信服，又不感恩拥护，霸业是无从谈起的。"

秦穆公问："那么威与德究竟哪个更重要？怎样才能施行德政，树立威望？"

蹇叔回答说："德政是根本，威严是辅助，光有德政而没有军威，在外交上就占不到优势，而光有威严没有德政，国内的老百姓又难以忍受。秦国和戎狄这些小国杂居，民风粗悍而不知礼仪。现在我可以先为国君教化百姓，然后施行严格的法令。等百姓熟悉了礼仪，就知道相互尊重，可以为国君效力，法令顺利施行，百姓就知道畏律守法，这样整个国家就会显得井井有条。这就像齐国的管仲那样治民治兵，所以令行禁止，能够称霸于天下。现在齐桓公已经老了，霸业马上就会衰微。国君您如果能够得到雍州、渭河流域百姓的拥护，招抚邻近戎狄小国，征讨那些不听号令者，就会实现整个西部的统一。等到这个时候，国君您集结强大的兵力，把握好中原的形势，一旦有机会，就可以继齐国之后，成为诸侯国中的霸主。"

秦穆公对蹇叔的谋划心悦诚服，于是封蹇叔为右庶长，封百里奚为左庶长，都是相当于上卿的爵位，两人并称为"二相"。蹇叔的儿子白乙丙也被拜为大夫。

因为百里奚是用五张黑羊皮赎回来的，因此秦国的百姓都称之为"五羖（音谷，公羊的意思）大夫"，或者是"五羊大夫"。

自蹇叔和百里奚执政，制定法令，教化民众，推行善政，革除弊端，秦国得到了很好的治理和发展。

再说百里奚的妻子杜氏，自从百里奚离家之后，在村里靠纺纱度日，后来因为遇到了荒年，实在过不下去了，只好带着儿子流落外乡，一路跑到了秦国，靠给大户人家洗衣为生。儿子名为百里视，字孟明（后通称为孟明视），平日里不喜欢做农活，却喜好与村里的年轻人一起打猎习武格斗，杜氏没办法管教，也只好由着儿子。等到百里奚做了秦国的相国，杜氏也曾有所耳闻，有一天百里奚出外，杜氏远远地看到他坐在车里，却未敢贸然上前相认。后来相府里招聘洗衣女工，杜氏于是去了相府。她做活非常勤劳，因此相府里的下人们对她都非常有好感，不过杜氏一次也没有见过百里奚。

有一天，百里奚坐在相府大堂，乐师在旁边的偏房里弹琴，杜氏听到后，就对相府里管事的人说："老妇我也懂得音律，请让我到琴房里听一下乐工的演奏。"由于杜氏平时十分勤劳，深得府里人的好感，所以管家立即答应了她这个请求，把她带到了琴房。琴师问她会做什么，杜氏说："我不但会弹琴，还会唱歌。"于是琴师就请杜氏演奏一曲。杜氏弹了一曲，声音凄婉哀怨，非常优美，乐工们听得如醉如痴，就请她再弹一首。杜氏说："我自从来到相府，从来没有弹过琴唱过歌，请向相国禀报一下，让我在他的大堂里弹奏一曲。"

琴师于是去向百里奚报告，说府里有个洗衣妇演奏技艺非常高超，想要在相府大堂里为您献上一支乐曲。百里奚虽感有些奇怪，但还是答应了，让琴师把洗衣妇带上来，让她在堂下弹奏。

杜氏来到大堂，收束长袖坐在琴台前，一边弹琴，一边高声歌唱：

"百里奚啊，五张羊皮赎回了你。回想当初离别时，宰了一只老母鸡。黄米稀饭久不熟，拆下门闩当柴烧。唉，今天你富贵了，难道就把这件事情忘记了吗？

"百里奚啊，五张羊皮赎回了你。父亲吃着上等宴席，儿子却在饥寒啼哭。

丈夫穿着绫罗绸缎，妻子却在替人洗衣。唉，今天你富贵了，以前的事情就想不起来了吗？

"百里奚啊，五张羊皮赎回了你。母亲去世之日，葬在南溪边上。没有青砖砌坟茔，只有瓦片和茅草。唉，今天你富贵了，这些事情就一点记忆也没有了吗？

"百里奚啊，五张羊皮赎回了你。当初离家游学时，是谁拉着你的衣袖哭泣，今天你高坐大堂，又是谁在这里悲伤歌唱？唉，今天你富贵了，难道就要把我们抛弃了吗？"

这首曲子重章叠构，句首均以百里奚入秦的标志性事件做引子，中间贯以百里奚昔年贫贱时的种种往事情景，句末均以强烈的责问作结，气势十分强烈。杜氏也是非常聪明的人，她与丈夫离别这么多年，她不知道丈夫是否还愿意与她相认，于是她只好采取这种大堂献曲的委婉方式，如果百里奚不愿认她，那么她就只是作为一名普通洗衣妇在相府里弹了一支琴曲而已，为百里奚保全声名；而如果百里奚能够认她，那么夫妻团圆父子相聚，岂不是人间最为美好的景色？丈夫贤德，妻亦贤惠啊。

果然，百里奚听到曲中的唱词句句都是自己年轻时的往事叙述和对自己的诘责时，感到非常惊讶，立即奔下堂来，看弹琴的究竟是何人。经过仔细辨认，当他发现弹琴的洗衣妇正是自己离别四十年的结发妻子时，禁不住泪如泉涌，泣不成声，夫妻二人当下相认，并把在村中射猎的儿子孟明视也找了回来。

秦穆公听说百里奚失散的妻子和儿子都已找到，于是命人多赐钱粮锦帛，以示祝贺。百里奚之子孟明视也被秦穆公拜为大夫。因为此前秦穆公又拜公子絷推荐的秦国人西乞术做大夫。因此秦穆公命孟明视、西乞术与白乙丙三人共同执掌军队，训练士卒，三个人并称为"三帅"。

百里奚相堂认妻的事情传出以后，深深地打动了秦国百姓，他身居高位而不忘糟糠之妻，品质之高尚，人格之完美，远非后来杀妻求将的吴起之流可以相比。因为这个原因，百里奚在秦国教百姓修习礼仪，显得非常有感召力，百姓无不乐于从命，不仅对于秦国的文明进程产生了积极的推动，也对后世的士大夫们产生了非常大的影响。依据他生平事迹创作的许多文学作品，千古流传不衰。不过百里奚相堂认妻一事，正史都没有明确记载，只是一个传说，其可信度并不是很高。不过百里奚一生坚韧不拔，积极进取，长期身处逆境而不坠青云之志，入秦之后又对秦国的强盛做出了突出贡献，人们理所当然地要在他身上附加一些善行和义举，因此自然而然地会衍生出这些动人的故事传说，这实是表达了人们对美好的向往和对道义的推崇，对"贫贱之交不敢忘，糟糠之妻不下堂"等美德的赞誉和弘扬。

再说由余归秦。

由余本是晋国人，早年逃亡到西戎。他不仅会讲戎语，还会讲秦、晋等国的语言，按现今的观点来看，他不仅非常有才能，而且还掌握了好几门外语，也算是一个出色的翻译家兼外交家。由余归秦的时间比较晚，在秦穆公三十五年，即公元前625年左右。当时，西戎部落的小国之中势力较强的有绵诸（今甘肃省天水市东）、义渠（今甘肃省庆阳市宁县北）和大荔（今陕西省渭南市大荔县东）。秦国的日益强盛和文化上取得的进步让绵诸等国非常羡慕，再加上听说秦穆公十分贤明，于是绵诸王派由余出使秦国，窥探秦国的动静意图。秦穆公非常高兴地款待由余，之后带着由余观赏皇家园林和秦国宫廷，向由余夸耀华丽的宫殿和充足的仓储。由余不以此为意，对秦穆公说："国君您修建这些园林宫室，是凭借鬼神的力量还是民众的力量？如果是鬼神的力量，那么您这么做就是劳神；如果是在奴役百姓，那么这么做就会让百姓疲于奔命。"秦穆公感觉由余的话有些奇怪，于是就问："我们中原国家，以诗书礼仪法令等这些有效的制度来治理民众，可是作乱的还是非常多，你们西戎没有这些东西，靠什么来治理国家，是不是难度特别大？"由余笑着说："这就是中原国家之所以产生频繁动乱的根本原因所在。上古时期黄帝等这些圣贤制定了礼乐法度，他们自己带头执行，但也收效甚微，治理的成果并不显著。等到了后世，国家的国君越来越骄奢淫逸，用法度的威严来苛责人民，以维护他们的现有地位。而民众不堪忍受，就会怨恨国君毫无仁义可言，又想反抗篡逆，最后以至于经常发生屠杀和灭族之事。大体来说，动乱的原因不外乎这些类型。而我们西戎则不是这样，国君以纯朴的德政来对待民众，而民众则忠诚于他们的国君，一个国家的治理就如同一个人的举手投足那样容易。这样简单有效的治理，才是真正的圣人之治。"

秦穆公一时无言以对，回宫后就把由余的话转述给了百里奚。没想到百里奚极力称赞由余，说由余本就是个贤才，他能说出这些，一点也不必感到奇怪。

秦穆公有些不高兴地说："我听说邻国有贤人，那就是他对手之国的不幸。现在由余如此有才能而出仕于西戎，这对秦国来说是极为不利的。"

百里奚知道秦穆公非常想留用由余，而他作为一个长者，又不方便给秦穆公出这类挖人墙脚的坏主意，于是建议秦穆公去找一位名叫廖的内史，说这个人很有计谋，一定会想出好办法的。

于是秦穆公去问内史廖，内史廖出主意说："西戎首领长时间居住在偏僻荒凉的落后地带，从来没有接触过中原的音乐歌舞。国君您不如给戎主送一些歌女和乐队过去，戎主沉溺于舞乐，就一定会志向堕落，不思进取。而我们把由余留在朝中，不要让他按时回国。这样一来，绵诸国的政事荒废，绵诸王对由余也会失去信任，过不多久，就连绵诸国都会变成秦国的国土，更别说是绵诸国的由余了。"

秦穆公对内史廖的计谋非常赞赏，于是派人给绵诸王送去了十六个（二佾）能歌善舞容貌出众的女乐，然后把由余留在了秦国。绵诸王得到女乐非常高兴，白天听音乐赏歌舞，晚上与女乐荒淫，怠惰于政事，牧民们的牛羊死了也不过问，有什么灾难也不抚恤，部落的百姓一片怨声。

足足过了一年，秦国才让由余回去，绵诸王责怪由余来迟，怀疑他是不是要背叛绵诸投降秦国，于是就疏远了由余，不再信任他。而由余看到绵诸王不理政事，国内政事一团糟糕，就忍不住向绵诸王进谏，但绵诸王既然已经对由余有所怀疑，就再也不可能对他言听计从。由余无可奈何，心灰意冷。这个时候，秦穆公暗中派人规劝由余归秦，由余在绵诸备受冷落，而秦国却在热情招致，而自己本就是中原人，想想在绵诸待下去也再无意义，于是投奔了秦国。

秦穆公随即重用由余，拜他为卿士，与百里奚、蹇叔同掌政事，由余感激之余，于是向穆公献上平戎之策。一年之后，穆公派"三帅"出征西戎，生俘绵诸王，绵诸王投降。其余小国望风而靡，先后有二十多个小国归顺秦国。秦国辟地千里，称霸西戎，一跃而成为当时西部的大国。

而公元前651年晋国公子夷吾所派的使者来到秦国，见到的秦国国君正是秦穆公。

公子夷吾的使者来到秦国，即向秦国阐明原因，表明来意，请求秦穆公出兵协助公子夷吾回国即位。秦穆公有些拿不定主意，就问蹇叔说："现在晋国大乱，我听说晋献公逃亡的两个儿子重耳和夷吾都很有名，我将选择一个立他们为国君，就是不知道该立谁。"

蹇叔回答说："现在重耳在翟国，夷吾在梁国，都距离秦国比较近，国君您何不派使者前去，就晋献公离世之事向他们吊唁，借机观察一下他们的为人再做决定？"

秦穆公觉得有道理，于是派公子絷前往吊唁。公子絷先到翟国见了重耳，行过吊唁之礼，就拿回国即位的说辞试探重耳。重耳认为他之前已经拒绝了国内的大夫们，现在却答应秦国的提议，即便是能够回国即位，也会显得很不光彩，于是以自己不孝为名，婉言谢绝了公子絷。公子絷感觉重耳很有德行，遗憾满怀地走了。

公子絷于是再往梁国见夷吾，还是相同的礼节，先吊唁，再试探。夷吾喜形于色，立即答应愿意回国即位。他本人虽然有些轻率，而跟随他的两个辅臣吕甥和郤芮却都比较有谋略。郤芮就给他出主意说："秦国不会就这么无缘无故地帮助您，他们必定希望您有所回报，公子您不如答应向秦国割让几座城池，以换取他们的鼎力支持。"夷吾有些犹豫地问："割让好几座城池给秦国，不是损害了晋国的利益吗？"郤芮回答说："如果您不能回国当国君，只不过是寄居在梁国的一个客人罢了。现在割让的城池，就相当于是别人的东西，您可惜什么？"夷吾于是下定了决心，向公子絷许诺，如果在秦国帮助下回国即位，就立即割让黄河以西的五座城池给秦国，说完生怕公子絷不愿做这个事情，又向公子絷送了六十斤黄金，白玉六双，恳求公子絷在秦穆公那里为他多说好话，公子絷收下黄金和白玉，然后就回国了。

回国之后，公子絷向秦穆公详细地禀报了面见重耳和夷吾时两人的具体表现，秦穆公两相一比较，立即感觉重耳比夷吾要强得多，于是打算选择重耳，出兵帮助他回国即位。

公子絷毕竟收了夷吾的黄金和白玉，不帮夷吾说句话那肯定说不过去，于是从另一个层面劝导秦穆公说："国君您为晋国立国君，是在为晋国着想呢，还是想为自己成就霸业赢得好名声呢？"

秦穆公回答说："晋国跟我有什么关系？我当然是想为秦国成就霸业在诸侯国中赢得好名声。"

公子絷说："您如果是为晋国着想，就为晋国立一个贤明的好国君，如果您想成名于天下，那就不如立一个不贤德的人。都是帮助晋国立国君，立一个贤明的国君将来会使晋国声名超过我国，而立一个不贤的国君却会使晋国始终落后于我国，国君您想想看到底立哪一个更合适呢？"

秦穆公想了想，觉得公子絷说得非常有道理，于是最终决定，派出兵车三百乘，助夷吾回国即位。

而这个时候，齐国的齐桓公听说晋国发生动乱，也率领诸侯前往晋国，准备帮晋国平息内乱。当秦国军队保护夷吾到达晋国的时候，齐桓公得知消息，于是派出隰朋，和秦国一齐拥立夷吾为君。

第十一节　背信杀重臣、拒谏当俘虏、重耳出亡

夷吾在秦国的支持下回到晋国即国君之位，称为晋惠公。晋惠公即位的第一件事，就是考虑该如何应对他向秦穆公和里克、邳郑父等人许下的诺言。

当初在梁国，晋惠公迫不及待想要回国即位，因此大肆出卖国家利益，答应给秦国割让五座城池，分别赐给里克和邳郑父土地一百万亩、七十万亩，但等到这个时候做了国君，心里又非常不舍。于是就召集君臣计议，看怎样才能把秦国搪塞过去。

吕甥回答说："国君您之前答应给秦国割地，是为了能够回国即位，那个时候，晋国还不是国君您的国土，现在您既然已经当了国君，就是您不给秦国割地，秦国也拿您没办法。"

里克说："不行，国君您刚刚即位，就失信于曾经帮助过您的强国，您不能这么做。"

郤芮说："割让五座城给秦国，差不多半个晋国就没有了，就算是秦国兵力再强，也不可能夺走我们五座城。晋国的这些领土，是先君晋献公身经百战才得来的，不能就这样送给他人。"

里克反驳说："既然知道是先君打下来的国土，那您当初为什么要答应送给秦国？既然答应了，现在又不割让，不是惹怒秦国吗？晋国的先君晋武公刚开始在曲沃，只不过拥有一块小小的地盘，后来奋发图强，最终兼并虞、虢这些小国发展壮大。国君您如果善修国政，并与邻国处好关系，何愁没有五座城池？"

郤芮有些恼羞，就骂里克说："里克这么说，实际上并不是为了秦国，而是

为了之前答应给他的那一百万亩土地，现在害怕国君您不赏给他，所以他就拿秦国作借口。"

里克还想再理论，邳郑父赶快拉住了他的胳膊，里克于是再不敢争辩。

晋惠公考虑了一下，于是命吕甥给秦穆公写信说："夷吾我未即位之前，曾答应把黄河以西的五座城池割让给秦国，现在很幸运地回国当了国君，心里非常感激秦君您的恩惠，想立即践行诺言，但国内的大臣们都反对说：国土都是先君打下来的，当时我逃亡在外，怎么能随便答应割让给他人？我和他们争论了半天，实在没办法说服他们，只好请秦君您再宽限些时日，我一定不会忘记这件事情的。"

信写好以后，晋惠公问谁愿意出使秦国，邳郑父接下了这个差使，晋惠公答应了。而实际上，邳郑父之前也曾得到晋惠公的许诺，说要给他分田七十万亩，但晋惠公即位之后，连秦国的城池都想赖掉，又怎么会给他和里克两个人分田呢？刚刚里克辩解，还受到了晋惠公亲信郤芮的训斥，邳郑父嘴上不说，但心里非常不满，于是就想趁着出使秦国的机会，到秦穆公这个利益共同体那里去寻求支持。

再说秦穆公接到晋惠公的国书之后，马上就明白了是怎么一回事，心中立即大怒，拍案大骂说："我早就知道夷吾不适合当国君，今天果然被他给欺骗了。"邳郑父连忙解释说："您帮助夷吾回国即位，晋国的大夫们都非常感激您，劝夷吾把城池割让给秦国，但只有吕甥和郤芮两个人不同意且从中作梗。国君您不如向晋国回一份厚礼，找个借口把这两个人骗来杀了，然后扶持重耳回国即位，我和里克当您的内应把夷吾逐走。从此我们晋国与秦国世世代代交好，您看如何？"

秦穆公说："这个办法不错，其实我早就想这么做。"于是派使者与邳郑父一齐前往晋国。

再说里克，他刚开始本想拥立重耳，但被不明内情的重耳拒绝，别无更好的选择之下只好与众大夫迎立了夷吾。但谁知夷吾即位之后，不但不兑现曾经许诺的那一百万亩土地，还封虢射、吕甥、郤芮这些人为上、中大夫，夺了里克的权柄，里克心中怎么能不气愤。而郤芮等人也看出了里克的不满，于是对晋惠公说："里克这个人，您先是没有赐给他许诺的田地，后又削夺了他的权力，心里已经非常怨恨您。而且刚开始他并不想迎立您，现在万一他与重耳里应外合，生事作乱那怎么得了？不如将他早点赐死。"

晋惠公其实也早就想这么做，但还是碍于里克拥立他有功，一时抹不开这个情面，于是问郤芮说："里克在我即位的过程中也曾出过力，算是个有功之臣，我现在想要杀他，这个借口可不好找。"

郤芮回答说："里克杀死了奚齐，又杀死了卓子，还逼死了顾命大世荀息，这个罪过不可谓不大。里克确实拥立过您，但这只是私人恩怨，可他接连杀死两位幼小的国君，这个却是谋逆行为，一个贤明的君主，怎么会因为私恩而放弃大义呢？您不忍心下这个手，我去代您做这件事情。"

晋惠公觉得郤芮的这个借口非常好，于是就答应了。郤芮来到里克家里对里克说："晋侯有话，让我代他对您讲。晋侯说，没有您，他当不了国君，他不会忘了您这份功劳。但是，您杀了两位幼君，又逼死了荀息大夫，他实在是没办法当您的国君，请您想办法自行做个了断。"

里克自明心志说："我不杀死奚齐和卓子，他怎么能当上国君？晋侯想要杀死我，又怎么会找不到借口？好了，我知道该怎么做了。"说完就拔剑自杀了。

郤芮将里克自杀的消息回报晋惠公，晋惠公非常高兴。其他的大夫得知这个消息，不免有兔死狐悲之感，一个个口出怨言，晋惠公很不高兴，自此动了要杀死这些大夫的念头。

再说出使秦国的邳郑父，在半道上听说里克被杀，心中吃惊异常，本想不回晋国，但跑了和尚跑不了庙，儿子邳豹却在晋国，再加上自己还是使臣，不回国复命就会失大义于天下，思虑再三，还是与秦国使臣一齐来到了晋国。晋惠公收下礼物，打开回书一看，却发现秦穆公的回信更是客气。秦穆公在信中说："秦国和晋国是郎舅姻亲（指秦穆公夫人穆姬是晋惠公同父异母的姐姐），关系这么好，五座城池在晋国，那也就相当于是在秦国。晋国的大夫们这么忠心，我怎么敢强迫让晋国割地，与诸位大夫伤了和气？不过，我最近准备在秦晋边界打一场猎，想邀请吕甥和郤芮两位大夫前来，顺便有些事情要和他们商议一下。之前晋侯您许诺给我割让城池的契约，我这次也给您送回来了，请您不要再感到过意不去。"

晋惠公一看秦国送回了之前立下的割地契约，心上一块石头落地，于是就想派吕甥和郤芮去秦国。

但吕甥和郤芮两人却不是那么好骗的傻瓜，他们一看这封信就知道其中有诈，于是悄悄商议说："秦国和晋国的关系，哪有信中所说的那么好？他们这次绝对是不怀好意，送了这么贵重的礼物，话还说得这么好听（币厚言甘），一定是邳郑父听到里克被杀，害怕自己回来也会遭遇杀身之祸，于是与秦国密谋设下了这个圈套，想把我们诱骗到秦国抓起来杀掉，我们可不能上这个当。"

两个人把这些疑点告诉晋惠公，找了个托词说现在有点忙，等过段时间不忙了就去秦国，让秦国使者先行回国，然后暗中吩咐心腹躲在邳郑父的家门口，窥探邳郑父等人的动静。

再说邳郑父，秦国使者走了已经好长时间，就是不见吕甥和郤芮到秦国去，心里非常着急，于是就约了贾华、雅遫等几位大夫，一起商议该怎么办，结果这一切全部被郤芮和吕甥的心腹看在了眼里。

郤芮心生一计，命人找来了屠岸夷。这位屠岸夷之前本是东关五的门客，在晋献公死后，被雅遫说服，在政变中反戈杀死了"二五"和卓子，之后又奉里克之命，前往梁国迎立夷吾，因此晋惠公即位之后，因功封他为下大夫。但他只是个武艺出众的大力士，谋略却实在少得可怜，这次被郤芮找来一恐吓，立即吓了个半死。

郤芮对屠岸夷说："你之前助里克谋逆，杀死了奚齐和卓子两位幼君，现在里克已经伏法，国君准备下令处死你，但我们觉得你在晋侯即位时还是有拥立之功的，不忍心看着你就这样被杀，所以提前给你通个内幕消息。"

吕甥和郤芮是晋惠公的宠臣，晋国的大权都在这两个人手上，他们两个说什么，那就是什么，屠岸夷哪有不相信的道理？于是他立即吓得惊慌失措，赶快问郤芮该怎么办。

郤芮见屠岸夷中计，又装模作样夸大其词，直到把屠岸夷吓得跪在地上求他救命，这才对屠岸夷说："你要想活命，就只有一个办法。邳郑父是里克的同伙，现在因为里克被杀，正与另外几个大夫密谋作乱，想要迎立重耳。你现在去找邳郑父，就装作非常害怕被杀的样子，和他们一齐密谋，如果能从他们那里套出谋逆的证据，就赶快到国君那里告发，这样一来，你就立了大功，不但你的死罪会被免掉，而且还会被国君重用，你还有什么可害怕的呢？"

屠岸夷一听可以活命，不由得喜出望外，于是按着郤芮所教的计策，趁着夜半更深去了邳郑父那里。

再说邳郑父，听说屠岸夷深夜求见，因与屠岸夷关系并不密切，一开始不愿意让他进去。屠岸夷就一直站在门口不离开，邳郑父无法，只好把屠岸夷请到了家里。而这一请，自己和另外几位大夫的命就没有了。

屠岸夷见到邳郑父，立即下跪，口称救命。邳郑父非常惊讶，就问发生了什么事情？屠岸夷说国君因为他帮助里克杀死了卓子，准备降罪于他，请邳郑父帮忙。邳郑父说现在朝中吕甥和郤芮两个人掌权，为什么不去求他们？屠岸夷说还不是被这两个奸贼给害的，他们既然诬陷我，又怎么会救我？邳郑父不相信，就问屠岸夷说："那你打算怎么办？"

屠岸夷于是把郤芮教他的话说了一遍："晋国人都想拥立公子重耳为君，而秦国人对夷吾不讲信用感到恼怒，也想改立重耳，我想请您写一封信，我趁着天黑赶快去找重耳，让他搬请秦国和翟国的兵马前来，您也联合朝中拥护申生的那班人，先杀了吕甥和郤芮两个人，然后才把夷吾赶走，我们共同拥立重耳为君，就再也不会为这些事情感到害怕了。"

邳郑父将信将疑，问屠岸夷说："你是真心想要这么做吗？"

屠岸夷见邳郑父不相信，于是咬破中指发誓说："如果我不和你们一条心，日后我将会被灭族。"

这个可谓是毒誓，邳郑父立即就相信了，于是联合其他的八位大夫，联名写了一封信，交给屠岸夷，让他去找重耳。殊不知誓这个东西是不能乱发的，发了誓之后，倒并不是真有什么鬼神可以左右这个事情，而是人们的心理非常奇怪，你违背了誓言，日后清算起来人们就喜欢按照你发过的誓言来进行，以示因果报应应验不爽，以此来约束后面发誓的人？否则，如果誓言不被遵守，再遇上这类掉脑袋的事情谁还敢相信他人。屠岸夷此时发下毒誓，过不多久他就在秦晋交战中当了俘虏，秦国最后处死他的理由与此时的这件事情有直接的关系，他的儿子屠岸击虽然一生平安，但到他的孙子屠岸贾之时，却果真因赵氏孤儿事件被灭族。用誓言来坑人，实际上也在自己的脖子上套上了绳索，指天誓日，不可不慎啊。

屠岸夷拿到邳郑父等人的签名书信之后，立即跑去交给了郤芮，郤芮又拿去交给了晋惠公。第二天早朝，晋惠公按照书简上的署名，连同邳郑父在内，一共九位大夫，命武士全部抓起来处死。

邳郑父的儿子邳豹得知消息，赶快逃出晋国跑到秦国，请求秦穆公出兵攻打晋惠公，为其父报仇。秦穆公经与百里奚、蹇叔商议，认为了替邳郑父报仇而出兵伐晋，显得师出无名，于是拒绝了邳豹的请求。但秦穆公知道他的父亲是为了秦国而死，且邳豹颇有才干，于是将他留在秦国，让他担任大夫之职。

再说晋惠公，自从即位之后，晋国竟然接连几年发生了饥荒，国内粮仓空虚，人民缺衣少食，晋惠公就想到邻国去买一些粮食来救济灾荒。思来想去，只有秦国最近，而且还和晋国是姻亲郎舅之国，应该是最具便利条件。但晋惠公即位之前曾答应要给秦国割让五座城池，即位之后却随即抵赖，惹得秦国很不高兴，现在又想去秦国买粮食，怎么开得了这个口？

郤芮就出主意说："我们实际上并没有亏欠秦国什么，之前回国书的时候，只说是让他们宽限一段时日，并没有说不给他们割地。现在我们去秦国买粮食，如果他们不给，那么就是他们首先对不起我们，我们不给他们割让城池也就是理所当然的。"

晋惠公觉得郤芮说得很有道理，于是让大夫庆郑做使者，携带珠宝前往秦国买粮食。

秦穆公见到晋国使者，虽然感觉心里不舒服，但还是召集群臣，商议是否要把粮食卖给晋国，助晋国度过饥荒。

邳豹坚决反对送粮给晋国，而百里奚和公孙枝却都劝秦穆公把粮食卖给晋国，因为灾祸无常，不论哪个国家都会遇到难以预料的水旱灾害，况且有负秦国的是晋国的国君，但受灾的是晋国的普通百姓，如果不施以援手，那么秦国在诸侯国中的威信必将有所降低，而自己的内心，也会时常感觉到不安。

秦穆公考虑了一下，听从了公孙枝和百里奚的建议，于是命舟船运十万斛粮米，从渭水直接运到了晋国，因为运粮船数量众多，首尾相接，看上去蔚为壮观，因此称之为"泛舟之役"。

但秦国君臣说什么也没有想到，他们如此热心地帮助晋国，虽说晋国百姓无不感恩戴德，但晋国君臣却是一如既往地绝情负义。

到了第二年，秦国很不巧地也发生了饥荒，但晋国却取得了好收成，秦穆公非常庆幸地说："幸亏我之前听从了百里奚和蹇叔的劝告，把粮食卖给了晋国，现在我国发生了饥荒，也刚好可以向晋国买粮。"于是派了一位使者，带着宝玉前往晋国买粮。

晋惠公刚开始想把粮食卖给秦国，但即被郤芮和吕甥劝阻了，郤芮说："秦国之前卖给我们粮食，并不是真心想要关心我们晋国，而是念念不忘许给他们的那五座城池。秦穆公之前助您回国即位，这是大德，您没有回报，现在秦国卖给我们粮食，这只是小恩，您不报大德却报小恩，终究还是对不起秦国，不如不要给他们粮食。"

之前出使秦国借粮的大夫庆郑终觉心里不安，好言回劝晋惠公说："国君在秦国的帮助下才得以即位，但回国之后就背弃了割地酬谢的盟约。晋国出现饥荒而秦国借贷给我们粮食，现在秦国有饥荒请求购买我们的粮食，我们卖给他们就是了，这有什么好疑虑的，而且还要商量？"

大夫虢射说："去年晋国灾荒，这是天意要让秦国攻灭晋国，但他们却借粮给我们，这是他们太愚蠢了，今年秦国发生灾荒，这是天意要让晋国灭亡秦国，我们可不能错失这个良机，不如联合梁国，一齐攻打秦国，灭了秦国之后共分秦国的土地。"

晋惠公听从了虢射的建议，于是拒绝秦国使者说："我国连年灾荒，百姓流离失所，今年刚刚有个好收成，也就刚够我们自给自足，实在没有办法救援你们，请你回去吧。"

秦国使者据理力争，吕甥和郤芮强词夺理地说："你们秦国人如果想吃晋国的粮食，那就让你们的军队来取吧。"

秦国使者愤怒无比，无奈回国。秦穆公听到晋国不但不肯借粮援助，反而要纠合梁国来共同伐秦，勃然大怒说："谁想到竟会有如此不讲信义毫无道德之人，天底下还有如此更出人意料的事情吗？"于是集合兵车四百乘（约三万人），由邳豹担任主将，带领西乞术、白乙丙、公孙枝等人，杀奔晋国而来。

晋惠公听到秦国大军来伐，于是就问庆郑说："秦军大军深入我境，该怎么办？"庆郑说："秦国帮助您即位，您却背弃了给他们割让土地的盟约；晋国发生饥荒，秦国运粮食来，秦国发生饥荒，晋国就拒绝人家，还想乘人家饥荒之际攻打人家，难道人家的军队进入我们的国境不是很应该的吗？"

晋惠公对庆郑的话非常反感，不再理会他试图用道义感化的言辞，于是集结兵车六百乘（约四万五千人），准备迎击秦军。晋惠公听到秦军兵力少于晋军之时，不免有些自负，于是命人前往秦穆公军中挑战说："我有四万五千兵马，打你们三万人绰绰有余。如果你们早早退兵，那就最好不过，如果你们执意不退，那就算是我想要谦让，我的三军将士也不会答应。"

秦穆公接到挑战书后冷笑不止，派公孙枝向晋惠公传话说："之前你想要当晋国国君，我帮你完成了这个心愿，之后你想向我们秦国借粮，我也满足了你这个请求，现在你想要和我兵戎相见，我怎么敢拒绝你呢？"

前往秦国下战书的晋国将军韩简听到秦穆公如此回话，叹息着说："秦国将帅和睦，同仇敌忾，而且他们理直气壮，我们不知道自己要死在哪里了。"

这场秦晋之间的战争，因为发生在韩原（今山西省运城河津市东），所以史称韩原之战，战斗过程中的形势变化可谓是充满了戏剧性。

开战之前，晋国一方通过占卜来选择替晋惠公驾车的御戎和护卫的车右，结果卦象显示庆郑都是最吉利的。但晋惠公厌恶地说："庆郑对我一点都不尊重，我不用他。"于是改用大夫步阳为御戎，大夫家仆徒为车右。

晋惠公战车上的马是一匹由郑国进献的身材小巧的马驹，名叫"小驷"。忠直的庆郑再次劝他说："现在两军作战非比寻常，你应该骑一匹本地产的马。一来本地马熟悉道路环境，二来本地马久经战阵，在战场上不会乱跑，这样安全有保障。可是您现在骑乘外国进献的马，万一发生意外，那可怎么办？"

晋惠公训斥庆郑说："这匹马我骑乘习惯了，驯良得很，你胡说什么，还不退下！"

两军开战之时，屠岸夷仗着力大无穷，手持一柄铁枪在秦军阵中往来冲突，秦军纷纷败退，等在阵中遇到白乙丙，两个人刚好打个平手，战到性起之处，干脆跳下战车肉搏。晋惠公见屠岸夷冲锋，于是把全军分为两路，让韩简带一路，自引一路，全力冲击秦军阵地。

秦穆公见晋军分了两路，于是也把秦军分为两路，让公孙枝带一路，自己领一路。秦国的公孙枝有万夫不当之勇，晋国的家仆徒根本无法抵敌，公孙枝一声大喝，就把晋惠公骑乘的小马驹吓得受了惊，小马拉着战车乱跑，陷进泥地里无法出来，家仆徒下去推车，但车却纹丝不动。这时秦军已经围了上来，晋惠公形势十分危急，正好庆郑驾着车从一旁路过，晋惠公看见后大声喊叫说："庆郑快来为我驾车，做我的御戎。"庆郑讥讽他说："你拒绝纳谏，又违背占卜，打败仗不是很应该吗？"说着竟然丢下晋惠公，自己驾车走了。

而与秦穆公处在同一路的将领是西乞术，晋军人多势众，西乞术遭到了韩简和蛾析的两路夹击，寡不敌众被韩简刺中手臂受伤倒地。韩简见状，立即指挥晋军将秦穆公战车重重围住，想要活捉秦穆公。正在危急之间，突然从山坡上跑来三百多名手持兵器的农夫，冲进了晋军阵中，拼死保护秦穆公，晋军士卒虽然训练有素，但这些农夫却拼死力战，一时半刻竟然无法将其击败。这个时候庆郑的战车转了过来，他大声喊叫几位晋国将军说："国君在那边被秦军包围了，赶快过去施救。"韩简听了之后，无心恋战，于是和他的御戎梁由靡、车右虢射赶快撤围去救晋惠公。但等去了之后，才发现晋惠公已被公孙枝生擒活捉。

晋军主帅被擒，军心立时瓦解，秦军趁势掩杀，大败晋军。除了庆郑载着蛾析跑回晋国之外，其余的晋军将领全部自愿放下武器，来到了秦军大寨，与晋惠公一齐当俘虏。而屠岸夷与白乙丙肉搏的结果，则是双双气力尽绝，掉进了一个

第六章　东周上（春秋）

大坑里。屠岸夷先前助里克杀死卓子，后又与郤芮等人合谋出卖了邳郑父等九位大夫，其行为受到了秦国大夫的一致唾弃，秦穆公最终决定将他斩首。

俘获晋惠公之后，秦军将士群情激奋，准备将晋惠公带回秦国，杀死他祭祀祖先，但还没等秦军班师回国，周襄王的使臣就到了。周襄王说晋国和他是同姓，请求秦穆公释放晋惠公。秦穆公的夫人穆姬得知消息后也披着麻布丧服打着赤脚，跑来为晋惠公求情，说晋惠公是她的弟弟，如果秦国要处死晋惠公，那么她就自杀。

秦穆公为此烦恼地叹息说："我把抓到晋君作为一桩大功劳，而如今天子为他求情，夫人为此担忧，却又是何必呢？"

秦穆公权衡再三，认为处死晋惠公，秦国必然会与晋国结下深仇，即使重新扶持重耳即位，重耳在国仇面前，也会选择与秦国兵戎相见，而逐走晋惠公，诸侯之中也必定有助他重新复位者，经与众大夫商议，觉得还不如仍旧把他放回去。

但秦国也提出了释放晋惠公的苛刻条件，即晋国依照此前的约定，向秦国交割黄河以西的五座城池，并送太子圉（音宇）和女儿妾到秦国做人质。

晋惠公沦为阶下囚，为了早日获释回国，不得已只好答应秦国的所有条件，命人割让了河西的城池，并送太子圉到秦国做人质。之前晋惠公流亡梁国的时候，梁国国君把女儿梁嬴嫁给他。梁嬴怀孕，过了预产期还没有生产。于是梁国的太卜招父就和他的儿子一起为梁嬴占卜，招父的儿子说："将要生一男一女。"招父说："对。这个男孩长大后会做别人的奴仆，女孩长大后会做别人的奴婢。"为了避免这种预兆成为现实，孩子生下之后，于是就把男孩起名为圉，女孩起名为妾。谁知道到了这个时候，圉和妾竟然真的成了别人的奴仆和奴婢。

秦穆公收到晋国割让的土地，命孟明视率兵撤换关防、重新设定秦晋边界，又足足把晋惠公在秦国软禁了三个月，方才放他回国。晋惠公获释之后非常怨恨庆郑，得知庆郑居然没有出逃而是在国内等候准备受刑，于是命人处死了庆郑。

庆郑虽然因为没有屈从于国君的淫威而在客观上侵害了自己祖国的利益，但他敢于承担战败的责任而没有逃亡，用自己的生命捍卫知恩图报的人间正道、维护君臣之间的规矩秩序，确实是一个值得人们敬佩和记忆的人物。

晋惠公战败被擒，某种程度上可以说是咎由自取，起先为了能够回国当上国君，不惜靠出卖国家利益来换取秦国支持，但等当了国君，就立即自食其言撕毁契约。后又在灾年得到秦国援助，不仅不趁此机会与秦国修好，弥补裂痕，反而恩将仇报想去攻击秦国，结果很为国内一些正直的大夫所不齿，由此闹得君臣不和，在兵力占优的情况下却吃了败仗，徒为天下人所笑。

晋惠公虽然是个国君，庆郑虽然是个臣子，但他们的人格品行，却实属天壤之别。

晋惠公杀死庆郑之后，又想起了曾经和他一起流亡在外的重耳。晋惠公在秦国三个月，别的不担心，唯独担心重耳会趁着这个机会发动政变，替代他而成为晋国国君。等到这个时候与秦国暂时媾和，能不能除掉重耳就成了他的一块心病。而实际上，在晋惠公在位的前十四年里，他所有的一切行为，都是围绕着巩固君位而展开的。要说晋惠公未即位之前，饱受骊姬的迫害，此后又因申生下毒事件，被晋献公派出军队追杀，因此造成了惊惶乖张的性格弱点，且又比较贪婪，可以说，他一生的悲剧，都是这种性格造成的，甚至在某种程度上还影响到了他的儿子。

晋惠公想要除掉重耳，郤芮立即就帮他想到了一个人，这个人就是太监履鞮。之前履鞮曾经奉命前去擒杀重耳却被重耳逃脱，因此常常为此感到寝食不安，害怕重耳回来会杀死他。晋惠公找来履鞮之后，就把想要杀死重耳的打算告诉了他，让他去做这件事情。履鞮回答说："重耳避难翟国已经十二年了，翟国曾经俘获了廧咎如部落（在今山西省太原市一带）的两位公主，一个叫叔隗，一个叫季隗，季隗嫁给了重耳，叔隗嫁给了重耳的辅臣赵衰，他们在那边娶妻生子，已经再没有回到晋国的打算，现在如果我们带兵去攻打，只怕翟国国君会派兵帮助他，不如让我找几个武艺高强的武士，悄悄潜入翟国，趁他不备把他刺杀了，这样岂不更好？"

晋惠公觉得这个计策比较可行，于是付给他大量黄金，让他去购求可用的刺客，吩咐三日后务必到达翟国。

再说老国舅狐突，在重耳出逃之时，就让他的两个儿子狐毛、狐偃跟随重耳一齐出逃，嘱咐他们辅佐并照顾重耳，因此凡与重耳有关的一切事情，都会引起他的高度警觉。此时履鞮招募刺客，狐突感觉有异，于是暗中使人打探，立即得知了晋惠公将欲杀死重耳的阴谋。狐突赶快写了一封密信，派可靠家人星夜送往翟国，让两个儿子狐毛、狐偃助重耳再次出逃。

说起来，狐突是重耳和晋惠公的亲外公，且狐毛和狐偃是他们兄弟俩的亲舅舅，但古来权力核心之中，没有姻亲关系之说，只有政治立场的不同。

狐氏实际上也是姬姓，并且也是唐叔虞的后代，因早先被封到狐氏大戎（今山西省吕梁市交城县西北），因此改用狐姓。当初晋献公打败翟国，娶狐突的两个女儿大狐姬和小狐姬，分别生了重耳和此时的晋惠公，当时就曾受国人非议，因为他们都姓姬，本是一个祖先，古人有"同姓相婚，其生不繁"的说法，是为了避免近亲结婚生出畸形后代而做出的一种婚姻禁止。史载重耳重瞳骈胁，也就是眼睛里有两个瞳孔，而肋骨是连在一起的，畸形如此，应该说跟近亲结婚有一定的关系。但在古代，重瞳畸形却被认为是一种帝王之相，之前的舜帝和之后的项羽等人，史载都是重瞳，因此此时的重耳重瞳，被认为是大贵之人，得到了很多人的拥戴和追随。

不过那些真正有才能的人能够追随他，倒并不是因为他重瞳骈胁有大贵之相，而是认准了他比晋惠公更有才德，更值得效忠。他年轻的时候，身边就聚集了狐偃、赵衰、先轸、贾佗和魏犨（音抽）五位贤才。申生自杀之后，又有胥臣、狐射姑（狐偃之子）、介子推等人前往蒲城投奔，等到晋献公派履鞮带兵前往蒲城之时，这些人又随着他一齐逃亡翟国，与他一齐在翟国待了十二年。

这时候狐突派家将来到翟国送信，重耳接信后大惊失色，立即与狐毛和狐偃商议该如何应对。狐毛与狐偃给重耳出主意说，既然翟国待不下去了，那就只能逃到其他的国家去。现在齐桓公年纪已经非常大了，不过他的霸业还没有衰落，再加上管仲和隰朋都死了，缺乏贤人辅佐，可以到齐国去投奔他。重耳深以为然，于是命人收拾车马盘缠，准备到齐国去。

当天晚上，重耳与妻子季隗告别说："现在晋惠公想要派人刺杀我，为了避免遭到毒手，我必须逃到别国去，借助大国的力量来完成复国大业。你留在翟国，尽心抚养子女，如果我二十五年不来，你就可以改嫁他人。"季隗回答说："我今年已经二十五岁了，二十五年之后，我坟头上的树都很高了，还改嫁什么，但虽然如此，我还是要等你。"于是重耳与妻子分别，与辅臣们商议逃亡之事。

但刚到第二天，狐突的紧急书信又到，称履鞮已经从晋国出发，要重耳快逃，重耳等人再不敢延误，于是乘了一辆车，赶快出了翟国都城。由于出行非常仓促，翟国国君想要给他们馈赠一些路费也没有来得及，再加上保管金银细软的小吏头须又带着贵重财物悄悄溜走，因此，重耳等人一路上的惨状可想而知。

这次逃亡狐毛和先轸没有来得及随行，与重耳共同逃亡的有赵衰、狐偃、胥臣、贾佗、魏犨、颠颉、介子推等人。从翟国前往齐国必须经过卫国，本来重耳等人就在匆忙之中准备不足，既没有足够的盘缠也没有足够的食物，加上一路奔波，到了卫国之时，已经是山穷水尽，重耳希望能够得到卫文公的援助，但卫文公认为卫国与晋国从无交情，卫国被山戎灭国时也没有得到晋国的帮助，况且此时如果把素有贤名的重耳迎进卫国，就得三日一大宴五日一小宴地侍候着，卫国小国，哪里能担当得起这么重的花费？于是命人不要放重耳等人入城。

重耳一行无法，只好绕城而走，走到卫国一个叫五鹿（今河南省濮阳市清丰县西北）的城镇的时候，他们看到几个农夫在田里干活，干到中午一齐坐在地埂上吃饭，重耳就叫狐偃过去，向那些农夫讨要一些食物。农夫说得很质朴："怎么男子汉大丈夫，连自己都不能养活？我们都是庄稼人，吃饱了饭才能扛起锄头锄草干活，把饭给了你们，我们吃什么？"

狐偃说："既然没有吃的给我们，那给我们一个饭缸也行啊。"

农夫扔过来一个土块说："把这个拿去盛饭吧。"

跟随的魏犨是个武夫，见状立即大怒，上前砸碎了农夫的饭缸子。重耳也很生气，从车上取下鞭子想要鞭打那个田夫。

狐偃急忙拦住说："想要讨到一顿饭很容易，而想要得到土地非常难，土地是立国的基础，现在上天借这个农夫的手，把土地赐给了您，这是您将要回国即位的征兆啊，为什么要生气呢？您赶快跪下来拜受。"

于是重耳立即跪下来，捧起那个土块，向上天拜了几拜，然后带着土块回到了车上。旁边的农夫们感觉十分惊讶，都讥笑说这是个傻瓜。而实际上，狐偃说什么老天借农夫之手赐给重耳土地的话，只不过是一种精神胜利法，旨在为重耳等人打气，而重耳在荒郊野外不顾田夫的笑话捧着一个土块跪拜，也是为了鼓励他的随从振作，因为只要信念不丧失，一直坚持不懈，就会离目标越来越近。

又勉强走了一程，实在是饿得走不动了，一群人于是就停在一棵大树下歇息。因为赵衰带着一罐食物落在了后面，众人等不及，就在田野里采摘野菜煮食。重耳实在吃不下去，一旁的介子推就跑到山沟里，从自己的大腿上割了一块肉，与野菜一起煮了，然后进献给了重耳。重耳饥不择食，端起来就吃，发现味道非常好，就问介子推是哪里来的肉，介子推回答说是他的腿上割的肉。重耳听了感动不已，禁不住落下泪来。

重耳等人离开卫国，一路风餐露宿来到齐国，受到齐桓公的热情款待。此时齐国管仲和隰朋已死，齐桓公身边缺乏贤才辅佐，重耳的到来让他感到喜出望外。但齐桓公经与重耳接触，就发现重耳绝非甘居人下之辈，他虽然是个落魄逃亡的公子，但他的举手投足之间，完全不失贵族的气派，且见识远大，谈吐不凡，而更难能可贵的是，他身边的随从也个个都是才智卓绝的人。这让齐桓公在欣赏重耳之余，却也有了戒备之心。他赠给重耳大车二十辆，然后把宗室的女子嫁给重耳做妻子，供给重耳及其随从一切生活之资，帮他在齐国安了家。

　　齐国富足的生活让重耳非常满足，他不想再受奔波之苦，想在齐国一直待下去。但齐桓公不久病死，齐国先是遭受内乱，后是霸业衰落，重耳虽然没有卷入到齐国的内乱中去，但他的随从们意识到，想要借助齐国的力量助重耳复位，已经是不可能了。重耳沉浸在富贵温柔乡不愿回国，但他们不行，他们胸怀远大志向，不可能就这样毫无建树地客死异乡。于是就准备面见重耳，劝他离开齐国。但重耳与他的新妻子齐姜十分恩爱，不是一齐游玩就是闭门不出，不与他的九位辅臣见面。

　　九个人没有办法，只好趁着外出打猎的时候，躲在一棵桑树底下商议，商量着该想个什么样的办法，劫持重耳离开齐国，不料齐姜的一位婢女正在桑树上采桑叶，竟然把他们的话全部偷听了去。婢女回到宫中，就把辅臣们的话全部告诉了齐姜，说这些人商量着想要与重耳一齐离开齐国。齐姜感觉事体重大，于是问重耳说："您手下的那些辅臣都想和您一齐离开齐国，到秦国或者楚国去，但被采桑女听到了，我害怕消息传出去国内会有人阻拦，于是杀掉了采桑女。晋国自从您离开之后，一直不曾安宁，现在夷吾当国，打了败仗还当了俘虏，国内人心不服，您如果想要回晋国复位，现在就要早定计策。"但重耳很满足于眼前的生活，再加上迷恋美丽的新妻子，于是拒绝说："现在我日子过得这么逍遥自在，再不想什么复位不复位的事情了，我想一直在齐国生活下去，再哪里也不去了。"

　　第二天，狐偃等人在宫门外再次求见重耳，重耳还没起床，执意不肯相见。齐姜命人把狐偃一个人叫了进来，问他见重耳有什么事情。狐偃回答说想要请重耳到郊外打猎。齐姜就问："你们这次打猎，是想到宋国打猎，还是想到秦国或者是楚国打猎？"狐偃大惊失色，否认说："哪里有跑那么远打猎的？"齐姜说："你们再不要隐瞒我了，你们想要劫持重耳想办法回晋国，我都已经知道了。昨天晚上我也劝过公子，但他就是不答应。这其实很好办，今天晚上我摆一桌宴席，想办法把他灌醉，你们把他放进车里，然后趁夜出城，这就可以离开齐国了。"

　　狐偃没有想到齐姜这么顾大局识大体，竟然能割舍夫妻之爱而成全大事，大喜之下拜谢了齐姜，然后告辞出宫，与其他人一齐准备妥当。

且说当天晚上，齐姜果然大摆宴席，命令侍女们轮番向重耳劝酒，果真将重耳喝了个酩酊大醉。之后狐偃等人把他抱到马车上，趁天色还未全黑，匆匆出了临淄城，向曹国而去。等到天亮的时候，重耳从迷糊中醒来，发现自己已经不在齐国，知道是狐偃等人使的计策，愤怒地夺过魏犨手里的戟要砍杀狐偃，赵衰等人赶快上前劝解，重耳方才住手。狐偃向他请罪说："如果杀了我能够帮助您取得成功的话，那么我死了就比活着要强许多倍。"重耳亦回敬说："如果此番前去没有什么建树，我就吃了你这个舅舅的肉。"狐偃说："如果事情不能成功，那我死都不知道死在何处了，哪里会让您去吃？但如果我们取得了成功，您的面前会摆上数不清的美味佳肴，我的肉又腥又臊，您怎么会吃得下去？"重耳一时语塞。赵衰等人又齐声说："我们都认为公子您胸怀大志，因此丢下妻子孩子，远离故乡跟着您一路奔波到这里，也希望能够与您共同建立一番功业。现在晋国的国君昏庸无道，晋国人都想拥戴您为君，但您不到晋国去，谁会跑到齐国来拥立您？今天把您劫离齐国，实际上是我们一起商量后决定的，并不是狐偃一个人在擅自做主，请您不要错怪了他。"旁边的魏犨又说："男子汉大丈夫，应该向着自己的目标不断努力，使自己留名后世，怎么能沉溺于儿女情长和一时的安逸之中，而忘掉自己肩负的复国大业呢？"众人的劝导使重耳猛然清醒过来，他重又燃起了回国主政的雄心壮志，于是和从人们继续往前走。

不几天到了曹国，曹国的大夫僖负羁十分敬慕重耳，劝国君礼遇重耳，但国君曹共公不听。

僖负羁的妻子就对僖负羁说："我观察了一下晋公子的随从人员，他们可都是足以辅国的将相之才。如果用他们为辅佐，晋公子就必定能回到晋国做国君。回到晋国，就必定能在诸侯之中称霸。在诸侯中称霸而报复对他无礼的国家，曹国绝对就是第一个。您为何不早一点结好于他呢？"僖负羁于是在夜间偷偷向重耳送了一盘精美的食物，并在盘中暗藏了一块玉璧。重耳十分感激僖负羁的馈赠，但退还了玉璧。重耳贫困之中不贪玉璧，使僖负羁更加敬重他。而反观曹共公，身为国君却极不庄重，他听说重耳的肋骨是连在一起的，居然趁着重耳洗澡的时候来偷偷地观看，重耳对曹共公的行为感到十分愤怒，第二天就离开了曹国。

重耳等人离开曹国之后，又到了宋国。这个时候的宋国，正值宋襄公与楚成王争当盟主兵败受伤之时。宋襄公伤重卧床不起，无法与重耳见面，但他早闻重耳的贤名，命公孙固以国君的礼节高规格接待重耳，当听到齐桓公向重耳赠送了二十辆大车并把宗室的女子嫁给他时，宋襄公说："嫁女我没办法做到，但二十辆车我要如数送出。"重耳有感于宋襄公的礼遇，又在宋国多住了几日。因为狐偃与公孙固的私交甚密，况且他也知道宋襄公十分仗义，曾经出兵护送齐孝公回国即位，于是就私下问公孙固宋国能不能帮助重耳复国，公孙固实言相告说："宋国刚刚被楚国战败，恐怕无力帮助公子，要想复国，还必须借助大国的力量。"狐偃认为公孙固说的是实情，于是转告重耳，一帮人整装启程，再度向郑国进发。

郑国的上卿叔詹比较有才能，当他听到重耳来到郑国的消息后，就劝郑文公把重耳邀入国中，以礼相待。郑文公不屑地说："重耳背叛他的父亲四处奔逃，诸侯国大都没有接纳他，因此经常挨饿受冻，这等没出息的人，何必礼遇他？再者说，诸侯国逃亡的公子路过我们郑国的实在太多，又怎么能全都以礼相待呢？"叔詹说："重耳有三助，国君万不可轻视。其一，他是父母近亲结婚生下的，但他没有残疾，这是上天助他；其二，自从他出亡国外，晋国就一直不太平，这是天意要等一个有才能的人去治理晋国，这也是上天助他；其三，赵衰、狐偃这几个人，都是当世的杰出英才，而重耳能得到这些人的衷心辅佐，这是贤才助他。他有这么多有利条件，继承晋国的大统还不是迟早的事吗？"郑文公更加轻蔑："重耳都这么大岁数了，他还能做成什么大事？"

叔詹说："如果您不能对重耳以礼相待，那么请您早点杀了他，以免将来让他成为郑国的祸患。"

郑文公不以为然："重耳与我既无恩也无怨，我既然决定不接纳他，又何必要杀了他？"没有采纳叔詹的建议。

重耳见郑国不放他们入城，于是绕道而行，一路向南来到了楚国。楚成王早闻重耳大名，及与重耳相见，发现重耳果然十分贤德，也以接待诸侯国国君的规格来接待他。重耳推辞不敢承受，赵衰劝他说："您逃亡在外十余年，小国家轻视您，何况大国呢？现在楚国是个大国，他们坚持以诸侯的礼仪接待您，您就不要再谦让了，这是上天要为您开启运途啊。"于是重耳不再谦让，以客礼会见楚成王。楚成王给予重耳非常优厚的待遇，而重耳非常自卑。

某日，楚成王与重耳一齐外出打猎，从林中跑出一只貘（音莫，奇蹄目哺乳动物，体形像猪，是马和犀牛的近亲，现为濒临绝种的珍稀动物，仅存于南美洲和东南亚）。其他人都不认识，也无法制服，只有赵衰准确地叫出了它的名字，并说出了擒获此兽的捕猎方法，魏犨跳下车去，按照赵衰所说的方法把那只貘抓了起来。楚成王非常高兴，认为重耳的辅臣们都是文武全才，不住地称赞他们。楚将成得臣见楚成王对重耳及其随从赞不绝口，心中很不服气，提出要和赵衰等人比试一番，但被楚成王训斥了一顿。楚成王说重耳等人远来是客，必须以礼相待，不能对他们无礼，依然对重耳十分敬重。

猎罢回来的路上，楚成王心情非常愉悦，就问重耳说："假如您能够返回晋国成为国君，您将会怎样报答我？"

重耳想了想回答说："像美女宝石玉器等物品，国君您这里非常充裕，而像兽毛皮革象牙这些东西，又是楚地的特产，贵国真是物产丰饶，无奇不有，我还能拿什么东西报答国君您呢？"

重耳回答非常高明，既对楚国进行了赞誉，也把自己解脱了出来，以避免许下空头承诺，因为诺言不可轻许，日后如若兑现，则势必损害晋国的利益，如不兑现，又会背上失信的恶名，那还不如找借口当场推辞来得更好一些。这比起之前的夷吾回答秦国使者，就不知道强了多少倍。

楚成王听了非常高兴，但意犹未尽，又逼问说："话虽这么说，但我已经非常了解您的为人，您一定会想办法对我表示感谢的。"

重耳的回答超出了所有人的意料："如果我得到国君您的帮助，非常幸运地回到晋国即位，那么我一定会与楚国缔结盟好，让百姓休养生息。如果万不得已，我们晋国与楚国之间发生了战争，那么一旦在战场相遇，我会让晋国军队退避三舍（一舍为三十里，三舍为九十里），以报答国君您今天对我的礼遇。"

楚成王大吃一惊，之后便沉默不语。成得臣非常愤怒，退场后对楚成王说："大王您对待重耳如此优厚，但重耳却出言不逊，他日回到晋国，一定会成为我们楚国的仇敌，现在我请求大王杀死他们。"

楚成王不同意："重耳非常有才能，他的辅臣们也都是将相之才，就像上天在帮助他们一样，我又怎么敢逆天行事呢？"

成得臣又说："就算不杀重耳，那么把他的这些助手全部扣留在楚国，重耳失去左膀右臂，也不一定会有大的作为。"

楚成王说："算了吧，扣留他们，他们也不会为楚国效力，只会白白让他们怨恨我。我既已决定帮助重耳，又何必再为这些小事取怨于他呢？"仍然待重耳如初。

第十二节　晋怀公弃妻、重耳娶怀嬴、宽恕仇人、介子推之死

再说晋惠公的太子姬圉在秦国当人质，秦穆公为了笼络他，把女儿怀嬴嫁给了他（怀嬴这个名字，就相当于近代的王张氏、张李氏之类，此处"嬴"是秦国的姓，而"怀"是姬圉当国君之后的谥号，后来怀嬴又改嫁晋文公，相应地史书上又把她改称为文嬴）。因为之前晋惠公打算联合梁国攻击秦国，再加上秦穆公也是雄心勃勃，不断地攻城略地，因此政治混乱的梁国成为秦国东扩的目标，很快被秦国吞并。

秦国灭了梁国，对于在秦国当人质的晋太子姬圉来说，可不是个好消息，因为他的母亲就是梁国人，晋惠公当初在梁国避难的时候，娶梁国女子为妻，生下了姬圉。现在秦国灭了梁国，姬圉感觉很不舒服，认为秦国不考虑他的感受，丝毫没将他放在眼里。

恰巧这一年，晋惠公病重。姬圉得知消息后，感觉若不趁此机会回国，晋惠公死后，国君之位难保不会落到他人手里，想要跟秦国辞行，又怕秦穆公不同意，于是就想偷偷地回国。在打定主意回国之前，姬圉把自己的想法告诉了夫人怀嬴，他说："现在我父亲病重，如果我不逃回晋国，国君之位就不是我的了，可是我要私自离开，又舍不得丢下你，你不如和我一齐回晋国，这样既有利于国家，又有利于我们个人，你看怎么样？"

怀嬴悲伤不已，哭着说："你是大国的太子，不得已在这里当了人质，现在你想回晋国即位，这是理所当然的事情。但是我不能跟着你去，因为这样会违抗我父亲的命令，我也不会把你要离开的事情告诉别人，你去吧，不要因为我耽误了你的大事。"

姬圉于是悄悄地离开秦国，逃回了晋国。

秦穆公得知姬圉不辞而别十分震怒，对大臣们说："夷吾和他的儿子姬圉，都辜负我的一片好意，我必须让他们为此付出代价。"他非常后悔当初没有帮助重耳当国君，于是让大臣们去打听重耳的下落。当得知重耳在楚国的消息后，他立即派公孙枝带着厚礼来到楚国，请楚成王把重耳送回秦国。

楚成王询知秦使来意，于是问重耳做何打算。这个时候的重耳，已经整整在外流亡了十九年，秦国使者的到来，无异于和煦的春风吹进了他久历寒冬的生命。但凡事讲究个策略，那就是欲速则不达，欲扬要先抑，千万不能急躁，不能把自己的底牌完全亮给别人，否则就会被别人轻视，被别人阻挠。于是重耳对楚成王说："我一个流亡在外的人，只希望在国君您的庇佑下在楚国了却此生，实在不愿意到秦国去。"

但楚成王是认真的，他误将重耳的虚礼当成了真言，于是仔细为重耳分析形势并开导他说："楚国和晋国相隔太远了，您想要回到晋国夺回国君之位，于途就要经过好几个国家。但秦国就不同了，秦国与晋国领土毗邻，早晨出发，晚上就可以到达，况且秦君十分贤德，现任的晋国国君与他又处得很糟，这是上天要助您成功，您再不要推辞了，赶快和秦国使者一起回去吧。"说完下令赐给重耳丰厚的礼物和盘缠，为他离开楚国做准备。

重耳见楚成王是真心想要帮助他，于是辞别楚成王，带着随从与公孙枝一起来到了秦国。

秦穆公见重耳来秦，非常高兴，安排重耳住进华丽的馆舍，又向他馈赠了极为丰厚的礼物。秦穆公夫人穆姬还是在未出阁的时候就知道她这个哥哥重耳非常有才能，此时见他来秦，心里更加敬重他，就劝秦穆公把怀嬴再嫁给重耳。秦穆公刚开始听了还感觉比较吃惊，但后来想了想也觉得可行，于是就让夫人去试探怀嬴的态度。客观来讲，怀嬴与姬圉之间是有真感情的，至少在年龄上来说也比较般配，姬圉离别时，怀嬴还曾为他流泪哭泣，但那个时候诸侯国的公主，在婚姻大事上是根本没有什么自主权的，她们只不过是政治联姻的一枚棋子罢了。不论人们对重耳如何赞美，但这个时候，他毕竟已经六十岁了，而怀嬴才不过二十多岁，老夫少妻，多不相称。就算怀嬴心里仍然记挂着姬圉，但姬圉既然已经惹恼了秦穆公夫妇，那么这两个人就绝对再不会让自己的女儿跟私自回国的姬圉扯上任何的关系。相比于轻率的姬圉，重耳虽然年老，但他却比姬圉更具政治优势，也更加可靠，因此，在秦穆公夫妇内心的天平上，重耳的分量显然要比姬圉

第六章 东周上（春秋）

重得多。

对于自己父母的这些打算，怀嬴实际上一清二楚，但她不能讲这些大道理，她只能借妇道伦理来质问自己的母亲："我已经嫁给了姬圉，我又怎么能再嫁给他的亲叔叔重耳呢？"

穆姬说："有一个现实你需要明白，你实际上已经被姬圉抛弃了，他只想着回去当他的国君，哪里还会再顾得上你？而重耳信义素著，他的随从们都非常有才能，重耳只要能回到晋国，就一定会成为晋国的国君，而只要他成为晋国国君，就一定会立你为国君夫人，我们秦国与晋国，世代通婚，永结盟好，还有比这更令人感到高兴的事情吗？"

怀嬴沉默良久，才回答说："既然真是您说的这样，那我又何必在乎什么名誉颜面，毁坏两国的友好关系呢？"

秦穆公见女儿答应了，于是又让公孙枝去问重耳的意向。

事实上，对于女方怀嬴来说，她再嫁重耳，令她难以接受的也只不过是不守妇道而已，但对于男方的重耳，让他娶怀嬴，却是障碍重重。首先，穆姬是他的妹妹，虽然是同父异母，但怀嬴在辈分上却是他的外甥女，虽然怀嬴不是穆姬生的，他们之间也没有血缘关系，但之前楚成王强纳了自己的两个外甥女伯芈、叔芈，被人斥之为禽兽，他现在再这样做，别人又会如何看待他呢？其二，怀嬴是他嫡亲的侄媳妇，他现在娶侄儿媳妇，难免不会惹来天下人的非议。想来想去，重耳觉得很难跨越这条伦理底线，决定推掉这桩婚姻。

但他的谋士们不这样看，赵衰呈上了他的理由："我听说怀嬴是秦君夫妇的爱女，如果您不娶怀嬴，就没办法得到秦国的欢心，既然得不到秦国的欢心，就不可能借助秦国的力量回国复位，请您不要推辞。"

重耳问："同姓男女结婚，还要看是不是近亲属，这外甥女兼侄媳妇怎么能娶？"

学识渊博的胥臣立即引经据典，为重耳提供可资参照的凡例："以前的黄帝和炎帝，他们都是首领少典的儿子，黄帝因为居于姬水，所以姓姬，炎帝因为居于姜水，所以姓姜，他们世代通婚，也没听说过有什么不可以。帝尧是帝喾的儿子，是黄帝的第五代孙，而舜是黄帝的第八代孙，尧的女儿是舜的祖姑奶奶，但尧把两个女儿嫁给了舜，也没见舜推辞。圣人的婚姻都这样，更何况别人呢？更何况您接受的只不过是一个弃妇，而不是夺了姬圉爱敬的妻子，您没有什么对不起他的，也根本没有必要再顾虑什么。"

重耳又问狐偃说:"舅舅您认为是否可行?"

狐偃反问说:"现在您想借助秦国之力回晋国,是想将来把姬圉奉为国君向他效忠呢,还是想要取代他?您如果想要效忠姬圉,那么怀嬴就是国母,您要娶她的话就提也不能再提,但如果您想要取代他,那么怀嬴就是仇人的妻子,她何去何从任由您处置,您还有什么决定不了的?"

重耳还是难以决断,胥臣又进言说:"您马上就要夺取姬圉的君位了,更何况是他的妻子呢?成大事者不拘小节,如果错失良机,想要追悔可就说什么也来不及了。"

胥臣最后的劝说立即惊醒了重耳,他马上意识到,不论是伦理还是亲情,只要与政治和权力沾上关系,那就必须做出牺牲和让步。婚姻不是目的,而通过婚姻获取援助才是最主要的,尽管横亘在面前的伦理防线让他痛苦,但他已经再没有其他选择的余地,在这里婚姻已经不再是单纯的夫妻关系,而是一桩政治交易,一场外交谈判。他要干成一番大事就必须屈从于许多于礼不合的形式,之前的周文王为了避免被纣王杀死,连自己儿子的肉都吃了,他娶侄儿媳妇,又有什么迈不开脚步的呢?既然算清了这笔政治账、伦理账,重耳也就完全能够权衡轻重利弊,于是他最终下定决心,娶怀嬴为妻,以此获取秦国的支持。

听到重耳答应了婚事,秦穆公夫妇非常高兴,于是选择良辰吉日,就在秦国为重耳和怀嬴举行了婚礼(注意,重耳后来回晋复国,史称晋文公,怀嬴由此在许多史书中变更为文嬴,死后又谥为"辰",称为辰嬴,本书为叙事方便,后文一律称怀嬴不变),把包括怀嬴在内的五名宗室女子嫁给了他。重耳娶怀嬴,没有像楚成王那样遭到后世指责的主要原因,大概是因为重耳娶怀嬴并不是他的本意,没有来自主观上的欲念,且在礼法面前表现出了敬畏之心,由此得到了士人们的理解和原谅,而楚成王强纳两个外甥女,则是因为贪图她们的美貌,是为了满足他的情欲,这可不是无意中所犯的原罪。如果从没忏悔并为此感到羞耻,就必须受到道德上的谴责,以维护基本的伦理纲常,否则,人伦败坏、道义沦丧,以后的国家还怎么治理?人们的行为还怎么约束?这必将给治国理民带来极为不利的负面影响,负有责任感的士人们,就必须对其加以制止批判。因此,后世对重耳与楚成王相似行为的评判大相径庭,区别应该也就在这里。

但在此时,重耳再怎么不情愿,他还是选择了与怀嬴结合。既然做出了这个选择,他就必须面对。对于重耳的想法,怀嬴也并不是不清楚,新丈夫对她的冷落和轻视,她也并不是毫无察觉,但既然察觉到了,重耳的这种态度就让她难以容忍。怀嬴不是逆来顺受的人，因为任何的过错都不在她，她必须说出她的委屈，让新丈夫明白自己所处的地位和重要性。

某天晚上，怀嬴为重耳端来洗手水，重耳洗过手之后，就像之前对待仆从那样，习惯性地甩了甩手，也就是示意让怀嬴退下。但没有想到，手上未干的水珠却甩到了怀嬴脸上，怀嬴感觉受了污辱，再也难以忍受，她厉声训斥重耳道："秦国和晋国不相上下，你是大国的公子，我也是大国的公主，你有什么瞧不起我的？"说完怒气冲冲地转身走了出去。怀嬴这句话中隐含的潜台词其实是：不要以为别人都说你贤明你就不把我放在眼里，我虽说是一个弃妇，但我的父亲最终帮不帮你还要看你对我的态度！

怀嬴的拂袖而去令重耳大吃一惊，他这才突然反应过来，虽说自己胸怀大志，辅臣们也都是当世奇才，但秦穆公敬重自己是一回事，把女儿嫁给他却又是另一回事。穆公嫁女不是因为女儿被人抛弃了没处去，而是在借此观察他，如果他能够尊重怀嬴，真心对待怀嬴，那么秦晋的这种政治联姻也就有了保障，这是他能够支持重耳复国的先决条件，否则，对于秦穆公来讲，重耳与姬圉父子又有什么区别呢？他又有什么理由要无缘无故地帮助重耳呢？重耳想明白了这一层，知道自己能否回到晋国，干系全在怀嬴身上，于是立即放低姿态，脱掉外衣跪在地上，请求怀嬴的原谅。重耳的这则轶事后来被小说家嫁接到了刘备身上，说他想要离开东吴时跪在孙夫人面前声泪俱下，最终感动孙夫人，得以安全地回到荆州，实际上根本就没有那回事。

而在此时，重耳跪求怀嬴原谅，终于使怀嬴达到了自己的目的，那就是，她虽然是二婚再嫁，但她的身价却丝毫打不得折扣，只要重耳尊重她，将她放在应放的位置上，那么她的气也就马上消了，毕竟二人已经结为夫妻，还要在一起共同生活很长一段时间不是？

怀嬴嫁重耳，是秦、晋两国政治联姻的延续和重复，因为之前秦穆公娶晋献公的女儿穆姬，之后姬圉又娶了怀嬴，此时重耳再娶怀嬴，秦国和晋国互相通婚加强政治联合，史书上将这段史实称为"秦晋之好"。再后来，秦晋之好的含义泛化，也代指男女婚娶之事，百年之好、百年好合等，皆如此类。

再说姬圉逃回晋国，晋惠公大喜过望，君位有了继承人，他的身后事似乎也就不用他再过多地担心了。公元前637年，当了十四年国君的晋惠公病死。他临死之前，念念不忘逃亡在外的重耳，告诫儿子姬圉要时刻提防重耳回国发动政变。

晋惠公死后，太子姬圉即位，是为晋怀公。他即位之后，对他的叔叔重耳更为忌惮，为了削弱重耳的辅助力量，他下令凡是追随重耳流亡的人，务必在三个月之内离开重耳回到晋国，否则，将要处死他们在国内的亲属。同时，晋国国内的大夫们，也必须写信把追随重耳的亲属叫回来，否则就让他们连坐。狐偃狐毛的父亲，也就是晋怀公的亲外公狐突首当其冲，但狐突就是不肯写信。晋怀公就把他召来问原因，狐突回答说："忠臣不事二主，我的两个儿子忠于重耳，就像我们这些大臣现在忠于您一样。如果他们不效忠重耳逃回来，我都会因他们的背叛行为杀死他们，又怎么会写信叫他们回来呢？"晋怀公十分生气，命人杀死了狐突。

晋怀公的做法令晋国大夫们普遍感到了恐惧和不安，人心尽数离散，也就只有他父亲的旧臣吕甥和郤芮还在拥护他。国内一些大族如郤氏、先氏、胥氏、狐氏等联合起来，暗中派人来到秦国，承诺愿为重耳做内应，都劝重耳回国夺位。

重耳知道自己回国的机会已经成熟，立即与赵衰等人去见秦穆公。秦穆公设宴款待，席间，赵衰等人起舞高唱《黍苗》歌，歌词中阐明主旨的几句是："芃芃黍苗，阴雨膏之……我行既集，盖云归哉？"（《诗经·小雅·黍苗》）大意为："看那禾苗长得多么茂盛，连绵的阴雨来滋润它们……我们已经完成了出行任务，何不早一点回到家中？"

秦穆公一听，立即笑着说："我知道你们想要急着回到晋国，现在晋国国内动乱，人心不稳，你们回去正是机会。"于是发兵车四百乘，护送重耳回晋。等重耳渡过黄河，晋怀公得知消息后赶快派军队前来阻击，带兵的将领正是颇受他父亲信任和重用的老臣郤芮和吕甥。毕竟重耳的拥护者众多，且在秦军护送下来势迅猛，让郤芮和吕甥感到势单力孤，对晋军能否取胜心存疑虑，最后迫不得已，投降了重耳。于是重耳直接接管了这一支晋国军队，然后在众人簇拥下先到曲沃，在宗庙中祭拜了祖父曲沃武公，之后来到绛都，即位为晋君，史称晋文公。

其他的大夫都去归附晋文公，晋怀公成了真正的孤家寡人，他叹息说："我当初真不该私自逃回晋国，以致惹恼秦国，落了这么个下场。"而事实上，秦国的帮助固然是一方面，晋怀公在国内不得人心却也是不容忽视的一个重要因素，否则，晋文公光凭秦国的四百乘军力，从外部发动这样一场政变，谈何容易？或许正应了那句话，堡垒是从内部攻破的。

晋怀公大势已去，只好和宦官履鞮一齐跑到了高梁这个地方（今山西省临汾市东北），但没过多久，晋文公就派人刺杀了他。履鞮失去效忠的对象，只好一个人潜回了绛都。晋怀公在位时间，前后不过半年。有些东西，当时机不成熟的时候，千万不可以强求，否则，就只会是适得其反，竹篮子打水一场空。设想当初晋怀公如果不从秦国逃回，那么秦穆公派兵护送回国的就只会是他姬圉而不会是重耳，因为秦穆公只认一个身份，那就是谁是他的女婿。重耳贤能不贤能关秦国什么事？如果姬圉得到秦国的鼎力支持，他回国即位后不要采取那些令人不齿的手段迫害重耳让大臣们感到人人自危，任其在外面自生自灭，年事渐高的重耳无机可乘，数年之后客死楚国是最具可能性的一种。但晋怀公做出了最急功近利的选择，在关键时刻丢弃了他最能依靠的东西——秦国婚姻，他的最终失败，也就是预料之中的事情了。

晋文公和晋怀公，一个因抛弃可以依赖的婚姻而失败，一个因依仗了婚姻而最终成功，古时政治联姻，其发挥的作用难道不令人震惊吗？

且说郤芮和吕甥两个人，之前因为迫于形势投降了晋文公，但每天对着赵衰狐偃这些以往的仇敌，总是感觉不自在，心中忐忑不安，害怕晋文公有朝一日会秋后算账杀死他们，于是两个人就想要密谋杀死晋文公。思来想去，国内与晋文公结仇最深的人就是宦官履鞮，于是他们暗中找到潜伏的履鞮，把想法告诉了他，然后征求他的意见，想与他结成同盟。

谁知道这个时候，履鞮却表现出了极强的政治敏锐性，他表面上答应了郤芮和吕甥，但转过身后立即去找狐偃。狐偃见到履鞮大吃一惊，心想这个人可真是胆大妄为，之前屡次追杀晋文公，现在居然还敢在晋文公眼皮底下出现，实在是想不通他想要干什么。但狐偃等人的确不是泛泛之辈，待人也比较宽厚大度，他们能够成为晋文公的辅臣，也的确是有相当的过人之处。他就劝履鞮说："你之前屡次迫害主公，做事已经太过分了，你现在还不赶快趁机外逃避祸，怎么还敢深更半夜找到我这里来？"履鞮说："我正是为此事而来，有非常机密的事情，必须向主公当面禀报，麻烦国舅您引见一下。"狐偃说："你去找主公，只会是自寻死路，还是不要去的好。"但履鞮坚持要见，狐偃隐隐感觉事体重大，于是带着履鞮来找晋文公。

晋文公听说履鞮要见他，比狐偃刚见到履鞮时还要吃惊，他拒绝说："这个人只怕是担心我要治他的罪，所以想通过你为他求个人情，好饶他不死，他能有什么机密事情？"狐偃劝谏说："以前的圣人，他们都能够虚心地听取那些卑下的人所提的意见。现在您刚刚即位，正是捐弃那些小私小怨，广纳忠言的好机会，履鞮此番前来，一定有什么重要的事情想要向您报告，您还是召见他为好。"晋文公因为之前的事情，终是难以释怀，于是命近侍前去质问履鞮说："之前我在蒲城，国君命你第二天到，可是你当天就到了；后来我逃到翟国同翟国国君到渭河边打猎，你替惠公前来刺杀我，惠公命你三天后到，而你第二天就到了。虽然有君王的命令，你怎么能那样快呢？在蒲城被你斩断袖口的那件衣服还在，我现在每次看到就无比寒心。现在你还有什么面目来见我？还不赶快远远地找个地方躲起来，要是等到我后悔发怒，那可就说什么也来不及了。"履鞮回答说："国君你在外十九年，怎么还是没有懂得为君之道呢？献公是您的父亲，惠公是您的弟弟，他们是您的至亲，都把您当作仇人，更何况是作为他们臣子的我呢？对国君的命令没有二心，这是从古以来的制度，除掉国君所憎恶的人，就看你能付出多大的努力。之前我到蒲城去，是奉了献公的命令，去翟国，是奉了惠公的命令，那个时候我只知道有献公惠公，而不知道有您，这也是桀犬吠尧，各为其主。现在您当了国君，难道您不会派遣臣子去攻打您的仇敌吗？之前管仲曾经射了齐桓公一箭，如果齐桓公追究管仲罪责的话，那他能称霸诸侯吗？您如果不能像齐桓公那样宽宏大度，那么又何必劳您驱逐我呢？到那个时候，想要逃走的就不是一两个人了，岂止罪臣我一个人？"

不得不说，履鞮这个人，虽然只是个宦官，却有着极高的政治才能，他短短几句话，就将人臣该如何忠诚于国君讲得清清楚楚，并且也将自己知行合一的一面最大限度地展现在了晋文公面前，令晋文公不得不对他刮目相看。晋文公于是下令召见履鞮，履鞮进屋之后，并不向文公请罪，只是向文公拜了几拜，口称贺喜。晋文公不高兴地说："我回晋即位已经很长一段时间了，你今天才来贺喜，是不是太晚了？"履鞮说："您现在只是坐上了国君之位，但要想这个国君之位坐得稳当，还要重用我履鞮才行。"晋文公越发感觉履鞮话中暗藏深意，于是让左右人等全部退下，然后问履鞮到底有什么事情要说。履鞮于是把郤芮和吕甥将要作乱的阴谋告诉了他，晋文公一听，吃惊异常。想要把郤芮和吕甥二人召来当场抓住杀掉，但郤、吕二人在晋惠公为君的十四年里一直是权臣，党羽遍布朝中，想要杀掉他们谈何容易？再者他刚刚即位不久，除了赵衰狐偃等人是他的旧臣，其他的大夫心中到底作何想法还不得而知，万一关键时刻被人出卖，那后果可想而知。晋文公于是叮嘱履鞮不要泄露消息，让他先去吕甥和郤芮那里虚意应付，然后再布置一番之后，带着狐偃偷偷地出宫去了秦国。

秦穆公听说晋文公微服换装不带随从跑来秦国，知道晋国发生了内乱，于是命公孙枝带兵驻扎在黄河岸边，然后与晋文公在王城（今山西省运城市临猗县）住了下来。

再说郤芮与吕甥二人，并不知道晋文公已经私自出宫，一心只是想尽快杀死晋文公。某一天晚上，二人带着家丁，一齐守住前后宫门，然后放火焚烧宫殿。大火烧死宫人无数，等到火熄，郤芮和吕甥带人分别从前后门同时杀入，一齐寻找晋文公，但就是遍寻不见。宫中不可久留，吕、郤二人只得带着家将驻兵于城外，探寻晋文公下落。等到天亮，还是不知晋文公的生死，但城门却被其他的大夫带兵守住。两人见无处可去，只好商议逃亡其他的国家。因为当初秦穆公释放晋惠公之时，与秦国结盟的就是吕甥和郤芮，履鞮于是建议二人前往秦国避难。吕甥和郤芮丝毫没有觉察到这是履鞮设下的一个圈套，于是与履鞮一齐来到了黄河岸边。

十四年前的一幕恍然又在眼前，那时郤芮和吕甥鼓动晋惠公杀死了里克，在秦国出使的邳郑父建议秦穆公把吕、郤二人诱骗来秦然后杀死他们，结果却被二人识破，吕、郤二人非但未去秦国，邳郑父等九位大夫却随后被同时处死。可是今天，秦国并没有请他们来，而他们自觉自愿地送上门来，若说不是报应，那也真是再没有比这更贴切的词汇来形容这件事情了。

郤芮和吕甥到了河上之后，即被秦穆公擒获。晋文公将二人杀死之后，让履鞮带着二人首级前往黄河东岸招降吕甥和郤芮的同党。要说郤芮和吕甥，他们两人也是非常有才能的，要是一心一意忠于晋惠公晋怀公父子，在晋文公最初回晋时率兵拼死抵抗秦军，死了之后也还不失忠臣之名，但却中途变节，降而复叛，最后还死在了秦国人手里，想想也真是可悲啊。

杀死郤、吕二人之后，晋文公随即在秦国三千精兵的护送下返国，怀嬴也一同回晋。晋文公回国之后，为了安定民心，随即发布赦令，声明不再追究郤芮和吕甥党羽的罪行，但与郤、吕二人关系密切的那些大夫却始终是心怀疑虑，不敢相信，谣言也由此而起，闹得人心惶惶，政局不稳，晋文公一时想不出什么好的办法，很为此感到忧虑。

一天早上，晋文公正在洗脸，突然有人禀报说小吏头须求见，晋文公不听则罢，一听不由得气冲斗牛："这个人非常可恶，当初在翟国，他负责保管物资钱粮，而我们出亡的时候他却卷走了金银盘缠，害得我在曹国和卫国一路上讨饭吃，几乎就跟乞丐没有什么区别。今天他还有什么脸面来见我？去告诉他，就说我在沐浴，没有时间见他。"

头须回话说:"主公您之前能够宽容履鞮,所以得脱了郤芮、吕甥之难,今天难道就不能宽容一下我吗?我今天来,是要向主公献上安定晋国的策略,主公您要是坚持不肯见我,那我就只好逃走了。"

晋文公听头须这么说,联想到此前履鞮之事,感觉头须此来一定也有很深的用意,于是就召见了他。头须见到晋文公,先是为过去的事情向他叩头谢罪,然后问他:"主公您可知道,郤芮和吕甥的党羽有多少人?"

晋文公皱着眉头说:"实在是太多了。"

头须说:"这些人自知罪孽深重,虽然主公下令赦免了他们的罪行,但他们还是不太相信,您必须想个办法打消他们的顾虑。"

晋文公就问:"该想个什么办法呢?"

头须建议说:"之前我偷走了主公您的贵重财物,使主公在出亡的路上备受饥饿之苦,我的罪行,国内的人可说没有一个不知道。如果主公您在出外的时候,用我做御戎为您赶马车,让老百姓们都听到看到,那么他们就会知道主公您是个不念旧恶的人,这样一来,郤芮和吕甥的党羽们还有什么可怀疑的呢?"

晋文公高兴地说:"非常有道理。"于是借口巡城,让头须驾车。郤、吕二人的党羽看见,无不惊讶失色,都悄声议论说:"头须曾经为国君管理财物,但他窃走了国君所有值钱的东西逃走,像他这样的人都能得到国君的宽恕和重新任用,更何况是我们呢?"于是谣言和议论顿时止息。晋文公用头须之策,迅速打消了郤、吕二党的疑虑。为了进一步彰显他的宽容和对待仇人的态度,仍旧任命头须为他掌管仓库物资。

晋文公原谅了履鞮、头须两个仇人,立即为他赢得了更多的信任和支持。他刚刚即位的晋国,也在极短的时间内迅速恢复了稳定,使他避免了像他的前任晋惠公、晋怀公父子那样,不停地在怀疑、杀戮和仇恨中徘徊,这为他集中精力打理国政,并使晋国成为春秋时期的霸主国,打下了非常好的基础。

而实际上头须这个人,他当初趁着混乱卷走晋文公的贵重财物,却并没有因此而逃之夭夭,史书上并没有记载他刚开始为什么要那么做,不过他后来的所作所为,却表明了他是一个有责任心的人,一个有良知和道义的人。晋文公最初从蒲城出逃以后,头须就暗中收留了晋文公留在蒲城的一子一女,把他们寄养在别人家里,然后用手上的那些钱物按月供给他们用度,让他们不至于挨饿受冻生活困难。并且不停地用那些贵重财物疏通关系,为晋文公回国做铺垫。等到这个时候晋国的局势趋于稳定,他才把这些事情告诉了晋文公,晋文公听后大为吃惊,也非常感动，对头须这个人的看法已经完全改观。晋文公问头须为什么不早一点把蒲城的子女们还活着的事情告诉他，头须回答说："主公您曾经出亡各国，每到一个国家，他们都会把公主或是宗室的女子嫁给您，因此您生下的孩子也比较多。而这些孩子现在的地位如何，完全取决于您现在究竟要立哪一国的公主为夫人，我不知道您心里作何感想，因此不敢贸然把这些事情告诉您。"

晋文公感慨不已，于是立即派人接来了蒲城的儿子姬欢和女儿伯姬，因为他们的母亲已经死在了蒲城，所以就让他们认怀嬴为母，姬欢被立为太子，伯姬被赐嫁给赵衰为妻，因此之后就把她称为赵姬。前文曾经论及，先秦时期上层统治阶层的辈分是非常乱的，而实际上，那个时候的婚姻大多是出于政治需要，而不是想要结什么亲戚，所以讨论辈分的大小没有任何意义。比如秦穆公是晋文公的妹夫，但他却又是晋文公的岳父，而赵衰，他本来是晋文公的连襟姐夫，但现在又亲上加亲，成了晋文公的女婿，看了也确实够让人瞠目结舌的。

晋文公接来蒲城的子女之后，翟国也送来了季隗，齐国送来了齐姜。晋文公见到季隗，还开玩笑问她："你今年多大年龄了？"季隗回答说我们分别了七年时间，今年三十二岁了。晋文公笑着说："当初说要二十五年后才相见，幸好现在就见面了，你还没到五十岁。"而齐姜见到晋文公，对晋文公所说的话是："我并不是不珍惜我们夫妻之间的感情、不愿和您长相厮守，当初把您用酒灌醉后送出齐国，实际上就是为了看到您主政晋国的这一天。"晋文公百感交集，对齐姜倍加尊重，他把齐姜和季隗的这些贤行告诉怀嬴，怀嬴亦十分感叹，于是坚决辞让夫人的位置，让齐姜当了第一夫人。

赵衰的新妻子赵姬见此情景，就也劝赵衰把翟国的叔隗接回来，但赵衰因为她是公主的缘故，不敢答应，赵姬就到晋文公那里去，对她的父亲说："叔隗生的儿子已经长大成人了，我虽然现在的地位比叔隗要尊贵，但叔隗比我早二十年嫁给赵衰，并且年龄比我大，这个长幼先后的次序不能乱。赵衰现在不把他们接回来，别人准会以为是我在从中作梗，这对女儿我的声名是绝对不利的，请父亲做主。"

晋文公对女儿有如此美德十分赞赏，于是命令赵衰把叔隗和儿子接了回来，叔隗为赵衰所生的这个儿子当时已经十七岁，他就是后来名震天下的赵盾。

这个时候的晋国，已经完全稳定下来，晋文公开始大封功臣。当初跟着他流亡的人封为第一等，赵衰和狐偃为首；晋惠公死后暗中联络他回国即位的封为第二等，以栾枝和郤溱为首；在秦兵护送下回国即位时迎降的为第三等，以郤步扬和韩简为首。

三赏赏过之后，有一个叫壶叔的人就来见晋文公说："还是在蒲城的时候，我就一直跟随在主公您的左右，并跟着您一齐周游列国，腿脚上受的伤痕不计其数，您歇息的时候我为您端茶倒水，您出外的时候我为您套马驾车，悉心照料您的生活起居，从来也没有离开过您一时半刻。今天主公您大赏群臣，却没有赏我，是不是认为我犯了什么罪呢？"

晋文公说："你问得正好，我为你讲一讲这个道理。我的臣子们之中，能够用仁义道德来开导我，让我明事理而不亏大义，这样的人，就要受第一等封赏；为我出谋划策，在诸侯面前让我不受侮辱轻视，这样的人，受第二等赏；冒着滚木礌石，在枪林箭雨中冲锋陷阵，舍身护卫我，这样的人，受第三等赏；而如果像你这样只是陪着我走了些路，从事了一些日常性的事务受了劳累，那就在三赏之外。现在我三赏已过，马上就要轮到你了。"

壶叔非常惭愧，但也心服口服。不过不服气的人却也大有人在，这两个人就是魏犨和颠颉。这两个人武艺十分高强，自认为跟着晋文公立下了汗马功劳，但此时受赏时却落在了赵衰和狐偃这些以口才辞令见长的同僚后面，不禁口出怨言，晋文公因为他们有功，也不和他们计较。但非常遗憾的是，此事并没有引起这两个人的警觉，后来他们两人竟然在曹国放火烧死了对晋文公有恩的僖负羁，颠颉被晋文公所杀，而魏犨由于颇具勇力，晋文公认为留着他还有用处，所以赦免了他。魏犨大难不死，必有后福，此后他的后代与赵衰、韩简的后代，三家共同分裂晋国，分别建立了战国七雄中的魏、赵、韩三国。

不过晋文公此时虽然大赏君臣，但他忽略了一个和他共过患难的人，这个人就是介子推。当时在卫国五鹿村，由于赵衰带着食物落在了后面，晋文公非常饥饿，野菜又难以下咽，介子推便在自己大腿上割了一块肉，熬了肉汤给晋文公吃。等到秦兵护送晋文公过黄河时，晋文公看到壶叔还把他们流亡时所用的那些破旧的坛坛罐罐、草席被褥和剩菜剩饭全部往船上搬，就非常不高兴，说现在我们已经富贵了，还带着这些东西干什么，命人把那些东西全扔了。狐偃看到后，认为晋文公还没即位，就已经有了喜新厌旧的意思，等他即位之后，还不定拿他们这些老臣怎么样呢。于是把秦穆公送他的玉璧献给晋文公说："现在主公回国，国外有秦兵护送，国内有大夫们迎立，即位为君已是十拿九稳，我跟着您也没有什么用处了，想留在秦国为官，这里有一对玉璧献给您，略表我的一点心意。"晋文公非常惊讶，说我们共患难已经十九年，历尽千辛万苦，现在刚刚回国，正准备与你一起共享富贵，你怎么能突然间选择离开我呢？狐偃说："我听说有才能的臣子，只会让他的国君倍显尊贵而不受苦难，我没有什么才能，曾经让您受困于五鹿，又让曹国和卫国的国君轻视您慢待您，还趁着您酒醉让马车拉着您离开齐国以致惹您生气，这都是我的罪过。这几年跟着您一起在外奔走，未免心力交瘁，我就像这些旧席子破毡剩菜剩饭，已经上不得台面了，所以留下也没什么用处，走了也没什么损失，所以请求主公允许我离开。"晋文公听了之后，才明白狐偃为什么离开，他心里十分惭愧，于是又让人把丢掉的东西全部捡回来，并把那块玉璧扔进黄河与狐偃一起立誓说："如果我忘了舅舅的功劳，不和舅舅一起共享富贵共掌朝政，我的子孙就不会兴旺。"实际上，晋文公此时立誓，心里是极其不舒服的，因为狐偃没给他留下丝毫情面。但他还不得不装出受教颇深非常惭愧的样子，因为其他人虽然嘴上不说，但在一旁看着他，凝心聚力还是离心离德，实际就取决于晋文公的下一个举动。如果他不和狐偃盟誓，其他人难保不会产生和狐偃一样的看法，国君还没当上就失去了患难之交的支持，那还怎么得了？不过平心而论，狐偃的这番话也没什么不妥，他们跟着晋文公流亡十九年，最后也无非就是盼着这一天，如果说他们追随辅佐晋文公而不愿得到任何的回报，那也根本不符合人性，虚假得令人难以置信。但从来忠言逆耳，狐偃的这些话在晋文公心里留下了极为不好的印象，结合他以前的种种行为，最后认定他是一个投机者。虽然此时和他一起盟誓，但晋文公执政后却开始猜忌防范狐偃，渐渐地疏远了他。前文曾经说过，誓言不可轻发，晋文公发了誓却最终疏远狐偃，最后晋国被赵、魏、韩三家卿士瓜分取代，虽说与此处的誓言没有任何关系，但再一次为因果报应等说留下了可资利用的口实。

此处狐偃作为臣子说了这些有点过分的话，让一起随同流亡的介子推十分鄙夷，介子推认为晋文公能够回国即位是上天相助，狐偃却把这些功劳据为己有，还在这里和晋文公讲条件讨价还价，是一个贪图利禄之人，他羞于和狐偃这样的人同朝为官，于是在过黄河时偷偷地离开晋文公隐居了起来。

这个时候晋文公封赏有功之臣，因为介子推不在近旁，所以一时疏忽竟然忘了，很多人为他抱不平。他的从人就写了一首诗挂在了朝门上，说几条蛇辅佐一条龙，现在龙飞到了天上，其他的蛇都受到了封赏，但有一条蛇却被冷落。晋文公看到之后，说这上面说的一定是介子推，然后叫人去寻访，才知道介子推和他的母亲一起隐居到了绵山上（今山西省晋中市介休市东南，介休这一地名，就因此而来）。

晋文公于是带着人来到绵山，说无论如何一定要找到介子推。但找了几日，仍然不见踪影，晋文公很不高兴地说："介子推对我有这么深的成见吗？我没有封赏他，只是因为一时忙碌忘记了。现在他隐居在绵山上不下来，这也好办，听说他非常孝顺，现在我让人放火烧山，他一定会背着他的母亲走下山来。"魏犨在一旁说："当初跟着主公一起流亡而有功的人，不只是介子推一个，现在他借口隐居，想要向国君讨取更大的封赏，真是令人不齿，我现在马上就让兵士们放火烧山，等一下他为了避火乖乖下山的时候，我一定要当面羞辱他一番。"

于是兵士们在绵山周围一齐放火，大火熊熊，足足烧了三天三夜，介子推和他的母亲一同被烧死在绵山上。为了纪念介子推，晋文公下令将绵山改为介山，在山脚下修建了祠堂，绵山周围的土地，都封为介子推的祠田。因为放火之日正是清明节的前几天，所以此后但逢清明之前，晋文公都下令禁火，冷食，以纪念介子推，因此形成了寒食节。

由于介子推志行高洁，淡泊名利，所以他在中国历史上得到了很高的评价，后世的许多仁人志士，都无不以他为楷模，后世的帝王也把他树立为忠君爱国的典范倍加推崇。但实际上，介子推是个悲剧人物。其一，他说晋文公最终能回国即位，是因为上天在帮助他，狐偃这些人是在贪天之功，这也是一种片面的说法。因为既然晋文公有上天帮助，那你介子推为何要随晋文公流亡十九年？为什么又要把腿上的肉割下来让晋文公吃，让上天去帮助晋文公并填饱他的肚子岂不是更好？天助，只是机遇的另一个说法，但人助，却是必不可少，他个人清高没有错，但这样随意抹杀狐偃等人和自己在协助晋文公夺取君位过程中所起的作用实属不当。其二，他既然淡泊名利，那么当时割下腿肉让晋文公吃，又为什么要告诉晋文公，说是捕了一只鸟岂不是更好？这是不是想让晋文公记着他的这个好处。他这一说清楚，就搁在了晋文公心里，也害了自己。因为但凡最高统治者，那都是非常忌讳别人说他受了某人的恩惠，自尊心强得近乎病态，他将来即位后封赏你那是他对你的恩赐，你要大声谢恩，让全天下的人都知道，但你对他做了好事千万不能提，否则就是自寻死路。所以履鞮和头须得到了原谅，因为全天下的人都说他宽容大度；狐偃不被重用，是因为他旧事重提讲条件不说，还戳了晋文公的痛处；只有赵衰，说我就重视晋文公的女儿一个人，以前的妻子想都不敢想，只有等到晋文公下了命令，才装出很不情愿的样子，接回了妻儿，所以赵衰得到了重用。其三，当晋文公回国之后，介子推即便是淡泊名利，不屑于与狐偃等人为伍，那么他像后世的张良那样受了封赏之后再离开又有什么不好？晋文公确实是一个在中国历史上有着显赫声名的国君，但他更多的是一个政治家，而不是一个圣人，既然是个政治家，那么他在一些特定场合的言行就必然存在一些伪善和作秀的成分。比如在五鹿村向那个农夫的土块行跪拜之礼，比如让头须赶着马车在大街上巡视，都无一不是如此。但你介子推在人家大声标榜说要不念旧仇不忘旧恩的时候，却不声不响地离开国都隐居了起来，这让全天下的人如何看待晋文公？所以在某种程度上说，对于晋文公而言，介子推比狐偃更可恶。狐偃虽然话说得有点过分，但毕竟还为晋文公上演一幕笼络人心的好戏搭建了一个平台，但介子推，硬生生地把一顶忘恩负义的帽子扣在了晋文公头上并让他永世没有摘下，让这个人人称颂的贤明国君在老百姓面前抬不起头来，拿一些迂腐之臣的话说，介子推这么做，实际上就是陷君于不义。所以晋文公在带兵搜山之时，说孝顺的介子推看到火起就一定会背着老母走下山来，那其实只是一个借口，他断定介子推不会下山，晋文公内心最真实的想法，那就是介子推必须死！死了之后，我会用最高的规格纪念你，人们还会再一次称颂我，说我最会感恩图报，但你活着，人们见你一次就会指责我一次、议论我一次，所以你别再活着碍我的眼，让我难受。因此后来颠颉被杀之时，就不无怨愤地讥刺晋文公说："介子推曾经割下大腿上的肉让你吃，最后仍然被放火烧死在绵山上，更何况给你送过一盘菜的僖负羁呢？我这么做，还不是为了替你去除心病，好让你给他立座庙纪念他。"说得晋文公恼羞成怒，大声斥责说介子推逃避赏赐不愿当官，我还能怎么办？而与颠颉干了同样一件事情的魏犨则没有被杀，原因是晋文公认为他武艺高强，留着还有用，而实际上更重要的原因是，赵衰看穿了晋文公的心思，知道此时魏犨代人受过，帮晋文公干了一件他想干而不愿亲自干的事情，放火烧死了介子推，所以才敢为他求情，否则，国君真要杀一个人，谁能拦得住？就像此时晋文公若真想让介子推下山，派几千兵丁上山地毯式搜索，介子推还能躲到哪里去？

　　从遗留的史料来看，介子推具备什么才能并无记载，如果介子推确实是一个英才，且他本人也并不否认晋文公是一个明主，那么他完全可以在当时的历史舞台上展示自己，但遗憾的是，他做出了另外的选择，自命清高，代价不可谓不高。实际上纵观历代帝王诸侯，晋文公怎么也归不到刻薄寡恩的那一个行列里去，尽管他也确实有一些与其他帝王共性的不容触及的逆鳞，但他的胸怀确实算不上狭小，他最后放火烧死介子推，也实在是被逼无奈，因为演戏接近终场，再不落幕谁都会不堪重负！

第十三节　晋文公勤王、坐怀不乱、城濮之战、晋文公称霸

介子推死了，晋文公还活着，他还要带着其他人在春秋的舞台上创造另一段波澜壮阔的史诗。而这一段史诗，是由晋国尊奉周天子拉开帷幕的。

春秋时期的东周天子，过惯了养尊处优的生活，政治上大多没有作为，而且战略眼光都不长远，这就不但使王室沦为了诸侯的陪衬，而且就连自己的王位，也常常需要诸侯的军事援助才能得以巩固。之前周惠王在世的时候，周惠王就想废掉长子姬郑的太子之位，立陈国惠后所生的儿子姬带为太子，但因为姬郑在关键时刻得到了诸侯霸主齐桓公的支持，所以周惠王的图谋才没有得逞。周惠王在忧闷之中病死，姬郑在齐桓公拥立下即天子位，就是周襄王。周襄王即位之后，由于有惠后罩着这个姬带，周襄王一时之间对这个弟弟也无可奈何。他就算是想要效法郑庄公对待姬段那样除掉姬带，但还没有那样的手腕和实力，没办法只好权且隐忍。但姬带却野心很大，加上有惠后支持，不轨之心日增。周襄王即位的第三年，姬带暗中联络翟国与北戎攻击周襄王，当时秦穆公与晋惠公都曾出兵勤王，戎翟之兵听说诸侯援兵到来，劫掠一番之后退兵。齐桓公作为诸侯霸主，就派人责问戎翟首领说为什么无故进攻周王室，戎翟首领畏惧齐桓公，只得实话实说："我们本不敢来，是太叔姬带叫我们来的。"周襄王非常生气，于是想借机杀掉姬带，但姬带却跑到了齐国。在齐国待了九年之后，因为架不住惠后天天求情，周襄王只好又把姬带召了回来。而这一召回，差一点儿又为自己招来杀身之祸。

事情的起因来自滑国。滑国是周公第八个儿子的封国，国都刚开始在今河南

省安阳市滑县,后来迁至今河南洛阳偃师市府店镇。齐桓公死后,当时中原一时没有霸主,郑国的郑文公因为与楚国结盟,就想恃强凌弱,他看到滑国处处听从卫国的命令而不愿服从郑国,于是就派兵攻打滑国。周襄王听到后就派了两个大夫到郑国去为滑国说情。而此时的郑文公正在为他的父亲郑厉公而怨恨周襄王的父亲周惠王。为何?因为当时周惠王被子颓赶走,最后在虢国和郑厉公的帮助下才回国杀死子颓复位。但最后周惠王赐给了虢公青铜酒杯,却赐给郑厉公王后用的鞶鉴(古代用铜镜做装饰的革带)。由于鞶鉴没有青铜酒杯贵重,所以郑厉公非常怨恨,此时郑文公也非常不满。这个时候周襄王派人来为滑国求情,郑文公很生气地说:"郑国与卫国都是一样的诸侯国,王室怎么能厚卫而薄郑呢?"居然把两个大夫囚禁了起来。周襄王闻报大怒,就想召翟国的兵马攻打郑国。大夫富辰就劝谏他说:"绝对不能这样做,最初郑桓公就死于王事,其后平王东迁,郑武公又出过大力,之前杀子颓平乱,郑厉公也功不可没,周王室与郑国素来友好,而翟国外邦,其心叵测,现在怎能因为这些小怨而忘记郑国的大德?"周襄王不听,于是征召翟兵攻击郑国,打败了郑兵。周襄王十分感激翟国,就想娶翟国的女子为王后,以此来提升翟国的地位。富辰又劝谏说:"不可以,翟国狼子野心,他们本就仗着伐郑有功耀武扬威,现在再娶翟国女子,就与周王室有了姻亲关系,这关系一近,谁知道以后会发生什么事情?"但周襄王还是不听。结果这个翟国公主娶回来之后,虽然容貌出众,但生活习惯与周襄王格格不入。最明显的一点就是,这个二十多岁的少数民族姑娘,在北方戎狄时天天骑马射猎,而到了中原却不得不每天像中原诸侯国中的公主那样窝在宫里,生活上一点也不习惯,更致命的一点是,周襄王已经年过半百的人了,在性生活上无法满足年纪正轻而情欲旺盛的翟后。既然周襄王无法满足,那么翟后就得转移目标,宫中的男子也很稀缺,翟后找来找去就找到了年轻英俊的太叔姬带,与姬带勾搭在了一起。时间一长,奸情败露,周襄王大怒,立即废黜了翟后。姬带逃到翟国,然后带着轻车熟路的翟兵前来攻击周王室。周朝军队无法抵挡翟兵,周襄王只好跑到了他曾经敌视过的郑国,寻求郑国的庇护。大夫富辰为了掩护周襄王,带着家将去迎战,结果都被翟兵杀死。周襄王出逃之后,姬带自立为王,娶了翟后,但周都的百姓们都不服,姬带不得已,只好与翟后一齐居住在温邑(今河南省焦作市温县西)。

　　周襄王逃难郑国,向各国发出檄文,请求诸侯前来勤王。晋文公接信之后,立即召集大臣们商议。狐偃说:"之前齐桓公能够号令诸侯,最重要的原因是齐国能够尊奉王室。况且我们晋国现在接连换了好几个国君,百姓也习以为常,不知道尊重国君。主公您为什么不帮助周天子并讨伐太叔姬带之罪,让老百姓知道国君的地位是不可随意替代的?这也是天赐良机,要让我们晋国称霸诸侯。如果我们晋国不勤王,秦国就必然会兴兵助王,到那个时候,霸业就归于秦国一家了。"

晋文公深以为然,于是尽起国中之军,往周都进发。这时秦晋边境也传来谍报,说秦穆公亲率大军已经到了黄河岸边,准备渡河来勤王。狐偃说:"秦君一直以来都想借勤王进军中原,现在之所以屯兵河上,是因为秦军东进的路上有戎狄挡道,秦国与戎狄素无往来,这个时候不知道戎狄是否肯借道,所以疑虑不前。主公您可以派人带着厚礼向戎狄行贿,让戎狄扼住秦军东进之路,再向秦君写一封信,说我们晋军已经出发,秦君听到后,就一定会退兵。"

晋文公于是一边命人前往戎狄,一边命胥臣往见秦穆公说:"天子不幸因战乱出亡在外,国君您所担心的,也正是我所时刻忧虑的,现在我已大兴义兵,准备代国君您完成这个心愿。目前一切都已部署完毕,胜券已握,所以就不敢烦劳国君您带兵远征了。"

秦穆公回复说:"我主要是担心晋国国君刚刚即位,将士们可能还不怎么服从命令,所以统兵至此。既然晋君已兴大军,我们在这里等待报捷就可以了。"

百里奚和蹇叔都劝谏说:"晋君想要独自把这份勤王之功揽在自己身上,以便号令诸侯,害怕国君您分了他的功劳,所以派人来想让我们秦国退兵,不如我们也趁着这个机会,渡过黄河与晋国一齐迎立周天子,有什么不好?"

秦穆公到底胸怀宽阔,有成人之美的胸襟,他说:"我并不是不知道前去勤王对我们有利,不过一来戎狄在前,怕他们从中作梗,二来晋君初立,不干成一件大事就没办法树威立国,我们谦让一下,也没有什么。"于是传令退兵。

秦国退兵之后,晋文公立即率军挺进周王室的辖地阳樊(今河南省济源市西南),然后兵分两路,一路前去迎接周襄王,一路前往温地,进攻太叔姬带。姬带的叛军和翟兵在强大的晋军进攻下,很快溃败,姬带与翟后被杀死,周襄王在晋国的支持下返都复位。为了感谢晋国助其夺回王位,周襄王将阳樊、温、原、攒茅四座城池割让给晋国。周王室自从东迁以来,丢弃了岐山等地的大片土地,后来又因为诸侯勤王,今天赏这个一块,明天赐那个一块,可供直接统辖的领土面积日益缩小,土地所剩无几。今日再封晋国四座城,晋国的疆域更加广阔,而王室的地盘愈加窄小。从另一个层面来讲,周王室的领土实际上是在自己实力不济的情况下被诸侯逐步蚕食的。

但无论如何，那个时期的士大夫们，对于王室还是怀有一种特殊情感的，不论这个天下共主是个摆设也罢，是诸侯的陪衬也罢，它在人们心目中的地位，仍然是不可替代的。晋文公出兵扶助周襄王重登王位，京都的百姓一片欢呼之声，认为晋文公是继齐桓公之后又一个能够维护王室尊严的诸侯，晋文公的威望空前高涨，这为晋国在五年之后称霸诸侯积累了最为令人信服的政治资本。

当然，政治上取得先手，并不意味着就已经具备了称霸的决定性条件，在军事上取得胜利才是最为关键最有说服力的。前文曾经提及，晋国称霸的标志性事件是在城濮之战中击败强大的楚军，一战打得楚国数十年不敢向北窥视中原，不仅报了五年前宋襄公被侮战败之仇，也为其他的诸侯国挽回了颜面，让中原各国扬眉吐气之余，不得不对晋国的霸主地位表示认可和拥护。

而晋楚城濮之战，却是因为齐、鲁两国的一点小摩擦引发的。当初宋襄公派兵护送齐孝公回国即位之时，鲁国的鲁僖公却率兵前来准备救无亏，齐孝公为此耿耿于怀，再加上齐桓公死后齐国的号召力每况愈下，诸侯们对齐国这个盟主国也不再尊奉，所以齐孝公非常气闷，就想通过讨伐鲁国来重新树立威望。

且说这一年鲁国正好发生饥荒，无法征集兵员，听说齐孝公亲率大军前来伐鲁，于是就准备找一名舌辩之士前去打外交战，找来找去，就找到了柳下惠。柳下惠本名叫展获，字子禽，因为他的食邑在柳下，又因为死后加了个谥号叫"惠"，所以叫柳下惠。关于柳下惠传说最广的就是他坐怀不乱的故事，说是有一天他夜宿城门之外，准备等天亮后进城。结果一个女子也从远处赶来准备进城，柳下惠见她衣着单薄，害怕她被冻死，于是就让她坐在自己怀里，用衣服盖着她，一直坐到天亮也没有发生越轨之事，为此获得了人们的称赞。柳下惠道德之高尚大抵如此，但更令人钦佩的还是他渊博的学问，但因为生性耿直，不愿逢迎，以致得罪了权贵，被黜免在家。这时见鲁僖公派使者前来，立即断然拒绝，不过柳下惠把怎样跟齐国交涉的辞令教给了自己的弟弟展喜，让展喜去见齐孝公。

齐孝公见到展喜之后，就问："你们鲁国人听到我们齐国大军压境，一定吓坏了吧？"

展喜回答说："不明事理的普通百姓可能会害怕，但熟知礼仪的士大夫们却并不感到害怕。"

展喜的回答出乎齐孝公的意料，于是齐孝公就想问个究竟："现在你们鲁国既没有像施伯那样的智谋之士，也没有像曹刿那样的勇武之人，有什么理由不感到害怕？"

展喜就把柳下惠教他的说辞讲了出来："当年周武王封你们的先君姜太公于齐国，封我们的先君周公于鲁国，还让太公和周公一起盟了誓，命他们一起扶助王室，不要互相攻伐。如今两国的誓词还供奉在太庙，所以齐桓公凭着它成为诸侯的盟主，还与我们的先君鲁庄公在柯地同修盟好，这都是奉了周天子的命令啊。现在国君您即位已经九年了，我们鲁国人每天都在伸长脖子仰望齐国，说您什么时候能够像桓公那样，重修霸业，会盟诸侯，那我们鲁国一定会鼎力支持。您说齐国能够不遵周王的遗命、违背太公的誓言、抛弃桓公的霸业，将自己的盟友当成仇敌吗？我们想来想去，国君您绝对不会做这种事情，所以我们仗着这些，一点也不感到害怕（成语'有恃无恐'的来历）。"

这通说辞不仅追溯了两国的传统友谊，而且还把齐孝公理直气壮地斥责了一番，当然，奉承之词也必不可少。齐孝公听完既惭愧，又感动，于是同意和鲁国修好，然后传令班师。

鲁国凭着外交辞令成功说服齐国，让齐孝公退兵回国，避免了一场战争，但鲁国却也从这件事情上明显地感觉到了齐国对鲁国的轻视。不过鲁国国小兵微，不是齐国的对手，就必须找一个大国来教训齐国。鲁僖公想来想去，诸侯国中实力比齐国强且与齐国有仇的也就是楚国了，于是派使节前往楚国，说五年前楚国在宋国的盂地会盟诸侯，但齐国却最终背盟没有参加，因此齐国和宋国一样，都是楚国的仇敌，如果楚国想攻打齐、宋两国的话，那么鲁国愿意为楚国提供力所能及的粮草军需。

鲁国的提议正中楚成王下怀，楚成王于是命成得臣为将，率军攻取齐国的谷地（今山东省聊城市东阿县东）之地，把这块地方封给了齐桓公的另一个儿子公子雍，让逃亡在鲁国的易牙当公子雍的相国。楚国这么做，实际上是在齐国的边境城市建立了一块飞地，扶持了一个傀儡政权，与齐孝公作对，但齐国不敢与楚国抗争。

成得臣胜利回国，斗子文就想趁势把令尹之位让给成得臣。但楚成王却不肯，他说成得臣为我拔取了齐国的阳谷这块地，大快我心，而我更恨的是宋国，你能不能带兵为我攻打宋国，也为我出一口恶气之后再卸任？斗子文无法，只好勉强应承，不过他一心想要成就成得臣，于是在阅兵之时草草行事，只用了一个早上就宣告完毕，连一个军士都没有惩罚。楚成王很不满意，就问斗子文说，你连一个人都不惩治，怎么能树起军威来？斗子文回答说："我已经年纪大了，好比强弩之末，好多事情已经力不从心了，树立军威一事，非成得臣不可。"楚成王无法，只好让成得臣去检阅军队。成得臣毫不辞让，足足用了一天时间，把楚军仔细地检阅了一遍，士卒犯禁者鞭背七人，用箭射穿耳朵三人，自是军中肃然，军纪严明，军容雄壮。楚成王大喜，斗子文于是旧话重提，再次要求辞去令尹一职。楚成王准许，于是任命成得臣为令尹，命其执掌军队。因为成得臣字子玉，属于若敖氏家族，因此又被称之为斗子玉、子玉。

斗子文举荐斗子玉担任令尹，楚国的大臣们都向斗子文祝贺，认为他举荐得人。斗子文非常高兴，于是摆酒设宴，招待众人。大夫蒍吕臣因为生病没有来，他年仅十三岁的儿子蒍贾代他来到了相府。蒍贾到相府时已经迟到了，他向斗子文作了个揖，就在下席找了个位置坐下旁若无人地吃了起来。斗子文很奇怪，就问他说："我为楚国举荐了一名大将，其他的人都向我祝贺，你这个小娃娃为什么不向我祝贺呀？"

蒍贾说："其他人都觉得是喜事一桩，但在我看来，又怎说不是噩耗呢，提前吊唁一下还差不多，贺什么喜？"

此言一出，前来相府贺喜的人无不惊愕万状，斗子文非常生气，就质问蒍贾说："你凭什么这么说？必须讲出个道理来。"

蒍贾不慌不忙地说："据我观察，子玉这个人勇敢倒是非常勇敢，交给他一项任务他也能尽力去完成，但是，他临机决断的能力不强，只知鲁莽冒进，而不知道迂回避让。这样的人，让他当个参谋还可以，但绝不可以让他独当一面，现在把军政大权交给他，就一定会坏了楚国的大事，如果他带的兵力超过三百乘，连能不能回到楚国都是问题。俗话说太刚则折，说的就是子玉这样的人啊。子玉对外作战失败，是由于您的推举，您推举了一个人，但使国家蒙受损失，又有什么可值得称贺的呢？如果他打了胜仗回来，我再向您贺喜也不晚。"

对于成得臣的这些缺陷，斗子文之前也并不是毫无察觉，但在斗子文和众大夫看来，成得臣所具备的优点完全可以弥补他的那些缺点。此时蒍贾来者不善，当面指出成得臣的不足之处，竟然令斗子文无言以对。因为此时再逞口舌之辩已经毫无用处，唯一能够验证蒍贾判断的就是子玉出征的结果。如果将来子玉得胜，那么此时斗子文就用不着替子玉去辩解，因为事实胜于雄辩，到时候蒍贾乖乖认输就对了。但如果将来子玉落败，那么此时斗子文就更是不能去辩，因为覆水难收，话说得太满，到时候却出现了与大话截然相反的事实，那无异于授人以柄，自己打自己的耳光。

见斗子文怒极不言，众大夫都上前打圆场说："这个小孩子胡言乱语，令尹您不要介意。"之后劝慰几句，纷纷起身告辞。蒍贾毫无惧色，大笑而出。

次日，楚成王拜子玉为大将，自己亲掌中军，带领陈国、蔡国、郑国和许国四国军队，杀奔宋国而来，包围了宋国的缗邑（今山东省济宁市金乡县）。宋成公一看楚国大军压境，赶快派司马公孙固前往晋国，向晋文公求救。因为之前晋文公流亡宋国之时，作为宋襄公老臣的公孙固曾与晋文公有交集。

晋文公接信，立即召集众大臣商议，先轸进言说："现在诸侯国中，就数楚国最为强横，不过楚君却对主公有私恩。现在楚国攻取齐国阳谷之地，立公子雍与齐国作对，又攻伐宋国，在中原无事生非，这对我们晋国来说是一个千载难逢的好机会，打败楚国，树立威望，称霸诸侯，就在此一举。"

狐偃建议说："现在楚将子玉率领五国之兵围攻宋国，宋国对主公有赠马之恩，我们当然要救，可是楚君也对国君有恩，我们又不能直接与楚军对敌。不过我们可以通过攻打曹国和卫国来实现救宋的目的。因为曹国和卫国这两个国家都曾为难过主公，现在楚国刚刚得到曹国，又和卫国结为婚姻之国，如果我们出兵攻打曹、卫，楚国就会移兵去救，那么宋国的包围就可以不战而解。"

狐偃的建议较好地解决了救宋与负楚之间的矛盾，晋文公立即予以了采纳，并将救宋之策告知公孙固，让他回去协助宋成公带领宋军坚守。之后将晋国原有的二军扩为三军，并开始商量中军元帅的建议人选。

赵衰说："郤縠能够胜任。他已经五十岁了，还一直坚持学习，并且更加重视。我多次听到他说话，喜爱礼乐而重视《诗》《书》，《诗》《书》是道义的府库；礼乐是道德的准则；德义是利益的根本。《夏书》上说：'使用一个人，根据谈吐看他的志向，凭借功绩看他的能力，用车马衣服奖励他的功劳。'国君您不妨试一下！"晋文公本对赵衰非常欣赏，赵衰推荐的人绝对没有错，于是立即任命郤縠为中军元帅，以郤溱为中军佐。之后任命狐偃为上军将，但狐偃却谦让给了狐毛，自己担任上军佐。晋文公想任命赵衰为卿，让他率领一军，结果赵衰又谦让给了栾枝、先轸。于是命栾枝率领下军，先轸为佐。又命荀林父（荀息之孙）为御戎（为国君驾车的人），魏犨为车右（与主帅同乘一辆战车站在主帅旁边护卫主帅的人），赵衰为大司马，总掌军事（相当于后来的大将军）。

在这里要简单介绍一下古代的战争与中国象棋起源的关系。象棋中的"将"或"帅"就相当于军中的主帅，以此时的晋国为例，"帅"就是晋文公，他的左右"士"就分别是车左车右。古代主帅的战车上，除了御戎驾车，车左携弓持箭以备紧急情况下反击那些迫近主帅的敌方将士防身，车右一般是大力士，战车行走平稳时执戟护卫主帅，战车出现紧急情况时排险推车（此前晋惠公与秦国韩原之战，不用庆郑为车右，而用力气小的家仆徒，结果车陷入泥泞之后家仆徒推不出来，以致当了秦国的俘虏，所以车右很重要）。而等到宋朝象棋定型时，"将""帅"和"士"的含义已经较最初有了变化，将帅通常指稳坐皇宫的帝王，士则是皇帝信任的侍卫或是宦官太监，皇帝毕生不出深宫，只在"九宫内活动"；"相"相当于左右二相或文臣大臣，多在本土治国安民，平时不上疆场，不跨疆界，但在外敌入侵时也可以组织军民防守；车（音居，大车之意）、马、炮则象征着武将，其中"车"最初的含义就是这里的战车，可以直接长驱直入，机动性和杀伤力都较强；而"马"则是战马，可以引申为埋伏战、骚扰战之类，不走直线，专走弯路，令人防不胜防；"炮"是直到宋代象棋基本定型之前才出现的，与前期的投石机和宋代火炮应用于军事有直接关系，但其敲山震虎、移花接木之功效，不亚于最初的外交战、联盟战，通过与他国结盟，牵制或打击敌方力量，迫使对方就范，威力着实非同一般；而五个"兵"或"卒"则与刚开始的排兵布阵有很大关系，周时军队的基本编制为"伍"，是由五名各执弓（弓箭，可远射）、殳（音书，较原始的兵器，用竹竿制成，有棱无刃，可刺）、戈（横刃，用青铜或铁制成，装有长柄，可砍）、矛（在长柄的一端装有青铜或铁制成的枪头，可刺）、戟（在长柄的一端装有青铜或铁制成的枪尖，旁边附有月牙形锋刃，可刺可砍）五种兵器的士兵组成，作为一个战斗小组相互配合作战。象棋中所有棋子的活动规则都与中国古代的封建政治有着十分密切的关系，为了保卫"帅"的安全，有时候车、马、炮就得无条件地做出牺牲，此谓"舍车保帅"，而一方主帅被擒，则宣告此方失败，和战争如出一辙；如果有人刺驾，皇帝有危险，他身边的太监或是侍卫就得立即挺身而出，斜斜地挡在前面为君王挨上一刀，直至献出自己的生命；小兵小卒只许勇往直前，不许怯战退后，在对阵时最容易被对方杀死，也在溃败时最容易被己方将领遗弃……小小的一个棋盘，区区三十二枚棋子，可以说就是古代政治生活和战争场面一个鲜活的演示。

第二年春，晋国借口要去救援宋国，向卫国借道。卫国是楚国的婚姻盟国，此时楚国正在攻打宋国，如果卫国向晋国借道，那么就会与盟国楚国反目成仇并招来楚国的攻打；而要是不借，晋国就正好借此讨伐以报当年不礼之仇。借与不借，真可以说是左右为难。当年无礼于晋文公的卫文公已于周襄王出奔之年死去,此时的卫君是卫文公的儿子卫成公。卫成公一则不愿和盟国楚国交恶,二则知道晋国借道只是借口,就算是卫国愿意给晋国借道,那么晋国伐曹之后,马上就会掉转枪口对付卫国,不过是另一个形式的假途灭虢罢了,既然借也是挨打,不借也是挨打,那么还不如不借,所以卫成公拒绝了晋国的请求。

卫国不借道,也在晋人的意料之中,于是晋军回军从黄河南渡,侵入曹国。之后,晋文公又命人向卫国征兵。卫国的大夫们都劝卫成公同意,但卫成公再一次拒绝了。

于是晋文公下令攻打卫国。到了当年乞食的五鹿之城,先轸踊跃请战,在魏犨协助下攻克五鹿城。卫国惶恐之余,向晋国求和,但晋文公说什么也不同意:之前向你借道你不肯,向你征兵你不肯,现在来求和?晚了!卫成公无助之下,赶快派人向楚国求和,想寻求楚国的支持,但卫国的贵族们不愿意。卫成公无奈之下,只好把政事委托给弟弟叔武和大夫元咺,然后仓皇逃出卫国,同时派人向楚国求救。

卫成公居住在卫地的襄牛(今河南省濮阳市范县境内),鲁国的公子买帮助卫国守城。而最先挑起这场战争的鲁僖公此时则表现出了极为可鄙的一面,他本来派公子买帮助卫国,此时见卫成公失去卫国人的支持仓皇出逃,楚国援救卫国又没有成功,害怕强大的晋军会掉过头来对付自己,竟然派人杀死了公子买。然后郑重其事地向晋文公声明说,公子买私自调遣军队,危害了晋、鲁两国的传统友谊,现在已经被依法处死。而对于楚成王,鲁僖公则是完全不同的另一番说辞,说公子买督战不力,没有完成守城的任务就想回国,现已被依律正法。两边都说好话,两边都不得罪,之后便以中立的姿态完全退出了这场战争。早知今日,何必当初啊!

这个时候,晋军中军元帅郤縠病死,晋文公将谋略、指挥等各方面都表现较为突出的下军将军先轸破格提拔为中军元帅,然后让胥臣接替先轸原来的位置。

晋文公想借机吞并整个卫国,先轸劝阻他说:"我们攻打曹国和卫国,本来是为了救援宋国,而现在宋国还没解围,就先把卫国灭了,这体现不出主公您体恤弱国帮助小国的仁义。再说现在卫君已经出逃,立谁为君最终还是由国君您决定。不如我们现在转移阵地去攻打曹国,等到楚国的救兵到了卫国,我们早就到曹国了。"

晋文公从谏如流,于是晋军移师曹国,把曹国都城(今山东省菏泽市定陶县)围了起来。曹大夫僖负羁愿出城与晋军讲和,但被曹君认为有通敌之嫌,斥退贬官，除籍为民。大夫于朗向曹共公献诈降计，曹共公采纳。但事实证明，这个诈降计只不过是一个拙劣的伎俩而已，因为对于强大的晋军来说，曹军的一些小胜小利都无法对战争的结果产生决定性的影响。于朗的诈降妙计是：事先在城门口埋伏下弓箭手，然后诈称向晋军献城，请晋文公在约定的时间前往约定的城门。但曹国君臣实在是小瞧了晋国将帅的智谋，先轸一眼就看穿了其中的猫腻，他说："我们和曹国一仗未打，曹军未受任何损失，但现在却突然前来请降，这里面肯定有问题。"建议到时让普通军士假扮晋文公前去，以防不测。

当天傍晚，五百名晋军在假晋侯的率领下前往曹城，果然见城门旁边竖起降旗，城门大开，于是晋军立即入城，刚刚入了一半，忽然一声打更的梆子响，城门的门闸立即放下，万箭齐发，前面入城的三百多名晋军进退无路，被全部射死在城门内。后面未及入城的两百名军士夺路而逃，回到大寨向晋文公报信。晋军将帅恼怒异常，立即加大了攻城力度。曹军难以招架，只好用上了下三烂的手段，将射死的晋军尸体挂在城门上，想借此动摇瓦解晋军的军心。

果然，晋军士兵见到同伴的尸体吊在城门上，不胜愤怒，哀怨不绝。眼看军心将变，先轸也想出了更为阴损的对策，他命令一军带着铁锹锄头直接前往城西曹人先祖的坟地，扬言要挖曹国人的祖坟。曹军闻言大恐，军心尽变，毫无战意，曹共公无奈，只好派人向晋军请降。晋国同意了曹国的请降，但同时也提出条件，要求曹军把射死晋军的尸体全部入殓装棺并送出城外。这个条件貌似合情合理不算苛刻，曹共公立即就同意了，但要求晋军宽限三日并后撤五里。

实际上晋军更有精明的算盘，铁了心要一战把曹军打得一败涂地，然后占领曹国都城。否则等楚国援军一到，曹国再突然毁约，那么晋军就会立即陷入腹背受敌的绝地。所以当曹国提出让晋军后撤五里的条件之后，晋文公立即同意并撤了围后退五里。而实际上，晋军在曹城外悄悄埋伏了四路兵马，单等曹人送出棺木之时。到了第四天，曹军如约大开城门，将装有晋军尸体的棺木送出城外，当棺车运到一半之时，在城门外埋伏的四路晋兵一齐冲了上去，曹军发觉中了晋军的暗算，急切之间想要关闭城门之时，却被棺车拥堵未能如愿，晋国大军攻入城中，将曹国都城完全占领。曹共公在城头被魏犫所擒，献诈降计的于朗想要逃跑时被颠颉所杀。

见昔日对自己无礼的曹共公当了俘虏，晋文公不无解气地斥责他说："曹国只有僖负羁一个贤臣，而你不知道重用他，你宠信女子宵小，乘坐轩车的美女就有三百人。曹国今日被灭，也是情理之中的事。"当然，晋文公也没有忘记僖负羁的恩情，他随即传下将令说，僖负羁所住的北门之地，任何人不得侵犯，违令者必斩。

军令传出之后，魏犨和颠颉两个人很不服气，抱怨说我们一个人擒获了曹君，一个人杀死了于朗，没见主公论功行赏，倒把一个只给他送过一盘菜肴的人挂在心上，这怎么能让人心服？当天晚上，魏犨和颠颉私自带着所部兵马，围住僖负羁的住处放火，竟然将僖负羁活活烧死在家里。而魏犨本人则被一根倒塌下来的大梁砸中胸脯，身受重伤。

可叹僖负羁，品质高尚也遭人忌，本是贤臣一个，竟然冤死在了这两个莽汉的手里。

晋文公接报后震怒异常，命人拿颠颉和魏犨前来问罪。赵衰劝晋文公说："魏犨和颠颉都曾追随主公在外十九年，备受劳苦，最近又在曹国擒君杀将，立下大功，不如赦免他们。"

晋文公很生气地说："我之所以能让百姓信服拥护，凭的就是讲求信义，如果当臣子的不遵守法令，那么他就不是一个称职的臣子，如果国君发布的命令不能被臣子们所遵守，那么他就不是一个合格的国君。之前跟着我出亡的人有很多，如果谁都凭着这层关系违犯军令擅自行动，那么以后谁还会听从我的命令？"

赵衰又替魏犨求情说："魏犨是一员虎将，武艺十分了得，在国内可说是独一无二，不如只将颠颉一人军法从事，而让魏犨戴罪立功？"

晋文公不满地说："听说魏犨身受重伤卧床不起，我又何必顾惜一个垂危将死之人，而不严明我的军令法纪？"

而事实上，魏犨在晋文公心中还是有一定分量的，除了武艺高强，他还在绵山下当机立断，带领军士放火烧死了介子推，替晋文公去除了一块心病，在某种程度上算是为晋文公背了黑锅，这一点晋文公不会忘记，所以这时候他并不想让魏犨死，也因此摸准他心思的赵衰才敢在他面前替魏犨求情。不过魏犨如果重伤难愈变成废人一个，那就会另当别论。晋文公所说的何必在乎垂死之人而不严明军纪之语，就充分地证明了这一点，这也在另一个层面证明了他的冷酷和绝情。

赵衰建议说："我去看看，如果魏犨果真伤重不能起床，那么就将他处死以明军纪，如果他伤得不重，还可以领军作战，那就将他留下，主公您看怎么样？"

赵衰的提议正合晋文公心意，于是他命赵衰去探看魏犨的伤情。魏犨听说来的只是赵衰一个人,马上知道他因何而来,于是赶快命人拿一匹布包住胸前伤处,然后在赵衰面前连着做了三个立定跳,又做了三个屈膝跳,之后对赵衰说:"主公命司马前来探视我,我虽然受了伤,但还是要起来感谢主公的恩典。我知道自己犯了军令,不过主公如果能饶我不死的话,我一定会在以后拼死报答主公的。"

赵衰于是回报晋文公,说魏犨虽然受伤,但还行动自如,且不忘君臣大义,许诺要日后报效主公,请主公赦免他。

晋文公当即同意,于是传命免去魏犨的车右职务,让虢国降将舟之侨代替,然后将颠颉斩首示众。众将领无不骇然,说连魏犨和颠颉这样追随国君出亡十九年的人,违反军令尚且被杀被革职,更何况是其他的人?于是无人再敢违犯军令,军威异常整肃。

且说楚成王,自从带兵攻打宋国,没几日攻克了缗邑,然后大军围住宋国都城(今河南商丘),想迫使宋国投降。这时卫国使臣来到楚国军营,向楚成王求救,楚成王得报,立即分兵两路,命子玉带斗勃(字子上)、斗椒(字子越)、宛春等将领和陈、蔡、郑、许四国军队继续围困宋国,自己带领中军前往卫国救援。还没到卫国,又接到报告说晋军已经撤了卫国之围前往曹国,楚成王刚要商议再次分兵救曹,却听说曹城已被晋军袭破,曹共公被晋军俘虏。楚成王大惊失色,说晋军行动怎么这么迅速?想来想去,之前刚刚与齐国交恶,秦国的态度又一时不明,如果再与晋军相持下去,万一把尚处于中立状态的两个大国齐国和秦国拖进来,那么楚国以一敌三,胜算的希望绝对不大。于是即刻下令班师,同时命令申叔退还齐国的谷地与齐国讲和,并传令让子玉从宋国撤军说:"不要去追逐晋国军队!晋文公流落在外十九年了,最终果然继承了国君之位。险阻艰难,已经全都尝过了;民情真假,也全都知道了。上天给予他这么长的寿命,就是要让他去除掉他的敌人。这都是上天所设置的,难道我们可以扭转吗?《军志》上说:'适可而止。'又说:'知难而退。'又说:'有德的人无法匹敌。'这三条记载,可说都是晋文公的真实写照啊。"

子玉接到楚成王的命令之后不愿退兵,却派伯棼前去向楚成王请战,并请求援助。说宋国围困日久,马上就要攻克了,希望能再留几天,待攻克宋城之后凯旋。如果是遇到晋军,也要与晋军决一死战,不敢说一定能成功,但绝对能全师而归塞住某些人恶毒轻视的嘴(指前面蒍贾说他带兵超过三百乘必败无疑之事)。如果不幸战败,则任凭军法处置。楚成王很生气,就把斗子文召来问话说："我传令让子玉退兵回国，但子玉在向我请战，你怎么看待这件事情？"楚成王之意，子玉是你的族人，并且是你斗子文大力举荐的，但现在子玉居然敢违抗我的命令，你看你推荐的是什么人？

斗子文当然不会就此认错，而是朝有利于子玉的方向辩解说："晋国出兵救援宋国，是想在中原称霸，晋国称霸，对楚国没有好处。现在能与晋国相抗衡的只有楚国，如果楚国退让，晋国就一定会称霸。并且曹国和卫国亲附于我们楚国，如果我们退兵，他们就一定会转而投靠晋国，这就削弱了我们楚国在中原的支持力量。不如让子玉与晋军暂时对抗，以坚定曹、卫附楚之心，也不失为一个好的决策。不过大王你要警告子玉，让他轻易不要与晋国开战，如果能够与晋国讲和，那么晋、楚南北相持的这种有利局面还会继续维持下去。"

楚成王动摇了，他虽然对子玉的抗命行为感到不满，但他又对子玉作战取胜抱有侥幸心理。此时，楚国王权与若敖氏（斗氏）家族的矛盾已经很深，斗子文当了三十多年的令尹，斗氏家族的子弟已经遍布朝中，斗般、斗勃、斗椒等，都是手握重权的实力派人物。虽然斗子文为官清廉政声颇著，但这股庞大的家族势力深为王室所忧虑。现在斗子文致仕，但他的弟弟斗子玉马上又继任为令尹。与斗子文的内敛谦虚不同，斗子玉骄横傲慢而锋芒毕露，现在他楚成王还活着，斗子玉就敢公然违抗他的命令，那么等他楚成王死了，谁知道斗子玉将会做出什么样的事情来，继位的国君有没有能力驾驭斗子玉，这都是需要打一个问号的。所以说，此时楚国能不能在中原称霸那都是次要的，能不能巩固王权那才是主要的。就像一条强大的章鱼把它的触角不断地伸向周边的区域，越伸越远，占据的地盘也越来越多，但它却不懂保护自己，突然间被人用钢叉刺中了心脏，那么它即使伸出了再多的触角，那又有什么用处呢？楚成王清醒地看到了这一点，因此他必须阻止、打压，可是斗子玉为了若敖氏家族的利益，自然也不肯轻易退让，这样一来，楚国君臣之间的裂痕已经是无法弥补了。换句话说，在这场战争中，斗子玉因为自己的固执，失掉了最后避免杀身的机会。

因为有斗子文的支持，楚成王无法再阻拦斗子玉，一怒之下，增派给子玉少量军队，只有右军、太子卫队和若敖氏家族的亲兵六百人跟随他去。

子玉见楚成王允许他暂不退兵，立即大放宽心，准备大干一场。他指挥楚兵，昼夜攻打宋国都城，想要把宋国攻下来。宋成公十分惊慌，于是再次派大夫门尹般和华秀老往见晋文公，向晋国求救。

对于宋国的告急，晋文公感到左右为难，宋国的宋襄公对他曾经有赠马之恩，而楚成王也曾帮助他前往秦国寻求援助并最终回国即位。不救宋国，宋国就会被楚国攻灭，如果救宋，那么晋国与楚国的战事就不可避免，但晋国独自与楚国交战，胜算却并不是很大。思虑再三，他问先轸说："郤縠临死之前曾对我说，要想胜楚，就必须联合齐国和秦国共同抗楚，但现在楚国已经归还了齐国的谷地，两国刚刚修好，而秦国和楚国又没有仇隙，怎样才能让齐、秦两国帮助我们攻打楚国呢？"

先轸出主意说："我有一计，保证能让齐国和秦国出兵。现在宋国大夫门尹般和华秀老带着贵重礼物前来求救，我们不如把礼物分作二份，让他们两人带着礼物分头去齐国和秦国，请齐、秦二国出面，到楚国那里去为宋国说情，楚国不同意，就必然会惹怒齐国和秦国，这样一来，齐、秦两国就必定会与我国结成同盟，一齐攻击楚国。"

晋文公却有他自己的看法："如果齐国和秦国前去替宋国说情，楚国也同意了，齐、秦二国就会借此劝宋国与楚国结盟，这不就损害了我们晋国的利益了吗？"

先轸说："我又有一计，保证会让楚国拒绝齐国和秦国的说情，让齐、秦乖乖地跑来跟我们合作。国君您想想看，现在楚国比较重视曹国和卫国，又非常憎恨宋国。如今我们已经赶走了卫君，俘虏了曹君，两国的土地，尽在我们掌握之中，如果我们把这两个国家的土地分一些送给宋国，楚国就会更加怨恨宋国，就算有齐国和秦国两个大国前去讲情，楚国又怎么会同意呢？既然楚国不同意，齐国和秦国就一定会吃个闭门羹，又怎么会不来跟我们晋国联合呢？"

晋文公非常赞赏先轸的计谋，于是让门尹般和华秀老带着重礼分别去了齐国和秦国。这个时候，齐国的齐孝公已经死了，留在齐国的卫公子开方杀死齐孝公的儿子，拥立齐桓公的另一个儿子公子潘为国君，是为齐昭公。齐昭公收下礼物，感觉楚国刚刚主动提出与齐国修好，齐国在楚国的外交桌上，应该还是能占得一席之地的，于是派出使者，直接去见子玉。秦穆公见到宋使之后，也派公子絷为使，前往子玉那里。

出使齐、秦二国的门尹般和华秀老回到晋营，晋文公也不管二人同意不同意，立即大造声势说："现在我们灭了曹国和卫国，这两个国家的国土正好离宋国比较近，我们晋国又带不走，不如送给宋国。"之后让狐偃带着门尹般赶走了卫国守臣，让胥臣带着华秀老赶走了曹国守臣，宣布这些地方为宋国所有。

居住在襄牛的卫成公听到晋国将卫国土地分给了宋国，绝望之下，只好逃亡到陈国。

再说齐、秦两国的使者正在楚营中为宋国讲情，被晋军驱逐的曹、卫两国守臣却纷纷找上门来向子玉诉苦，说宋国仗着晋国的威风，已经把曹国和卫国的土地割了过去。子玉闻听大怒，说宋国请你们在这里为他说情，却又在那里欺负曹国和卫国，哪里还有讲和的诚意？立即拒绝了齐、秦两国使者的说项。两国使者讨了个没趣，只好从楚营之中告辞而出。晋文公早就派人在半道上候着，把齐、秦两国的使者迎到了晋营中，盛宴款待并对二国使者说："楚将子玉骄横无礼，全不把我们放在眼里，我们马上就要与楚军交战了，还请二位大使回复你们的国君，请出兵相助为盼。"齐、秦二国使节被晋文公说动，立即回国复命。

再说子玉，自齐、秦二国使节走后，在楚营中越想越气，与众将起誓说："不帮曹、卫复国，死也不退兵。"

将领宛春向子玉献计说："我有一计，可以不动一刀一枪，让曹、卫复国。如今晋君赶走卫君，俘虏曹君，都是因为宋国的缘故。如果我们现在派人去对晋国说，要是他们恢复卫国和曹国的原有国土，那我们就撤了对宋国的包围，大家一齐停战和解，有什么不好？"

子玉说："晋国绝对不会同意的。"

宛春说："这个由不得晋国，我们可以把这件事情先告诉宋国人，如果晋国不同意的话，那么不仅是曹国和卫国会怨恨他们，就连他们正在救援的宋国，也会自此怨恨他们，晋国遭三国之怨而我们得三国之助，我们的胜算还会不大吗？"

子玉一想还真是这么回事，于是派宛春为使前往晋营。

宛春来到晋军营中见到晋文公，然后讲明了出使之意："请恢复卫侯的君位，同时把土地退还给曹国，那么我军也解除对宋国的包围。"狐偃听了之后大怒说："子玉不过是一个臣子，而我们主公是国君，现在子玉要让我们做复卫、封曹这两件事情，而他只是做撤宋之围这一件事情，君取一而臣取二，真是太过分太无礼了。"

先轸急忙制止狐偃并对宛春说："曹、卫就算有罪，也不至于让他们灭国，我们国君本来就想让他们复国，只是一些细节问题还没有想好。请大使先去歇息，我们君臣商议一下具体该怎么做这件事情，明天再与大使商议如何？"

宛春退下后，狐偃就问先轸说："你果真要像宛春说的那样去做吗？"

先轸说："宛春这次出使，不过是子玉的奸谋，他想自己当好人，而让晋国背恶名。如果我们不照他们说的那样做，曹、卫、宋三国就都会怨恨我们。而如果我们照他们说的做，曹、卫复国宋国解围，好处却又都在楚国，横竖对晋国没有好处。事到如今，不如我们私下向曹、卫承诺，允许让他们复国，不要让他们靠向楚国，然后把宛春扣留起来以激怒子玉。子玉性格刚猛急躁，听到这个消息就一定会调集所有楚军与我们决战，这样宋国的包围也会不战而解。可不要等到宋国不堪急攻选择与子玉结盟，那时我们的计划就全落空了。"

晋文公说："元帅的谋划非常好，不过之前我们受过楚国的恩惠，现在扣留楚使，只怕是有人会因此而指责我们恩将仇报。"

栾枝劝解说："楚国无故攻打宋国，又对我们晋国无礼，这是中原的耻辱。主公要想当诸侯盟主，就不能把以往的那些小恩小惠记在心上。"

晋文公接受了栾枝的建议，于是将宛春扣留，然后将宛春的随从们逐回，让他们给子玉带话说："宛春言辞太过无礼，我们已将他囚禁，等到俘虏了令尹，一齐斩首问罪。"又对曹共公说："我怎么会因为之前的一些小事情怪罪你？之所以把你拘押起来，是因为你亲附楚国的缘故，如果你能派一个使者声明与楚国断绝关系并与晋国结盟，那我马上就释放你并让你复国。"曹共公被晋军关押日久，且自己握在人家的手掌心里，没办法只好写了一封信给子玉说："我害怕曹国灭亡自己被杀，不得已选择了与晋国结盟，以后就再没办法与贵国通好了。试想如果贵国能够打败晋国，让曹国安如磐石，我又怎么敢对贵国三心二意呢？"卫国人也写了同样内容的信，让使者带着去见子玉。

再说子玉，听到晋国扣留了宛春之后，气得暴跳如雷，在营帐内破口大骂重耳老贼忘恩负义，正骂之间，曹、卫两国使节又到，在帐外呈上书信，子玉不看则已，一看更是气得火冒三丈、气冲牛斗，发誓要与晋军拼个你死我活。盛怒之下，他下令楚军尽撤宋国之围，然后寻找晋军主力决战。

关键时刻还是有冷静的人，斗椒劝解说："大王之前曾叮嘱我们不可轻易与晋军交战，如果元帅一定要开战，最好还是向楚王报告一下。再说齐国和秦国曾经为宋国求情，在元帅这里碰了钉子，回去之后必然会派兵协助晋国，我们虽然有陈、蔡、郑、许四国的军队助战，但恐怕不是齐、秦两个大国的对手。元帅何不派人到楚王那里去，让再派些兵将过来？"

子玉说："那就正好派你去楚王那里，速去速回。"

此时楚成王班师还没有回到国内，他终归还是不放心子玉，带兵驻扎在申城（今河南荥阳市区西北）。听到子玉又来请战，就问斗椒说："我之前警告你们不要与晋军交战，但子玉再三请战，能确保不败吗？"

斗椒回答说："子玉之前已经立了军令状，声称如果打不了胜仗，愿以军法从事。"

楚成王很不高兴，于是派了不到一千人的杂牌军卒，命斗宜申（字子西）带兵前往，子玉的儿子成大心担心父亲的安危，也请求前往助战，楚成王同意了。

子玉见楚王派遣的军兵很少，非常懊恼，他赌气说："就算不再增兵添将，难道我还胜不得晋军？"于是通知陈、蔡、郑、许四国军队，一齐进逼晋军营地。

见楚军撤宋之围凶猛而来，晋文公考虑必须避其锋锐诱敌深入，于是下令说："后退三舍。"军吏不解地问："楚军前来，正该奋力一战，何故后退？"晋文公对诸将说："当年我在楚国，曾受楚王厚待，曾经答应楚王说，一旦两国交兵，一定后退三舍（九十里），以报答他们的恩惠，今日怎么能违背诺言呢？"于是不顾众将"以君避臣极为不妥"的劝说，命令晋军后撤九十里，在城濮（今山东省菏泽市鄄城县）安营扎寨。这时齐国、秦国助战的兵马都已前来，宋国也派公孙固前来助战，晋文公退避三舍之策，不仅在政治上让子玉背上了"以臣逼君"的恶名，为晋军赢得了道义上的同情，也及时与齐、秦、宋等盟国完成了会师，加强了军事力量，可谓是一石二鸟。

再说楚军，见晋军后撤，都面露喜色，斗勃就劝子玉说："现在晋军后撤，晋国以君避臣，这我们已经挣了天大的面子，不如就此退兵，乘胜回国，既不违楚王将令，也避免了与晋军交战，何乐而不为？"

但子玉不同意，相对于其他的将领，他考虑的事情要更多，楚军围宋已经一年有余，却终未攻克，之前又与楚王矛盾激化，如果战败或不战，斗氏家族在楚国的地位岌岌可危，威信必然会一落千丈，不但他这个令尹当到尽头，他们的子孙后代也不会再有好的前途，为了家族的未来，为了楚军的荣誉，此时的子玉，其实已经没有了退路。

而晋国这边，晋文公对于晋楚决战也总是信心不足，生怕晋军战不过楚军，诸将再三劝解，终是感觉不放心。这天晚上，晋文公又做了个噩梦，梦见自己与楚成王搏斗，结果被楚成王仰面打倒在地，楚成王压在他的身上，敲破他的脑壳，用嘴吸食他的脑髓，晋文公在梦中被吓醒，赶快叫来狐偃，把这个可怕的梦告诉了他。实际上这个世界上，从来就没有正解的梦境，就看你要朝着哪个方面去说，说得好，就会让人自信乐观，说得不好，就会让人消极悲观，因此如何解梦或者说是替谁解梦，就显得非常重要。此时晋文公做了这样一个梦，如果解不好，让晋文公将他的忧虑带到战争的决策之中，就极有可能导致晋军一败涂地的局面。反之，如果因势利导，善言劝慰，让他以最优的精神面貌出现在众将面前，那就会很大程度地振奋全军的士气。作为饱经风霜阅历丰富的狐偃，又怎么会不知道这个道理？他立即向晋文公恭喜说："这是一个大吉大利的好兆头，主公您仰面倒地，正好面向上天，这说明您能得到上天的眷顾，而楚王面部朝地，说明他要向您俯首请罪。脑髓是软的东西，楚王吸食了脑髓，就说明一定会被软化降服，我们夺取这场战役的胜利，已是志在必得。"

　　梦境的昭示，在某种程度上虽说是唯心主义的东西，但实际上也是一种心理现象的客观反映。只要朝着积极的一面去解析，总能激发人的进取心。狐偃这么解梦，最终使晋文公放下心来，于是他下定决心，与楚军决一死战。

　　天亮时分，子玉派人来向晋文公下挑战书，信中说："我请求和您的将士们做个角力游戏，请国君您坐在战车上观赏，我也正好在一旁陪着您开开眼界，不知意下如何？"

　　狐偃对子玉信中的口气十分不满，他说："战争，是关于国家安危的大事，子玉竟然看得如同儿戏一般，言语如此轻佻，怎么会不失败？"

　　晋文公的回信也绵里藏针："我从来没有忘记楚君对我的厚待，所以之前不敢与贵军对垒，命令我军后撤九十里，作为对楚国的报答。现在令尹您坚持要交战，那我也不敢违抗您的命令，明天早晨，我们战场相见。"

　　于是先轸调兵遣将，排兵布阵，令狐毛狐偃将上军，同秦军副将白乙丙进攻楚国左军，与斗勃对阵；命栾枝、胥臣将下军，与齐国副将崔夭，一齐攻打楚国右军，与斗宜申交战；先轸自己率中军主力，与郤溱等人，与子玉对阵。荀林父、先蔑各带五千人为机动部队，准备随时接应；齐、秦两国的主将国归父、小子憖（音印）带本国兵马，绕道潜伏于楚军之后，只等楚军败退，便占领其大寨；赵衰等人保护晋文公在山上观战；魏犨带领一支兵马伏于空桑之地（今河南、山东两省交界之处），截断楚军归路，擒拿楚军败将；舟之侨在黄河南岸安排船只，只等击败楚军，便接应晋军班师。

　　下军将军栾枝经过事先侦察，得知楚国右军用陈国和蔡国的军队为前队，喜不自禁地说："陈国和蔡国的军队实力较弱，惧怕交战而且比较好动，我们先把陈、蔡军队击败，楚国右军就会不战自溃。"对阵之时，陈蔡军队抢先攻击，晋军前队迅速后撤，陈蔡军刚准备追赶，突见胥臣带着大军从后面冲了出来，这一队晋军战马身上全部蒙了虎皮,陈、蔡军中战马看见,以为是真虎,立时吓得惊惶狂跳,拉着战车回身便跑,居然冲散了斗勃后队的阵形。晋军趁势掩杀,蔡国主将被胥臣所杀,斗勃面颊被白乙丙射了一箭,不得已带箭而逃,楚国右军大败,死伤者不计其数。

看来也正应了那句兵在精而不在多,将在谋而不在广的老话,之前周桓王带着陈国和蔡国的军队与郑庄公交战,就因陈蔡军队不战而退,被郑庄公打了个落花流水,此时的楚军本来兵强马壮,实力与晋军不相上下,结果又被陈蔡军队连累,真是教训吸取得不够深刻啊。

楚右军败绩,栾枝命兵士砍下树枝挂在战车背后,在阵地上往来驰骋,扬起尘土,又命部分军卒穿着陈国和蔡国军人的衣服,打着两国的旗号,到子玉那里报捷说:"右军已经得胜,请其他各路快速进兵,共建大功。"

子玉站在战车上凭轼远眺,只见先前晋下军往后退却,尘土飞扬,此时又听陈蔡报捷,于是不再怀疑,命左军立即出战。左军将领斗宜申冲向晋国上军,狐偃接住斗了几合,诈败而走。斗宜申以为晋军阵脚已乱,于是带领楚国左军和郑许二国军队从后尽力追赶。行不数里,哪料晋国中军的先轸和郤溱突然带领精兵从旁杀出,将楚军截为两段,前面的狐偃狐毛又回身复战,斗宜申和郑许之兵挡不住两面夹攻,拼死杀出重围,和败卒一起爬山逃命。

再说中军。晋国这边,先轸料定子玉有楚王的告诫在先,必不敢轻易出战,于是令一位名叫祁瞒的将领守住中军,坚守不出,而自己带着郤溱前去围攻楚国左军,大获全胜之后,立即往回赶。楚国这边,子玉先是听晋军下军败绩,后又见晋军上军溃退,以为自家左右二军均已得胜,于是派儿子成大心前往中军搦战,想取得三线的全部胜利。晋将祁瞒见成大心只不过是一个十几岁的小孩子,欺他年幼,不顾先轸坚守不出的军令,出来与成大心对敌,不料却被楚军阵前的神箭手斗椒射了一箭,射断了帽缨,祁瞒吃了一惊,往后便退。子玉挥军上前攻击,晋中军大乱。正在危急之时,荀林父和先蔑的机动部队前来接应,先轸中军主力、狐偃上军、胥臣下军都已赶到,子玉一见狐偃和胥臣,才知道之前溃败的根本不是晋军,而是本国的左军右军,心里立时着慌,不敢再与晋军恋战,于是赶快鸣金收兵,往大寨退却。

还没有赶到大寨,途中传来消息,说大寨已被齐、秦两军袭破,寨内遍插齐、秦旗号,子玉心胆俱裂,不得已只好带兵绕过大寨,取连谷(今河南省周口市西华县境内)方向,往楚国而来,不料在空桑地界,又被魏犨截住大杀一阵,楚将勉强抵挡几合，夺路返回连谷驻扎。经过计点军马，中军损折约三成，但主力尚存。陈、蔡、郑、许四国战败，各引残军退归本国。子玉痛哭失声，说我本来想替楚国在中原扬威立名，谁知道却中了晋国的阴谋诡计，以致一败涂地，还有什么面目去见楚王？因为请战之前曾在楚王面前立下军令状，子玉只好与斗勃、斗宜申等人自请为囚，等待楚成王发落，然后派其子成大心率领残军去见楚成王，其意也是想让楚成王赦免自己。

但楚成王盛怒之下，哪有饶恕之理？他对成大心说："你的父亲之前说如若战败，甘当军令，自己不知道吗？依楚国军法，败军之将，一律自裁，免得让我动刀动斧。"

成大心归报子玉，子玉只好自杀。已经卸任回家的斗子文听说子玉战败，哀叹不已地说："果然被蔿贾这个小孩子说中了，我的见识，还比不上一个十几岁的小娃娃，还有比这更令人感到羞耻的吗？"一气之下竟然病倒在床，不久病死。斗子文临死之前，告诫他的儿子斗般说："现在子玉一死，楚国的令尹不是你就是你的叔叔斗椒，但斗椒这个人傲慢狠毒又喜好杀戮，如果他当政的话，就一定会有非分之想，这都是让斗氏灭族的事情。我死之后，如果斗椒当令尹，你一定要赶快逃到别国去，不要搅到他们的灾祸中去。"斗般虽然嘴上答应了，但没有照着他父亲所说的话去做，后来果然死于斗椒之乱。

晋楚城濮之战，晋军一方以兵车七百乘，约五万多兵力，大败楚、陈、蔡、郑、许五国十余万大军，是中国历史上一场以少胜多的著名战役，也是一场决定了当时华夏文明走向的决定性战役。此役晋国能够取胜，除了晋国君臣团结上下一心，关键还是取得了外交上的胜利，逼鲁国退出了战场保持中立，威慑两个败国曹、卫断绝与楚的关系瓦解楚国的同盟力量，积极争取两个中立的大国齐、秦参与战事，最终使楚国处于孤立作战的境地。而在具体的交战过程中，牢牢掌握主动权，采取灵活机动的战略战术，避实就虚，将楚军牵着鼻子走，最终将楚国联军打得大败。而反观楚国，君臣不和其实只是一方面（因为楚成王并没有参与实战的决策），主将的狂妄自大暴躁轻浮和战法僵硬信息不畅才是落败的关键。斗子玉来自彪悍的楚地，喜欢直来直去，对于中原的这一套繁文缛节没有细加研究，但中原各国在外交上偏偏就是如此，以致子玉中了晋国的圈套，在盛怒中得罪了齐国和秦国，使中立的国家倒向了敌方，虽然齐军和秦军在最后的决战中所起的作用有限，如同己方的陈蔡等军一样，但他们的背后立着两个大国，对楚军多少是一种震慑，让楚军将士有所顾忌。而在具体的交战中，用陈蔡军人做前锋又是败笔，不仅没有起到消耗晋军实力的作用，反而加速了右军的崩溃。右军战败之后，不仅没有依据战况准确研判战场形势，反而又在错误的判断上再一次做出了错误的决定，致使左军被围歼。此时败局已是无可挽回，子玉只能是保存实力，带领中军突出重围，以避免遭到全军覆没的下场。

其实斗子玉的真实水平也并非就像蒍吕臣之子蒍贾所说的那样，带兵超过三百乘就连回国都是问题，蒍贾对子玉言语上的不敬和挖苦，实际上是在掌握了楚成王企图打压斗氏的心理状态之后进行的，因为蒍氏和斗氏是政敌，子玉死后，蒍吕臣马上就被任命为令尹。晋文公获胜之后反而忧虑不安的态度也完全能证明这一点。

楚军败退之后，晋军清理战场，焚烧楚军尸体，火光连日不绝，晋国的其他将领都很高兴，唯有晋文公不住地叹气。将领们问他为什么打了胜仗还要忧虑，晋文公说："子玉并不是一个甘居人下的人，将来率领楚军向晋国复仇的人，必定是子玉，这能不令人感到恐惧吗？"不过晋文公的担心未免有些多余，子玉最终被逼自杀，消息传到晋文公耳中之时，楚国的坚强同盟郑国刚刚改变阵营与晋国结盟，晋文公喜不自禁地说："我今天最高兴的不是因为得到了郑国，而是因为楚国失去了子玉，蒍吕臣能够保住自己的职位就已经不错了，哪里还能与晋国为敌？大家可以高枕无忧了。"

城濮之战使楚国北进中原的势头受到遏制，此后数十年时间，楚国未在中原占到任何上风，这种局面直到楚成王的孙子楚庄王时才得到改观。

但对于晋国，城濮之战的战略意义和政治意义非同寻常，此役使晋文公的霸主地位得到了确立，中原各国无不以晋国马首是瞻。听闻晋军得胜，周襄王立即派大夫王子虎前来慰问晋军。晋文公在践土（今河南省新乡市原阳县西）为周襄王修筑了一座行宫，并向周王献上了在城濮之战中俘获的一千名楚兵和一百辆战车。周襄王正式任命晋文公为侯伯，意为诸侯之长，赐给晋文公轩车、战车上用的配备和服饰，美酒一壶，象征着征伐权力的红色弓矢一张，红色的箭一百枚，黑色的箭一千枚，虎贲军士三百名。周襄王对晋文公的命辞是："王谓叔父，敬服王命，以绥四国，纠逖王慝。"因晋文公辈分上算下来是周襄王的叔叔，所以周襄王称其为叔父。周襄王要晋文公恭敬地服从王室的命令，安抚四方的诸侯，替王室惩治那些邪恶的人。晋文公在尊王的旗帜下，顺利地成为诸侯盟主。

这一年冬天，为了进一步加强同盟力量，晋文公又在温邑召集诸侯会盟。会盟之前，担心有些诸侯不愿前来，于是邀请周襄王驾临温邑。对于晋国的这种做法，周襄王非常不满，但又无可奈何。不过晋国也替周襄王想好了理由造好了台阶，是请他来田猎（巡狩）的。所以后来的孔子看到这一段史实，就感慨地说："哪有诸侯召见天子的道理？"于是用春秋笔法委婉地写为"天王狩于河阳"，算是把王室的尴尬遮掩了过去，替王室维护了一点所剩无几的尊严。

城濮之战中晋军大胜，那么晋文公在与楚军决战前对曹共公和卫做出的复国承诺就要兑现，但晋文公是一个心如铁石睚眦必报的人，就这样轻易放过当年侮辱轻慢过自己的仇人，他无论如何也不会甘心，所以绝口不提让二人复位的事情。曹共公的一个大臣就劝晋文公说："齐桓公会合诸侯而保全了异姓国家，现今您会合诸侯却灭亡同姓国家。曹国，是曹叔振铎的后代；而晋国，是唐叔虞的后代。会合诸侯而灭亡兄弟国家，这不合乎礼仪。"晋文公听了深有触动，于是就释放了曹共公。

而卫成公的复位之路则是一波三折。楚军战败之后，卫成公非常恐惧，就想逃到楚国去，于是就先到了陈国。晋文公在践土会盟诸侯时他不敢前去，于是让大夫元咺辅佐自己的弟弟叔武去参加。城濮之战之后，晋文公兑现承诺，答应卫国复国，于是元咺辅佐叔武进入卫国国都代理国政。有人就在出逃的卫成公面前毁谤元咺说："元咺已经立了叔武做国君了。"元咺的儿子元角跟随卫成公，卫成公于是命人杀了他。元咺闻讯非常伤心，但他并没有因此而违背卫成公当初的嘱托，继续辅佐叔武治理卫国。

卫成公怀疑叔武，就提前回到国都。叔武听说卫成公回国非常高兴，全然不顾他当时正在洗澡，手里握着没干的头发就迎了出去，结果却被卫成公的前驱一箭射死。元咺非常恐惧，担心卫成公诛杀自己，于是赶快出逃到晋国，请求晋文公为他主持公道。晋文公见卫成公如此对待有功之臣，于是立即出兵把卫成公抓了起来。

之后，晋文公在请示周王室之后，主持为他们君臣二人打了一场官司，诉讼的结果当然是卫成公理亏。但按照周礼，臣不能犯君，子不能犯父，上下尊卑的规矩不能破坏。所以元咺虽然打赢了官司，但只是在晋文公的主持下杀了卫成公的一个大夫士荣，并砍掉了另一个大夫针庄子的脚，卫成公毫发无损。晋文公于是命人将他送到京师软禁了起来，由卫国大夫宁俞负责照料他。元咺返回卫国之后，立卫成公的另一个弟弟公子瑕为国君。

在温地会盟之时，晋文公请求周襄王杀死卫成公，但周襄王认为上下尊卑的规矩不能乱，没有答应。晋文公无可奈何，只好暗中命人将卫成公毒死。幸赖宁俞十分机警且非常忠诚，暗中贿赂下毒的医生，让减少药量，卫成公这才免于一死。宁俞又多方奔波，让盟国的鲁僖公出面贿赂周襄王，请求周襄王在晋文公面前讲情。晋文公虽然强势，但周襄王是他当霸主必不可缺的政治大旗，他一时还无法放下，只好释放卫成公回国。卫成公获释之后，为了复辟，大肆贿赂卫国的权贵大夫们，唆使他们杀死元咺和新君公子瑕并再度为君。虽说卫成公最终夺回了君位，但他所受的折磨和痛苦，远非他所死去的父亲卫文公所能知晓。只为当初的一时轻慢，换来今天卫国的几番动荡，国家近乎灭亡，这可是卫文公活着的时候说什么也没有想到的。

还是在楚军败北之时，失去靠山的郑文公担心得胜的晋文公会趁机攻打郑国报复自己，于是赶快派人向晋国求和，晋文公碍于将士疲惫的时势勉强答应。此时郑文公见晋文公如此对待卫成公和曹共公，心想数年前自己也曾经对他无礼，谁知道以后会怎样对待自己。于是趁着晋文公率诸侯攻打许国的间隙，找了个借口跑回郑国，然后背着晋国又去和楚国通好，希望能留一条后路。晋文公正为找不到借口报复郑国而耿耿于怀，得知信息后立即联络秦穆公，向郑国发难。

秦穆公和晋文公此前曾有约定：但凡晋国发生战事，秦国一定出兵相助，秦国若要出征，晋国也派兵相助，彼此同心协力，互相救援。此时晋文公准备攻打郑国，自然而然就想到了秦穆公。但中军元帅先轸提出了不同意见，他认为晋国兵强马壮，粮草足备，根本就不需要秦国的协助。况且郑国地处交通要道，系兵家必争之地，如果和秦国共同讨伐郑国，得胜之后，秦国就一定会前来争取相应的利益，不如晋国独自出兵。

晋文公满不在乎地说："郑国和晋国相邻，秦国远在千里之外，能够争取到什么利益？"于是派人知会秦穆公，约定当年秋天各带本国军队在郑国边境集结。

按照此后发生的一系列事情来看，先轸的确有先见之明。此时晋国与秦国共同出兵，秦军非但未给晋军提供应有的帮助，反而成了晋军伐郑的阻碍力量，历时多年的秦晋之好，实际上也最终毁在了这一件事情上。

公元前630年秋，也就是城濮大战之后两年，晋军与秦军联合伐郑。两军联合攻破郑国外围防线，将郑国都城新郑（今河南省新郑市）围了起来。晋军扎营在城东，秦军下寨在城西。由于城门紧闭、百姓无法正常出入采办物资，商民无法自由进出贸易，过不多久，新郑城里就物资短缺，断了粮草，郑文公慌得手足无措。关键时刻，还是智囊叔詹出主意说："现在秦晋两国联合攻打郑国，来势凶猛，我们不可力敌，但我们可以派一名舌辩之士前去游说秦国，如果能说动秦国退兵，那么晋国凭一国之力，肯定支撑不了多久就会退兵。"

郑文公想了想也只能如此，就问群臣谁可担此重任。问来问去，就有人推荐了一个名叫烛之武的人，说这个人口才非常出众，只不过历经三代国君，却还是一个养马的小官。如果现在能为他加官晋爵的话，那么烛之武一定会出色地完成出使任务，让秦国退兵。

郑文公立即传令召见烛之武，结果等来了之后，才发现烛之武已经年过七旬，不仅佝偻着背，而且走起路来连步子都迈不稳，左右侍从看见无不掩口而笑。

烛之武向郑文公行了礼之后问："不知国君召我有什么事情？"

郑文公有些失望地说："有人推荐说你辩才出众，非常人所及，如今晋国和秦国大军围城，郑国危在旦夕，如果老先生你能说服秦国退兵，我会重重地赏你。"

烛之武推辞说："我其实并没有什么才能，年轻少壮的时候都没有建立什么功业，更何况现在这么大一把年纪，说几句话就会气喘半天，还能说动秦国的国君吗？我恐怕完不成这个任务，请国君您另请高明。"

郑文公从烛之武的言语之中听出了不满和怨恨，但也听出了一种自信和才华，于是他赶快向烛之武道歉说："老先生为郑国效力已整整三世，但一直没有得到重用，这是我的不对，如果郑国灭亡了，对先生您也不利。现在我加封你为亚卿（相当于副丞相），务必请老先生前往秦营走一趟。"

左右的大臣也借机劝说，烛之武不再推辞，于是前往城西方向，坐在竹筐里，趁夜让士兵们用绳子把他缒到了城下。

烛之武出城之后，立即前往秦国军营，想面见秦穆公，但营门口守卫的士兵却拦住他，不让他进去，烛之武立即在营门外放声大哭起来。秦穆公听得营外有人号哭，忙问是怎么回事。守营的兵士于是把烛之武抓起来带到了秦穆公的营帐内。

秦穆公见是一位七十多岁的老者，就问他说："你是什么人？深更半夜在我的军营外哭什么？"

烛之武回答说："我是郑国的大夫烛之武，我哭是因为我们郑国马上就要灭亡了。"

秦穆公哭笑不得地说："你们郑国将要灭亡，你在我们秦国的军营外哭什么？"

烛之武说："我也不仅是为了郑国而痛哭，实际上我也是在为秦国痛哭。郑国灭亡没有什么，只可惜秦国的损失可就大了。"

秦穆公非常生气地质问道："郑国灭亡，秦国怎么会有损失？你必须讲出个道理来，如果说得不对，我一定会把你斩首示众。"

烛之武要的就是这个机会。他已经七十多岁了，手无缚鸡之力，勇武跟他丝毫沾不上边，他甚至连一个最弱小的士兵都打斗不过。但他是个辩士，只要他的舌头还在，他就能用语言陈说利害，让别人乖乖听命于他，可说是胜似百万雄兵。

烛之武说："秦国和晋国两个大国合兵攻打郑国，郑国灭亡的命运看来是无法避免了。不过要是郑国灭亡对秦国有利，那么我就根本不敢到这里来，可是现在看来，郑国灭亡不但对秦国没有一点好处，而且还会损害秦国的利益，国君您为什么要白白耗费军力钱粮，替别人打仗呢？"

秦穆公对烛之武的断言感到非常惊奇，就问："你说郑国灭亡不但对秦国没有好处，而且还会损害秦国的利益，我怎么看不出来？你倒是说说看。"

一段春秋史上令秦晋两个大国瞬间失和的说辞就从这个毫不起眼的老大夫嘴里说了出来："国君您看，郑国在晋国的东边疆界，而秦国在晋国的西边疆界，东西相距有千里之遥。秦国与郑国中间，隔着晋国和周王室两个国家，秦国能越过晋国和周王室而占据郑国的土地吗？不可能。所以说郑国灭亡之后，所有的领土都会成为晋国的，跟秦国一点关系都没有。现在秦国和晋国势均力敌，不相上下，而如果晋国占有了郑国的土地，那么晋国就会变成一个更大更强的国家，相比之下，秦国就成了小国弱国。所以说为他人攻城略地而削弱自己的力量，有见识的人绝不会这么做。如果国君您还不算健忘的话，您应该会清楚地记得之前帮助晋惠公即位的事，当初晋惠公许诺回国之后就要向秦国割让五座城池作为酬谢，可是他早晨回国当了国君，晚上就派兵加强了秦、晋边界的防御。国君您对晋国的帮助，不是一次两次了，可是国君您曾得到过晋国一丝一毫的回报吗？没有。晋侯自从复国以来，不断增兵添将，扩张疆界，今天向东兼并郑国，明天就一定会向西扩张，秦国的灾祸马上就要降临了。国君您知道虢国和虞国的那段往事吧？晋献公向虞君借路，消灭了虢国，得胜之后立即灭掉了虞国。虞公不明智，帮助晋国消灭了自己，这不是前车之鉴吗？现在晋国请求秦国帮忙消灭郑国，谁知道他们又在打什么新的主意？以国君您的贤明，怎么能眼看着让晋国的奸计得逞呢？这就是老臣我所说的灭亡郑国不但对秦国没有好处反而会损害秦国利益的原因，也就是我在国君您的军营外痛哭失声的原因。"

秦穆公听完考虑了一阵，脸色马上变了，他不住地点着头说："大夫你说得太对了，确实就是这个道理。"

随军出征的百里奚进谏说："烛之武是个辩士，他此来没有别的目的，就是要离间秦国和晋国的关系，国君您可不要被他蒙蔽。"

而秦穆公一旦认定的事情，就绝没有回头的道理，他并没有听从百里奚的劝谏，而是和烛之武歃血为盟，命杞子、逢孙、杨孙三位将领带着两千士兵帮助郑国守城，然后传令大军班师回国。

不可否认，秦穆公的这一决策，在军事上固然对遏制晋国的扩张势头起了一定的作用，但在政治上却是一个非常大的败笔，不仅将他之前屡次帮助晋国的恩惠全部葬送，使备受称颂的秦晋之好就此决裂，而且为后来秦晋交兵种下了恶果，如果再联系三年后秦穆公派兵偷袭郑国并导致崤之战全军被歼的事实，秦穆公的这一决定就完全称得上是失策。

秦国撤兵之后，晋文公十分恼火，狐偃等人劝晋文公下令追击秦军，晋文公不愿让延续多年的秦晋之好就此断送，拒绝了狐偃等人的建议，之后让晋军一分为二，依旧将郑国围得严严实实。

郑文公无可奈何，只好再次派出使臣，前来向晋国求和。晋文公态度非常强硬，提出了两个极其苛刻的条件：一是郑国必须将正卿叔詹送到晋军营中，二是郑文公必须立公子兰为世子。

晋文公痛恨叔詹的原因是他当年流亡时路过郑国，没有得到郑国的礼遇，晋文公误以为这一切都是叔詹的主意，因此必欲将叔詹除之而后快。而要求将公子兰立为郑国的世子，是因为郑文公总共生了七个儿子，其他的四个都因嗣位问题被郑文公一手逼死，剩余的儿子全都跑到了国外，其中就包括跑到晋国的公子兰。公子兰在出生之前，他的母亲燕姞曾梦到上天给了她一株兰草，燕姞就把这个梦告诉了郑文公，郑文公十分高兴，当晚临幸了燕姞，之后顺利受孕，生下的儿子就是公子兰。公子兰为避祸跑到晋国之后，事奉晋文公非常殷勤恭敬，颇得晋文公的欢心。晋文公此番攻打郑国之前，曾要求公子兰做向导，但被公子兰婉言谢绝，公子兰说："我听说只要是一个正常的人，他虽然身处异国他乡，但却并不会忘记他的父母之邦，现在君侯您要讨伐郑国，我作为郑国的公子，实在是不敢和您一起前去。"

晋文公对公子兰的人品非常敬重，从那个时候起，他就想扶持公子兰当郑国国君。而事实上，中国古代对于储君的设置，是一个国家极为重要的内政，选谁当太子，往往会决定这个国家日后的发展方向与兴衰更替，因为他们亲近的国家或施政方式各不相同。秦、晋、齐这些大国依仗强大的实力，常常干涉小国弱国的内政，插手废立，这是令小国国君们极为痛恨恼火的事情，因为这已关系到这个国家的独立自主。但通常来讲，弱国无外交，对此基本上无可奈何，顺应强国的意愿，倒还可以暂保国家无虞，要是稍有拂逆，那就很可能会遭遇灭国之祸和囚虏之辱。此时的郑国，面对晋国的大军压境，楚国又不发救兵，实际上除了全盘答应晋国提出的条件，已经是别无选择。

使节回报郑文公，郑文公在难以扭转的不利局势面前，倒也表现出了顺水推舟的聪明和睿智，同意立公子兰为郑国的世子，因为公子兰毕竟是自己的亲生儿子。当然，对于叔詹即将面临的不幸，他还是非常不忍，至少在表面上表现得非常痛心；其一叔詹确实是郑国的股肱之臣，是他的左膀右臂；其二，他必须向群臣表明态度，他对人才非常爱惜，对于郑国的有功之臣，他不能在危难关头轻易抛弃。但叔詹对于郑国的危局洞若观火，国君的不舍即便是惺惺作态也罢，但还至少表现出了对他的留恋和牵挂，作为一个臣子，这已经足够了，因为国君已经给了他足够的礼遇，如果他执意不去，那么郑文公在没有办法的情况下就不会再虚情假意地客套，那么他不仅前往晋营的这一结果无法改变，而且还会背上不愿为国分忧的骂名，君臣之间所剩无几的情谊都会因此而荡然无存，他的子孙后代在郑国的处境都会岌岌可危。

基于这些认识，叔詹义无反顾地做出抉择——前往晋军营中面见晋文公。晋文公听到郑国同意迎立公子兰为太子，又见郑国送来了叔詹，感觉非常快意。他责备叔詹说："你作为郑国的正卿，第一不能让你的国君礼遇宾客，第二与晋国结盟而怀有二心，过不多久即背晋亲楚，真是罪不可赦。"于是命人准备了一口大鼎，准备烹死叔詹。

叔詹并不畏惧，而是据理力争："当初君侯您路过郑国之时，我就劝我们的国君说，晋公子非常贤明，他的左右随从也都是当世英才，如果将来他返回晋国，就一定会称霸诸侯。等到之前与贵国结盟，我又劝国君说，既然已经与晋国成为盟国，就不要三心二意。但上天要为郑国降下灾祸，所以我的良言都没有被国君采纳。现在君侯您认为这一切都是我的罪行，但我的国君认为这并不是我的过错，所以坚决不同意我到这里来。但我对我的国君说，主忧臣辱，主辱臣死。

所以自请前来，请君侯裁处，以救郑国之难。我预料的事情最终成为现实，这说明我有智慧，我尽心竭力为了郑国，这说明我忠诚，大难临头不愿躲避，这说明我勇敢，而牺牲自己挽救国家，这说明我仁义。仁、智、忠、勇俱全，像这样的臣子，依据您们晋国的法律，确实应该被处死。"说着用手抓住大鼎的鼎耳大声号哭说，"从今以后，所有做臣子的该怎样事奉国君，须以我叔詹为戒。"

晋文公听得目瞪口呆，他的原意是想让叔詹乖乖低头认罪好出一口恶气，没想到被叔詹援引君臣大义狠狠地回敬了几句。叔詹言行一致理直气壮，堪为所有为人臣者的楷模，晋文公如若杀了他，那么必将会惹来天下人的非议和群臣的怀疑，因为作为像叔詹这样仁智忠勇的臣子，正是国君们急欲树立且号召群臣为他效命的榜样，如果处置不当，必定显得国君昏聩愚钝是非不分，寒了天下才智忠诚之士的心。且叔詹借机澄明了当初没有礼待晋文公的原委，及时消除了晋文公的误解，还不忘夸奖晋文公是贤明之君，晋国的大臣是当世英才，博得了晋国君臣的一致好感，晋文公于是回嗔作喜，传令赦免叔詹无罪，并且给予了他最为隆重的礼遇，作为他忠义事君的褒奖。

既然郑国已经答应了晋文公提出的两个条件，那么晋军也就没有理由再在郑国逗留不返，晋文公命人将公子兰送回晋国即世子之位，之后下令晋军班师。

对于一些深明局势的人来讲，此时晋国轻易撤军，似乎并不符合晋文公的性格，因为此时晋文公的霸业正值顶峰，天下莫敢与其争强，就连一贯横行的楚国都不愿与晋国为敌，只要稍假时日，晋国灭亡郑国，只是时间问题，按照他此前对付曹共公、卫成公的套路，他不把郑文公当面羞辱一番，那是绝不会善罢甘休的。那么晋国为何会如此匆匆忙忙地撤军呢？抛开秦国增兵助守的原因不讲，晋国边境遭到白狄等少数民族的侵扰是一个很重要的原因，晋国后方不稳，退军实质上也是各方因素综合影响的结果。

早在城濮大战之后，针对北方游牧民族对晋国边境的不时进犯，晋文公就设立了三个预备军，名曰"三行"（音航，行伍，军队的代称），分别以荀林父将中行（自此荀姓产生一个新的支系中行氏），屠岸击将右行，先蔑将左行。三行有将无佐，也就是只有主帅而没有副将，在名义上不能称军。因为按照周时制度，天子六军，诸侯、大国三军，次国二军，小国一军，诸侯和大国扩军不能超过三军，否则就是僭越，晋国现在对外不敢称六军而称三军三行，实际上也是不敢背上僭越的名声。但在此时逼郑国结盟之后，晋文公的野心膨胀，再加上为了平衡贵族阶层的利益，他裁撤了创设仅三年的三行，重建了两个新军，称为新上军、新下军。新上军以赵衰为将，箕郑父为佐，新下军以胥婴为将，先都为佐。诸侯扩为五军，仅比天子少一军，真是前所未有。

公元前628年，晋文公病死，世子姬欢即位为君，是为晋襄公。

晋文公历经艰险回国主政，宽容政敌，任用贤能，推行新政，使晋国的经济和军事得到了迅速发展，在城濮之战中大败楚军，遏制了荆楚势力向中原的渗透，为维护中原文明做出了积极贡献。虽然他只当了八年国君，却为晋国开创了一个前所未有的鼎盛时代，为晋国成为春秋时期第一强国打下了坚实的基础。在他之后，虽然诸侯霸权一度曾归楚庄王所有，但公元前561年霸业被晋悼公复兴，晋国的霸主地位先后存在了长达百年之久。

晋文公的失误之处在于造成了卿族的崛起和独大，使强大的晋国最终被外姓瓜分。早在晋惠公时，晋国受到秦国打压，晋惠公为了拉拢大夫，作"爰田"之制，也就是把公田赏赐给有功的卿士所有，并允许这些担任地方官的卿士组建地方武装发展军事力量，也就是"州兵"之策。晋文公继位之后，继续推行爰田州兵之国策，这在一定程度上是对周代分封制和宗法制的瓦解，也促进了郡县制的萌芽。再加上晋国自献公以来形成的"不蓄群公子"的国策（即除了执政的国君，其余的公子不论嫡庶均遣送到国外），晋文公不用公族而重用卿士做五军十卿享受诸侯霸主的权威之时，为日后世卿的尾大不掉和卿族权臣擅权制造了温床，也为两百多年后赵、魏、韩三家分晋种下了祸根，这是晋文公说什么也没有想到的。但晋文公也是一介凡人，他无法准确地预测两百多年后将会发生什么事情，况且兴衰更替，也是历史的必然，他能在有生之年，使晋国强大并成为诸侯主盟之国，就已经非常难得。晋文公一生命运多舛，流亡在外十九年，受尽政治迫害，历尽艰难险阻。但他从未自堕其志，悲观绝望，而是凭着坚强的意志力，最终在六十岁高龄时回国即位，以高超的谋略、旺盛的精力和极为强劲的锐势，在中国历史上留下了极为辉煌壮丽的一页。

第十四节　蹇叔哭师、秣马厉兵、秦晋失和、秦晋崤之战、秦穆公霸西戎

晋文公死后，其他各国的诸侯出于对晋国的畏惧，纷纷派遣使者前来吊丧，只有秦穆公没有来。秦穆公既是晋文公的妹夫，又是晋文公的岳丈，可谓是亲上加亲，但古来大国之间联姻，姻亲关系只不过是表面文章，政治利益才永远是第一位的。晋文公活着的时候，秦穆公碍于秦晋之好，且对这个大龄姑爷比较忌惮，所以进军中原的图谋一直没有实现，现在强悍的晋文公一死，秦穆公认为自己称霸的机会来了。当初秦、晋两国兵围郑国之时，秦穆公私自退军并留下了杞子、杨孙、逢孙三人帮助郑国守城。不料晋文公以晋国一国之力，仍然迫使郑国接受了全盘条件，并立公子兰为世子。晋文公病死之前的几个月，郑文公就已病死，公子兰顺利即位，是为郑穆公。郑穆公由于是在晋国的扶持下登位，所以比较亲晋，留下来帮助郑国镇守的秦将杨孙、逢孙和杞子三人的处境可想而知。三人本想自己有功于郑国，待郑国稳定之后，无论如何也能讨个封赏，但现在晋国为郑国空降了一个国君前来，三人的愿望在刹那间落空。趁着他们为郑国戍守北门的便利条件，于是向秦穆公献计，希望秦穆公能够暗中派遣军队前来，与他们里应外合，一举将郑国消灭。

秦穆公接报之后极为振奋，如果能兼并郑国，秦国就在中原腹地有了一块领土，南可以扼制楚国，北可以弹压诸侯，称霸中原指日可待，战略重要性不言而喻。秦穆公为天降好运暗自庆贺不已，但他还是不忘把两位老臣百里奚和蹇叔请来商议一番，希望两位智囊能够积极出谋划策，支持他的决定。

不料蹇叔和百里奚竟然对秦穆公的这一想法不约而同地表示反对，两人的看

法很明确：秦国与郑国远隔千里，中间要经过好几个国家、好几处险要关隘，千里行军，不让人知道是不可能的，而一旦被人察觉，秘密泄露，郑国更换守将，晋国在半路截击，出征的将士就只能是有去无归白白送死。

客观来讲，秦军偷袭郑国，从秦国都城雍（今陕西省宝鸡市凤翔县东南）至郑国都城新郑，行程一千五百里左右，途中要经过崤山、函谷关、虎牢关等数处要塞，是一次极为冒险的军事行动，成功的概率非常之低。饱经世事的蹇叔和百里奚对此不抱乐观态度确实是很有道理的。但秦穆公对自己的计划颇有信心，他不顾蹇叔与百里奚的苦苦劝阻，派孟明视、白乙丙、西乞术三人带三千精兵，兵车三百乘（约两万余人），偷出东门，直奔郑国而去。

大军出发之前，蹇叔与百里奚前去为儿子们送行，哭着说："我今天看到你们出征，但看不到你们回来了。"秦穆公听到后非常生气，派人责备两个老臣说："大军出征之日，你们为什么要哭哭啼啼，扰乱我的军心，使将士士气低落？"两人回答说："我们不是因为国君您派兵出征而痛哭，而是为我们的儿子而痛哭。"

别人可能对蹇叔的足智多谋有所怀疑，但他的儿子白乙丙对父亲的见识领教得极为透彻，见父亲痛哭辞行，白乙丙心里也十分忐忑，想要辞去这趟差事，但蹇叔劝儿子说："我们父子受秦国如此大恩，就是死在疆场上，也是分内之事，所以你千万不能推辞。"他写了一封密信让白乙丙装在身上，以备紧急时刻脱险自救，又让公孙枝暗备船只，在黄河沿岸的必经之路上等候，只等秦军败回，便接应他们回国。

再说孟明视带着秦国大军，从周王室北门浩浩荡荡而过。周襄王听说秦军路过，就派大夫王子虎去观察秦军的军容和阵势。秦军将士为了在天子面前炫耀军威，故意把兵车赶得飞快，士兵们全部从平地上跳上战车，以此在士卒间展开竞赛。

等秦兵过后，周襄王就问秦军怎么样，王子虎回答说："我看秦军将士个个骁勇异常，这一回前去，郑国必定是凶多吉少。"王子虎的儿子王孙满才十多岁，他对父亲的见解不以为然，周襄王很奇怪，就问："你这个小娃娃认为如何？"

王孙满回答说："诸侯的军队过天子之门，必须卷甲掩旗，将士全部下车，小步走过去。但现在秦军路过仅仅是摘下了头盔，显得非常无礼。走不多远又全部跳上兵车，显得极为轻狂而不够庄重。轻狂就会少于谋断，无礼就会缺乏秩序。这一次秦军出征,我看必定会打败仗,害不了别人,只能是自取其辱。"

秦军的命运,再次被一个十多岁的小孩子不幸言中。而王孙满,春秋时周王室著名大夫,这只是他的第一次精彩亮相,等到二十一年后,他将再次出场,为不可一世的楚庄王上政治课,令狂傲的楚庄王带兵灰溜溜地退回了楚国。

不出蹇叔和百里奚所料,秦军路过之处,阴谋袭郑的消息早已散布了出去,只是郑国隔得太远,还一直蒙在鼓里。

说起来也非常凑巧,郑国有个叫弦高的生意人,这个时候正好赶着一群牛到周都来贩卖,结果在路上遇到了秦军。弦高担心自己会被秦军杀死或者俘虏,于是急中生智,假扮郑国使者,带着十二头牛来到秦军营中。

孟明视听说郑国使者求见,感到非常吃惊,因为这一项军事行动是极为秘密的,郑国远隔千里,怎么会知道得这么快?为了一探虚实,他决定见一见这个使者,看他能说些什么。

弦高首先向孟明视献上了牛,然后说:"我们的国君听说三位将军要带兵攻打郑国,已经恭敬地做好了守城准备,并派我前来慰劳贵军。"

孟明视还是有些不太相信,就问既然是奉了国君的命令前来劳军,怎么不见国书?弦高也十分机警,就说由于来得匆忙,国君生怕修国书耽误了时间,所以派他先来请罪,国书随后就到。

孟明视不再怀疑,于是收下十二头牛并让弦高回去,之后和西乞术、白乙丙商议说:"我们劳师远征偷袭郑国,趁的就是郑国没有准备,现在郑国既然已经知道了,就必定会加强防守,那我们前去一时三刻肯定攻不下城池,要想围困郑国,粮草后勤又难以保障,不如我们偷袭此处的滑国(当时为晋国的属国),如果能够掳获一些女子财物,倒也可以回去向国君交差。"于是决定不再前往郑国,而是准备攻击滑国。

再说郑穆公,接到弦高送回的密报之后,还不相信秦国会来袭击郑国,但为了稳妥起见,还是派人去观察戍守北门的秦军有何动静,结果发现守城的秦军将士个个全副武装,擦亮兵器,喂饱马匹,完全是一副即将投入战斗的姿态(成语"厉兵秣马"的来历)。郑穆公大惊失色,才知道秦国偷袭郑国并不是空穴来风,弦高的密报是真实的。郑穆公于是派皇武子对杨孙、逢孙和杞子说:"三位将军长时间滞留我国,我国再也无力为你们供应粮草了,你们还是早点回去吧。这就好比你们几位将军在我们郑国的兽园里打猎,实际上你们秦国也有兽园,为什么不到你们秦国的兽园里去打猎,减轻我们郑国的负担呢?"

郑国一番拐弯抹角的外交之辞，使杞子等三人马上明白偷袭郑国的阴谋破产了。想要回到秦国，又担心会被治罪，于是分头跑到了齐国和宋国。

孟明视等人之前疑虑不敢前往郑国，如今郑国的内应又被逐走，于是别无选择，趁夜攻破滑城，带着战利品班师回国。

再说晋国，自秦军出发之时就接到了战报，说孟明视等人率领大军往东而来，不知要去哪里。中军元帅先轸早就派人打探清楚了秦军阴谋袭郑的动向，他请求晋襄公出兵截击秦军，但晋国处于国丧期间，遽然之间要采取军事行动，就远不像平日那样来得便利。因为晋襄公其时正在守孝，礼法对他的行为有着极大的约束。况且许多大臣也提出，秦国对先君晋文公有大恩，如今还没有回报人家的恩德就攻击人家的军队，这似乎有些过分。

但先轸并不这样认为，他是一个有着极高战略眼光的军事家，如果任由秦军在晋军眼皮底下来去自如，那么秦国挺进中原的道路迟早会被打通，那么到时深受其害的就只能是晋国，他劝导晋襄公说："先君离世，秦国不仅不来吊唁，反而兴兵越我国境，攻击我们的同姓之国，实在是太无礼了。况且之前我们两国曾有约定，如果出兵则必定两国同兵，但我国围困郑国之时，秦国不但背信弃义私自退兵，反而留下兵士帮助郑国守城，秦国与我们的交情，也不过如此。他们尚且如此不顾信义，我们还对他们讲什么恩德？现在他们趁着我们国丧期间攻伐郑国，明摆着就是欺侮我们不能出兵救郑，如果他们消灭了郑国，那么下一步就一定会前来攻打晋国。我听说一日纵敌，数世遭殃，如果我们今天不打秦国，就永远也无法使国家得到些许安宁。"

晋襄公于是发怒说："秦国欺侮我丧父，趁丧事攻破我们的滑邑，真是欺人太甚。"于是染黑了身穿的白色丧服，之后下令发兵，按照先轸之谋，在秦军归国的必经之路崤山设下了埋伏。崤山山脉是秦岭东段支脉，位于今河南西部到陕西西安之间，常与附近的函谷关并称为崤函之固，是中国古代军事战略重地，以地势险峻、关隘坚固、一夫当关、万夫莫开而著称。秦军出发之前"蹇叔哭师"，就是担心晋军会在崤山截击秦军。

孟明视等三帅带着秦军将兵进入崤山，由于疏于戒备，被早已设伏在此地的晋国大军堵在峡谷之中，进退不得，惊恐大乱。晋襄公穿着黑色丧服，亲自上前督军，晋军士气高涨，秦军将士悉数被歼，三帅全部当了俘虏。晋军获胜之后，于是就穿着黑色丧服安葬晋文公，晋国从此开始使用黑色的丧服。至今山西南部仍有穿黑色丧服的传统。

晋军把三帅押解回晋，准备献俘于太庙，祭祀先祖。但事情有时也会起一些意想不到的变化，这个变化就来自晋文公的夫人文嬴。当初秦穆公的夫人穆姬请求秦穆公释放了被俘的晋惠公，一时被万人称颂，而文嬴也一样，她是秦国人，时时处处必然会为秦国着想。此时听说晋军俘虏了三帅，于是就对晋襄公说："孟明视等三人打了败仗，秦君必定非常痛恨这三个人，我们杀了他们一点好处都没有，不如把他们放回去，让秦君亲自诛灭他们，我们还不得罪秦国，这岂不是两全齐美的事情？"

晋襄公也不是小孩子，哪有那么容易就被说服？他回答说："母亲您不知道，孟明视等人颇得秦君的信任，在秦国执掌军队，现在把他们放了，无异于放虎归山，将来还不知道怎样报复晋国呢？"

文嬴又说："我听说兵败者当死，当年晋楚城濮之战，楚将子玉战败，都被楚王勒令自杀，难道秦国没有军法吗？况且当年晋惠公被秦国俘虏，秦国不但没有杀他，还非常礼貌地对待他并把他放了回来。现在这三个败将，回去即便是秦君不杀他们，他们也得自杀，为什么非要我们自己动手？这显得我们很无情似的。"

晋襄公拗不过情面，只好叫人把三帅放了。孟明视等人被人从囚车里放出来，知道逃出生天就是时间早晚的问题，因此顾不得进去向晋襄公谢恩，立即就往秦国的方向飞速奔逃。

再说先轸，当时正在家里吃饭，听说晋惠公放了孟明视三帅，顿时怒气冲冲地来见晋襄公，问秦国的俘虏哪里去了。

晋襄公实话实说："母夫人劝我释放他们回国就刑，我已经把他们放了。"先轸气得一口唾沫就吐在了晋襄公脸上："呸，你这个小毛孩真是什么都不懂！将士们费了九牛二虎之力才把他们从战场上抓回来，一个女人只用几句话就把他们赦免了，断送自己的胜利果实而助长敌人的志气，我看亡国没有几天了。"晋襄公霎时醒悟过来，赶快把脸上的口水擦了擦，向先轸道歉说："我知道自己错了。"于是赶快问谁愿意去把秦国三帅追回来。

大夫阳处父自告奋勇前去追赶，可是等他追到黄河岸边的时候，三帅早就已经在公孙枝备下的船里面了。阳处父没有船只，不得已只好把兵车上的马解下来，哄孟明视说："我们国君担心将军您回国途中没有骑乘的东西，所以命我前来把这匹马赠送给您，请将军您一定要收下。"心里指望着三帅上岸收马致谢之时，把他们再次抓起来。孟明视等人已经遭过晋国的一次伏击，此时岂能再上当？于是在船里行了个礼说："蒙晋君不杀我等，所受的恩惠已经够多了，现在怎敢再把马收下？如果这一次回去，我们国君杀了我们的话，那么我们死了也就不朽了。但如果开恩不杀我们的话，三年之后，一定会亲自前来贵国，拜谢贵国的恩赐。"

阳处父无可奈何，只好眼睁睁看着孟明视三人乘船离开，之后回国复命。

秦穆公听说孟明视等三人回来，穿着孝服到郊外迎接，他哭着安慰三位将军说："我不听蹇叔的话，致使三位将军当了俘虏，这都是我的过错。我不会因这一次失败而抹杀你们以前的功绩。"于是继续让孟明视等人执掌军队，以图他日报仇雪恨。

实事求是地说，秦军在崤山全军覆灭固然与秦穆公急功近利一意孤行的战略决策难脱干系，但孟明视等人作为带兵的将领，在遇到郑国商人弦高之时缺乏临机决断能力和敏锐的洞察力，致使被假信息蒙蔽，白白贻误了战机，也有一定的责任；国君把一支军队交给将领，那么自离开大本营的那一刻起，全军将士的性命就完全系于主帅一身，能不能把队伍安全带回来，是衡量一个主帅综合素质高低的重要标志，况且出师之前蹇叔曾有忠告，但孟明视等人对此没有足够重视，在路过崤山时麻痹大意，以致于中了晋军的伏击，这也完全是将领的责任。此时秦穆公一个人把责任全部担了起来，孟明视等人内心的感触，可想而知。但话说回来，在这个时候，孟明视等人的指挥能力还不是很强，实战经验也还不是很丰富，独当一面的时机远未成熟，远远不能与晋国身经百战的元帅先轸相比，且晋军将士的战斗力和综合素质远比秦军将士要强，晋军新近参与的小战有曹、卫之战，大战有城濮之战，把强横的楚军都打得不敢复窥中原，更何况是只对付游牧民族的秦军。如果此次秦军遇到的是陈蔡等国的军队，战斗的结果也有可能是另外一个样子，但秦穆公对此缺乏清醒的认识，在头脑发热之下，搞了一次军事大冒进，但很不巧地遇到了老辣的先轸和强大的晋军，所以说除了失败，等待他们的不会再有更好的结果。一场战争看似简单，但实际上综合各种因素来考量，胜负早在开战之前就已预定。

而更令人难以置信的是，有一个人不仅早就预测了秦军战败的结局，而且连失败的地点以及伏击秦军的对手是谁都说得分毫不差，几乎可以被称为先知。这个人就是蹇叔。他在出征时给儿子白乙丙的密简中早就写明，返回秦国时要谨防晋军在崤山伏击，只可惜没有引起孟明视等人的足够重视。其实这个世界上先知是不存在的，存在的只是超常的智慧和敏锐的洞察力，以及结合自己的经验和对时势的深刻把握，从而对事物发展趋势做出的准确判断。此前蹇叔对百里奚三次出仕的结局都做出了精准的预测，没有丝毫的误差，而这一次，也就是秦晋崤之战，蹇叔的先知先觉再一次证明了他的深谋远虑和超凡睿智，完全可以说是一个智慧的化身。而稚嫩的孟明视以及性急的秦穆公，他们两个人的人生阅历加起来也未必有蹇叔那样深厚，他们在对人性的思考和对全局的总揽上还需要更多的历练。

但人总是慢慢成长的，孟明视是个好苗子，秦穆公只是把他用早了，只要看清了这一点，吸取了教训，就仍然会有翻盘的机会。所以秦穆公把责任全部揽在了自己身上，依然对三帅信任如初。

孟明视等人见秦穆公没有责怪他们，仍旧叫他们执掌军队，心里十分感激，决心立功赎罪，日夜操练士卒，为报仇做准备。

但晋国也在积极备战，阳处父返回后将孟明视三年后要来谢恩的话转告给晋襄公，晋国君臣十分震恐，三帅的能力他们并不是没有领教，白乙丙曾经在韩原之战中力敌晋国大力士屠岸夷，又曾经作为盟军参与城濮之战击败楚军名将斗勃，这他们知道得一清二楚，但白乙丙在秦军之中只是作为孟明视的副手出现，那么孟明视的才能如何就可想而知了。因此晋国上下丝毫不敢懈怠，备战之事一刻也没有放松。

公元前626年，也就是秦晋崤之战后一年，孟明视认为秦军已经具备了击败晋军的实力，于是向秦穆公请求出兵伐晋，秦穆公感觉孟明视勇气可嘉，立即就同意了。孟明视与白乙丙、西乞术率兵车四百乘（约三万人），往晋国进发。

其时，晋国元帅先轸因为晋襄公释放孟明视等三将，情急之下往国君脸上吐了口水，自认为对国君非常无礼冒犯，便在与白狄对阵之时想以死谢罪，在晋军业已击败白狄军队的情况下解下盔甲冲入敌军阵中，结果战死沙场。晋襄公对先轸的以死明志十分伤感，为了对屡立战功的先轸有所补偿，于是擢升先轸的儿子先且居为中军元帅，命其率领晋军迎战秦军。

秦晋两军在彭衙（即前文的彭戏氏旧址）相遇，双方大战一场，结果秦军败绩。虽然这次不像崤之战那样全军覆没，但孟明视感觉更为惭愧，因为这次他满怀信心，认为一定能击败晋军，谁知道却事与愿违仍旧打了败仗。失败后的孟明视以为秦穆公这次肯定不会再饶恕他了，谁料秦穆公根本没有责备他，只是安慰他一番，依然叫他训练军队，因为他身上存在的那些优秀将领的潜质早已深深地打动了秦穆公，颇有知人之明的秦穆公，又怎么会因为一次的失败而遽然将其扼杀呢？孟明视对秦穆公感恩不已，经历了连续两次失败，他开始深刻反省自己，从自身的指挥才能和战术运用上找原因，并变卖家产，抚恤阵亡将士家属，与士卒同吃同住同甘共苦，采取多种方式不断提高军队的战斗力。

但他们的对手也没有闲着，晋襄公认为与其等秦军找上门来寻仇，还不如先下手为强，趁秦军尚未恢复元气，主动出击，打秦军一个措手不及。公元前625年，晋襄公再度命先且居统率晋军，联合陈、宋、郑三国军队，共同攻打秦国。孟明视意识到此时秦国还没有做好迎战的充分准备，仓促应战胜算不大，于是命人紧闭城门，不与晋军交战，结果被晋军夺去了两座城池。秦国的将士们都认为孟明视被晋军吓破了胆，不宜再担任秦军主帅，但秦穆公并不这样看，他对众人说："将来能击败晋军的，一定是孟明视，只不过是时间还没有到罢了。"

公元前624年，秦军经过孟明视等人的严格训练，军队的战斗力得到大幅度提升，孟明视认为讨伐晋军的时机已经成熟，于是建议秦穆公亲自挂帅出征，向晋国复仇。秦穆公感觉此次的孟明视已经完全成长了起来，秦军出击，胜算极大，于是下令集结兵车五百乘（约四万人），装备充足的粮草和精良的武器，又厚赠出征的将士家属，激励士卒奋勇杀敌。秦军士气高昂，同仇敌忾，在秦穆公和孟明视的率领下杀奔晋国而去。

秦军渡过黄河后，孟明视下令烧毁所有渡河船只，以示不获胜利绝不生还的决心和勇气。孟明视身先士卒，带领将士冲锋陷阵，不仅收回了一年前被晋军攻占的两座城池，还夺取了晋国的王官和鄗（音号）两座城池（两城均在今陕西省渭南市澄城县一带）。秦军进攻的凶猛势头令晋国君臣心惊胆战，赵衰与先且居都认为秦军抱着必死的决心前来复仇，晋军如若出战必被死磕，最好的结局也不过是两败俱伤，因此建议坚守不出。晋襄公深以为然，于是传令边境守将一律紧闭城门，不得迎战秦军。秦穆公见晋军不敢出战，况且已经收回了失地，还攻克了晋国王官及鄗两座城，憋了三年的气也算是出了，于是带领大军进入崤山，于三年前秦军遇伏之处，收集并掩埋阵亡将士尸骨，杀牛宰马亲自祭奠一番。孟明视等三帅跪在坟前大哭不止，三军将士看见，无不落泪感怀。孟明视当初对阳处父说三年后报君之赐，从公元前627年崤山之败到此时王官之捷，刚好过了三年，他实现了自己当初发下的誓言。

不过，孟明视等人虽然在此次对晋作战中取得了胜利，但这对秦晋对抗的整个大格局来说是没有根本性改观的，秦穆公想要进军中原的战略意图始终无法实现，因为东进的道路已被晋国牢牢扼死。早在晋献公之时，晋献公就看出秦穆公这个女婿很不简单，于是早早将虞、虢两国并入版图，控制了秦国向东发展的交通要道崤函地区，严防秦国势力渗入中原使晋国的利益受到损害；晋文公之时，两国处于蜜月时期，虽然两人内心深处曾有一些隔阂，但在表面上也还未发生大的冲突；到了晋文公离世，秦穆公再也不愿长时间等待，情急之下冒险出击，结果被嗅觉极为敏锐的先轸察觉了意图，果断组织晋军在崤山伏击，秦军全军覆没，秦穆公梦断崤山。

客观来讲，晋军在崤山阻击秦军，实际上不过是其后战国时东方各国联合抗秦的雏形，强大的晋国分裂为韩、赵、魏三国之后，秦国东进，战事也与这三国之间发生得最为频繁，而这三国也被秦国消灭得最早。所以从某种意义上说，晋国对崤函地区的控制，对秦国统一中国的进程产生了一定影响；反过来讲，此时秦穆公对于崤函地区的争夺，也为他的继任者最终吞并东方六国做出了积极的尝试和探索。

而此时的王官之捷，不过是秦穆公为洗刷崤山战败之耻的荣誉之战，因为他虽然夺取了几座城池，但在晋军的据守之下无法再东进一步。面对晋军的深沟高垒，秦军再怎么英勇顽强也是无济于事，因为晋国内部此时并不腐朽，晋军的战斗力也与秦军不相上下，秦国东进的时机远没有到来。

东进不得，只能向西发展。前文曾经提到了由余归秦，由余在公元前625年从西戎归降秦国，向秦穆公献上平戎之策，此时穆公趁着战胜晋军士气高涨，命孟明视等"三帅"率领秦军直击西戎，先后有二十多个小国向秦国归降。秦国的领土面积向西扩张了一千余里，成为西方的霸主。周襄王看到长期骚扰王室的戎狄势力被秦穆王一鼓荡平，为王室解除了心腹大患，于是派召公带着一面金鼓送给秦穆公，向秦穆公表示祝贺。周襄王向秦国送金鼓一事，标志着周王室承认了秦国的霸业。但由于秦国称霸只是在函谷关以西，在某种程度上并不能与齐桓公在中原诸侯国中称霸相提并论，因此史书上称之为"秦穆公霸西戎"，当时秦国的疆域东起黄河，西达狄道（今甘肃省定西市临洮县），南至秦岭，北接朐衍（西戎小国，今宁夏吴忠市盐池县一带），成为当时首屈一指的大国，秦穆公为当时西部各民族的融合和发展做出了一定的贡献。

孟明视等人用实际行动向世人证明了自己，建立了一番卓越的功勋，当然，这番功业的建立与秦穆公的宽宏大度和对他们的充分信任是分不开的。三军易得，一将难求，秦穆公自始至终相信孟明视能成大事，在孟明视屡战屡败之时，其他人都建议撤换孟明视，但秦穆公对待孟明视的态度始终如一，他最后能够报晋之仇并称霸西戎，也就不是什么难以理解的事情了。

秦穆公的宽宏大度，这在史书上是公认的，不仅指他宽厚地对待孟明视等人这一件事情，还有一则《秦穆公亡马》的轶事，很好地佐证了这一点。

秦穆公曾经在岐山出猎，走丢了一匹骏马，他亲自去寻，结果在山下发现有三百多个农夫正把那匹马杀了在吃肉。地方官吏把那三百个农夫全部抓起来，准备处以死刑。但秦穆公说："算了，现在马已经死了，如果我再杀了吃我马肉的农夫，别人一定会认为我爱惜牲畜而贱视人命，马的性命怎么能抵得上人的性命呢？"不但不追究这些田夫的杀马之罪，反而赐给他们美酒说："骏马的肉都是精肉，如果吃了精肉不喝酒的话，弄不好会生病的。"农夫们感念秦穆公的恩德，喝完酒后惭愧地离开了。等到三年以后，也就是前面提到的秦晋韩原之战，秦穆公出兵讨伐忘恩负义恩将仇报的晋惠公，结果被晋兵所围，眼看就要成为晋国的俘虏，突然山脚下三百多人手拿利刃冲进阵地，奋勇救出了秦穆公。秦穆公一问，正是他三年前赦免的那些杀马农夫。秦穆公施仁义于百姓，危难之时得百姓死力相救，其宽容仁爱，可见一斑。

但是，秦穆公在临死之前做了一件大失民心的事情，这件事情直接影响到了后世对他的评价。那就是在他临死之时，遗命让子车氏三子殉葬，国人莫不痛惜。

公元前621年，在位三十九年的秦穆公死，安葬于雍，为他殉葬的活人有一百七十七个，其中包括大夫子车氏的三个儿子奄息、仲行、针虎。这三个人都是善良勇武的贤臣，为秦穆公殉葬之后，秦国的人无不为他们惋惜悲叹，特意作了一首《黄鸟》诗，为他们哀悼。诗中有四句，重复出现在全诗每一阕的末尾，表达了对殉葬这种落后风俗制度的无比愤怒和强烈抗议，也表达了对勇士死非其所的哀痛和怜惜："彼苍者天，歼我良人，如可赎兮，人百其身。"也就是说："苍天啊，你怎么能让善良有才能的人来殉葬，如果可以赎回他们的性命，我们愿意让一百个人去代替他们。"

这种人殉制度表现出当时的秦国虽然已经比较强大，但有些制度风俗还是非常野蛮落后（其他诸侯国也没有完全革除这种陋习，齐桓公发丧之时，也有大量的活人殉葬），同时也使许多人对秦穆公惜才重才宽容爱士的一贯做法有了相当多的质疑，因为既然他那么爱惜人才，为什么还要让人才为他殉葬呢？因此当时一些深明事理的人就评价说："秦穆公兼并了许多小国家，扩大了秦国的版图，东面不输给强大的晋国，西面称霸于戎狄诸国，但他最终没有成为诸侯国的盟主，看来也是有道理的。因为他在离世的时候，就不再顾念他的国家和人民，让治国的良臣为他陪葬。以前一些老国君去世都会留下一些美德善政，而他不但没有做到这一点，居然还夺走了百姓敬重爱戴的贤臣。从这件事情上可以断定，秦国在此后相当长的一段时间内，都不可能再向东征服其他的国家了。"

这段评论确实非常精准，自秦穆公之后，秦国在整个春秋时期以及战国初年，既没有出现过相对出色的国君，也没有出现过较为出色的大臣。政治上极其平庸，国力上也毫无起色，仅仅是让秦国作为一个国家存在了下来而已。

而这些不利局面的出现，也与秦穆公的性格特征有着相当大的关系，那就是大事清醒宽容，小事糊涂急躁。对晋国屡次施以恩惠，却只因为一个临时的决定——私自撤郑之围而与晋国结怨；派兵帮助郑国守城，却又异想天开想要偷袭郑国，结果瞬间由郑国的恩人变为仇人；可以赦免晋惠公，可以宽恕孟明视，可以厚待杀马的农夫，却又在临死的时候让子车氏的三个儿子殉葬，最终英名变恶名，给自己留下了污点。真是太可惜了！

第十五节　楚穆王弑父、"夏日之阳"、赵穿弑晋灵公、董狐笔、赵氏孤儿

秦穆公死后，他的儿子嬴罃（音英）即位，是为秦康公，秦国在春秋史上也自此进入了一个平淡自保的时代。而与秦国遥遥相对的南方之国楚国，接连发生了几件大事情，一代雄主楚庄王登上春秋历史舞台。

先从名将斗勃之死说起。

公元前627年，也就是晋文公死后一年，晋国在崤山伏击秦军的同年秋天，因为陈、蔡、郑等国在城濮之战后被逼无奈与晋国结盟，楚成王派斗勃与斗子玉之子成大心率军攻打陈、蔡。陈、蔡小国，无力与楚军抗衡，再次倒向楚国。晋襄公十分不满，命阳处父带兵攻伐陈、蔡。

其时斗勃与成大心正在攻打郑国，得讯后接楚成王命令立即移师救援陈、蔡两国，在泜水边遇到晋军（泜水，今河南省平顶山市鲁山县、叶县一带沙河），于是隔河扎下营寨。晋军被楚军所阻，前进不得，只好与楚军隔河相持。晋军出发之时，本想速战速决拿下陈、蔡，因此带的粮草都不充足，不料楚国救援及时，晋军耗了两个多月，一直耗到冬天，天寒地冻加上粮草难以为继，阳处父就想退军回国。但毫无缘由地退军，别说是回国无法向晋襄公交代，传出去也会成为楚军笑柄，阳处父想来想去，想出了一个好计策。他派人送给斗勃一封信，信中说："你我就这样耗下去也不是办法，要么我军后撤三十里下寨，贵军渡河，我们决一死战；要么贵军后撤三十里，我军渡河，一决胜负，将军你看如何？"

斗勃接信之后勃然大怒，说晋将欺负我不敢渡河吗？于是就想答应阳处父，让晋军后撤，让楚军渡河。不料成大心提出了相反意见，他说将军您忘了吗，晋

国人从来多诈，不能相信，当初在城濮，也说是后退九十里避让我军，不料却在城濮设下埋伏，其心深不可测，如果我们渡河，他们趁我们渡到一半时突然发起进攻，那我们必败无疑。不如我们后退三十里，让他们渡河。斗勃想想有道理，于是下令让楚军后撤三十里，之后回复阳处父，叫晋军渡河。

不料这正中了阳处父的诡计。阳处父见楚军退后，立即叫人大肆宣扬说："楚将斗勃非常胆小，不敢渡河与晋军开仗，已经率军逃跑了。"之后又对晋军将领说，"既然楚军已经逃归，那我们渡河也没有什么意义，再加上岁末天寒，不如班师回国，等到明年再说。"于是下令晋军回国，并且派人对楚国太子商臣说斗勃受了晋军的贿赂。

斗勃退后三十里等了几天，不见晋军渡河，使人哨探，才知道晋军早就撤退了。晋军既已撤退，那么楚军救援陈、蔡的任务也就算是完成了，于是斗勃也下令楚军班师回国。孰料这一回师，居然要了斗勃的性命。

早先的时候，楚成王想立长子商臣为太子，就征求斗勃的意见。斗勃脾气直率，又缺乏明哲保身的艺术，他不像后来的诸葛亮等人那样，刘备问他立谁为嗣之时，却说这是你的家事，你去问关张，推得干干净净。殊不知立储之事是一个国家仅次于王位之争的重要政治斗争，极为凶险，稍不留意，就会搭上身家性命甚至是被灭族，所以略有政治智慧的大臣一般不敢参与国君立储的讨论，即使迫不得已，也会像贾诩那样绕着弯子说。但斗勃毫不掩饰，他劝楚成王说："我们楚国立太子，大多数情况下都是立年纪小一些的公子对国家有利，而立长子反而不利。国君您现在这么多宠妃，现在立了商臣，以后如果想改立哪个宠妃的儿子的话，商臣肯定不会答应。商臣这个人长着一双马蜂眼，说话声音跟豺狼一样，为人狠毒残忍，如果听到自己的太子之位被废黜，就一定会犯上作乱，所以绝不能立。"但楚成王没有听从斗勃的劝告，而是立了商臣。

商臣因为这件事情对斗勃怀恨在心，一直想寻找机会报复斗勃，此时见斗勃与晋军未打一仗退兵回国，且接到阳处父的消息说斗勃接受了晋人的贿赂，于是立即在楚成王那里告了一状："斗勃收受晋将阳处父的贿赂，想让阳处父回国立功，所以撤军回来了。"

楚成王一听非常生气，不问青红皂白，立即命人赐死了斗勃。可怜斗勃一生为楚国南征北战，立下汗马功劳，只因一言不慎，最后竟然落了这么个下场。

斗勃被赐死之后，副将成大心感觉非常冤屈，他从自己的父亲子玉之死一事上得出经验，只要说明原委，楚成王这个人还是很容易回心转意的，于是立即跑到楚成王面前叩头谢罪，把撤军的前因后果详细叙述了一遍，辩解斗勃并没有收受阳处父的贿赂，只是中了晋国的诡计。

楚成王得知真相后十分悔恨，自此对商臣产生了怀疑。后来因为宠爱小儿子职，就想找个机会杀掉商臣，改立职为太子。

消息传到商臣耳中，商臣还不大相信，于是就向自己的老师潘崇求教。这类小事哪里能难倒老练狠辣的潘崇，他向商臣出主意说："你的姑姑江芈，最近正好从江国（今河南省驻马店市正阳县、息县之间）来到楚国省亲，你何不宴请江芈，故意在宴席上怠慢她，江芈这个人性格非常急躁，如果你怠慢她，她就一定会骂你，这一骂，肯定就会把你父王的真实心意泄露出来，废立的事情就会得到确证。"

商臣立即按计行事，请江芈前来赴宴，却又故意在宴席上与侍女调笑，江芈问话，也假装充耳不闻，江芈果然十分生气，大骂商臣说："没想到你品行如此恶劣，怪不得王兄想要杀掉你而改立公子职。"说完拂袖而去。

废立的消息得到了证实，商臣惶然大恐，立即向潘崇问计，潘崇就问他说："你能安心做一个臣子，侍奉职为国君吗？"

商臣当然不愿意这样做，他回答说："我是长子，我怎么可能向弟弟俯首称臣？"

潘崇又问："既然不愿意事奉职，那么你逃亡别的国家怎么样？"

这仍然不是商臣想要的，他立即就拒绝了："无缘无故的，我能跑到哪里去？再说流亡他国，只能是自取其辱。"

老狐狸潘崇当然不会这么快就说出想要怎么办，他也需要犹抱琵琶半遮面，以此表明实在是被商臣逼迫无奈才替商臣出了这个主意，避免在商臣心中留下狠毒的不良印象，为自己留好后路，也好借此与商臣讨价还价，既然不免要与商臣同流合污，索性将自己与商臣拴在一条绳上，一来避免日后被清算，二来也好趁此机会加官晋爵。

商臣也不是傻瓜，他其实早就知道自己该怎么做，但这话绝对不能从他嘴里说出来，否则难塞天下人悠悠之口，更兼他一人势单力孤，需要潘崇协助他做这一件事情，避免自己直接动手。潘崇经验丰富，智计超群，谋划全面，如果能得到他的帮助，成功的概率就会大得多。于是他不住地哀求潘崇，请他再出个主意。潘崇见火候也已到了，再卖关子就会有趁火打劫之嫌，于是附着商臣耳朵说："想要转祸为福，除非行此大事。"

商臣听了之后立即就同意了："这事我能做到。"于是连夜调集兵士，托言宫中有事，把楚成王的寝宫围了起来。之后与潘崇带领甲士进入王宫，驱散了左右侍卫。楚成王大惊失色，问潘崇想要干什么，潘崇回答说："大王您即位已四十六年，时间实在是有些太长了，楚国人民想要拥立一个新的国君，请您传位给太子。"

潘崇是什么人？是当初楚成王给商臣精心选派的太子师傅，绝对不是等闲之辈。此刻他带兵出现在宫中，楚成王知道等待自己的将是什么样的命运。于是他哀求潘崇说："王位我自当传给太子，请你放我一条生路。"潘崇绝情地回答说："天无二日，国无二君，老国君死了，新国君才能即位，这么浅显的道理，大王您活了这么大岁数，怎么还不明白？"

是的，这个道理太浅显了，楚成王怎么会不明白？但只要有一线生机，他还是想紧紧地抓住。于是他又一副可怜巴巴的样子哀求儿子商臣说："我刚刚命厨师烹制一只熊掌，等熊掌熟了我吃完，死了也就没什么遗憾了。"

这样的自救之计，如若只是商臣一个人，说不定还会奏效，但哪里能骗得过老奸巨猾的潘崇。商臣犹豫着不知道该如何回答，于是将视线转向潘崇，潘崇哪里会上这种当？他声色俱厉地对楚成王说："熊掌不是一时三刻就能煮熟的，大王这样做，是不是想故意拖延时间，好让别人来救您？请您速速自裁，免得让老臣我动手。"说着把衣服上的束带解下来扔到了楚成王面前。

楚成王知道自己已经是难逃一死，于是凄然地问跟在潘崇身后的儿子商臣："我死了之后，你准备给我一个怎样的谥号？"

谥号，是帝王、诸侯、卿大夫或大臣死后，后人根据他们的生平行为给予的一种称号，以褒贬善恶，评价功过，也算是盖棺论定吧。谥号分为褒奖的美谥、同情的平谥和贬责的恶谥。比如晋文公、后世汉文帝的"文"，意思主要是"经纬天地、道德博闻、学勤好问、慈惠爱民"等，是美谥。而比如周厉王、郑厉公的"厉"，就包含"杀戮无辜、暴虐无亲"等意思，是恶谥。再比如后来客死秦国的楚怀王的"怀"，意思是"失位而死、慈仁短折"等，有同情之意，是平谥。当然，晋文公活着的时候，是不能称为"晋文公"的，只能称为"晋侯"，此处的楚成王也是一样，文中为了表达方便，提前使用了他们的谥号。实际上楚成王的谥号，此时正由他本人问他的儿子商臣，看能谥成什么。

商臣显然没有料到父亲会问谥号，情急之下也来不及仔细考虑，于是回答说："谥为'灵'。"

"灵"包含"不遵上命、好祭鬼神、不勤成名、乱而不损"等意，是个恶谥，此后晋国被杀的晋灵公就得了这个谥号，楚成王当然很不满意，于是就摇头拒绝。商臣一看非常着急，为了让楚成王心满意足早点自杀，他赶快又改口说："谥为'成'！""成"的意思极广，但主要的意思是"安民立政、通达强立"等，是个美谥，比"灵"不知要强多少倍。楚成王听到谥他为"成"，觉得自己戎马一生，也算是有所建树，有所成就，一个"成"字，足以得到后人的认可，也能给历史一个交代，于是就点了点头，捡起丢在地上的束带系在了自己脖子上。他叹息说："悔不听斗勃的忠言，以致今日自取其祸，我还有什么可说的？"潘崇命左右力士用力拽扯束带，楚成王被当场勒死于寝宫。此时是公元前626年，也就是城濮之战后六年，晋文公死后二年，秦晋崤之战后一年。

楚成王在位期间，先后与齐、宋等国争霸，与晋国数次交兵，打压郑、许、陈、蔡等国，为楚国扩地千里，将楚国的版图推进到了淮河流域，为楚国的强盛做出了积极的贡献。但他杀死兄长夺得王位，最终又因易储之事被儿子杀死，未善始，也未善终，真是非常可叹。

楚成王死后，商臣在潘崇辅佐下自立为君，后世称之为楚穆王。楚穆王对外宣称楚成王暴病身亡，并向诸侯发出讣告。楚国大臣都知道楚成王被商臣所弑，却都不敢泄露事实真相。原本将要被楚成王改立为太子的职见势不妙，想要逃到晋国去，结果被楚穆王派人杀死。楚穆王将自己原来住的太子宫赐予潘崇，加爵为太师，任以国政。

楚穆王在位期间，先后攻灭江国、六国（今安徽省六安市北）、蓼国（今河南省信阳市固始县东北）等国，楚国势力进一步向江淮地区推进。楚穆王在位十二年而亡，他的儿子熊侣即位，这就是大名鼎鼎的楚庄王。而提起楚庄王，就不能不提起他一生争霸中原的劲敌赵盾——晋国权臣赵宣子。

赵盾自小在翟国长大，当初晋文公与赵衰流亡翟国之时，翟国人将俘获的廧咎如国的两位女子叔隗和季隗分别嫁给了赵衰和晋文公，叔隗所生的儿子就是赵盾。晋襄公即位的第六个年头，中军元帅先且居、中军佐赵衰、上军将栾枝、上军佐胥臣先后离世，这四个重要的位置空了出来。其时，晋文公生前扩充的五军十卿再度被晋襄公裁撤为三军六卿，职位一下子少了四个，一些老贵族失去权位，利益受损，如何平衡新老贵族之间的利益，成为晋襄公亟待解决的问题。晋襄公想让士縠和梁益耳将中军，让箕郑父和先都将上军。但这个想法却遭到了先且居之子先克的反对，先克认为士縠已经是司空了，况且他和梁益耳都没有战功，一下子升为中军将佐，恐人心不服，当然，先克也是有自己的打算的，他最核心的话只有一句："狐、赵有大功于晋，其子不可废。"也就是说，狐偃、赵衰曾为晋国立下汗马功劳，他们的子孙应该优先考虑，而狐、赵之后呢？自然非先轸的子孙莫属。晋襄公想想也确实是这个道理，于是命狐偃的儿子狐射姑（字贾季）担任中军元帅，赵盾为佐，先克为上军将，箕郑父为佐，荀林父为下军将，先蔑为佐。

年轻气盛的先克，凭着一句话捍卫了先氏家族及故旧元勋的利益，但令他没有想到的是，他也因为这个建议，而为自己招来了杀身之祸。士穀、梁益耳、先都埋怨先克一句话断送了他们的大好前程，而箕郑父眼看着要从副手转为正职，也被先克坏了好事，几个人都非常痛恨先克。

不几日，晋襄公的师傅阳处父从卫国出使回来，听说晋襄公任命狐射姑为中军元帅，立即对晋襄公说："狐射姑这个人刚而犯上，不得民心，不是大将之才，国君您如要择帅，最合适的应该非贤能的赵盾莫属。"

晋襄公从谏如流，立即对人事任命进行了调换，将赵盾任命为中军元帅，调换狐射姑为中军佐。赵盾此前已经接替其父赵衰成为晋国的执政大夫，此时执掌中军，立即集军政大权于一身。晋襄公说什么也没有想到，他这一人事变动，直接为晋国创造出了一个足以威胁国君权力的新职位——正卿，即执政大夫兼中军元帅，使赵盾的势力如日中天，没有了制衡之力。晋襄公在世之时，还能凭着先前的威望压制赵盾，而他死后，赵盾无人制约，直接导致了此后晋国的一系列变故。

狐射姑因阳处父一句话失去中军元帅之位，心里对阳处父极为痛恨。

这一年秋天，也就是秦穆公死的同年，在位七年的晋襄公病死。临死之前，他把阳处父和赵盾叫到跟前，将年仅七岁的太子夷皋托付给赵盾等人，请他们辅佐。

赵盾表面上答应，但内心里有自己的想法。他认为当时诸侯国争战不息，立一个年幼的孩子为君，对晋国的发展没有一点好处。晋襄公死后，他立即召集卿大夫开会，提议立晋文公在秦国的另一个儿子公子雍为国君。众卿不敢吭声，而唯一能与赵盾相抗衡的狐射姑则明确表示反对，他说与其立公子雍，还不如立在陈国的公子乐，理由是公子乐的母亲文嬴曾得到晋怀公和晋文公两任国君的宠幸，且陈国是晋国的盟国，立公子乐，既可以加强同盟力量，又可以得到晋国人的拥护。赵盾反驳说："公子乐的母亲侍奉了两个国君，这是淫乱行为，公子乐大国去不了，只能去小小的陈国，说明他的才能也很有限，再说陈国又小，距离晋国又远，发生什么事情也来不及救援，所以立公子乐不合适。而公子雍，他的母亲非常贤惠，因为襄公当了国君，就主动让晋襄公的生母排名在自己前面，为了与翟国结好，让来自翟国的季隗也排名在自己之前。而公子雍到秦国之后，因为好学又有才能，在秦国担任亚卿一职，如果立公子雍，就可以与秦国化解宿怨并结成同盟，秦国既强大又离晋国很近，足以形成外援。综合起来，立公子雍更为合适。"于是命先蔑、士会二人为使，前往秦国报丧并迎立公子雍。

平心而论，此时赵盾主张立公子雍，确实是为了国家的前途和命运着想，如果他想架空国君独揽大权，那么立有才能的公子雍显然是无法做到的。而且纵观他的论据，他在政治上也远比狐射姑要成熟，有远见。但是，赵盾在晋襄公尸骨未寒之时，就公然专权，违背国君的遗愿，擅行废立，这就不免会让其他的大夫感到十分不安。

狐射姑因为职位比赵盾低，朝堂上辩论又辩不过赵盾，感觉自己受到了压制，就想背着赵盾另起炉灶，先把公子乐从陈国接来，就像当初齐国的公子纠与齐桓公一样，谁先回国谁即位。谁知赵盾根本不吃这一套，他命人在半路上杀死了公子乐，狐射姑的计划流产。

狐射姑愤恨地说："狐家和赵家曾经地位相当，如今怎么看上去只有赵家，没有狐家？"他思来想去咽不下这口气，想想自己本已到手的中军元帅，因为阳处父的一句多嘴而成了赵盾的，于是立即把仇恨转嫁到了阳处父身上。经过与续简伯（又名续鞫居）合计，夜晚由续简伯假扮强盗，潜入阳处父家中，将阳处父刺杀。阳处父的家人有认识续简伯的，立即将此事报告给了赵盾。赵盾大怒，在晋襄公的出殡之日逮捕了续简伯并将其斩首。狐射姑惶然大恐，害怕赵盾会追查到他头上，赶快趁夜跑到了翟国，并在翟国住了下来。实际上赵盾只是想杀鸡儆猴，借杀死续简伯来威逼狐射姑就范，倒并不想趁此把狐射姑怎么样，毕竟两家的先辈曾经结下过深厚的友谊。此时见狐射姑出奔，反倒感觉过意不去，于是命人把狐射姑的家眷送到了翟国。狐氏一门，自此退出晋国的政治舞台。

且说太子夷皋的母亲穆嬴，不甘心儿子的国君之位就这样失去，在安葬晋襄公之后，每天都抱着夷皋在朝堂上放声大哭："先君在国内有太子，你们为什么又要到国外去迎立？"等到散朝之后，又抱着夷皋跑到赵盾的家门口，继续接着哭："先君临死之时，把太子托付给你，先君虽然已经离世，但他说过的话还在耳边回响，你如果立了其他人，你又想把这个孩子置于何地？难道让我们母子全都死了你才甘心吗？"

其他大夫都惧怕穆嬴，都私下议论赵盾迎立公子雍是失策之举，赵盾一则不堪其扰，二则害怕将穆嬴的党羽逼急，会联合其他派系发动政变祸及己身，最后不得已屈服了。赵盾经与众大夫商议，立太子夷皋为国君，这就是晋灵公。

实际上从其后发生的事情来看，赵盾之前的主张无疑是正确的，在外经历过忧患的公子们，回国为君一般比较贤明，即使不贤明也不致昏聩，但从小就在本国享受着富贵长大的公子们，容易养成骄奢淫逸不务正业的毛病，不知尊重士大夫，也不知道体恤黎民百姓，品行通常都比较低劣。再说像穆嬴这样的悍妇，有她这样的母亲，能够教育出怎样的儿子，也不难猜得出。如果她知道后来将要发生什么事情，那么她就绝对不会抱着儿子跑到朝堂上去争国君之位，她的这一番抗争，不过是过早地将儿子送进了坟墓而已。而赵盾由于此时没有顶住来自穆嬴的压力，不仅在历史上留下了弑君的恶名，也最终为自己的家族招来了灭门之祸。

赵盾既然已经立了晋灵公，那么公子雍就不能再迎回来了。可是先蔑等人已经奉他的命令去了秦国，怎么办？赵盾的观点是：之前我们想迎立公子雍，那么拥护他的秦国就是我们的朋友，我们欢迎，现在我们不想立公子雍了，那么拥立他的秦国就是我们的敌人，我们必须打。这种强盗逻辑可真是让人瞠目结舌，估计也就只有他这样强势的政客才会翻手为云覆手为雨蛮不讲理，当然，他也有这个底气。当先蔑与秦国大军护送着公子雍到达令狐（今山西运城市临猗县境内）之时，恰与赵盾亲自率领的晋军相遇。秦军以为晋军是来迎接公子雍的，因此毫无防备，孰料晋军发动突然袭击，将秦军打得大败而归。出使的先蔑和士会一看如此，无颜回晋，去了秦国。且说自崤之战以来，秦晋关系就一直很僵，赵盾之前的看法其实更全面，如果能迎回公子雍，与秦国恢复邦交，那么晋国的同盟力量就会强大得多。但是，这个设想被他这一仓促的决定顷刻断送，之后秦晋两国彻底决裂成为世仇，秦国与楚国结为同盟，使晋国在与楚国争霸中陷入两线作战的不利境地，吃尽了苦头。

再说晋国国内，此时也是暗流涌动，趁着赵盾率军外出击秦的间隙，留守的箕郑父与士縠、梁益耳等人秘密串联，想要发动政变，不料赵盾回军十分迅速，几个人的计划搁浅。为了削弱赵盾的派系力量，几个人惶急之下，竟然刺杀了先克。赵盾勃然大怒，令司寇严查。箕郑父等人非常恐惧，想要举兵作乱，但又意见不一，长时间下不了决心，以致被赵盾抢得先机，将意欲阴谋作乱的箕郑父、先都、梁益耳、士縠等五人全部逮捕下狱。

晋灵公的母亲想要通过晋灵公为这五个人求情，结果被赵盾严词拒绝，赵盾说："现在国君年龄小，整个国家的人都在观望，这几个人擅自谋杀有功之臣，如果不加严惩，这个国家还怎么治理？"于是将五人全部处死。

晋国人见赵盾如此严厉，无不战栗恐惧。远在潞国（今山西省长治市潞城市一带）的狐射姑听到后，也禁不住骇然失色，他庆幸地叹息说："我早早跑出来看来是对的，否则也会在这件事情中难逃一死。"潞国的一位大夫就问他说："赵盾和他的父亲赵衰相比，谁更贤能？"狐射姑没有直接回答，而是打了个比方说："赵衰就像冬天的太阳，让人感觉温暖，而赵盾就像夏天的太阳，让人感觉炽烈。"那位大夫笑着说："你是晋国的老元勋了，竟然也如此畏惧赵盾吗？"

确实，赵盾就是这样一个令人如此畏惧的人物。此时他一举杀死箕郑父等五位大夫，迅速平息了晋国内乱，使朝政趋于了稳定，当然，他的势力也开始急遽膨胀。在他的主持下，晋国的三军六卿完全按着他的意愿进行了重组，而这也是晋国历史上首次由卿大夫主持任命三军将佐，此时，赵盾的权力可以说已经完全凌驾于国君之上，年幼的晋灵公没有丝毫的发言权。

且说秦国自令狐之役被晋军偷袭吃了大亏，一直想要报仇。其时蹇叔、百里奚等人均已告老致仕，秦国缺乏谋士，于是秦康公带领逃亡秦国的晋大夫士会，一齐出兵讨伐晋国，夺取了晋国的一座边城。赵盾等人率军迎战，但在足智多谋的士会面前，晋军占不到任何优势。

归国之后，晋国的大夫们对狐射姑和士会流亡在外为别的国家出谋划策深感不安，建议召回这两个人。荀林父建议召回狐射姑，理由是他的父亲狐偃曾为晋国出过大力，应该优先考虑。但这并不是赵盾所期望的，召回狐射姑，就意味着将会有人与他赵盾分庭抗礼，这是赵盾不愿意接受的。关键时刻，新任的上军将郤缺提出："不能召回狐射姑，虽然狐射姑是晋国元勋，但他有擅杀大臣之罪，把他召回来官复原职，那以后谁还会把国法当回事？"他建议召回士会，理由是士会这个人性格温顺且多有谋略，当初跑到秦国也是迫不得已，不是他个人的罪过。再说秦国距离晋国较近，经常骚扰晋国，如果召回秦国的得力谋士，秦国对晋国的危害就会减小。

郤缺是当初晋文公的死敌郤芮的儿子，郤芮被杀以后，郤缺也就成了庶民，不得已到乡下种地。有一天，胥臣偶然路过乡间，发现郤缺的妻子前来给他送饭，夫妻之间相敬如宾，非常有礼，吃完饭之后耕田非常勤劳。胥臣认为这个人不简单，于是就向晋文公推荐了郤缺，经晋文公考察，郤缺果然很有才德，谋略不亚于其父，虽说是罪臣的儿子，但只要政治立场与他的父亲不同，那就可以重用。经晋文公、晋襄公两代，郤缺凭借其上乘的表现稳步向前，到了赵盾执政，获得了赵盾的极大信任，成为赵盾的派系。此时他提出的主张，也完全符合赵盾的意愿，于是立即就被赵盾采纳了。经过谋划，赵盾上演了一场苦肉计，他让大夫魏寿余假装叛乱，然后扣留了魏寿余的家人，魏寿余趁势逃到了秦国。魏寿余跑到秦国之后，声称要将魏地献给秦国，并提出要和士会一起回魏地劝说魏人降秦，秦康公没有怀疑，于是让士会跟着魏寿余去了魏地，结果士会顺利回到了晋国。秦康公如此不明，也难怪秦国国势日衰，逐渐走了下坡路。

在这期间，晋国与楚国对郑、陈、宋等盟国进行反复争夺，折腾得这几个国家苦不堪言，只好楚国来了与楚国结盟，晋国来了与晋国结盟，一直持续到楚穆王死了之后才以晋国独占上风而告一段落。

公元前613年，也就是楚穆王死的第二年，由于刚继位的楚庄王纵酒淫乐，不问政事，于是诸侯全部倒向晋国。赵盾主持与宋、郑、卫、曹、许、陈六国的国君在宋地新城（今河南商丘柘城东北）结盟，晋国再度控制中原诸侯，只有蔡国不肯附晋，赵盾派郤缺进攻蔡国，蔡国得不到楚的救援，都城被攻陷，只好向晋军乞降。

公元前610年，赵盾再度主持与诸侯在扈地（今河南省新乡市原阳县境内）会盟，楚国在中原的盟国全部改附晋国。赵盾以一个诸侯国大夫的身份，连续两次代表晋灵公召集诸侯会盟，使晋国的霸业得到维持，可说是名扬天下，威震诸侯。

然而，这种局面并没有维持太久，其一是楚庄王已经亲政，南北战略局势开始发生微妙的变化；其二，晋灵公渐渐长大了，他也有了他自己的想法。

晋灵公确实是在福窝里长大的，从小不愁吃不愁穿，处处有人侍候着，要多优越有多优越。但是，这仅仅是物质上的，在精神上，他少年的自尊已经使他意识到，他不过是个傀儡，一个木偶，因为他说话没有人会听，虽然他是个国君。在上朝议政的时候，赵盾说什么，那就是什么，大臣们都在看赵盾的脸色，赵盾不高兴，大臣们大气都不敢出，而他不高兴，谁都不会当一回事。晋灵公没有任何社会阅历，也从未带过兵出过征，没有积累任何的威望和经验，所以面对赵盾的专权，他根本不知道该怎么办才好，他的母亲或许会为他出一些主意，但一个见识有限的妇道人家,她的主意在足以将诸侯玩于掌股之间的赵盾面前,根本就不值一提。既然无法正常行使国君的权力,那么晋灵公也就退而求其次,追求物质上的享受,再加上少年顽劣的天性,他做出了一些出格的事情。

晋灵公十分宠信屠岸击的儿子屠岸贾,命屠岸贾为他修建了一座花园,花园里种植奇花异草,每到春天,桃花开得十分艳丽,因此这个花园又被称为桃园。晋灵公又让屠岸贾在桃园里修建了三层高台,只要登上高台,晋国都城的大街小巷便尽收目中。晋灵公拿着弹弓,站在高台上用石子射击路边的行人,看到路人被石子击破脑袋击伤面部狼狈逃窜的样子,晋灵公感觉非常快乐。又养了一条大狗,每次出行都让人牵着,看谁不顺眼,就让狗上前去咬,狗通人性,知道晋灵公想干什么,于是上前就咬断无辜之人的脖子,看见的人无不战栗。晋灵公在朝堂上没有发言权,于是就拿身边的下人出气,有一天他让厨师给他烹制熊掌,但熊掌那东西需要慢慢烹煮,一时三刻根本做不熟,晋灵公大发脾气,竟然将厨师杀了大卸八块,然后叫宫女们盛在筐里抬了出去。赵盾和士会看见,感觉实在过分,于是就跑去劝谏,但晋灵公充耳不闻。

劝谏的次数一多,晋灵公立即就对赵盾心生恨意,于是派了一个杀手去刺杀赵盾,结果刺客趁着凌晨无人时潜入赵盾家里一看,赵盾早已穿好朝服准备上朝,因为时间还早,所以坐在那里闭目养神。并且赵盾贵为正卿,家里的陈设却丝毫不显得奢华。刺客见赵盾如此勤政俭朴,觉得不杀赵盾有违君命,杀了赵盾为国害贤,只好自杀而死。晋灵公无可奈何,只好又借宴请赵盾之名,预先在周围埋伏甲士,准备在席间杀死赵盾。

却说早先的时候,赵盾有一次在首山(即今山西省永济市境内中条山西南端雷首山)打猎,看见桑树下有个人饿得奄奄一息,于是就送给他食物。这个饥饿之人名叫灵辄,他把食物吃了一半就留了起来。赵盾非常奇怪,就问他原因,灵辄说:"我到外地学当小吏已经三年,现在刚刚赶回来,路上断了粮。我不知母亲是否健在,想把剩下的一半留给母亲吃。"赵盾非常感动,认为他非常孝顺仁义,于是又给他添了些饭和肉。后来灵辄到晋国宫中做了一名卫兵,而这之后的情况赵盾不知道。

这个时候晋灵公请赵盾前来饮酒,并准备借机杀死他,这件事情被灵辄知道了。酒宴开始之后,灵辄知道晋灵公的甲士还没有齐备,担心赵盾醉酒之后无法逃走,于是就上前禀报说:"国君赐臣子酒,酒过三巡就可以结束了。"他想以此提醒赵盾,让赵盾赶在晋灵公下诛杀令之前离开,以免遭到杀身之祸。其时的赵盾，早已无法认出多年以前救助过的那位饿汉，不过立即会意并起身离开。晋灵公见阴谋败露，由于埋伏的武士还没有会齐，于是就命人先放出一只凶猛的大狗去追咬赵盾。赵盾的车右提弥明上前替赵盾拦住恶犬，然后将恶犬杀死。赵盾说："放着人不用而用狗，虽然凶猛，又有什么用呢？"

此时晋灵公的武士追了出来，车右提弥明被武士所杀，灵辄挺身而出，持戟反击其他的那些卫兵，奋勇保护赵盾，赵盾最终得以安全脱身。赵盾询问灵辄保护他的原因，灵辄回答说："我就是当年桑树下的那个饿汉。"赵盾非常感慨，就问他的名字，但灵辄并没有告诉赵盾，之后就逃亡了。

赵盾被灵辄所救之后，准备与儿子赵朔一齐逃亡翟国或者是秦国。但尚未逃出国境，就从国内传出消息，他的堂弟赵穿已经杀了晋灵公，并派人前来迎接他回去。赵盾返回晋国，继续当他的执政大夫兼中军元帅。因国不可一日无君，赵盾派赵穿将晋文公的另一个儿子黑臀从周都洛邑迎回来立为国君，是为晋成公。这一年是公元前607年。

对于国君晋灵公被杀这一重大事件，晋国的史官董狐在史书上写道："赵盾弑晋灵公。"然后遍示朝中的大夫们。赵盾感到非常委屈，就问董狐说："国君死的时候我不在国内，怎么能说是我弑杀国君呢？"董狐回敬说："你是晋国的正卿，你逃亡的时候并没有离开晋国国境（按当时的普遍惯例，只要大臣出了国境，就标志着已经与国君恩断义绝，再没有义务去追查弑君者），回来后又不追究弑君者的罪行，你说你不是主谋，说出去谁会相信呢？"赵盾又问："还能不能改？"董狐回答说："头可断，史不可改。"赵盾叹息说："史官的权力比我这个正卿的权力大多了，后悔我没有跑出国境，以致背上了万世骂名。"后来孔子读史读到这一段，称赞董狐和赵盾说："董狐是个好史官，写史不替人隐瞒过失，赵盾也是个好大夫，因为礼法规则背了恶名。"董狐的这种做法在后世被称为"董狐笔"，与后来齐国崔杼弑杀齐庄公后齐国太史的做法非常相似，有"在齐太史简，在晋董狐笔"的说法，比喻直书不讳。

或许赵盾就是在这一场变故中彻底清醒，做忠臣，是没有好下场的，做权臣，架空君主，才可以呼风唤雨并确保自己的生命无虞。

晋成公的名字有些古怪，那是因为出生前他的母亲做梦有一个神人用黑手往他的屁股上涂墨，所以叫黑臀。晋成公即位之后的第一件事情就是昭告天下，说晋灵公被杀时赵盾并不知情，况且弑晋灵公的是赵穿而不是赵盾，所以赵盾无罪。另外，赵穿也罪不至死，需要戴罪立功。亲耳听闻了这场变乱的晋成公，自被迎立之日起，早就明白了该以怎样的态度对待赵盾，如果与赵盾对着干，下场就会和侄子晋灵公一模一样，而只有一切顺着赵盾的意愿，才是最明智的选择。

晋成公的妥协为赵盾专权提供了更为便利的条件，他在晋国设立公族大夫一事，再度加速了卿族势力对国君权力的渗透和瓦解。晋成公即位的第二年，赵盾向晋成公提出，将他的三位异母弟赵括（不是战国时纸上谈兵的那位）、赵同、赵婴齐立为公族大夫，因为这三人的母亲是晋文公的女儿赵姬，当初赵盾和他的母亲叔隗从翟国回来后，经赵姬提议，将叔隗立为了正室夫人，赵盾立为世子。因此赵盾在这里名义上是为了表彰赵姬的贤德，实际上是为了壮大赵氏家庭的势力。赵盾提议将他的三位异母弟立为公族大夫，这事若是在其他国家绝对是笑话一桩，因为其他国家的公族都是由国君的直系同姓组成的。比如晋襄公即位，那么公子雍公子乐都是公族，但晋国自晋献公以来，大肆屠戮曲沃桓叔曲沃庄伯的子孙，并把自己的儿子逼死的逼死，赶走的赶走，其后形成传统，除了世子，其余的公子全部出居国外，形成了晋国无公族的局面。此时赵盾提议设立公族大夫，并不是好心地想要照顾晋国宗族的公子们，而是向卿士们的嫡子倾斜。权力掌在赵盾手里，晋成公自无不允，于是赵氏兄弟被任命为第一任公族大夫，全部入朝为官。设置公族大夫是对晋国君权的一次致命打击，因为此举使卿权日强，君权益弱，这就好比一棵大树，主干越来越细，但旁枝越来越粗，那么早晚有一天，旁枝就会替代主干。晋国于两百多年后被瓜分，赵盾在此时切下了最致命的一刀。

赵氏家族的势力急速膨胀引起了许多人的担忧，不仅有世卿，也有真正的公族，还有国君。赵氏遭遇灭族之灾，与此有着莫大的关系。公元前601年，赵盾死。他活着的时候权倾朝野，死了之后备极哀荣，谥号为"宣"，含"圣善周闻、能布令德、力施四方"等义，与西晋宣帝司马懿同谥，可见时人对其评价之高、敬畏之深，后世多尊称其为赵宣子、赵孟（赵家老大）、宣孟。赵盾是春秋史上诸侯国中最有权势的一位正卿，有"第一权臣"之称，在他执政期间，他像国君那样发号施令，调集众臣并号令诸侯，不仅复兴了晋文公、晋襄公时的晋国霸业，而且在与楚国的争霸中始终占据着上风，享有绝对的不容抗拒的权威，赵氏家族盛极一时。赵盾死后，他的儿子赵朔世袭爵位，执政大夫兼中军元帅一职由与赵家关系密切的郤缺继任。一年后，晋成公死，晋成公的儿子晋景公即位。

接下来赵氏被灭族有两个版本，其一是为司马迁的《史记》所记载的"赵氏孤儿"版本，冯梦龙的《东周列国志》亦承此说。

晋景公即位后三年，晋灵公当年的宠臣屠岸贾被任命为司寇，专管司法工作，他开始追查当初杀死晋灵公的人，而赵盾，自然是他第一个想到的。屠岸贾认为赵盾当初主谋杀死了晋灵公，但晋成公不仅没有追究他的责任，反而任以国政，使赵氏子弟遍布朝中，并且仗着家族势力横行霸道，如此罪不讨，法不行，怎么能令国人信服？因此劝晋景公下令族灭赵氏一门。屠岸贾的提议，可说是正中晋景公的下怀。卿权日强，但君权日衰，虽说赵朔没有他的父亲赵盾那样强悍，对君权的威胁也相应减弱，但晋国世卿势力的强大却已成为不容忽视的问题，必须想办法遏制。但赵氏是晋国第一强族，且对晋国的强盛立下不可磨灭的功勋，诛灭赵氏，天下舆论怎么看？晋景公不敢贸然做出决策，他采取了谨慎的态度，去征求大臣们的意见。其时赵盾精心培养的接班人郤缺已死，大臣之中除了韩厥，几乎再没有人愿意为赵家说好话，因为赵家太强大了，不仅威胁到了君权，也早就妨害了其他世卿的利益。既然大臣们态度如此，为了晋国公室的利益，晋景公也就痛下决心，借屠岸贾公报私仇这个有利的时机，剪除赵氏这个最大的世卿家族，只要诛灭赵氏一族，其他的卿族就自然会收敛许多，君权的集中，卿权的削弱，似乎已是指日可待的事情。

担任司马的韩厥自小是被赵盾收养大的，与赵家关系较为亲密，他得知晋景公已同意诛灭赵氏的消息之后，立即暗中通知赵朔，叫他赶快逃跑，但赵朔不愿意那样做。他认为当初他的父亲赵盾就是因为晋灵公要杀他时逃跑，才背上了恶名，如今屠岸贾奉晋景公之名要杀他，绝对不能躲避，否则又会背上叛国的罪名。但赵朔又不愿意让赵家后继无人断了香火，他的妻子庄姬是晋成公的姐姐，当时刚好有孕待产，于是赵朔托付韩厥，不论妻子生男生女，请他日后照看自己的后代，韩厥答应了下来。之后庄姬悄悄躲进晋景公的宫中，而赵氏一门，包括赵同、赵括等人，都被屠岸贾带兵尽数杀死。

庄姬躲进王宫之中，晋景公也不想把事情做得太绝，因为庄姬毕竟是他的姑姑，但屠岸贾却不行，因为斩草必须除根，虽说他今日杀死赵家人一半是为了替晋灵公报仇，但一半也是替晋国的未来着想，如果他给赵家留下复仇的种子，那么将来被灭族的就又会是他屠岸家。于是屠岸贾就提出，如果庄姬生的是个男孩，那就必须把男孩杀掉，以免将来长大后复仇，晋景公同意了。

过不多久，庄姬果然生了个男孩，因与赵朔死别时曾有约定，如果生子是男，就起名为赵武，因此这个孩子就叫赵武，后世多称为赵氏孤儿。屠岸贾得知消息后，立即前往宫中搜捕，庄姬将孩子放在裙子下面的底裤里，向天祈祷说：

"如果上天要让赵氏灭绝,那么你在搜查时就会不可预料地哭出声来,如果上天要让赵氏延续血脉,那么你就不会出声。"结果屠岸贾在前来搜查时,男婴奇迹般地一声没吭。屠岸贾再怎么着急,也还不至于无礼到对庄姬搜身的地步,于是带着士兵离开了。但躲过初一躲不过十五,孩子留在宫中终究是不安全,赵盾原来的两个家臣公孙杵臼和程婴就想方设法把婴儿带出宫,然后藏了起来。屠岸贾为了得到婴儿,不惜重金悬赏,声称若有人能提供婴儿下落,即赐千金。公孙杵臼问程婴:"营救婴儿和慷慨赴死相比,哪一个更困难一些?"程婴说:"当然是赴死容易,营救婴儿非常难。"公孙杵臼说:"那好,赵家对你非常好,那么你就去做营救婴儿这件难做的事,让我去死吧。"两人商议已定,然后从别处找来了一个婴儿,由公孙杵臼带到深山藏了起来。之后,程婴以一个可鄙的告密者的身份出现在了屠岸贾面前,说他知道赵朔的儿子藏在哪里。屠岸贾非常高兴,立即带人跟着程婴前去,抓到了公孙杵臼和假的赵氏孤儿。当着屠岸贾的面,公孙杵臼大骂程婴见利忘义不得好死,而程婴则假装满面羞惭恼羞成怒,劝屠岸贾赶快杀掉公孙杵臼。两人的苦肉计演得十分逼真,屠岸贾信以为真,于是命人杀死了公孙杵臼和假赵武。之后,程婴在韩厥帮助下将婴儿带到外地,并将他抚养成人。

赵氏被灭门固然令一些人幸灾乐祸,但更多的人还是对他们寄予了深深的同情,因为赵盾虽然是个权臣,但他对晋国做出的贡献也是有目共睹,迷信的人们自觉不自觉地把一些重大的自然现象与他们家的变故联系在一起,认为是神的旨意。十五年后,晋景公年老,患了重病,备受病痛的折磨,于是就通过占卜的方式来预测吉凶。巫师告诉他,晋国有一个立下大功的家族被诛灭,是他们的神灵在作怪。晋景公一听,就知道说的是赵家。他知道其他的大臣都对赵家漠不关心,只有韩厥自始至终牵挂着赵家。于是把韩厥找来,问他赵家是否还有后代。韩厥从晋景公眼里看到了他在病痛面前对死亡的恐惧,知道他想要通过弥补赵家来减轻他的痛苦延续他的生命,于是就把赵武还活着的消息告诉了晋景公。晋景公于是决定让赵武继承赵家的爵位和封地。在国君新的决策面前,其他的大臣立即见风使舵,声称当初赵氏灭门与他们无关,将罪责全部推到了屠岸贾身上,于是屠岸贾被灭族。

如果说当初晋景公默许屠岸贾族灭赵家是顺水推舟,那么他此时下令将屠岸贾灭族就是错上加错。晋国就像即将被六卿瓜分的一块肥肉,而晋景公此时无情地将试图阻止这一切的帮手屠岸贾出卖。避免晋国堕入万丈深渊的最后一道河堤被晋景公亲手斩断，可想而知，以后哪一个人还愿意为了维护国君的权力去做无谓的牺牲呢，明哲保身并维护好自己家族的利益才是明智之举。

《史记》和《东周列国志》中都说屠岸贾是在未经请示晋景公的情况下就直接杀死了赵朔全家，实际上这是站不住脚的，屠岸贾仅仅是一个司寇，他的权力和威势远远比不上之前名震天下的赵盾，赵盾活着的时候每做什么事情都还要向傀儡一般的晋灵公进行一些程序性的报告，更何况是处在握有实际君权的晋景公时期的屠岸贾。许多人因为屠岸贾灭了赵氏全家就说屠岸贾是个奸邪小人，那么屠岸贾最后被灭族又该由谁来承担罪责呢？其实这里面最根本的原因是过不多久晋国就已经灭亡，晋国史官失去了运用逻辑思维重新评价这段历史恩怨的机会，为维护晋国利益而搭上身家性命的屠岸贾，自然就不会再有人提起并为他平反昭雪。而相反，赵盾的后人却建立了一个新的强大的国家——赵国，按照成王败寇的传统和为尊者讳的惯例，那么赵家被灭是冤案而行刑者屠岸贾是奸臣的结论，也就是极其顺理成章的事情了，因为没有哪一个人会平白无故地去为一个跟自己毫无瓜葛的人喊冤叫屈而甘愿得罪一个强大的国家。况且，屠岸贾所维护的君臣纲常这些东西，是抽象的、无形的，一般人看不见也觉察不到的，而他带着兵士进入王宫想要杀死赵家仅剩的一个幼儿的行为，却是具体的、有形的、看得见的，且令人切齿痛恨的，所以当屠岸贾被灭族的时候，许多人忽视了屠岸一家老幼的鲜血，只感觉到了大仇得报的酣畅和快意，屠岸贾这个名字也就被贴上奸臣的标签，一直被人唾骂至今。

但是，这个两千多年来感动无数人的"赵氏孤儿"版本，却是虚构的，也就是说，是假的，屠岸贾也被冤枉了。司马迁在写《史记》的时候，本着"为尊者讳、为贤者讳、为亲者讳"的原则，采信来自战国时的传说，重新编写了这个故事，而且他对主要人物的关系也有点混淆，庄姬不是晋成公的姐姐，而是晋成公的女儿。下面再来看真实的《左传》版"赵氏孤儿"。

《左传》中记载的"赵氏孤儿"事件很简单。赵盾死后没多久，赵朔也死了。那时候上层宫廷风气淫靡，通奸行为较为普遍，尤其是公室女子，在私生活上很不检点。赵朔死后的谥号是"赵庄子"，因此他的妻子在他死后才可以被称为庄姬。《左传》中记载此事年代非常贴近，那时就已把她称为庄姬，由此可以证明赵朔早死，而其后才发生了"赵氏孤儿"事件。庄姬在赵朔死后寂寞难耐，竟然与赵朔的叔叔赵婴齐通奸。赵家毕竟是名门望族，发生这种丑事很令赵同和赵括恼羞，两人本来就与赵婴齐有矛盾，于是借此运用赵氏家族族长的权力把赵婴齐赶到了齐国。赵同和赵括的行为令庄姬感到非常痛恨，这个备受情欲煎熬的女人，在失去情夫伤心之余竟然跑到弟弟晋景公面前进谗言说，赵同和赵括有不臣之心，想要谋反。晋景公虽然不相信赵同和赵括会谋反，但是，赵氏一党的飞扬跋扈目中无人也是令他十分反感的，赵婴齐的行为固然令人不齿，但赵括和赵同也不是道德完美的谦谦君子。他们与先轸后人先縠的拙劣表现令晋景公极为恼火。客观来讲，赵氏族人的任性妄为和骄横不知收敛是促使赵氏遭遇灭族之祸的主要原因（具体在后面邲之战中讲），还有郤氏等贵族的排挤争权也是很重要的原因，而庄姬的诬陷却是一个导火索。晋景公想要诛灭赵氏的原因综前所述，他及时地利用了庄姬进谗这个时机，将赵同、赵括灭族。而庄姬则带着儿子赵武躲到了晋景公的宫中，赵家确实就只剩下赵武一个人。屠岸贾连赵氏妇孺老幼都不放过的恶行纯属子虚乌有，自晋灵公死后，他就再没在史料中出现过，《东周列国志》中的说法是晋灵公死后赵穿想要杀死屠岸贾，但赵盾不同意，最终放过了他。但很可能的情况是，依赵盾强悍狠辣的行事风格，屠岸贾很有可能是在晋灵公死后就被灭族。赵氏孤儿的处境也远没有文学作品中描写的那般悲惨。他自小在晋景公的宫中长大，衣食无缺，也不必担心有哪个人会来暗杀他。晋景公临死之前恢复了他的爵位，到了晋悼公时代，年轻英武的晋悼公不仅恢复了晋国的霸业，驾驭群臣以及笼络群臣也驾轻就熟，赵武受到晋悼公的青睐和器重，赵氏一门就此复兴，并最终建立了战国七雄之一的强国赵国。这个时候反观庄姬，她貌似愚蠢丑陋的举动中可能暗藏着精明，因为她让自己的儿子赵武取代赵同赵括一支成了赵氏的宗主。

　　不过不论哪种版本，赵氏曾经被灭族却是不争的事实，这一切，赵盾知道吗？或许，他活着的时候，也隐隐会有一些预感吧。据说赵盾生前曾经做了个梦，让人占卜的结果是到孙子一辈时赵家会衰败，不过其后又会渐渐好起来。但人对自己死后的事情是无能为力的，他只能尽力地做好活着时想要做的事情，运用他的一切聪明才智和他所掌控的国家资源，与他的强劲对手楚庄王争雄。

第十六节 一鸣惊人、问鼎中原、神箭手养由基、艳后夏姬、贤内助樊姬、贤相孙叔敖

楚庄王在刚即位的前三年里,不问政事,或者外出设围打猎,或者在宫中与妃嫔纵酒淫乐,政务全部由成嘉(时任令尹,斗子玉的儿子、成大心的弟弟)、斗般、斗椒等人处理。大臣们看在眼里,急在心里,而楚庄王命人在宫门口挂起"敢进谏者,杀无赦"的牌子。其时,楚国的处境十分被动,楚穆王活着的时候,将楚国的势力推进到淮河、汉水流域,在中原也还有几个盟国,但在赵盾的强力压制下,这几个盟国很快得而复失,楚穆王终其一生,也无法突破赵盾设置的防线向中原迈进一步。楚穆王死后,赵盾更是两次召集诸侯会盟,声望达到顶峰。而反观楚国国内,却处于一种极不安定的动荡之中,而这种动荡最初是由令尹成大心的死引起的。

城濮之战后子玉自杀,蒍吕臣被任命为令尹,但他任职差不多一年时间就死了,若敖氏的势力依然强大,当时的楚成王一则是为了弥补对斗子玉的愧疚心理,二则是相比于其他的若敖氏族人,成大心还算是比较贤能且为人谨慎谦和的,于是任命成大心为令尹。到了楚穆王死的前一年,成大心病故,楚穆王又任命成大心的弟弟成嘉为令尹,这就立即引起了若敖氏家族其他成员的极度不满。亲附于若敖氏家族的舒国(今安徽省合肥市庐江县西南古舒城)、宗国(今安徽省六安市舒城县东南)及巢国(今安徽省合肥市巢湖市一带)等相继发动叛乱,成嘉与潘崇率军平叛。公子燮(音谢)与斗克(斗子文之孙、斗班之子)奉命镇守郢都。孰料成嘉等人识人不明,此二人早有反叛之心,公子燮本想当令尹,谁知却输给了成嘉,心中意甚不平;而斗克,他早先在戍守边境时被秦军俘虏,直

到秦军崤之战后败给晋军，秦国急欲联楚制晋，才把他放回，斗克返国后认为自己为秦楚联盟立下大功，结果却没有得到重用，心中也有怨气。趁着郢都空虚，二人宣布郢都戒严并派人行刺成嘉，结果阴谋败露。成嘉和潘崇迅速回师围攻郢都，公子燮与斗克无力抗衡，竟然挟持楚庄王突出郢都，准备另立政权。但途经庐邑（今湖北省襄阳市西）时，却被庐邑大夫设计杀死，楚庄王这才得以脱身并返回郢都。

但动乱远没有结束，楚国又发生了大饥荒。巴国（今重庆市渝中区）东部的山戎族趁机侵扰楚国的西南边境，东方的夷、越民族也借机入侵楚国的东南边境，一直臣服于楚国的庸国也鼓动各蛮族部落造反，不久前才被楚穆王征服的麇国（今湖北十堰市郧阳区境内）也集结兵力准备进攻郢都，一时之间，楚国各地纷纷加强戒备，楚国百姓人人自危，几乎都有濒临灭国的感觉。

但楚庄王却依然不急不躁，外部发生的这一切都似乎跟他无关，他依然在饮酒作乐，进谏者死的警示牌，仍然高高地悬挂在宫门口。大夫伍举想要劝谏，但碍着楚庄王"敢进谏者，杀无赦"的命令，他不好直接说出来，于是就编了个谜语让楚庄王猜。其时楚庄王左手抱着郑姬，右手搂着越女，正在观赏歌舞，看到伍举进来，就问："你是想来喝杯酒，还是想看看歌舞，要么是有什么话要对我讲？"伍举回答说："刚刚有人给我讲了个谜语，我猜不着，但我想英明的大王您一定猜得着，所以就来请您猜一猜。"楚庄王自然非常好奇："什么谜语？"伍举说："有一只大鸟，它身着五彩的羽毛，落在楚国的高山上，已经三年了，但不飞也不鸣，不知道这是一只什么鸟？"楚庄王知道伍举是在借鸟讽谏，于是就回答说："这不是一只凡鸟，它不飞则已，一飞冲天，不鸣则已，一鸣惊人（成语'一鸣惊人'的来历），大夫你就等着看吧。"伍举知道楚庄王领会了自己的意思，于是就高兴地退下了。

谁知道伍举空欢喜一场，好多日子过去了，楚庄王却什么动静也没有，仍旧淫乐如故。大夫苏从看不下去了，于是又跑去进谏，看见楚庄王就开始大哭。

楚庄王很奇怪，就问："大夫你什么事情这么伤心？"

苏从说："我哭我马上就要身死，而且楚国也快要灭亡了。"

楚庄王十分惊讶："你为什么会死，楚国又为什么会灭亡？"

苏从回答说："我想向您进谏，但您不听，肯定会杀死我，我死了之后楚国就再没有人敢向大王您进谏，到那个时候，大王您随心所欲，不理朝政，那么楚国的灭亡，也就为期不远了。"

楚庄王非常生气，呵斥苏从说："我曾发下命令，如有进谏者一律处死，你明明知道这一点，还跑到我面前来惹怒于我，不是太愚蠢了吗？"

苏从说："我当然很愚蠢，但大王您却比我更愚蠢。"

楚庄王更加恼怒："为什么说我更愚蠢？"

"大王您现在只知道从早到晚听音乐、赏歌舞，耽于淫乐，但从来不过问政事，不亲近贤才，现在晋国这些大国在外面进攻，庸国等这些小国在内部叛乱，您只满足于眼前的一时安乐，却不知道维护楚国长久的利益，这岂不是比我更愚蠢？下臣我愚蠢，不过是丢掉自身性命，但只要大王您杀死我，后世就会把我奉为比干那样的忠臣，可是大王您呢？如果楚国灭亡了，您即使想当个普通的老百姓，也不是一件容易的事情。我的话讲完了，请大王杀死我吧。"

楚庄王突然站了起来："大夫您说的都是忠言，我会听您的。"之后立即屏退了郑姬、疏远了越女，并开始听政。

许多史料表明，此时的楚庄王，倒并不是真的沉溺酒色，他是在麻痹若敖氏，并在暗中观察和寻找可以忠心辅佐他并能够击败若敖氏的力量。而此时隐言讽谏的伍举和犯颜直谏的苏从，正是他内心属意的人选。

楚庄王亲政之后，立即进行人事大换血，处死贬退了几百名不称职或者亲附若敖氏的官吏，提拔了数百名有才能且不是若敖氏党羽的官员，将部分国政任以伍举、苏从和蒍吕臣的儿子蒍贾，以分若敖氏之权。之后率师亲征，联合秦国、巴国及蛮族部落讨伐叛乱的庸国。前方将士见楚庄王亲临前线，士气大振，庸国被一战而灭，楚庄王取得了亲政后的第一场胜利。这一年是公元前611年，恰是楚庄王即位的第三年。

楚庄王撤换官吏并消灭庸国，感觉内部已趋于稳定，便立即产生了北上争霸的念头。其时虽然晋国的大权仍然掌在赵盾手中，但晋灵公已经长大，他不仅在国内任性妄为，在国际上也干出了几件令晋国霸主蒙羞的事情。

公元前613年，齐国的齐昭公死，齐桓公密姬所生的儿子公子商人发动政变，杀死齐昭公的儿子舍，然后自立为君，是为齐懿公。世子舍的母亲子叔姬是鲁国人，她见儿子死于非命，于是整日放声大哭，向齐国人诉说儿子的冤屈。齐懿公非常厌恶，就把她关了起来。子叔姬为了脱身，只好派人偷偷地去娘家鲁国报信。其时齐国势大，鲁文公不敢与齐懿公直接交涉，于是向周王室求援，希望王室出面调停将子叔姬释放回鲁。孰料齐懿公见到王室使者，不仅不从命，反而找了个借口将周王室的使者扣押了起来，并痛恨鲁国拿周王室来以大压小，于是起兵伐鲁。鲁国闻讯，急忙向盟主国晋国求救。赵盾接报后，立即亲率大军前去，准备好好教训一番齐懿公，孰料刚走到半路，却接到了晋灵公退兵的命令，赵盾莫名其妙，回来一问，才知道是晋灵公收了齐国的贿赂，赵盾气得无可奈何。

但这还不是唯一的，公元前611年，宋国也发生了同样的弑君事件。宋昭公（宋襄公之孙、宋成公之子）有个庶弟叫公子鲍，长得非常英俊，宋襄公守寡的夫人（周襄王的姐姐）老而不检点，非常迷恋这位庶孙的相貌，于是就逼着和他私通。公子鲍不同意，于是襄公夫人就以君位作为交换条件引诱公子鲍，公子鲍同意了。在襄公夫人巨大的财力支持下，公子鲍向国人广施恩惠收买民心，然后杀死宋昭公自立为君，是为宋文公。晋灵公得知消息后，于是命荀林父为将（荀林父不是赵盾的嫡系，因此晋灵公任他为将大有深意），率郑国、陈国和卫国的军队讨伐宋国。有齐懿公做榜样，宋国如法炮制，向荀林父行贿，并盛称宋文公深得民心。荀林父不顾郑国等盟国的反对收下贿赂，不仅不讨伐宋国，反而给宋文公正了名分之后才退军。晋国的盟主地位，因此遭到诸侯们的无情嘲笑。郑穆公就气愤地说："我们耗费军马钱粮跟着晋国，本来是讨不君之乱贼的，谁知道现在晋国只知道贪欲受贿，一点信义也不讲，看来他们的霸业是不会长久了。"恰逢此时楚国复强，郑穆公一气之下，背弃晋国与楚国结盟。其他的中原国家见晋国君臣不和，也开始动摇，暗中派人与楚国接触。

晋楚争霸的天平开始向楚庄王倾斜，这个时候，陈国的陈共公病死，楚庄王故意不派人前往吊唁，陈国一气之下与楚国断绝关系，与晋国结盟。陈共公的做法正中楚庄王下怀，于是他亲率大军攻打陈国，并进攻宋国。楚国大军出击，赵盾没有选择与楚军正面交锋，而是选择了"围郑救宋"，派晋军攻打郑国，想迫使楚军撤去围攻陈、宋的军队。同一年冬，赵盾为了摆脱被动局面，想与秦国求和。但采取的策略是攻击秦国的属国崇国（今陕西省西安市户县一带，原有崇国旧址），准备趁秦国前来救崇时再与秦国议和，但秦国不为所动。赵盾的计划落空，只好移兵攻打背盟的郑国，试图让郑穆公回心转意。

为了分散晋国打击的压力，楚庄王命令郑国出兵攻打晋国的盟国宋国。郑国公子归生率兵攻打宋国，宋文公派华元、乐吕带兵迎战。双方在大棘（今河南省商丘市柘城县西北）展开大战，结果宋国军队大败，宋国主帅华元当了俘虏，副将乐吕被杀，尸首也被郑军所收。郑国缴获宋军战车四百六十辆，生俘二百五十人，割下了一百名宋军阵亡将士的耳朵。

说起这场战斗中宋军惨败的原因，竟然缘于一个毫不起眼的车夫。原来在大战之前，宋军主将华元为了激励士气，于是杀羊犒劳将士，但在忙乱之中，却忘了给他的车夫羊斟分一份羊肉，羊斟为此非常怨恨华元。等到郑、宋两军交战，羊斟恨恨地对华元说："之前分发羊肉，是你做主，今天驾车，是我做主。"（畴昔之羊，子为政，今日之事，我为政。）于是驾着车载着华元冲进了郑军阵中。郑军因此毫不费力地生擒华元，宋军群龙无首，惨遭败绩。

车夫羊斟的这个做法，后世称之为"各自为政"。意为各自按自己的主张办事，不互相配合。比喻不考虑全局，各搞一套。羊斟的行为受到了人们的强烈谴责，《左传》评价他说："羊斟真的不是人，因为私人的怨恨，竟然祸国害民，对他该用多大的刑罚呀？《诗经》上所说的人要是没有好德行的那些话，说的不正是羊斟吗？他残害人民以畅快自己的心意。"羊斟为此遗臭万年，因为他把一份羊肉看得比国家利益还重。

羊斟其实并不是这个车夫的本名，他应该没有名字，羊斟，就是分羊肉的意思，历史用"羊斟"做他的名字，可见用意之深刻。

华元被擒之后，宋文公筹备了一百辆战车、四百匹毛色华丽的良马，想从郑国赎回华元。但宋国的战车和良马还没有全部交割给郑国，华元就自己逃了回来。他回来之后，站立在城门外面，让人报告宋文公，得到允许之后才进去。华元见到羊斟之后，质问他说："是你的马要跑到郑军阵中吗？"羊斟倒也并不掩饰，他说："不是马要去的，而是人让去的。"之后逃到了鲁国。

为了防止楚国、郑国再一次来围攻宋国，于是宋文公下令加固城墙，华元作为主管，前去巡视督察工程。筑城的人见华元前来，于是就唱歌讽刺他打败仗之事说："鼓着他的眼睛，挺着他的肚子，丢弃了衣甲又回来了。络腮胡子呀络腮胡子（华元胡须茂密），丢弃了衣甲又回来了。"华元觉得宋军战败不是自己的问题，于是让他的骖乘也用歌声来回答筑城的人说："牛皮还有很多，犀牛的皮子更多，丢弃了那些衣甲也没有什么！"筑城的人继续挖苦他说："纵然有牛皮和犀牛皮，油漆弓箭的丹漆又从哪里来呢？"华元听了之后无奈地说："快走吧，他们嘴多我们嘴少，说不过他们。"

郑、宋两国之间的这场战事以宋军战败而收场，而晋、楚之间的争霸还将继续。秦国为了报复晋国攻打崇国，于是出兵围攻晋国的焦邑（今河南省三门峡市陕县）。秦、晋二国的关系一度变得紧张。赵盾率兵前去救援，秦军闻知晋国大军到来，于是解围而去。

赵盾解了焦邑之围，于是联合卫国、陈国攻打郑国，以报复郑国在大棘击败宋国。楚庄王不愿意让好不容易得来的盟国轻易失去，于是命斗椒为将，率大军前去救援郑国。楚兵来势凶猛，赵盾一则担心与楚军正面交锋会两败俱伤，二则担心晋灵公会在国内对他不利，于是虚晃一枪，高调地宣称："若敖氏家族就快要灭亡了，姑且让他们继续助长一下嚣张气焰。"于是率兵悄然而退，斗椒救郑的目的达到，于是也率兵回国。

赵盾在外与楚国争霸处于下风，在国内的境况也是异常糟糕，其时晋灵公与赵盾已是水火不容，之后便发生了晋灵公被杀事件。晋灵公死后，晋成公即位，他将政务完全交给赵盾处理，晋国内部趋于稳定，赵盾才得以将更多的精力投入到与老对手楚王的争霸中。公元前606年，也就是晋成公元年（实际上是他即位的第二年，他即位的当年即公元前607年按照惯例算晋灵公末年），晋成公即与赵盾亲率大军攻打郑国，大军抵达郔（今河南省郑州市南），逼近郑都，郑穆公担心遭遇灭国之祸，只好奉行楚来从楚、晋来从晋的外交策略，再次选择与晋国结盟。

郑国重新倒向晋国，楚庄王自然不会甘心。同年春天，楚庄王亲率大军攻打陆浑之戎（今河南省洛阳市嵩县东北一带），到达洛水，眼见周都洛邑近在眼前，于是率兵继续北上，把营寨扎在周王室的边境并摆开阵势进行军事演习，借此向周王室示威。

其时的周天子是周定王，周襄王于公元前619年死去，死后周王室财政拮据，连丧事都没法办理，继位的周顷王无法，只好向鲁国讨钱，等到鲁国把钱送到，丧事都拖到了第二年，也真是够让人唏嘘叹息的。周顷王于公元前613年春病死，其子周匡王即位，周匡王即位六年后死，其弟周定王即位。

而周定王刚刚即位，就遇上了强悍的楚庄王观兵周疆，立时吓得不知所措，于是派大夫王孙满前去楚营中劳军，借此一探楚兵虚实，看楚庄王到底想干什么。王孙满曾于公元前627年有过一次精彩亮相，二十一年前他还是个小孩子，但准确地预言了秦军将会失败的结局，此时前来慰劳楚军，又会有什么精彩的表现呢？

楚庄王见到王孙满，双方客套一番，互致宾主之意，之后楚庄王就问："请问大夫，我听说当年大禹治水成功以后，将天下分为九州，并铸九口大鼎，夏、商、周皆奉为传国之宝。我对九鼎非常感兴趣，很想知道九鼎究竟有多重，有多大，是什么形状？还请大夫你详细地为我讲一讲。"

前文曾经说到过九鼎，九鼎如同后世的玉玺一样，是天子权力的象征，并不是不管什么人都能问的，否则将会被视为僭越犯上，有篡逆之心。周王室强盛的时候，谁要是敢这样一问，不被定个不臣之罪才怪。而此时周王室衰微，楚国又强，楚庄王名义上是表示对九鼎很好奇，实际上是想借此向周王室炫耀武力，看能否将周天子取而代之。

王孙满何等聪明之人，怎么会听不出楚庄王的弦外之音？虽然东周的地盘一天比一天小，实力一天比一天弱，但至少还有个天下共主的空架子，再加上他们这些聪明绝顶的大夫还在，王室的尊严还是要维护的。于是他正色对楚庄王说："导致朝代更迭的是德而不是鼎，当年大禹治服洪水之后，用九州进贡的金属铸成了九口大鼎，象征天下九州。夏桀无道，所以九鼎就归了商朝，商纣残暴，所以九鼎又归了周朝。如果国家有德，九鼎就算很小，但也会很重，别人无法随意移动；如果国家无道，九鼎就算很大，但也会很轻，会被别人轻易迁走。当年周成王把九鼎安放在太庙的时候，占卜的结果是周朝可以传三十位国君，享国七百余年，现在周德虽然已经衰微，但还远没到可以被取代的时候。所以九鼎有多重，大小形状如何，并不是你随便能够问的。"

楚庄王被王孙满义正词严地训斥了一番，脸上实在挂不住，于是自我解嘲地说："九鼎有什么了不起，把我们楚国兵器上的铁尖折下来，就足以铸造九鼎。"他没有想到衰朽的周王室居然还有才能如此出众的大夫，周王室的实力看起来也并非像他想象的那般孱弱，感觉此时取代周王室还不是时候，于是传令移兵，向东边的郑国进发。

楚庄王虽然被王孙满抢白了一番悻悻而退，但他陈兵周疆问鼎轻重的举动，已经标志着楚国的实力达到了一个前往未有的顶峰。这桩轶事在历史上被概括为一个成语，叫"问鼎中原"，比喻试图夺取政权的行为。

楚庄王剿平陆浑戎并向周王室示威之后，志得意满地前往郑国，试图威逼郑国重新与楚国结盟，郑穆公哪里能禁得起晋、楚两个大国的轮番折腾？重病惊吓之下一命归天。伐人之丧在当时来说是极不道义的行为，之前秦穆公趁着晋文公离世之际偷袭滑国，就背上了伐丧的恶名受人唾骂，此时的楚庄王又怎么能做出同样的事情？于是楚军在郑郊稍做停留之后，开始班师回国。孰料，一场来自国内的政变早就在等待着他们的到来，楚国王权与若敖氏之间的矛盾，达到了最为尖锐不可调和的时候。

成嘉死后，楚国令尹由斗子文的儿子斗般担任，斗般的堂弟斗椒是个野心勃勃的人，一直想要攫取更高的权力，于是和若敖氏的政敌蒍贾串通起来诬陷斗般，楚庄王正想削弱若敖氏的势力，趁机处死了斗般，担任司马的斗椒如愿以偿地被任命为令尹。而若敖氏的死敌蒍贾，则由工正（掌管百工）升任为司马。斗椒与蒍贾合谋除掉斗般之后，两人的合作旋告结束，矛盾开始激化。自楚成王时代，蒍氏就成为王室打压若敖氏的一枚有力棋子，此时更是如此。斗椒对蒍贾极端厌恶，对王室也是极其不满，此时趁着楚庄王带兵外出，于是纠集族人围攻蒍贾的住所，杀掉了蒍贾，之后率兵发动叛乱，想要截断楚庄王的归路，使楚庄王像当年的太康一样失国流亡。

楚庄王对若敖氏的戒心实际上一刻也没有消除，所以在出征时特意留下了蒍贾，作为牵制若敖氏的力量。但他说什么也没有想到，斗椒这么快就发动了叛乱，并且拔掉了蒍贾这一颗钉子。

其时楚庄王正在平灭陆浑胜利而归的路上，听到郢都兵变，立时感到震恐异常，因为他太熟悉斗椒了。

斗椒还很小的时候，他的伯父斗子文就劝弟弟斗子良说："你这个儿子行为举止就像熊虎一样，声音就像豺狼一样，你一定要把他杀掉，否则将来使若敖氏灭族的，就一定是他。"但斗子良怎么会因兄长的一句话就把亲生儿子杀掉？他拒绝了斗子文。斗子文非常担心自己的家人会被斗椒牵连进去，于是在临死的时候，把儿子斗般叫到跟前，特意叮嘱说只要斗椒当了令尹，就赶快带着家人逃命，不要被牵连进去。谁知斗般很不以为然，不仅没有出逃，反而继斗子玉的两个儿子成大心和成嘉之后担任了楚国的令尹。但子文对楚国内部的政治斗争已是洞若观火，因为他从楚成王在城濮之战中不顾让楚国遭受吃败仗的后果而支持蒍氏打压斗子玉一事上早就觉察到了端倪，而斗般被斗椒诬陷一事，则更是证明了他的先见之明。

斗椒不仅亲自参加了著名的城濮之战，而且在其后的晋楚争霸中屡次独立将兵，他在军中有着较高的威信，楚军士卒多对他怀有畏惧之心，因为他不仅英勇善战，有着丰富的作战经验，而且还是个神箭手，身怀必杀技，当年他带领楚军将士冲锋陷阵的时候，楚庄王还在襁褓里咿呀学语。可想而知，此时楚庄王面对叛乱的斗椒，会是什么样的恐惧之感。

楚庄王不可能带着跟他出征的将士流亡到别国去，但与斗椒对决，他又信心不足。于是楚庄王就提出条件，让楚文王、楚成王、楚穆王三王的子孙们全部当人质，并赦免斗椒擅自杀死蒍贾的罪行，希望能与斗椒讲和。但斗椒并不接受楚庄王提出的条件，因为事实已经明摆在那里，楚庄王对若敖氏的打压绝不会停止，今天他与楚庄王讲和，那么明天等楚庄王坐稳椅子，他就会成为第一个被清洗的对象。

楚庄王见斗椒不肯妥协，只得率军上前迎战。王军在位于今湖北省襄阳市的漳河两岸集结，并与若敖氏之军在皋浒（襄阳市西）相遇。斗椒军来势凶猛，王军看见皆有惧色。为了激励士气，楚庄王亲自上阵擂鼓助威，阵前斗椒见庄王出战，立即催车前进并开弓射击，一箭正中庄王车中鼓架，楚庄王大惊失色，躲闪不及从车上摔了下来。左右急忙相救，拿盾牌为庄王遮箭，斗椒的第二箭又到，直把盾牌射了个透亮。楚庄王见势不妙，急教退兵，斗椒引军来追，却被左右两军截住，斗椒追王不及，只得退去。

王军退后二十里下寨，楚庄王命军士把斗椒的箭取过来观看，只见他的箭不仅箭杆比一般的箭要长，而且箭头也比一般的箭要锋利。军士们看见，无不恐惧失色。当天晚上，士兵们三三两两地聚在一起，都说令尹神射，再战下去，恐怕是败多胜少。楚庄王见军心动摇，赶快命人在军中散布假消息说："之前楚文王听说戎蛮造的箭非常锋利，于是就命人去求，戎蛮向文王进献了两枝样箭，名叫透风骨，一直供在楚国的太庙里，谁知道却被斗椒偷了去，今日斗椒已经用完了两枝箭，明天他再没有这样的箭了，大家不必害怕。"将士们听到之后将信将疑，不过军心却已渐渐稳定下来。

既然王军与斗椒军正面交锋丝毫占不得优势，那就只能改变战术，楚庄王于是诈称要退兵到随国去，联合汉江以东的小国共同来讨伐斗椒，之后便带着军队向汉东方向撤退。而暗中命公子侧（子反）、公子婴齐（子重）各率左右两军伏于前方要路。斗椒听说楚庄王退兵，立即带着大军从后赶来，追了一天一夜，追出二百多里，谁知道却只追到王军部分将官，并不见楚庄王踪影。

斗椒心中生疑，传令大军停止追击原地休息。刚准备埋锅造饭，不料公子侧、公子婴齐两路伏兵一齐杀出，斗椒的军士没吃早饭，再加上一夜急行军，又困又乏，此时又解散队伍不成行列，抵挡不住两路大军的夹击，于是立即四散奔逃。斗椒心中十分慌乱，赶快命人原路返回，孰料撤了一程，才发现来路上刚刚经过的一座桥被拆断了。原来楚庄王假称要到随国去，撤了一程之后就散开队形在路旁埋伏了起来，等斗椒军一过，立即命人拆断了河桥，斗椒军在前方遭到王军左右两队的夹击，无力抵挡败退回来，谁知归路又被切断，只好沿着河岸一路前行，准备找水浅处渡河。

正找之间，楚庄王中军却再次出现在河对岸，高声大叫要擒拿斗椒。斗椒大怒，命令士卒隔河放箭。王军中有一名校官大声喊叫说："斗令尹，河这么宽，你让你的士兵隔河放箭，怎么能射得着？我听说令尹是个神箭手，不如让我和你比一比，每人各射三箭，看谁射得中？"

因为只是个小小的校官，斗椒并不认识，于是就问："你是什么人？"

对岸回答："我是楚王帐下小将养由基。"——春秋时期第一神射手由此闪亮登场。

养由基，楚国平舆（今安徽省阜阳市临泉县）人，他从小练习射箭，所以技艺十分精湛。他力大无穷，能拉开千石的硬弓，因此射出的箭不仅射程较远，而且杀伤力极大，普通的士兵大多只能射穿一层铠甲，而养由基可以一箭射穿七层甲。当然光是这几点，还不足以被称为神箭手，他被称为神箭手是因为百发百中，命中率非常高，而且别人射过来的箭，他还可以不费吹灰之力就接住。

楚国还有一个叫潘党的人也擅长射箭，有一次他在校场上射箭，在五十步之外连发三箭，三箭全都射中了红心，围观的士兵全都大声喝彩。养由基见状走上前说："五十步之外射中红心，那有什么难的？我站在百步之外，射一片柳树叶给大家看看。"一枚柳树叶有多大？只有人的眉毛那么宽，形容女子容貌的"杏眼柳眉"，正出于此。并且，柳叶长在柳树上，柔软而不固定，并且还会随风摆动，要想射中柳叶，那无异于痴人说梦。士兵们听到养由基这样夸口，全都不相信，潘党也冷冷地站在一边，看养由基怎样圆这个大话。养由基更不申辩，命人在百步之外一片杨柳叶上涂上颜色，然后一箭射去，果然正中树叶。

潘党不服气，又在三片树叶上涂上颜色，并标上序号，让养由基再射，养由基并不推辞，站在百步之外引弓放箭，三箭下去，箭箭命中，士兵们欢声雷动，潘党也心服口服。成语"百步穿杨""百发百中"即来自此。

传说其后有一次楚庄王外出射猎，看到树上有个白猿，就命令士兵们围住射击，结果箭射过去之后，全都被这个白猿轻轻接住，楚庄王于是叫后队中的养由基来射。等到养由基来到跟前，那个白猿看到养由基弯弓搭箭的姿势，以及他比他人长出不少的箭杆，就知道自己这次是躲不过了，于是立即抱着树身悲戚地哀号起来，声音非常绝望。养由基拽满弓，然后松弦放箭，一箭射去，正中白猿心窝，白猿中箭掉于树下，围观的将士立即欢声雷动。

春秋第一射手的名字，由此名扬天下。

但是，也有人对养由基如此出色的技艺表示了不屑和轻蔑，这个人就是楚庄王的儿子楚共王。公元前575年晋楚发生鄢陵之战（今河南许昌市鄢陵县西南），战前，楚军进行军事操练，养由基照例表演穿甲七层的绝技，将士们全都赞不绝口，只有楚共王看到后在旁冷冷地说："决定战争胜负的是谋略，不是一两枝箭。今天你凭着这些雕虫小技在这里卖弄，他日就一定会死在这种技艺上。"于是在鄢陵之战中，命神箭手养由基背着空箭囊上了战场。结果作战期间，发生了诡异莫测的事情，身为全军统帅的楚共王竟然被晋国将领魏锜（魏犨的儿子）放暗箭射瞎了一只眼睛。楚共王暴怒异常，立即把养由基叫来，递给他两枝箭，命令他把放冷箭的晋将射杀。养由基不说箭多箭少，接过箭之后，策马追入晋军阵中，只一箭，就使魏锜伏箭而亡，然后把剩下的另一枝箭交还给了楚共王，意思就是，我根本用不着两枝箭，只需要一枝就足够了。因为他射杀同一个人从来不需要第二枝箭，所以楚国人都把他称为"养一箭"。

不过在这个时候，养由基这个"养一箭"的名号还没有叫响，所以许多人都不认识他，更别说是一人之下万人之上的楚国令尹了。

斗椒听说养由基要与他比箭，不住地冷笑，在楚国，谁不知道他斗椒是个神箭手？与他斗椒比箭，真可以说是班门弄斧、自寻死路。于是他非常轻蔑地说："你要与我比箭，那也可以，先让我射你三箭再说。"言外之意就是，你真是不知天高地厚，我一箭射死你，看你还跟我比什么？但令斗椒没有想到的是，养由基竟然答应了，不仅答应了，还说不许躲闪。

于是斗椒站在河对岸，尽力射出了第一箭。他感觉养由基必死无疑，谁料箭射到跟前，养由基拿着弓梢拨了一下，箭偏了方向，掉进了水里。斗椒又射出第二箭，箭到跟前，养由基往下蹲了一下，又避了过去。斗椒两射不中，不满地大声抗议说："你说不许躲闪，怎么会下蹲避箭？"养由基说："好，这一次我不躲，你还有一箭，如果你这次射不中，就该着我射了。"斗椒前两箭放空，心里多少有些不安，这最后一箭，他尽量放稳，瞄准，然后射了出去。养由基果然不躲不闪，但箭到跟前，他突然张开嘴，用牙齿把箭头准准地咬住了。

斗椒看得目瞪口呆，白白地射了三箭，结果一箭也没有射中，想到马上就要让养由基来射，他心里非常不甘，想要反悔不让养由基来射，堂堂楚国令尹又怎么能在众目睽睽之下做出这种不守信用的事情来？实际上斗椒不知道，在他主动提出自己先射三箭并让养由基躲过前两箭之后，他的死期也就到了。因为"不准躲闪"的游戏规则既已设定，前面还可以违反规则钻空子，但越到后面制度的约束性就越强，想要钻空子也就会越来越难。

轮到养由基射箭，他把一枝箭搭在弓上，虚张声势拉满弓弦，然后大声喊叫说："令尹看箭。"斗椒听得弓弦响，赶快躲了一下，谁知道养由基的箭根本就没有放出。他见斗椒躲避，立即大叫道："说了躲闪不是好汉，怎么还躲？"斗椒回敬说："你如果怕人躲闪，说明你的水平也高不到哪里去。"养由基又拽弓弦，斗椒又躲，躲了之后才发现箭仍然没有射出，但就在这时，养由基放出了箭。要知道冷兵器时代速度最快的武器就是箭，如果近距离射击，速度高达百米每秒。而在现代的热兵器战争中，人们都说子弹不长眼，意思就是子弹的速度很快，实际上手枪子弹的速度也才三百米每秒左右，步枪子弹的速度较高，在九百米每秒左右。可想而知，速度高达手枪子弹三分之一的弓箭，有着怎样的杀伤力和致命性，更何况是力大无穷的神箭手养由基射出的箭。斗椒哪里会料到这一着，一下子被长箭射穿脑袋，当场死于非命。

斗椒军中的将士见主将中箭身亡，群龙无首立时大乱，公子侧、公子婴齐两路追兵又从背后杀来，斗椒军慌急之下沿河乱窜，被王军尽数追杀，除了少数人逃脱之外，几乎全军被歼。斗椒的儿子斗贲皇在一伙死士保护下逃往晋国，被晋国用为大夫。三十一年后，晋楚鄢陵之战，晋厉公采纳斗贲皇之策，大败楚军于鄢陵，自那以后，楚国对中原的争夺开始走下坡路，国势亦转向衰微。当然，这都是后话了。

养由基一箭射死叛军首领，使叛乱迅速平息，楚庄王大加赏赐，命养由基率领亲军，掌车右之职。养由基自此名扬楚国。

不过遗憾的是，养由基后来竟然果如楚共王所说的那样，死在了自己擅长的射艺上。公元前559年，楚国和吴国发生战事，两军战于离城（今安徽省六安市舒城县西），养由基自请出战，由于依仗神射技艺，再加上轻敌冒进，结果中了吴军的埋伏。

吴军知道陷入阵中的是神箭手养由基，之前他们不知道吃了养由基神箭的多少亏，所以认真研究对付养由基的策略，然后发明了一种用铁皮包裹的铁叶车。

吴军见养由基被包围，立即推出了铁叶车，将养由基围困在中间，车内藏的都是吴国的射手，养由基的射艺再神也派不上用场，因为箭射出去全被车上的铁皮所挡，而藏在车内的吴军射手可以毫无顾忌地发箭。养由基无处躲闪，最终死于万箭之下，与隋唐时的神箭手王伯当身亡的场景毫无二致。

养由基的下场，正应了那句俗语"淹死会水的、打死犟嘴的"，令他命丧万箭之下的那场吴楚之战，其实只不过是场小战役，他根本没有随军参战的必要，但他仗着自己是神射手，不顾主帅的劝阻非要出战，以为吴军只要闻己之名就会不战而逃，但事实根本就不是那样，因为这个世界上有的是善啃硬骨头的人，只有击败最强大的敌人，也就是所谓的克星，他们的能力才会显露出来，他们存在的价值也才会显现出来。况且一个人如果强大到一定程度，他的对手就一定会想方设法研究他的弱点并伺机置他于死地，否则，对手还怎么竞争？历史还怎么发展？

许多身怀绝技的人，为了保住自己的名声，往往会做出一些违犯普遍准则的事情来，养由基也不例外，他为了维护自己"养一箭"的名号，可以射杀哀叫的猿，可以用欺诈的方式射死斗椒，甚至可以在晋军阵中趁魏锜不备用暗箭取他的性命——尽管魏锜的做法也很卑鄙，但总是让人有一丝不怎么光明磊落的感觉。楚共王的话不无道理，绝技只是很小的一个方面，谋略才是取胜之道，养由基或许并不明白这个道理，他只知道自己神箭无敌，但他没有想到再无敌的人，也会被人用最笨拙的方法击败，尽管那些吴兵的箭法一点也比不上他的华丽。如果他在成名后能多一些反思，多一些稳练，那么他完全可以避免轻敌身亡的下场。后世的关羽同样如此，斩颜良之时，就是趁其不备发动了突然袭击斩杀了颜良，等到声名鹊起之时，就自以为青龙偃月刀天下无敌，结果骄傲自满，中了吕蒙的计策，落了个中伏身亡的下场，不能不说是非常可悲的事情。

不过人总是有缺点的，养由基只是一个专业的射艺人才，他不是谋略型的将才，所以也不能对他有太多的苛求，他能凭着自己的技艺在历史上留下他的名字，光凭这一点，就足以让人们肃然起敬。

楚庄王大获全胜班师回郢，将若敖氏一族不论老幼尽行屠戮。斗般的儿子斗克黄其时正出使齐国，回国时路过宋国，惊闻若敖氏全族被诛的消息。随从们都劝他不要回国了，但斗克黄认为自己正在出使，使命还没有完成，坚决表示要回去。

回到郢都之后，斗克黄交接完手续后自请入狱，他对司法部门的官员说："我的祖父斗子文曾说斗椒有造反之相，日后必将使家族被灭。临死前又再三嘱咐我父亲逃走，但我的父亲在楚国这么多年，受国君这么多恩惠，怎么能忍心跑到别国去？结果被斗椒所杀。今日若敖氏被灭族，也正应了我祖父的预言，我不幸生在若敖氏家族，又没有听从祖父的教诲，今日被杀，也是理所当然的事情，又怎么敢逃避刑法呢？"

楚庄王听到后，叹息着说："斗子文难道是神仙吗，预料怎么会这么准确？

他为治理楚国立下那么大的功劳，我又怎么忍心让他绝后呢？而斗克黄明知道自己回来会被处死，但他仍然回来向国君复命，实在是忠义可嘉。"于是赦免了斗克黄，并让他官复原职。

楚庄王诛灭若敖氏家族之后，强化中央集权，将朝政大权收归己有，楚国内部也趋于稳定，楚庄王北上争霸，将不再有后顾之忧。

但楚庄王在消除内讧凝聚力量积极为北上争霸做准备的时候，晋国内部也发生了相当骇人的晋灵公被弑事件，随着晋成公即位，赵盾独揽大权，晋国内部的分歧也在赵盾的强硬手腕下趋于无限小。而晋国一旦没有内耗，各方力量形成合力，它强大的一面便立即显露了出来，这使楚庄王在与晋国争霸的过程中，竟然丝毫占不得上风。

在剿平斗椒叛乱稳定楚国内政之后，楚庄王连续两次率兵攻打郑国，郑国不肯屈服，但楚国大规模的军事行动却吓坏了与楚国毗邻的陈国，陈国选择了与楚国结盟。为对陈国施压，晋国也连续两次率兵攻打陈国，并于公元前602年，邀请周王室与郑、宋、鲁、曹、卫等国在晋国黑壤（今山西省晋城市沁水县西北）会盟，楚庄王对此亦无可奈何。

又过了一年，赵盾死了，楚庄王本以为晋国没有了赵盾将会一盘散沙实力大减，孰料继任的执政大夫郤缺也不简单，他虽然不具备赵盾那样的强硬手腕，但他在团结众卿凝聚人心等方面的做法似乎比赵盾更值得称道，晋国内部仍然是铁板一块。公元前600年，晋成公召集宋、郑、卫、曹等国会盟，并派亲信将领荀林父讨伐陈国，试图树立自己的威信并走出后赵盾时代的阴影，但是非常可惜，晋成公并没有如愿以偿，因为就在这一年，他的生命也走到了尽头。国中大丧，荀林父伐陈不成，只得率兵回国。楚庄王见有机可乘，于是率兵北上，再度争夺郑国，郑军难以抵挡强大的楚军，只得向晋国求救，郤缺戴孝出征，晋、郑联军与楚军大战一场，很不幸地，楚军战败，楚庄王引着败军回国。

不过楚军虽然战败，但也使一贯骑墙的郑国感到震恐。战后一年，郑国为了缓和与楚国的关系，与楚国私下结盟，消息传出，晋国深为不满，联合宋、卫、曹三国共同伐郑，见联军来势凶猛，郑襄公无奈只好再次倒向晋国。对于晋国这种反复无常的行为，楚庄王感到十分恼怒，于是再次率兵攻打郑国，却不料被联军再次击败于颍水，楚庄王率败军郁郁而归。

楚国虽然两战皆败，但实力却没有大的损耗。楚庄王也清醒地认识到，郤缺虽然不具备像赵盾那样压倒一切的权威，但他的谋略和稳健是严厉的赵盾所略逊一筹的，在他的"恩威并施"下（对于服从晋国的诸侯，就施之以恩，对于不服从的诸侯，就用武力去征讨。战国时的法家用"刑赏二柄"来描述，秦汉以后的政治家开始用"恩威并施"或"恩威兼施"来描述，但这个政治理论最早由郤缺形成），中原各国所组成的防线有力地阻遏了楚国向北发展的势头。楚庄王明白一时难与强大的晋国争雄，只好将视线转向周边的小国。

恰在此时，陈国发生了弑君事件，楚庄王一见机会来临，立即打着为陈国平乱的旗号，攻打陈国。

陈国的陈灵公被弑，完全是因为他的荒淫放荡和厚颜无耻引起的，当然，也与一位风流淫荡的美艳女子有着直接的关系。这位女子就是在中国春秋史上有着第一美女之称的夏姬。

夏姬是郑国郑穆公的女儿，她在春秋史上的知名度，可说是比她朝秦暮楚名闻诸侯的父亲还要高上几分。夏姬早先许配给陈国的公子夏御叔，因此称为夏姬，生了个儿子名叫夏征舒。在许多野史和传说之中，都说夏姬有采阳补阴之术，据说夏姬十五岁的时候，做梦有一个奇异的仙人与她交合，传授给她吸精之法，专为采阳补阴，所以她在四十多岁的时候，看上去还像十多岁的少女一样年轻。夏姬未出阁之前，就与她的庶兄公子蛮私通，结果不到三年，公子蛮就死了，等到嫁给夏御叔，儿子夏征舒刚满十二岁，夏御叔也死了，人们都说他们死于夏姬的采阳补阴之术。夏姬年纪轻轻就当了寡妇，但生性风流的她不甘寂寞，竟然同时与陈国的两位大夫孔宁、仪行父及陈灵公发生了奸情，并把自己的贴身内衣赠送给君臣三人。陈灵公和两个大夫不以为耻，反以为荣，竟公然在朝堂上穿着夏姬送给他们的内衣炫耀取乐，令陈国正直的大夫们很为不齿，有位叫泄冶的大夫就去劝谏，结果刚出朝堂，就被孔宁和仪行父安排的杀手杀死。

夏征舒成年后，陈灵公为了取悦夏姬，让夏征舒世袭了夏御叔的爵位和官职，担任陈国的司马一职。有了这一桩恩赐，陈灵公等三人更是冠冕堂皇地找借口前往夏征舒家中饮酒取乐，伺机与夏姬私通。已经长大成人的夏征舒非常恼怒，但碍于君臣之分，一直隐忍。但忍无可忍的事情还是发生了，有一天，君臣三人又在夏姬家中饮酒，看到夏征舒进来，竟然当面侮辱他。陈灵公对孔宁和仪行父说："瞧，征舒长得多像你们，是你们两个人的儿子吧？"孔宁和仪行父反过来对陈灵公说："征舒长得也像国君您，应该是国君您的儿子吧。"说完之后肆无忌惮地放声大笑。这几句话就像引爆炸药库的导火索一样，立即将长久以来蓄积在夏征舒心底的怒火点燃，他再也无法忍受这样的奇耻大辱，立即安排甲兵，携带弓箭包围了宅院。陈灵公闻讯急忙逃往后院，想要躲入马厩，夏征舒紧追不舍，就在马厩中将陈灵公射杀。孔宁和仪行父趁着夏征舒追赶陈灵公的间隙脱身，思量在陈国已无容身之地，于是逃往楚国。陈灵公所立的太子妫午听到国君被弑，逃往晋国。夏征舒于是自立为君。

孔宁和仪行父逃往楚国，并不敢提起君臣因为淫乱而被杀的事情，只是说夏征舒弑杀陈侯，请楚庄王出兵平乱。楚庄王早有吞并陈国之意，只是苦无良机，此时机会来临，怎么能轻易放过？于是大起三军，杀奔陈国而来。陈国本就弱小，又刚刚经历了一场变乱，再加上夏征舒弑君自立还没有树立威望，怎会是楚军的对手？被楚军长驱直入，占了城池，夏征舒被杀，夏姬被掳。

夏姬的美色很令楚国君臣垂涎，楚庄王想把她纳入后宫，但大夫屈巫劝谏说："这绝对不行，大王您出兵伐陈，是为了讨伐夏征舒的弑君之罪，但现在如果将夏姬纳入后宫，就是贪恋女色。大王您讨伐夏征舒是义举，而贪图女色则是淫乱行为，以正义起始而以淫乱作结，没听说过哪一个霸主有这样的行为。"楚庄王感觉有理，于是打消了纳娶夏姬的念头。见楚庄王不纳，其他的大夫立即动了心思，将军公子侧恳请楚庄王将夏姬许配于他，但又被屈巫阻止，屈巫说："不可以，这个女人是世间极为不祥之物，就我知道的来说，公子蛮为她夭亡，夏御叔为她丧身，陈灵公为她送命，儿子夏征舒受戮，两位卿士孔宁、仪行父出亡，陈国遭遇灭国之祸，试问又有哪一样称得上吉祥？况且天下美貌女子不可胜数，何必偏偏要娶这个淫荡的妇人，为自己招来不必要的麻烦？"公子侧反问道："你说这个女人我娶不得，难道你想娶不成？"屈巫急忙辩解说："我也不敢娶。"

楚庄王见群臣为夏姬起了争执，为了平息事端，于是将夏姬赐给了新丧偶的连尹襄老（连尹，楚国官名，负责外勤接待等）。屈巫心中焦急异常，但话已出口，又无可奈何。原来屈巫曾经去过陈国一次，自从见过夏姬美貌，心中十分迷恋，此时劝阻楚庄王和公子侧，本想自娶夏姬，谁知道却被楚庄王做主将夏姬许配给了襄老，落了个空欢喜一场。

但屈巫并没有放弃对夏姬的追逐，夏姬嫁于襄老不久，襄老就再次上了战场，夏姬本性难改，竟然又与襄老的儿子黑要私通。其后襄老在晋楚邲之战中战死沙场，夏姬再次守寡，而黑要沉溺于夏姬美色竟然不去求取父尸，一时楚人议论纷纷。或许是夏姬感觉待在楚国举目无亲，或许是她在这个时候有了廉耻之心，于是她向楚庄王提出，要到郑国去迎回襄老的尸首安葬，楚庄王同意了。屈巫知道后，贿赂夏姬的左右侍女向她传话说："夫人如果早上回郑国，我晚上就来娶你。"并立即利用他楚国大夫的显赫身份，知会郑襄公将夏姬接回郑国，并暗中向郑襄公下了聘礼，求娶夏姬。郑襄公考虑到屈巫在楚国属于实权派人物，以后还有仰仗之处，于是就同意了。屈巫又充分动用他在晋国的私人关系，将晋国掳去的楚国公子及襄老尸体与晋国俘虏做了交换，一时之间，无论是晋国、楚国还是郑国，皆大欢喜。屈巫为了谋娶夏姬所费的心机可见一斑，而他暗中所做的这一切，当时的楚国人竟然没有一个知道。

之后因晋国攻打齐国，楚国基于战略利益考虑，准备与齐国结盟，屈巫自告奋勇前往齐国出使，路过郑国时，终于得偿所愿，娶夏姬为妻。之后的屈巫，也不去出使齐国，而是给楚共王写了一封信，之后带着夏姬跑到了晋国，并在晋国定居了下来。

公子侧和公子婴齐见到屈巫写回的信，才算是看透了屈巫长期以来谋娶夏姬的真实面目，二人心中十分嫉妒，于是向楚共王进言，以叛国罪将屈巫灭族，之后将屈巫的家财平分。屈巫在晋国听到自己的族人被公子侧公子婴齐所灭，就写了一封信对两人说："你们两个为了贪图财产，滥杀无辜之人，我一定会让你们死在来回奔波的路上。"之后，屈巫建议晋景公与吴国结盟，并给予吴国大量的军事援助，鼓动吴国侵扰楚国东部边境，此后的楚国果然兵连祸结，陷入晋、吴两线作战的不利境地，公子婴齐常常是在对中原作战的过程中，又不得不赶快撤军赶去支援东线作战，最后在对吴作战中遭遇惨败而一病不起，果真应了屈巫之言。

与屈巫缔结姻缘之后的夏姬，再没有在历史上留下任何传闻，或许，她被屈巫的执着感动而收心了吧，也或许，她直到这个时候，才真正找到爱情或是婚姻的最终归宿的吧。不过这一个美艳妖冶的妇人，因其风流成性和淫乱放荡，在历史上留下了"杀三夫一君一子，亡一国两卿"的恶名（三夫指公子蛮、夏御叔、襄老，一君指陈灵公，一子指夏征舒，一国指陈国，两卿指孔宁和仪行父），再要算上为她出亡晋国的屈巫，应该是亡一国三卿了。屈巫是一个颇有智计而能言善辩的重臣，为了一个女子而甘愿抛弃名誉、地位和族人私奔出逃，可想而知这个人人为之倾慕的夏姬，有着怎样令人无法抗拒的魅力了。

可是，楚庄王为什么没有把夏姬纳入后宫呢？或许是因为他在三年不飞三年不鸣的日子里，已经遍览世间春色，从此不再沉溺于淫乐，但更具可能性的情况是，楚庄王自他亲政的那一刻起，就立志要做一个贤明的国君，建立一番前所未有的功业，试问在如此雄宏抱负的驱使下，他又怎么会为了一个声名不佳的女人而使他的追随者感到灰心失望呢？他所要做的，就是引领楚国走向一个前所未有的鼎盛时代——成为诸侯霸主。

楚庄王杀死夏征舒之后，将陈国并为楚国的一个县，众大夫都向楚庄王表示庆贺，楚庄王也为自己能够取得如此重大的胜利而暗自得意，但出使齐国归来的申叔时却一反常态没有向他祝贺。楚庄王感觉非常纳闷，就问申叔时是什么缘故，申叔时回答说："如果张三家的牛踩踏了李四家的庄稼，这固然是牛主人张三的不对，但如果李四就要借此把张三家的牛牵回自己家里，那么李四就显得更为过分。大王您兴义兵时打的旗号是为了替陈国平息内乱，但现在将陈国据为己有，如此下去，还怎么取信于天下？"楚庄王听了，感觉申叔时说得有理，楚国的霸业刚刚取得一点眉目，如果就此失去诸侯支持的话，那之前的辛苦努力就算是全白费了。于是他命陈国大夫从晋国迎回陈灵公的太子妫午，立其为陈成公，并让陈国复国。后来孔子读史读到这一段，叹息说："楚庄王真是贤明啊，不看重一个千乘之国而看重一句劝他守信的良言，不是像申叔时这样的忠义之臣，不能说出这样大义的话来，而不是像楚庄王这样贤明的国君，也不可能接受这样的劝谏。"孔子作为儒家学派的创始人，删减《春秋》时微言大义，一字褒贬，给予楚庄王这样的评价，可见其对楚庄王的认同度之高。

孔子的评价并不是出于个人好恶，而是有着一定的客观事实依据的。当初楚庄王接受伍举和苏从的劝谏亲理朝政，屏退郑姬和越女之后立樊姬为正室夫人，让她执掌中宫。楚庄王的理由是，当初他喜好打猎疏于朝政，而樊姬屡次劝谏不从，自那以后不再吃肉食，以示无声的抗议，最终使他受到感化，不再沉溺于田猎之中而专于国事，确实是一位非常贤惠的夫人。而樊姬，也以实际行动证明了她的贤德确实是旷古未有。樊姬是樊国（今河南省济源市东南）的公主，因貌美而受到楚庄王的宠爱，但是，她并没有像之前的妹喜、妲己那样恃宠而骄，而是凭着自己受宠的有利条件时常劝谏楚庄王，使楚庄王勤于朝政，励精图治。楚庄王比较好色，因此相应地有许多美貌的妃嫔，然而令人惊讶的是，樊姬却并不像其他的女人那样嫉妒于心，她甚至主动去为楚庄王选美，选中的都是品貌俱佳的女子，这就有效地防止了楚庄王沉迷于女色之中，避免了后宫生乱，因此楚庄王非常尊敬她。

当然要只是这些，樊姬还不足以成为后世"贤内助"的典范，她所做的最有标志性的一件事情就是向楚庄王进言罢免了庸臣虞邱子，并任命贤能的孙叔敖为令尹，使楚国再度得到大治。

楚庄王诛灭斗椒之后，令尹缺位，再加上楚庄王想要加强君权抑制相权，于是就任命博学多闻但平庸懦弱的虞邱子为令尹。楚庄王非常喜欢听虞邱子谈古论今，常常很晚才回家。有一次回宫后樊姬就问为什么回来这么晚，楚庄王据实以告，说是和虞邱子在谈论国政。樊姬就问："虞邱子是一个什么样的人？"楚庄王说："那可是楚国的贤士。"樊姬说："依我看来，虞邱子也许只是有一些小聪明，但并不能称之为贤士。"楚庄王大为惊异，就问为什么这么说。樊姬回答说："大王您想啊，臣子侍奉国君就像妻子侍奉丈夫一样，臣妾我掌中宫之政，宫中有貌美的女子，我没有不及时进献给大王的，然而虞邱子这个人，当楚国的令尹这么多年了，只见他总是跟您谈论国政，但并没有给您推荐一个贤才。一个人的智力毕竟有限，要想治理好楚国，非得集众人之智不可。虞邱子想以他一个人的能力，阻挡其他贤才为国尽忠的道路，又怎么能说他是个贤才呢？"楚庄王考虑了一下，认为樊姬说得很有道理，凭着国君一个人的力量，确实无法治理好楚国这个大国，令尹还是要让有才能的人来担任，而让虞邱子这样的庸才继续身居高位，不但不会给楚国带来一点好处，而且还会给楚国带来祸患。于是第二天上朝，楚庄王就把樊姬所说的话原封不动地告诉了虞邱子，虞邱子听后大惊失色，离开座席站在地上，不知道该如何回答。之后赶快寻访贤良，直到把孙叔敖找出来推荐给楚庄王才算如释重负。

虽然按照中国古代的惯常标准，樊姬这番进言固然有妇寺干政之嫌，但妃嫔的话也并不是完全不可听，关键要看进言的人自身的品行和才能到底如何，只要是为了国家社稷，而不是为了个人私利，这样的进言实际上多多益善。因为贤淑聪颖的樊姬对楚庄王产生的这些积极影响，后世给予了她极高的评价，楚国的史书上认为楚庄王最终能够称霸，樊姬起了很大的作用。唐玄宗时名相、著名大诗人张九龄曾作《樊姬墓》一首，表达了对她的赞扬和褒奖："楚子初呈志，樊姬尝献箴。能令更择士，非直罢纵禽。"（子是周王室给楚国的封爵，楚子代指楚庄王。整首诗的大意是：楚庄王初露大志之时，樊姬就曾向他献上良言箴语。她能让楚庄王选任更有才能的贤士，而不仅是劝楚庄王不再沉迷于田猎之中。）

而受樊姬影响并经虞邱子推荐的孙叔敖，正式接替虞邱子成为楚国令尹。孙叔敖是蔿贾的儿子，名叫蔿艾猎，又名敖，字孙叔。斗椒统兵起事之前，曾经率领族人围攻蔿氏，蔿贾被囚杀，而孙叔敖则与其母趁乱逃了出来，之后躲到了乡下。传说孙叔敖还很小的时候，有一天出外，在田野里遇到一条双头蛇，那时迷信的说法，看到双头蛇的人必死无疑，孙叔敖心想，反正我已经看到了，那么要死就死我一个好了，不要让其他人看见也死掉，于是就把那条蛇打死埋掉了。之后孙叔敖哭着跑回家，把这件事情告诉了母亲。母亲听了之后安慰他说："你担心别人看见双头蛇死掉，因此把蛇打死埋掉，这是做了善事，上天会保佑你的，你不但不会死，而且还会得到厚报。"这件事情传出以后，他的品德很令当时的人们所敬佩和称赞。

楚国当时主要使用的货币是仿贝壳形的青铜币，也就是铜贝，著名的蚁鼻钱（鬼脸钱）的前身，大约二厘米见方，楚庄王认为体积太小且分量太轻，不够大气，于是命令改铸大币，并强令通行。铜贝最长的也只有三厘米，而大币如齐国的刀币将近有十八厘米长，楚国后期如战国时的"殊布当釿燕尾布"钱，高度也在十厘米左右（而"郢爰"等金版重量普遍在一至五两之间，且属贵重金属，流通量不大），老百姓觉得不方便，这就给流通带来了难题，严重影响了商业贸易，使市场混乱萧条。负责管理集市的官员把这一情况报告给孙叔敖，孙叔敖感觉这样下去不是办法，于是及时向楚庄王进谏，恢复使用原来的小币，市场才又渐渐趋于繁荣。

楚国当时比较流行矮小的马车，楚庄王认为马车矮小不利于马匹奔跑，出行效率不高，就想发布命令让国人把马车改造成大车。孙叔敖又劝谏说，这样频繁地发布命令，会让百姓反感并无所适从，如果国君您想把马车改高，其实也没有必要再次发布命令，只需要通知管理里巷大门的人，让他们把大门的门槛加高就可以了，乘车的都是些有身份的人，他们都不愿意在过门槛的时候下车，就会自动地改造马车。楚庄王采纳了孙叔敖的建议，过了不到半年，人们果如孙叔敖预料的那样，自动地加高了自己的车子。这种自抬门槛使百姓毫无怨言照做的方法，体现了孙叔敖高超的执政谋略，效果比苦口婆心地说教要强许多倍。

孙叔敖曾经主持兴修水利，建成中国最早的大型渠系水利工程——期思雩娄灌区（期思在今河南省信阳市固始县，雩娄也在今固始县史河湾一带），也就是中国历史上著名的期思陂。引期思之水灌溉农田，促进了农业生产。他主张施政于民，布政以道，制定相对宽松的政策法令，尽量使农、工、商等阶层各得其便。秋冬季节趁着农闲，鼓励农民上山采伐树木矿石，春夏季节趁雨多水涨，再用船把矿石木材运出来，这就不仅促进了楚国青铜冶炼业的发展，也使农、工、商阶层找到了各自谋生赚钱的门路，人民的生活过得比较富裕，楚国由此走向一个全盛时期。

虽然孙叔敖贵为令尹，为治理楚国做出了如此重大的贡献，但他并不居功自傲，而是越发谦虚谨慎，出入轻车简从，吃穿朴素节俭，用度从不奢华。他曾经在令尹任上三上三下，但他在升迁恢复职位时并不沾沾自喜，因为他知道那是凭着自己的能力得到的，当他被降低爵位罢免职务的时候，他也不悲伤怨恨，因为他知道那不是自己的过错。《列子·说符》记载：曾经有一位名叫狐丘丈人的隐士对孙叔敖说："有三利必有三怨，你知道吗？"孙叔敖就问他何谓三利三怨？狐丘丈人说："爵位高的，人们嫉妒他，官职大的，国君厌恶他，俸禄厚的，怨恨指向他，这就是三利三怨。"狐丘丈人作为一个老者，善意的提醒之中饱含着对复杂人性的全面掌握和深刻思考：越高的爵位越稀缺，孙叔敖获得了一人之下，万人之上的高位，那么势必阻碍一些觊觎高位者的升迁之路，招致这些人的嫉妒是必然的；而一个国家能够施予社会的权力总和总有一定的限度，相权强大，就必然会使君权削弱，那么被国君猜忌是不可避免的；丰厚的俸禄必然会拉开他与其他人之间的物质差距，这种差距必然会导致这些人心理失衡并进而怨恨他。孙叔敖对狐丘丈人的三利三怨说表示认可，不过他也讲述了他避免三怨的办法："我的爵位越高，我的态度越是卑下；我的官职越大，我就越是谨小慎微；我的俸禄越多，我对百姓的施与就越广，请问这样能避免三怨吗？"狐丘丈人对孙叔敖的回答非常满意，说这些问题连古时的尧舜都感到痛苦，孙叔敖能够做到这一点，实属难得。基于这些缘故，司马迁在他的《史记》中，将孙叔敖列为"循吏"第一（循吏就是奉公守法并有突出政绩而受到百姓称赞追怀的官员），可见人们对其评价之高。

第十七节　邲之战、楚庄王称霸、绝缨之会

争霸的形势往往是此消彼长，就在楚庄王任用令尹孙叔敖使楚国不断走向强盛的时候，晋国的栋梁之柱却再度折断，执政大夫兼中军元帅郤缺病死。郤缺死后，晋国六卿重组。逐渐走出赵盾时代阴影的晋景公起用并非赵氏党羽的荀林父为中军元帅兼执政大夫，先且居的孙子、先克的儿子先縠为中军佐；士会为上军将，郤缺的儿子郤克为上军佐；赵盾的儿子赵朔为下军将，栾枝的孙子栾书为下军佐。因之前赵盾建议晋成公设立公族大夫，因此相应地赵括、赵婴齐为中军大夫；巩朔、韩穿为上军大夫；荀林父之弟荀首、赵同为下军大夫；韩厥为司马。因为荀林父生性老实木讷而又循规蹈矩，但属下的将领大多都是功臣宿将，比较难以驾驭，因此晋军的内部并不团结，晋、楚争霸的天平，开始向楚国倾斜。

公元前597年，楚庄王不满郑国楚来从楚、晋来从晋的骑墙政策，趁着晋国郤缺病死的间隙，大起三军，前往讨伐郑国。一路上楚军势如破竹，攻克郑国郊区防线，将都城团团围住。郑襄公率军死守并热切地期待晋军前来救援，然而足足守了十七天，也没有等来晋国的救兵。郑襄公就想向楚国求和，于是命人占卜，谁知占卜的结果是求和很不吉利，又命人占卜看继续抵抗是否吉利，结果卦象显示吉利，于是郑国人全城大哭，男女老幼悉数登上城墙防守。楚庄王其时已经攻陷郑城一角的城墙，本想指挥将士奋勇登城，却听到郑国城内一片哭声，心中不忍，于是命楚军后撤十里，准备以道德来感化郑国人，让郑国人主动请降。郑襄公见楚军退后，刚开始还以为是晋国的救兵到了，谁知经过打探，晋军根本就没有来。碍于之前求和不吉利的占卜，于是赶快命人修补城墙，继续抵抗。楚

庄王见郑国不肯投降，于是命楚军继续攻城，郑国苦苦支撑三个月之后，再也无力抵抗，被楚军攻入城中。

楚军进入城中，郑襄公赤裸着上身，手里牵着一只羊来迎接楚庄王。他说："我实在是不具备高尚的德行，以至于不能服侍贵国，让大王一怒之下占领了郑国。郑国是存是亡，完全听从大王的安排。就是大王您把我流放到南海之滨，或者是把郑国的土地赏赐给其他的诸侯，我们也一定听从。不过大王您要是没有忘记周厉王、周宣王、郑桓公、郑武公这些先君，不忍心断绝他们的祭祀和香火的话，把我留下来继续服侍楚国，也算是达成我的心愿了。"眼见郑襄公情辞哀切，楚庄王立即动了恻隐之心，于是不顾众将的劝阻，将楚军撤出郑国都城，后退三十里驻扎了下来。郑襄公见楚军撤退，不由得喜出望外，于是亲往楚国营中，殷勤犒军，并将弟弟公子弃疾作为人质，送往楚国求和。

楚庄王同意郑国的求和之后，率领大军前往郲地（今河南省郑州市），想要饮马黄河，借此扬威中原。而此时晋国派出救郑的大军，才刚刚到达。

荀林父听说郑国已经归降楚国，楚军在中原已经得到休整，那么晋军在这种情况下与楚军开战，一点也没有胜算，于是就想率军班师。但这个时候，中军佐先谷却跳了出来。

简要介绍一下先谷。当初赵盾还活着的时候，先谷的父亲先克为了替狐、赵家族争权，结果被先都、箕郑父等人暗杀，赵盾为了回报先克，对其时年纪还很小的先谷非常照顾，先是命自己的家臣臾骈代先谷为卿，后来臾骈壮年暴亡，就让年纪轻轻的先谷进入了六卿的行列，可说是他刚出道级别就非常高，依靠先祖的庇荫达到了很多世卿奋斗一生都难以达到的位次。等到赵盾作古，与赵盾相善的执政郤缺也对先谷呵护有加，先谷的仕途非常顺利。可是凡事有利就有弊，一帆风顺的先谷并没有反思自己成功的原因，反而依仗自己元勋后嗣的身份，养成了刚愎自用、目中无人、飞扬跋扈的性格。

此时先谷见荀林父下令班师，立即站出来反对说："晋国能够称霸诸侯，就是因为能扶助弱小，抗击强敌。如今郑国因为我们救援不及时迫不得已投降楚国，也不是他们的本意，如果我们能够打败楚国，郑国就一定会归附晋国。如果我们现在放弃郑国不救，那么那些弱小的国家还有什么可指望的呢？晋国还拿什么称霸诸侯？元帅你如果执意要班师，那么我愿意一个人率所部军马前去迎战楚军。"

先氏一则是晋国元勋，二则是赵盾党羽，在晋国颇有势力，荀林父不便与其争论，只好耐心劝导说："此次楚军阵势强大，楚王亲率兵马前来，兵强将勇，你只带一支兵马前去，恐怕是凶多吉少，还是不要去了。"但先縠根本不听劝，他大声叫嚷说："我如果不去，别人会说堂堂晋国，竟然没有一个人敢于迎战楚军，传出去岂不令人耻笑？我这次前去就是死在两军阵前，也要为晋军争一口气。"说罢竟然直出军营，与中军大夫赵括、下军大夫赵同一起，率手下本部兵马渡过了黄河。

再说楚国这边，楚军已驻扎于管城（今河南郑州，管叔鲜封国之都，所以名为管城），楚庄王听到荀林父率晋军前来救郑，于是就问群臣到底是迎战还是率军回国。令尹孙叔敖认为楚国已经降服郑国，没必要再与晋军开战，建议楚军班师。但受楚庄王宠幸的伍参却反对说："令尹此言差矣，郑国之前一直依附晋国，就是认为我们楚军没有晋军强大，如今晋军前来，如果我们不战而退，就真会让天下人认为楚军确实不是晋军的对手。况且郑国归降我国，晋国已经知道了，如果我军班师，晋军就一定会攻打郑国，既然如此，我们为什么不留下来与晋军交战？"

其时伍参在楚国并没有多少威望，仅仅是因为他和楚庄王脾气投缘而受到楚庄王宠幸，就在这里未经允许发表意见，很让令尹孙叔敖反感。孙叔敖说："我军去年攻打陈国，今年攻打郑国，已经疲惫不堪，如果与晋军交战而不能获胜，就算是吃了你的肉，也无法挽救你犯下的罪行。"

伍参反驳说："如果我军打了胜仗，那么就证明令尹您无谋。而反之，如果我军打了败仗，我的肉只怕会让晋军来吃，怎么会轮得到楚人来吃？"

楚庄王对战晋没有必胜的把握，心中也有退兵之意，于是不再理会伍参的劝说。孙叔敖见楚庄王如此，于是下令全军掉转车头，军旗向南，准备次日班师。

伍参并不死心，他深夜拜见楚庄王说："晋国那边，荀林父刚刚担任中军元帅，还没有在军中树立足够的威信，他的副将先縠刚愎自用，不听号令。栾书和赵朔赵同等人，也仗着自己是晋国旧将，不把荀林父放在眼里。晋军虽然强大，但人心不齐，我们击败他们并不是难事。况且大王您作为一国之君，如今向晋国的几个臣子示弱退避，势必会被天下人耻笑，还怎么能称霸诸侯？"

楚庄王起初不以为然，但当他听到伍参说出以君避臣的话时，感觉很伤自尊，于是恼怒地说："我虽然不具备出色的军事才能，但也还不至于输给晋国的几个臣子，今天就听你一次，和晋国打一仗。"于是连夜命令孙叔敖掉转兵车方向，准备迎战晋军。

再说晋军这边，下军大夫荀首的儿子荀䓨在本部军中不见赵同，一打听才知道赵同和赵括已经跟着先縠渡到了黄河南岸，他赶快将这一变故报告给了司马韩厥。韩厥听说先縠私自渡河迎战楚军，大惊失色，立即到中军帐来找荀林父："元帅您有没有听到先縠等人已经渡河了？如果他们遇到楚军，就一定会全军覆没。元帅您是全军统帅，一旦先縠等人战败，责任可全在您身上。"荀林父一听吓坏了，赶快问韩厥怎么办。韩厥出主意说："事情已经到了这个地步，不如让三军全部渡河，如果打了胜仗，功劳是您元帅的；而如果打了败仗，六卿共同承担责任，不比您独自一人承担责任要强许多吗？"荀林父认为韩厥说得也有道理，于是下令晋军全部渡河，驻扎在黄河南岸敖山和鄗山之间的邲地（今河南荥阳市东北）。

客观来讲，荀林父作为中军元帅，真是毫无威信和法度可言，因为只要是军纪严明的主帅，下属违令出战，直接军法从事即可，哪里会让他胆大妄为到如此程度？还是在公元前615年之时，赵盾率晋军迎战秦康公率领的秦军，韩厥其时刚刚被赵盾提拔为司马，赵盾的一个马夫为了给出征的赵盾送酒具，匆忙之中驾车冲入中军，结果被韩厥军法从事斩首示众。韩厥的理由是："我作为司马，只知道有军法，不知道有相国。"其他人都说韩厥受赵盾之恩而不知回报，恐怕不可重用，但赵盾当着诸将之面高度赞扬了韩厥的这种做法，认为他执法严明且不结党营私，将来前程一定不可限量。可是反观此时的韩厥，袒护先縠和赵同等人的倾向却十分明显，使人不禁产生了深深的疑问，这个韩厥，还是先前的那个韩厥吗？答案是肯定的。十八年前的韩厥，年轻气盛再加上备受赵盾欣赏，认为只要照章办事准没有错，并没有过多地考虑事情的后果，当时赵盾在众卿面前称赞他，固然对于树立韩厥的威信起了很大的作用，但谁知道赵盾是不是在用另一种方式提醒他、敲打他呢？经过这十八年的成长，韩厥难道就从来没有反思过那件事情并感觉到后怕吗？所以说，韩厥虽然本性正直可靠，但他仍然不失其世故圆滑的一面，他时刻没有忘记维护他所在的那个派系的利益，因为他知道一荣俱荣，一损俱损，而且他也试图尽可能地公私兼顾，既要确保先縠这些小辈不出问题，还要顾全晋国的大局。

可是先縠却并没有这个自知之明，当他听到荀林父命令大军全部渡河的消息时，竟然洋洋自得地说："我就知道元帅他不会不听我的。"拿战争当儿戏，真是愚钝无知到了极点。

晋军渡河之后，郑国的皇戌前来出使。他对晋军将帅说："郑国投降楚国，只不过是为了保存国家,对晋国并没有二心。楚军骤然之间得胜,就一定会骄傲,他们出兵在外已经很久了,又没有戒备。如果晋军攻击他们,郑国的军队作为后援,楚军就一定失败。"

先谷立即说:"打败楚军,收降郑国,就在此一举了,一定要答应皇戌的请求。"

但栾书无比清醒地说:"楚国自从战胜庸国以来,他们的国君极为勤政爱民,每天都用他们先王创业的艰辛来教育国内的百姓并训诫他们的官吏,一刻也未曾放松警惕。楚君身边的警卫更换得非常及时,又怎么能说是没有戒备呢?郑国人来劝我们作战,我们战胜了他们就归服我们,我们战败了他们就依靠楚国,这是拿我们占卜。所以说,绝对不能听郑国使者的话。"

但赵括、赵同却附和先谷说:"领兵而来,就是为了寻找敌人。既能战胜敌人,又能得到属国,又需要等待什么呢?所以一定要听从先谷的话。"

荀首反驳说:"如果听了赵同、赵括的话,就一定会为晋军带来祸患。"

赵朔说:"还是栾书的分析全面客观,如果按照他说的去做,就一定能使晋国平安长久。"

晋军将帅争论不休,一时之间,还是没有做出是战是和的决断。

且说楚令尹孙叔敖毕竟老成持重,他对晋军的实力有着非常清醒的认识,知道楚军一旦与晋军交战,根本不会占到任何便宜,再加上他发觉晋军进退无据,也感觉晋军有求和之心,于是极力劝说楚庄王与晋国和谈。楚庄王同意,于是派遣少宰为使前往晋军营中。

楚国的少宰来到晋营之后说:"我们的国君年轻时就遭遇忧患,不善于辞令。知道两位先君曾经来往于这条道路上,所以准备教导和安定郑国,又怎么敢得罪晋国呢?还请晋国的几位贵大夫不要在这里待得时间太长了!"

见楚国使者说得非常客气,于是士会就回复楚国使者说:"以前周平王命令我们的先君晋文侯说:'和郑国共同辅佐周王室,不要违背天子的命令。'现在郑国不遵循天子的命令,所以我们的国君派遣下臣们前来质问郑国,又怎么敢劳烦贵国的官吏们来迎送呢?恭敬地拜谢贵国君王的命令。"

但年轻气盛的先谷认为士会的回复有奉承楚国之意,于是马上派赵括追上楚国少宰更正晋国的回复辞令说:"刚刚我们临时代表的说法不妥当。我们国君命令我们把楚国军队从郑国赶出去,说不要让我们躲避敌人。因此我们没有地方可以逃避命令。"

古时国与国之间国书往来，非常讲究礼节，言辞都非常客气谦虚，先谷的这番措辞，显然是太无礼了。他这么一改，目的就是要激怒楚国。

果不其然，楚庄王听了少宰的回报，立即勃然大怒，命大将乐伯前往晋营挑战。

其实在这个时候，副帅先谷极端无礼地对待楚国使者，就是再怎么愚钝的人也知道该做好战斗准备了，但荀林父依然心存和谈的幻想，没有做任何战前的部署。

楚将乐伯是一个在楚营中仅次于养由基、潘党的神射手，他艺高人胆大，驾着单车来到晋军阵前，一连射倒十几名晋军士兵，其余的晋军士兵全都吓得四散奔逃，晋军将领鲍癸带兵前来追赶，乐伯手里只剩下一枝箭，他怕万一射不中远处的鲍癸就会被晋军俘虏，于是一箭射中车旁惊起的一只鹿，让车右下车献给鲍癸说："这头鹿献给将军，也好改善一下您部下的伙食。"鲍癸见乐伯箭无虚发，心中既惊又怕，但他并不知道乐伯箭囊已空，见乐伯命人献鹿，于是趁机找了个台阶下："楚将非常有礼，我们也不能太过分。"于是命令军士撤退。乐伯得以从容不迫地回到楚营。

晋军将领魏锜听说鲍癸放走了乐伯，很不服气地说："楚将单车前来挑战，射杀我军士无数，我晋国竟然没有一个人敢于迎战，怎不被楚军笑话？我也愿意单车前去楚营挑战，看楚军到底有多厉害。"赵穿的儿子赵旃（音沾）随声附和说："我愿与魏将军同去。"荀林父不加详察，只是嘱咐二将说："楚国先来请和，之后才挑战，你们此番前去，也先要请和，才算是不失礼。"魏锜回答说："那我就前去请和。"于是和赵旃一起出了军营。

上军元帅士会听说魏锜和赵旃要奉命前往楚营，心中知道要坏事，赶快来见荀林父，想要留住二人，但等他到来之时，两人早就走了。士会就悄悄对荀林父说："魏锜和赵旃这两个人，仗着他们父辈为晋国立下大功，一个没有得到公族大夫之职，一个没有得到世卿之位，心中早有不满之意，再加上血气方刚，意气用事，前去一定会激怒楚国，如果楚兵趁机出动大军攻击，我们如何抵挡？"这时上军佐郤克也跑来向荀林父建议说："楚国是战是和，动向一点也不明朗，我们应该早做准备。"但又被先谷嚷了一嗓子："早晚会和楚军交战，有什么准备不准备的？"拒绝做战斗准备。荀林父优柔寡断，仍然没有做出警戒的决定。晋国失掉了最后一次避免一败涂地的机会。

士会一看这个阵势，赶快退出来对郤克说："荀林父就像一个木偶一样，我看我们上军还是早做准备。"于是命郤克叫来上军大夫巩朔、韩穿，分军三路，在敖山两侧设下了七队埋伏。中军大夫赵婴齐也担心晋军会战败，早早派人在黄河渡口准备渡河船只。

而事情果如士会、郤克所料的那样，魏锜、赵旃两人此番前去，立即把毫无准备的晋国大军瞬间拖入了泥沼。

魏锜到了楚营，并没有像他在荀林父面前承诺的那样与楚军讲和，而是代表晋军向楚军下了战书。

出营之后，先前出使晋国的楚国少宰听说晋军来人，立即想起了之前受辱的情景，于是赶快叫上神箭手潘党一起来追，准备报仇。魏锜见楚将追赶，赶快驾车往回跑，谁知潘党等人追得非常紧。魏锜正无奈之间，车前猛然蹿出几头鹿来，他立即想起了之前乐伯射鹿的事，于是也射倒一头鹿，对潘党说："您有军国大事在身，打猎的人恐怕不能供给新鲜的野味吧？谨以这头鹿奉献给您的随从人员。"魏锜在潘党面前卖弄这个技艺，可真令潘党哑然失笑，潘党如果不收鹿，倒显得楚人极为粗野无礼似的，于是下令停止追赶，放走了魏锜。魏锜回到营中，对荀林父说："楚王不愿讲和，一定要与我军决一胜负。"

荀林父问："那么赵旃去哪里了？"魏锜回答说："我在前面走，赵旃在后面走，我们两个并没有打照面。"荀林父说："这下不好了，楚国既然不准讲和，必然会对赵将军不利。"于是命荀首的儿子荀罃率车二十乘并一千五百名步兵，往楚营方向寻找赵旃。而在这个时候，荀林父仍然没有让全军做好应战准备。

再说赵旃，跑到楚军阵前却并不是前去求和，而是趁夜叫军士扮作楚军士兵混入楚营，试图暗中取事，谁知却被楚将识破真伪，十几个士兵立即被抓，其余的趁乱逃出，赶快给赵旃报信，赵旃当时还在营帐内休息，士兵将他架到车上，但不见车夫，赵旃只好亲自驾车逃窜。

楚庄王听说晋军奸细混入军营，非常生气，于是亲自率兵前来追赶。赵旃的马一夜没有喂料，怎么也跑不快，眼见楚军就要追近，赵旃只好丢弃战车，躲进树林逃命。

再说潘党放走魏锜之后，正驾车往楚营方向赶，背后晋将荀罃却率军出来寻找赵旃。潘党回头望见后方尘头大起，但又看不真切，以为晋军发动了总攻，于是赶快驾车飞奔，迎面撞见正在追击赵旃的楚庄王，立即向楚庄王报告说："晋国的大军杀过来了。"

楚庄王立时惊出了一头冷汗，如果晋国大军杀来，就是一百个楚庄王也会成为晋军的俘虏。正在惶急之间，忽见本国方向大队战车开了过来，定睛一看，却是令尹孙叔敖。楚庄王心中十分快慰，就问孙叔敖说："你怎么知道晋军杀过来了，率军赶来救我？"孙叔敖回答说："我不知道晋军杀过来了，我是见大王率军追击晋军奸细，担心大王误入晋军包围，所以赶来救驾，后面三军已经全部跟上来了。"楚庄王心头一块石头落地，再次抬头观察晋军阵势，才发现对面尘头并不高，凭经验判断，这根本连一支偏师都不是，于是说："这不是晋国大军。"

孙叔敖说："兵法上讲，宁可让我逼近敌人，也不要让敌军逼近我，现在我军将士都已披挂上阵，大王您尽可传令，让将士们杀将过去，如果能将晋国中军击溃，那么晋国左右两军就会不战而退。"

楚庄王既然已被晋军激怒，哪有不允许的道理，于是命令公子婴齐率左军攻击晋国上军，命公子侧率右军攻击晋国下军，自己却引中军，与孙叔敖等一班战将，直扑晋国中军。楚庄王拿起鼓槌亲自擂鼓，楚军将士大受感染，飞奔晋国大营。

其时天刚拂晓，晋国中军毫无准备，甚至还没来得及吃早饭。荀林父听到营外鼓声大震，刚准备让哨兵出外探听，谁知楚军前锋就已杀到营外。而晋国军队甚至连兵车上的马都没有套好。情势已经来不及让荀林父多想对策，他只得发出命令，让步兵先行迎战。但楚军来势凶猛，攻势异常凌厉，晋军士兵刚刚睡醒，横不成行，竖不成列，哪里能招架得住有备而来的楚军？被楚军赶得七零八落，狼狈溃逃。

一些晋国将士的战车陷在泥坑里不能前进，追击的楚军将士不忍心将他们赶尽杀绝，于是就教他们抽出车前的横木，晋国的战车才算是出了泥坑。可是没走多远，驾车的马又盘旋不能前进，楚国的将士又教他们拔掉车上的大旗，扔掉车辕头上的横木，这才逃了出去。在楚人的帮助下顺利脱逃之后，这些晋军却转过头来挖苦讽刺楚军将士说："我们可不像你们这些楚国人，有多次战败逃跑的经验。"

再说前方寻找赵旃未果的荀䕃，遇到了蜂拥而来的楚国大军，手下步卒被楚军杀散，兵车上的马被弓箭射倒，荀䕃无处可逃，被楚将生擒。

这里讲一个战斗中的小插曲，虽然很短，但最能揭示人性的复杂和战争的惨烈。晋军将领逢伯和两个儿子逢宁、逢盖同乘一辆兵车逃命，偏偏就被逃出重围的赵旃撞见了。赵旃从楚营一直徒步跑到晋营,十几里路程,两个脚都磨得血淋淋的不像样子,但还是挣扎着死命奔逃,远远望见一辆兵车,赵旃认得是晋国自家的兵车,于是大声喊叫:"车上坐的是谁,赶快把我带上!"逢伯没有回头就听出是赵旃的声音,他厌恶赵旃等人蓄意捣乱导致晋军大败,心中根本不想搭救赵旃,于是对两个儿子说:"把马打快一些,千万不要回头看。"但他两个年轻的儿子哪里会体会到父亲的良苦用心?竟然在好奇心的驱使下回过头去望,这一望立即就被赵旃认了出来。赵旃立即大声呼喊:"逢将军救我。"逢宁和逢盖对父亲说:"赵将军在后面呼救。"逢伯气得几乎晕厥,他斥责两个儿子说:"既然你们看见了赵旃,那么你们就下车,让赵旃上来。这里有一棵树,明天就在这里为你们收尸。"于是把逢宁、逢盖赶下车,然后把赵旃拉上了车。第二天,晋军前去收尸,果然在那棵树下见到了逢宁、逢盖的尸体。这是这场战役中最令人唏嘘叹息的一幕,将逢伯的爱子之心以及惧怕权势熏天的赵氏家族日后打击报复的心态通过短短的一瞬极为惊人地表现了出来。如果逢伯的两个儿子没有回头看,赵旃即使获救,他也不知道拒绝救他的人是谁,即使日后被人指认出来,逢伯也可以辩解说当时没有听见呼救声;而如果赵旃死了,那他也是自食其果,刚好死无对证。但偏偏逢宁逢盖就朝后看了,那么放着晋国的大将不救,战后清算起来,赵氏家族岂能饶恕?而一辆兵车的载重量有限,同时运载四个人,速度不快势必会让楚军追及。那就只有让赵旃上车,让两个儿子为自己的年轻无知付出代价。因为死两个儿子,总比逢伯一家被灭族的好啊。人世间还有比这更加悲怆惨痛的场景吗?

荀林父借步兵在前营抵抗的空隙,与韩厥慌忙跑到后营,然后驾着兵车沿河岸奔逃。先谷在后紧紧相随,他额头上中了一箭,血流不止,只好扯下战袍包扎。荀林父见状生气地质问他说:"你不是很勇敢吗,怎么也会逃跑?"

跑到黄河渡口,正遇着中军大夫赵括,这个时候,赵括居然还有心情向荀林父告状:"赵婴齐居然私自预备船只,不通知我们就先渡河跑了。"意思是赵婴齐事先没有征求他这个正职大夫的意见,也完全不顾他这个弟弟的死活。但他一点也没有感恩他这个哥哥为他们带来的好处,若非赵婴齐预先在渡口备下船只,那么他们最终能否逃出生天都是问题。荀林父苦笑着打圆场说:"生死攸关,他也实在是来不及说这些。"赵括非常恼恨,自此非常痛恨赵婴齐,这也是后来他联合赵同将赵婴齐赶走的一个很重要的原因。

其时晋下军也被楚军公子侧击败,下军将佐赵朔、栾书引着败兵也投渡口而来，赵婴齐聚在渡口的船只不足以顷刻间渡完两个军的人马，两个军的士兵为了争船，居然在渡口自相残杀起来。荀林父害怕楚兵追到渡口，竟然下了一道会让晋军更加混乱的命令："先渡到河对岸的有赏。"此令一出，士卒纷纷登舟，那些挤不到船上的士兵，就用双手抓住船舷，想要借此逃命。攀缘的人多了，竟然把船都弄翻了。河边的船本来就不多，但扯翻的船就有三十多艘。

先谷见此情景，命令舟中军士说："如果再有攀扯船舷的，就用刀剁手。"此令一出，每条船的士卒都开始抽刀乱砍，一时间手指头乱飞，掉在船中的断指不计其数，用双手捧着往河里扔，捧了好几捧都无法捧尽。河岸边哭声震天，再加上山谷的回声又大，那情景真是要多凄惨有多凄惨。

正渡河之间，又有人马陆续飞奔而来，原来是下军大夫荀首、赵同和中军败将魏锜、鲍癸等人，逢伯载着赵旃也赶至河边。荀首登舟之后，惊魂初定才发现他的儿子荀罃不见了，于是叫手下的军士到岸边去寻，结果遍寻不见，有看见的士兵告诉荀首说："小将军被楚将俘虏了。"荀首立即下船说："我丢了儿子，我不能空着手回去。"荀林父劝阻说："已经被楚军俘虏，你去也无济于事。"而荀首回答说："我如果能抓住别人的儿子，就可以换回我的儿子。"

魏锜和荀首的关系不错，见荀首要去找儿子，也愿意和他一起去。荀首非常高兴，召集荀家子弟兵，居然有好几百人，再加上他平时爱惜士卒，比较得人心，所以他手下的将士无不愿意为他效力，甚至有已经上船的人，听到之后也自愿下船，愿意跟着他一起去。这简直和自私失众的先谷等人形成了鲜明的对比。

荀首在晋国也是数一数二的射手，他带着一彪人马冲出楚军之中，正好遇着捡拾晋军车仗兵甲的连尹襄老，于是扬手一箭将其射死。楚国公子谷臣看见襄老中箭，赶快飞车来救，却被魏锜截住。荀首再复一箭，射中谷臣手腕，谷臣负伤无法交战，忍着疼痛伸手拔箭，却被魏锜瞅个空子当场生擒。荀首见活捉一将，杀死一将，也足以换回自己的儿子了，于是下令带着襄老的尸体并谷臣赶快撤退。等到楚军发现，想要追赶的时候，却已经来不及了。

战争是残酷的，连尹襄老的死固然令人感到不幸，但更多的人们，还是被荀首这种深切的父子之情所感动，在这里，胜利应该是属于有真情的人吧。比照荀首的作为，逢伯或许会发现一些什么吧。

再来说说晋国上军的情况。上军元帅士会从魏锜和赵旃出营的那一刻起，就知道这两个人早晚会引来楚国的大军，于是早早准备，和上军副帅郤克，上军大夫巩朔、韩穿等人在敖山两边设下埋伏。等楚将公子婴齐率领楚军左军前来进攻之时，晋军伏兵先后杀出，公子婴齐不敢追赶，只好引兵退去。士会命人清点士卒，竟然无一死伤，不能不说是一个奇迹。而在这场战争中，晋国上军是唯一一支全师而退无一损折的队伍。而士会和郤克也因其出色的表现，在荀林父死后先后成为晋国的执政大夫。

黄河渡口，荀林父担心楚军会乘胜追击，仍然在组织将士渡河，一直渡到第二天早晨才渡完。其实他的担心完全是多余的，楚军大获全胜之后，到达邲城，伍参劝楚庄王趁着晋军大败迅速追击，然而楚庄王却非常知足，他知道楚国这一战赢得非常侥幸，能够获胜已属不易，又怎敢奢望其他？再加上当时有"逐奔不远"的战争礼仪（追逐战败的敌军不能追出太远），于是下令停止追击，在邲城安营扎寨。

这就是历史上著名的邲之战，这一场战役，晋国完全可以说是自取其辱，自取其败。从当时晋楚两军的综合实力来判断，实际上晋军的战斗力远在楚军之上，但荀林父作为中军元帅，既没有驾驭手下将领的威信，也缺乏临场灵活机变的能力，将帅不和，政出多门，在遭到楚军攻击时竟然束手无策，连最基本的警戒都没有设置，这是导致晋军惨败的主要原因。但这完全是荀林父的责任吗？也不尽然，实际上，晋楚邲之战，导致晋国战败的罪魁祸首就是狂妄自大擅自行动的先縠。三十五年前，先縠的曾祖父先轸用计在城濮大败楚成王的军队，让晋国成为中原霸主；三十五年后，先轸愚蠢的曾孙先縠将这一切原封不动地还给楚成王的孙子楚庄王。

荀林父带着残兵败将回国之后，自请死罪，晋景公盛怒之下想要批准，但士会劝谏说："当年晋楚城濮之战，楚军战败后楚成王杀了子玉，晋文公听到后很高兴；秦晋崤之战，秦穆公留下了战败的孟明视，晋襄公听到后很担心。如今楚军已经击败我军，国君您再处死荀林父，这是在替楚国除掉他们的仇人啊。"晋景公听了认为有理，于是赦免了荀林父，仍然让他担任中军元帅。先縠担心自己回国后会被处死，于是逃到了翟国，晋景公也没有为难他的家人。这个时候，其实他最应该做的就是庆幸保全了一家人性命的同时并深刻反思自己的所作所为，然后在翟国苟且偷生。但他并没有这样做，他的无知和愚蠢将先氏一门彻底葬送。公元前596年，也就是邲之战后一年，先縠率北方的鲜虞、戎狄等部落图谋偷袭晋国，后阴谋败露，晋景公大怒，杀死先縠，并族灭先氏一门。曾经在晋国声名赫赫的先氏家族，就这样在历史舞台上消失。对于知错能改的人，别人的袒护或许还能让他知耻而后勇，但对于像先縠这样的人，哪怕就是赵盾在世，也恐怕难以保全其家了吧。

邲之战，是晋国丧失中原霸权，楚国获得中原霸权的标志性事件。楚庄王得胜之后班师回国，录伍参为首功，晋升为大夫。客观来讲，此次楚军能够战胜，伍参确实功不可没，他对晋军将帅不和的形势做出准确的判断并鼓动楚庄王对晋作战，可谓是知己知彼，百战不殆。不过，楚军胜得也非常侥幸，如若当时荀林父稍做准备，命令全军警戒，严阵以待，楚军未必就能占到便宜。伍参很可能会像自己所说的那样，肉都会让晋国人吃掉。但战场上瞬息万变，而一个很显然的事实是，伍参敏锐地抓住了那个稍纵即逝的战机，把楚军的胜利留在了中原大地上。伍参在历史上并不出名，但他的曾孙伍子胥在历史上有着相当的知名度。这在后文中讲。

楚国战胜晋国之后，郑国自然而然倒向楚国。楚庄王加快进击中原的步伐，于公元前595年秋（邲之战后两年）出师攻打晋国的忠实盟国宋国。晋国还没从邲之战的阴影中完全走出，不敢出兵救援宋国，致使楚军围困宋国长达九个月之久，宋国城内粮草断绝，竟然达到了"易子而食，析骨而炊"（相互交换孩子来吃，拿死人的骨头烧火做饭）的地步。到次年五月的时候，双方都已精疲力竭，但楚军驻守城外，可以就地取材，情况比宋国自然要好许多。宋国右师华元冒死突围，趁着夜间潜入楚军营中，登上公子侧的床，将公子侧劫持。华元将宋国城内的惨状告知公子侧，请求两国和解，公子侧被华元劫持陷入被动，只好答应与宋国和解，于是也将楚军粮草已尽的情况告知了华元，并与华元私自订立了盟约。次日，公子侧将夜间发生的事情原原本本告诉了楚庄王，楚庄王知道军情一旦泄露，楚军除了与宋国达成协议体面地撤退之外，已经再没有第二条路。因为晋国一旦得到情报，就势必会来助战，其时楚军早已疲惫不堪，再加上粮草不继，与晋军交战很不现实，而退兵又会被诸侯耻笑，还不如卖个顺水人情，早早班师来得划算。

基于这样的考虑，楚庄王下令结束了长达九个月的围宋之役，在宋国右师华元入楚为质之后，与宋国握手言和。这场战役虽然无功而返，但对中原各国的威慑力相当之大，晋国仅存的几个盟国先后归顺楚国。当年冬天，楚国召集鲁、齐、秦、宋等十三国共同会盟，正式推举楚国主盟诸侯，楚庄王成为中原霸主。

在楚庄王之前，楚国一直被中原各国视为蛮夷之族，排除在中原文化圈之外，楚国经济、军事和综合国力再怎么蓬勃发展，中原各国仍然将其归入异类的行列。楚国再怎么强大，在中原人眼里，仍然像个没有多少文化的土暴发户，这让楚国人感觉非常憋屈，所以不论是楚武王，还是楚文王、楚成王、楚穆王、楚庄王，他们一直都在努力争取中原的承认。但楚国文化发展较晚是不争的事实，熊绎带领楚人筚路蓝缕艰苦创业之时，中原各国早已浸润在礼仪制度的熏陶之中。打个比方说，当中原诸侯都开始以谦谦君子自居并附庸风雅的时候，楚人还像刚刚解决温饱的猎户或是农夫一样，虽然质朴，但偶尔也会耍一点小无赖，就像楚文王掳息妫，楚成王抢盟主那样，这让中原各国凭借自身文化优势所取得的话语权将楚国贬得一无是处——不守信用，荒蛮之邦。而实际上，对比历史就会发现，早期的楚国远没有中原的一些诸侯国龌龊，中原自诩礼仪之邦，但有齐襄公、卫宣公等这些臭名昭著的国君，楚国虽为荒蛮之邦，却没有此类伤风败俗的劣习（倒是楚国在融入中原之后，发生了楚平王娶媳逐世子之类的闹剧，也算是步人后尘赶了一回丑陋的"潮流"吧）。所以为了改变中原国家对楚人的看法，楚国奋斗到楚庄王这一代，国君身上所体现出的宽容大度、从谏如流、信守承诺等优秀品质已经达到了一个前所未有的程度。灭陈之后申叔时讽喻说他牵了踩田的牛，楚庄王马上认错复陈；问鼎中原时王孙满说"在德不在鼎"，立即退出周疆；入郑之后郑襄公祖臂牵羊请求宽恕，退避一舍结盟……所有的这些，都已标志着楚国的文化软实力，已经达到了让诸侯认可和畏服的阶段，楚庄王称霸，也确实是水到渠成的事情。有两则小故事，也从另一个侧面印证了这一点。

楚庄王伐宋之时，晋国不愿出兵帮助宋国，却派大夫解扬前往宋国，鼓动宋国坚守。结果解扬在途中被郑国人抓获，然后送到了楚军营中。楚庄王就问解扬能不能向宋国送个假消息，就说晋国不愿出兵救援宋国，这样一来，宋国人就会丧失信念而向楚军投降。如果解扬能办成这件事情的话，就不仅可以免他死罪，还可以让他在楚国做官。解扬想了想答应了，于是楚庄王把他送到宋国城门前，让他登上楼车向宋军喊话。谁知解扬登上楼车之后，却向城中大喊说："我是晋国的使臣解扬，被楚军俘虏了，他们让我来诱骗你们投降，你们可不要上当。我们国君已经亲率大军出发，马上就要到了。"楚庄王听了非常生气，叫人把解扬押下楼车，然后责问他说："你刚刚已经答应我说要照我说的做，结果现在又不遵守诺言，你怎么这么不讲信用？"说完就要让左右把解扬推出斩首，而解扬辩解说："我其实并没有不讲信用。如果我为楚国守信，那么我就一定会失信于晋国。假如楚国有臣子违背国君您的命令而投靠敌国，国君您说他是讲信用还是不讲信用呢？"楚庄王非常赞同解扬的这种说法，认为他是一个忠义之士，于是赦免了他。楚庄王不因敌囚欺骗自己而失去理智，却因敌囚为祖国尽忠而对他产生敬意，不是深明大义且实力雄厚的人，绝对不会做到这一点。

楚庄王有一次宴请群臣，君臣把酒言欢，一直喝到天黑还没有尽兴，于是点上烛火继续欢饮，并让他宠爱的美人许姬出来给大家敬酒。正在酒酣耳热之际，突然殿前吹来一股风，将烛火吹熄了。因为许姬非常貌美，有位大夫酒壮色胆，于是就趁黑去拉许姬的袖子，想要轻薄一番。许姬倒是非常机灵，顺手扯断了轻薄者帽子上的缨带，那位大夫吃了一惊，赶快松开了许姬的袖子。许姬脱身之后，在黑暗中找到楚庄王跟前说："刚刚有人借着灯黑想要拉着我的袖子调戏我，我已经扯下了他的帽缨，请大王赶快命人掌灯，看看究竟是何人如此大胆。"楚庄王一听就明白发生了什么事情，于是赶快传令说："先不要急着掌灯，今晚寡人与诸位爱卿欢饮，诸位爱卿都应该扯断帽子上的帽缨，否则这个酒就喝得不算尽兴。"大夫们一听无不照办，所以等再次点起蜡烛的时候，谁也不知道发生了什么事情，许姬自然也辨认不出刚刚究竟是谁拉了她的袖子。席散之后，许姬就有些不满地对楚庄王说："今天大王让我给大臣们敬酒，这是为了表示您对他们的尊敬，可是这里面有人不庄重，伸手扯我的袖子，大王您也不追查，这样下去，还有什么上下尊卑的礼仪可言？"楚庄王笑着开导她说："今天我宴请诸位大臣，从白天一直喝到晚上，谁都喝得醉意朦胧。酒后失态，也是人之常情，如果我为了这一点小事下令追查并将牵你袖子的人治罪，倒确实可以显露你的名节，可是势必就会让楚国将士寒心，闹得君臣不欢而散，你说我能这样做吗？"许姬心服口服。晋楚邲之战前夕，楚庄王率军进攻郑国，担任前锋的连尹襄老部下有一位名叫唐狡的将领，他身先士卒，率领所部兵马奋不顾身地冲锋陷阵，结果数战皆胜，为楚庄王率领的后续大部队顺利进军扫清了一切障碍。楚庄王前往郑都的途中，竟然没有遇到一兵一卒的阻拦。楚庄王非常惊讶，就问襄老为什么这么快。襄老如实回答说："这不是我的功劳，而是我副将唐狡亲冒矢石力战所致。"楚庄王非常高兴，于是召来唐狡，准备厚赏他。谁知唐狡却辞谢说："大王您对我的赏赐已经够丰厚的了，我今天只是为了报效您，还怎么敢再次求赏？"楚庄王非常惊讶："我从来都没有见过你，你是什么时候受过我赏赐的？"唐狡回答说："回大王，当初绝缨会上，牵大王美人袖子的人，就是我啊，当时大王不但没有追查我的罪行，还让大家都折断帽缨，刻意为下臣遮掩，下臣今日力战，就是为了回报大王昔日的不杀之恩啊。"楚庄王听了叹息说："哎，要是我当时下令点起蜡烛追查绝缨之人，怎么会有今天唐狡的拼死力战啊！"楚庄王的宽容大度，由此可见一斑。比起此前秦穆公赦免杀马之士的举动，楚庄王的做法似乎更值得称道。因为自古以来，别说是高高在上的国君，就是毫无地位的普通人，也对身边的女性有着强烈的独占欲和控制欲，丝毫容不得别人觊觎，看一眼都不行，更别说是牵人家袖子。三国时建安七子之一的刘桢，因为曹丕宴请他们时没有低头而是平视了甄后几眼，就差一点被曹操以大不敬之罪杀头，最后经曹丕求情，方才罚去做苦役；南宋的宰相贾似道，他小妾的兄长来看望妹妹，刚刚站在门口望了一下，就被疑神疑鬼的贾似道醋性大发绑起来处死；可想而知，唐狡的行为如果深究起来，会是什么样的后果。而楚庄王以酒后失态为由替拽美人衣袖的唐狡开脱，就更是难能可贵。所以初唐的陈子昂无不感慨地说："秦穆饮盗马，楚客报绝缨。"（《座右铭》）楚庄王最后能成为诸侯霸主，绝非偶然。

楚庄王称霸中原，对于先进的中原文化和独特的荆楚文化的交流、南北各民族的融合和华夏的统一，发挥了重要的作用。楚国那种宽厚而进取的民族精神，也由此集于大成。楚国兼并的小国，仅有记载的，就有四五十个以上，横跨现今的十一个省，但对于所灭之国，楚国都能加以安抚，把灭国的国君迁到另外一个地方，做到不绝其祭祀，从来没有像后来的秦国那样，一次斩首数万甚至坑杀几十万的记录，正因为如此，楚国才能得到境内各民族百姓的拥护，体现出一种强大的凝聚力和积极向上的姿态，楚国能够兼并其他小国并逐渐由弱变强，这种宽容而奋进的民族精神起了很大的作用。楚庄王于公元前613年即位，公元前591年病卒，前后在位二十三年，后世对其评价极高，与他直接相关的典故"问鼎中原""一鸣惊人"等，也成为固定的成语，并一直流传到现在。楚庄王是春秋时期楚国最有成就的国君，毫无争议的春秋五霸之一，他在位期间的楚国，是春秋楚国史上的一个顶峰，无人可以超越。

第十八节 "断足子"和"夺妻者"、郤克出使受辱、鞌之战、病入膏肓、晋悼公复霸

楚庄王死后,其子熊审继位,是为楚共王。晋楚邲之战,使晋国暂时处于下风,但就总体形势来说,晋国的元气并未大伤,晋国的力量仍然与楚国不相上下。楚庄王去世前一年,晋景公就派遣上军元帅郤克出使齐国,准备联合齐、鲁等国,从楚国手中夺回霸权。但郤克此番出使,非但没有与齐国建立良好的外交关系,反而在两国之间引发了一场战争,当然,挑起事端的并不是郤克,而是齐国的国君!

前文曾经提到,齐桓公密姬所生的儿子公子商人在齐昭公死后,杀死齐昭公的儿子自立为君,这就是齐懿公。但齐懿公的荒淫贪鄙不择手段也非常令人诟病,齐桓公还在世的时候,齐懿公和大夫丙原因为田邑之界发生纠纷,管仲判定齐懿公理亏,将田地判给了丙原。齐懿公因此怀恨在心。等到这个时候他当了国君,立即公报私仇,尽夺丙氏之田,又深恨管仲,削夺了管仲的封邑。管仲的后人担心遭到更大的迫害,于是逃离了齐国。但齐懿公并不解恨,他连死人都不放过。因为丙原已死,有一天齐懿公路过丙原的墓地,他竟然命人把丙原从坟墓里挖出来施以了刖刑(砍断了双足)。而丙原的儿子丙戎就在现场,因为他是替齐懿公驾车的车夫。齐懿公这种做法可说是极为无道,因为杀人不过头点地,人已经死了,掘人尸骨就已经非常过分了,再当着丙戎的面侮辱人家父亲的尸体就显得更加过分。但他并不以此为耻,洋洋自得地做完这一切,还咄咄逼人地问丙戎说:"依你父亲所犯的罪行,我砍断他双足是不是很合适?你也不会因这件事情而怨恨我吧?"丙戎可没有齐懿公这样愚蠢,他立即赔着笑脸回答说:"下臣的

父亲在活着的时候有幸没有获刑，下臣就已经很感激了，况且他现在已经死了，国君您砍断他双足，也算是相当的恩赐，下臣又怎么会怨恨国君您呢？"齐懿公对丙戎的回答非常满意，丝毫未起疑心，仍然叫丙戎当他的车夫。

齐懿公做的荒唐事不止这一件，因为他比较好色，听到有人称赞说大夫庸职（有些古书上叫阎职）的妻子非常美貌，于是就动了心思。有一天他想了个办法，出令让大夫们的妻子都到宫中来朝见他的夫人，庸职的妻子自然也来了，齐懿公见了之后，发现她果然美艳照人，于是就把她留在宫中，然后对庸职说："我的夫人比较喜欢让你的妻子做伴，你再娶一个妻子吧。"之后强纳了庸职的妻子为妾。庸职内心非常痛恨，但敢怒而不敢言。

到了夏天的时候，齐懿公准备到一个名叫申池（在今山东省淄博市临淄区齐国故城之西）的池塘边去避暑，于是让丙戎驾车，让庸职当骖乘（兵车上右边的陪乘叫车右，而马车上右边的陪乘叫骖乘，职责都是护卫乘车之人）。有人就劝谏齐懿公说："您砍断了丙戎父亲的脚，夺了庸职的妻子，怎么知道这两个人不怨恨您呢？齐国又不是再没有别人，您为什么偏偏要让这两个人在身边侍从？"但齐懿公却自我感觉良好，他非常自信地说："放心吧，这两个人根本不敢怨恨我，不会把我怎么样的。"于是和两个人一齐前往申池。

到了避暑之地，齐懿公喝得酩酊大醉，感觉非常躁热，就睡在了竹林里纳凉。丙戎和庸职两人在不远处的池中泡澡。人们常说："杀父仇，夺妻恨，有仇不报枉为人。"此言一点儿也不假，因为这都是奇耻大辱，稍微有点血性的人，都不能忍受这种耻辱，丙戎和庸职同样如此。

丙戎时刻没有忘记报仇，但他一个人势单力孤，想要复仇非常困难。所以他必须找个帮手，而这个现成的帮手就是眼前的庸职。丙戎为了试探庸职，于是就拿起手里的马鞭重重地抽在了庸职的头上，庸职非常生气，就问："你这个断足子（断脚人的儿子），无缘无故地打我干什么？"丙戎回答说："你这个夺妻者（妻子被强夺的丈夫），你妻子被人霸占，也没见你发怒，我打你一下，你就生气了？"庸职也回敬说："我被人夺了妻子确实是我的耻辱，但比起某些人的父亲被人掘墓辱尸，还真不知道哪个轻哪个重（按：古时极重孝道且十分迷信，祖先的坟墓被掘且尸体被侮辱，简直可说是不共戴天之仇）？你连你父亲都不放在心上，还有什么脸面来指责我？"两人这么相互一对骂，内心的耻辱感都被瞬间激发了起来，都感觉自己遭受了毕生的奇耻大辱。丙戎知道庸职也没有忘记所受的侮辱，于是和庸职商议说："现在仇人就在不远处，你敢不敢和我一起杀了他？"庸职说："现在我们两个人一个被人称为夺妻者，一个被人称为断足子，人生在世，再也没有比这更深重的耻辱了，为什么不杀了他？"两人一拍即合，立即行动，前去骗走齐懿公身边的侍卫，然后杀死了齐懿公，并把他的尸体扔在了竹林里。

因为齐懿公在国内十分骄横，民心不服，所以被丙戎和庸职杀死之后，根本没有人愿意追究两人的弑君之罪。丙戎和庸职也料到了这一点，所以他们从容不迫地将财产装到车上，然后不慌不忙地带着家人移居到了国外。

愚蠢的齐懿公仅仅当了四年国君就死了，因为他骄横暴虐，齐国人不愿拥立他的儿子，而是迎立齐桓公少卫姬所生的儿子公子元为君，这就是齐惠公。

齐惠公死后，齐惠公的儿子齐顷公即位，而晋国的上军元帅郤克此番出使齐国，国君正是齐顷公。

郤克来齐国出使的时候，鲁国和卫国的使臣也来到齐国。这个世界上存在着许多的巧合，但似乎什么样的巧合也比不上郤克出使齐国的这一次。郤克有点驼背，走起路来佝偻着腰；而鲁国的使者季孙行父（季文子）脚有点跛，走起路来一瘸一拐；谁知卫国的使者孙良夫却又瞎了一只眼睛，只剩下一只眼睛炯炯有神。虽然现实生活中残疾人不在少数，但三个国家残疾的大夫同时作为外交大使，又同时出现在齐国这一个国家的朝堂上，这样的概率恐怕几十万分之一都不到，纵观古今中外数千年历史，这样的情景也仅此一例。

齐顷公乍一见三位使者的容貌，心里就暗暗好笑。齐顷公的母亲萧同叔子自从齐惠公死后一直守寡，每每郁郁寡欢，而齐顷公非常孝顺，只要遇到什么可笑的事情，都要回去告诉他的母亲，逗母亲开心。这一次也不例外，齐顷公把三位大使都残疾的事情告诉了母亲。萧同叔子不大相信，于是就问她能不能看看，齐顷公说当然可以。

第二天，齐顷公在后园设下私宴，邀请三国大使，事先叫母亲萧同叔子躲在使臣必经的高台之上，等郤克等人路过时偷偷观看。而齐顷公为了让母亲开心，又专门搞了个恶作剧，他让一位驼背的车夫给驼背的郤克驾车，让一位跛脚的车夫给跛脚的季孙行父驾车，让一位独眼车夫给盲了一只眼的孙良夫驾车。等到车夫们把马车赶到赴宴地点后，必须把大使们引领到宴会厅，结果就出现了齐顷公等人早已期待的千古奇观：驼背领着驼背，跛脚领着跛脚，独眼领着独眼，总共三对儿，一齐从台下走过。台上偷看的萧同叔子等人见到这样的情形，再也忍不住，立即放声大笑，王太后一笑，左右婢女也都跟着哄堂大笑起来。

再说郤克,最初见齐国给他派的车夫也是个驼背,还以为只是偶然,也没有特别在意,等到这个时候见到另外的双跛双瞽,再听到台上肆无忌惮的笑声,这才知道被齐国设局捉弄了。

郤克等人愤怒不已,勉强喝了几杯酒之后立即告辞回了馆舍。鲁、卫两国的使者也来找郤克诉苦,三人越说越气,于是共同订立盟誓,一定要报这个被辱之仇。之后也不向齐国打招呼,就星夜赶回本国去了。郤克在过黄河时手指河水起誓说:"今生不报此仇,誓不过黄河。"

再说齐国,之前齐顷公暗中挑选车夫之时,卿士国佐就劝他不要这样做,因为肢体有残疾的人本就在成长过程中伴随着别人的嘲笑在心里留下了阴影,再要是有人当面取笑他们生理上的缺陷,那么这种歧视引发的后果将会非常严重,如果换了性格偏激一些的,当场杀人的举动都会有。可是齐顷公根本意识不到这一点,对于国佐的劝谏,也根本听不进去。等到这时郤克等人愤怒回国,国佐叹息说:"齐国将会不得安宁了。"

国佐的预料一点也不差,因为这三个人在国内都是实力派人物。鲁国的季孙行父为鲁国"三桓"中最有势力的季氏,其时为鲁国正卿,而孙良夫也是卫国正卿。郤克虽为晋国上军将,但他在国内的影响也不容小视。三人回国之后,都因自己在出使时被齐国设计取笑,心中极为恼怒,向自己的国君建议出兵伐齐。但晋景公不同意,因为晋国真正的对手是楚国,他劝解郤克说:"这是你个人的私怨,怎么能因此而举一国之力为你报仇呢?"郤克为此暴躁异常,竟然接连在晋国国内制造了一系列令人恐怖的事件,正卿士会见此情景,对他的儿子士燮说:"我听说一人发怒,千人受殃,如今郤克在齐国受了侮辱,如果不让他去齐国报仇消除他的怒气的话,那么他就一定会把这些怒气发泄在晋国国内。"于是告老辞职,把中军元帅和执政大夫的职位让给了郤克。

而鲁国的季孙行父也奏知国君,让人到楚国借兵。而正好这个时候,楚庄王死了,楚国一则遭遇新丧,二则齐国也是楚国的盟国,所以借口国丧期间不宜发兵推辞了,季孙行父一时无可奈何。

而齐顷公听到鲁国将欲联合晋国进攻齐国的消息后,先下手为强,率军进攻鲁国。在鲁国龙邑(今山东省泰安市西南),齐顷公的一名宠臣轻敌冒进,结果被龙邑北门守军抓获并凌迟处死,齐顷公大怒,命大军四面强攻,昼夜不息,最终攻破龙邑。齐顷公为替宠臣报仇,将龙邑北门军民尽数杀死以泄愤。

攻破龙邑之后,齐军本要继续前进,谁知卫国的孙良夫却带着军队乘虚攻入了齐国境内。齐顷公闻报之后立即退师，前去迎击卫军，最终在新筑城（今河北省邯郸市魏县南）与卫军前锋相遇，两军各扎营寨。当天夜里，孙良夫带着卫军前往齐军营中劫寨，谁知齐军早有准备，结果中了埋伏，被齐兵杀得大败。

孙良夫本想起兵报仇，谁知反被齐军击败，心中更为愤恨，于是命副将带兵驻扎在新筑，自己亲自前往晋国借兵。正好鲁国的使者也在晋国，于是二人先去见过郤克，之后一齐去见晋景公。

内有郤克主张出兵，外有鲁、卫两国请求出兵，晋景公不好再推辞，只得同意了。于是命郤克为中军元帅，解张为御戎，郑丘缓为车右，士会之子士燮为上军将，栾枝之孙栾书为下军将，韩厥为司马，率兵车八百乘，杀奔齐国而来。这一年是公元前589年。

鲁、卫两国也各整队伍，与晋军会师于新筑城。齐顷公听到三国联军前来，为避免在齐国本土作战使百姓震恐，就想把三国联军堵在齐国边境，于是在派遣使者向楚国求援的同时，率兵车五百乘前往迎战。经过齐军三昼夜的急行军，最终在卫国的莘地（今山东省聊城市莘县）与已经集结的三国联军相遇，三国联军驻扎于靡笄山下（今山东省济南市长清区境内）。

著名的鞌之战就此展开。

齐顷公求胜心切，立即派人向晋军下战书说："我军虽然不够强大，请与贵军在明天早上决战。"郤克也不是粗鲁之人，他回答说："晋国和鲁、卫是兄弟，鲁、卫两国说贵国在他们的国土上发泄愤怒，所以我们的国君让我来替他们求情，也不想在此地久留。"于是约定来日决战。

次日，齐军大将高固向齐顷公请战说："齐军和晋军从未曾当面交锋，我们不知晋军虚实，请让我前去看一看。"征得齐顷公同意后，高固驾着单车前往晋军阵前挑战，正遇晋军一名偏将驾车出营，高固看见后，手取一块大石，一石头过去，竟然把那个偏将砸倒在车上。驾车的车夫吓得赶快逃走，高固跳上晋军战车，把车驾回齐国阵中，绕着军营跑了一圈，然后向齐国军士炫耀说："我的勇气还没有用完，你们谁需要的话，可以来买我剩下的。"（成语"余勇可贾"的来历）齐军士兵大声欢笑，向高固祝贺这一胜利。再说晋军，等他们发现战车被齐将夺走之后想要追赶，已经来不及了，于是率军再次往东转移，到达齐国鞌地（今济南市历城区境内）。高固就凭这个突袭得来的胜利武断地对齐顷公说："晋军虽然人数众多，但战斗力并不怎么样，根本用不着害怕。"

齐顷公据此非常轻视晋军，传令大军追逐转移的晋军，经过一昼夜急行军，在鞌地与晋军再次相持。其时齐军还没有吃早饭,但齐顷公想一战击败晋军,他非常自负地对将士们说:"等我们消灭了晋军,再回来吃早饭。"(成语"灭此朝食"的来历)说完之后,也不给战马披上铠甲,就下令说:"看我马车跑到哪里,就往哪里放箭。"之后命车夫驾着战车驰入了晋军阵中。齐军阵中立时万箭齐发,晋军迎战的前锋士兵死伤无数。

为主帅郤克驾车的车夫解张,胳膊上中了两箭,但他忍着疼痛,继续驾车,郤克正在车上击鼓,也被一箭射中左侧胸,血都流到了鞋子上,鼓声顿时慢了许多。解张一听非常着急,他勉励郤克说:"军队进退的标志就是我们中军的鼓声,元帅您虽然受了伤,但还不至于死掉,不能不勉力指挥作战。"车右郑丘缓也赞同解张意见,于是郤克忍痛奋力击鼓,冒着箭雨前进。晋军后队听到鼓声转急,以为前队已经获胜,于是立即争先恐后地往前冲,齐军抵挡不住,顿时大败回逃。

从后追来的韩厥见郤克受伤,于是劝郤克等人下去休息,自己带人奋力追赶齐顷公。因为齐顷公穿着锦袍绣甲,目标十分明显,所以韩厥军追击的方向非常清晰。齐顷公叫苦不迭,策马往华不注山方向跑(华不注山,在今济南市郊东北部,山下有华泉),一直被晋军追着跑了三圈。最后眼看无法逃脱,只好接受大夫逄丑父的建议,与逄丑父互换衣服,以避免被直接俘虏。韩厥追上齐顷公的战车,只以为穿着锦袍的逄丑父是齐顷公,于是叫他下车。逄丑父假装口渴无法说话,让换了装的齐顷公下车去给他舀点水喝。齐顷公趁机逃脱。

韩厥带着俘获的"齐顷公"回营,结果却被郤克发现是假的,因为郤克出使齐国时曾经见过齐顷公。韩厥和郤克都非常生气,想要杀死逄丑父,但逄丑父大声喊叫说:"晋军将士兵们你们听清了,从今以后再不要干这种替国君承担祸患的事情了,我今天干了一次,马上就要被杀掉了。"郤克听了之后,认为逄丑父是个忠诚之士,于是就没有杀他。

再说齐顷公,跑回本国军营之后,对逄丑父舍身救君的义举非常感激,于是又乘了一辆车前往晋军阵中,寻找逄丑父,进进出出总共有三次,国佐、高固等人听说后,急忙赶来,把齐顷公劝了回去。君臣合计一番,最后决定班师回国。三国联军乘胜追击,一直追到了齐都临淄附近。

齐顷公非常惊慌,于是派国佐前去和郤克谈判。郤克对于当初齐顷公羞辱他的事情耿耿于怀,提出了两个十分苛刻的条件:其一,让齐国把齐顷公的母亲萧同叔子送到晋国当人质;其二,把齐国南北走向的地埂全部改为东西走向,意思是万一哪天齐国背叛晋国，晋国就可以驾着战车由西向东毫无阻碍地讨伐齐国。

对于如此过分的条件，国佐理所当然地拒绝了，他说："齐晋两国是兄弟，齐侯的母亲也就是晋侯的母亲，哪里有让国母当人质的道理？至于地埂的走向，也是依据齐国的自然地势长期以来形成的，如果照晋国的要求改成东西走向，那我们跟亡国有什么区别？元帅您提出这样的条件，莫非是不想与我国议和？"郤克回应说："我就是不想与你们议和，你们能拿我怎么样？"国佐也生气了："元帅您不要欺人太甚，齐国虽然小，但也是千乘之国，如果您不议和，那么我们回去收拾残兵，再与贵军决战，一战打不赢，就打两仗，两仗打不赢，就打三仗，如果三仗皆败，那么就连齐国都成晋国的了，又何必让国母当人质，把地埂改成东西走向呢？实在对不起，我要告辞了。"说完之后，行了个礼，就出营去了。

季孙行父和孙良夫一看急了，如果把齐国逼上绝路，重整队伍与联军死磕，谁胜谁负还真难预料，到手的战果说不定就会付之东流，于是赶快劝郤克趁着目前形势有利答应议和，郤克想想也是，反正心中的气也出了，再把齐国逼迫太狠可能会适得其反，于是命人赶快驾车去追，又把国佐追了回来。最终齐、晋订立盟约，齐国承认晋国的盟主国地位，并退还之前侵占的鲁、卫两国土地，之后晋国释放了逢丑父。

晋、齐鞌之战，以晋国的胜利而告终，晋景公如愿以偿，达到了与齐国结盟的目的。第二年，齐顷公前来朝见晋景公，想尊晋景公为王，晋景公虽然没有答应，却将三军再次扩为六军。对于诸侯的这种僭越之举，周王室根本就无可奈何，也不敢过问。

齐顷公回国之后，开始修政爱民，减轻赋税，抚慰孤弱，齐国人由此归心。而相对的，晋景公却变得骄傲昏聩，因为赵婴齐与赵朔的遗孀庄姬通奸，被赵括和赵同赶走，庄姬大怒，于是跑去向晋景公告状说，赵同和赵括想要谋反。其时郤克已经病死，中军元帅兼执政大夫由他精心选择的接班人栾书继任。晋景公心里也十分厌恶赵同赵括等人，于是就问栾书和郤锜（郤克之子）是否有其事，其时赵氏家族极度膨胀的势力已经让其他世卿感到极度不满，于是栾书和郤锜给出了肯定的答复。晋景公于是命栾书等人，将赵同、赵括灭族。赵氏一门，仅剩下年幼的赵武一人。这就是"赵氏孤儿"事件的真相。

公元前581年，晋景公病重，他做了个噩梦，梦见一个大鬼向他索命，叫人解梦，说是赵氏的祖先在作怪，于是韩厥趁机劝谏晋景公说："赵衰、赵盾的功劳不可忘，希望国君不要绝了他们的祭祀。"于是晋景公又把赵氏的封地还给了年幼的赵武。之后，他请一名巫师来占卜，看他的病能不能好，结果巫师说："依国君的病情，怕是挨不到吃新麦的时候了。"晋景公非常生气，于是派人去秦国请名医高缓来救治。医生还在来的路上，晋景公又做了个梦，他梦见有两个手指大的小人儿从他的鼻孔里出来，一个对另一个说："高缓是世间的名医，他来了，我们可就无处躲了。"另一个说："怕什么，我们躲在膏之上，肓之下，名医也无可奈何。"我国古代的医学上把心尖的脂肪叫作膏，心脏和膈膜之间叫肓，认为这个地方，药力无法达到。晋景公醒来之后，感觉心膈间非常疼痛，病势更加沉重。等到高缓来了之后，经过把脉，问诊，对晋景公说："国君的病，已经在膏之上，肓之下，针灸无法达到，药石也无效，恐怕是天命如此。"晋景公悲叹说："居然跟我做的梦一模一样，高缓真是个良医啊。"于是命人厚赏高缓，打发他回国。以上这段轶事，就是典故"病入膏肓"的来历。

　　但这还没完，后面还有更离奇的事情。晋景公有个小内侍，大清早做了个梦，梦见自己驮着晋景公飞到了天上，起来之后，就把这个梦向周围的人说了，周围的人都故意讨好晋景公，说小内侍做的这个梦很有象征意义，说明国君的病快好了。晋景公听了也十分高兴，居然感觉病势轻了一些。这个时候正好有人来献新麦，晋景公于是就把之前占卜的那个巫师叫来说："你说我尝不到今年的新麦，看现在如何？"巫师辩解说："那还说不定呢！"这就相当于是在咒人早死了，晋景公非常生气，于是命人杀死了巫师。杀掉巫师之后，晋景公正准备吃熬好的麦粥，却感觉肚子有些胀，于是让小内侍背着他去上厕所，结果刚刚进入厕所，晋景公心间一阵疼痛，站立不稳，一下子掉入厕所之中。小内侍顾不得肮脏，赶快跳进厕所之中把晋景公驮了上来，结果晋景公早就气绝身亡了。众大臣都商议说小内侍因为之前有背着国君上天的梦兆，于是让小内侍为晋景公殉葬。晋景公确实没吃到当年的新麦，却让巫师白白地搭上了一条命，而小内侍只要不说他做了个什么梦，也不至于为晋景公殉葬，看来祸从口出，一点也不假啊。

　　晋景公死后，儿子寿曼即位，是为晋厉公。其时周定王已死，周简王姬夷在位。这个时候，晋国虽说是栾书执政，但栾家的势力一直比不上之前的赵家，也比不上此时的郤家。栾书的父亲栾盾在时，因为不是赵盾党羽，为人又不圆滑，因此受到赵盾压制，一直未获升迁。这一切都被栾书看在眼里，记在心里。等郤克执政之后，栾书时时处处积极拥护支持郤克，终于得到郤克的充分信任，郤克在临终之前，将他从下军将的位置上破格提拔为中军元帅兼执政。但栾书是个野心家，他虽然非常聪明，能力也非常强，但为人异常阴险，为了维护自己的利益，可说是无所不用其极。郤克将晋国大权交给他，相当于亲手将掘祖坟的锹镐递到了栾书手上。

其时晋国六军十二卿之中，除了原来的老帅如韩厥、士燮等人，栾家只有栾书一人，还是他费了不小力气，才将年幼的儿子栾针提拔为卿进入六军。而郤家，却轻轻松松地占了三席地位，郤克之子郤锜为上军元帅，郤克之侄郤至为新军副帅，二郤为了进一步加强郤家力量，又把他们的堂叔郤犨也推荐为卿，任上军副帅，郤家的另外几个子弟，也分别担任大夫职务，郤氏的势力膨胀，引起了许多人的妒嫉，包括栾书。老大夫伯宗就劝谏晋厉公说："郤家为晋国立下大功，他们的子弟应该根据才能大小量才委用，这样一下子全部委以重任，恐怕不太合适。国君最好裁削一下他们的权力，这样也不至于为郤家招来灾祸。"可对于这逆耳忠言，晋厉公却听不进去。郤锜等人听到后，非常憎恨伯宗，于是在晋厉公面前设计诬陷伯宗，晋厉公这次听进去了，命人将伯宗杀死。伯宗的儿子伯州犁逃到了楚国。

伯宗因为善于直谏而遭杀身之祸，晋国人非常失望，渐渐对晋厉公失去了信心。

公元前575年，因为郑国再次背弃晋国与楚国结盟，晋厉公非常生气，亲自率领栾书、士燮、郤锜、荀偃（中行偃）、韩厥、郤至、魏锜等一班战将伐郑。楚共王闻讯后，也亲自率军前来救援。两军在鄢陵相遇，晋厉公见楚军阵势威猛，非常害怕，想要撤军回国。郤至就劝他说："您是带领我们来讨伐叛逆的，我们是正义之师，如果您下令撤退的话，那么以后晋国就没有资格对诸侯发号施令了。"晋厉公听了，才勉强打消撤退的念头。战前，中军元帅栾书建议等齐、宋、鲁、卫等国的军队到来之后再与楚军决战，但郤至提出了不同的意见，因为他曾在郤克时代担任外交官，专门负责与楚国的外事活动，因此对楚国的情况比较熟悉，他说楚有六间，机不可失：一是楚国中军将公子侧与左军将公子婴齐关系不和睦；二是楚王的亲兵已经年龄偏大战斗力不强；三是楚国的盟军郑军行列不整；四是随楚军作战的少数民族队伍不懂阵法；五是楚军在没有月光的夜里布阵很不吉利；六是楚军阵中士卒喧哗，秩序混乱。因此不必等齐、宋、鲁、卫等国兵到，就可以出其不意击败楚军。晋厉公认为说得有理，于是采纳郤至之策，传令出战。楚共王之子熊茂（音伐）在战斗时被俘，楚共王心急火燎，于次日亲自出战，结果被晋将魏锜一箭射中眼睛，楚军战败。当天晚上，楚军听到鲁、卫等国的军队又到，晋军势力更加强大，急召公子侧商议军情，谁知公子侧却喝醉了酒，怎么叫也叫不醒，无奈之下只好传令撤军回国。公子侧酒醒之后，羞愧无地，自杀而死。

晋楚鄢陵之战，以晋国胜利告终。胜楚之后，晋厉公更加骄傲，多宠幸一些奸佞之臣，且淫乱不已。晋厉公有位宠姬，宠姬有个哥哥名叫胥童。这位胥童大有来历。胥童的曾祖是胥臣，就是城濮之战中在马背上蒙上虎皮击败楚军的下军佐，与栾书的祖父栾枝同属一军。胥臣死后，他的职位由他的儿子胥甲继任。公元前615年，秦晋河曲（今山西省运城市芮城县西风陵渡黄河转弯地区）之战，秦军不敌晋军，想要乘夜撤走，却故意派遣使者前来下战书，以为缓兵之计。谁知却被赵盾家臣臾骈识破，臾骈建议赵盾在河岸边设下埋伏截断秦军归路，怎料赵穿和胥甲却大唱反调，说晋国一个堂堂大国，刚刚回复秦使说要明天早上跟人家决战，怎么能不讲信用要半夜去埋伏？结果被秦军得知消息后连夜撤走，晋军白白丧失了取胜的机会。回国之后，军中追究赵穿等人的泄露军情之罪，赵盾袒护赵穿，让胥甲一个人背了黑锅，免去了胥甲的官职。不过为了安慰胥甲，又让胥甲的儿子胥克继任了下军佐。胥克为此非常得意，但他没有得意多久，厄运再次降临。赵盾死后，继任的郤缺为了照顾赵家，于是借口胥克的身体不好，说胥克有精神方面的疾病，免去了胥克的职务，然后让赵盾的儿子赵朔接替胥克担任下军佐进入了六卿。这样一来仇恨的种子就此播下。胥克的祖父胥臣推荐了郤缺，让他从一个农夫变为国家执政，谁知郤缺却没有感恩，免了他孙子的官，在胥家看来，郤家这事做得实在是太过分了。到了胥童这一辈，胥家已经很不入流，他只能仗着他妹妹的裙带关系，讨一些国君的赏赐。面对郤家的春风得意，胥童又怎么能忘记自己家的富贵和权力是怎样失去的呢？

胥童没有别的手段，只能是一边让妹妹吹枕边风，一边自己拼命地讨好晋厉公，晋厉公也为此比较宠幸胥童，想要任命他为卿，但是世卿的位置上都有人，也不能无缘无故地就把别人免掉。但胥童也找到了一个说服晋厉公的理由，他向晋厉公进言说："郤氏家族势大专权，将来必定会作乱，不如现在就把他们杀掉。杀掉他们，位置不就空出来了？国君您喜欢谁，就任命谁。"于是，新一轮的火并开始。

胥童先找到被俘的楚公子熊茂，然后问他想不想回国。熊茂一听大喜，忙问怎样才能回到楚国。于是胥童就教他说，只要你照我说的做，我保证让你回去。熊茂为了获得自由，于是就答应了。

做完这一切，胥童跑到晋厉公面前诬陷郤至说："郤至想要谋反，他一直想要奉孙周为国君。晋、楚鄢陵之战，实际上是他与楚国事先串通好的，他不等援军到来极力鼓动您与楚军交战，就是希望晋军战败，之后好迎接孙周回国。国君您要不信，可以问俘虏的楚公子熊茷。"孙周是晋襄公的一个曾孙。因为晋国有不蓄群公子的传统国策，所以孙周的祖父被送到东周，孙周就出生在那里。其时因为晋厉公淫乱昏庸，国人都悄悄议论，比较怀念晋文公、晋襄公等这些贤君。所以胥童这一招极狠，说郤至等人骄横，晋厉公不予理睬，说郤至这些人专权，晋厉公更是不听，但这次说郤至等人要弑君另立，晋厉公坐不住了。晋厉公于是把熊茷叫来问，果然，熊茷跟胥童说得一模一样。晋厉公还是将信将疑，于是又去问栾书。栾书早就怨恨郤至在鄢陵之战中抢了自己的风头，此时巴不得除掉郤氏好壮大栾氏的力量，于是回答说："我也听说了这些事情，但还是不敢肯定。国君您可以派郤至出使周王室，看看他的举动再行定夺。"晋厉公于是派郤至出使东周，而郤至不知是计，径直去了。栾书又暗中派人通知孙周说："现在郤氏在晋国颇有势力，公子您为何不趁机与郤至接触一下，如果将来回国，也好有个照应。"孙周感觉有理，于是就在东周和郤至会了个面。这一会面，被晋厉公派出的眼线尽数看在眼里，于是，郤至的罪状就坐实了。

　　晋厉公杀心顿起，不过他还没有马上采取行动。但导火索最终还是不慎被点燃。一天，晋厉公和姬妾们出去打猎，没有打到猎物，无肉下酒，于是让太监孟张去为他买。集市上赶好也没有，这个时候，恰好郤至杀了一头猪，还好心好意地准备给晋厉公送去，孟张仗着自己是晋厉公身边的人，竟然在半道上不问青红皂白抢了郤至的猪肉就跑，郤至大怒，一箭将孟张射死。孟张手下的人狼狈逃回，向晋厉公说明情况，晋厉公以为郤至抢了自己的猪肉，大怒说："郤至欺我太甚。"于是命胥童等人准备甲士，准备杀死郤至。郤至的叔父郤犨毕竟阅历丰富，得知消息后赶快来劝郤至说："不如我们先下先为强，杀死无道的晋侯，即使我们战死了，晋侯也会元气大伤。"但郤至说："我听说忠信的人不会反对国君，智慧的人不会伤害百姓，勇武的人不会发动叛乱，如果失去了这三种美德，谁还会支持我们呢？不如让我去死吧。"郤至之意，是想牺牲自己一个，保全郤氏家族，但他实在是太天真了，因为历来的政治斗争，不是你死就是我活，从来都是鸡犬不留斩草除根，怎么会为他留下复仇的种子？晋厉公倒也确实只想杀他一个，但胥童建议连郤锜、郤犨一块儿杀掉，否则将来后患无穷。

　　得到晋厉公的授权之后，胥童等人率领甲士，将郤犨、郤锜、郤至尽数杀死，郤氏被灭族。

胥童想要夺取更高的权力，于是又在朝堂上劫持了栾书和荀偃，请求晋厉公将他们一起处死。晋厉公说："今天一日杀三卿，我心中已十分不忍，又怎么能忍心杀死其他的世卿？"胥童回答说："栾书和荀偃与三郤是同谋，今天不除掉他们，将来他们一定会杀掉我们。"但晋厉公没有听从，而是叫人赦免了栾书和荀偃，仍叫他们担任原来的职务。

客观来讲，胥童此人虽然心狠手辣，但他的见识却远比晋厉公要高明长远，晋厉公不忍心杀死栾书和荀偃，但确如胥童所说的那样，这两个人却忍心杀死他。

除掉三郤之后，胥童等人被任命为卿，栾书与荀偃经此一劫，非常担心晋厉公有朝一日听信谗言像杀死三郤那样杀死自己，于是一不做二不休，趁着晋厉公在幸臣家中游玩的机会，发动政变，派部将程滑把晋厉公囚禁了起来，并杀死了胥童。栾书担心韩厥和士匄（音盖，士会之孙，士燮之子）将来会有微词，就想把韩厥和士匄也拉下水，让他们同担弑君的罪名，于是叫使者去请韩厥和士匄前来议事，韩厥和士匄感觉事情有异，都借口生病不能前来，栾书无奈，只好杀死了晋厉公，并派人到东周洛阳去迎孙周来即位。

且说孙周，这个时候虽然只有十四岁，但十分聪明，他见到前来迎接他的使者，问明来由，之后就来到了晋国。栾书、荀偃、韩厥、士匄等人齐去半路迎接，孙周立即给他们来了个下马威："我和我的祖父、父亲一直寄居他乡，本来也没有指望着能够回来，更别说是当国君了。我听说国君之所以高贵，就是可以自己发号施令，如果只是给他一个国君的名号，而不听从他的命令，那么这样的国君有名无实。众位爱卿如果能听我的，那么我就从你们之请，当这个国君，而如果你们另有打算，那么请你们另请高明。我可不希望自己成为第二个晋厉公。"

栾书等人吓得两腿战栗，赶快跪拜叩头说："我们其实更愿意侍奉贤能的国君，并没有别的想法，一切都听国君您的。"退下之后，栾书惊魂未定，对众人说："这个新国君可不是旧国君所能相比的，我们一定要小心事奉。"

于是孙周即位，是为晋悼公。即位次日，就把晋厉公杀死三郤后提拔起来的几个佞臣推出朝门斩首，之后又敲山震虎，追查晋厉公的死因，将参与弑君的栾书部将程滑以不君之罪凌迟处死，吓得栾书连觉都睡不安稳，之后大病不起，没过多久就死了。

晋悼公于是任命韩厥为中军元帅，以代栾书。韩厥又向晋悼公推荐赵氏孤儿赵武，晋悼公经过观察，发现赵武确有才干，于是任命为新军元帅。其时中军尉祁奚（也称祁黄羊）年老，想要告老还乡，晋悼公就征求他的意见说："老先生您走了，谁可以接替您的职务？"祁奚说："最合适的应该是解狐。"晋悼公非常惊讶："解狐不是您的仇人吗，您怎么会推荐您的仇人呢？"祁奚回答说："国君您问我谁可以胜任，没问他是不是我的仇人。"晋悼公非常佩服，于是就把解狐召来，准备拜解狐为中军尉，但还没有来得及宣布，解狐就病死了。晋悼公又问谁可以，祁奚说祁午可以。悼公又吃一惊："祁午不是您的儿子吗？"祁奚说："国君您是在问谁可以接替我的职务，没问他是不是我的儿子。"晋悼公非常叹赏，又问："您的副手羊舌职病死了，请老爱卿一并为我推荐合适的人选。"祁奚说："羊舌职有两个儿子，一个叫羊舌赤，一个叫羊舌肸（字叔向），都是贤才，请国君量才而用。"晋悼公按照祁奚的推荐，任命祁午为中军尉，羊舌赤为副。上任之后，这两个人果然非常胜任他们的工作。大夫们无不悦服，晋悼公由是赞扬祁奚说："祁奚这个人，外举不避仇，内举不避亲，不结党营私，可真是个贤人。"祁奚于是成为荐贤的典范，名满天下。

晋悼公初次会盟诸侯之时，他的弟弟杨干随军。杨干新拜官职，意气风发，未获主帅同意，就带着队伍跟在中军佐士匄的后面，乱了大军的行伍。担任司马的魏绛（魏犨之孙）立即当众宣布军令："杨干违反将令，本该按军法斩首，念在他是国君弟弟的分上，暂且将他的车夫斩首，以严肃军纪。"之后把杨干的车夫抓起来杀掉，并悬首示众。

军中见状无不整肃，杨干本是公室子弟，从来没有从军经验，不知军中纪律，见车夫被杀，吓得面如土色，立即跑去向晋悼公告状。晋悼公未加细察，大怒骂道："魏绛侮辱我的弟弟，就是侮辱我，我今天一定要杀了魏绛，不能让他跑掉。"于是命人去抓魏绛。

魏绛看到杨干离去，心里知道不妙，于是跑到宫门口向晋悼公呈上写好的书信，之后就准备自杀。几位大夫立即劝住了他，说司马您执行法律没有错，为什么要自己跟自己过不去，于是跑去向晋悼公劝谏。晋悼公打开魏绛呈上的书信，只见上面写着："国君您不认为下臣水平低，让我暂时担任军中司马一职，我就得履行我的职责。如果军中都无人执行命令，那就像之前的河曲之战和邲之战那样，打败仗是无法避免的。我知道自己触怒了国君您的弟弟，罪该万死，请让我自杀谢罪，以维护国君您的兄弟情谊。"

晋悼公看了大惊，连鞋都没有来得及穿，赶快跑到宫门外，向魏绛道歉说："我没有管教好弟弟，以致触犯军法，这都是我的过错，请爱卿继续返回军中执法。"之后又将杨干责骂一番，让他去学习礼仪。自此晋悼公知道魏绛是个奉法之臣，于是重用魏绛，魏氏自此改变魏犨时代有勇无谋的武夫形象，再度崛起。

魏绛的这段经历，其实与当初韩厥杀死赵盾车夫的情景如出一辙，韩厥执法严明，获得了赵盾的信赖，魏绛执法严明，获得了晋悼公的青睐，他们的子孙后来能成为列国诸侯，也就不是什么难理解的事情了。

其后晋悼公用魏绛之策，与北方的戎、狄等部落缔结盟约，双方讲和，不相攻伐，稳定了晋国的后方；又用荀罃之策，用分军之计，将四军分为三个班次，每次一个军，轮番出动攻击郑国，使楚军在数次救郑后终于筋疲力尽，最终使郑国坚定地倒向晋国，巩固了晋国的霸权。

荀罃又叫智罃，因为封地在智，所以另名智氏，以示与中行氏的荀偃等人区别。荀罃在邲之战中被楚军俘虏，经屈巫等人斡旋，公元前588年晋楚交换俘虏，楚国在迎接公子谷臣并收到连尹襄老的尸体之后，放荀罃归国。归国之前，楚共王问荀罃说："你恨我吗？"荀罃回答说："我技艺不精，在战场上战败被俘，我没有理由恨您。"楚共王又问："那我们放你回去，你会感激我们吗？"荀罃说："晋国和楚国为了两国的利益互相谅解结为友好之邦，放我回国也是两国协议的一项内容，我没有参与讨论，所以我也没有理由感激贵国。"楚共王再问："你回去之后，准备怎样对待楚国？"荀罃说："如果我回去，我的国君下令将我杀死在荀氏的祖坟之前，那也确实是让我承担了早就应该承担的责任；但如果我的国君能够允许我继续为国效力赦免我，那么我将尽到一个做臣子的责任，不惜为捍卫晋国的利益出生入死，假如他日与贵军在战场相见，我还是要奋勇向前，直到竭尽全力战死沙场的那一刻。"

楚共王和荀罃的这番对话，与当初楚成王和晋文公的那番对话何其相似？有礼有节，毫不示弱。所不同的是，晋文公当初在楚国是客人，而此时的荀罃在楚国是俘虏。晋文公谦虚是因为寄人篱下，荀罃谦虚是因为身陷囹圄，不过，他们却都没有做出有辱国格和有损气度的事情来。十年的囚徒生涯，锻造了荀罃坚强的意志和不凡的见识。此时他回话不卑不亢，令楚共王不由得肃然起敬："晋国，已经不能与他们抗争了。"之后厚加赏赐，送荀罃回国。荀罃回国后，所做的一件很重要的事情就是受栾书等人所托到东周迎立晋悼公，后因为颇具战略眼光，年老的韩厥佩服之余，立即举荐他为中军元帅。

荀䓨担任中军元帅后，先是率军攻下逼阳国（今山东省枣庄市台儿庄区），打通晋、吴联盟的通道，之后用分军之计不断出击郑国，使楚军疲于奔命毫无喘息之机，最后不得不放弃争郑，晋国由是牢牢控制了霸权。荀䓨得到晋悼公充分信任和倚重，智氏家族自此亦在晋国政坛崛起。

晋悼公是晋国史上一位雄才大略的少年英豪，虽然只活了二十八岁，但他在位期间，选贤任能，谨修国政，匡复晋国霸业，政绩斐然。不过晋悼公没有依靠他卓越的才干废黜晋国特色的公族大夫、削弱卿族力量并扶持壮大晋国公室力量，使晋国失掉了最后一个避免被世卿瓜分的绝佳机会。因为在晋悼公死后直至晋国灭亡，再没有涌现出像他那样出色的国君。当然，这也不能完全怪晋悼公，因为上天留给他的时间实在是太短了。或许他根本就没有意识到那一点或者是还没有来得及吧。

第十九节　栾氏灭族、挂羊头卖狗肉、崔杼弑齐庄公

不过，虽然晋悼公在位期间没有出手屠戮卿大夫，却并不代表卿大夫之间会铁板一块不自相残杀。这一次被灭族的是栾氏。

这个世界上有许多事情，看起来发生得极为偶然，但都有它具体的原因，可说是无风不起浪。前文曾经提到过，楚国的大夫屈巫借出使齐国为名，在郑国偷娶了夏姬之后，跑到了晋国。当时的晋景公非常高兴，于是将屈巫用为大夫，屈巫自此改名为巫臣。楚国的公子侧等人非常痛恨巫臣，于是将巫臣的族人全部杀死，之后与公子婴齐瓜分了巫臣的家产。巫臣得知消息后极为恼怒，于是向晋景公请求出使吴国，请求联合吴国讨伐楚国，晋景公同意了。巫臣派自己的儿子巫狐庸到吴国，对吴国进行军事援助，教吴国人操练军阵之法，吴国到这个时候才变得强大起来，最后竟然成为楚国的心腹大患。

公元前560年，楚共王病死，吴国一看有机可乘，于是发兵偷袭楚国，谁知道迎战的却是神箭手养由基，一箭将其主将射死，吴军大败而回，之后向晋国求援。吴国这种伐人之丧的不义之举遭到了晋国大夫羊舌肸的唾弃，羊舌肸认为吴国战败咎由自取，建议晋悼公出兵攻打与楚国结盟并一直在晋国西部边境捣乱的秦国，晋悼公同意了。

其时智罃已死，晋悼公废黜新军，仍设三军六卿，中军元帅由荀偃（中行偃）担任，士匄（因封地在范，又称范匄）为中军佐；赵武为上军将，韩起（韩厥之子）为上军佐；栾黡（音眼，栾书之子）为下军将，魏绛为下军佐。齐、宋、鲁、卫等十二国军队与晋军一齐，浩浩荡荡杀奔秦国。此时为公元前559

年，此役称之为秦晋迁延之役（迁延是延期、耽搁、退却的意思，因为这一战晋军徘徊不前没有接仗，所以起了这样一个名字）。

荀偃这个人，与他的祖父荀林父带兵颇有相似之处，军令不明，模棱两可，让人不知所云。他带领十三国兵马扎下营寨后，居然发布了一道有失严谨的命令："明天早上鸡叫后大军出发，我的马头朝哪个方向，大军就开向哪个方向。"实际上这句话也没有错，就是将士服从主帅命令，跟着主帅一齐行动，"唯我马首是瞻"的意思（典故"马首是瞻"的出处）。但在其他的卿大夫看来，这就显得非常傲慢，有不把别人放在眼里之嫌。唯你马首是瞻，你的马要是四处乱窜呢？下军元帅栾黡，仗着他父亲栾书是前执政，且有迎立晋悼公的功劳，向来不服气荀偃，听到命令后就大骂说："行军作战是一件很严肃的事情，应该把高级将领们聚在一起召开军事会议，多听取大家的意见。就算是荀偃水平非常高，那也应该说清楚，到底是要前进，还是要撤退？哪里有让三军将士看他马首行事的？我也是下军元帅，我的马头要向东。"向东就是回晋国的方向，于是栾黡带着本部军马尽数回国。下军佐魏绛无可奈何地叹气说："我是下军副帅，我得听本部元帅的，那就没办法执行荀偃的命令了。"于是也跟着栾黡一齐班师。

因为之前废黜的新军全部挂靠在下军，所以栾黡这一班师，几乎就带走了晋国的一半多军力，荀偃得知消息后，感觉很没面子且威信受到了质疑，于是自我检讨说："发出的命令不明确，我确实有责任，现在命令已经无法被执行，那这个仗还怎么打？"于是传令班师。

却说栾黡的幼弟栾针，与士匄的儿子士鞅（也就是范鞅）关系较好，此时也随军出征。栾针年轻气盛，见晋军一仗未打就撤兵回国，心里非常不平，于是对士鞅说："今天这场战争，我们本是来找秦国报仇的，如果一点战果都没有，那就会显得更加耻辱。我们兄弟两人同在军中，怎么能说回就回？你能和我一齐到秦军阵中打一仗吗？"士鞅也是年轻人，容易冲动，经栾针这么一说，立即响应说："那有什么不敢的？"于是两个人带着手下冲到了秦军阵中。

栾针和士鞅部下的人马较少，而秦军却是大军，两人虽然勇敢，哪里能打得过几万人马？打跑了一小股先锋部队，后面的大部队却又围了上来，士鞅见势不妙，赶快劝栾针说："秦兵人数太多，我们不是对手，赶快撤退。"可栾针杀红了眼，哪里肯听？士鞅无法，只好驾着单车狂奔，总算是捡了一条命，栾针死于秦军阵中。

栾黡见士鞅一个人回来，就问："我的弟弟呢？"士鞅实话实说："栾针死在了秦军阵中。"栾黡大怒，拿起武器追打士鞅，士鞅到底心里有愧，不敢反抗，躲到了他父亲士匄的营帐中。士匄迎出来问栾黡："贤婿你这么生气，发生了什么事情？"栾黡的妻子栾祁是士匄的女儿，实际上士鞅还是栾黡的小舅子。栾黡正在气头上，岳丈面前也顾不得什么礼数，就怒气冲冲地回答："你的儿子把我的弟弟诱骗到秦军阵中，我弟弟战死，而你的儿子活着回来了，是你的儿子杀了我弟弟。现在，除非你把士鞅流放到其他地方，我们一切好说，否则，我早晚要杀了士鞅，为栾针偿命。"

栾黡一来是气糊涂了，居然跟岳父这么说话，非常无礼；二来，他没有把事情调查清楚就轻率下结论，未免太不慎重。实际上栾针之死，完全是咎由自取，硬拿鸡蛋碰石头，根本怪不得士鞅，但这个时候栾黡不仅把士鞅骂进去，还在士匄心中留下了坏印象，这就加速了栾氏的败亡。

士匄见栾黡这么生气，也不辩解，于是安慰栾黡说："这件事情我还不知道内情，既然真是这样，我把士鞅逐出晋国便了。"士鞅在帐内听见，赶快偷偷地跑了出来，流亡秦国。

其时秦国国君是秦康公的曾孙秦景公，秦景公经与士鞅谈论，发现士鞅颇有远见，明于决断，是一个非常出色的人才，于是通过士匄与晋国重新结盟，两国修好，并在晋悼公处为士鞅求情，提议让士鞅回国。经晋悼公首肯，士鞅最终回到晋国。

这一年，栾黡盛年暴亡，他的儿子栾盈世袭他的卿位，担任下军佐。栾盈年少聪颖，又肯礼贤下士，施恩于众，因此追随投奔他的豪杰特别多。本来按照这个趋势发展下去，栾家子弟即使不会像栾书那样再度升任执政，但保住栾氏家族的世卿地位，应该是没有多大问题的。但关键时刻，发生的一件俗不可耐的事情，最终断送了栾氏的一切——栾黡死的时候，他的妻子栾祁才刚刚四十岁，正值盛年，难耐寂寞，竟然与家臣州宾私通。

晋悼公死后，儿子晋平公即位，栾盈作为六军将领之一，带兵跟随晋平公讨伐齐国，栾祁竟然与州宾毫无顾忌地在府中厮混。栾盈回来后，发现了母亲的奸情，对于这样的家丑他不便外扬，于是严令守门的卫兵，不要让家臣随便出入。栾祁一则恼羞成怒，二则害怕栾盈会杀死州宾，竟然跑到她父亲士匄那里去诬告栾盈，说栾盈想要谋反。

发生在栾祁身上的这类丑事，在春秋时期实属司空见惯，但她诬陷自己的亲生儿子谋反，就实在是让人无法接受。因为不论是之前陈国的夏姬，还是与栾祁相隔不远的庄姬，她们即使与情人偷情，但对于自己儿子利益，还是会尽最大努力去维护的，再怎么说也是母子连心、利益共同，只要保住儿子，家族的利益和自身的地位就有保障，就算是儿子真要谋反，大义灭亲时也会感到于心不忍，更何况是无中生有捏造罪名呢？备受情欲煎熬之下的女人，哪里还会有一点点的理智留存啊！

对于女儿的告密，士匄将信将疑，于是就问儿子士鞅有没有这回事。而士鞅自从上次被栾黡追杀，一直对栾家耿耿于怀，此时见问，也对他父亲说：“我也听说了，有这回事。”于是，栾氏的命运就此注定。

本来栾盈的祖父栾书就十分狠毒，善用阴谋诡计，陷害赵氏郤氏不说，又杀死晋厉公。晋悼公念在他迎立有功的分上，也就没有秋后算账，还让栾黡继续担任卿士，算是对栾氏做到了足够宽容，但栾氏子弟没有意识到自身的生存危机，没有选择与其他世卿修好关系，最终招致了此时的灾难。

郤氏被灭门了，郤氏自然不会来找栾氏的麻烦；赵氏也被灭门了，但很可惜，赵氏不仅死而复生，而且还再次担任了卿士；荀偃虽然死了，但中行氏却永远不会忘记栾黡在秦晋迁延之役中怎样让荀偃颜面无存的；还有此时的士家，虽然说栾黡是士匄的女婿，但他威逼放逐士鞅，还说迟早要杀死士鞅，也让士家耿耿于怀。

栾家自己把自己的路全部封死了，只剩下此时其实非常无辜的栾盈，陷入了政敌的重重包围之中。士匄把栾盈将要谋反的消息报告给晋平公，晋平公也不相信，就又问另一位大夫，这位大夫居然也没有替栾家说一句好话，于是晋平公召来士匄，商议驱逐栾氏。

君臣商议的结果是，找一个借口，派栾盈到另一座城邑去公干，这样一来，趁着栾氏群龙无首逐走栾氏族人，就可以避免栾氏聚兵作乱给晋国造成内耗。栾盈听到后就会自觉地逃亡国外，也算是给了栾盈一条生路。但这个图谋被栾盈的部下及时地察觉到了，部下劝告栾盈不要去，但栾盈相当自信，他自恃祖父有拥立之功，栾氏平时又多施恩于百姓，就算是国君想要不利于他，国内的舆论也会支持他。栾盈毕竟是太年轻，因为年轻，所以就显得幼稚，把自己的命运交给并不能掌控国家机器的舆论，真是愚昧昏暗。

栾盈出外之后，晋平公立即宣布栾氏的弑君之罪，然后命令将栾氏宗族全部赶出晋国，并收回栾氏的封地。

栾氏子弟得知消息后，赶快乘车出奔，前去投靠栾盈。栾盈的党羽之中，有一个名叫叔虎的人，是著名大夫羊舌职的儿子，也就是羊舌赤和羊舌肸的异母弟。他自幼与栾盈关系非常密切，本想出城投奔栾盈，谁知赶到城门边的时候，城门却因天黑关闭了。其时城中传言四起，都说要把栾氏的党羽全部抓起来治罪，这就把还没来得及出城的叔虎等人逼上了绝路，于是与栾盈其他党羽商议，想要趁夜发动兵变，杀出城外投奔栾盈。

谁知隔墙有耳，机事不密将消息走漏了出去，士匄马上派其子士鞅率领兵士，将叔虎等人尽数捕获。士匄怀疑叔虎的两个哥哥羊舌赤、羊舌肸也与叔虎是同谋，于是把他们俩也抓了起来。

却说羊舌职还有个儿子，名叫乐王鲋（音复，字叔鱼），他比较受晋平公的宠幸，再加上又是士匄的党羽，所以没有被叔虎牵扯进栾氏之祸中去。此时见两位兄长被抓，于是跑来对他们说："你们不要担心，我见了国君，一定会尽我最大的努力，为你们求情。"谁知羊舌肸却根本没有理睬他。乐王鲋讨了个没趣，恨恨而去。羊舌赤就埋怨弟弟说："现在我们兄弟二人都被拘押，而叔鱼很受国君的宠幸，如果他肯为我们讲情，那么国君一定会赦免我们。人家好意要救我们，那你至少也应该搭理一下人家，免得拂了人家的好意。"羊舌肸说："我看未必，叔鱼未必就能救得了我们，能救我们的只有祁奚老大夫。"羊舌赤很奇怪："依乐王鲋目前的受宠幸程度，你说他救不了我们，而祁奚现在早就告老还乡不在朝中，他怎么能救得了我们？"羊舌肸分析说："叔鱼这个人，平时国君说什么，他就说什么，国君说什么不对，他也就随声附和，所以他说的话分量很轻，国君可以采纳，也可以不采纳。而祁奚老大夫，内举不避亲，外举不避仇，说话极有分量，在晋国可说是无人不知。再加上他一心为国，所以他不会眼睁睁地看着我们被杀死的。"

等到士匄把叛乱人员名单呈给晋平公的时候，晋平公一看羊舌赤和羊舌肸的名字也赫然在列，于是就向乐王鲋求证说："你的这两个哥哥，是否和叔虎同谋叛乱？"乐王鲋忌恨之前羊舌肸对他的轻慢，于是回答说："他们三人平时关系密切，没有不同谋的道理。"晋平公一听，立即命人将羊舌肸和羊舌赤投入狱中，并令司寇给他们定罪。祁奚的儿子祁午和羊舌赤是同事，听到这个消息后，立即派人星夜向他的父亲祁奚送信。

祁奚接信之后，丝毫不敢怠慢，立即星夜赶到绛都来见士匄。士匄见德高望重的祁奚老大夫深夜来访，就赶快问他有何指教。祁奚回答说："我没有其他的事情，只是为了晋国的生死存亡而来。"士匄感到非常吃惊，就问："不知什么样的事情关系晋国的生死存亡，让老大夫如此费心？"祁奚说："贤能的人是国家的护卫，羊舌赤和羊舌肸都是贤良之才，如今怎么能因为羊舌家一个人犯法，就把羊舌氏全部抓起来呢？元帅你不能因为个人的恩怨，就这样滥杀无辜，这对晋国的未来，可说是没有一点好处。"

士匄本想借此机会将羊舌氏等异己力量一网打尽，孰料此时被祁奚狠狠责备了一番，祁奚在晋国声望非常高，士匄不敢硬顶，于是赶快向祁奚认错，之后两人一齐去见晋平公，请求赦免羊舌肸和羊舌赤，晋平公同意了。

羊舌赤和羊舌肸被释放之后，羊舌赤就想和弟弟一起去拜谢祁奚，但羊舌肸说："祁奚是为了国家，并不是为了我们，没有必要去感谢他。"说完自个儿回了家。羊舌赤感觉不去答谢一下心里过意不去，于是就跑到祁午那里，请求见祁奚一面。结果去了之后才知道，祁奚早就回乡下去了。羊舌赤叹息说："看来叔向说得确实对，人家救我们，根本就没有打算让我们去报答他，叔向之高见，我实在是自愧不如。"

而在恼羞成怒之下不仅没有搭救反而刻意陷害两位兄长的乐王鲋，后来终因自己的无知不法而遭遇横祸。

乐王鲋后来因为审理一起案件，接受被告的贿赂（被告将他的女儿送给乐王鲋当小妾）后贪赃枉法，判决原告有罪，结果被愤怒的原告当场杀死在朝堂上，羊舌肸并不护短，而是建议执政的韩起申明罪状之后，将他的尸首弃于闹市示众。羊舌肸是晋国名臣，处事公道正派，不结党营私，有一套非常独到的政治见解，不主张以严苛的刑法对待百姓。由于他具备敏锐的洞察力和超凡的见识，因此他能准确地预测一些时事的发展趋势，比如此时搭救他们的人，是祁奚而不是乐王鲋；再比如后来的"叔向论楚难"，准确地预测了楚国诸公子争夺君位的结局，可说是料事如神。羊舌肸和祁奚一样，他们都对晋国公室非常忠诚，时时处处以维护公室利益为己任，尽管他早就预料到晋国最终会被卿士所瓜分，但他仍然义无反顾地选择了站在晋国公室一边，这就与妄图分裂晋国的其他卿大夫之间产生了不可调和的矛盾。

羊舌肸最初想娶著名的巫臣与夏姬所生的女儿为妻，但他的母亲表示反对，并对羊舌肸讲了夏姬"杀三夫一君一子、亡一国两卿"的恶名，说凡是娶了容貌出众的女子，到头来一定会招来祸患。羊舌肸一听，吓得赶快打了退堂鼓，但好事的晋平公硬逼着他娶了夏姬的女儿。羊舌肸的儿子杨食我刚刚生下来的时候，羊舌肸的嫂子向婆婆去贺喜，说羊舌肸的妻子生了个大胖小子。羊舌肸的母亲一听很高兴，就去探望，谁知刚走到产房外，杨食我恰好哭了起来。羊舌肸的母亲听到声音后说："这个孩子的哭声就像豺狼一样，将来使羊舌家灭族的人，不是他还是谁呢？"于是没有进去探望杨食我，扭头就走了。杨食我长大后，因为之前祁家曾经搭救他们羊舌家，所以与祁午的儿子祁盈关系比较好。祁盈的两个家臣祁胜和邬藏换妻通奸，祁盈对这种淫乱行为深以为耻，就把这两个家臣抓了起来，准备杀掉，但祁胜等人向当时的执政大夫荀跞（音立，荀罃之孙）行贿，诬告祁盈谋反，后祁盈被杀，杨食我作为祁盈的同党也一同被杀，羊舌氏随同祁氏一齐就此族灭。

再说栾盈，出了绛都没几天，出奔的几个栾氏子弟就追上了他，向他报告了城内发生的事情，栾盈本来想去楚国避难，后来一想晋国和楚国是世仇，去楚国不合适，于是就又去了齐国。

而这个时候的齐国，前后也发生了一连串的大事。

齐顷公死后，儿子齐灵公即位。齐灵公不满其父齐顷公尊晋国为霸主，所以千方百计地寻找机会想要脱离晋国的控制。齐灵公刚开始娶的夫人是鲁国的公主，但是没有生孩子，鲁国陪嫁的媵妾生了个儿子名叫吕光，于是立为太子。后来，齐灵公又宠幸一个名叫戎子的妃子，于是废掉吕光，立戎子的儿子吕牙为太子，命高厚为太傅。这样一来就惹恼了鲁国，鲁国派使者前来，问齐灵公为什么要废掉吕光，齐灵公理亏，自然说不出什么冠冕堂皇的理由来，但他又怕鲁国会出兵帮助吕光夺回太子之位，于是兴兵伐鲁。鲁国无法抵挡，只好向晋国求援，那时正值晋悼公病重，晋国没法出兵，但把这笔账记了下来。晋平公即位初年，即召集诸侯会盟，齐灵公没有亲自来，却让高厚替代他赴会。晋国元帅荀偃十分生气，想要把高厚抓起来，高厚闻讯后逃回齐国。估计齐国也是为了向晋国叫板，再次兴兵伐鲁，鲁国再次告急，晋平公新账老账一齐算，命荀偃为帅，亲率晋、宋、郑、鲁、卫等十二国联军攻打齐国，齐灵公亲自率兵抵御，结果大败而归，几乎要逃出临淄城。幸好这个时候楚国趁着诸侯伐齐，乘机进攻郑国，诸侯之兵为了救郑而撤兵，齐国才算解围。（这场战役结束后，晋国中军元帅荀偃病死，他的儿子荀吴继任为中军佐，士匄升任为中军将。）

齐灵公在位期间，齐国曾经引领了中国历史上"假小子"盛行的一个潮流，这缘于齐灵公特别喜欢让后宫女子女扮男装，结果上有所好，下必甚焉，民间的女子也竞相效仿，街上都是女扮男装的女子，给国家的管理带来了难题。齐灵公为此非常担心，于是下令凡是发现女扮男装的人，就让官吏撕破她们的衣服，折断她们的腰带，但尽管如此，这股风气还是屡禁不止。晏婴听到后，就赶去劝谏说："国君您想禁绝这股风气，通过让官吏撕破她们的衣服这种方法是行不通的，您喜欢让后宫的女子着男装，却又禁止民间的女子这样做，这就好比您门外挂的是牛头，但屋里卖的是马肉，自己首先不以身作则，又怎么能要求别人遵守呢（典故'挂羊头卖狗肉'的来历）？如果您真想改变国中女扮男装的这种现状，不如下令让后宫的女子都不要穿男装，过段时间您再看看，会有什么样的结果？"齐灵公照晏婴说的去做，下令后宫的妃嫔们全部恢复女装，民间的女子一看，觉得是不是这股流行风已经过去了，于是过不多久，国中就不再有女扮男装的现象了。

齐灵公的母亲声孟子与大夫庆克私通，庆克为了掩人耳目，男扮女装与妇女蒙着衣服乘车出入公宫（大概是受了齐国女扮男装流行风的启发），结果被大夫鲍牵发觉了，鲍牵将此事告知正卿国佐，国佐将庆克严厉地警告一番。庆克非常羞惭，于是躲在家里，不再与声孟子见面。声孟子不知内情，就把庆克找来问是怎么回事，庆克就把鲍牵告密、国佐责备的事情告知了声孟子。声孟子非常生气，等齐灵公外出回来，向灵公进谗言说："鲍牵和高无咎（'余勇可贾'的高固的儿子）等人想要废掉你另立别人，你可不要不防，这事情国佐知道。"齐灵公一听大怒，也不去验证事情的真伪，就将鲍牵施以刖刑，然后逐走了高无咎。高无咎出亡到莒地，他的儿子高弱跑到卢地并发动了叛乱，齐灵公命大夫崔杼和庆克前往平叛，谁知国佐其时正在率兵随晋军伐郑，得知消息后征得晋国同意并先期返回，在卢地处死了庆克，之后在谷地发动了更大的叛乱。齐灵公无法，只好与国佐盟誓，同意既往不咎并恢复国佐的职位。国佐罢兵并返回临淄，齐灵公出尔反尔，命人将国佐父子先后刺杀（从这件事情上来看，似乎之前斗椒不与楚庄王讲和，还是有一定的自知之明的）。齐灵公的昏聩无道，由此可见。

公元前554年夏，齐灵公患病。大夫崔杼与庆封（庆克之子）相互商议，将齐灵公废黜的太子吕光迎回国都，然后趁着天黑刺杀了高厚。之后吕光带着崔杼等人，杀死了齐灵公的宠妃戎子并新立的太子吕牙。齐灵公得知政变的消息后大惊失色，吐血不止而死。吕光即位，是为齐庄公。

齐庄公的任期内也发生了许多有意思的事情。有一次他乘车外出，发现有一个虫子伸着两条前腿想要挡住前进的车轮，齐庄公不认识这是什么虫子，于是问车夫。车夫告诉齐庄公："这种虫子名叫螳螂，它只知前进而不知后退，想要用它的前臂挡住前进的大车，真是不自量力。"谁知齐庄公听说后，却对这只虫子肃然起敬，他对车夫说："这只虫子如果是人的话，一定是个勇士，我们要敬重它。"于是命车夫驾着车绕了过去。这件事情传出以后，人们都说齐庄公敬重勇士，于是许多武士都来投奔他。这是成语典故"螳臂当车"的来历，不过，螳臂当车倒并不是一个褒义词，它多用来比喻那些不自量力的可笑人物。

而实际上，齐庄公也只是敬重那些孔武有力但缺乏智谋的莽汉，这些人大都心胸狭窄，没有容人之量。而对于真正的勇士，他缺乏善于发现的眼睛。齐庄公讨伐莒地之时，有人举荐临淄人华周、杞梁两个人颇有勇力，庄公于是把两个人召来，赐给两个人一辆车。而齐庄公其他的勇士，是每人五辆车。华周和杞梁深以为耻，为了证明自己的勇敢，在攻城时拼死力战，结果杞梁战死。杞梁的死极大地激励了齐军士气，齐军奋勇攻城，莒人无法抵挡，最后不得不纳贿请降。齐庄公载着杞梁的尸体回国，杞梁的妻子听到丈夫战死，于是赶到郊外来迎接。齐庄公听说后，就命人在半路停车，准备在郊外草草吊唁一下了事。谁知杞梁的妻子却是一位知书达理的女性，她对齐庄公的使者说："如果我的丈夫是因为犯罪被处死，那么谁敢让尊贵的国君来吊唁？如果我的丈夫没有罪，那么他的祖宗还给他留了几间茅房。荒郊野外不是祭奠死者的场所，所以对于国君的好意，我不敢领受。"齐庄公听了非常惭愧，于是亲自到杞梁家中，隆重地祭拜了杞梁。杞梁的妻子手抚棺材，为丈夫哭灵，连哭三日三夜，把齐国的城墙都哭塌了一处。

发生这种现象，其实倒并不是杞梁妻子的痛哭感动了什么，而是由于城墙年久失修塌陷，又正好碰上她哭泣，所以善良的人们宁愿牵强附会，把二者联系在一起，认为这是上天的某种安慰或者是昭示。后来民间有传说称秦始皇时有一个叫范杞梁的，新婚之夜被抓去修长城，结果累死在工地并被砌在了城墙之中，范杞梁的妻子孟姜女于是跑去哭长城，最终哭塌长城，找到了丈夫的尸体，实际上就是从这件事情上以讹传讹而来的。

齐庄公因为崔杼和庆封拥立有功，于是让两人同执国政，都居上卿之位。这里简要介绍一下崔杼。崔杼二十多岁的时候，就很受齐惠公的信任和器重，当时已经是齐国正卿。齐惠公死后，崔杼被高氏和国氏所驱逐，出奔到卫国，直到后来国氏和高氏因庆克之事被逐，崔杼才被齐灵公召回。崔杼的前妻生下两个儿子崔成和崔强之后不久就死了。有一次崔杼去吊唁死了的棠大夫，发现棠大夫的妻子棠姜非常貌美，于是就让棠姜的弟弟东郭偃说媒，娶了棠姜。其时棠姜已经生有一子，名叫棠无咎，也带了过来。棠姜嫁给崔杼之后，生了个儿子叫崔明。崔杼因为十分宠爱棠姜，于是让东郭偃和棠无咎做他的家臣，叫他们辅佐小儿子崔明，并向棠姜许诺说，等崔明长大了，就立他为世子。但这句话似乎说得太早了点，因为后面发生的一连串变故，任凭是再怎么想象力丰富的人，也是难以完全预料的。

齐庄公因为和崔杼、庆封关系较好，于是就常到这两位宠臣家中饮酒作乐，这一来，不可阻挡的事情就再次发生了。因为这个棠姜实在是长得太漂亮了，齐庄公见了一次，就立马被她倾倒了。回到家中魂不守舍，于是赏给东郭偃许多财物拉拢他，最终通过东郭偃达到了与棠姜私通的目的。可是私通也就罢了，每次走的时候还顺手把崔杼的帽子拿走送给别人，连他的侍从都觉得太过分了。真不知道他是怎么想的，或许是他认为自己给崔杼送了一顶帽子（绿帽子），所以再拿走崔杼的一顶帽子，这样一来就算是扯平了。不过崔杼可不这么想，齐庄公来的次数多了，自然被崔杼发觉了。受此奇耻大辱，崔杼愤恨异常，于是他严厉地盘问棠姜，棠姜哭诉说："我不敢隐瞒，确实有这种事。"崔杼问："那你为什么不反抗？"棠姜反问说："他仗着他是国君这样的身份来逼迫我，我一个弱女子，反抗得了吗？"崔杼又问："那你为什么不早点告诉我？"棠姜说："我知道我做了错事，所以不敢告诉你。"崔杼气得半天说不出话来，沉默良久，最后对棠姜说："这事和你没关系。"于是萌生了要杀死齐庄公的念头。

再说这个时候晋国的栾盈来到齐国，齐庄公听到后非常高兴，于是把栾盈留了下来，准备找个合适的机会，与栾盈一起袭击晋国。

公元前550年，因为吴国向晋国求婚，晋平公将女儿嫁给了吴王诸樊，按照当时的惯例，诸侯国都要送女作为媵妾。齐庄公就想趁这个送女的机会顺便把栾盈送到晋国的曲沃，因为曲沃守将与栾盈的关系非常要好。不过齐庄公也吃不准自己这个计划是否可行，于是就找来崔杼商量。

崔杼早就有杀死齐庄公的念头，只是苦无机会，此时一听，巴不得齐庄公与晋国起摩擦，好借晋国的力量除掉庄公，于是立即附和说："这个计策非常好，可以让栾盈先行，国君您再率一支军队，从后面接应，这样一来，晋国军队疏于防备一定会一败涂地。"

于是齐庄公以送媵为名，让栾盈等人藏在温车（古时候的卧车，有保温作用）之中，悄悄进入了曲沃。栾盈进入曲沃城之后，立即与曲沃守将取得了联系，之后与栾氏子弟一齐，趁夜杀向晋都绛城。

且说晋国六卿，其余都与栾氏不和，只有魏绛的孙子魏舒是个例外。魏舒之前曾经多次得到栾盈的帮助，所以一直想报答栾氏，但一直没有机会。栾盈入都之前，命人给魏舒送去一封密信，请求魏舒帮忙，魏舒答应了。

栾盈于是带着曲沃城中的兵车约二百乘袭击绛都，绛都毫无准备，城门被栾盈攻破。面对栾氏的反扑，士匄赶快召集众大夫率家将抵御。考虑到魏舒可能会成为栾盈的内应，于是派士鞅前往魏舒家中，设计将魏舒劫持。

魏舒无可奈何，只得顺从士匄，与众大夫一起攻打栾氏。栾盈战败，退回曲沃，晋军围困曲沃一个多月，最终打破城池，栾盈等人尽数被擒杀，栾氏灭族。

这个时候回过头来看一看晋国开国元勋们的后裔：狐氏被逐、赵氏被灭族（后死而复生）、先氏被灭族、郤氏被灭族、胥氏被灭族，到这个时候的栾氏被灭族，再其后的羊舌氏被灭、祁氏被灭……就会发现功名利禄，也真的不过是过眼烟云，今日的富贵荣华，不过就是明日的荒凉坟茔。所以，争什么？抢什么？平平淡淡地活下去才是真的幸福。

这里简略介绍一下魏舒。魏舒因为最终没有事实参与栾氏的叛乱，所以晋平公既往不咎，没有追究他的过错。魏舒是晋国最早尝试步战的人，公元前541年，山戎进犯中原，魏舒等人所率的晋军与山戎军在大原（今山西太原）相遇。山戎全是步兵，而晋军全是兵车，兵车在崎岖的山路上不便行走，想要取胜非常困难。于是魏舒建议晋军"毁车为行"，将兵车上的甲士改编为以前锋、后卫、左翼、右翼、前拒（用来诱敌）为编组的步战阵形，最终大败山戎军。这种步兵方阵被称为"魏舒方阵"，它是当时世界上最先进的步兵方阵，比古希腊的多立斯伊菲克拉特方阵早了整整一百一十年。魏舒方阵是春秋军事史上由车战向步战转化的一个标志，在其后的战争中，兵车逐渐被淘汰，而步兵战阵因为较强的灵活性和机动性，成为其后战争中的主要阵形。魏舒为推动我国古代军事的革新和发展做出了积极的贡献，他本人也因此而永久地在历史上留下了名字。

再说齐庄公，自把栾盈送进曲沃之后，也亲自率军前往晋国，结果刚刚攻下晋国边境的一座城池，栾盈战败的消息就已传来，又听说晋侯将要亲自率师前来抗击齐军，齐庄公在内应已泄，外无援助的情况下，只得下令退兵回国。晋军本想反攻，但是因为黄河水暴涨不便渡河，只好班师回国。

而齐国的崔杼本想趁晋军反攻之时找机会杀掉齐庄公，谁知却因晋国退兵而未能如愿，只得暂时收起这个念头。但地狱的大门永远为那些胡作非为而不知收敛的人敞开着，齐庄公身边有个小侍从叫贾竖（姓贾的小孩子之意），因为偶犯小错被齐庄公打了一百鞭子，心中非常怨恨齐庄公。崔杼听到后，立即花钱买通贾竖，让他密报齐庄公的行踪。

第二年夏的某一天，齐庄公因为要宴请前来朝齐的莒国国君，把宴会地点设在了城北，而崔杼家刚好就在城北，崔杼一看机会来临，于是假装生病不去赴宴，想要寻找齐庄公的破绽。齐庄公一直对棠姜念念不忘，此时听说崔杼病了，就想借探视崔杼的机会与棠姜再次私通。贾竖及时地把这个消息密报给了崔杼。崔杼得知信息后，立即吩咐两个儿子崔成崔强并妻弟东郭偃带领甲士在相府内外设下了埋伏。考虑到齐庄公身边的随从都是武艺高强的大力士，崔杼又专门进行了一番谋划。

齐庄公草草宴饮完毕，果然来到了崔杼的府上。齐庄公进院之时，贾竖按照崔杼的吩咐，哄骗齐庄公的护卫们说：齐庄公要做"秘密"的事，请他们不要跟进去，有了前几次的经验，护卫们立即心照不宣，于是就留在了府外。等齐庄公走进相府，崔府的守卫立即关上了大门。棠姜按照崔杼的吩咐，刻意打扮一新，出迎齐庄公，齐庄公为此知道棠姜在家，不愿意很快就离开崔家。但还没和棠姜说上几句话，一个婢女就出来叫棠姜说："崔相国感觉口渴，想喝蜂蜜水，要让夫人送去。"棠姜于是对齐庄公说："您在这里稍坐一会儿，我把蜂蜜水送去之后就回来。"齐庄公信以为真，就让棠姜去了。可是他站在门口等了好一阵子，也不见棠姜出来，还以为棠姜忘记了，于是就抱着屋里的柱子唱起歌来："房间里这么安静，美人你为什么不来玩乐？房间里这么隐蔽，美人你为什么不来相会？我看不见美人啊，心里感到非常难过。"

与人家的妻子私通不说，还跑到人家家里当着人家丈夫的面赤裸裸地唱歌挑逗，这确实是太过分了。崔杼等的就是这个机会，在后堂一声令下，埋伏的甲士立即蜂拥而出。

齐庄公一看这么多士兵拥出，知道发生了变乱，赶快往后院跑。棠无咎率兵在后紧追，士兵们边追边喊："奉了崔相国的命令，来拿淫贼。"齐庄公被追得无处可逃，只好站在墙根里向棠无咎下话说："我是你们的国君，把我放了吧？"棠无咎说："相国有命令，我们不敢擅自做主。"齐庄公又问："那相国在什么地方？我和他起个誓，如果把我放走，我绝对不找他的麻烦。"棠无咎说："相国病得很厉害，没办法来。"齐庄公一听，知道已是凶多吉少，于是又试探说："我知道自己错了，请允许我到太庙中自尽，也算是为相国赔罪，这总可以了吧？"崔杼既已下了死令要杀死齐庄公，棠无咎等人又怎么会跟他做无谓的谈判？于是棠无咎明确告知他："我们只知道捉拿淫乱之人，不知道谁是国君。既然你说你是国君，又说自己有罪，那么请你自裁好了，免得让我们动手。"齐庄公迫不得已，只好爬上墙头，想要翻墙逃走，棠无咎一箭射出，正中齐庄公大腿，齐庄公从墙上栽了下来。士兵们一拥而上，将齐庄公乱刀砍死。

齐国的其他大夫听说崔杼要作乱弑君，都待在家里不敢出门，只有晏婴来到了崔家。他站在崔府大门外说："国君如果是为了国家社稷而死，那么臣子们就会跟着他去死；国君如果是为了自己的私欲而死，那么除了他的近臣，谁还愿意为他去死呢？"崔府的门开了之后，晏婴进去对着齐庄公的尸体放声大哭，之后行了个礼，就退了出来。棠无咎等人劝崔杼杀了晏婴，但崔杼不同意，他说："晏婴素有贤名，如果杀了他，恐怕会让天下人失望。"于是没有为难晏婴。

齐国的太史记载这一起事件，内容是："崔杼弑其君。"崔杼要求太史更改为齐庄公因病而死，太史不肯，崔杼于是杀了太史。因为古代的史官一般有子承父业或兄弟相承的传统（如西汉的司马迁，继他的父亲马司谈之后继续当史官），因此太史死了之后，太史的二弟接着写史，他仍然像他大哥那样记载，又被崔杼所杀，太史的三弟照样写"崔杼弑君"，崔杼再杀，太史的四弟再写，这一次，崔杼屈服了。他说："我也是为了齐国的社稷，不得已才这么做的，就算你们这样写，后人也一定会谅解我的。"于是把竹简还给了新太史。新太史拿着竹简去史馆保存，路上遇到了另一家写史的南史氏，就问他为何而来。南史氏回答说："我听说你们兄弟都死了，担心没有人会如实记载这一段历史，所以专门为此而来。"新太史听了，把拿在手里的竹简让南史氏看了看，南史氏一看已经记下来了，于是告辞。

后人对太史兄弟四人不畏强权坚持原则的义举给予了高度评价，称他们不隐瞒罪恶，不夸大事实，如实记载历史，给后人留下了确凿可信的历史资料。这是典故"秉笔直书"的来历。

不过平心而论，崔杼也确实有些冤屈，齐庄公是他所立，按理说齐庄公应该对他心怀感激才是，但他不仅不知感恩，还侮辱有功之臣的妻室，这要换了任何一个人，那都是不能容忍的。齐庄公淫乱，史官只字不提，崔杼弑君，史官就如实记载，还不把事情的来龙去脉交代清楚，这对崔杼来说确实是不公平的，一如之前的"赵盾弑晋灵公"。不过崔杼也并非像一些史书所评价的那样一无是处，他屡次阻止他人杀死正直的晏婴，为齐国留下了一代名相，这也不能不说是他的功德之一。

崔杼杀死齐庄公之后，与庆封拥立齐灵公的另外一个儿子杵臼为君，是为齐景公。齐景公当时年龄还小，崔杼于是自立为右相，封庆封为左相，与大臣们一起在太庙里盟誓，崔杼和庆封领誓说："谁如果不和崔杼庆封一条心，就一定不得好死。"而晏婴说："如果有人能忠于国君、忠于社稷，而我不和他一条心，那我就不得好死。"崔杼和庆封听到后都非常生气，高氏和国氏见状出来打圆场说："两位相国现在召集大家盟誓，就是为了国家社稷。"崔杼和庆封听了之后才算没有对晏婴当场发作。事后，庆封建议杀掉晏婴，但崔杼说："晏婴为国尽忠，不应该杀他。"晏婴再次逃过一劫。

崔杼和庆封拥立景公之后，因为庆封喜好外出打猎，因此朝政被崔杼一人所把持，庆封内心非常妒嫉，总想找机会除掉崔杼。而这个时候，崔杼家中如同其他士大夫世家一样，也发生了立储之争。崔杼前妻所生的长子崔成，本被立为世子，但崔杼后来又因为宠爱棠姜，许诺立棠姜的儿子崔明为世子。但崔成也不能无缘无故地废掉，因为崔成在崔杼弑杀齐庄公的过程中，被齐庄公的勇士拉折了一条胳膊，使崔杼感觉更加愧对崔成，不忍心把废立的想法告诉崔成。崔成察觉了父亲的意图，于是请求将世子之位让给崔明，不过也提出了条件，希望能让他去崔氏的封地崔邑养老（崔邑在今山东济南章丘市黄河乡）。既然崔成做出了这么大的让步，崔杼也就答应了。可是东郭偃和棠无咎坚决反对，他们的理由是：既然崔明是世子，那么就应该由崔明来继承崔氏的封地。崔杼无法，只好找来崔成，把东郭偃和棠无咎的意见告诉了崔成，希望崔成能放弃争夺封地的打算。崔成既已失去世子之位，再无容身之地，这是他无论如何也无法接受的。于是找亲弟弟崔强诉苦，与弟弟一起想办法。兄弟俩商量来商量去，居然商量出了一个愚蠢的办法——向庆封求助，请庆封为他们主持公道。崔成、崔强找庆封主持公道，就只能是找狐狸分面包，自己损害自己的利益！

庆封早就巴不得崔氏倒霉，只是一直找不到坑害崔氏的机会，所以才一直没有动作，此时见崔成和崔强送上门来，立即欣喜若狂，他为兄弟俩出主意说："这还不好办，把东郭偃和棠无咎杀掉不就行了？"崔成崔强回答说："我们也想这样做，但实在是没有这个能力。"

庆封说："我给你们想办法。"庆封的手下有一个叫卢蒲嫳（音撇）的人，他的哥哥卢蒲癸是齐庄公的宠臣之一，齐庄公被崔杼杀死之后，卢蒲癸逃亡，临走之前嘱咐卢蒲嫳一定要想方设法取得庆封的信任并把召他回来，好为齐庄公报仇，所以卢蒲嫳也时刻在寻找崔杼和庆封的漏洞。此时卢蒲嫳见庆封找他问话，感觉时机来临，于是对庆封说："崔氏如果产生内乱，这绝对是对庆氏有利的事情,为什么不去做呢?"庆封以为卢蒲嫳是想帮助自己除掉崔杼,于是送给崔成崔强一百多名甲士和精良的武器。崔成崔强在崔府外围设下埋伏,趁机刺杀了东郭偃和棠无咎。

崔杼听到家中产生变乱,一时间气满胸膛,想了半天,居然也想出和他两个儿子一样的一个蠢办法——向庆封诉苦并求助。

庆封假装什么都不知道,他安慰崔杼说:"虽然相国姓崔,我姓庆,实际上我们都是一家人。现在这两个不孝子犯上作乱,既然相国不忍心亲自动手,那么我愿意为相国代劳。"崔杼也不仔细考虑,还以为庆封是出于好心,于是向庆封致谢说:"如果相国能够帮忙除掉这两个逆子,让崔氏从此安定,我一定让崔明拜您为义父。"庆封并不推辞,召集所有家将,让卢蒲嫳带着前往崔家。临行之前,庆封特意嘱咐卢蒲嫳,去了该如何如何。

卢蒲嫳带着甲兵直奔崔府,崔成崔强二兄弟见卢蒲嫳带兵前来,想关上府门自守,卢蒲嫳欺骗他们说:"我是奉左相庆封之命前来帮助你们的,请你们不要怀疑。"崔成崔强还以为卢蒲嫳是来帮他们杀崔明的,于是大开府门把卢蒲嫳放了进来。卢蒲嫳带兵入内,先杀崔成崔强,之后把崔家的所有家产劫掠一空,之后拆毁了崔府的家室,这跟抄了崔杼的家其实已经没有什么区别。

棠姜惊愕不已,不知道发生了什么事情,在内室自缢而死,崔明因为事先出外,幸免于难。

卢蒲嫳运走崔府的所有财产用具之后,带着崔成崔强的首级前去向崔杼复命。崔杼见两个儿子被杀,内心十分伤悲,不过这也确实是他想要看到的结果。于是问卢蒲嫳说:"没有惊吓到我的夫人棠姜吧?"卢蒲嫳回答说:"相国放心,夫人还在房里睡觉,不知道这件事情。"

崔杼放下心来,谢过庆封,便回家了。可是等他回到家中一看,府内所有的门都大开着,家里所有值钱可用的东西都不知所终,门窗尽数被毁,棠姜的尸体吊在房梁上,崔明也不知去向。

崔杼这才知道自己遭了庆封的算计,儿子被杀,府第被抄,妻子上吊,最终落了个家破人亡的悲惨下场。他万念俱灰,也自缢而死。一直到夜半更深,周围都无人的时候,崔明才悄悄潜入府中,与一个小马夫把崔杼和棠姜的尸首搬到府外,找了个地方草草埋葬了事。葬完双亲,崔明不敢在齐国待下去,逃亡到了鲁国。

绝对的权力招致绝对的嫉恨,虽然崔杼专横霸道,但总体来说,他还是太天真，误把潜在的政治对手当作可以信赖的朋友，遭此惨祸，也确实是令人慨叹不已。

崔杼死后，庆封独揽大权，与昔日的崔杼一般无二。有一天庆封在卢蒲嫳家饮酒，见卢蒲嫳的妻子非常貌美，于是就和卢蒲嫳的妻子私通。见卢蒲嫳不以为意，庆封索性将朝政大权交给儿子庆舍打理，自己带着妻子小妾全部住在卢蒲嫳家里，与卢蒲嫳终日饮酒作乐。庆封与卢蒲嫳的妻子私通，卢蒲嫳也与庆封的妻妾私通，府中下人无不耻笑。但这两个无耻之徒，竟对自己的丑行毫不为意。

卢蒲嫳请求庆封召回他的哥哥卢蒲癸，庆封同意了。卢蒲癸回到齐国之后，庆封让卢蒲癸在他的儿子庆舍的手下做事。因为卢蒲癸勇力过人，又善于奉迎他人，所以他很快就取得了庆舍的信任，庆舍将女儿嫁给卢蒲癸，与卢蒲癸结为翁婿之亲，两家更显得亲密无间。

卢蒲癸在庆舍面前，又极力夸耀他昔日的同党王何，说王何这个人非常有勇力，庆舍于是召来王何，让卢蒲癸与王何共同担任自己的护卫。每次出行的时候，卢蒲癸和王何都持枪执戟站在庆舍左右，旁人想要接近庆舍都是一件非常困难的事。

也许正应了那句话，坚强的堡垒往往是从内部攻破的。因为卢蒲癸的真实目的并不是想当庆舍的好女婿，他的目的是为了替齐庄公报仇。如同东汉末年的吕布杀死董卓那样，庆舍最后也死在了自己信任的护卫手上。

因为庆封喜好射猎，有一段时间不在朝中，于是卢蒲癸与高氏密谋，趁着齐景公在太庙祭祀的时机，与王何突然出手，刺杀了庆舍。

庆封射猎归来的路上，听说儿子庆舍被杀，立时大惊失色，本想杀入城中，但一则是城门防守严密，二则是手下的兵丁都四散奔逃，庆封无法，只好仓皇出逃。庆封刚开始想往鲁国跑，但齐国的使节早就到了鲁国，声称如果鲁国收留了齐国叛臣，齐国就一定会出兵讨伐鲁国。因此鲁国不但不敢接纳庆封，反而准备把他抓起来献给齐国，庆封只好跑到了吴国。吴国把吴楚边境的朱方（今江苏省镇江市丹徒区东南）这一块地方分给庆封，对庆封厚加赏赐，并把庆氏的宗族全部迁到了朱方，让庆封窥探楚国的动静。此时的庆封，比在齐国时更加富有。

庆封出奔之后，齐国向国人宣布崔氏与庆氏弑君专权的罪状，将庆舍的尸体摆在大街上示众，又悬赏寻找崔杼的尸首，埋葬过崔杼的那个小马夫最终因为贪图赏格，说出了崔杼的葬身之地，于是崔杼的尸体也被挖出来扔在大街上，受尽了国人的嘲笑。

不过庆封也并没有得到好下场，他跑到吴国的第八个年头，也就是公元前538年，杀死侄子篡位的楚灵王为了在国际上博取名声收买人心，发兵进攻吴国并攻克朱方，把庆封的族人尽数杀死，庆封被活捉。楚灵王为了夸耀自己伸张正义诛杀乱臣贼子的功绩，亲自把庆封押赴刑场，把刀架在庆封的脖子上，逼着让庆封在诸侯面前自陈罪状说："各国的大夫们都听着，你们不要像庆封这样，杀死自己的国君，欺凌幼小的君主，还逼着让大夫们与他结盟支持他。"庆封倒不傻，他不想自己侮辱自己之后再被杀死，于是反唇相讥，高声大喊说："各国的大夫们都听着，你们不要像楚共王的儿子公子围这样，杀死自己的国君并篡位自立，还逼着让诸侯们与他结盟支持他。"围观的诸侯国大夫及军士全都哄堂大笑，楚灵王恼羞成怒，命人赶快将庆封杀掉了事。

第二十节  上下其手、楚王好细腰、叔向论楚难、音乐家师旷、折冲樽俎、二桃杀三士、司马穰苴、晏子使楚

在楚国历史上,楚灵王是一个穷奢极欲、昏乱暴虐、声名狼藉的国君。

楚灵王最初名叫围,后来当国君之后改名为虔,他是楚共王的庶长子,楚庄王的孙子。楚共王于公元前560年死去,世子熊昭即位,是为楚康王。楚康王有四个弟弟,分别是公子围、公子比、公子皙、公子弃疾,楚康王对这几个弟弟都非常好。楚康王在位十五年而亡,他的儿子郏敖即位,公子围被任命为令尹。郏敖即位的第四个年头,有一天生病在宫中静养,公子围借口入宫探病,用帽缨将郏敖勒死,并杀死了郏敖的两个儿子。公子比听到后,害怕公子围会加害自己,于是逃到了晋国。公子围自立为国君,这就是楚灵王。楚灵王不是法定的储君却当了国君,必须给诸侯一个合理的解释,让诸侯信服,因为各国之间毕竟还要开展外交活动,所以必须名正言顺。楚国使者到了郑国之后,当时伍举正好在郑国,于是就问使者外交措辞是什么。使者告诉他说:"我国的国君不幸因病而亡,所以我们的大夫公子围继承了君位。"这让知书达礼的人一眼就看出了笑话,国有国法,家有家规,就算国君病死了,公子围不是宗子,仅仅是一个大夫,怎么能自立为国君呢?于是伍举赶快帮忙把措辞改了一下,改成了:"楚共王现存的儿子当中,公子围是年纪最长也最适合继承君位的,所以我国立他为国君。"这就立即使楚灵王的即位具备了无可替代的合法性。

楚灵王是历史上有名的昏君暴君,在他身上发生的奇事怪事数不胜数,细数使他声名大噪的那些荒唐举动,可以说无一不使人感到啼笑皆非。

先说他当公子时做的一件无耻之事。

公元前547年，楚康王率兵攻打郑国，楚国大夫穿封戌俘虏了郑国的守城将领皇颉。楚灵王（当时还是公子围）就想把这个功劳抢过来，硬说皇颉是他抓获的，和穿封戌争了起来。其他人都不知道内情，楚康王自然也无法分辨，于是就让伯州犁去裁决。伯州犁是晋国大夫伯宗的儿子，因为伯宗劝谏晋厉公限制郤至等人的权力，结果被郤至等人诬陷而死，伯州犁跑到了楚国，被任命为太宰。伯州犁何等聪明之人，一看就知道是公子围在争功，不过他可不愿真的主持公道而得罪公子围，于是对众人说："俘虏在郑国也是有身份的人，他自己完全能说清楚是谁俘虏了他，我们当面问一问他，不就知道了吗？"于是让皇颉站在大厅中间，让公子围和穿封戌站在两边。伯州犁先拱手向上，介绍公子围说，"这一位是公子围，我们尊贵的国君的爱弟。"接着又垂手向下，介绍穿封戌说："这一位是穿封戌，一座偏远县城的县尹（县令），你可要实话实说，到底是谁把你抓获的？"皇颉早就从伯州犁的手势上看出了门道，知道伯州犁是在暗示自己，如果顺了他的意，说不定马上就可以被释放，于是假意辨认一番，指着公子围说："末将是被这位王子擒获的。"穿封戌一见大怒，抄起一柄戟就要追砍公子围，公子围吓坏了，赶快跑了出去。伯州犁却又做好人，拉着穿封戌向楚康王求情，让公子围和穿封戌平分了这一桩功劳。这就是典故"上下其手"的来历，比喻玩弄手法，串通作弊。

不过伯州犁虽然上下其手暂时讨好了公子围，但也因此而被公子围鄙视，认为他是个谄媚小人，公子围夺得王位成为国君之后，首先命人杀掉的就是伯州犁，认为他两面三刀很不可靠；倒是穿封戌，楚灵王认为他正直坦率，不阿附权贵，值得信赖，在灭掉陈国之后，任命他为陈公，驻守陈国。这可真是天大的讽刺啊。有一次穿封戌侍奉楚灵王饮酒，楚灵王问他说："当初那件事情（指二人争功之事），如果你知道我今天能当上国君，你大概会让我的吧？"穿封戌仍然没有谄媚，他换了个角度说："如果当时知道您今天能当国君，那我一定会竭尽死力，让楚国获得安宁。"

上天有时候会打盹，但早晚会睁开眼睛，那些维持公道的人，连卑鄙的受益者都感觉无颜以对想要找机会弥补他，更何况是冷眼旁观的其他人呢？

楚灵王好大喜功，在即位之初，迫切地想通过征战或是会盟来树立自己的威望。他选择一百年前齐桓公的召陵之师作为自己效仿的对象，试图向诸侯炫耀武力，与晋国争夺霸主地位。

楚灵王即位的第三年，派使臣出使各国，请诸侯们在楚国的申地会盟，想与晋国平分霸权。但会盟并没有取得预期的效果，鲁国、卫国的国君都没有来，宋国来人了，但不是国君，只是一个大夫，楚灵王非常恼怒。伍举就劝他说："好几个国家没有来，这不是一个好兆头，我们一方面要对前来赴会的国家以礼相待，另一方面也要趁机向他们展示武力，使他们心生畏惧，之后再讨伐那些未来赴会的诸侯国。"但楚灵王却很不以为然。他对诸侯国的国君们无礼不说，还随意侮辱诸侯国的大夫们。公元前537年，楚灵王向晋国求婚，晋国派韩起（韩厥之子）为使，羊舌肸为副，前往楚国送婚。本来两国结亲，也是修好之意，但楚灵王却认为晋、楚素为仇敌之国，竟然想要砍掉韩起的一只脚，并对羊舌肸施以宫刑，以示对晋国的羞辱，经大臣极力劝阻，方才作罢。韩起是晋国的正卿，羊舌肸是晋国的贤人，诸侯国中无人不知无人不晓，楚灵王都想如此侮辱，可想而知，对待其他人他会采用什么样的方式。

楚灵王进攻吴国的朱方并把庆封抓起来杀掉之后，吴国也采取报复性军事行动，出兵进攻楚国的边境县邑。楚灵王为了还以颜色，也起兵攻打吴国，谁知吴国防守十分严密，楚军根本攻不进去，只好撤兵回国。

为了挽回军事上失败的颓势，找回一点自尊，楚灵王开始在奢华上做文章。他大兴土木，耗费巨额资金并征发大量民力，建造了一个名叫"章华"的宫殿（位于今湖北省潜江市境内）。章华宫方圆四十余里，最中间有一个大约五十米高的高台（相当于现代的二十层高楼，在没有大型建筑机械的春秋时代，要完成这样浩大的工程，耗费的人力物力财力可想而知），名叫章华台，也叫三休台，意思是登上这座高台至少要在中途休息三次的意思。章华台四周又有亭台楼榭，装饰得十分华美。

章华台建成之后，楚灵王命人邀请各国诸侯来楚，向诸侯夸耀楚国的宫室之美。因为宫中需要大量的佣工，于是楚灵王就下令凡是犯有罪行逃亡的人，都可以来章华台中做工，于是荒唐的一幕就出现了：有一天大夫申无宇来到章华宫中，无意中发现偷窃自己家中财物并逃亡的一个门人，竟然也在章华宫中，于是当众揪住要去治罪，章华宫的管事当然不肯让步，两人一直吵嚷到楚灵王面前，算出了个不大不小的洋相。不过一贯骄横的楚灵王倒没有为难申无宇，好言劝解几句，并让申无宇抓走了那个门人。

楚灵王还有个嗜好，他特别喜欢腰细的人，凡是看见腰粗的，不论男女都非常憎恶。章华宫落成之后，楚灵王广选细腰美女充实于宫中，因此章华宫又名细腰宫。为了取悦于楚灵王，朝中的大臣们都不敢多吃东西，把平日的三餐减为一餐，因此很多人饿得头昏眼花，站都站不稳，坐下后想要站起来，也必须扶着墙才可以办到，甚至有为此而饿死的人。每天入宫前，大臣们都要用软带把腰部紧紧地束起来，以免楚灵王看见不高兴，过了差不多一年时间，朝中的大臣们都满面菜色，像遭了饥荒年那样。"楚王好细腰，宫中多饿死"，说的就是这一件事情。

公元前534年，陈国的陈哀公（陈成公之子）因为宠爱另外一名夫人，想要立这位夫人的儿子为世子，但又不想废掉长子的世子之位，结果导致长子被刺，陈哀公也自缢而死，陈国由此发生内乱。陈国人请楚国主持公道，楚灵王杀死造成内乱的几个陈国大夫后，趁机灭掉陈国，命穿封戌驻守。蔡国的蔡景侯为世子姬般迎娶楚国女子为妻，但蔡景侯道德沦丧，与儿媳私通，被儿子姬般所杀，姬般自立，是为蔡灵侯。公元前531年，楚灵王以蔡灵侯有弑父之罪，诱骗蔡灵侯前来赴宴，把蔡灵侯灌得酩酊大醉之后抓起来杀掉，蔡灵侯的随从70余人，也尽数被杀。随后，楚灵王发兵围攻蔡国，晋国等北方各国前来说情，楚灵王置之不理。楚灵王攻下蔡国，把蔡灵侯的儿子作为牺牲杀掉祭神。蔡国被灭之后，楚灵王的弟弟公子弃疾被任命为蔡公，镇守蔡国。

公元前530年冬天，楚灵王发兵攻打徐国（今江苏省宿迁市泗洪县一带），率大军驻扎在干溪（今安徽省亳州市东南）作为声援，以此向吴国施压。其时天降大雪，士兵们身穿铁甲，手执兵器，站在大雪之中，冻得瑟瑟发抖。而楚灵王却穿着秦国进献的"腹陶裘"，披着"翠羽披"，头戴皮帽，脚穿豹靴，站在中军帐前兴致勃勃地观雪景。站了一会儿，右尹郑丹过来和他说几句话，楚灵王就说非常冷，郑丹趁机劝谏说："大王您穿着裘衣戴着皮帽都说冷，您看这些士兵穿着单衣站在风雪之中，又该怎么办呢？不如趁着天冷班师，等到开春天暖之后再做打算，您看怎么样呢？"楚灵王认为郑丹说得有道理，准备第二天下令班师。但当天夜里，前方传来伐徐的捷报之后，楚灵王又改变了主意，他想等着把徐国灭了之后再退兵。但一直等到冬去春来，徐国没有灭掉，楚国内部却出了大事。

楚灵王之前和诸侯会盟的时候，曾经侮辱越国的大夫常寿过，又杀了蔡国的大夫观起。观起的儿子观从非常有才能，他屈身事奉蔡公弃疾，日夜谋划报仇并希望光复蔡国。这时见楚灵王滞留干溪射猎游乐，不以国事为念，感觉有机可乘，于是假传蔡公弃疾之命，把公子晳和公子比召到蔡国说："蔡公想要率领驻扎在陈国和蔡国的两支军队，杀死熊虔（指楚灵王）为先君报仇，并拥立你们为国君。"公子晳和公子比非常高兴，于是就答应了。对于观从的所作所为，蔡公弃疾表面上装着很害怕的样子，不敢和公子晳公子比盟誓，实际上心里却在打着更精明的算盘。经过观从等人再三恳求，弃疾才装出受到胁迫的样子，勉强答应了。其时陈公穿封戌已死，原陈国的旧贵族也想光复陈国，于是说动驻扎在陈国的军队，与蔡公弃疾联合。弃疾命观从等人为先锋，带着公子比、公子晳先到郢都，与郢都的内应里应外合，攻入郢都，杀死楚灵王的太子熊禄和公子罢敌，之后立公子比为楚王。有人私下问蔡公弃疾："你现在重兵在握，势力雄厚，为什么不自立为国君，反而要立他人为王呢？"弃疾回答说："现在熊虔还在干溪，楚国还没有安定下来，况且我越过两个兄长当国君，人们会议论我。"聪明的属下猜到了弃疾想要坐收渔翁之利的险恶用心，于是建议派人去干溪瓦解楚灵王的军心。弃疾同意了，命观从到干溪对楚灵王麾下的将士们说："蔡公已入郢都，杀了国君的两个儿子，楚国已立新王，如果你们早点回来效忠新王，就可以保住你们的封地和官职。如果继续跟着这个昏君，被抓住以后，就会被处死并夷灭三族。向昏君提供食物并赠送东西的，一并问罪。"

楚灵王的部下本就对他极度不满，听到这个消息后，立即散去了一大半。

楚灵王听到自己的王位丢了，两个儿子也被杀，惊得从车上掉下来，倒在地上号啕大哭说："别人也会像我这样疼爱自己的儿子吗？"郑丹回答说："鸟兽都有爱子之心，何况是大王呢？"楚灵王说："我杀死了太多别人的儿子，所以才有现在这样的结局啊。"之后问郑丹怎么办。

郑丹出主意说："您应该回到楚国的郊外，看看国人的反应怎么样。"

这个昏暴的国君倒还有自知之明，他摇摇头说："我犯了众怒，他们不会放过我的。"

"那您到与您结盟的那些诸侯国去搬救兵吧。"

楚灵王怎么会不知道那些诸侯是怎样与他结盟的呢，之前的庆封早就说得一清二楚了，他对郑丹说："那也不行，我把这些诸侯都得罪完了，他们怎么会帮我呢？"郑丹感觉再跟着楚灵王下去，自己也会招来杀身之祸，于是离开楚灵王，回到了郢都。

楚灵王身边的随从跑得一个不剩，他独自在山里走着，村民们也无人敢收留他。楚灵王饿极了，他在路上遇到一个过去的仆人，就向那个仆人讨要吃的，那个仆人拒绝他说："新王已经下令，谁要是给你提供食物，谁就会被处死。"楚灵王无法，只好枕着那个仆人的腿，想要睡一会儿。那个仆人趁楚灵王睡熟，从楚灵王身下抽出自己的腿，找了一个土块垫在下面，之后逃走了。楚灵王睡醒之后不见仆人，又累又饿，站都站不起来了。

楚灵王还是在做公子时，公然僭用只有国君才可以使用的服饰和旌旗等物品，大夫申无宇斥责他并把那些东西收起来锁进了库房里，楚灵王即位后，申无宇又多次冒犯他，比如在章华宫中抓逃奴之事，但楚灵王都出于对申无宇的尊敬而没有处置他。还是在任命弃疾做蔡公之时，楚灵王征求申无宇的意见，申无宇坚决反对，说那样会让弃疾的势力急剧膨胀，导致"末大必折、尾大不掉"，但楚灵王没有听从申无宇的忠言。因为楚灵王对申无宇非常信任，因此申无宇临死之前，嘱咐他的儿子申亥找机会报答楚灵王。此时听到楚灵王落难，申亥一路寻找，终于找到了饿昏了的楚灵王，并把他接到家中，供给他饮食。为了让楚灵王忘记忧愁，申亥又让两个亲生女儿为楚灵王侍寝，但此时的楚灵王哪有这个心情，他万念俱灰，在半夜里悄悄地上吊死了。申亥安葬了楚灵王，又杀了两个女儿为楚灵王殉葬。纵观楚灵王的一生，也就只得到了申无宇这一个人的感激和支持，但申亥报恩也就罢了，杀死两个女儿为这个昏君陪葬，也真是太迂腐了。那个时代的女性，也真是毫无尊严和价值可言啊。

楚灵王死在申亥家中，楚国的任何人都不知道他已经死了。因此楚国上至新国君，下至老百姓，都害怕楚灵王会卷土重来。蔡公弃疾适时地抓住了人们的这一恐慌心理，准备巧妙地加以利用。观从知道弃疾手段的厉害，于是就劝公子比说："虽然您现在当了国君，但如果不杀掉弃疾的话，楚国就会仍旧处在动荡之中，您的王位也不会稳固。"但公子比说："弃疾是我的亲弟弟，我怎么能忍心杀掉他呢？"观从再次劝解说："您不忍心杀掉他，他却忍心杀掉您啊，请您三思。"但公子比不听。观从见状，只好离开了公子比。

其时蔡公弃疾仍然在带领大军四处寻访楚灵王的下落，虽然已经确证楚灵王众叛亲离独自逃命，但终是不知灵王去了哪里。不过，楚灵王对他构不成丝毫威胁却已是铁定的事实了。郢都百姓恐慌的消息传来后，弃疾经与属下商议，派人进入郢都，在夜间大声哭喊说："楚王杀回来了。"郢都百姓都吓得难以安睡。弃疾又派亲信斗成然（斗克黄的曾孙）对公子比和公子皙说："楚王已经打败了蔡公，大军马上就要杀回来了，他要追究你们擅立国君的罪行，请你们早想办法，不要自取其辱，我也要逃命去了。"公子比和公子皙没有任何谋略和见识，对斗成然的话信以为真，惊恐之下只好自杀而死。

扫清即位的一切障碍，蔡公弃疾入郢都，自立为国君并改名为熊居，是为楚平王。为了稳定人心，他在楚灵王落难之处找了一具尸体，穿上楚灵王的衣服，诈称找到了楚灵王，之后命人安葬，国中才稍稍安定下来。但真正的楚灵王找不到，一直成为楚平王的一块心病，三年后，楚平王再次访求楚灵王的尸体，申亥向平王报告灵王的葬处，楚灵王被确认身份并改葬，楚平王才算放下心来。

楚平王以欺诈的手段得到君位，担心楚国的百姓不服，于是就想得到诸侯的友好相待，他找到蔡景侯的小儿子姬庐，立为蔡平侯，蔡国复国；又找到陈哀公太子妫师的儿子妫吴，立为陈惠公，陈国也复国；同时，楚平王还下令归还了侵占的郑国土地，他的做法得到了国外诸侯与国内百姓的认可和支持，楚国渐渐稳定了下来。

关于楚平王兄弟五人争夺君位的这一段历史，当时曾有一个神奇的预言。据说楚共王因为没有嫡长子，准备从五个庶子中选择继承人，但又感觉五个儿子都相差不多，一时难以抉择，于是就想通过占卜的方式来决定。楚共王事先在太庙里埋了一块玉，然后让五个儿子先后进入太庙。楚康王跨过埋玉的地方，走了过去，公子比和公子皙远远地离开埋玉的地点，公子围的手肘压在玉石上方，只有公子弃疾，当时年纪还小，由人抱着进入太庙，跪拜的时候，正好跪在埋玉之处。所以楚康王做了国君之后，传到他儿子的时候丢了王位；公子围当了楚灵王，结局非常糟糕；公子比只当了十几天国君就死了，公子皙什么也没得到就自杀；只有楚平王最终稳定地当上了国君，延续了楚国的祭祀，所以人们认为神灵的预示非常准确。

其实这个世界上根本没有什么神的昭示，所有的事情都可以用科学的方法来加以分析。楚共王同一时段先后让儿子们进入太庙祭祖，这在礼法上没有先例，既然开了这个先例，那么就一定有深刻的用意，公子们的师傅们就一定会猜测，所以说他们在进入太庙跪拜之前，都在察言观色，他们的聪明机灵程度决定了他们离埋玉的地点是远还是近，这与他们日后是否具备驾驭复杂局势的能力是成正比的。所以说，他们最后能否取得楚国的王位，完全取决于他们自身及周围智囊团的禀赋，而不是来自神灵的昭示。

而晋国的大夫羊舌肸，就是具备这种超常分析能力的人，他对楚平王等人夺位的结局做出了准确的预测。

当初公子比从晋国回到楚国即位的时候，执政大夫韩起就问羊舌肸说："你看公子比能成功吗？"

羊舌肸肯定地回答说："不能成功。"

韩起有些惊讶，就问他说："不对啊，公子比和楚国百姓都非常厌恶楚灵王，他们都迫切想要推翻楚灵王的统治，如此同仇敌忾，为什么不会成功呢？"

羊舌肸回答说："可是又有谁能和公子比患难与共，尽心竭力帮助他并与他一起对付仇敌呢？夺取君位有五大难题：第一，有尊贵的身份却没有贤能的人辅佐；第二，有贤能的人辅佐却没有强大的支持力量；第三，有强大的支持力量却没有长远的谋划；第四，有长远的谋划却没有人民的支持；第五，有人民的支持却没有应有的德行。公子比贵为楚国公子，他的身份当然没有问题，但他在晋国居住了十三年，却从来没有听说过他的随从里面有学识渊博的，所以说没有贤才辅佐他；楚国王室成员，有的死了，有的背叛了，诸侯国中也没有听说有哪一个愿意主动出兵协助他，所以说他没有强大的支持力量；他还没有弄清楚楚国国内的形势就贸然回去当了国君，所以说他缺乏长远的谋划；他一直在外流亡，所以他无法得到楚国百姓的支持；他离开楚国这么多年，楚国却没有一个人怀念他，所以说他缺乏德行。虽然说楚灵王残暴昏聩自取灭亡，但公子比想取代他所要解决的这五大难题却一个也没有解决，他怎么能取得成功呢？依我看来，最终得到楚国君位的一定是公子弃疾，他有自己的领地蔡国，那里和平安定，他虽然也有私欲，但尽量不违背百姓的意愿，况且楚国有这样的惯例，但凡国内发生动乱，最终都是由年龄最小的公子即位，他有这么多的有利条件，又有谁能阻挡他呢？而公子比的职位最高也不过是个右尹，且又是先王的庶子，他凭什么得到王位呢？"

韩起又问："那么当初的齐桓公和晋文公的情况不也跟公子比相类似吗？他们怎么就成功了呢？"

羊舌肸说："那不一样，齐桓公在流亡的时候，就得到了鲍叔牙、宾须无等贤人的辅佐，在外又有莒国和卫国的帮助，在国内有高氏和国氏的支持，他乐于听从别人的意见又肯施恩于百姓，他最后得到齐国，不是顺理成章的事情吗？而晋文公，他在流亡之时，就有狐偃、魏犨、胥臣等一帮豪杰跟随，在外有秦国和宋国作为外援，国内有栾枝、郤縠等人为内应，流亡期间一直坚守自己的信念，所以当晋惠公和晋怀公失去民心的时候，人民都开始怀念他，所以他最后得到晋国，也是非常合适的。而公子比与他们不同，楚共王有自己的儿子，国君的人选不止他一个，他在内不施恩于百姓，缺乏百姓的拥护，在外没有什么威望，没有强国的援助，离开晋国的时候没有人护送，到达楚国时也没有人迎接，这样的人怎么会坐稳国君之位呢？"

而其后楚国局势的发展方向，果然与羊舌肸的预料分毫不差。羊舌肸的这一段论述，被后人称之为"叔向论楚难"（羊舌肸字叔向），在历史上非常有名。羊舌肸的论述之中，不仅反映了他的思想和政见，也对一个国君应该具备什么样的素质提出了最基本的要求。

那么羊舌肸所在的晋国，此时又是什么情况呢？

栾氏家族被诛灭后两年，即公元前548年，晋国中军元帅士匄死后，赵武继任为正卿。赵武恪守为臣之道，政治上循规蹈矩，不嚣张，不跋扈，因此对于其他五卿的控制也非常有限。赵武死后，韩厥之子韩起继任为执政大夫，韩起寿命很长，在晋国执政长达二十七年之久，他为人虽不张扬，但比较贪婪，在他执政期间，晋国的霸业毫无进展，但韩氏的家业越来越大，这为一百多年后韩氏建国打下了一定的物质基础。其时晋、楚实力相当，因此平分中原霸权，晋的属国，也向楚国进贡（专用名词叫"修聘"，送礼并修好之意），楚的属国也向晋国进贡，两边达成协议，互不干涉互不侵犯。楚灵王修建章华宫之后，晋平公很不服气，出于攀比心理，也修建了一座宫殿，名叫虒祁宫（虒，音丝，传说中似虎而带角的兽，水陆两栖，非常凶猛；祁是大的意思。虒祁宫位于今山西省临汾侯马市境内）。虒祁宫虽然广阔不及章华宫，但比章华宫更为精美。晋国为修建虒祁宫同样搞得天沸人怨，魏榆等地（今山西省晋中市榆次区）竟然出现了石头说话的怪事情，消息传到晋平公耳中，于是他找来大音乐家师旷，问他是怎么回事。师旷回答说："石头当然不会说话，那是鬼神在凭借它们表达不满，因为鬼神是依附平民百姓的。国君您现在让这么多百姓为您修建宫室，既劳民，又伤财，百姓的怨气很大，鬼神当然就会不安，石头说话指的就是这个事情。"晋平公无言以对。

师旷是春秋时期的著名乐师，他刚开始学琴的时候，感觉眼睛看到一些东西使他无法专心致志地学琴，于是用艾叶熏瞎了双眼。从此专心练琴，终于成为技艺超群的琴师。师旷的辨音能力非常强，许多神话故事（比如《封神演义》《西游记》等）中都把他作为"顺风耳"的原型。

晋平公的虒祁宫建成以后，卫国的卫灵公亲自前来祝贺，夜宿濮水（今河南省濮阳市濮水河，向东注入马颊河）之上。当晚，卫灵公听到有非常悦耳动听的乐声传来，他从来没有听过这样的音乐，于是叫来与他同行的乐师师涓，问他是什么曲子。师涓也没有听过这首曲子，不过师涓有很高的音乐天赋，他连续听了两个晚上（两遍），就把这首曲子记了下来。到了晋国之后，师涓就把这首曲子弹奏了出来，但师旷听了一段后制止了他，说这是靡靡之音，听了要亡国，最好不要弹，并说出了这段乐曲的来历："殷朝末年，有一个名叫延的乐师，为纣王创作了这首靡靡之音，纣王听了之后，性情变得淫荡颓废，不思治国而沉溺于酒色荒淫之中，终使殷商走上了灭亡之路（典故'靡靡之音'的来历）。等到武王伐纣，乐师延抱着琴往东走，最后投入濮水而死。此后，每逢有喜好音乐的人路过濮水，这首曲子就会从水中传出。所以我敢说，你这首曲子一定是过濮水的时候从那里听来的。"师旷一席话，唬得卫灵公和师涓目瞪口呆。倒是晋平公打圆场说："前朝的音乐，已经过去了这么多年，弹奏一下应该也没有什么妨碍。"于是让师涓奏完了那首曲子。

　　晋平公听完之后，感觉非常高兴，就问师旷这是什么曲调，师旷说这是《清商》（凄清悲凉之意，宫、商、角、徵、羽，古代五音，相当于现代简谱的1、2、3、5、6），晋平公问："还有比《清商》更悲凉的曲子吗？"师旷说有，还有《清徵》。晋平公说那你就弹一首《清徵》让我们听。师旷推辞说，《清徵》这样的音乐，只有有德之君才可以听，国君您的德行不够，还是不要听了，否则会招来灾祸。晋平公听了有些不高兴，他固执己见，非听不可，师旷不得已，只好弹了起来。据传当时弹奏的时候，飞来一群仙鹤，绕着宫殿翩翩起舞，台上台下的人听了之后，无不如醉如痴，拍手称叹。晋平公非常满意，叹息说："应该没有比《清徵》这样的曲子更出色的了。"谁知师旷说："还有比《清徵》更出色的，那就是《清角》。"晋平公大惊失色，说："那你为什么不一并弹来让我听听？"师旷劝他说："《清角》这首曲子不同寻常，这是当初黄帝在泰山下合鬼神时所作的一首曲子，自黄帝以后，国君的德行日渐衰微，无法驾驭鬼神，如果弹了这首曲子，把鬼神都召来，那可不是什么好事。"晋平公好奇心顿起，非要强迫着师旷弹这首曲子不可，师旷无奈，只好弹了起来。刚开始弹的时候，有黑云从西方升起，接着，狂风骤然吹来，撕裂了窗帘和幕布，屋上的瓦片乱飞，走廊里的柱子都被大风拔了出来。过了一会儿，一声惊雷响过，大雨如注，台下积了几丈深的水。晋平公和卫灵公吓得惊慌失措，躲在偏殿里不敢出来。一直等到风停雨住，方才爬起来狼狈地回宫。

　　关于演奏乐曲时仙鹤起舞或是狂风暴雨之类的奇事都不可信，这都来自听众的不同想象和感觉，也就是所谓的"通感"，再加上后来记载者的渲染与夸大，于是就具有了上述神奇的效果。不过尽管有渲染和夸大，师旷高超的艺术造诣和精湛的演奏技巧却是不受任何质疑的。师旷不仅精通音律，而且满腹经纶，极有口才，在政治上也颇有一番见解，他反对贵族们的穷奢极欲，比较同情平民百姓，前文对石头说话的解析，可说是对晋平公最好的讽谏。

有一次，晋平公与大臣们一起喝酒，喝到兴头上，晋平公得意地说："没有什么人能比国君更快乐了，因为无论他说什么，都没有人敢表示反对。"当时师旷正好坐在他的旁边，听到这句话后，拿着琴就撞了过去（师旷双目失明），晋平公赶快收起衣襟躲避，琴碰在墙上撞坏了。晋平公就问："太师，你撞谁呀？"师旷回答说："我刚刚听到有个小人在旁边胡说八道，所以就拿琴撞他。"晋平公说："刚刚说话的是我嘛。"师旷故作惊讶地说："不对吧，我感觉这话不是当国君的人应该说的。"左右的大臣们都认为师旷犯上，要求惩办他，但晋平公说："算了吧，我要把师旷的话作为对自己的忠告。"

不过尽管有师旷等人的劝谏，还有羊舌肸等贤才的辅佐，晋国的贵族们还是不可阻挡地走向了没落，晋平公不通过修持德政来维护自己的霸主地位，却通过建筑宫殿等方式与楚国争强，受到了一些有见识的诸侯的嘲笑，晋国的霸权越来越得不到诸侯国的尊重与承认。这些诸侯之中，就包括年齿渐长并逐渐掌握了实权的齐景公。

而提起齐景公，就不得不提起齐景公时的名相晏婴。晏婴字仲，谥"平"，多称为晏平仲，齐国莱地夷维人（今山东省烟台莱州市），他是春秋后期一位极有影响力的政治家和外交家，后世多尊称其为晏子。因为他生活节俭、礼贤下士而受到时人的称赞，在齐国有着较高的威望，就连崔杼这样专横的权臣，都不得不对他礼让三分。崔杼与庆舍等人被杀之后，齐国又经过了十多年的动乱，一直到公元前532年，大夫陈无宇（田完之后、田齐之祖）为了使田氏跻身齐国权臣之列，联合鲍氏（鲍叔牙之后）袭击并赶走执政的栾、高二氏（史称"四姓之乱"），晏婴被任命为相国，齐国才渐渐安定下来。

栾、高二氏出奔鲁国之后，他们的封地和财产被陈氏、鲍氏瓜分。晏婴建议陈无宇把所得的财产和土地献给公室，陈无宇一一照办，这样一来，齐国的公族力量稍稍得到加强，齐景公这个国君也算当得不太寒酸。不过凡事有利就有弊，早在诛灭庆舍之时，众人瓜分庆氏财产，庆封有百余车木材，众人之意都归陈无宇，谁知陈无宇却慷慨地把这些木材送给了其他人，此举为他博得了不小的名声。此时陈无宇再次献出本已到手的财产和土地，看上去损失非常大，但又一次为他在齐国赢得了更多的民心，使陈氏（田氏）得到了更多齐国百姓的拥护，为齐景公死后不久田氏取代姜氏打下了民意基础。

晏婴见民心都向着陈无宇，百姓感恩田氏而不感恩国君，内心非常担忧，于是屡次向齐景公建议宽容对待百姓，轻徭薄役，减轻人民负担，想办法争取民心。但这个时候的齐景公，心思却根本无法放到民众身上，他已经坐稳了国君之位，野心开始膨胀，自晋平公建造虒祁宫以来，眼见晋君志在贪图享受，诸侯渐渐离心，晋国的霸业日衰，自认为齐国恢复齐桓公时代霸权的时机已经来临，于是总想找机会一探晋国虚实。

而相同的，晋国虽然在霸权上开始走下坡路，但对于周边的邻国也是虎视眈眈、密切关注。齐国在打晋国的主意，晋国同样也在打齐国的主意，在当时的诸侯国之间，这种钩心斗角、尔虞我诈的猜疑心理，实在是一种再正常不过的普遍状态。

晋平公曾经想要攻打齐国，为了不打无准备之战，就派大夫范昭子（士吉射，士鞅之子）出使齐国，借机一探虚实。盟主国的使者前来，齐景公自然是盛宴款待。宴会期间，范昭子借着醉意向齐景公说："请国君赐臣一杯酒喝吧。"齐景公感觉有些奇怪，因为范昭子面前既有杯子又有酒，不过他也并没有多想，就吩咐侍臣说："把酒倒在我的杯中给尊使。"范昭子接过齐景公的酒杯，一饮而尽。当侍臣刚要把酒杯端着还给齐景公时，晏婴却站起来大声地说："赶快把那个酒杯扔了，给国君再换一个。"因为按照当时的礼节，臣就是臣，君就是君，谁用谁的杯子，就算范昭子是盟主国的使臣，但在齐景公这里也是外臣，他不能僭越，否则就是对国君的无礼。范昭子其实是故意这么做的，他为的就是试探齐国君臣的反应，谁知却被明礼的晏婴当场识破。范昭子回国之后，向晋平公报告说："现在攻打齐国还不是时候，齐国有贤臣辅佐，我们没有必胜的把握。"晋平公由是放弃了攻打齐国的打算。

晏婴在宴席之间依靠几句话就为齐国避免了一场战争，赢得了一场外交战的胜利，受到孔子的极力推崇："不出樽俎之间，折冲千里之外。"这是典故"折冲樽俎"的来历，意思是不动用武力而是酒席谈判中制敌取胜（樽，音尊，盛酒的器具；俎，音祖，盛肉的器具）。

公元前530年，晋平公死，他的儿子晋昭公即位，齐景公为了探一探晋国虚实，试一试晋昭公的水平，借着向盟主国修聘的机会，也亲自前往晋国。晋昭公自然也是盛宴款待。等到大家都有醉意的时候，晋昭公就说："我们光喝酒没什么乐趣可言，我和君侯投壶助兴怎么样？"

投壶是当时较为流行的一种游戏，古时崇尚武力，贵族男子不会射箭会被视为耻辱，不过有时候正在大殿里喝酒，突然跑到校场上去射也极大不便，再加上有些文士也确实不会射箭，于是就有人发挥丰富的想象力，把箭往酒壶里投，久而久之，就演变成了投壶游戏。因为这个游戏既能表现尚武精神，还能从容优雅而不粗鲁，所以备受贵族阶级和士大夫阶层的青睐。有些人投壶的技艺非常高，几乎每投必中，还有人别出心裁，背坐投壶或者中间隔着一块屏风投，往往可以技惊四座，使宴会的气氛达到高潮，使宾主尽欢而散，不能不说是一个创举。

晋昭公提议投壶助兴，他本人的投壶技艺自然不差，否则在客人面前选一个自己不擅长的游戏，万一赢不了，那岂不是非常尴尬？左右把壶摆好，并把箭呈了上来，齐景公谦让，让晋昭公先投。晋昭公于是拿了一枝箭，瞄准了准备投，中行偃的儿子中行吴就替昭公祝愿说："我们的酒像淮河水一样多，我们的肉像河中高地一样充裕，国君投中了这一箭，晋国就是诸侯国的盟主。"晋昭侯一箭投去，果然投中了，晋国君臣大声欢呼，庆贺胜利。本来投壶只是个游戏，但晋国君臣把它与争霸联系在一起，且利用主场的话语权优势占嘴上便宜，未免太过儿戏。齐景公很不高兴，也拿起一枝箭模仿中行吴的话祝愿说："我们的酒像渑水（音绳，古水名，在当时的齐国境内非常著名，齐懿公被杀时就在申池避暑）一样多，我们的肉像山岭一样高，如果我投中了这一箭，齐国要代替晋国而强盛。"说完一箭投去，竟然也投中了。跟随的晏婴等人也赶快站起来大声欢呼，向齐景公表示祝贺。晋昭公脸上勃然变色，因为当时晋国是诸侯盟主国，现在齐景公当着人家君臣的面说要代替晋国做霸主，是不是太不把晋国放在眼里了？中行吴上前质问齐景公说："君侯您这话说得不对，今天国君您来我们晋国，就是因为我们晋国是主盟之国的缘故，而您说要代替晋国强盛，这是什么意思？"一旁的晏婴回答说："诸侯会盟，没有哪个国家能永远当盟主，盟主之位，有德者居之，当初我们齐国失去霸业，晋国才成为盟主国，如果贵国有德，那么诸侯谁敢有异议？但如果贵国失德，就连吴国、楚国这些国家都会来争当盟主，更别说是我们齐国了！"关键时刻，羊舌肸插话说："我们晋国已经是盟主国了，还用什么投壶祝愿？中行伯你一开始就说错话了。"既替晋国挽回了颜面，在口头上保住了晋国的盟主地位，还打了圆场，齐、晋两国君臣才停止了争论。

齐景公回国之后，晋国君臣感觉如果再不采取有力措施，晋国就有失去霸业的危险，而他们采取的有力措施，是向诸侯炫耀武力。

公元前529年，趁着楚灵王被杀，楚平王刚刚即位，楚国无暇北顾的有利时机，晋国召集各国诸侯，相约于当年秋天在卫国的平丘（今河南省新乡市长垣县）相会。晋君臣担心有些诸侯不来会盟，于是事先派使者赴周王室，请王室派人来参加，以提高会盟的规格。诸侯听说王室将派人参会，所以都不敢不来。

晋昭公亲率兵车四千乘参加会盟，当时的卫国境内，几乎遍地都是晋兵。晋昭公请各国诸侯一齐观看晋军的军事演习，诸侯见晋军不仅人多势众，而且训练有素，内心都感到非常不安。盟会之上，晋臣羊舌肸侃侃而谈，大讲此次会盟的意义和目的，之后请各国诸侯表态，各国诸侯均表示愿意服从命令，但只有齐景公没有应声。羊舌肸不满地问："齐侯您是不愿意和晋国结盟吗？"齐景公回答说："就是因为担心诸侯不服，所以贵国才召集了这次盟会，现在看起来，各国都愿意听从命令，那么又何必再一次盟誓呢？"羊舌肸威胁说："当初我国先君晋文公在践土会盟，您曾见哪一个国家不服气？如果贵国真不愿意结盟，那么我君率领的四千乘兵车，将会全部开赴贵国，向贵国问个为什么。"羊舌肸说完之后，一声鼓响，晋军各营都树起了大旗。晋国这种强行逼盟的方式，令齐景公极为反感，不过齐景公倒也借此看清了晋国的形势，晋国并没有像他想象的那般趋于衰败腐朽，至少在军事实力上来说，还是要比齐国强大。他担心晋国真会像羊舌肸所说的那样，率兵攻打齐国，于是改口说："我不过是为了善意地提醒一下贵国罢了，既然贵国认为仍然需要再次盟誓，那么我国也没有必要例外。"

回国之后，齐景公想要匡复齐桓公霸业的念头更加强烈，于是他找来晏婴问："我想要光复先君桓公时的霸业，你说我们需要先做哪几件事情？"晏婴回答说："国君您难道没发现晋国目前面临的危险吗？晋君为了自己享受，让百姓替他修建宫室，所以晋国对内失去了百姓的拥护，对外失去了诸侯的支持，霸业日衰。国君您如果有志于成为霸主，那么最好能废除严苛的刑法，减轻百姓的负担，如此则人民感恩，甘愿为国家效力，那么何愁霸业不成？"

齐景公想想确实如此，于是就采纳了。但齐景公毕竟是国君，长居深宫，对于普通百姓的生死疾苦，还是缺乏必要的了解和切身的体会，甚至更多的时候，还有些言不由衷、言行不一，虽然口头上答应了要废除苛政减轻税赋，但并没有真正执行。当时的齐国，贵族垄断了山林、渔盐等大部分资源，绝大多数土地也都是国君或是世卿的采邑（封地），大部分的农民家庭，丈夫整日打猎捕鱼樵采，妻子整日养蚕织丝织布，一年上交将近三分之二的收入，却仍然不会使贵族们感到满足。人民稍有不满或反抗，就会遭到严酷的镇压被施以酷刑，人民的负担非常之重，人民的生活非常艰辛。

有一天，晏婴邀请齐景公去微服体察民情，齐景公很好奇，于是就答应了。

他们来到临淄城的一个集市，晏婴带着他进入了一个鞋店，店里的鞋子种类齐全，式样繁多，价格也很便宜，但生意十分冷清；晏婴又带着他来到隔壁的一家商店，却发现这家商店是出售义足（假脚）的，虽然义足很贵，但买的人却很多（典故"踊贵屦贱"的来历）。齐景公非常吃惊，出来之后就问晏婴是怎么回事，晏婴回答说："我国的刑罚非常重，百姓偶犯小错，就会被施以刖刑，不买假脚，让他们如何做工生活呢？"齐景公很受震动，回宫之后，传令废除了一批酷刑。

齐景公曾经为自己修建一座行宫，征发了大量民夫。当时正值秋收季节，民夫们非常担心地里的庄稼，但又不敢出言反对。而齐景公却兴致勃勃地为行宫的修建举行了一个动工仪式，晏婴奉命前往陪侍。仪式之后就是宴会，酒过三巡，晏婴借酒起舞，边舞边唱："岁已暮矣，而禾不获，忽忽矣若之何？岁已寒矣，而役不罢，惙惙矣如之何？"马上就要年终了，而庄稼还没有收割，我内心十分焦虑我该怎么办？马上就要天寒了，而劳役却没有终期，我内心十分悲伤我该怎么办？这一番唱词深深地打动了齐景公，他心里也确实为此感到不安，于是传令停止工程的修建，让民夫们都回家去收割庄稼。

晏婴善于劝谏，向国君提意见时也特别讲究方式方法，完全可以称得上是一门艺术，这在史书上是公认的。后人假托晏婴的名义编撰的《晏子春秋》一书，详细记述了晏子这些劝谏的言行（《晏子春秋》被称为我国第一部短篇小说集，内容有一定根据，但并不完全真实）。

齐景公喜欢养鸟，有一次得到一只漂亮的鸟儿，于是让一个叫烛邹的人去养，结果这个人却把鸟养死了。齐景公非常生气，于是就命人把烛邹抓起来杀掉。晏婴听说这件事之后，就跑去见齐景公，齐景公知道晏婴是来劝谏的，就阴沉着脸不愿搭理晏婴。但晏婴总有办法让齐景公开口，他对齐景公说："就这样杀了烛邹太便宜他了，烛邹有三大罪状，请让我一一申明，再杀死他不迟。"齐景公一听非常好奇，敢情晏子是来帮自己说话的，于是就答应了。晏婴严厉地对烛邹说："你犯了三条大罪，自己知道吗？国君信任你让你养鸟，你却养死了，这是一罪；让国君为了一只鸟而杀人，这是二罪；这件事情如果传出去，让诸侯们知道了，他们就会认为我国的国君重鸟而轻人，从此轻视我们齐国，这是三罪。你有这三条罪状，真是死有余辜。"齐景公又不是傻瓜，晏婴到底想要表达什么观点，他还能听不明白吗？所以晏子话刚说完，他就立即向晏子认错说："我知道不应该这么做，快放了他吧。"

齐景公曾经带着群臣到故纪国旧址去游览，有人拿着一个纪国的金壶献给了他。齐景公拿过来仔细赏玩时，发现金壶内刻着八个字："食鱼无反，勿乘驽马。"齐景公望文生义地解释说："吃鱼不吃另一面，那是因为讨厌鱼的腥味，骑马不骑劣马，是因为它无法跑远路。"大臣们都奉承齐景公，说齐景公知识渊博，认识深刻，但晏子却提出了不同意见。他说："我认为这八个字里面包含着更深刻的治国之理。'食鱼无反'，是告诫国君不要过分压榨百姓用尽民力，'勿乘驽马'，是告诫国君不要重用那些无才德的人或是把小人留在身边。"齐景公不满地反驳说："既然纪国人懂得这么深刻的道理，那为什么最后亡国了呢？"齐景公这话显然是在强词夺理，因为中国古代那么多的朝代，总结出的格言警句那么多，但到了该亡国的时候，照亡不误。不过晏婴却没有这么回答，他换了个思路说："我听说，君子们的主张应该高悬于国门，时刻牢记，而纪国把警句深藏在金壶里面，不能时时对照去做，怎么能不亡国呢？"齐景公知道晏子又在借题发挥劝他恤民爱贤，于是对大臣们说："晏卿说得对，你们都要记住金壶里的格言。"

就是在晏婴等人这样不懈的劝谏和努力下，齐景公任用晏婴等贤臣，使齐国在短短的时间内，迅速由乱入治，并逐渐恢复了强盛。

但齐庄公时代所遗留下来的好勇之风仍然深深地影响着齐景公，而一个不容回避的事实是，在春秋这样一个战乱不止的时期，勇士对于一国国君或是黎民百姓来讲，是极其重要的。三军易得，一将难求，一名武艺出众的将军，不仅会给本国的百姓带来一种安全感，让他们安居乐业，同时也会给敌国带去一种威慑感，使其不敢轻易入侵。

齐景公身边，就有这样的三位勇士。

一个名叫古冶子，齐景公有一次过黄河时，猛然从河中扑出来一只巨鼋（音元，爬行动物，外形像龟，生活在水中），将齐景公系在船头上的一匹马拖入了水中。古冶子见状，跳入黄河之中，与巨鼋搏斗，最终杀死巨鼋，将齐景公的马救了出来。齐景公非常赞赏，厚赏古冶子。

一个名叫田开疆，齐景公曾想称霸于东方各国，但徐国不服，齐景公于是派田开疆攻打徐国。田开疆作战十分勇猛，一战杀死徐国主将，并俘获了徐国五百名士兵，徐国国君恐惧之下，赶快派人向齐国请降。

还有一个名叫公孙捷，身长一丈（周时一尺约等于现今二十三厘米，一丈在二点三米左右），面色发蓝，眼睛向外凸着，能力举千钧（一钧等于三十斤），仿佛一尊天神一般，齐景公第一次见到他，就感觉很不一般，于是让他跟随在身边。有一次齐景公带着他外出打猎，突然从山中跑出一只猛虎来，猛虎直扑齐景公的马，齐景公吓得不知所措，公孙捷从车上跳下来，左手揪住老虎的顶花皮，右手几拳打下去，老虎就没了声息。这比后来小说中描写的武松打虎场面，不知道轻省了多少倍。

齐景公沿袭齐庄公时的传统，设勇爵，让古冶子、田开疆、公孙捷享受"五乘之宾"（当时一种爵禄，出行时可以带五辆车组成的仪仗队）的待遇。于是这三人结为兄弟，自称是"齐邦三杰"，自以为在齐国立下不世之功，连晏婴也不放在眼里，甚至在齐景公面前，也口出大言无所顾忌。田开疆与陈无宇都是陈完的后人，是田氏一族，其时陈无宇在齐国已经很得民望，如果再加上田开疆等三人为助，万一发动政变，后果不堪设想。晏婴替齐国公室着想，建议齐景公除掉这三个人。但这三个人不是那么容易对付的，齐景公一则惜才，二则也表示了他的担心："这三个人，如果与他们搏斗，齐国无人是他们的对手；如果派刺客去行刺，万一失败了，反而会为自己招来祸患。"由是拒绝了晏婴的建议。

但这难不倒足智多谋的晏婴，随便置换一个场景，他便想出了一个办法。

其时鲁国因为与晋国产生矛盾，想与齐国结成反晋同盟，于是鲁昭公亲自来到齐国，与齐景公洽谈这件事情。齐景公设晏招待鲁昭公，陪臣里面，鲁国是叔孙昭子，齐国是晏婴。而齐国的三杰，也带剑立在殿下，趾高气扬，旁若无人。

酒至半酣，晏婴向齐景公启奏说："这几天御园里的蟠桃正好成熟了，可以摘几个来，一则让两位国君尝鲜，二则为两位国君贺寿。"原来齐景公的御园里种着一种桃树，名叫"万寿金桃"，由于平时结果非常少，所以显得非常稀有。见晏婴提出要吃桃子，齐景公感觉非常高兴，于是命管园的官吏去摘蟠桃。但晏婴说："蟠桃是世间难得的奇物，臣要亲自去摘。"齐景公同意了。

一会儿工夫，晏婴端着六枚蟠桃走上了大殿。成熟的桃子粉里透红，散发着诱人的香味，有碗口大小，一看就让人垂涎欲滴。齐景公见晏婴只端来六枚桃子，就奇怪地问："怎么只摘了这么几个，蟠桃再没有了吗？"晏婴回答说："还有几个没有熟，所以挑来挑去，挑了这六个熟一点的。"

于是鲁昭公和齐景公各吃了一个桃子，两人都赞不绝口，齐景公取了一枚桃子对叔孙昭子说："叔孙大夫颇有贤名，应该吃一个桃子。"叔孙昭子赶快谦让说："我的能力和水平，哪里能和晏婴相比啊？晏婴对内使齐国安定，对外使诸侯敬服，应该让晏相国吃才合适。"齐景公听了，于是说："既然叔孙大夫这么客气，那就你和晏相国各吃一个。"

晏婴领桃谢恩，又向齐景公说："盘中还有两枚桃子，国君可让大臣们出来讲一讲，谁的功劳最大，谁就吃一枚桃子，以表彰他们的才能和功绩。"

齐景公点头说："这个办法好。"于是传令让大臣们自言其功，让晏婴裁决谁有吃桃的资格。

下面站的公孙捷立即抢着说："当初我与国君一齐出去打猎，有猛虎向国君扑来，我徒手打死那只猛虎，为国君保驾，这个功劳怎么样？"

晏婴赶快说："徒手打死猛虎，为国君保驾，这个功劳实在是太大了，赐酒一杯，吃桃一个。"

公孙捷得意扬扬地拿着一枚桃子下殿去了。

古冶子又站出来说："打死一只虎有什么好稀奇的？我曾经在黄河里杀死一只巨鼋救出国君的马，使国君转危为安，这个功劳又该如何说？"

晏婴还没有答话，齐景公倒开口了："当时情势确实是万分危急，如果不是将军杀死那只大鼋，我们都有翻船的危险，这是盖世奇功，应该吃一颗桃子，喝一杯酒。"晏婴一听，赶快倒了一杯酒，拿起剩下的一颗桃子，递给了古冶子。

古冶子还没有下殿，田开疆快步走上大殿，他怒气冲冲地说："我曾经奉主公之命攻打徐国，斩杀徐国主将，俘虏徐国将士五百余人，徐国为此请降，郯国（今山东省临沂市郯城县一带）和莒国心生畏惧，也来向我国请盟，并推举主公为盟主，这个功劳还吃不了一个桃子吗？"

问题是桃子已经没有了，也不能失礼到把已经赐给别人的桃子再要回来，晏婴于是装出无可奈何的样子安慰田开疆说："田将军的功劳，实在是比古冶子和公孙捷大多了，可是桃子已经没有了，可向田将军赐酒一杯，等明年桃子熟了再说。"

齐景公也安慰他说："田将军确实功劳最大，不过就是说得太迟了，可惜没有桃子了，没办法表彰你的功劳。"田开疆委屈地说："打虎、杀鼋，不过是小事情，我带兵千里远征，一场血战，征服敌国，反而吃不了一个桃子，在两国的君臣面前受辱，让别人笑话，还有什么面目活在这个世上？"说着拔出剑来，竟然自杀而死。

公孙捷和古冶子大惊失色，自责说："我们功劳小，吃了桃子，而田将军功劳大，反而没有吃到桃子。我们和田将军结为兄弟，今田将军已死，我们怎么能独活？"说罢也自杀而死。

齐景公和鲁昭公大惊失色,想要叫人挡住,但已经来不及了。鲁昭公站起来,惋惜地说:"我听说这三位将军,都是天下少有的勇士,只可惜一朝俱亡,真是让人叹息。"

齐景公听了很不高兴,晏婴见状立即回答说:"这三个人只不过是我国的几个无谋勇夫罢了,虽然立过功劳,哪里能值得如此重视?"

鲁昭公问:"贵国像这样的勇将,还有多少人?"

晏婴回答说:"若论安邦定国,富国强兵,使诸侯畏服,这样的文武全才我国有好几十人,而像这等凭一时血气之勇的力士,只不过是预备在我们国君身边偶作小用,是生是死,根本无关国家轻重。"

晏婴一番话不仅为齐国挣回了面子,也使鲁昭公不再心怀愧疚,于是两国国君最终体面地结束了宴会。

鲁昭公走后,齐景公就问晏婴说:"你在鲁昭公面前,虽然夸大其词,为我国挽回了一点颜面,但只怕这三杰一死,我国再没有出色的将领带兵,倘若诸侯趁机攻伐我国,该如何抵挡?"

晏婴胸有成竹地说:"臣推荐一个人,足以胜过三杰。"

齐景公显然不相信:"你推荐什么人?"

"我推荐一个叫田穰苴的人,这个人论韬略能让众人信服,论武功能让敌兵胆寒,是一个难得的帅才。"

齐景公问:"他是不是和田开疆是一个家族的?"

"田穰苴确实和田开疆是一族的,不过他是田氏的旁支,出身寒微,田氏家庭的人根本看不起他,所以住在乡下。国君如果想选拔优秀的将领,我想齐国没有人能超过田穰苴。"

齐景公还是不相信:"既然这个人这么有才能,那你为什么不早一点和我提起?"

晏婴说:"像田穰苴这样的人,他非常看重同僚的品性,之前三杰在朝中,他怎么会愿意和这些人为伍?"

齐景公心里还在为三杰之死感到惋惜,所以听了晏婴的话很有些不高兴,谈话不欢而散。

过了没几天,边境传来消息,说晋国听到三杰都死了,兴兵进犯东阿和甄城,燕国也蠢蠢欲动,派兵攻打齐国北部边境,并已侵占黄河两岸。驻守在边城的齐国军队数次迎战,都被打得大败而回。齐景公恐慌之下别无选择,只好命晏婴带着礼物去请田穰苴。等田穰苴来了之后，齐景公经过与他交谈，发现田穰苴果然深通兵法，熟谙用兵之道，于是拜田穰苴为将军，命其率领兵车五百乘，以抵抗入侵的晋国和燕国军队。

田穰苴向齐景公提了一个要求，他说："臣本是一介布衣，国君您骤然之间封我为将军，我怕将士们心中会不服气。请国君派一个既被您宠信，又被百姓所尊重的大臣，到军中担任监军，这样我才好发号施令。"齐景公想了想觉得有理，于是派自己宠幸的大夫庄贾担任监军，随田穰苴出征。

田穰苴谢恩出宫，在宫门外与庄贾约定，次日中午在军门相会，之后各自分别。

到了第二天，田穰苴早早来到军中，一边让军吏在营中树起木条，观察日影测定时刻（其原理相当于利用太阳投射的影子来测定时刻的日晷），一边派人去催促庄贾。庄贾虽然年龄不大，但出身贵族，又仗着受宠于齐景公，根本就没把田穰苴放在眼里。再加上当日亲戚朋友们都来设宴为其饯行，庄贾酒正喝在兴头上，所以对于前来催促的使者，根本就没有在意。

田穰苴在军营里一直等到未时（下午一点到三点），不见庄贾前来，于是令军吏移除木表，然后登坛号令，宣布军纪。

直到傍晚时分，庄贾才乘着大车，醉醺醺地乘着马车慢悠悠地前来。车在军营门口停下，从容不迫地下了车，之后在左右簇拥下登上将台。田穰苴并没有站起来跟他打招呼，而是正色问道："监军为什么迟到？"

庄贾说："因为今日要出征，亲戚朋友们都来置酒相送，多喝了几杯，所以迟了。"

田穰苴说："作为一名带兵的将领，从听到命令的那一刻起，就应该忘记自己的家室。到了军中，就应该忘记自己的亲友。等到擂响战鼓，冒着弓箭礌石进攻的时候，就应该忘记自己的存在。现在敌国入侵，边境不安，国君愁得饭也吃不下觉也睡不着，把三军将士托付给你我两个人，只希望我们早一点打败敌军，让老百姓过上太平日子，哪里还有时间与亲戚朋友饮酒作乐呢？"庄贾不以为然地说："又没有耽误出行的日期，元帅也不要太苛责了。"田穰苴大怒拍案而起，大声斥责说："你仗着国君的宠信，借故怠慢军心，如果到了前线，也这样恃宠而骄，那还不误了大事？"于是叫过负责军法的官吏问道，"按照军法，约定了出征的时间而迟到，该当何罪？"军法官回答说："按军法当斩。"

庄贾听到军法官说出一个"斩"字，心里立即害了怕，于是想跑下将台乘车逃离军营。但田穰苴哪里会让他跑掉？喝令军士将他绑缚起来，之后推到辕门外斩首。庄贾受此惊吓，酒早就醒了，一边往外走，一边不住地向田穰苴讨饶。庄贾的随从们看见，赶快跑去向齐景公报信，请齐景公救庄贾一命。齐景公闻报大吃一惊，赶快叫使者拿着他的符节前往军中赦免庄贾。又生怕来不及宣谕，命使者乘轻便的马车飞速疾驰。不过公宫离驻军之所到底隔了一段距离，等到使者跑到军营，庄贾早就被处斩，头都悬到了辕门之外。

使者还不知道庄贾已被斩首，手里拿着齐景公的符节，乘着马车跑进了军营。田穰苴命人挡住使者的马车，使者下车，向田穰苴宣布齐景公赦免庄贾的命令，田穰苴不说庄贾是死是活，只是对使者说出了一句古今中外军事史上的千古名言："将在外，君命有所不受。"也就是说，将军带兵在外，国君的命令可以不听从。之后，他再次召来军法官问："军营里不得跑马车，违令者该当何罪？"军法官说："按照军法，也应该斩首。"使者吓得面如土色，向田穰苴讨饶说："我是奉国君之命来的，这事确实跟我没关系。"

田穰苴说："既然是奉了国君的命令，斩首不太合适，但军法不可废止。"于是命人杀死使者的一名随从，砍断马车的辕木，并杀死拉车的一匹马，以代使者之罪，之后让使者回去向齐景公复命。

三军将士见田穰苴法度如此严厉，无不胆战心惊，畏惧失色。

之后，田穰苴带着军队向边境进发，行军途中，士兵们无论是安营扎寨，还是挖井立灶，他都亲自过问，有士兵生病了，他也亲自前去探问，并派医送药。事无大小，都亲自去办，不仅处理得非常及时，也处理得十分公道，将要到达前线之时，田穰苴挑选那些身强力壮的士兵做前队，把生病和瘦弱的士兵留下来作后队，之后宣布了作战的军令。一时间士气大振，就连那些生病或瘦弱的士兵，也争先要求奔赴沙场。

敌军的细作将齐军的动向告知自己的主帅，晋军一听，觉得齐穰苴治军如此严格，将士如此用命，如果和齐军交锋，获胜的希望微乎其微，于是率军悄然而退，燕国军队听说晋军撤退，也赶快撤兵回国，田穰苴收复被晋军占领的东阿、甄城，之后传令军士渡河追击，大败燕国军队。燕国大惧，派人送来重礼，向齐国求和。消息传来，齐国君臣百姓无不振奋欢悦。

齐国出征将士胜利回国，到了郊外，田穰苴传令所有士兵解除武装，取消战时的号令，并与三军将士集体盟誓效忠于景公，之后脱去盔甲，只带着几名随从进入了都城。齐景公率众臣出城亲自劳军并接见了田穰苴，任命田穰苴为大司马，令其执掌军队。因为田穰苴担任司马一职，因此人们又称之为司马穰苴。

司马穰苴斩庄贾之事，其实是一件非常诡异的事情。因为略有军事常识的人都知道，将领带兵在外，最怕有人在旁掣肘，主将拥有唯一的决策权和指挥权，是保证战争胜利的关键，这与"将在外君命有所不受"和"将能而君不御（干预）者胜"是一样的道理。司马穰苴好好的最高统帅不当，非要请一个监军来给自己当太上皇，果真像他自己所说的那样，是为了给他去壮声威压阵脚吗？不是的，明代的太监监军制度完全可以印证这一点。从齐景公答应让庄贾给司马穰苴做监军的那一刻起，实际上就已经给庄贾判了死刑，只不过齐景公不知道，庄贾也不知道罢了。庄贾人头落地是早晚的事，迟到不迟到其实并不是致命之由，只不过是以最快的速度被司马穰苴利用了而已，这从司马穰苴到了军营就立起木表一事上完全可以看出。司马穰苴请求让一名宠臣做他的监军之时，其实早就做好了要借他们脑袋为自己立威的打算，因为但凡是国君的宠臣，又有几个不是骄横不法的呢？所以从这一点上来说，庄贾死于谋杀，且他死得有些冤，因为当时的齐国贵族基本上都和庄贾没有什么两样。

所以从某种程度上说，齐国的这一场胜仗，实际上是司马穰苴拎着庄贾血淋淋的脑袋得来的。不过反过来讲，司马穰苴不这样做行不行呢？绝对不行，如果他不借杀死庄贾树立起在军中的威望，那么军中有令不行，有禁不止，到了前线，哪一个士兵愿意冲锋陷阵呢？依当时齐国的腐朽程度，被余威犹存的晋兵击败是确凿无疑的，田穰苴也就只会成为一个名不见经传的败军之将，而不可能成为历史上赫赫有名的司马穰苴。

但当他大胜敌兵，收复失地并归来时，他在齐国国内并诸侯国中的声望可说是如日中天，他出征之时带出去的是一支散漫之旅，而班师之时却带回来的是一支钢铁之师，这能不令国君猜忌吗？能不令朝中那些庸臣嫉妒吗？答案是显而易见的。于是，聪明的田穰苴选择了另一种做法"释兵旅、解约束"，把军队留在郊外，然后轻装进城，不露威，不炫耀。他没有辜负晏婴的期望，所作所为也很令齐景公满意，官拜大司马，可说是对他最为恰当的褒奖。

司马穰苴能够留名后世并不是靠着他斩庄贾的轶事或是令敌军望风而逃收回齐国失地的这些小功绩，他能够名载史册靠的是一部军事专著——《司马穰苴兵法》，不用说，这本书的作者正是司马穰苴本人。这是一部在整理总结以往兵法基础上形成的集大成之作，内容涉及军事学的各个方面，包括军赋制度、军队编制、军事装备、指挥方式、营垒阵法、奖惩措施等，是一部较为详尽的用兵规范和典籍。它与《孙子兵法》的不同之处在于，《孙子兵法》主要侧重于用兵的悬念和变数，较为概括，就像一首优美而富有想象力的诗；而《司马穰苴兵法》则侧重于治军的基本规则和章程法度，较为详细，就像好多篇内容翔实而罗列清楚的说明文。

当然，《司马穰苴兵法》中更令人称道的则是"国容不入军，军容不入国"的观点。司马穰苴认为，治国的那一套礼仪制度绝对不可以用来治军，反之，严格刻板的军令也不可以作为治国的规章，"军容入国则民德衰，国容入军则民德弱"，也就是说，把治军的方法应用于治国，那么民众就会变得机械而冷酷，百姓之间的人情味将会荡然无存；反之，如果将治国的礼仪应用于治军，士兵们就会成为一群迂腐礼让、文质彬彬的羔羊，军队锐气和勇武精神就会自此削弱消失。司马穰苴的这一观点之中，蕴含着他对治国治军的深刻见解，也完全符合治国治军的客观规律，因此备受后人的推崇。

一千两百多年后，唐王朝发生安史之乱，唐肃宗朝特意追谥姜太公为"武成王"（与"文宣王"孔子并列），把他作为一尊"军神"来鼓舞军队的士气，以期尽快平定内乱，建庙之后，又从历代名将中遴选"十哲"进入"武成王"庙配享（古时指死去的功臣随着死去的帝王一起受到祭祀，孔子的门人或在经学上有成就的人死后随孔子一起受到祭祀也叫配享），司马穰苴与兵圣孙武、秦将白起、汉初三杰韩信、智慧化身诸葛亮等人同时入选，可见其兵学造诣之深和人们对他的认可程度之高。晏婴对他的评价是"文能附众，武能威敌"，可说是非常贴切。

其时齐国文有晏婴，武有司马穰苴，齐国大治，诸侯听说这两人大名，无不心悦诚服。不过就当时的大环境而言，贵族阶级都生活在醉生梦死之中，纵酒淫乐之风盛行，齐景公一方面想奋发图强，使齐国成为诸侯之中的强国，但另一方面，他却又贪图享受，过着声色犬马的日子。

有一天，齐景公在宫中与姬妾们饮酒作乐，一直喝到晚上，还感觉没有尽兴，突然想起了晏子，于是传命前往晏婴家中。侍从前去报信，晏婴赶快将衣服穿戴整齐，站在大门外面迎接，齐景公还没有下车，晏子就迎上去问："诸侯国中有什么变故吗，还是朝中出了什么大事？"齐景公说都没有。晏婴就问："那国君您深更半夜到我寒舍里来做什么？"齐景公说："我一个人喝酒听音乐，感觉很没趣，想请相国一起玩。"晏婴回绝说："如果是安邦定国之类的大事，下臣可以替国君出个主意，如果是饮酒赏歌舞之类的事情，抱歉，下臣做不到。"

齐景公讨了个没趣，于是又传命前往司马穰苴家中。同样，司马穰苴也穿得整整齐齐，全副武装站在门口迎接。见齐景公到来，他立即问："边境又有敌国入侵了吗？大臣们之中有叛乱的吗？"齐景公说没有。司马穰苴问："既然都没有，那国君您深夜降临下臣家中是什么缘故？"齐景公回答说："就是想与将军一起喝酒，听音乐，赏歌舞，再没别的事情。"司马穰苴推辞说："如果是带兵出征、擒拿叛臣这类事情，这就是下臣分内之事，如果是饮酒作乐这类事情，下臣不敢参与。"

齐景公感觉非常扫兴，于是又命人前往宠臣梁丘据家中。还没到梁府门口，梁丘据就左手拿着琴，右手举着竽，嘴里唱着歌儿迎了出来，齐景公非常高兴，于是在梁府饮酒赏乐，尽情欢乐，一直玩到天亮才回宫。

第二天，晏婴和司马穰苴一齐入朝向齐景公谢罪，并劝谏齐景公说，作为一国之君，不应该深更半夜在大臣家中饮酒，因为安全问题很重要，毕竟他的前任齐庄公以及陈国的陈灵公等人，都是在大臣家中被杀死的。谁知齐景公却说："如果没有你们两个人，我拿什么来治理齐国？如果没有梁丘据，我又拿什么来让自己过得快乐？所以，从今以后，我不妨碍两位爱卿的工作，两位爱卿也不要干涉我的私生活。"

不过话虽如此，但国君对自己倚重的大臣这样说话，那种隔阂和生分的迹象，却就立时显露无遗。平庸而得不到国君信任的鲍氏、国氏和高氏敏锐地抓住了齐景公心理上的这个变化，他们把心中对司马穰苴的嫉妒和怨恨化作了口头上的诋毁与中伤，向齐景公进言，因为他们知道，齐景公心中不可触及的底线是什么——田氏在齐国的势力一日胜似一日，而作为田氏族人的司马穰苴大权在握，就更会使田氏如虎添翼，这是齐景公所时刻担忧的。

鲍氏、国氏与高氏的诽谤恰到好处地起了作用，齐景公趁机解除了司马穰苴的职务，司马穰苴忧愤成疾，不久病死。齐国政坛升起的这颗新星，就这样在极短的时间内夭亡。

而晏婴，他对于司马穰苴的死负有什么样的责任呢？他和司马穰苴以同样的姿态对待齐景公，但为什么齐景公以截然不同的态度对待他们两个人呢？只是因为，司马穰苴本姓田，无论他会不会跟陈无宇密谋取代姜齐，都已经无法避免他最终被废黜的命运，因为他的姓氏，深深地犯了齐景公的忌讳，就算他不犯上作乱，齐景公也会早早地把他作为乱臣贼子剪除。而晏婴，他在齐国不属于任何一派，他的心里，只有齐国公室，他对姜氏忠心耿耿，所以，司马穰苴被罢免了，而他继续当他的相国。晏婴爱惜司马穰苴的才华不假，但他也担心司马穰苴会跟陈无宇等人联合起来篡夺齐国大权，所以，晏婴内心是非常矛盾的。基于这样一种考虑，齐景公罢免司马穰苴，晏婴没有任何理由提反对意见。

但是，田氏的崛起已是不可阻挡的大势，司马穰苴之死激化了田氏与国氏、高氏以及鲍氏的矛盾，齐景公死后，田氏专权，国氏、高氏被灭族，鲍氏和晏氏也相继被灭，姜齐最终没有逃脱被田氏取代的命运。

不过，那都是一百多年后的事情了，就是聪明睿智如晏婴，又怎么能看那么长远呢？公元前500年，晏婴病死。晏婴有生之年，历经齐灵公、齐庄公、齐景公三朝，他清廉从政，生活俭朴，不仅吃的是粗茶淡饭，穿的也是粗布衣服，在他的影响下，他的妻妾和从人们也从来不穿华丽的服装。有一次齐景公到晏婴家里，发现晏婴的妻子既老又丑，就想把自己的爱女嫁给他。但晏婴说："抛弃老妻而迎娶少妻，这属于一种淫乱行为，而且见色而忘义，富贵而失伦，这是不为道义所容的。"由是拒绝了齐景公的美意，与唐朝时拒绝唐太宗欲以公主妻之的尉迟敬德颇有相似之处。

晏婴待人谦虚，礼贤下士，能够真心诚意地尊重那些有才能的人。晏婴有一次到晋国出使，路过赵国的中牟，看见一个穿戴破旧奴隶打扮的人背着一捆柴在路边休息，晏婴通过观察，发现这个人的行为举止根本不像是一个不懂礼仪没有文化的奴仆，于是上前和他交谈。经过短暂的交谈之后，得知这个人叫越石父，因为家贫而做了人家的奴仆。晏婴于是用自己拉车的一匹马把他赎了出来，然后让他和自己一起坐车回到了齐国。

回到家里之后，他没有向越石父打招呼，就直接走进内室，过了好久才出来。谁知这个时候，越石父却提出要和他绝交，晏婴非常惊讶，他问越石父说："我虽然算不上善良宽厚，但我也把你从困境中解救了出来，你为什么要和我绝交呢？"越石父说："我听说君子在不了解自己的人那里，会受到不公正的待遇；而在了解自己的人面前，会得到足够的尊重。之前因为别人不了解我，所以他们囚禁了我，这是情有可原的；可是你不一样，你了解我，却对我这么轻慢，那就表明你还是把我当作一个奴隶看待，那我为什么要对你赎买我的行为表示感激呢？这是我要跟你绝交的原因。"晏婴恍然大悟，于是立即诚恳地向越石父道歉，并把他作为贵宾对待。

晏婴有一次外出，他车夫的妻子透过门缝仔细地观察他们，等车夫回到家里时，他的妻子提出要和他离婚。车夫大惊，就问为什么。他的妻子告诉他说：

"晏婴身高只有六尺，但贵为齐国的相国，坐在车里外出的时候，神态显得异常谦恭和深沉；而你身高八尺，只不过是人家的一个车夫，赶车外出的时候却显得洋洋得意，以为自己了不起，你这个样子是不会有什么前途了，所以我要和你解除婚姻关系。"车夫听了，非常惭愧，从此以后，也变得谦虚起来，晏婴发现车夫的这个变化之后，感到非常奇怪，就问车夫是怎么回事。车夫把事情的原委告诉了晏婴，晏婴非常佩服车夫妻子的贤惠，再加上车夫也确实具备了一定的才能，晏婴于是推荐他做了大夫。而与此相反的是，晏婴辞退了手下一个名叫高缭的人，理由是这个人在他身边工作了三年，却没有说过一句纠正他办事失误的话。这样人云亦云的老好人，留在身边没有什么用处。

由于晏婴这些谦虚、勤俭、爱民的优秀品质和出色的治国才能，使暗弱的齐国呈现一时的中兴局面，所以受到后人的极度推崇，司马迁在《史记》中将他与辅佐齐桓公称霸的管仲列在同一个传记之中，使管晏齐名，以示对他的高度认可。当然，晏婴更令人称道的还数他那睿智的头脑和高超的辞令，在外交场合凭三寸不烂之舌维护国家利益和个人尊严不受侵犯的卓越外交才能。

这里面除了前面讲到的"折冲樽俎"典故之外，更令人耳熟能详的，当数晏子使楚的故事。

前文讲到，曾经有一段时间，晋国与楚国平分中原霸权。双方约定，晋的属国，也向楚国进贡，楚的属国，也向晋国进贡。所以作为晋国属国的齐国，每隔一段时间，就要派遣使者到楚国朝聘。齐国作为以往的盟主国，现在低身向自己曾经讨伐过的楚国修聘，本就是一件非常屈辱的事情，再要是外交大臣选派不当，谁知道还会引发怎样有辱国格的事情呢？而足智多谋的晏婴，就成为出使楚国这类强横国家的不二人选。

当时楚国的国君正是昏聩而暴戾的楚灵王。楚灵王听说齐国的晏婴来出使，立即来了兴致，想好好地羞辱一番晏婴，以显示楚国的威风。不过又听说晏婴非常机智，善于辞令，感觉不好对付，于是让大臣们出主意。君臣经过一番合计，最终敲定了一整套戏弄晏婴的方案。

楚灵王知道晏婴身材矮小，他想借晏婴这个生理上的劣势捉弄晏婴，于是命人在大门旁的城墙上挖开了一个五尺来高（约合今一点一五米）的洞，吩咐守门的官吏，当晏婴来的时候，让他从那个小洞里钻进来。

当晏婴乘车到达郢都的时候，发现城门紧闭，就让车夫前去叫门。谁知城门守将却指着城门边上的小洞对晏婴说："大夫从这个小洞里过还宽敞有余，有必要打开城门吗？"

晏婴看了看说："这是狗出入的门，不是人出入的门。如果我是来出使狗国，就从狗门进入，如果我是来出使人国，就应该从人门进入。"城门守将一听知道不对，赶快命人飞报楚灵王，楚灵王尴尬地笑了笑说："我本想嘲笑晏子，谁知道反而被晏子嘲笑了。"于是传令大开城门，请晏婴进城。

晏婴拜见楚灵王之后，楚灵王故意问："齐国再没有人了吗？怎么会派你这样的人来出使？"意思就是晏婴个头太矮了，才能自然也高不到哪里去。

不过晏婴却佯装不知，他故意回答说："我们齐国的人非常多，别的不说，就单说我们国都临淄街上的行人，走起路来肩贴着肩，脚碰着脚（摩肩接踵），每个人要是都举起袖子，就能遮住太阳，每个人要是都挥一把汗，就能下一阵雨（成语'挥汗如雨'原意），怎么能说是没人了呢？"

楚灵王故作惊讶地问："既然这么多人，怎么派你这么个小矮人儿来出使我国呢？"

晏婴不羞不恼地回答说："我国有个不成文的规矩，如果是出使德行高尚的大国，就派那些贤能的大臣去，如果是出使不值一提的小国，就派那些愚蠢无能的人去。在我们齐国，我最无能，也最愚蠢，所以就被派到贵国来了。"

楚灵王听了，羞惭得半天说不出话来。

这时，按照事先的安排，几名军士绑着一个人从殿前经过，楚灵王看见，就故意问："你们绑的是什么人，犯了什么事？"

卫兵回答说："这是个齐国人，因为偷东西被抓了起来。"

楚灵王就问晏婴说："齐国人天生就喜欢盗窃吗？"

晏婴回答说："我听说淮南有橘，其味甘甜，但如果移栽到淮北，就会结出味道酸苦的枳（音止），这是因为换了水土的缘故。齐国人在齐国全都遵纪守法、诚实劳动，但到了楚国，却就做起盗贼来了，不知道是不是楚国的这种环境特别容易让人民成为盗贼啊？"

楚灵王张口结舌，说不出一句反驳的话来，最后苦笑着说："我本想好好把你羞辱一番，谁知反倒被你羞辱了。"于是厚赏晏婴，打发他回国。

晏婴凭借自己出色的政治智慧和敏捷的应变能力，捍卫了国家的荣誉和个人的尊严，有力地提高了自己的知名度，从而成为春秋后期诸侯国中最为知名的政治家外交家之一。

而到了晏婴离世之年，和他斗智的楚灵王早就死去多时，甚至连接替楚灵王成为国君的楚平王,也已死去近十六年。而楚平王,这个被晋国的贤臣羊舌肸预言将成功夺得君位的楚国国君,成为楚国历史上极为臭名昭著的一个昏君,这大概是羊舌肸论政之时所没有想到的吧。

第二十一节　强夺子媳、伍子胥出逃、贤相子产、延陵季子、专诸刺王僚

楚平王即位之初，为了巩固君位，对外积极与诸侯国修好关系，让已经灭国的陈国和蔡国复国，以显示自己信守承诺；对内则封赏功臣，并采取休养生息的政策，减轻人民负担，以显示自己重才爱民，这在一定程度上为他赢得了国际上的好名声和国内百姓的支持。当然，楚平王这么做，倒并不是真正为了人民，他的目的是为了巩固自己的王位。他善于伪装的本领，连羊舌肸这样的贤人都能蒙蔽，可想而知他有多聪明。楚平王充分汲取楚灵王丧失政权的教训，眼睛紧盯着国内的大臣们，因为他知道，那些垮台的国君，被来自国外的武力直接推翻的往往很少，更多的则是来自国内手握重权的大臣们。基于这样一个认识，楚平王对于那些专横跋扈的权臣，一律采取"零容忍"的态度予以剪除，以减少他们对他君位的威胁。

楚平王元年（公元前529年），在平王夺位中立下大功的斗成然居功自傲，与巨富养氏争利，楚平王立即痛下杀手，处死了斗成然，并将养氏灭族。当然，楚平王借肃贪之名杀死斗成然并族灭养氏，并不是真正想要惩治贪腐，而是为了及早清除来自权臣的威胁。楚国的贵族们既然知道了楚平王的心思，自然也就明白了该怎样做才能在楚国生存下去。贪污腐败是没关系的，只要不去做或者是不要让楚平王感觉他将要做影响楚平王君位稳固的事情就行，尽量顺着楚平王的意，不要冒犯他就行。所以在楚平王一朝，楚国贵族贪污腐败成风，比楚灵王时代还要严重许多。

当然要只是这些，还不足以让楚国因此遭受重创，真正让楚国蒙受重大损失

的，是楚平王见色起意强夺子媳而导致的一系列事件，这件事情最终还差一点儿导致楚国灭亡。

楚平王即位之后，立长子熊建为太子，任命伍举的儿子伍奢担任太子太师，命宠臣费无忌为太子少师。伍奢为人刚正，但费无忌为人谄媚，因此太子建非常尊重伍奢，十分厌恶费无忌，费无忌为此十分怨恨太子建和伍奢。楚平王三年（公元前527年），熊建十五岁，已经到了成家的年纪，楚平王经与大臣们商议，决定为太子娶秦国女子为妻，于是让费无忌为使，前往秦国娶亲。秦哀公将其长妹孟嬴许配太子建。

费无忌在迎亲途中打听到孟嬴容貌非常出众，为了讨好楚平王，他心中立即有了一个主意。回到郢都之后，他立即面见楚平王，先是不住地夸耀孟嬴如何貌美如花，之后便极力怂恿楚平王自己娶孟嬴。楚平王本是好色之徒，听了费无忌这个无耻的建议之后，居然同意了，于是叫费无忌把孟嬴送入王宫，之后把一个跟着孟嬴陪嫁的齐国女子假作秦国公主送去与太子建成婚。

这件事情除了楚平王与费无忌，其他人都蒙在鼓里。但纸里终究包不住火，当事人之一的孟嬴首先就感觉到不对，因为楚平王的年纪到底大了。孟嬴派人在宫里暗中打听，最终得知了自己婚姻被调包的事情。在真相面前，孟嬴十分羞恼，心中万分不乐意，楚平王察觉后，立即向孟嬴许诺将来立她的儿子为太子。有了这个承诺，孟嬴心理上感觉有所补偿，于是接受了这桩婚姻。

但宫内宫外的议论非常多，费无忌担心这件事情传到太子建耳中，等将来太子建继位之后找自己算账，于是又向楚平王进言，让太子建去镇守与吴国接壤的边邑城父（今安徽省亳州市谯城区东南），让伍奢父子随行，以奋扬为城父司马，太子建的母亲因为失宠，离开郢都，在吴楚边境的居巢（今安徽合肥巢湖）住了下来。

但心中有鬼的人，无论怎样陷害他人，内心还是感觉不踏实。太子建离开郢都之后，费无忌一不做二不休，又在楚平王面前诬陷太子建想要谋反。楚平王本来不相信，但费无忌既然铁了心要做这件事情，那他诬陷的理由就足够充分，足以让楚平王采信。费无忌能行谄媚之事，说明他对人性的把握非常到位，他知道该怎样说，就会让楚平王杀心顿起，其实只要揭开楚平王内心那个羞耻的伤疤就可以了。

费无忌的理由很简单："大王您夺了太子建的妻子孟嬴，现在太子建已经知道了，他心里非常怨恨您，于是联合晋国和齐国，想要像楚穆王那样弑杀父亲篡夺王位。"楚平王一则确实因内心羞耻而恼羞成怒，二则已经答应孟嬴要立她的儿子为太子，那就必须废掉太子建。现在听费无忌这样一说，其实已经根本没有必要去核实事情的真假，于是便要传令废黜熊建的太子之位。费无忌赶快阻拦他说："太子镇守城父，手握重兵，大王您现在突然下令废黜太子，这是在逼太子建提前造反。伍奢是太子建的主谋，只要把伍奢召回郢都，之后再派人暗中把太子建抓起来杀掉，大王您就可以高枕无忧了。"

于是楚平王命人把伍奢召了回来，之后问他说："太子建一直想要造反，你是否知道？"

伍奢本来就对楚平王强夺子媳并让太子建出守城父之事感到不满，现在一听又有人诬陷说太子建要谋反，立即气不打一处来。伍氏家族素有直谏之名，当然不会拐弯抹角地说话，于是他直通通地对楚平王说："大王您强娶儿媳，这本来就已经很过分了，现在又听信小人谗言，怀疑太子要谋反，全不念一点骨肉亲情，心也太狠了吧？"楚平王羞惭满面，无言以对，于是把伍奢囚禁了起来。

之后，楚平王密令城父司马奋扬，叫他去把太子建杀了。奋扬知道太子建是被冤枉的，根本不想让太子建死，于是暗中派心腹从人先去向太子建报信，之后自己才不慌不忙地起程。这时齐国女子已经为太子建生了一个儿子公子胜，于是太子建就带着公子胜逃到了毗邻的宋国。太子建逃走之后，奋扬知道无法向楚平王交代，于是让城父的大夫把自己绑起来，然后回郢都来见楚平王，说太子建跑了。楚平王非常恼怒，他问奋扬说："那个命令，出我之口，入你之耳，是谁泄的密？"奋扬老老实实地回答："是我泄的密。大王您任命我为城父司马时曾经嘱咐我说，事太子如事您，我一直记着这句话，并照着这句话去做，时刻不敢怀二心。我按照大王之前的命令行事，不忍心按照大王后来的命令杀死太子建，所以放跑了他。后来我考虑了一下，我这么做，可说是罪行深重，现在后悔也来不及了。"楚平王说："你既然放跑了太子，还敢来见我，不怕死吗？"奋扬说："我没有完成大王交给我的任务，这已经是一桩罪过，如果再畏罪不敢前来，那就是罪上加罪。况且太子建并没有反叛，杀了他也名不正言不顺，能够让大王您的儿子活下来，我就是死了，其实也是很幸运的。"楚平王一心一意想让太子建死，而一个丝毫没有血缘关系的外人却愿意为了他们父子亲情白白牺牲自己的生命，这让楚平王顿时羞惭不已，再加上奋扬的话也确实触动了他内心深处依然残存的父子亲情，于是他不得不故作姿态地夸奖奋扬说："奋扬虽然违背了我的命令，但忠诚可嘉。"于是仍然命他去当城父的司马。

奋扬能有这样近似喜剧的结局，一则是他说话委婉，没有触及楚平王的痛处；二则他跟费无忌之间没有仇怨，费无忌没必要跟他过不去。而伍奢的结局就没有那么好了。

太子建出逃之后，孟嬴为楚平王所生的儿子熊珍被立为太子，费无忌被封为太子太师。费无忌始终担心狱中的伍奢，必欲除之而后快，且伍奢的两个儿子伍尚和伍员（音云，字子胥）都非常有才能，如果不杀死他们的话，将来报复他是毫无疑问的。于是费无忌又建议楚平王召来伍尚和伍子胥，把他们父子三人一起杀掉。

于是楚平王诱骗伍奢说："你教唆太子建谋反，我本来想将你斩首示众，但看在你们伍家曾经为楚国立过大功的分上，不忍心将你处死，如果你能写信把你的两个儿子叫来，我就将功折罪，重新改封他们的官职，并赦免你的死罪，允许你去乡下养老。"伍奢一生宦海浮沉，怎么会看不穿楚平王的这点伎俩？他知道楚平王想把他们父子斩尽杀绝，于是对楚平王说："我的大儿子伍尚，为人很讲信义，并且非常孝顺，如果听到来了之后能救我，就算是牺牲他的性命，他也一定会来，但次子伍员则不然，他机智聪慧，谋略过人，文能安邦，武能定国，是个文武全才，知道来了之后也是白白送死，所以一定不会来。"

楚平王很不耐烦，他对伍奢说："你照我说的写信就对了，至于他们来不来，那是另一回事。"

君命难违，于是伍奢分别向两个儿子写了信，让他们到郢都来。

伍尚接信之后，就准备回到郢都去。伍子胥就劝伍尚说："这必定是昏君与费无忌的奸计，诱我们兄弟前去一同处斩，如果我们都不去，他们顾忌我们兄弟在外，说不定还不敢杀死父亲，如果我们去了，父亲必死无疑。"伍尚对弟弟说："有搭救父亲的可能而不去，这是不孝，所以我必须前去。"伍子胥叹息说："去了之后与父亲一起被处死，这又有什么用呢？要去你一个人去，我告辞了。"伍尚问："你去哪里？"伍子胥说："哪个国家是楚国的仇国，我就到哪个国家去。"伍尚于是对弟弟说："我的才能远远比不上你，那么现在我回楚国去，你往别的国家，我以能为父亲殉葬为孝，你以能为父亲报仇为孝，我们兄弟从此难再见面了。"于是自己随使者回郢都，让伍子胥赶快出逃。

伍尚回到郢都，立即被投进了监狱。费无忌又劝楚平王说："伍子胥没有回来，应该赶快叫人去拘捕，如果迟了，他就会逃走了。"楚平王于是派一名大夫带着几百名士兵，前去抓捕伍子胥，其时伍子胥还没有出逃，他听到楚兵前来追捕自己，痛哭失声说："父亲和兄长，果然没有逃脱灾难。"然后问他的妻子说："我准备逃往其他国家，借兵来给父亲和兄长报仇，顾不得你了，怎么办？"谁知他的妻子却责备他说："你作为一个男子汉大丈夫，现在眼看着父兄受了冤屈，应该赶快谋划着为他们报仇，怎么会有时间顾念我一个女人？你赶快跑，不要管我。"说完之后，竟然走进内室，自缢而死。伍子胥大哭一场，将深明大义的妻子草草安葬，之后背着弓佩着剑，仓皇出逃。

时间不长，追兵已到，在伍府搜了一圈，不见伍子胥，料想伍子胥必定会往东投奔吴国，于是立即驾车急赶。追了几百里地，终于追上了伍子胥。伍子胥见状，立即从身后拽过弓箭，一箭射死带兵大夫的车夫，之后又用箭对准带兵的大夫说："我现在留你一命，你回去告诉楚王，如果他不想让楚国灭亡，就赶快留下我父亲和兄长的性命，如若不然，我一定会率兵打破郢都，亲自斩下他的头颅，为我的父兄报仇雪恨。"

带兵大夫非常畏惧，知道硬拼只会被伍子胥射杀，于是折身回报楚平王，他不敢说自己曾被伍子胥威胁，只说等追兵到时伍子胥已经逃走了。楚平王大怒，命人将伍奢伍尚父子押赴刑场处斩。临刑之时，伍奢叹息说："伍子胥如果逃走，我看楚国君臣，从此吃饭睡觉都不得安宁了。"

杀死伍奢父子之后，楚平王再次命人带兵搜捕伍子胥，并在沿江各处关隘严加盘查，画影图形捉拿伍子胥。下令不论何人，凡是抓住伍子胥者，赏赐五万石粟米，封爵上大夫；凡是收留或是放走伍子胥者，全家处斩；列国诸侯也不得收留伍子胥（当然只能恐吓那些与楚国结盟的诸侯国）。一时之间，国内到处都是捉拿伍子胥的文书和传闻。

且说伍子胥在奔逃的路上，遇到他的好友申包胥。伍子胥把父兄被杀的事情向申包胥讲述一遍，申包胥听了也为他感到伤心难过。申包胥问伍子胥到哪里去，伍子胥回答说："我要投奔他国，借兵来讨伐楚国，不亲手杀死楚王和费无忌，我誓不为人。"申包胥劝他说："楚王虽然无道，但他仍然是你的国君，你们伍家世代食其俸禄，君臣之间的纲常伦理已经无法更改，所以你作为一个臣子，不能仇恨自己的国君。"伍子胥反驳说："之前的夏桀和殷纣都是因为他们无道，被臣子推翻的，我有什么不可以？当今楚王，强娶儿媳，驱逐嫡子，听信谗言，枉杀忠良，我借兵入楚，就是为了替楚国除害的。"申包胥说："我如果帮你出谋划策灭亡楚国，我这是对楚国不忠，而我如果阻止你报仇雪恨，这又会让你不孝。你去吧，我也不把你出逃的事情告诉其他人。不过我有言在先，如果你让楚国灭亡，我一定会让楚国重新立国，如果你让楚国陷入危难之中，我就一定会让楚国转危为安。"伍子胥不置可否，告辞申包胥，继续往前赶路。

因为太子建跑到了宋国，于是伍子胥也前往宋国，最终在宋国寻见了太子建。但宋国其时刚好发生内乱，宋人向楚国借兵，楚平王派楚兵前往宋国，伍子胥闻讯，赶快与太子建及其家人又逃到了郑国。

这一年是公元前522年，郑国的贤相子产刚好在这一年病死。因为子产在春秋史上颇为知名，在政治上颇有建树，曾被清初的思想家王源誉为"春秋第一人"，因此在这里对其生平事迹略做介绍。子产又名公孙侨，是郑穆公的孙子，出身于贵族家庭。子产当政之前，郑国内乱频仍，动荡不已。郑襄公（因"染指"事件被杀的郑灵公的庶弟，继郑灵公为君）死后，他的两个儿子郑悼公、郑成公先后为君。郑成公死后，儿子郑僖公即位。郑僖公对待国相子驷（郑穆公之子）无礼，被子驷用毒药毒死，之后子驷立郑僖公的儿子为君，是为郑简公。郑简公初立，群公子准备杀死专权的子驷，结果被子驷提前动手，杀死了群公子。子驷想要自立为君，结果被子孔（也是郑穆公的儿子）派人刺死，子孔继任为国相。子孔也想自立为君，担任少正（官名，相当于亚卿）的子产就劝他说："就因为子驷想要自立为君，所以你才杀死了他，而现在你要仿效他的做法，这样下去，郑国的内乱就没有平息的时候了。"子孔听了，觉得有道理，于是打消自立之心，继续担任他的国相。但子孔独揽郑国大权，引起郑简公的不满，被郑简公派人杀死。公孙舍之（姬姓，罕氏，名舍之，也是郑穆公的孙子）继任为相。这时郑国的局势才算稍稍安定了下来。公元前544年，公孙舍之死，他的儿子罕虎（字子皮）袭上卿之爵，担任相国。其时郑国刚好遭遇大旱，罕虎开仓救济国人，受到国人的拥戴。罕虎非常欣赏子产的才能，公元前543年，在罕虎的支持下，子产出任郑国的执政，子产自此登上历史舞台。

子产在接受罕虎的推荐之前，罕虎向他提出条件，要求让自己的儿子去当个宰邑（大城市的执政官），但被子产拒绝了，子产说："您的儿子没有从政经验，您让他一下子去一个大城市主政，就像让一个不会拿剪刀的人用一匹精美的缎子练手学裁缝一样，如果这匹缎子是您家的，您肯定不会让他去裁。从政是一件很严肃的事情，只有一步一步学好各方面的知识打好基础之后，才能担当起管理百姓的重任。拿一个大城市让您的儿子去练手，这不仅会危害国家和人民的利益，也会危害他本人。"罕虎听了之后，不但不责怪子产，反而钦佩子产的责任心和忠诚感，认为他不阿附权贵，于是义无反顾地支持他当了郑国的执政。

子产执政之后，施行了一系列的改革措施，首先是"作封洫"（封，地界。洫，音旭，田间的水沟），即重新划定田界，勒令贵族交出多占的土地，补足亩数不足的井田，制止了贵族对土地的肆意掠夺和侵占，又建立严密的户籍制度，进一步加强了对农民的控制；其二是"作丘赋"，这与晋国的"州兵"和鲁国的"丘甲"之策颇有相似之处，也就是让那些奴隶（多是战争中俘获的他国的俘虏）制作并上缴军赋（包括制作兵车、战马、铠甲、盾牌或是服军役等），此举一来可以强兵，二来也在某种程度上赋予了奴隶一些自由权利，对于奴隶的解放、奴隶制的瓦解和封建制的萌芽有一定的影响；其三是"铸刑书"，就是把刑法条文铸造在铜鼎上予以公布。在奴隶社会，奴隶主贵族们不仅可以随意处罚或者残杀奴隶，甚至可以随意迫害非贵族出身的地主或是平民，但很少受到法律的约束。尽管西周时周穆王就曾颁布《甫刑》，但普及程度也是极其有限的。对于广大的奴隶和平民来说，他们的某一行为是否违法，违法后会遭到怎样的处罚，他们都一无所知，罪与非罪的界限来自贵族们的主观臆断，甚至有时候完全取决于贵族们的心情好坏，这就使奴隶和平民经常处于"刑不可知则威不可测"的恐怖之中，因为你确实不知道人家会给你定一个什么罪名。而在子产所处的春秋末期，随着私有经济的发展，新兴的封建势力、富庶的商人以及自由民们迫切希望能够限制奴隶主贵族的特权，以保障自身的财产和人身安全，而且这对于新秩序的维护，也是有一定的意义的。子产作为一个开明的政治家，将成文法公之于众，可说是顺应历史潮流，颇具发展的眼光。但是，因为刑法条文限制了贵族们的特权，所以招致了守旧的贵族们的一致反对，甚至连晋国的贤人羊舌肸都写信给子产，反对他公布法条。羊舌肸认为应该让百姓依礼而行，让他们在礼法的范畴内约束自己的行为。如果公布了法律，老百姓就会依据法律条文与管理者进行争论，一些奸诈的人甚至会去向执法者行贿，就会导致"乱狱滋丰，贿赂并行"的局面，国家就没办法管理了。他甚至向子产断言说："我听说一个国家将要灭亡的时候，就会出现许多的法律或是制度，在您的有生之年，郑国弄不好就要败落了。"羊舌肸的预测不可谓不准确，郑国在一百六十二年后果然灭亡，不过晋国虽然没有公布法律，但也并没有避免执法过程中"乱狱滋丰，贿赂并行"的弊端，羊舌肸的儿子就是因牵扯到一起官司之中，因正卿荀跞收受了被告的贿赂而最终将他处死灭族，这大概是对羊舌肸的极大讽刺吧。羊舌肸代表了礼法上守旧的一方，为了维护贵族阶级的利益和统治，主张对百姓实行愚民政策，这是很不可取的。子产并没有过分反驳羊舌肸的意见，他只是回信对羊舌肸说："我没什么才能,既不为自己谋私利,也没有为子孙后代考虑,铸刑书只是为了解决目前碰到的问题。"

应该说,铸刑书并没有违背当时的礼法制度,只是对礼治或者是德治的一种补充和改良,也就是在德治不起作用的时候或是上层权力过于泛滥之时,对贵族特权的一种约束和对平民的保护,对法条的一种明确,对于推动社会的文明进程是非常有利的。子产铸刑书,开创了古代公布成文法的先例,打破了秘密刑思想的窠臼和"刑不上大夫"的传统,在世界法律思想史上有着非常重要的意义,为后来法家理论的成熟提供了一定的基础和依据。

子产更令人称道的地方是他不毁乡校,不限制人们的言论自由并注重从百姓的批评声中借鉴有益的建议,用来改革政治上的弊端。乡校是当时乡间的一种公共场所,既是学校,又是乡人聚会议事的地方。由于百姓们聚会时常常会议论执政者施政措施的好坏,所以一些大夫就主张把乡校解散,但子产反对说:"为什么要毁掉呢?百姓们干完活到乡校里聚会,议论政策的好坏,他们赞成的,我们就推行,他们厌恶的,我们就改正,这是我们的老师,为什么要毁掉它呢?我听说要尽力做好事以减少怨恨,没听说过要倚仗权势来防止埋怨的。要想制止这些怨恨很容易,但堵上人民的嘴就像堵上一条大河一样,如果大河决口,那伤害的人必然会很多,这我是没办法挽救的。不如开个小口因势利导,让人们畅所欲言,我们也可以趁此听取有益的声音,调整我们施政中的偏差。"孔子听到后说:"许多人都说子产不行仁政,但从子产这番话来看,这些人的话是靠不住的。"

据称子产执政一年,浪荡子不再轻浮嬉戏,老年人不再手提重物,小孩子不再下田耕作;两年之后,市场上买卖公平,不再哄抬物价;三年之后,人们夜不闭户,道不拾遗;四年后,农民们从田里收工也不必把农具带回家了;五年后,男子不需再服兵役,遇到丧事自觉敬守丧葬之礼。子产治理郑国二十六年后去世,青壮年失声痛哭,老人像孩子一样哭泣,都说:"子产离开我们死去了啊,我们将来要依靠谁呢?"孔子听到子产去世的消息后,悲伤地说:"子产的仁德慈爱,真是有上古圣贤的遗风啊。"

子产主张用"宽猛相济"的策略来治民,以宽服民,就是强调道德教化,以猛服民,就是靠严苛的法律。子产认为政策过于宽松民众就会怠慢懒惰,政策过于严厉民众又会受到伤害,只有宽严相济,才能让一切井然有序。后来,儒家继承和发展了"宽",法家继承和发展了"猛",但事实证明,都没有子产的"宽猛相济"更切合实际。

因为郑国夹在晋国和楚国两个大国之间，饱受战争和内乱的摧残，长时间处于动荡之中，但子产执政后不仅在内把郑国治理得井井有条，让人民过上了稳定的日子，在外交上也充分利用他的政治智慧，顶住了晋、楚两个国家的强权压力，维护了郑国的利益和独立的尊严，因此受到人们的高度赞扬。有人评价子产说："他既能像孔孟学派倡导的那样用仁义德政来治国，却又不像孔孟之徒那样不切实际地空谈；他既能像后来的法家那样重视法治，却又不像法家那样用严刑峻法对待百姓；他既能像后来的说客那样在诸侯国之间纵横捭阖，使郑国这样一个弱国安然无恙，又不像那些辩士朝秦暮楚唯利是图。"这样的评价可说是非常中肯的。

可想而知，郑国失去子产这样一位贤才，会是一种什么样的损失。国乱思良相，郑定公对于人才的思慕和渴求，那是不言而喻的。这个时候伍子胥来到郑国，郑定公喜出望外，立即待之如上宾，对他们礼遇有加。但此时伍子胥的心思全在报仇上，于是他向郑定公提出，要向郑国借兵复仇，但郑国兵微将寡，哪里能打得过兵强将勇的楚国？郑定公建议他们前往晋国去看看。于是太子建留伍子胥和公子胜在郑国，自己前往晋国。但这一去，他干出了一桩蠢事，并最终送掉了自己的性命。

其时晋国六卿之一的荀寅，为人非常贪鄙，郑国子产活着的时候，他不敢对贤能的子产怎么样，现在子产死了，他立即向郑国继任的执政游吉索贿，游吉没有答应，荀寅因此对郑国怀恨在心。其时见太子建来晋，于是向晋顷公出主意，让颇受郑国信任的太子建回到郑国当内应，之后与晋国里应外合灭掉郑国，待事成之后把郑国送给太子建，然后再考虑攻打楚国。太子建也确实是昏了头，他竟然答应了。他也不想一想，晋国就算是花这么大代价消灭了一个同盟国，也绝对不会把这个国家送给仇敌的儿子。只要是任何一个智力正常的人，都不会做出这等愚蠢的决定，太子建答应与晋国合谋郑国，只能说明他病急乱投医，死期快要到了。

太子建回到郑国之后，和伍子胥商议这件事情，伍子胥极力劝阻，但太子建鬼迷心窍，根本不听伍子胥的劝谏。过不多久，阴谋败露，太子建在宴席上被郑国擒杀。

太子建的从人逃回报信，伍子胥闻讯后赶快带着太子建的儿子公子胜逃往吴国。

一路上，由于担心郑国追赶，伍子胥白天躲藏，晚上赶路，历尽千辛万苦，终于来到了楚国和吴国交界之处的昭关（今安徽省马鞍山市含山县北）。昭关是楚国前往吴国的必经之路，建在两座山之间，一夫当关，万夫莫开，出了昭关，便是通往吴国的水路。因为伍子胥出逃，所以楚国从没有放弃对他的追捕，楚国右司马亲率大军驻扎于此，缉拿伍子胥。伍子胥眼见昭关守军盘查甚严，心里非常着急，一晚上不得安睡，到第二天天明的时候，头发和胡子居然全都愁白了。因为相貌已变，看上去年龄也不相符，因此伍子胥轻易地混出了关口。也有传说，说是伍子胥在出关前得到了扁鹊弟子东皋公的帮助，东皋公的好友皇甫讷与伍子胥相貌略微相似，于是东皋公让皇甫讷假扮伍子胥出关，关前军士果然错认皇甫讷是伍子胥，立即将他擒获。出关的百姓听说抓获了伍子胥，全都跑去围观，守军也放松了戒备和盘查，伍子胥因此趁乱逃出了关口。这个传说已经无法去验证真伪，但伍子胥出了昭关总是事实。不过依伍子胥的睿智，想出这个找替身在关前制造混乱自己乔装打扮趁乱出关的主意，也不是多困难的事情。

伍子胥过了昭关，担心楚兵追赶，立即往江边急行。到了长江边，一个渔翁认出了他，渔翁非常同情伍子胥的遭遇，用船把他渡到对岸，并从村里找来食物送给他们。伍子胥上岸之后，把自己随身携带的宝剑解下来，说这把剑价值百金，无以为谢，送给渔丈人。渔翁拒绝他说："我听说楚国为了缉拿你，悬赏五万石粟米和上大夫的爵位，我不贪图这么高的赏金和爵位，又何必贪图你这区区百金的宝剑？再说我一个渔夫，拿着剑也没用，倒是你一个将军，无剑不可防身，还是你带着吧。"伍子胥问怎样才能报答他，渔翁拗不过，只好说："你问我姓名实在没有必要，如果有一天真的遇上了，你就叫我'渔丈人'，我叫你为'芦中人'（因渔翁出去觅食之时，伍子胥曾躲藏在芦苇中），这就可以了。"伍子胥谢过渔翁，继续往前走，但走了几步，他又转身对渔翁说，如果后面来了追兵，请不要把这件事情说出去。渔翁叹息说："我帮助了你，你却这样怀疑我，如果追兵在别处渡江追到你，我怎么向你解释？"为了自证清白，他把船划到江心，投水自溺而亡。伍子胥非常惭愧，继续往吴国都城梅里（今江苏省无锡市梅村镇）方向赶。到了溧阳（今江苏省常州市溧阳市）地界，身上的钱已全部用完，实在饿得走不动了，正好看到河边有一个女子在洗衣服，旁边的竹篮里有饭。伍子胥于是走过去向她讨饭，女子顿起恻隐之心，于是把饭给了伍子胥和公子胜。伍子胥吃饱饭之后，再次嘱咐女子为他的行踪保密，女子觉得自己的人格受到怀疑，于是悲伤地叹息说："我一直侍候老母亲，已经三十岁了还没有出嫁，现在居然与一个陌生男人说话，坏了名声失了节操，还有什么脸面活在这个世上？"于是抱着一块石头投水而死。伍子胥伤感不已，咬破手指在石头上写下血书发誓说："你浣纱，我行乞，我腹饱，尔身溺。十年之后，千金报德。"后来伍子胥大仇得报之后，前去寻找浣纱女子的家人，却怎么也找不到，于是就把千金投入女子跳水的地方，以示对她的报答。这个女子因此被后人称为"千金小姐"。

渔丈人和千金小姐，他们其实对于伍子胥来说，都是素不相识的陌生人。可是，他们却用自己宝贵的生命和无价的信誉，为一个落难的英雄开辟了一条生路。他们能够名扬千古，难道是偶然的吗？

伍子胥和公子胜一路讨饭，终于到达吴都梅里，但苦于无人引荐，于是伍子胥就在闹市中吹箫乞讨，希望引起别人的注意。

那么此时的吴国，又是什么情况呢？

《西周》一章中曾经提到，周文王姬昌的父亲季历有两个哥哥，一个叫太伯，一个叫仲雍，他们为了不跟季历争夺王位，跑到了当时还比较荒凉的东部荆蛮之地，在那里安身。他们生活的地方渐渐发展为一个部落，太伯和仲雍也相继成为部落的首领，自称为句吴（勾吴）。太伯无子，死后由仲雍即位，仲雍死后，他的儿子季简即位。到了季简的孙子周章的时候，正好赶上周武王灭商，周武王访求太伯和仲雍的后代，想要分封他们，结果就找到了周章，但周章已经是吴地的首领了，于是周武王就把周章的弟弟虞仲封到了虞地（今山西省运城市平陆县），这就是虞国的来历。虞国于公元前655年被晋献公假途灭虢之后消灭，但吴国一直延续了下来。到了吴国的第十九个国君寿梦的时候，寿梦开始称王。寿梦即位后两年，楚国的巫臣偷娶了夏姬之后跑到晋国，其家族被公子侧和公子婴齐所诛，巫臣因此痛恨楚国，于是建议晋国与吴国结盟，共同袭击楚国。之后，巫臣出使吴国，教吴国运用兵车和战阵，帮助吴国训练士卒，又让他的儿子巫狐庸担任吴国行人（行人，官名，相当于外交部官员，接待宾客或外国使节），这个时候的吴国，才与中原各国开始了较为频繁的交流和联系，吴国也自此在军事上变得强大，吴国的疆域包括现今的江苏、上海、浙江以及安徽的大部，成为一个大国。

寿梦有四个儿子，长子诸樊，次子余祭，三子余昧，四子季札。季札很小的时候就非常聪明，长大后更是博学多才，寿梦非常喜欢他，就想把王位传给他，但季札坚决地推辞了。寿梦不好强迫，只好立长子诸樊为王，让他代行国家权力。

寿梦死后，诸樊服丧一年，除去丧服之后，就要把王位让给季札，但季札推辞说："当年曹宣公死的时候，他的庶弟姬负刍杀死太子后夺得王位（曹成公），曹国人都说他不讲仁义，没有道德，于是就想拥立子臧为君，但子臧离开曹国跑到了宋国，继续让曹成公当国君。曹国的君子们都称赞他能够严守节操。父王本来就是要让你当国君的，我怎么能不守信用，跟你争夺呢？再说当国君也不是我的志向，我虽然没有什么才能，但我宁愿像子臧那样守节，也不愿像曹成公那样留下骂名。"吴国人都非常仰慕敬佩季札的学问和人品，一心想要拥立他为君，季札没办法，只好离开王宫，躲到了乡下。吴国人这才打消了拥立他的念头。诸樊高度赞扬了季札这种礼让的美德，号召弟弟们要向季札学习。诸樊死的时候，把王位传给二弟余祭，并留下遗言，让他们兄终弟及，依次把王位传下去，务必把王位传给季札，以了却先王寿梦的遗愿。季札的封地在延陵（今江苏常州市），因此号称延陵季子。

季札出使鲁国的时候，鲁国用蔚为大观的周乐招待他（鲁国因为周公的缘故，可以用天子的部分礼乐），季札精通舞乐，一边观赏，一边评论。每逢演奏一个国家的乐曲，他都能给予精准的评价，比如演奏郑国舞乐的时候，他说郑风细弱，人民不堪忍受，郑国快要灭亡了；演出秦地舞乐的时候，他说这才是华夏的音乐，就像之前的周国一样，秦国马上就要强大了；当演出魏地舞乐之时，他说"大而宽、俭而易"，如果辅之以德，就会成为盟主；当演出晋地舞乐的时候，他说有思深忧远的陶唐氏遗风；演出《小雅》，他说曲调思念先王的贤德，但无背叛之心，虽有怨恨之意，但没有表达出来，周德已经衰微了；演出《大雅》，他说有广博直正的文王之德；当大型舞乐《韶箾》（又名《招箾》，舜帝乐舞《九韶》之一）演出之时，季札说："这是至德之乐，就如同苍天无不覆盖，大地无不承载，盛德之至，无以复加了。"季札生怕鲁国人爱慕虚荣再演一首黄帝的《云门》或是唐尧的《咸池》违了礼制，于是大声感叹说："观止矣，若有他乐，吾不敢观"（可以停止观赏了，如果还有其他的舞乐，我就不敢观看了，典故"叹为观止"的来历），这让以"周礼之乡"自居的鲁国人十分惊讶，敬佩不已。

季札接着又出使齐国，当时齐国正值栾、高二氏当权，季札就劝晏婴说："权力是导致灾难的根源，齐国的政权最终会归于一个人，但在没有确定下来之前，人们对它的争夺肯定不会停止，你最好早点把权力和封地让出来，避免让灾祸降临到你的头上。"晏婴听了他的话，立即交出了权力和封地，从而在后来的政变中保护了自己。

季札又出使郑国，见到郑国的子产，两个人一见如故，非常投缘。季札劝慰子产说："郑国国君奢侈无德，他在位不会长久，将来郑国的政权一定会传到你的手上，到时候你一定要小心谨慎，以礼持国，否则的话，郑国就会有灭亡的危险。"

季札在晋国见到赵武、韩起和魏舒三个人，对他们说："以后晋国的权力，恐怕会集中到你们三家吧。"离开晋国之前，他又对羊舌肸说："你好好努力吧，虽然说晋国的国君耽于淫乐，但晋国还有不少的忠臣良将，大夫们也都很富有，以后晋国的政权将会归于赵魏韩三家，你为人过于正直，一定要想办法保全自己，不要惹上什么灾祸。"

季札的这些断言，可说是无一不准，无一不确，他对于时局发展的预测能力，比起羊舌肸等人来，很显然是更胜一筹。季札还非常重情义，他刚刚出使的时候，曾经路过徐国。徐国国君非常喜欢他的佩剑，但又不好意思开口讨要。季札因为还要带着宝剑出访其他的国家，所以也不便相赠。等到季札出访回来的时候，徐君已经死去了。季札于是在徐君墓前祭奠了他，然后把宝剑解下来挂在了他墓前的松树上。旁人非常不解，就问："徐君已经死了，你把宝剑挂在这里，他也不会知道了。"而季札说："当初我知道他喜欢这把剑，所以已经在心里答应要送给他，如今虽说他去世了，但我还是要践行我许下的诺言。"季札的这种做法受到了时人的称赞，所以不论季札前往哪个国家，都会给人留下非常美好深刻的印象，他出色的外交才能在一定程度上扩大了吴国在中原各国中的影响力。

吴王余祭在位十七年而死，他的三弟余眜继承君位。余眜只当了五年国君就死了，临死之前，他叫人把季札叫到床前，要把王位传给他，但季札极力推让，之后就逃走了。吴国人没有办法，只好立余眜的儿子僚为吴王。

但这样一来，矛盾就出现了。因为寿梦之前的想法很好，想让四个儿子仿效太伯、仲雍礼让季历那样的做法，兄弟谦让依次当国，最终将王位传给季札，可是现在季札死活不愿当国君，而且还逃走了，那怎么办？

按照大多数人的想法，虽然发生了意外事件，但是规则不能变，老四不愿当国君，那就继续按顺序来，先让老大的儿子当，之后让老二的儿子当，接下来才能轮到老三的儿子，可现在老大老二的儿子都还没当，老三的儿子凭什么就一下子当了国君呢？既然有人不遵守规则，那么其他人也就有理由破坏规则。

持这种想法的人里面，老大诸樊的儿子公子光最具代表性，他见余昧的儿子王僚当了国君，心里很不服气，总想杀死王僚以自代，但苦于没有机会，只好暂时隐忍。他暗中罗致人才，准备伺机向王僚发难。当然，王僚也对公子光的图谋有所察觉，对他怀有高度的戒心。

所以当逃难的伍子胥来到吴国之后，立即被公子光搜罗人才的手下被离发现，但被离还没来得及将伍子胥带到公子光那里，消息就传到了王僚那里。伍子胥智勇双全，诸侯国中久负盛名，王僚怎能不知？于是命人将伍子胥带到了宫中。王僚经与伍子胥谈论，发现伍子胥果然非常有才能，于是立即任命伍子胥为大夫。伍子胥报仇心切，请求王僚出兵攻打楚国，王僚答应了。

再说公子光，他也早就听说伍子胥既有谋略，又很勇武，有心要收罗伍子胥，听到伍子胥被王僚召见，担心伍子胥被王僚所用，于是立即前去觐见王僚。他问王僚说："我听说楚国的伍子胥来到了我国，且得到了大王您的召见，大王您认为他是一个怎样的人？"王僚回答说："伍子胥既有才能，又很孝顺。"公子光故意问："何以见得？"王僚说："伍子胥非常有勇力，而且我和他谈论国事，他句句都能切中要害，所以说他非常有才能；他父兄被楚王杀死，他不曾有一时一刻忘记他的仇恨，刚刚见了我，就请求我出兵为他报仇，所以说他非常重孝道。"公子光问："伍子胥请求大王出兵伐楚，大王答应了吗？"王僚说："我对他的不幸遭遇非常同情，已经答应他了。"公子光就劝谏说："吴、楚两国战事已久，我国也从来没有在对楚作战中取得压倒性的胜利，大王您不能为了伍子胥一个人的私仇而兴师动众，如果侥幸得胜，不过是伍子胥一个人高兴，但如果万一失败了，那可是整个吴国的耻辱，所以说这个仗绝对不能打。"王僚想了想，觉得公子光说得有理，于是打消了伐楚的念头。但仅仅是这一个念头，历史的天平就立即开始向公子光倾斜。

这个世界上有这样一些人，他们所说的每一句话，听起来都无不是为国家利益着想，但他所做的每一件事情，都无不是为个人私利而盘算。所以在某些时候，大义凛然地抬出国家利益，就完全可以蒙蔽一大批人。伍子胥何等样人，怎么会看不穿公子光的真实用心？他知道公子光想要篡夺权柄，于是立即向王僚提出了辞职的请求。

公子光又向王僚进言说："伍子胥听到大王不肯出兵为他报仇，就马上跑来辞职，他心里一定在怨恨大王，如此意气用事，怎么能重用？"王僚虽然未必就完全相信公子光的一面之词，但对于伍子胥请辞的真实原因，却也还一时琢磨不透,既然琢磨不透,那么伍子胥心怀怨望就是一定的了,基于这种判断,王僚批准了伍子胥的辞呈。不过伍子胥毕竟是个英雄,王僚内心深处仍然有一丝不舍,于是他赐给伍子胥百亩土地,让伍子胥和公子胜在那里权且安身。

王僚疏远了伍子胥,这正中公子光下怀,于是他立即私下接触伍子胥,并想方设法拉拢他。伍子胥知道自己要想报仇,就必须得到吴国国君的支持,但王僚的识人不明未免让他失望。既然王僚不可指望,那么他就必须另找他人,而公子光应该就是那个可以帮他实现复仇愿望的人吧。但要想让公子光帮助自己,那么自己就首先要帮助公子光,公子光想要杀死王僚攫取最高权力,那么自己就必须助他一臂之力。伍子胥找了一个名叫专诸的勇士,然后介绍给了公子光,公子光非常高兴,自此非常信赖伍子胥,有什么事情都要征求他的意见。

但伍子胥却也知道搞政变是极为凶险的政治斗争,他不能成为公子光争权夺利的牺牲品,他静悄悄地退回乡下,等待公子光发动宫廷政变。

在这期间,吴、楚两国的争战始终没有止息,费无忌担心居住在居巢(今安徽省巢州市居巢区,吴、楚边境的楚国城邑)的太子建之母会成为伍子胥的内应,建议楚平王杀掉她,太子建之母得知消息后,就暗中派人向吴国求救。王僚于是派公子光为帅,前往居巢迎接太子建之母。公子光用计杀散楚军,直入居巢,将太子建之母接回吴国。公子光又乘胜北伐,击败了长期以来依附于楚国的陈、蔡两国军队。

吴军的阵势令楚平王颇为胆寒,楚平王于是任命囊瓦(字子常,楚庄王之孙)为令尹,加强了郢都的防守。囊瓦在原来的郢都之东重新修筑了一座大城,并将都城迁到了那里,仍旧称为郢都,旧都改名为纪南城(今湖北省荆州市江陵县北,因在纪山之南,故名纪南城)。又在旧都之西修筑一城,名为麦城(今湖北宜昌当阳市两河镇境内,因三国关羽败走麦城而闻名于世)。三座城似"品"字形,互为掎角之势,楚国君臣都认为这样会使郢都固若金汤,囊瓦也非常得意,但左司马沈尹戍却不以为然地说:"囊瓦不知道在训练士卒整修内务加强防御策略上下功夫,却只知道用修筑城墙的笨办法来阻挡吴军,那不过是徒劳。"

由于吴、楚两国关系紧张,两国边境的百姓也相互结仇,势同水火。吴国边境有座城邑名叫卑梁,与楚国边境城市钟离(今安徽蚌埠市凤阳县东)接壤。卑梁的一个女子在采桑时与钟离的一个女子发生了争执,之后两个家族之间发生了跨国斗殴事件。两国的地方官得知消息之后,也不甘示弱,互相派兵攻击。楚国此时刚刚扩建了舟师,楚平王正与令尹囊瓦带着水师巡边,闻讯后立即前来助战,有楚王的大部队相助,楚军士气倍涨,趁势攻灭了吴国的卑梁城,楚平王和囊瓦洋洋得意,带着水军耀武扬威地回国。王僚听到边邑被灭的消息后,勃然大怒,于是派公子光出兵报复。楚国边境守将刚刚得胜之下毫无防备,被公子光连续攻克了居巢和钟离两座大城,这一年是公元前518年。

两国之间的战争就这样时断时续,而伍子胥也在吴国的乡下隐居了整整7个年头,但到了公元前516年的时候,伍子胥等不下去了,因为,楚平王死了。楚平王的死讯传至吴国,伍子胥号啕大哭。公子光非常不解,就问伍子胥说:"真是奇怪了,楚王是你的仇人,他死了你应该感到高兴才是,为什么反而这么悲伤呢?"伍子胥回答说:"我不是为他死去而悲伤,我是恨我没有在他活着的时候杀死他,以至于让他平安地善终了。"听得公子光嗟叹不已。

伍子胥复仇的愿望更为强烈,他知道自己要想率兵攻入楚国,就必须得到公子光的支持,否则,自己只能是老死在吴国的乡间村野,血海深仇永难昭雪,他必须想尽一切办法,助公子光登上王位。然而,要想从王僚手中夺取君位,却又谈何容易?因为王僚对公子光早有防备之心,安排他的两个亲弟弟掩余、烛庸同掌军事,以牵制公子光;王僚的儿子庆忌也非常有勇力,在吴国素有贤名,慕名投奔他的英雄豪杰不在少数;还有他们的叔叔季札,这个在国际国内有着崇高威望的名士,又怎么会眼睁睁地看着他们夺权而一言不发?这四个人,都是维护王僚政权的重要力量,而要想提高宫廷政变的成功系数,就必须除掉或是调开他们,只剩下孤零零的王僚,才好实施行刺计划。

于是伍子胥替公子光出谋划策,建议他在王僚面前进言:趁着楚平王刚死楚国大丧期间,出兵讨伐楚国。如果王僚能够接受这个建议,就一定会派遣掩余和烛庸带兵出征;再建议让庆忌出使郑国和卫国,联合郑、卫两国共同伐楚;让季札出使晋国,修好晋、吴关系并寻求援助。这样一来,四个人都不在王僚身边,公子光发动政变就少了许多的掣肘,而一旦政变成功,这四个人即使返回了吴国,也不会再对公子光的王位造成威胁。公子光对伍子胥这个建议非常赞赏,于是立即前去面见王僚,劝王僚伐楚。王僚也是一个好大喜功但缺少精细筹划的人,听到公子光绘声绘色地描述出兵击败楚国之后称霸中原的宏伟蓝图,他立即心动不已。

公子光说:"本来讨伐楚国这种事情,我应该带兵出征,为大王效劳。但我前几天乘车之时,不小心跌伤了脚,现在正在治疗期间,实在是没办法替大王分忧。"

第六章 东周上(春秋)

王僚于是问："那么派谁带兵出征合适呢？"

公子光早就和伍子胥预料到了这一点，他也知道王僚会这么问，于是回答说："带兵出征是国家的大事，不是大王信任的人，绝对不可托付，否则将来拥兵自重，为祸不浅，所以派谁前去，还需要大王自己决定。"

王僚问："让掩余和烛庸前去，行不行？"

公子光说："大王真是英明，让他们两个前去，我看最合适不过。之前的时候，一直是晋国和楚国争霸，吴国仅仅是晋国的属国，现在晋国霸业衰微，楚国也屡次打败仗，诸侯都不归附他们，而是在期待新的霸主。如果能派公子庆忌前往郑国和卫国，带领郑、卫两国的兵马与我军合力攻打楚国，再让季札前往晋国朝聘，观察中原各国的形势，让其他小国畏惧而不敢擅自行动，大王您再率领大军作为后援，如此一来，还怕打不败楚国做不了盟主吗？"

王僚没有觉察到这里面有什么问题，也没有细想公子光为什么不早不晚偏偏在这个时候跌伤脚，于是派掩余和烛庸带兵征伐楚国，季札出使晋国。只是对庆忌出使郑、卫两国一事，没有马上表态。

再说楚国这面，楚平王死后，令尹囊瓦与左尹伯郤宛（左尹，楚国卿位，位居令尹之下，伯郤宛系伯州犁之子，又名郤宛）商议，想拥立公子申（字子西，楚平王的庶子）为王，理由是太子熊珍年纪太小，且熊珍的母亲本来是原太子建的未婚妻，立熊珍显得名不正言不顺，而公子申不仅年长，而且素有贤名，立他对楚国有好处。但公子申不同意，他斥责囊瓦说："如果废了现太子，实际上就是把楚平王当年的丑行明明白白地告诉了天下人，这就会失去国内人民的支持。再者说了，熊珍母亲是秦国人，如果废了熊珍，势必就会失去秦国这个强大的外援。既失去了国内的人民，又失去了国际上的援助，楚国的处境就会非常不利。如果令尹再说这种大逆不道的话，我一定派人杀死他。"囊瓦害怕了，于是立熊珍为王，这就是楚昭王。囊瓦仍然担任令尹，伯郤宛为左尹，鄢将师为右尹，费无忌因为是楚昭王的老师，依旧担任太傅之职。

吴国的掩余和烛庸各领一军，一军走水路，一军走旱路，包围了楚国的六（今安徽省六安市北）和潜（今安徽省六安市霍山县东北）两座城邑。楚国两地的守军坚守不出，赶快派人前往郢都求救。楚昭王新立，没有任何主张，还是公子申经验丰富，经向楚昭王建议，派沈尹戌和伯郤宛兵分两路，一路走水路，一路走陆路，截断了吴兵的归路。

掩余和烛庸进退不得，只好派人回吴都，向王僚求救。

王僚之前显然对掩余和烛庸的期望过高，他以为这两个弟弟也会像公子光那样披坚执锐，所向无敌，此刻接到求救信，无奈之下，只好按照公子光的建议，派庆忌前往郑、卫两国借兵。

王僚身边的保护屏障被尽数移开，公子光与伍子胥立即抓紧实施刺杀行动。公子光找来专诸，对专诸说："如果不拼一下，怎么会有一个好的结果？我才是真正的王位继承人，我要夺回属于我的王位，就算是季札回来了，他也没办法改变既成事实。"专诸回答说："杀死王僚没有什么困难的，他的两个弟弟带兵在外被楚军围困无法回来，庆忌去了郑国，季子去了晋国，国内再没有忠于王僚的大臣，所以没有什么人能够阻挡我们的行动。只是我母亲已经衰老，儿子还年幼，没办法照顾他们了。"公子光向专诸承诺说："你放心，你我的生死荣辱已经系为一体，我不会亏待你的家人的。"

早先的时候，越国铸剑大师欧冶子曾经铸造了五口宝剑，分别是湛卢、纯钧、胜邪、鱼肠和巨阙，后来越国向吴国献宝，把湛卢、胜邪和鱼肠三剑献给了吴国。三剑之中的鱼肠剑，因为剑身上的花纹就像鱼肠一样弯曲凸起而得名，看上去非常短小，像一把匕首，但削铁如泥，非常锋利，被吴王诸樊赏赐给了公子光，公子光视为珍宝，一直悉心地保存着。如今因为要行刺王僚，必须用最为锋利的宝剑不可，公子光于是把鱼肠剑拿出来，交给了专诸。

行刺前的一切工作都已准备就绪，接下来就看如何把王僚引向易于实施行刺计划的场合，因为吴王僚非常喜欢吃烤鱼，所以公子光投其所好，说自己府中有一个厨师，做烤鱼做得非常出色，想请王僚过府品尝。王僚虽然对公子光怀有戒心，但他觉得只要加强防卫，应该不会出现什么问题，于是就答应了公子光。王僚的母亲知道后劝阻他说："公子光一直以来就对你继承王位心怀不满，现在他请你去吃鱼，一定是有什么图谋，你为什么不找个借口推辞掉呢？"王僚回答说："我也知道他没安好心，但又没有合适的理由拒绝他。况且他本来就心怀怨望，我这一拒绝，我们两人之间的嫌隙就会更深，如果我在宴会现场多部署一些侍卫，应该不会有什么大的问题。"

一个为了政变夺位能够故意从车上摔下来跌伤腿脚，一个明知别人不怀好意却找不出一个回绝的理由，狡猾奸诈与犹豫迟疑，形成了多么鲜明的对比啊。

到了约定的宴会之日，王僚贴身穿了三层精细的铠甲，之后加强警戒和保卫，从王宫到公子光的府门这段距离，全副武装的士兵几乎一个挨一个站了过来，宴席之间，也有几百名精壮的士兵持刀扶戟往来巡查，贴身的侍卫几乎不离王僚左右。往席上送菜的厨师，在门口都会被仔细搜身，之后在数名亲兵的一路监视之下，用膝盖跪着前行，将菜送到王僚面前之后，低着头放下菜，再转过身用膝盖跪着走出去。在这样戒备森严的环境中，要想行刺王僚，简直可以说比登天还难，别的不说，连刀具都带不进去，更别说是发动一场刺杀行动了。

公子光陪着王僚喝了几杯酒，心里估摸着快要到专诸进来的时候了，他担心专诸前来行刺时引发混乱，自己也会被乱兵杀死，于是倒吸一口冷气，假装脚痛的样子说："真是抱歉，我的脚痛得厉害，我必须用绸带重新缠裹一下才行（原理类似于现今的打石膏固定），大王稍坐片刻，我去去就来。"公子光的借口听起来毫无破绽，王僚也没有多想，就同意了。公子光站起来，一瘸一拐地走出大厅，之后进入地下室躲了起来。

估摸着公子光离开之后，专诸端着做好的烤全鱼走进了宴会厅，门口的卫兵照例全身搜检，但没有搜出任何东西，于是叫专诸端着鱼跪着前行。几名亲兵一路跟随，紧紧地跟在专诸两旁，监视着专诸的一举一动。专诸跪行到王僚面前，将鱼高高地端起，突然从鱼腹中抽出一把匕首，那正是锋利无比的鱼肠剑，直刺王僚的前胸心脏部位。也许为了确保此次行刺成功，之前专诸曾经进行过多次练习，所以这一剑过去，刺得又狠又准，将王僚身穿的三层坚硬细铠刺穿不说，把王僚的胸部都刺透了，王僚痛苦得大叫一声，当场气绝身亡。由于事发得非常突然，专诸有明确的行刺计划行刺目标，而侍卫们没有具体的防范对象防范策略，因此护卫们的阻拦速度远远赶不上专诸的行刺速度，所以直到专诸将鱼肠剑刺向王僚，侍卫们才反应过来，但说什么也来不及了。侍卫们的长矛刺中了专诸的胸口，专诸的鱼肠剑也刺中了王僚的心脏。随即，已死的专诸被侍卫们乱刀砍为肉泥，厅中大乱。

公子光在地下室中预感专诸已经成功刺杀王僚，于是命令早已准备就绪的兵士杀向宴会厅。因为王僚已死，所以他的亲兵们都士气低落，毫无战心，除大半被杀之外，其余的全部逃走。府外的警卫，也被伍子胥领兵杀散。之后公子光带兵入朝，召集众臣，宣布王僚违背先王兄终弟及依次传国的遗愿即位，是一种背信弃义的篡逆之举，他现在杀死王僚，就是要维护这种秩序，等将来季札回国，他就会把王位还给季札。而实际上季札对继承王位是什么态度，吴国百姓哪一个不清楚？公子光这么说，只不过是料中了志行高洁的季札绝不会从他手中接过这顶血染的王冠，而借以掩人耳目罢了。

于是公子光命人安葬王僚，并厚葬专诸。为了报答专诸和伍子胥，他特意录用专诸的儿子专毅为上卿，并封伍子胥为行人（之前巫臣的儿子巫狐庸曾担任此职务），让他参与谋划国政。最早向公子光举荐伍子胥的被离，也升任大夫。鱼肠剑因为弑君不祥，被公子光传令永久封存。

公子光弑杀王僚之后，担心王僚的儿子庆忌回国发动兵变，于是派出哨探，在边境严密关注庆忌的动向，并亲自率领军队前往边境，准备在庆忌回国时秘密拘捕他。却说庆忌在回国途中得知父亲被杀公子光篡位的消息后，立即掉转车头，往国外跑。公子光发觉后，赶快驾车追赶，但最终没有追上，又命人放箭，但都被庆忌用手接住。公子光无可奈何，只好命令边境守将加强盘查，严防庆忌回国作乱。

过不几日，季札从晋国归来，他听到王僚被杀的消息，立即前往王僚的墓地，向早已死去的王僚报告自己出使的情况，并痛哭失声祭拜王僚。季札的一举一动处在公子光的严密监视之中，所以他的这些行为早就被公子光所探知。为了试探季札，公子光亲自前往王僚墓前看望季札，并惺惺作态地向季札提出，要将王位还给季札。季札看着这个野心勃勃的侄子，无不讥讽地说："你挖空心思用尽手段才得到王位，又何必让给我呢？再说只要使吴国的先君和社稷得到祭祀，使吴国的百姓得到抚慰，那就是我的国君。变乱的祸根在先君之时就已经种下，我又敢埋怨谁呢？"随后，季札回到朝中，站在自己之前站的位置上，等待着公子光向他发布命令。季札对这种手足相残争夺王位的宫廷政变非常反感，不久就告老还乡，回到自己的封地延陵，终身不再过问国家事务。季札这种超凡拔俗的品行受到了吴国人的一致推崇，他们都尊称季札为"延陵季子"。季札死后，就葬在延陵，孔子路过季札墓，亲自为他题写八字碑文"有吴延陵季子之墓"，以示对他的褒扬。

事情的发展确实如同公子光所预料的那样，季札虽然在国际国内有着崇高的声望，但他熟谙的那套道德礼法，也深深地束缚了他的言行，所以归根结底，没有对公子光的王位造成任何威胁。所以千百年来，高尚君子的软弱和妥协也就在这里得到了极为深刻的体现，真是令人悲叹啊。

被楚军围困的掩余和烛庸两位公子，听到公子光弑君自立的消息后，自知已经无法再回吴国，于是分头逃亡，掩余跑到了徐国，烛庸跑到了钟吾国（今江苏徐州新沂）。

自此，王僚在国内的股肱之臣已经被尽数铲除，公子光除却心腹之患，正式宣布自立，他就是历史上有名的吴王阖闾，这一年是公元前514年。

第二十二节　要离刺庆忌、费无忌乱楚、伯嚭奔吴、军神孙武

　　阖闾知道伍子胥文韬武略，深负治国安邦之才，于是向伍子胥请教富国强兵之策。伍子胥建议阖闾修筑新城，储藏物资，加强守备，操练士卒，如此对内可以激发百姓的自强信心，对外可以用坚固的工事示威于诸侯，荒年可以用存粮救济灾民，丰年可以派精兵征伐他国，打下这个基础，国家自然会慢慢强大起来。阖闾对伍子胥的说法非常赞赏，于是让伍子胥全权负责处理这些事情。

　　伍子胥于是在吴地（今江苏苏州古城区）精选了一块地方，负责建造新城，因为这座城建成于吴王阖闾时代，因此又被称为阖闾城，又因为地近姑苏山，也被称为姑苏城。阖闾城从外到内分别由外郭（大城外的城墙）、大城（城区）、小城（宫城）三部分组成，外郭用来保护近郊和城内的百姓不受侵扰，大城用来集中工人、商贾和手工业者等，发展生产繁荣经济，小城用于王公贵族居住并设立国家机构，阖闾城的构造与当时其他诸侯国的都城在营建规模上大体是一致的，但因为苏州地处江南水乡，因此相比于当时的其他内陆诸侯国，城内就不仅是陆路畅通，而且水路也要畅通。基于这样一种实际，大城设水陆城门共八座，即东、南、西、北每个方向都各设一座陆门、一座水门，城内的街道、河道宽达三十多米，比当时北方诸侯国都城的街道都要宽，而且城内的每一条街道和河道，都可以通过水陆八座城门通往城外，交通十分便利，这成为阖闾城不同于其他诸侯国都城的最大特色。阖闾大城的布局形制大致呈水陆棋盘格样式，哪一个格子里是粮仓，哪一个格子里是武库，哪一个格子里是商业市场，哪一个格子里是手工业者聚集的作坊，一切都规划得井井有条，准备得非常充分妥当。因为阖

间城的完备，所以两千多年来，无论朝代怎样更迭，但这座城池的规模和位置基本没有改变，这在整个人类世界史上也是较为罕见的，所以有人认为，苏州是中国现存最古老的城市。伍子胥的才能如何，从这件事情上就完全可以看出一个大概。

吴地的新城建成之后，阖闾从梅里迁都于此，命伍子胥精选民兵，操练士卒，演习战阵，吴国的经济和军事都得到了很大的发展，国势日益强盛。

但阖闾始终有一块心病，让他寝食不安，那就是王僚外逃的儿子庆忌。为了除掉庆忌，他把伍子胥召来，让伍子胥谋划刺杀庆忌。

伍子胥感到非常为难，他对阖闾说："我本来也毫无品行可言，之前与大王共同在密室里谋杀了王僚，现在再密谋杀死他的儿子，是不是太过分了？上天会责罚我们的！"

阖闾素以残暴狠毒而闻名，他哪里会顾及这么多，不把政敌斩尽杀绝，他就一刻也不会安心。他对伍子胥说："如果我们不斩草除根，留下心腹大患，将来追悔莫及。我已经决定杀死庆忌，之前一直让你访求勇士，不知现在找得怎么样了？"

伍子胥回答说："这个实在不太好说，我曾经厚待一个人，大王您可与他商议这件事情。"

阖闾问："这个人长什么模样，雄壮吗？"

"是一个瘦瘦小小的人，谈不上雄壮。"

"这怎么能行，庆忌力大无穷，万人难敌，一个瘦小的矮个子，怎么能是他的对手？"

"这个人虽然瘦小，却是一个真正的勇士，能比得上他的人不多。"

阖闾非常好奇，因为依伍子胥的才能，没有十足的把握，不可能这样轻易夸奖别人。于是他问："这个人叫什么名字，他到底有什么特别之处，说来我听一听。"

伍子胥介绍说："这个人叫要离，是吴地人，我曾经亲眼见他折辱过一个壮士，所以知道他是个真正的勇士。"

阖闾更加好奇："折辱过一个壮士？你仔细为我讲一讲这件事情。"

"有一个叫椒丘欣的人，素有勇力，他有个在吴地做官的朋友死了，椒丘欣就来奔丧。路过淮河渡口，就想在渡口饮马。渡口的官吏好心地劝告他不要饮马，因为这个渡口有一个怪现象，只要在这里饮马，马就会不由自主地跳进水里，好多人都说是河神把马收走了（这个世界上是绝对没有什么河神的，估计是一种会造成马匹错觉的自然现象或是旋涡，马在入水前会错误地看到另一匹马或是认为在走平地）。椒丘欣不以为然地说：'我是天下赫赫有名的壮士，什么神敢来冒犯我？'于是把马解开，让随从牵着去饮，结果马刚走到水边，嘶鸣了一声，就跳入了水中。渡口的官员说：'这是河神把马取走了。'椒丘欣大怒，他脱掉上衣提着剑跳入水中，要与河神决战。河神兴风作浪，河中波涛滚滚，椒丘欣最终无法战胜河神，却被河神弄瞎了一只眼睛。到吴地吊丧的时候，椒丘欣自以为曾经与河神决战，于是骄傲自满，看不起其他人，说起话来非常蛮横。当时要离坐在椒丘欣的对面，他对椒丘欣说：'你在这里盛气凌人，是不是自认为是一个非常了不起的勇士？我听说真正的勇士，与太阳决战连木表都不会移动，与鬼神决战连脚跟都不会旋转，与人决战连声音都不会远离，宁死也要捍卫他的尊严。可是现在，你与水神决战，既没有追回丢失的马匹，还被弄伤了一只眼睛，肢体也残疾了，名誉也受损了，换了一般人，早就了却残生了，还怎么会偷生于世间呢？就算是不这样做，也应该找个地方悄悄地躲起来，怎么还敢在众人面前大言不惭呢？'椒丘欣被要离骂了几句，一句话也说不出来，转身离开了丧席。要离当天晚上回到家中，对他的妻子说：'我今天在大庭广众之下折辱了勇士椒丘欣，他怀恨在心，今晚一定会来杀我。我会睡在床上，等他前来，你一定记着，不要关门。'要离的妻子知道自己的丈夫不是一般人，于是就答应了。到了半夜，椒丘欣果然手持利刃来到了要离家中。他见要离房门不关，于是径直来到内室，却见要离直挺挺地在床上躺着，见他进来，并没有丝毫害怕的意思。椒丘欣持剑压在要离的脖颈上，对要离说：'你有三点该死之处，你是否知道？'要离说我不知道。椒丘欣说：'你在稠人广众之下骂我，一该死；回家不关门，二该死；看见我来了还不起来躲避，三该死。这是你自寻死路，不要怪我。'要离反诘说：'这么说来，我倒是没有三该死的过错，你倒是有三点很没出息之处，你知不知道？'椒丘欣说不知道。要离于是对他说：'我在众人群里侮辱你，你无一句答辩，一没出息；进我的家门连声招呼也不打，轻手轻脚就走了进来，有偷袭之心，二没出息；三是你用剑对准我的咽喉，才敢对我说这些话，说明你胆小。'椒丘欣没有想到要离会这么说，于是收起压在要离脖子上的剑，长叹说：'我自以为是世间少有的勇士，谁知要离还在我之上，如果我杀了要离，世人一定会唾骂我；但如果不杀你，我也会被天下人笑话。'说完之后，就在要离的床前撞柱自杀了。从这件事情来看，要离难道还称不上一个勇士吗？"

阖闾一听，立即说："这个人不简单，你给我把他找来。"

伍子胥立即找到要离，并把他带到了阖闾那里。阖闾见要离身材矮小，非常失望。伍子胥就劝阖闾说："要离虽然算不上魁梧，但他的智谋不是一般的勇士所能相比的，要办成这件事情，我看非他莫属。"

阖闾勉强答应，于是把要离请到了后宫。

要离落座之后，立即问阖闾说："大王是不是不放心流亡在外的庆忌？没有什么，我能杀死他。"

阖闾笑着说："你不了解庆忌，他武艺高强，身手敏捷，跑起路来赛过战马，对起阵来万人莫敌，你恐怕不是他的对手。"

要离回答说："对于一个高明的刺客来说，谋略远比力量重要，如果我能接近庆忌，杀死他就跟杀死一只鸡那样容易。"

"庆忌不是糊涂之人，他可以从国外收罗一班亡命徒，却对国内的人防范甚严，怎么会轻易相信你呢？"

"大王您可以这样做，我假装犯了罪，然后跑出吴国，大王您杀死我的妻子和儿子，并砍断我的右手，这样一来，我就一定能取得庆忌的信任，之后再找机会杀掉他。"

阖闾一听，禁不住惊讶失色："你没有犯任何罪行，我怎么忍心如此残忍地对待你呢？"

要离回答说："我听说，一个人如果只想到自己一家人的安居，而不是考虑着为国君排忧解难，那么这个人的行为就称不上是忠义。如果我能以忠义成名于世，就算是我一家人全死了，我也心甘情愿。"

阖闾想了想，就同意了。

不几日，伍子胥带着要离一齐入朝，在朝堂上，他推荐要离为将并请求阖闾出兵伐楚。阖闾假意斥责说："在我看来，要离还比不上一个小孩子，怎么能胜任伐楚的重任？再者说了，国内刚刚稳定下来，怎么能贸然用兵？"

要离顶撞阖闾说："大王实在是太不仁义了，伍子胥帮您平定了吴国，您却连帮他报仇都不愿意。"

阖闾大怒，斥骂说："用兵作战是国家大事，你一个乡巴佬知道什么，竟然敢当面责骂我？"于是叫卫兵把要离抓起来，斩断他的右臂后投进牢房，并叫人把要离的妻子儿子也抓起来下了狱。

过不几日，伍子胥密令狱官放松对要离的看管，要离趁机逃走。阖闾于是处死了要离的妻儿，并把他们的尸体扔在大街上示众。

要离逃出吴国，打听到庆忌在卫国，于是径直跑到卫国来投奔庆忌。庆忌怀疑他是从国内来的奸细，不愿意收留他。要离就脱下自己的上衣，让庆忌看自己被阖闾斩断的右臂，庆忌看见，心中疑惑，就问他说："你现在妻儿都被吴王杀了，自己也残疾了，到我这里来，又准备做些什么？"

要离回答说："我听说吴王弑杀了您的父亲，夺取了君位，又准备杀死您。您迫不得已才跑到卫国，准备联合诸侯报仇雪恨。所以我赶来投奔您，我对吴国近期的情况较为熟悉，公子您又这么勇武，如果您能用我为向导，带兵攻破吴国，就不仅可以为您报仇，也可以为我报仇。"

庆忌还是不大相信。过不几天，庆忌在国内的眼线向庆忌密报，称要离的妻儿果然被阖闾杀死后丢弃在大街上示众，庆忌对要离的怀疑少了几分。他叫来要离问："我听说现在吴王对伍子胥言听计从，让他参与谋划国政，训练士卒，吴国得到了很好的治理。我现在兵将又少，力量又弱，恐怕一时半会儿根本报不了这个仇，怎么办？"

要离对庆忌说："您所看到的都是表面现象，实际上现在吴王和伍子胥之间，早就有了隔阂了。"

庆忌惊讶地说："不可能吧，伍子胥帮吴王得到了王位，可以说是吴王的恩人，现在他们君臣正是关系和洽的时候，怎么会产生隔阂呢？"

要离说："公子这您就不知道了，伍子胥之所以要帮吴王，就是希望吴王即位后能出兵攻打楚国帮他报仇，可是现在阖闾即位后，即对伐楚之事丝毫不放在心上，伍子胥曾向阖闾说过多次，阖闾不肯答应，又与我一齐去劝谏阖闾，结果言语不慎触怒阖闾，我被阖闾砍断右臂不说，家人也被处死。公子您想，伍子胥能不怨恨吴王吗？我能够从吴国的大狱里跑出来，也多亏了伍子胥帮忙。在我逃出之前，伍子胥叮嘱我一定要找到公子您，来看看您是否有为父报仇的决心和意志，如果能够顺便也为他报仇雪恨，他愿意在国内做您的内应。以弥补他之前同谋弑杀您父王的罪过。如果公子不趁着这个机会向吴国进兵，等到伍子胥与阖闾重新言归于好，那么我和公子您就永远也没有大仇得报的那一天了。"说完大声号哭，并装模作样地想撞墙寻死。

庆忌完全相信了要离，于是立即视要离为心腹，之后命他训练士卒，修备舟船。三个月以后，庆忌带着要离一齐乘船前往吴国，准备发动突然袭击。

庆忌和要离坐在同一条船上，由于他们的船速太快，走到半路，后面的船渐渐跟不上了，要离就建议庆忌坐在船头，背朝前，面朝后，指挥后面的船队。庆忌觉得有理，于是坐下来向后面的船队喊话。而要离，则手拿一柄短矛站在一旁。江面上猛然刮过一阵风，吹起一片水沫，使人双眼迷离。要离趁着这个机会，转身立在上风位置，用仅剩下的左手拿着短矛，用尽全身气力，刺向庆忌的心窝。由于他刺得又狠又准，庆忌也毫无防备，这一矛过去，直接刺穿了庆忌的躯体，矛头都从背部穿了出来。由于要离刺庆忌不像专诸刺王僚那样刺中了心脏而是刺中了胃部，所以庆忌并没有马上死去。他一把抓住要离，把他倒着提起来，把头浸到了江水里，接连浸了三次，才把要离拉起来，然后放在了他的膝盖上。将死之人，其言也善，庆忌望着要离哭笑说："天底下居然还有这样的勇士，敢来行刺于我。"左右的卫士们准备乱枪刺死要离，却被庆忌阻止了，他说："这是普天之下少有的勇士，怎么能在一天的时间内，让天下的两个勇士同时死去呢（他自己是其中之一）？你们不要杀他，叫他回到吴国去，让吴国人表彰他对阖闾的忠心。"说完之后，庆忌把要离推下他的膝盖，然后自己用手把矛抽了出来，随后，血流不止而死。

  实际上，按照常理来说，要离刺中的只是庆忌的心窝（胃部），这并不立即致命，只要庆忌坚持一个多时辰，他的手下迅速把船摇回去，找一个高明的郎中，庆忌并不见得就会死去，获救后就算无法恢复原来的身手，但身残志坚，也并不妨碍他继续复仇，但是，他自己用手抽矛的举动，却对伤处造成了更为严重的二次破坏，无异于自杀行为。其实从他的父亲被弑的那一刻起，庆忌的心就已经死了，他也厌倦了，当要离的短矛刺中他时，他生理上的痛苦使他心理承受也达到了最为脆弱的极限，可以说，他放弃了生的希望。他和他的父亲王僚，就这样全部死在了可鄙的谋杀上。

  而主谋杀死他们父子的阖闾，在历史上就以残暴血腥而闻名于世。他既杀其父（王僚），又杀其子（庆忌），且手段都极不光彩。后人因此评论说，那些具备仁爱之心的人，不会靠杀死无辜来取得天下，而阖闾，他不仅杀死了无辜的要离的妻儿，而且还纵容鼓动要离，迫切希望让要离这种邪恶的奸谋得逞，可说是非常残酷。所以从这一点上来说，要离也并不是一个心理健全的人。他是一个介于辩士与刺客之间的投机分子，他的强词夺理，令不善言辞的勇士椒丘欣自觉理亏而自杀，他曾指责椒丘欣进门时没有打招呼很没出息，可是他刺杀庆忌之时，他打的招呼又在哪里呢？他并没有受到阖闾任何一点的恩惠，却为了得到一个侠客的虚名，赔上了一家人的性命。专诸刺杀王僚，是为了替他年老的母亲和无助的后人争取一个衣食无忧的未来,这还可以为人们理解;但要离,他为了贪图虚名,牺牲自己的妻子、孩子,杀死一个本就是被害者的幼子,缺乏人性、爱心,也缺乏救危助困的同情心,更没有一点正义感,已经远远背离了扶弱抑强打抱不平的侠客宗旨,所以说,像要离这样的人,根本不配称作勇士。

而阖闾的残忍,不仅表现在他刺杀王僚庆忌父子这件事情上,也不仅表现在他靠杀死无辜者来实现除掉政敌的愿望这件事情上,他的狠毒,还表现在他杀死许多无辜的百姓为他女儿殉葬的这件事情上。东汉赵晔所撰的《吴越春秋》记载:阖闾某次吃一条鱼,吃了一半感觉鱼比较鲜美,于是就把剩下的一半赐给他宠爱的女儿,谁知他的女儿却并不承这个情,认为父亲把吃剩的鱼赐给她是在侮辱她,赌气之下自杀了,阖闾非常悲伤。阖闾在为女儿送葬的那天,命人一路挥舞着白鹤,吸引成百上千的百姓跟随参观,到了墓地,阖闾命人把那些百姓不分男女老幼全部赶入墓道中,之后关上墓门,将他们埋入地宫,让这些百姓为他的女儿殉葬,真是残酷至极!

再说庆忌死后,他的手下准备释放要离,但要离不愿意离开,他说:"我为了替国君做事而置妻儿于死地,不仁;为了新国君而杀死老国君的儿子,不义;为了替他人办成事而毁了家庭残了躯体,不智。有这三样,我还有什么颜面活在世上?"说完之后,夺剑自杀而死。庆忌的手下带着他和庆忌的尸体来投奔阖闾,阖闾除却心腹之患,心里非常高兴,重赏这些降卒并大宴群臣。

伍子胥趁着阖闾高兴,于是旧事重提,希望阖闾能够早日发兵,攻打楚国为他报仇。站在一旁的伯嚭也不住地帮腔,不由得阖闾不同意。那么这个伯嚭又是什么人呢?他又与楚国结下了什么深仇大恨呢?

还是从王僚的两个弟弟掩馀和烛庸弃军逃跑之时说起。却说掩馀和烛庸听到王僚被杀,阖闾自立的消息后,于是赶快丢下所带的兵将,分头逃亡,吴军没了主将,一时大乱,四散奔逃,楚军将领伯郤宛和沈尹戍趁机掩杀,缴获大量舟车辎重并俘获大批吴军士兵,一些楚军将领建议也趁着吴国国丧进攻吴国,但遭到了伯郤宛的反对,他说吴国伐人之丧是不义行径,我们不能这么做,于是率军班师。楚昭王听到楚军获胜非常高兴,于是厚赏伯郤宛,把俘获的吴军士卒赏赐给他,并自此非常信任敬重他,每遇什么事情,都要把他找来商量,这让谗佞的费无忌非常嫉妒,便与右尹鄢将师想了个办法,想要陷害伯郤宛。

费无忌对令尹囊瓦说:"伯郤宛想要宴请一下相国,不知道相国是否愿意赏脸,所以托我前来探问一下。"其时伯郤宛正获楚昭王信任,囊瓦也正有结好之意，于是就答应了。费无忌又跑到伯郤宛家中说："令尹想要到您家里来，与您一起饮酒叙谈，不知道左尹能不能赏这个脸？"囊瓦是令尹，伯郤宛只是个左尹，正职想要到副职家里来坐坐，副职通常情况下自然是不好拒绝，伯郤宛也没有多想就答应了。费无忌也不太清楚囊瓦和伯郤宛之间的关系究竟有多生多熟，于是探问伯郤宛说："左尹想要宴请令尹，打算准备一些什么样的东西向令尹表达敬意呢？"

要招待客人，当然得探听一下客人的喜好，否则客人喜欢热菜，但偏偏主人就上了个冷盘，这样的宴会自然会令宾主不欢而散。见费无忌提起，伯郤宛就赶快问："我也不知道令尹喜欢什么，太师您知不知道？"但他这么一问，立即就问到了费无忌的坏心眼上。费无忌说："令尹比较喜欢雄壮的兵士、坚硬的铠甲和锋利的兵器，他想到您家里来的主要原因就是大王赐给您不少的吴国降卒，所以想借机来看一看，您把那些武器铠甲拿出来，我给您挑几件好的。"

伯郤宛不知是计，只以为费无忌是好意，于是把那些东西拿了出来，费无忌挑了一些最为坚利的兵甲，之后向伯郤宛出主意说："到时候您让兵士穿上这些铠甲，拿着这些武器，站在帷幕后面，令尹来了之后，就一定会问，到时候，您趁机把这些士卒和兵器铠甲献给令尹，令尹一准会非常高兴。"

伯郤宛信以为真，于是照着费无忌所说的那样布置停当，又托费无忌去请囊瓦。

囊瓦刚准备出发，费无忌却说："人心难测，今天伯郤宛请您，不知道打的是什么主意，要不我先去打个前站，看看他的酒席摆得怎么样了。"囊瓦觉得也有道理，于是就让费无忌去了。过不一会儿，费无忌喘着粗气一路小跑回来了，他对囊瓦说："我差一点儿就把令尹您给害了，伯郤宛原来不怀好意，我刚刚去看了一下，居然发现他在帷帐后面埋伏着甲兵，令尹您要是去了，一定会遭他的毒手。"囊瓦不相信："我和伯郤宛之间没有任何的矛盾啊，他怎么会这么做呢？"费无忌说："令尹您是真不知道还是假不知道？伯郤宛现在仗着大王信任他，早就想取代您当令尹，而且他还私通吴国，在率军救援六、潜的时候，将士们都想乘胜进攻吴国，但他在收了吴国的贿赂后，借口说不能伐人之丧，硬逼着左司马沈尹戌带兵班师。令尹您说，吴国趁着我国为先王送殡，出兵讨伐我国，我国以其人之道还治其人之身，有什么不可以？伯郤宛要不是收了吴国的贿赂，他怎么会放弃这种大胜的机会，违背众人的意愿轻易退兵回国？这样的人如果得势，楚国就实在是太危险了。"

囊瓦还是不相信，又派自己的手下去打探，结果手下回报说伯郤宛家中果然埋伏有甲兵，囊瓦非常生气，于是把鄢将师叫来问，鄢将师和费无忌是同谋，立即添油加醋地说："伯郤宛和阳氏家族的几个大夫结党营私，想要取代您专权已经不是一天两天了。"囊瓦自此深信不疑，立即向楚昭王报告了这件事情，楚昭王一个十二三岁的小娃娃，哪里能分辨得清谁忠谁奸？还不是由着囊瓦说什么就是什么。于是囊瓦命鄢将师带兵围住伯郤宛的府第，放火焚烧伯府，伯郤宛这才知道自己落入了费无忌设下的圈套之中，但为时已晚，最终无奈自杀而死。伯郤宛的儿子伯嚭趁乱出府，狼狈奔逃，伯氏其余族人被尽皆烧死在府中。阳氏家族的几个大夫也被以通吴之罪斩于市曹，楚国的老百姓无不为伯氏和阳氏喊冤叫屈，一些正直有良心的士大夫，于是编了一些歌谣，让一些小孩子在闹市里传唱。内容大致就是伯郤宛死得太冤，费无忌和鄢将师谗害忠良，而囊瓦是个糊涂虫，被两个奸贼借刀杀人利用了还不知道。

囊瓦听到市井里传唱的童谣之后，于是赶快向朝中的公子申这些正直厚道的人打听，一问才知道伯郤宛根本没有与吴国私通一事，囊瓦心里非常懊悔。左司马沈尹戌也来劝囊瓦说："现在楚国的百姓都在咒骂您，难道只有您不知道吗？费无忌这个人，就是楚国一个最会挑拨离间搬弄是非诬陷他人的小人，之前建议让楚平王乱人伦娶儿媳，致太子建客死异国，又谗杀伍奢伍尚父子，现在又伙同鄢将师，诬陷杀死伯氏和阳氏，老百姓都对他们恨之入骨，都说是令尹您在纵容他们行凶作恶，骂您的声音遍布整个楚国。通过杀人来止息骂声，一般有仁义之心的人都不会这么做，还哪里有您这样错杀好人为自己招来骂声的呢？您担任令尹这么重要的职位，如果再继续容忍费无忌和鄢将师，就会大失民心，如果有一天楚国产生变动，诸侯入侵于外，百姓反叛于内，令尹您能高枕安睡吗？与其相信这样的奸佞小人让自己成为众矢之的，还不如除掉他们让自己安若磐石。"

囊瓦幡然醒悟："左司马说得太对了，我就是被这两个卑鄙小人蒙蔽了，希望您能助我一臂之力，除掉这两个奸贼。"

沈尹戌于是命士卒在繁华街区大声宣扬说："杀死伯郤宛一家和阳氏大夫，都是费无忌和鄢将师两个人出的坏主意，现在令尹已经查明事情原委，马上就要把他们抓起来，你们有愿意协助令尹讨伐逆贼的，都跟我来。"结果话刚说完，老百姓竟然争先恐后地跟着去了。于是费无忌和鄢将师两人被擒获，囊瓦向国人申明罪状，尽灭二人之族。

至此，作恶多端的费无忌得到了应有的下场。但费无忌虽然死了，他造成的这种坏影响和坏风气并没有彻底根除。作为楚国旧贵族的一员，费无忌可说是这些妒贤嫉能者的一个突出代表、一个显著缩影，他们自己昏聩懒散，没有多少才能，但又不甘于在政治上失势，于是千方百计编造借口诬陷打击比自己强的人，诬陷太子建、杀伍奢、杀伯郤宛，逼得楚国的优秀人才大量外流，并为日后楚国大乱埋下了祸根，而留在楚国国内的一些人才，也担心稍有不慎惨祸临身，整日提心吊胆，不得不想方设法明哲保身，这就使楚国上层贵族阶层的创造力和进取心受到了很大的抑制，创新的速度远远赶不上腐朽的速度，难怪楚国最后会走上下坡路。人们把这种不良风气称为"费无忌现象"。费无忌之后，打压屈原的令尹子兰、上官大夫靳尚等人，又成为新一轮"费无忌现象"的代表。

实际上"费无忌现象"也不仅存在于楚国内部，它在任何一个国家之中都普遍存在着，别的不说，刚刚强盛起来的吴国，也出现了"费无忌现象"，吴国的这个"费无忌"就是刚刚从楚国逃到吴国的伯郤宛的儿子伯嚭。

伯氏子弟的品行大相径庭，如果用一些现代医学遗传学的理论来分析，那么伯氏隔代遗传的这种特性非常明显。伯州犁的父亲伯宗，在晋国因善于直谏而闻名，结果遭到"三郤"的诬告，最终被冤杀，他的儿子伯州犁逃到了楚国；伯州犁在楚国所做的其他事情并无值得大书特书之处，但他创造的"上下其手"这种暗示法，真可以称得上是空前绝后；伯州犁因营私舞弊遭到楚灵王的猜忌被杀，他的儿子伯郤宛却又正直坦率，很得人心；伯郤宛被冤杀，他的儿子伯嚭逃到吴国，伯嚭这个人……

下面来看伯嚭逃到吴国后发生了一些什么事情。

伯嚭逃往吴国，一半是因为伍子胥的缘故，一半是因为吴、楚世仇的缘故。伍子胥其时在吴国受到重用，伯嚭前往投靠他，主要还是考虑到他和伍子胥近乎相同的遭遇，一来能与伍子胥同仇敌忾，共同谋划复仇之事，二来可以得到伍子胥的推荐，以更快的速度取得阖闾的信任。

果不其然，伍子胥见到从楚国前来的伯嚭，一种亲近之感油然而生，在与伯嚭相对痛哭一场之后，便把伯嚭引荐给了阖闾。

阖闾问明情况，也封伯嚭为大夫，让他和伍子胥一同参与国事。

退朝之后，大夫被离就找了个机会悄悄地问伍子胥："您为什么刚刚见到伯嚭，就这么信任他并把他引荐给了吴王？"

被离就是最初在闹市之中将行乞的伍子胥发掘出来并准备把他推荐给阖闾（那时还是公子光）的那个相士，后来因此被阖闾封为大夫。当时人称被离"神相"，意思就是他看一个人看得非常准。

伍子胥回答说："我和伯嚭有相同的不幸遭遇，正可谓是同疾相怜，同忧相救（成语'同病相怜'的来历），就像一群受了惊的鸟儿，它们一定会朝着同一个方向飞一样，有什么可奇怪的吗？"

被离说："您只是看到了他的表面，您没有看穿他的本性。据我观察，伯嚭这个人，看人的样子就像鹰，走路的样子就像虎，为人贪婪而谄媚，这样的人是不能与他共事的，如果他将来受到重用，就一定会做出对您不利的事情来。"

伍子胥暗暗发笑，心想这个被离可真会装神弄鬼，才见了伯嚭一面，就说伯嚭为人如何如何，实在是没有任何依据。他很不以为然，没把被离的劝诫放在心上。但后来发生的一切，都被被离不幸言中。

伯嚭刚刚来到吴国，因为他与伍子胥共同的仇恨，再加上阖闾非常信任伍子胥，所以他也非常知趣，除全力协助伍子胥训练士卒外，再没做任何出格的事情。总之在这个时候，伯嚭与伍子胥的目标是一致的，可以说是"同仇一体"之人，二人之间几乎找不出任何的嫌隙。

在除掉所有的政敌之后，吴国在伍子胥的辅佐治理下逐渐变得强盛，阖闾也明白，说什么也该到与楚国大打一仗的时候了。于公，吴、楚世仇，吴国要称霸中原，就必须击败楚国；于私，伍子胥帮他做了那么多，他不帮伍子胥报仇，世人都会认为他是一个毫无信义的忘恩负义之人。可是，要想与楚国在交战中取得战略性的胜利，就必须有一位军事才能极为杰出的将领总揽全局，这个人必须对吴、楚双方的政治、经济、军事等各方面的情况都有明确的认识和准确的判断，能够给全军将士带来必胜的信心和把握。而很显然，伍子胥并不是阖闾心目中最完美的人选，他治国有方，但治军却并不见得就是他的强项，至于伯嚭之流，根本就不在阖闾的考虑范围之内。当然了，阖闾也完全可以自任中军元帅带兵亲征，但是，对楚作战毕竟是一件大事情，需要有一个人专门负责，阖闾不可能事必躬亲专务军旅之事，还有许多国家大事需要他来处理。

但这个问题实际上根本就不需要阖闾去过多考虑，因为伍子胥早就替阖闾物色好了这个人选，他适时地向阖闾推荐了这个人。

尽管心里早有准备，但对于伍子胥的推荐，阖闾还是忍不住大吃一惊，因为这个人他连听都没有听过。不过他从来就对伍子胥深信不疑，因为事实早就已经证明，只要是伍子胥推荐的人，那就是他阖闾最需要的人。推荐了专诸，成功刺杀了王僚，推荐了很不起眼的要离，出人意料地杀死了庆忌，而这一次，伍子胥又向他推荐了一个名不见经传的农夫——孙武。

那么这个孙武是什么来头呢？孙武，孙氏，名武，字长卿，妫姓或姬姓，中国古代著名的军事家，因为其出色的军事才能，后人多尊称其为"兵圣"，被誉为东方兵学的鼻祖，著作《孙子兵法》是世界军事史上的不朽巨著。孙武和齐国的司马穰苴一样，也是陈完（田完）的后代。孙武的祖父本名叫田书，是齐国大夫，因为在攻打莒国的战争中立下战功，齐景公便把乐安（今山东省东营市广饶县）封给了田书，同时赐姓"孙"氏。孙武出身于贵族家庭，优越的家庭条件为他营造了便利的学习环境，这使他阅读到了大量的军事著作和典籍，并且他的祖父和父亲都是军事将领，从小耳濡目染，也在一定程度上对年幼的孙武形成了不小的熏陶。但孙武的童年时代，齐国却是动乱不止，先是崔杼庆封之乱，后是陈（田）、鲍、栾、高四姓之乱，其时晏婴还没有执政，孙武眼见齐国动荡不安，就想到国外去发展。这个时候，正好南方的吴国渐渐强大起来，孙武于是一个人离开齐国，来到了吴国，希望能在吴国有一番作为。在吴国都城梅里隐居期间，孙武结识了流亡到吴国的伍子胥，并和他成为好友。孙武一边过着隐居生活，一边著作兵法，他出色的军事才能，也被伍子胥所深刻了解。

此时阖闾选帅，伍子胥第一个就想到了孙武，于是向阖闾极力推荐。但阖闾总是有些将信将疑，他手下身经百战的将领不在少数，这些人他都找不出一个满意的来，一个从来没有上过战场的农夫怎么能引起他的兴趣呢？于是伍子胥就反复向阖闾解释："这个人熟读兵法，深通韬略，用兵的计谋鬼神莫测，自己创作了十三篇兵法，因为他一直隐居著述，所以没有几个人知道他。如果能拜他为将军，我们吴国的军队就可以天下无敌，更别说是楚国的军队了。"就这样，伍子胥一连向阖闾推荐了七次，阖闾才答应见孙武。

孙武见到阖闾，向他献上自己所著的兵法一十三篇，阖闾通读一遍之后，赞不绝口。不过，他也担心孙武会不会是那种只会高谈阔论而没有任何实际才能的空谈家，并且这些兵法看起来很好，而到底是否实用，也是个问题。于是他问孙武说："你的兵法我已经全部看过了，可以说非常精妙，你可以实际操练一下让我看看吗？"孙武说可以。阖闾不知是想给孙武出难题还是想搞一幕恶作剧，于是就问："宫中的宫女可以吗？"孙武虽感有些意外，但他想了想之后，还是回答可以。

于是阖闾下令将一百八十名宫女集中到了校场上，命孙武训练。孙武向阖闾提要求说："请大王选派两个您宠爱的妃嫔前来担任队长，这样一来，我发布的命令才能被层层执行。"阖闾想了想觉得有理，于是叫来自己的两个宠姬，让她们分别担任左、右队长。孙武又说："虽然现在我训练的是宫中的宫女，但军中的法令却是一模一样的，号令必须严，赏罚必须信，所以请大王任命一位执法官和两名军吏，用来传达军令，再派几名刀斧手站在两边，这样一来，操练就会显得非常正规。"

阖闾自无不允，一切依着孙武的意见，全部命人布置妥当，之后，自己与伍子胥等人坐在高台上观看。

孙武集合左、右两支队伍，问这些宫女说："你们都知道自己的左手、右手、心口和后背吗？"宫女们都回答说知道。

孙武说："我说向前，你们就看自己心口所对的方向；我说向左，你们就看自己左手的方向；我说向右，你们就看自己右手的方向；我说向后，你们就看自己后背所对的方向，听清楚了吗？"（实际上也就相当于现今队列训练中最简单的"向前看、向左看齐、向右看齐、向后转"等动作要领）。

宫女们都说听清楚了。于是孙武开始发号施令，但宫女们根本就没当回事，她们只是感觉到新奇、好玩，听到孙武下令，竟然全都大笑起来。坐在台上观看的阖闾也忍不住发笑，看孙武究竟能将这些宫女怎么办！

孙武并不气恼，他和颜悦色地对参加训练的宫女们说："纪律没有讲清楚，号令也没有说明白，这是我的过错。"于是命军吏再次把军令和号令讲了一遍，之后再次击鼓下达命令。谁知宫女们听了，笑得越发厉害了，根本没有几个人照着去做。孙武立即拉下脸来，大声说道："执法官何在？"执法官听到后，赶快跑过来跪在孙武面前，孙武问道："之前的纪律没有讲清楚，这是将领的过错，现在既然已经三令五申地讲过了，但士兵们仍然不听号令，依照军法，该怎样处置？"执法官说："按照军法，应当斩首。"孙武说："不可能杀尽所有的士兵，拿两个带队的队长是问。"于是命令两个军吏说："把两个队长斩首示众。"

军吏以执行军令为天职，再加上看见孙武发怒，不敢违抗，于是立即把两个队长绑起来，准备斩首。

看台上的阖闾之前还在笑吟吟地看，猛然发现自己的两个宠姬被绑，禁不住大吃一惊，他久历戎行，怎么会不知道孙武想要干什么？于是赶快命人拿着符节下来向孙武求情说："我已经知道将军您很会用兵，不过这两个宠姬很合我的心意，我要是没有她们，吃饭也吃不香，睡觉也睡不稳，请将军赦免她们。"孙武回答说："军中无戏言，我既然接受大王的任命担任将军，那么将领在外，国君的有些命令可以不听从（将在外君命有所不受），如果我因为国君求情就释放违犯军令的人，那我还怎么号令其他的人？"于是命人斩杀了阖闾的两个宠姬。

之后，孙武从左右队列中各选一名宫女担任队长，再次发号施令。这一次，宫女们全都吓得噤若寒蝉、体若筛糠，不论前进还是后退，向左还是向右，跪倒还是爬起，动作都做得合乎规范和要求。

孙武于是派执法官前去向阖闾报告说："队伍已经训练整齐，请大王下来参观。随便大王怎么差遣都可以，哪怕是让她们赴汤蹈火，她们都不敢退缩。"

阖闾痛失两名宠姬，心里既悲伤又愤怒，哪里还有心情前来观看操练？他气冲冲地回答孙武说："将军你不用操练了，回房休息去吧，我不过来看了。"

孙武叹息说："大王您不过是喜欢听我讲那些兵法，却并不愿意真正拿来使用。"

阖闾听说之后，颇有恼羞之意，几乎绝了任用孙武的念头。但伍子胥知道该从哪个角度去劝说阖闾，让他回心转意。伍子胥说："用兵作战是关乎一个国家生死存亡的大事，绝对不能视同儿戏。如果赏罚不信，军纪不严，军队怎么能打胜仗？大王您怎么能称霸天下？作为军中统帅，最基本的素质就是果断坚决，试问我们吴国的将领之中除了孙武，谁还能带着大军远涉千里进攻楚国？大王您不想用孙武，不过是痛惜失去的美色罢了，但美色都是很容易得到的，可是出色的将军却是可遇而不可求。如今为了两个姬妾而舍弃一名良将，这不是为了芝麻丢掉西瓜吗？"

伍子胥的解劝使阖闾猛然间清醒过来，是啊，他费尽心机夺得王位，并不是为了贪图美色并满足于物质享受，而成为中原的霸主，才是他的终极梦想，于是他立即改变了主意，任命孙武为将军，全权负责伐楚一事。

其时王僚的弟弟掩余出逃到徐国，烛庸出逃到钟吾国，为了防止这两个人在吴军伐楚之时发动偷袭行动，吴国向徐国和钟吾国照会，希望两国能把掩余和烛庸抓起来送到吴国，但这两个国家虽然弱小，他们的国君比较有骨气，不想做这种赶尽杀绝的事情，私自通知这两个人赶快出逃，掩余和烛庸于是全部逃到了他们之前的仇敌之国楚国。楚昭王对这两个人的来降感到喜出望外，因为他知道掩余、烛庸和阖闾之间的仇恨，于是厚待二人，让他们在养地（今河南省周口市沈丘县）暂住，让沈尹戌等人重新修筑养城，并把养城东北、东南的两块地方封给两人，后又让他们屯兵于舒邑（今安徽省六安市舒城县），准备利用他们来对付吴国。

阖闾没想到徐国和钟吾国居然敢违抗他的命令，恼怒之下派孙武带兵征伐徐国和钟吾国，徐国和钟吾国相继被灭。楚国眼看着属国被灭，一点办法都没有。阖闾随即与伍子胥、伯嚭带兵攻打舒邑，破城后杀死了掩余和烛庸，阖闾意气风发，想长驱直入，直接杀入郢都，但孙武清醒地认识到，此时进攻郢都，时机还不成熟，于是他劝阖闾暂且休整部队，等待时机来临。伍子胥也认为其时楚国实力未损，同盟力量牢固，大规模进攻楚国难有胜算。他建议也像之前晋国的荀罃对付楚国那样，将吴军分为三支，轮番骚扰楚军。今天派这一支部队进攻楚国，碰到楚军就撤回，明天再派第二支过去，楚军前来迎战时再撤退，后天派第三支过去，见到楚军依然如故。如此一来，吴国的三支部队可以轮流得到休整，但楚军疲于奔命，不堪重负。从公元前512年到公元前507年的前后六年时间里，吴军先后攻击楚国的夷（今安徽省亳州市涡阳县）、六、潜等城邑，也正如伍子胥预料的那样，楚国国内由于贪婪的囊瓦当权，众大夫之间关系不和，遇事能推就推，所以并没有哪个人真正愿意主动为楚国效死力，见吴军来了就被动应付，动辄劳师动众，因此实力受到了极大的损耗。

吴国频繁的军事行动令楚国国内民怨沸腾，楚昭王忍无可忍，于是派令尹囊瓦率军伐吴，谁知却被吴军迎头痛击，在豫章（今江西省南昌市）被打得大败而回。不过囊瓦带兵作战的能力虽然毫无进展，但索取贿赂的水平却丝毫未减。还是在公元前510年的时候，楚国的两个属国唐（今湖北省随州市、枣阳市一带）、蔡二国的国君唐成公和蔡昭侯前来朝见楚昭王，蔡昭侯有一对羊脂白玉佩，两副貂裘，于是把其中一只玉佩和一副貂裘送给了楚昭王，剩下的玉佩和貂裘自己佩戴穿用。囊瓦看见后特别羡慕，就向蔡昭侯索要，但蔡昭侯却并没有给他。

唐成公有两匹骕骦马，全身毛色雪白，模样非常好看，走路又快又稳，可谓是真正的骏马。唐成公来楚的时候，就用这两匹马驾车。囊瓦看见后，喜欢得不得了，派人向唐成公索要，唐成公也没有给他。

这一来，可就惹恼了囊瓦，他对楚昭王说："唐、蔡二国与吴国私通，如果放他们回去，他们早晚会充当吴军的向导，带着吴军来攻打我国。不如把他们扣留起来，软禁在楚国。"其时楚昭王才是个十七八岁的小伙子，对国际上的情况并不熟悉，政治手腕又不够强势，所以都是囊瓦说了算。就这样，唐成公和蔡昭侯在楚国被扣留了三年，直到唐成公的手下瞒着唐成公把宝马偷偷地献给囊瓦，囊瓦才禀告楚昭王，把唐成公放归回国。蔡昭侯听说之后，为了早日回国，也把玉佩貂裘献给了囊瓦，才得以脱身。

蔡昭侯获释之后，气恨难平，发誓必报此仇。回国之后，立即让次子入晋为质，请求晋国出兵伐楚。谁知他遇人不淑，晋国的荀寅（荀偃之孙，荀吴之子）也向他索贿，蔡昭侯理直气壮地拒绝说："我就是因为楚国的令尹囊瓦贪财无信，才离开楚国投奔晋国的，如果你们能兴义师帮助弱国击败楚国，那么楚国的所有领土，都是送给你们的礼物，比起我送的那点礼来，不知道要重多少倍。"说得荀寅无言以对。荀寅得不到贿赂，于是借口天降大雨，与同样得不到贿赂并心怀不满的主帅士鞅商议，之后传令诸侯联军班师。诸侯对晋国十分失望，蔡昭侯报仇的希望破灭，只好与唐成公将视线转向刚刚强大起来的吴国，派使者前往吴国。

伍子胥听说唐、蔡二国派使者前来通好，立即喜出望外，在阖闾面前极力促成盟约，答应唐、蔡出兵伐楚，为他们报仇。

看来真是一语成谶，有时候有些话确实是不能乱说的，囊瓦说唐成公和蔡昭侯有朝一日会成为吴军向导，带着吴军前来攻打楚国，谁知他一番诬陷贪贿的恶劣行径竟然成为谶语应验的推手，最后阴差阳错，成了令人瞠目结舌的事实。

之前吴、楚两军曾经有过多次交锋，虽然吴军胜多败少，但由于楚国外围有许多属国做天然屏障，因此吴军并没有对楚军造成致命性的打击。但如今随着唐、蔡弃楚归吴，楚国周边的属国几乎全都离心叛变，这样一来，楚国立即势穷力孤，门户大开。这在客观上为吴国大举伐楚制造了便利条件。

孙武和伍子胥等的就是这一天，仔细为阖闾分析吴、楚形势，在如此明朗的形势和极为有利的时机面前，阖闾立即表现出了作为一名成熟的政治家所应有的果敢坚毅，立即做出了伐楚的决定。

第二十三节　阖闾伐楚、掘墓鞭尸、申包胥救楚

其时的蔡国，因为有晋、吴两国做后盾，公然开始反楚，消灭了楚国的属国沈国（今河南省驻马店市平舆县，离蔡国很近）。楚国闻讯十分震怒，囊瓦率军前往蔡国，将蔡国围了起来。蔡国向吴国求救，吴国师出有名，立即拜孙武为大将，伍子胥和伯嚭为副将，阖闾的弟弟公子夫概为先锋，打着救蔡的借口，集结全国六万兵力，取水路沿淮河一路西进，绕过大别山，向蔡国方向挺进。

此次出兵吴国可说是尽最大的兵力和最大的速度，求胜之心非常迫切。囊瓦见吴兵来势凶猛，不敢与吴军接战，立即撤围往回退却，又担心吴军追赶，一路往西，直到渡过汉水（在行程上是从河南驻马店市东到湖北襄阳市东），才在汉水南岸（因汉水大略呈东南——西北走向，所以也可称西岸）安营扎寨。囊瓦唯恐不是吴军对手，又接连向郢都告急，请求楚昭王再派援兵。

再说吴军，见囊瓦率楚军后撤并驻扎于汉水之南，孙武立即命令将舟船留在淮河水湾（泊船的具体地点，一说是安徽淮南市凤台县，一说是河南信阳市潢川县，二地相距有一段距离，联系上下文，潢川的可能性大一些），之后取陆路，由唐、蔡军做向导，穿过楚国北部边境的大隧、直辕、冥厄三处险要关隘（三关都在现信阳市以南，与湖北省广水市、大悟县的交界处），深入楚国腹地，到达汉水东岸。伍子胥对这个决策感到不解，就问孙武说："水战是我们的强项，现在为什么要丢下舰只走陆路呢？"孙武回答说："我军兵力远远比不上楚军，所以必须速战，如果乘船一路逆行，到达前线时楚国大军就会集结完毕，我们再要想与楚军交战，那取胜的希望就会非常渺茫，所以要趁着楚军尚未做好准备，取

陆路发动奇袭,才会取得意想不到的效果。"伍子胥非常佩服。

再说囊瓦,驻扎在汉水西岸之后,日夜派人打探吴军的动向,当他听说吴军已到达汉水东岸,担心吴军会渡过汉水与他交战,愁得寝食不安。不过当他听到吴军把所有战船都留在淮河湾这个消息的时候,又立即放宽了心——吴军没有渡船,难道他们会飞过汉水不成?

再说楚国国内,楚昭王见到囊瓦的告急文书,立即召集群臣商量对策。其时吴军已经到达汉水东岸,吴军的进军速度令楚国君臣无不胆寒,如果吴军渡过汉水直袭郢都,那么楚国都城就有可能被攻破,就算不至于真正亡国,但政治上的影响那可实在是太大了。而国内军事才能出众,能够与吴军匹敌的,也就数左司马沈尹戍了,于是楚昭王派沈尹戍带领一万五千援兵,急速前往汉水西岸,帮助囊瓦抵抗吴军。

沈尹戍火速赶到两军前线,由于分散在各地的其他援军尚未到来,吴军在何处渡江不得而知,而楚军兵力虽多,但还不足以在汉水沿岸筑起一道无论是任何地点都令吴军无法突破的防线。沈尹戍向囊瓦建议说:"吴国军队的优势是水战,现在他们丢弃战船取陆路而来,可说是以其之短攻我之长,再加上吴军孤军深入,虽说他们的补给由唐、蔡二国提供,但他们供给线拉得太长,一定不会持久,所以既不占天时,又不占地利。令尹您率大军(中军)在正面牵制吴军,不要与他们急着交战,我率一支偏师绕到吴军背后,烧毁他们的战船,再用木石塞断三处关隘,这样一来,吴军水路陆路都会被截断,无路可逃,等到这个时候,令尹您从正面攻击吴军,我从背后夹击,吴军腹背受敌,就会被我们全歼于此。"

囊瓦一听,感觉对吴作战的思路一下子变得清晰无比,他非常赞同沈尹戍提出的作战计划,于是叫沈尹戍带兵绕到吴军身后,自己率领大军在汉水西岸列营,与吴军相持。

客观来讲,楚昭王派沈尹戍率军前去与吴军对敌,这是一个明智的决策,但是,他没有下令将前方的最高指挥权由囊瓦移交给沈尹戍,这却是最大的败笔。

沈尹戍和囊瓦商定前后夹击吴军的作战计划后带兵绕到吴军后方,谁知他前脚刚走,囊瓦后脚就擅自改变了作战计划。囊瓦改变计划的最主要原因是:如果这个作战计划实现,那么沈尹戍就会立下大功,他囊瓦的无能就会被反衬出来。他想正面击败吴军,把功劳揽在他一个人的头上。

而实际上,就连这个改变计划的主意也并不是囊瓦想出来的,而是沈尹戍留下帮他助战的一个叫武城黑（担任武城大夫，名黑，因此叫武城黑）的提出来的。囊瓦贪污受贿是一把好手，但带兵作战绝对是个外行，在与敌军交战之时，他其实并没有任何的军事方略，基本上都是被动应付，能凭着充足的粮草把对手耗走就耗走，耗不走就被对手打得逃跑，从来也没有取得过任何像样的胜利。而在沈尹戌走后，他经部将这么一鼓动，竟然异想天开地认为楚军真的可以凭着优势兵力从正面击败吴军。

客观来讲，楚军的兵力确实数倍于对岸的吴军，但是，楚军的战斗力却根本无法与孙武训练出来的吴军相比，而且，由于主帅囊瓦素来不受人尊重，所以楚军的士气也并不高。

当武城黑讨好地建议囊瓦渡江与吴军交战之时，囊瓦的爱将史皇出于私利，也怂恿囊瓦渡江作战。他说："楚国人尊敬令尹您的越来越少，但爱戴司马沈尹戌的却越来越多。如果沈尹戌在后方烧掉吴军战船，截断吴军退路，那么破吴的功劳，就成了沈尹戌的。令尹您前面已经打了好几个败仗，现在又把这桩大功让给沈尹戌，只怕是回国之后，令尹的职位就是沈尹戌的了。不如像武城将军所说的那样，渡过汉江，与吴军决一死战。"

囊瓦错误地估计了两军形势和楚军的实力，于是命楚军全部渡过汉水，进击吴军。其实楚军前后夹击吴军的图谋早就被孙武等人察觉，为了避免腹背受敌，孙武改变原定要在长江、汉水腹地与楚军决战的计划，从汉水东岸撤军，一路撤到小别山（大别山南麓，长江北岸，今湖北省黄冈市团凤县北大崎山）至大别山之间。囊瓦以为吴军畏战逃跑，立即派史皇等人出战，谁知却被夫概打得大败而回。为了挽回败局，囊瓦当晚派军去劫吴军营寨，谁知吴军早有准备，楚军劫寨不成反中埋伏，在大别山被吴军打得一路回逃，一直退到柏举（今湖北省黄冈麻城市）才停下来。

楚军连败数阵，吴军不再向东战略性撤退，而是在柏举驻扎了下来。囊瓦不敢再迎战吴军，想要弃军逃回郢都，却遭到了部将史皇的指责。史皇说："令尹您奉命率大军抵抗吴兵，如果弃军回郢，那么吴军就会轻松渡过汉水，长驱直入杀向郢都，到那个时候，令尹您就是万死也难逃这个罪责。不如我们与吴军拼死一战，就算是战死了，也能留下一个好名声。"

囊瓦不得已，只好勉强留了下来。其时楚昭王派出的一万援军再次到达前线，由将军蔿射率领，蔿射之子蔿延也随其父一起出征。蔿射见到囊瓦，很自然地就问到了战况。囊瓦把吴、楚两军交战的情况如实地告诉了蔿射，蔿射一听，立即讥嘲囊瓦说:"您要是照着沈尹戌的计划去做,怎么会遭此惨败?事到如今,我们只有深沟高垒,依靠坚固的防御工事坚守,不要与吴军正面交战,等沈尹戌的兵马从后面赶来,对吴军形成合围之势时,再前后夹击。"囊瓦自恃自己身为令尹,位高权重,哪里会由着蔿射在他面前指手画脚?恼羞成怒之下,根本不听蔿射的建议。蔿射也看不起无能的囊瓦,不愿意听从囊瓦的命令,而是带着自己带来的一万援军驻扎在了距大军十里之远的地方。

吴军这边,刚开始听到楚国来了援军,心中还有所忌惮,但当听到楚军将帅不和的消息时,立即大放宽心。夫概向阖闾请战说:"囊瓦贪婪而不仁,军心不服,蔿射虽说赶来救援,但却不听囊瓦号令,楚军士气低落,毫无斗志,如果我们出其不意,攻击楚军,就一定会大获全胜。"但楚军在阖闾眼里,却并不是那么不堪一击,没有百分之百的把握和良好的战机,他不愿意把决战的时间提前。考虑再三,阖闾否决了夫概的提议。

但夫概坚持自己判断的准确性,从阖闾那里退出之后,他竟然领着自己手下的五千先锋部队,径直杀向了楚军大营。

既然夫概已经出击,那么大军再不救援,势必就会跟楚国一样,闹个将帅不和,白白损折军力,于是孙武急令伍子胥带一支军前往接应,大军做好应战准备,随时准备出击。

囊瓦的军队尚未做好应战准备,即遭受夫概所率五千精锐的袭击,立即不成阵形。阖闾听说夫概得胜,立即命令大军全线压上。楚军大乱,四散奔逃。囊瓦慌乱之中,乘一辆小车逃出,又不敢回郢都,只好借小路跑到了郑国。史皇和武城黑全部战死。

而在这个时候,蔿射的一万兵马就在不远之处,冷眼旁观着这一切。蔿射的儿子蔿延看不下去,想要带兵去救大军,却被蔿射阻止。蔿射不仅不让自己的儿子去救,还担心别人去救,于是亲自立在营门口,传下将令说:"乱动者,杀无赦。"

于是,楚国大军被全部击溃。客观来讲,如果蔿射能在中军与吴兵接仗之时率领本部兵从侧面攻击吴军,虽然不敢保证能击败吴军,但保住囊瓦的中军,应该是不成问题的。所以说,战场之上,如果将帅不和,就是拥有百万之众,那又能如何啊!

这一场战争,因为发生在楚国的柏举这个地方,所以史称柏举之战。决战结束之后,楚国中军溃散的将士渐渐聚拢,全部投到了蔿射帐下,这样一来,蔿射手下倒有了两万多人。蔿射感觉与吴军当面对敌无法获胜,于是带领所部撤退。他想把队伍带回郢都,与其他的援军一起,展开京都保卫战。

夫概听说蔿射带兵退走,于是乘胜紧追。追到清发水(今湖北孝感安陆市境内涢水,涢水系汉水支流,洞庭湖水系)的时候,追上了楚军,其时蔿射正指挥部下收集渡船,准备渡江。吴兵就想奋勇向前,攻击蔿射军,但却被夫概制止了。夫概说:"如果把敌军逼上绝路,他们就会舍命与我军决斗,那我们就算最终取胜,也会遭受不小的损失。不如先叫他们渡河,等到他们渡到一半之时,再发动突然袭击,那个时候,渡过河的人不愿再来送命,未渡河的都会争先逃命,谁都不愿意出死力,我军一定会获胜。"(兵法"半渡而击之",之前宋襄公与楚成王战,不愿意半渡而击,结果被渡过河的楚军打得大败)。于是带着部下退后二十里扎营。从后赶来的孙武、伍子胥等人听到夫概说半渡而击,都对他夸奖不已。

在楚军这边,蔿射刚开始听说吴军在后紧追,准备在河岸边列阵对敌,谁知吴军却又退了回去。蔿射不加细察,以为吴军不愿追穷寇,于是未做抵御准备,而是命令大军渡江。

谁知道渡了还没有一半,夫概的兵杀了过来,楚军争先渡河,十分混乱。蔿射喝止不住,只好乘车先逃。楚军将士见主将逃走,也跟着四散奔逃,吴国大军在后面掩杀,蔿射这一支军,立时被杀得七零八落。楚军留下的船只,全被吴军夺了过去,吴军渡河,自是毫不费力。

蔿射带着败军退至雍澨(水名,即司马河,位于今湖北荆门市京山县境内),将士又困又饿,无法行走,蔿射于是传令就地停留,埋锅造饭,准备休整一番之后继续撤退。谁知刚刚把饭做熟,吴军再次杀到,楚军来不及吃饭,丢下做好的饭再次逃命。倒是替吴兵做了一桩好事,吴军士兵吃饱饭之后,继续在后追赶。蔿射慌不择路,所乘兵车被绊倒,夫概刚好赶上,一戟将蔿射刺死。蔿延所部也被吴军重重围困,蔿延虽带领部将奋力冲杀,仍是无法突出重围。

正在紧急之间,左司马沈尹戌带兵杀到。

原来沈尹戌当初与囊瓦做出前后夹击吴军的约定之后,就带着所部军一直想抄到吴军的后方。可是当他走到新息(原来的息国,楚文王灭息之后设新息县,今河南省信阳市息县)之时,却传来了囊瓦兵败的消息。沈尹戌与囊瓦前后夹击吴军的计划落空,只好带着兵马从原路返回,准备救援大军。这里有个常识需要讲一讲,可能有人会问,沈尹戌既然已经知道中军早已落败,为什么不直接带兵回郢都，而是带着所部兵马硬要到吴军那里去送死呢？其实战场上瞬息万变，如果换了优秀的将领，那么打了败仗倒不一定就真输了战争，如果治军有方，反败为胜也并不是没有可能。如果囊瓦战败后不是弃军而逃，而是收拾败军驻扎在某地或是撤退到某地死守，这时听到沈尹戌回援，立即带着败军回头再战，与沈尹戌前后夹击吴军，那么之前的战略意图仍然可以实现，就算是不能击溃吴国大军，但全歼夫概所部应该是没有任何问题的。只可惜此时楚国带兵的是囊瓦这样的酒囊饭袋，令多少楚军将士不明不白地送了性命。

  沈尹戌带兵杀向围困蔿延的夫概所部，夫概无法抵挡，只好解围后撤。沈尹戌在后大杀一阵，杀死吴军千余人，正追击之时，遇到了阖闾带领的吴国中军，沈尹戌不敢再追，勒兵扎营，与吴军相持。但沈尹戌的兵力毕竟有限，只有一万人马，而他面对的却是阖闾的三万精兵。沈尹戌知道自己取胜的可能性微乎其微，于是命蔿延赶快回郢都向公子申（子西）报信，叫他早做准备，保卫郢都。他又对自己的家臣吴句卑说："囊瓦愚蠢而贪功，使我的作战计划无法实现，也许这都是天意。现在吴军非常强大，明天我要与他们决一死战，如果侥幸获胜，那么就会保住郢都，这是楚国百姓之福；但如果战败了，我也无颜再回郢都，请你把我的首级带回郢都，不要落在吴人的手里。"

  次日一早，沈尹戌军与夫概军交战。由于沈尹戌平时治军有方，厚待士卒，所以将士们都愿效死力。夫概军虽是精锐，但只有五千人，不是沈尹戌军的对手。眼看着夫概就要落败，孙武带着中军杀了过来。沈尹戌军经过之前与夫概军的一番激战，本就已经精疲力竭，现在吴国大军再以摧枯拉朽之势压上来，哪里能抵挡得住？立即被打垮了。沈尹戌拼死杀出重围，身中数箭，无法再战，于是命令吴句卑割了自己的首级去见楚昭王。吴句卑十分不忍，但情势已万分危急，不得已只好从命，割下沈尹戌的头奔回了郢都。

  吴军大胜，郢都其实已经门户大开，伍子胥心中的刻骨仇恨，阖闾称霸中原的雄心，夫概积累军功的野心，都无不感染着每一位吴军士卒，向郢都奋勇向前。

  蔿延先到郢都，见了楚昭王，诉说囊瓦战败奔逃和其父被杀之事，之后吴句卑也到，呈上沈尹戌的首级，详述了楚军战败的缘由，楚昭王后悔没有早用沈尹戌执掌全军，他大骂逃走的囊瓦说："误国的奸贼，还有什么脸面活在世上？他死了之后，就是猪狗都不吃他的肉。"楚昭王命沈尹戌的儿子沈诸梁领回其父亲的首级，赐葬具令其厚葬，并封沈诸梁为叶公（古叶邑在今河南平顶山市叶县南旧县乡，沈诸梁就是典故"叶公好龙"中的那个叶公）。

楚昭王准备离开郢都暂避吴兵，公子申等人都苦谏他不要这么做，但楚昭王却说："之前我们所依靠的就是汉水天险，如今汉水已经失守，吴军早晚就到城下，我们怎么能坐在这里等死？"公子申劝谏说："郢都城中，青壮年还有数万之多，只要大王拿出粟米锦帛，招募壮士，固守城池，再派出使臣，到汉水以东的属国，请兵入援，吴军未必就能攻破郢都。再说了，吴军千里奔袭，深入我国境内，粮草不继，不久就会退走的。"楚昭王心里倒是非常明白，他说："吴军攻下了许多楚国城池，就地取粮，以战养战，怎么会粮草不继？而汉水以东的那些属国，早就与唐、蔡等国一样，离心离德，根本就指望不上。"公子申又说："那我们先率军迎战，如果打不赢，再走不晚。"楚昭王凄然泪下："如何战守，兄长你们看着决定吧，我也实在是没主意了。"

郢都北面有囊瓦之前修筑的麦城，西面有纪南城，与郢都互为犄角。公子申于是分兵派将，加强麦城和纪南城的防守，又亲自带兵一万，前往夏水（今内荆河，发源于荆门市西北，经江陵、监利等县，至洪湖市入长江）驻守，以防吴军从那里渡河攻郢，而再往西去，都是楚国险要地界，吴军不可能从那里进入郢都，所以也没有必要设防。

吴军这边，阖闾自然也是与孙武、伍子胥等人积极筹划入郢之策，伍子胥作为楚人，提出了兵分三路攻入郢都的方略，被阖闾采纳。伍子胥料到，西边的夏水是通往郢都的重要航路，必定有重兵把守，从那里取水路进入郢都，已经不太现实。三军全部走陆路，一路攻麦城，一路攻纪南城，一路直接进逼郢都，如此一来，郢都为了自守，不敢向麦城和纪南城派出援军，两路吴军就可以专心致志地先攻击这两座外城，而如果攻下麦城和纪南城，郢都就会成为一座孤城，被吴军攻克将是迟早的事。

于是伍子胥带兵攻麦城，孙武带兵攻纪南城，阖闾自提大军，进击郢都。

伍子胥带兵到达麦城之后，在麦城东、西各筑一座小城，名叫"驴城"和"磨城"。之所以起这样奇怪的名字，说是伍子胥在麦城之外观察地形的时候，无意中看到村里一位农户正牵着毛驴用石磨磨麦子，于是说："左驴右磨，麦城立破。"士气立即被鼓舞，麦城果然很快被攻破。不过用取驴、磨这样的名字来象征麦城的必破，只不过是伍子胥讨了个漂亮的口彩而已。实际上，伍子胥确实是个出色的军事家，他修筑驴、磨二城，不仅使吴军营寨安如磐石，而且钳制了麦城守军的行动，完成了对麦城的战略包围，麦城被克，只是他杰出军事才能的一个小小验证。

孙武攻克纪南城的情形则更为惨烈,他命令军士把漳河(今湖北省襄阳市南漳县的漳河)掘开一条渠,直通到纪南城下,之后在漳河中拦腰筑起一条水坝,漳河的水便顺着开掘的水渠直通纪南城及郢都城下的湖中,湖水暴涨,灌入纪南城中,纪南城不攻自破。纪南百姓纷纷乘船逃往郢都,楚昭王得知纪南城失守的消息之后,慌急之下带着幼妹出逃,郢都随即也落入吴军手中。孙武决水灌城之策,可说是一计破二城。当初囊瓦将郢都扩建为三城,沈尹戍曾说不可靠,如今果然被不幸言中。

孙武派遣使者,向吴王阖闾报捷,并掘坝退水,请阖闾进入郢都城。

自此,这一场中国历史上以少胜多,给楚国造成沉重打击的著名战役宣告结束。在这一场战争中,吴军投入的兵力只有三万,而楚军前后投入的兵力有二十万,但由于楚军主帅无能,执行了错误的战斗决策,最终导致惨败。吴军取得这场战争的胜利,与楚国贵族的腐朽没落有很大关系,但也与孙武卓越的军事指挥才能紧密关联。一百五十年前,以齐桓公霸业之盛,率领八国军队百万之众进驻召陵,但只是以一纸盟约而撤军回国,何其遗憾!再到公元前632年的城濮之战,晋军虽然获胜,但又何其侥幸!齐、晋都是中原强国,都因胜楚而成就霸业,但他们所取得的胜利,均没有伤及楚国根本,也没有哪个国家的一兵一卒能够进入楚国境内。但到了公元前506年的这一场战争,吴国的孙武竟然以三万之众长驱直入,攻破了楚国都城,其战法之犀利,战功之显赫,令齐、晋这些传统强国望尘莫及。孙武凭借他一部鬼神莫测的兵法,将吴国自然而然地带入了军事强国的行列,一战名甲天下!

可是接下来,吴军的英武立即演化成了亘古少有的兽行!究其原因,与伍子胥的肆意泄愤和刻意纵容有着直接的关系。

阖闾入城之后,伍子胥也从麦城赶来,阖闾在楚王宫中升殿,接受众将的拜贺,之后便大宴群臣。当晚席散之后,阖闾已是微有醉意,部下知道阖闾是个好色之徒,于是将俘获的楚昭王夫人押了过来,想让楚昭王夫人为阖闾侍寝。阖闾虽然酒醉,但理智尚存,感觉这样做不太合适,毕竟再怎么说,楚国虽然战争失败了,但大国的尊严却不该被践踏,凌辱人家的王后实在是太过分了。阖闾于是征求伍子胥的意见,谁知伍子胥竟然怂恿他说:"熊氏的楚国都是大王您的了,更何况是他的妻子呢?"阖闾头脑一发热,于是命楚昭王的夫人为他侍寝,楚昭王的妃妾们没有哪一个能够保得住清白。

阖闾的随从们又对阖闾说："楚王的母亲，就是原来的秦国公主孟嬴，本来是太子建的妻子，因为生得美丽而被楚平王强夺。现在年龄还不是太老（当时应该是三十五六岁），容貌还像以前那样动人，大王何不让她也来侍寝？"阖闾一听，立即动了淫心，于是命人去叫楚昭王的母亲。这类既辱身又辱国的事情，孟嬴当然不肯就范，阖闾十分恼怒，于是叫左右说："把她强行带来。"孟嬴拒不开门，她在屋里敲着窗户说："我听说作为一个诸侯，他的一言一行都应该是一国百姓的典范。可是现在呢？国君您完全抛弃了作为一国之君所应有的道德礼仪，以淫乱之名声闻楚国，我宁死，也不会答应您这荒唐的要求。"

这一番话理直气壮，说得阖闾非常羞愧，他赶快隔着窗户向孟嬴道歉说："我就是非常敬重您，想看看您长什么模样，怎么敢打您的主意呢，您千万不要有什么过激行为。"于是命楚宫之前的侍卫为她守门，并警告左右随从不得擅自进入她的居所。

但楚宫之中其他的女性可就没有那么幸运了，伍子胥恨气难平，他感觉什么样的方式最能侮辱楚国的贵族，就采取什么样的方式，什么样的办法最能发泄心中的仇恨，他就采取什么样的办法，他命令将领们按照职位高低和尊卑次序，强行入住楚国大夫们的家里，然后奸淫他们的妻妾。唐成公和蔡昭侯自然而然是前往囊瓦的家里，搜寻他们的东西。蔡昭侯的貂裘和玉佩就放在囊瓦的柜子里，一点也没变，唐成公的骕骦马也在马厩中，只不过是略长了些岁齿而已。唐成公和蔡昭公取回本属于他们的东西，转献给了阖闾。囊瓦当令尹时搜刮来的金银财货堆满了府库，被吴军将士劫掠一空。可笑囊瓦一生贪婪，收受他人的贿赂，最后还是全部落在了他人手里！

吴国军中督运粮草的公子山，也是吴王阖闾的弟弟，他见囊瓦的夫人十分貌美，就想据为己有。谁知夫概得知消息后赶来，赶走了公子山，自己占有了囊瓦的妻子。其时郢都城中，吴军上下几乎全都放纵兽行，奸淫掳掠。惨痛之景，真是不堪入目。

伍子胥建议阖闾拆毁楚国宗庙，在名义上灭亡楚国。孙武反对说："我们不能这样做，只有师出有名，才会得到别人的支持。当初楚平王废了太子建而把王位传给了秦女所生的儿子，任用一班奸邪贪墨之人，又杀戮忠良，残暴不仁，所以才会造成楚国民心大失，国力不振，我们的军队也才得以迅速到达这里。现在我们已经占领楚都，不如把太子建的儿子公子胜召来立为国君，让他侍奉楚国的宗庙。楚国百姓都非常同情太子建的不幸遭遇，那么就一定会拥护他的儿子，这样一来，楚国人就会感激我们吴国，成为我们的属国。所以说，大王您虽然放弃了对楚国的占领，实际上也相当于得到了楚国，可说是名利双收的事，为什么不去做呢？"

吴国要是国力雄厚，能在楚国投入二十万以上的兵力，那么灭楚是有可能的，但以吴国仅有的三万多兵力，既要镇压楚民的反抗，守住刚刚夺取的楚国城邑，又要对付其他试图维持原有战略格局的诸侯国，难度是非常大的。且吴军攻克郢都后又乱行奸污劫掠激起了楚人极大的民愤，所以这个时候，灭楚已经很不现实，孙武审时度势，提出这样一个策略，不失为上上之计，但阖闾被胜利冲昏了头脑，他错误地估计了楚军的反击能力和国际形势，没有听从孙武的建议，而是命人拆毁了楚国宗庙，率军驻守在郢都。

伍子胥找不到楚昭王，就派人四处寻访楚平王的陵墓。原来楚平王死前唯恐仇家挖掘他的墓葬，于是把他的陵墓修在了湖底，陵墓既成，担心工匠把消息泄露出去，于是把参与修墓的石匠全部赶入墓中，杀死灭口，只有一个比较机灵的工匠幸免于难逃出生天躲藏了起来。此时见伍子胥派人寻找楚平王陵墓，于是把楚平王石棺下葬之处告诉了伍子胥。伍子胥在湖中找到楚平王棺椁，将楚平王的尸首拉出棺材，扔在大街上狠狠地抽打了三百鞭子，又斩断其头，才算是出了一口恶气。

楚平王这个昏君，活着的时候任用费无忌等奸佞之人，淫乱无耻强娶子媳，又听信谗言枉杀伍奢等忠良，最终将灾难留给了他的国家和子嗣，使楚国遭此打击元气大伤，在很长一段时间里，楚国都没有从这场灾难中恢复过来。

处生者之室，鞭死者之尸，如此报仇雪恨，对伍子胥来说，人生之最为痛快淋漓之事，莫过于此。伍子胥有冤必诉，有仇必报，历时十九年不忘杀父之仇，且意志坚定，矢志不渝，可谓是真男子、勇丈夫，得志之后又厚报每一个曾经帮助过他的人，因此深得世人敬佩。但是，伍子胥也招致了后人的诸多非议，一些儒生认为他为了报家仇私怨，引外国军队攻击自己的祖国，对楚国来说，是个乱臣贼子，可说是罪大恶极。而事实上，从楚平王无辜冤杀他父兄的那一刻起，并从派兵意欲将他赶尽杀绝的那一刻起，楚国，就再没把他当楚人看待，完全是把他当成了敌人、仇寇。一个惨无人道将坏事做绝的人，还有什么理由指责曾经受他残酷迫害而前来向他复仇的人呢？所以说，指摘伍子胥，不过是那些死守君臣伦理的卫道士试图为劣迹斑斑的国君开脱责任掩饰罪行罢了。如若作为国君就可以为所欲为而不被问责，那么这个世界还有什么正义和公道可以依恃呢？

但是，伍子胥带兵前来复仇，有一些地方做得确实过分了。他的仇人是楚平王，或者说是楚国王室，普通的楚国人民和他们伍家并无仇隙，但吴军攻入郢都之后，他不劝阖闾抚恤楚国百姓，而是一味推波助澜，不仅令楚国人民非常失望，也让一些正直的士大夫感到难以容忍。他的好友申包胥就写信指责他说："楚平王虽有不是之处，但你之前是他的臣子，如今用这样的手段侮辱他的尸体，是不是太过分了？"伍子胥接到申包胥来信，异常难过地说："我因为要急于报仇，就像路途还很遥远但太阳快要下山了一样，我等不及了，所以做的很多事情往往违背常理，已经管不了那么多了。"（典故"日暮途穷"和"倒行逆施"的来历。）

再说楚昭王逃出郢都之后，路过云梦泽，被湖泽之中的盗贼攻击，大夫斗辛（斗成然之子）等人于是保着他前往郧地躲避。谁知斗辛的弟弟斗怀却并不买账，他记恨楚平王处死了他的父亲，想要杀死楚昭王报仇，结果被斗辛察觉后阻止。楚昭王得知这个内情之后，不愿意在郧地住下去，于是又在斗辛等人保护下前往楚国的属国随国。

而在夏水驻守的公子申，刚开始听说郢都被吴兵所破，楚昭王出逃，担心郢都百姓全部逃散，于是穿着国君的衣服，乘着国君的马车，自称是楚王，以安抚人心。那些逃难的百姓听说之后，都跑去投奔他。等到公子申听说楚昭王去了随国，于是也带着兵前往随国，准备与楚昭王会合。可是他这一名义上有利于楚昭王的举动，在实际上为楚昭王带来了不小的麻烦，因为到处搜寻楚昭王未果的伍子胥听到这个消息，立即带兵赶到了随国。

伍子胥向随国国君写了一封信，客客气气地请他献出楚昭王，然后两国通好。面对吴国大兵压境，随国国君立即召集群臣商议，并请太史占卜，看把楚昭王交出去之后是吉还是凶。结果太史占卜的结果是不宜为了吴国而与楚国断绝关系。于是随侯回信委婉地拒绝了伍子胥，说楚昭王已经离开了随国，无法交出。

伍子胥无法验证随侯来信的真伪，他再三思量，觉得囊瓦在郑国，因此怀疑楚昭王也跑到了郑国，再加上之前郑国人处死了太子建，这个仇一直没报，于是移兵郑国，把郑国围了起来。郑定公非常恐惧，把伍子胥引兵围郑的罪责全部推到囊瓦身上，囊瓦不得已，只好自杀而死。郑定公把囊瓦的尸首献给吴军，并反复解释说楚昭王根本未来郑国，希望伍子胥能够退兵。

但伍子胥并不会因为得到一个毫无价值的囊瓦就消弭心中的仇恨，他必须为死去的太子建讨个说法。

郑国的大夫们都提议与吴兵决一死战，但郑定公不同意，他说："郑国与楚国比起来，哪一个更厉害？强大的楚国尚且被吴军击败，更何况是郑国呢？"于是他出榜悬赏说，谁能使吴国退兵，他愿意与这个人平分郑国。

其时，曾经在伍子胥过昭关后帮助他逃难的那个渔丈人的儿子，也因为躲避战乱逃到了郑国，他听说率兵围困郑国的吴军主将是伍子胥，于是自告奋勇地前来面见郑定公说，他有办法让吴军退走。郑定公眼见渔丈人的儿子其貌不扬毫无过人之处，又听说他不用一兵一卒，根本就不相信他能让强势的伍子胥退兵。然而又再没有什么办法可想，只好死马当活马医，把他用竹筐吊到了城下。

渔丈人的儿子出城之后，直奔吴军营寨，他在营外高声歌唱："芦中人，芦中人，腰间宝剑七星文，不记当年渡江时，麦饭鲍鱼羹？"营外军士把渔丈人之子抓起来押着去见伍子胥，他见了伍子胥之后，继续唱"芦中人"之歌。伍子胥听了之后非常惊讶，就问他是谁，此人如实相告，说他是当年鄂渚（今江苏扬州仪征市胥浦）那个渔丈人的儿子。伍子胥想起那段往事，内心十分伤悲，就问他："你的父亲为救我而死，我正想着该用什么样的办法才能报答他，今天很幸运地遇到你，请问你有什么需要我帮忙的？"渔丈人的儿子回答说："再没有什么需要将军帮助我的，只是我逃难在郑国，郑国君臣非常畏惧将军，我前来就是替他们求个情，希望将军能够饶恕郑国这一次。"伍子胥听了，大声叹息说："我能有今天，全靠当时渔丈人相助，苍天在上，我怎么能忘记呢？"于是下令吴军撤围。

渔丈人的儿子将伍子胥撤兵的消息回报郑定公，郑定公不食前言，封给他一块土地，渔丈人的儿子也因此被人们称为"渔大夫"。

伍子胥从郑国撤兵，再度屯军于楚国边境，派人招降楚的周边属国并继续搜捕楚昭王。申包胥见他并无撤军之意，想到楚平王的夫人是秦哀公的妹妹，楚昭王是秦哀公的外甥，而目前有实力与吴军抗衡且与楚国没有仇怨的，也就是秦国了，于是他动身前往秦国，向秦国借兵。

谁知秦哀公沉湎酒色，每日只顾自己享乐，根本不想管这件事情，他借口要与群臣商议，让申包胥先在馆驿里面住下来，之后便没了下文。申包胥连等几日，不见秦哀公发兵，于是他站在秦国的朝堂上，不停地号哭，连着七天七夜，没吃一口饭没喝一滴水。秦哀公听到这个消息后大惊失色，对他的臣子们说："楚国的臣子里面，还有如此为他们国君着想的吗？楚国有这样的贤臣，吴国都想吞并他们，我国没有这样的贤臣，吴国如若消灭了楚国，还会容得下我们吗？"于是派遣兵车五百乘（约四万人），跟随申包胥前往救援楚国。

申包胥带领的秦兵与吴军先锋夫概大概相遇于稷（今河南省南阳市桐柏县），申包胥先带领手下楚兵与夫概交战，夫概不知道申包胥赴秦国求援之事，不知秦军已出，所以根本看不起早已战败的楚国将领。双方摆开阵势开始交战，正斗得起劲，秦国大军漫山遍野压了过来。夫概正不知哪里来的大军，忽然看到秦军的旗号，唬得心胆欲裂，为避免全军覆没，赶快下令撤出战斗。秦兵既已得胜，哪里会轻易放过吴军，立即在后追杀，夫概的先锋部队损失几近过半。夫概带领残兵败将跑回郢都，担心说出实情会受到责罚，所以不敢说自己轻敌导致失败，只说秦兵非常强大，无人能够抵挡。

阖闾大惊失色，因为吴国军队都是孙武精心训练的精锐，而夫概所率的前锋又是精锐之中的精锐，连吴军最精锐的部队都不是秦军的对手，看来秦军确实是难以战胜（毕竟秦穆公孟明视那个时代的秦军给诸侯们造成的印象实在是太深刻了）。阖闾非常担心吴军的处境，孙武替他分析说："楚国疆域辽阔，我们只是占领了一小部分，况且在我们占领的这些地方，楚国百姓也并不心服。我之前劝大王立公子胜为王，就是为了防止出现今天这样的情况。事已至此，不如派遣使臣私下与秦国达成协议，承诺让楚君复位，条件是割让楚国东部的边境城邑给吴国。这样一来，我国也不算毫无收获。如果继续在楚地待下去，楚国人奋起反抗，再加上有秦军相助，恐怕我们的处境会非常糟糕。"

伍子胥也明白在这样的形势下，再追捕楚昭王已是枉然，于是也劝阖闾撤兵，但伯嚭并不这样认为，他认为以吴军的实力，未必就不是秦军的对手，极力劝阖闾再与秦军打一仗。

孙武和伍子胥都劝阖闾不要再与秦军交战，因为此时形势已经起了变化，在楚国内部，早已肃清了囊瓦之类的贪墨之人，不论是统治贵族还是黎民百姓都非常团结，同仇敌忾想要复国，战略上已经转入反攻，而在楚国外部，与吴军实力相当的秦军参与了进来，在国力上来说已经处于二对一，就算吴军一仗获胜，但终究还是难以在楚国继续驻守，所以还不如争取外交上的主动并早一点撤退。

但阖闾仍然抱着一丝侥幸心理，如果能一战击败秦军，那么即便是无法永久占领楚国，那么与秦、楚两国谈判起来，也会增加一个不小的砝码。基于这样一种想法，他同意了伯嚭的请求，让伯嚭带着一万人马前去，与秦军交战。但阖闾这个时候仍然犯了过于谨慎的毛病，他只派出了伯嚭一支兵马，从旁策应的力量不足，没有打好合成战、整体战。

伯嚭立功心切，带着军马直迎秦军，谁知中途却与公子申带领的楚军爆发了一场遭遇战。公子申与伯嚭交战几个回合，立即诈败而走，伯嚭不知是计，在后紧紧追赶，谁料追了一程，立即中了秦、楚联军的埋伏。左边是沈诸梁一军，右边是蒍延一军，前边是秦国的四万军马。伯嚭所带的一万人马被围在中间，左突右冲，无法透出重围。

关键时刻，还是伍子胥引着一军前来，突破秦、楚联军阵角，将伯嚭救了出来。伯嚭所带的一万人马，剩下不足两千人。

伯嚭自知罪责难逃，于是命人绑了自己去见阖闾。孙武悄悄地劝伍子胥说："伯嚭这个人妄自尊大，做事自作主张，将来必定会成为吴国的祸患，不如趁着这个机会，将他杀掉。"但伍子胥反对说："伯嚭虽然今天输了一阵，但他之前也曾立下大功，再加上大敌当前，不能擅杀大将。"于是到阖闾那里为伯嚭求情，伯嚭最终逃过了一劫。

这时秦军已经进逼郢都，阖闾命夫概与公子山守郢都，自己守纪南城，孙武守麦城，伍子胥守磨城，伯嚭守驴城，再加上唐、蔡军在后方，自以为万无一失。谁知阖闾的这个意图被公子申一眼看穿，他不动声色地分出一支军马，悄悄绕道后方，攻破了唐国都城，杀死唐成公，灭了唐国。蔡国的蔡昭侯见状，吓得不敢轻举妄动，再不敢派一兵一卒帮助吴国。

但这对于吴军来说，还不是最致命的，最致命的是吴军内部发生了内讧。夫概见吴军与秦军在郢都相持不下，忽然动了其他的心思，竟然带着部下偷偷地出了郢都，跑回了吴国。他在吴国散布阖闾被秦兵战败的假消息，然后自立为吴王，并派他的儿子封锁阖闾等人的归路，同时联络越国，以割让五城为条件，夹攻阖闾。

吴国留守的太子波和专毅拼死守护吴都，并派人向阖闾送信。

再说阖闾刚开始听说楚军灭了唐国，立时大吃一惊。刚要召集诸将商议下一步该如何应战之时，又接到急报说夫概引兵私自回吴的消息。伍子胥断定夫概回吴定是造反夺位，劝阖闾立即率兵先行回国平定内乱，阖闾于是留下孙武和伍子胥守卫郢都，自己带着伯嚭取水路回吴国，刚刚走到半路，又一次接到了太子波的告急信，说夫概已经造反称王，且勾结越国一齐攻击吴国，形势十分危急。

情况比阖闾想象中的还要严重，如果丢了吴都这个根本，所有的吴兵都将无处可归，在这种情况下，吴军占领郢都已经没有必要，他立即令孙武和伍子胥撤出郢都，带领剩下的吴军赶快回吴国。

夫概军与阖闾军相遇，夫概军寡不敌众，被阖闾大军击败，夫概逃奔仇国楚国，被楚国封在堂溪（今河南省驻马店市西平县），号为堂溪氏。

阖闾还都，开始与伯嚭谋划该怎样迎击越国军队。

而在郢都留守的孙武和伍子胥，接到阖闾退兵的命令之时，正遇楚国申包胥送来书信一封。申包胥在信中劝伍子胥早早退兵，不然两家战到最后，必定会两败俱伤。实际上到了这个时候，伍子胥已经完全达到了复仇的目的。他对孙武说："我们吴军以区区几万兵力，长驱直入攻下郢都，毁坏了楚国的宗庙，中断了熊氏的祭祀，鞭打死去的人的尸体，住在活着的人的家里（鞭死者之尸，处生者之室），古往今来，不论是哪一个做臣子的人报仇，都从来没有像今天这样畅快过。虽然我们败给了秦军，但实际上并未受到较大的损失，不如我们借申包胥这个台阶，趁机退兵回国。"

伍子胥本以为自己已经非常高明了，但谁知孙武话一出口，他才知道什么叫作真正的高明。孙武说："毫无理由地退兵，一定会被楚国人耻笑。你为什么不借这个机会让楚国迎回公子胜呢？这样一来，楚国内部，也就有了一分支持我们的力量。"伍子胥非常佩服，立即按照孙武的提议向申包胥写了回书。

他在信中说："当初楚平王赶走了无罪的儿子，杀死了无罪的大臣，我实在是气不过，才引兵到了楚国。之前齐桓公曾帮邢国和卫国复国，秦穆公也曾三次拥立晋国国君，他们都未曾贪图邢、卫以及晋国的国土。我虽然毫无德行，但也还曾听说过这些大义。如今太子建的儿子公子胜客居吴国，没有一寸土地养家，你们如果能让公子胜回到楚国，封一块地方给他，让他祭祀已经死去的太子建，那么这样一来，我还有什么理由不退兵呢？"

申包胥收到回书之后，就与公子申商量，公子申说："给太子建的儿子封一块地方，这件事我早就想做了，吴国的条件可以答应。"沈诸梁反对说："太子建已被先王废黜，那么公子胜就是楚国的仇人，我们怎么能把敌人养在眼皮子底下，等着让他来危害楚国呢？"公子申说："公子胜在楚国既无势力，又无依靠，一个孤身匹夫，有什么好担心的？"于是擅作主张，以楚昭王的名义召回公子胜，并许诺将封一座较大的城邑给他。孙武和伍子胥见到楚国回复，即时率军班师回吴。

越兵听说孙武已随大军返回，料知不是对手，率军悄然退去，吴国自然解围。

阖闾见国事已定，于是开始封赏伐楚功臣，而很显然，孙武排在第一位。

此时的孙武，已是功成名就，威震天下。刚开始，他只是隐居在乡里，写了十三篇兵书，但是没有一个人理解，没有一个人知道，除了伍子胥。当伍子胥认识到他的价值并向阖闾隆重推荐的时候，阖闾露出的依然是不信任的目光。或许，在这个时候，孙武也在不停地自问，他这些呕心沥血创作并总结出来的理论，是否能够经得起实践的检验？是否能够在具体的实战中发挥作用？所以从某种程度上来说，伐楚之战，是孙武自修的一堂实验课，他在验证他理论的正确性。当他率领三万吴军以最快的速度插入楚国腹地先后击败二十万楚军并最终攻破郢都的时候，他已经知道，他的理论是正确的，他在一个常人毕生难以涉及的领域内，以一段无可挑剔的亲身经历，极为强势地为自己的著作正了名。而他现在需要做的，就是仍然回去过他的隐居生活，根据他这些年来训练军队和指挥作战的实战经验，不断修订他的兵法，使其更加完善，成为传世的巨著。

《孙子兵法》，中国最古老、最杰出的一部兵书，它先后被翻译成英、俄、德、日等二十多种语言文字，传入世界各国，被许多国家的军事学校列为必修课。《孙子兵法》不仅在世界军事领域有着广泛的影响，享有极高的声誉，而且还被广泛应用于政治博弈、商业竞争、经营决策、职场晋升和社会管理等社会生活的各个方面，为人们提供了许多思考问题、解决问题的方法和思路，它是中国优秀传统文化的瑰宝，必将长久地绽放出炫目的色彩。

孙武谢绝了阖闾的封赏，隐遁山林。据说在退隐之前，他曾经劝说过伍子胥，让伍子胥与他一起归隐："人的运势就像大自然的季节一样，绚烂的春天过去，热烈的夏天到来，那么肃杀的秋天、严酷的冬天难道还不会来临吗？"可惜伍子胥听不进去。

当然，伍子胥此时不愿离开，也是有他的理由的，毕竟在这个时候，阖闾对他言听计从，器重无比，从来不会拂逆他的任何意愿，那么他在这个时候离开就有辜负阖闾信任的愧疚之心。

阖闾拜伍子胥为相国，效法齐桓公尊管仲为"仲父"的故事，称呼他的字"子胥"而不直接叫他的名字"伍员"。相应地，伯嚭也得到了升赏，他被任命为太宰，主管祭祀、保障、内务等类事务。虽然伍子胥在对外、行政等方面来说，更有执行权，但伯嚭却是百官之长，相当于吴国的大管家，因此说，相比之下，伯嚭的权势更潜在，隐蔽性也更强，更乐于为许多政治嗅觉敏锐的官僚所攀附。因为在伍子胥那里，官员们都需要出力干活，而在伯嚭这里，却能得到所有的好处和实惠。谁更受官员们欢迎，那是显而易见的。

当然了，此时的伍子胥与伯嚭之间还是亲密无间的，他们共同辅佐着阖闾，希望能让吴国这个新兴的强国，在国际舞台上，产生更大的影响力并成为中原诸侯国中新的霸主国家。但希望之所以是希望，就是因为它与现实之间存在着或大或小的差距，强的希望一直强下去，但弱的却并不希望一直弱下去，于是乎，彼此之间的矛盾、争夺和攻伐便永无止息。

而此时，与吴国这个强国争斗的弱国，实际上也是一个刚刚强大起来的小国——越国。

越国位于吴国之南，都城在会稽（今浙江省绍兴市），疆域有现今浙江省大部及江西的一部分，广东的东部北部以及福建的北部。其时的越王是允常，据传他的祖先是大禹的后代。夏朝少康帝的庶子无余被封在会稽，以供奉祭祀大禹。越国在较长一段时间里，保持着较为原始落后的生产生活习惯，黎民虽然剪短了头发，但还是普遍文身，他们除去杂草，然后修筑城邑，聚集手工业者和商人，自给自足并缓慢地发展着。由于交通等条件的限制，很少与中原内陆国家发生联系。但到了第三十九世国君允常的时候，越国逐渐变得强盛起来。

允常是一位较有作为的国君，他不断拓展疆土，把国都及城邑从山区逐渐向丘陵和平原地区转移，这对于方便交通，发展经济，增强国力，产生了很强的推动力。允常时期，越国的青铜冶铸业非常发达，当时闻名于世的五把宝剑"鱼肠""湛卢""纯钧""胜邪"和"巨阙"，都是越国的铸剑名师欧冶子所造。其时越国的造船工艺，也达到了一个相当高的水平。越国的船只多得不仅可以装备自己的水军，而且还能向别国赠送。可想而知，有这些强大的基础做铺垫，自强不息的允常，已经不再满足于侯爵或是子爵的封号等级，他也开始冒爵称王，自此，越国的国君开始称之为越王。

强大起来的越国，具备了与吴国抗衡的能力，于是，吴、越之间的矛盾开始公开化。两国的民风习俗相同，地理位置紧密相连，吴国把越国作为对外扩张的首选之地，而越国也把吴国作为扩张领土的不二选择，总之，双方都是彼此的假想敌。

但这仍然是后来才发生的事情，最初发生在两国之间的，都是小矛盾小摩擦，尚未发展到大动干戈大打出手的地步，也远未上升到相互吞并有你无我的战略高度。在那个时候，越国是楚国的属国，而吴国是晋国的属国。晋、楚两个大国争霸，吴、越这样的小国难免会被卷进去。总之，在较长一段时间里，两国虽然是邻国，但不属于一个阵营。而等到巫臣的儿子到达吴国并帮助吴国在军事上强大起来之后，吴国屡次击败楚国，越国失去靠山，吴国便开始依仗强大的实力压制欺凌越国，威逼越国订立不平等的盟约。之后到越国征兵，到越国抓俘，用严酷的刑罚处罚越国的奴隶，等等，这些暴行遭到了越国百姓的切齿痛恨。吴王余祭被守舟的越国奴隶所杀之事，就是越民宣泄这种仇恨的具体表现之一。

公元前511年，阖闾派伍子胥和伯嚭攻打楚国，攻克楚国的六邑、潜邑。在出兵之前，阖闾曾向越国征兵，但越国因为与楚国也存在同盟关系，所以允常没有同意，阖闾非常生气，于次年率军大举进攻越国，在槜李（槜音最，在今浙江省嘉兴市西）大败越军，占领槜李。

因为越国与吴国在事实上还存在同盟关系，允常之前还曾将鱼肠等三把宝剑献给吴国，但现在，阖闾居然不宣而战，率大军进攻盟国并夺取槜李，这在允常的心中埋下了极深的仇恨，总想找机会报复。公元前505年，趁着阖闾率吴军前往楚国而国内空虚的机会，允常率军袭击吴国，但随着阖闾赶走夫概平息内乱和孙武、伍子胥等人的迅速回师，允常并未达到预期目的就赶快撤军回国。但这样的偷袭行为，也足以使阖闾感到愤怒，他本想立即给越国一个下马威，但因吴军刚刚结束对楚作战，士卒疲惫，不得不安排进行休整，这才使阖闾将这个念头暂时搁置。

公元前496年，越王允常死，其子勾践即位。消息传到吴国，吴王阖闾便想趁此机会讨伐越国。伍子胥极力劝阻，因为毕竟伐丧不祥，就算两国之间仇恨再大，但在人家国丧期间大举进攻，吴国至少在道义上会失去很多人的支持并受到士大夫们的谴责。但是阖闾听不进去，他留下伍子胥辅佐太子守吴都，自己与伯嚭、专毅等人带着三万人马进攻越国。

勾践听说吴军来伐，于是亲率大军前往抵抗。两军再次在槜李相遇，双方交战几场，不分胜负。勾践毕竟年轻，想速战速决，于是派敢死队向吴军阵地发起冲锋，谁知吴军阵势极为严密，越军冲了几次，不但没有冲破吴军阵形，反而被吴军俘获不少。越国大夫诸稽郢见状，向勾践献计说必须如此如此，勾践当即采纳了他的建议。

于是勾践命军中的三百名死囚排成三行，全部赤裸着上身，然后把剑压在脖子里，走到了吴军阵前。第一排为首的死囚高呼说："我们的国君得罪了上国，以致现在招来了上国的讨伐，我们违犯了军令，现在愿意代国君去死。"说完之后，自刎而死。后面两排死囚依次效法，先后走上前去自刎而死。吴军从来没有见过这种阵势，感觉非常奇怪，在阵前交头接耳，互相议论，于是不知不觉地放松了戒备。勾践见状，立即命令敲响战鼓，向吴军发动了突然袭击。吴军将士刚刚被越国死囚的举动骇得惊愕万状，仓促之间不及应战，立即被打乱了阵形。越军先锋灵姑浮在阵中正遇阖闾，举戈便砍，阖闾躲闪不及，被灵姑浮一戈砍掉了右脚的半个脚掌，右脚上的鞋也从车上掉到了地上。不远处的专毅望见，赶快带兵过来救援，阖闾获救，而专毅却身受重伤。

吴军主帅负伤，不敢恋战，立即收兵回营，又被越军追杀一阵，死伤者几乎过半。阖闾年老血衰，无法忍受被斩落脚趾的疼痛，在班师途中伤重而死。伯嚭等人护丧回国，将阖闾葬在海涌山（后因三日后有人见一只白虎蹲在山上，所以改名为虎丘山），专毅也因伤重不治而亡。

阖闾，春秋时期著名军事家，他任用孙武为将，用三万吴军以常人难以想象的速度击败二十万楚军攻克郢都，创造了军事史上的奇迹。他在位期间，吴国的军事实力，曾一度跃居晋、楚这两个传统强国之上，吴军纵横江淮，威震华夏，阖闾因此在一些史书中被尊为春秋五霸之一。但是，阖闾的残忍也与他的武功军威同样闻名遐迩，他以较为卑鄙的方式杀死并无大错的王僚，又用极为阴险的手段除掉庆忌，让无辜的百姓为自己的女儿殉葬等，这在一定程度上为他的霸业抹上了污点。

第二十四节　夫差忘仇、卧薪尝胆、西施媚吴、"破吴七术"

阖闾死后，他的儿子夫差继任。夫差安葬阖闾之后，为了表示自己不忘杀父之仇并坚定自己的复仇意志，他让十多个侍卫站在院子里，每逢自己从庭院中走过，都让这些人大声喊叫自己说："夫差，你忘记勾践杀你父亲的事情了吗？"夫差听到后，立即流泪回答说："我没有忘记。"他令伍子胥和伯嚭昼夜练兵，准备向越国报仇。

勾践得知消息后，就想先发制人，他不听范蠡（音里）和文种的劝告，趁吴军还未出师，率兵先行攻打吴国。从勾践的这个举动来推断，他有一些看不起夫差的成分在内，他的潜台词就是：我把你身经百战的父亲都打败了，还怕你这个毛头小子？但有时候，两国之间的实力，并不以主观上的骄傲自大为转移。

夫差闻讯，立即率军迎击，双方在夫椒（今江苏苏州市西南太湖中的洞庭山）相遇。夫差亲自擂鼓助威，激励士气，吴军勇气倍增，越军不能抵敌，被杀死无数。勾践带兵突破吴兵重围，退守会稽山（位于今浙江省绍兴市区东南部），计点军数，三万人只剩下五千余人。吴军乘胜追击，包围会稽山。勾践十分惊恐，连忙向范蠡和文种等人问计。

文种分析吴、越两国的强弱形势后说："如今看来，只有向吴国议和了。"

但勾践心中也明白，想与吴国议和，并不是那么容易的事。因为他之前不仅用诡异的手法重创越国并杀死了夫差的父亲，而且此次又主动进攻吴国，这在吴国一方的感情上是很难转弯的。但既然文种提出来了，他就自有他的把握。文种说："吴国的太宰伯嚭，这个人贪财好色，而且常常嫉妒别人的功劳，虽然与伍子胥同掌朝政，但并不像伍子胥那样忠诚正直。吴王对伍子胥非常敬畏，但与伯嚭异常亲热。如果我们私下里去拜访一下伯嚭，向他送上一份重礼，求得他的欢心，让他帮忙在吴王面前替我们说好话，就没有不能讲和的道理。到那个时候，伍子胥就算知道了，也没有办法改变这一现实了。"

勾践觉得这个办法可行，于是问："你去见伯嚭，带什么礼物？"

文种说："伯嚭十分好色，如果能在国中征得美女若干，我带着去见他，他就一定会答应帮助我们。"

于是勾践在国中选了几位美貌女子，并准备了大量黄铜和贵重的玉器，派文种连夜去见伯嚭。

伯嚭刚开始听人通报说越国使臣求见，本来不想见，不过当他听说越国使臣带着美女和玉器要献给他时，立即改变了主意。他非常傲慢地坐在椅子里，之后命人将越国使臣叫进来。

文种进帐之后，跪在伯嚭面前谢罪说："我们的国君年轻不懂事，不知道该怎样才能与上国修好关系，以致得罪了上国，现在他感到非常后悔，希望臣服于吴国，但又怕吴王不同意。我们知道太宰您是吴国的股肱之臣，在外可以保吴国安然无虞，在内可以使吴王心宁无忧，所以我们国君派我先来拜访太宰您，希望太宰能在吴王面前代为通报一下我们愿意归降的心愿，我们越国君臣自当对太宰感激不尽。一点薄礼，不成敬意，还请太宰笑纳。"

伯嚭装腔作势地斥责文种说："你们越国马上就要灭亡了，凡是越国的一切，最后都会为吴国所有，现在你们拿这点蝇头小利想要收买我，真是天大的笑话。"

文种绵里藏针地回敬伯嚭说："我们越国的军队虽然一时打了败仗，但守卫会稽的还有五千精兵，足可以与贵军打一战，就算再一次战败，我们越国也会烧尽府库内的所有东西，然后奔逃他国，就像之前的楚王那样，怎么会全部留给贵国呢？退一万步讲，即使贵国得到了越国所有的东西，那也会进入吴王的府库，怎么会为太宰所有呢？所以太宰您现在不如促成吴、越和议，那么我们国君臣服于吴国，实际上就是臣服于太宰您啊，之后向吴国进贡的所有物品，在未入王府之前，必定先经过太宰府，这样一来，太宰您不是得到了越国所有的好处吗？再者说了，万一我们越国战胜了呢？"

文种不愧是越国的良臣，口才非常出众，他这一席话立即说到了伯嚭的心坎上，伯嚭非常高兴，于是对文种说："你不去找伍子胥而是来找我，就是因为我这个人从来不会乘人之危落井下石,这样吧,明天一早,我立即带你去见吴王,省得让伍子胥知道了横生枝节。"

第二天早上,伯嚭带着文种来到中军。伯嚭先入帐中,向夫差禀报了越王勾践派遣文种前来求和的事情,夫差一听,立即变了脸色,他生气地说:"先王就是因为越国而死,我与越国有不共戴天之仇,怎么能同意他们的求和呢?"伯嚭辩解说:"越国之前与我国结仇不假,但他们现在主动请求归降,越国的国君,请为吴国的臣子,越国的所有珍宝,进入吴国的宫室,他们所乞求的,就是给他们留下宗庙祭祀。如果我们准许越国投降,就能得到丰厚的物资,赦免越国的罪行,就能扬名于诸侯,这是名利双收的事情,对于吴国称霸中原,将会有非常大的益处。如果我们不准许越国请降,非要将越国赶尽杀绝,那么勾践在绝望之余,就一定会焚毁宗庙,杀死妻儿,然后率五千精兵与我们死战,到那个时候,谁能保证我们吴军就一定会得胜呢?所以在我看来,与其逼死勾践,还不如同意他们请降得到整个越国为好。"

大凡出卖国家利益的肮脏行为,无不是以冠冕堂皇的借口作为掩护。伯嚭这一番颇具迷惑性的言辞,一时令夫差拿不定主意,他决定先见一见越国的使臣再说,于是命人把文种宣进了大帐。

文种进帐之后,把之前对伯嚭所说的那番话对着夫差又讲了一遍,言辞非常谦卑,异常恭顺。夫差就问:"既然你们国君自请为吴国的臣子,那么,他愿意跟我到吴国去吗?"

文种跪地叩头说:"我们国君既已决定臣服于大王,又怎么敢不服侍于大王的左右呢?"伯嚭在一旁帮腔说:"勾践夫妇如果来到吴国,那么我国虽然名义上赦免了越国,实际上已经吞并了越国,大王还有什么不满足的呢?"

夫差考虑了一下,觉得好像是这么回事,于是同意越国归降。

再说伍子胥那边,早就有人将越国使臣前来求和的消息报知了他。伍子胥闻讯之后,赶快来到中军见夫差。进帐之后,看见伯嚭和文种一起站在夫差的旁边,他非常生气,于是问夫差说:"大王您是不是已经同意与越国讲和了?"夫差点头说:"是的,我已经同意了。"伍子胥当即表示反对说:"这绝对不行。夏朝的时候,有过氏(指杀死后羿夺位的寒浞)杀死了夏朝的国君相,相的妃子当时正怀有身孕,她逃到了有仍国,生下了相的儿子少康。有过氏想要杀死少康,少康只好又逃到了有虞国。有虞国感念夏王朝之前的盛德,所以就收留了少康,并把两个女儿嫁给了他。当时少康所统治的地盘不过十里之地,他所拥有的人口，不过五百部众，但他不断地聚拢夏朝的子民壮大自己的实力，最终消灭了有过氏，恢复了夏朝的统治。如今我们吴国的实力远远比不上当初的有过氏，而越国的力量远比少康要强大。吴国与越国，从来就是势不两立，如果我们今天不消灭越国，那么日后吴国就一定会被越国消灭，况且勾践这个人不同寻常，能够忍辱负重，如果留下他，将来就一定有后悔的那一天。越国还杀死了我国的先君，不灭掉越国，大王您怎么能对得起您曾经发下的那些誓言呢？"

夫差羞愧满面，无言以对，不过他已经答应了越国，又不便出尔反尔，只得将求助的目光转向伯嚭，伯嚭立即意识到此刻伍子胥激烈的言辞已经让夫差难以下台，并且夫差已经对伍子胥心生厌恶，夫差在紧急寻求一个同盟并希望得到他的声援和支持，于是他立即大声地指责伍子胥说："相国所说的这些，实在是大错特错。之前有过氏与少康的恩怨，并不一定就等同于今天的吴、越。当初先王在世的时候，也并没有说吴、越两国就一定不能共存。如果说先王的大仇必须报，那么相国之前在楚国的仇恨应该比这还要深，那之前对楚作战，相国为什么不坚持灭亡楚国而最终选择了与楚国和谈呢？相国您在那里博得了宽容忠厚之名，却想让大王在这里落一个刻薄寡恩的恶声，如果您真是替国君着想的忠臣，就不应该这么做。"

伯嚭这番话完全是强词夺理，颠倒是非，把之前根基深厚的楚国拿来与此时垂死挣扎的越国相提并论，并且把刚直的伍子胥狠狠地羞辱了一番，但在这个场合，它的确是维护了夫差的权威，夫差非常高兴地说："太宰说得非常有道理，相国您先退下吧，等日后越国送来了贡品，少不了您的一份。"

伍子胥气满胸膛，叹息说："我后悔当初不听被离的劝说，竟与这样的佞臣一起共事。"一边骂，一边走出了中军大帐。在营帐外，他对一名吴国大夫说："越国用十年时间繁殖人口，聚积物资，再用十年时间教育百姓，训练士卒，二十年之后，吴国难道不会变成废墟之地吗（越十年生聚，而十年教训，二十年之外，吴其为沼乎）！"

于是吴国与越国订立盟约，勾践把越国的军政等事务向文种等人稍做安排之后，与妻子一起，带着范蠡来到了吴国。

夫差叫人在城外修建了一间石屋，命勾践夫妇与范蠡住在里面。平时，勾践君臣一身奴仆的打扮，专做些打扫卫生、养马饲草的杂事，遇到夫差驾车外出，勾践就拉着马缰绳走在马车前面，吴国的百姓看见，都指指点点地说："这就是越王啊。"夫差洋洋得意，而勾践听到之后，只是把头埋得更低。

有一天，夫差登姑苏台赏玩，游了一阵，突然就想起了勾践，他转身朝勾践夫妇所住的石屋望去，只见勾践与他的妻子端端正正地坐在马厩旁，而范蠡则恭恭敬敬地侍立在一旁，样貌甚为有礼。夫差就非常感慨地对伯嚭说："勾践不过是一个小国的君主，范蠡位次还及不上一个大夫，在这种困厄的环境中，居然不失君臣之礼，真是让人心生敬佩。"伯嚭见夫差动了恻隐之心，立即替勾践说好话："虽说勾践等人令人敬佩，但实际上，他们穿着粗布衣服，吃着劣等的饭菜，干着下人干的活，却是非常可怜。"夫差点头说："确实就像太宰所说的那样，我都不忍心看他们穷苦的样子，如果他们真能够悔过自新，我还能赦免他们吗？"伯嚭说："大王仁德布于天下，如果能够厚待越国，越国怎么会不因此而对大王感恩戴德呢？请大王早下决心。"夫差说："那就叫太史占卜一个吉利的日子，到时赦免勾践回国。"

伯嚭立即派心腹家人将这个消息密报给了勾践，叫他们做好回国的准备。勾践非常高兴，兴冲冲地等待夫差下赦免令。而范蠡对此并不乐观，他劝勾践说："事情不会那么顺利，因为伍子胥不会眼睁睁地看着夫差放走我们的。"

果然，伍子胥听到将要释放勾践回国的消息之后，立即赶来见夫差说："当初夏桀囚禁了商汤而没有杀，商纣囚禁了周文王也没有杀，谁知后来天道逆转，形势急转直下，所以最后夏桀被商汤所逐，商朝被周朝所灭。现在大王您囚禁了越王而不杀死他，恐怕夏桀、殷纣当初的灾难马上就要降临在您头上了。"

夫差再怎么自我感觉良好，听了伍子胥这一番忠直的话，也禁不住出了一身冷汗，是啊，如果就这样放走勾践，将来重蹈桀纣的覆辙怎么办？他又萌生了要杀死勾践的念头，于是命人去叫勾践前来。

伯嚭将这个消息提前走漏给了勾践，让他快想办法，勾践大惊失色，想了半天没有丝毫的主意，赶快去找范蠡商量。谁知范蠡听了之后却说："大王放心好了，您想想，吴王已经把您囚禁了整整三年，他这三年时间里都不忍心杀死您，怎么会今天突然忍心杀死您呢？您放心去，我敢保证去了什么事也没有。"

勾践于是放心地去见夫差。可是等他去了之后，一连等了三天，也没见夫差上朝。这时伯嚭从宫中出来，说奉了吴王的命令，仍叫他回到石屋里去。勾践不知道发生了什么事情，于是就向伯嚭打听，伯嚭告诉他说："之前大王听了伍子胥的话，准备杀死您，所以召您来入见。但庆幸的是，这几天大王刚好生病了。我入宫探望时对他说：'大王的病要想早一点好，就必须做一些顺天应人的好事情，现在如果杀了越王，上天责怪下来，该如何是好？不如大王先叫越王回去，等您病好了再做打算，大王您看如何？'大王听了我说的话，所以让我来告诉您，叫您先回去。等大王病好了，我再找机会劝一劝他，让他早下赦令。"勾践听伯嚭这么说，赶快把伯嚭感谢了一番。

勾践回到石屋里，忧虑不已，再一次向范蠡求计。范蠡向勾践献策说："依我看来，夫差正当盛年，偶尔生病，不至于会死。如今已经病了这么长时间，马上就快好了。希望大王您找个机会，去探望一下吴王，如果能够见到他，等他解手的时候，尝一下他的大便，之后就对他说他的病快好了，而等到吴王的病真正好的时候，必然会让他非常感动，那个时候，赦免大王您回国，还不是水到渠成的事情吗？"

勾践非常惊愕，也有一些生气，他责备范蠡说："我虽然没有什么出息，但也曾贵为一国之君，怎么能做出如此屈辱的事情，尝别人的粪便呢？"

范蠡说："当初殷纣把周文王囚禁在羑里，杀了他的儿子伯邑考，然后做成肉汤赐给了文王，周文王忍痛把儿子的肉吃了下去，最后终于等到了获释回国的那一天，可见成大事者不拘小节。吴王有女人那样的好心肠，但没有大丈夫的决断力，本来已经决定了要赦免大王您，谁知中途又横生枝节，如果大王您不这样做，怎么能博得他的同情之心呢？"

勾践想了想，觉得也确实如此，于是通过伯嚭，得到了入宫问疾的机会。伯嚭先去见夫差，说勾践听说大王病了，非常想念，想来看看大王，希望得到大王的允许。夫差昏昏沉沉，觉得也没有什么不妥，于是就答应了。

勾践进来之后，夫差强打精神，费力地望着他说："勾践你也来看我啦？"勾践赶快跪下说："我听说大王龙体欠安，心里非常难过，就想来看一看大王，再没别的什么事情。"正说之间，夫差忽然感觉有些肚子胀，想要上厕所，于是挥一挥袖子，示意让勾践出去。他哪里知道勾践等的就是这个机会，勾践说："臣在越国的时候，曾经跟着几位医生学习过一段时间的医术，通过观察病人的排泄物，就知道病人的病什么时候能够痊愈。"说完后低着头站在一旁。

内侍们把便桶拿到夫差的床前，侍候着夫差解完手，便要提着便桶出去。勾践拦住侍从，揭开便桶的盖子，伸手抓了一小砣屎，然后跪在地上吃了下去。左右侍从见状，无不反胃得掩上了鼻子。

之后，勾践向夫差叩头拜贺说："恭喜大王，贺喜大王，您的病马上就快好了。"夫差问："你怎么知道？"勾践说："我听医生说，人的大便是由五谷消化而来的，跟季节寒暑颇有相似之理。如果病人的病没有好转的迹象，那么病人的泄便也会显得毫无生机，就跟肃杀的严冬一样。我刚刚未经允许大胆尝了一下大王的屎，发现味道既酸又苦，那情景就像春夏之交生机勃发的草木一样，正应了大王鼎盛强壮的龙体，所以说大王的病实际上并无大碍，过不多久就会痊愈。"

夫差没想到勾践居然能为了了解他的病情而为他尝粪，心里非常感动，也非常高兴，他说："勾践啊，你真是一个富有爱心的人啊。因为自古以来，从没有哪一个臣子，肯为了决断国君病情的好坏而愿意去尝国君的泄便，你能做到这一些，真是非常难得啊。"说完之后，夫差就问侍立在旁边的伯嚭："太宰你能吗？"

伯嚭顺势说："臣虽然与大王相处日久，相互之间有非常深厚的感情，但是，这样的事情，臣也做不到。"夫差不再问别人，而是慨叹说："别说是太宰了，就连我的亲生儿子也做不到这一点啊。"于是命勾践不必再住石屋，而是任其自由出入。

这是中国历史上令人极为恶心反胃的一幕，勾践的举动可说是前无古人，后无来者，谦卑之极，下作之极，为了保全性命，他什么事都做得出来。他做出尝粪这样的屈辱之事不说，还要发表一通文辞华美的心得体会，真是令人叹为观止。但是，这又是中国历史上令人极为恐惧战栗的一幕，因为夫差没有意识到，你能让别人有多屈辱，你就会让别人有多仇恨，他今天能忍辱低下头吃你的屎，明天就能狠下心拿起刀要你的命。勾践在尝粪的时候，脸上带着自豪的笑容，就好像这个世界上只有他才有资格去做这件事情一样，但实际上，无数利刃在绞割着他的内心，之前的仇恨又在快速叠加，也许就是从那个时候起，他坚定了必须灭亡吴国杀死夫差的信念！

过不多长时间，夫差的病果然好了，病愈之期，几乎跟之前勾践所说的相差无几。夫差心中感念勾践的忠诚，于是设宴招待勾践。勾践早就从伯嚭那里得知了夫差宴请他的真正目的，但他仍然装作不知道的样子，穿着之前的囚衣来到了夫差的王宫。夫差听人禀报之后，越发觉得勾践诚实厚道，于是命勾践沐浴更衣，入席就座。勾践装作诚惶诚恐的样子，执意不肯。经夫差再三下令，方才脱去身上穿的奴仆装，换上了士大夫的衣服，之后入宫拜谒夫差。夫差赶快下阶扶起勾践，下令说："越王是一个非常有爱心，且道德品质非常高尚的人，怎么能长时间地遭受困厄呢？我要免除越王的劳役之苦，赦免越王之前的罪行，并释放他回国。从今天起，在大殿里与我王位相对的地方（夫差的王位背朝北、面朝南,那么勾践的座位就是背朝南、面朝北),要为越王专设一个座位,众卿都要以对待最尊贵的客人那样的礼节和规格来对待越王。"于是让勾践坐在客座上,然后吴国的大臣们都分坐在他和勾践两侧。

伍子胥在阶下,见夫差忘记杀父之仇不说,居然还以这样的尊礼对待勾践,心里非常生气,袖子一甩,就出了大殿。伯嚭望望伍子胥的背影,大声对夫差并群臣说:"大王以仁君的宽厚之心,赦免仁厚的越王之前无意中犯下的罪行,可说是天下以德治国的典范,今天这样的宴会,有仁爱之心者自然会留下,无仁爱之心者当然要离去。相国性情暴烈,他不在这里就座,说明他早就已经认识到了自己不仁不义的缺点。"夫差大笑不已:"太宰说得非常有道理。"

酒过三巡,勾践带着范蠡亲自上前为夫差敬酒祝寿,言辞非常谦恭。大意就是夫差的仁德,天下没有人能比得上,夫差会长命百岁,吴国在他的治理下会永远强盛,全天下的诸侯都会臣服于吴国,尊奉吴国为中原霸主。

夫差听了之后非常高兴,当天晚上,吴、越君臣尽欢而散。夫差向勾践许诺说:"三天之内,我会送你回国。"

但谁知,偏偏有一个人就不愿意让夫差这么做,这个人就是忠心耿耿的伍子胥。伍子胥听说夫差要在三天之内送勾践回国,立即在第二天一早心急火燎地跑来见夫差。他劝谏夫差说:"大王您昨晚怎么能那样做,忘记仇恨,恩待宿敌?勾践这个人内心就像虎狼那样凶狠,外表却像绵羊一样恭顺,您被他一时的花言巧语所蒙蔽,丝毫不考虑日后的祸患,贪图一时的仁义之名而纵敌归国,如果真要这样做,我们吴国,马上就要大祸临头了。"

谁知夫差听了,立即变了脸色,他斥责伍子胥说:"我病了三个月,你没有说过一句安慰我的话,这是你的不忠,没有送一点能助我康复的礼物,这是你的不仁。作为一个臣子,既不忠又不仁,那这样的臣子,我还要他做什么用?反观勾践,他丢下他的国家千里迢迢来到吴国,像一个奴仆那样侍奉我,这是他的忠心;我生了病,他为了让我的病早一点好,亲自为我尝粪看我什么时候能好,却没有一点怨恨之心,这是他的仁义。如果我照着相国你的意思,杀了这样的仁义之士,那么上天一定不会再保佑我。"

伍子胥也急眼了,他顶撞夫差说:"大王您怎么这么糊涂呢?老虎伏下身,那是它马上就要扑向猎物,毒蛇缩回头,那是它马上就要攻击别人。勾践在我们吴国当了三年的奴仆,他心里的怨恨,大王您想一想也会知道。他是在为大王尝粪吗?他是在迷惑大王您的心啊!大王如果察觉不了这一点,中了勾践的诡计,那么我们吴国早晚会被越国所消灭。"

这个时候的夫差，还哪里能听得进伍子胥的话，他气恨恨地说："你再不要说了，我已经决定了。请你退下！"

伍子胥看看夫差，这还是那个刚即位之初对他敬畏有加言听计从的吴王吗？这还是那个之前口口声声说不敢忘记杀父之仇的孝子吗？都不是了，他现在听信伯嚭等一帮小人的谗言，再被勾践、范蠡君臣所迷惑，个人意识膨胀，自我感觉良好，他已经听不进任何的逆耳忠言了。伍子胥知道夫差的决定已经无法再更改，只好满腔郁愤地退了下去。

到了第三天，夫差在城外置酒设宴，亲自送越王勾践回国。吴国大臣都前去为勾践饯行，只有伍子胥没有去。夫差端起酒杯，向勾践说："我今天赦免你回国，你回去之后，应该铭记吴国对你的恩情，可不要记恨吴国。"勾践听夫差这么说，立即跪地叩头说："大王您如此怜悯我，饶恕我的罪行并让我活着回到越国去。我一定会尽心竭力报答吴国对我的恩德，苍天在上，可以为我所说的这些话作证，如果我辜负了吴国，一定不会有好下场。"夫差听了非常高兴："大丈夫一言，驷马难追，你现在就可以回去，回去了勤勉为政，不要让我失望。"勾践跪在地上，又向夫差拜了几拜，眼里的泪水不停地流着，看起来非常舍不得离开夫差，反倒把夫差感染得极不自然，于是赶快把勾践扶上了车，勾践夫人在向夫差行礼谢恩之后，也上了马车。一旁的范蠡迅速拿起马鞭，赶着马车往越国方向赶。

历史真的重演了，一千一百年前，夏桀释放了被他囚禁的商汤，最后被商汤推翻统治并流放；五百五十年前，商纣释放了被他囚禁的周文王姬昌，最后被姬昌的儿子推翻统治并被逼自焚；如今的夫差又做出了同样的事情。仇人不是不可以原谅，但你要看是什么类型什么领域什么实力的仇人，如果你比仇人强大数倍甚至数百倍，把仇人打残废了再原谅他，或者是你一直能把他捏在手心里，那他就永远没有爬起来的一天，而且你还会真正地落下仁慈宽容的好名声，就像刘邦原谅王陵和雍齿，刘秀原谅朱鲔那样，不仅收买了人心，也体现了帝王的胸襟和气度。但是，如果仇人的实力跟你不相上下，未来的进取领域也一样，并且处于不是你死就是我亡的态势，那么这样的仇人就绝对不能原谅，无论他当着你的面说得有多好听，也不论他指天誓日发下了什么样的毒誓，那到了兵戎相见的那一刻，都是作不得数的。此时的夫差太天真，一时心软妇人之仁犯了这样的致命错误，后来的项羽也同样。对于真正的仇人，你最好一开始就毫不留情地除掉他，而不是把他囚禁起来并给予他种种表现的机会等到他把你感化的那一天。可叹啊！

勾践回国之后，引会稽之败和在吴国的囚徒生涯为奇耻大辱，把都城迁至会稽，将政务交给文种处理，将军队交给范蠡操练，自己专做些寻贤尊士、吊死问疾、敬老恤贫的事情，一时之间，越国百姓无不感悦。

勾践复仇的志向越来越强烈，为了进一步坚定自己报仇的决心，他把自己安置在异常简陋的房间里，睡在柴草上面，连被褥都不铺，而且还在头顶上挂一颗苦胆，每天早晚都要尝一口，苦涩的胆汁使他立即想起了在吴国所受的侮辱，之后再次振奋将要困顿的心灵和疲倦的精神，投入对国政的处理和壮大越国的谋划之中（典故"卧薪尝胆"的来历）。

因为三年前对吴作战失败，青壮年男丁锐减，勾践于是在国中下令，所有年轻的男子不得娶年老的女子为妻，所有年迈的男子不许纳年少的女子为妾，以保证新生人口的质量。凡是女子长到十七岁，如果还不出嫁，凡是男子长到二十岁，如果还不婚娶，他们的父母就会被问罪。怀孕的妇女分娩之前，必须向官府报告，官府会派医生前去接生，如果生下的孩子是男孩，官府会奖励孩子的家人一壶酒一条狗，如果生下的孩子是女孩，官府就会奖励孩子的家人一壶酒一头小猪。如果一对夫妇生了两个以上的孩子，那么这对夫妇只须抚养一个孩子，其余孩子的抚养费全部由官府来支出。百姓年老者死亡，官府派人吊丧抚慰，免除民间七年的赋税，让百姓休养生息，并藏富于民。

而勾践自己，如果在出巡时遇到小孩子，就必须赐给小孩子一些食物，寓意国君在鼓励他成长；如果遇到劳作的农夫，就下车亲自扶着犁在田间耕作，以示对农业这个国本的重视。不仅自己如此，他还让夫人亲自织布，与百姓同样劳作，吃穿用度都非常节俭。

客观来讲，勾践夫妇的所作所为在越国起了非常有效的表率作用，极大地增强了越国统治阶层和百姓之间的凝聚力和向心力。这些做法，如果不说报仇，单就从富国强兵和治理国家的角度来看，是值得肯定和赞扬的。

勾践在国内是如此勤俭，但对国外他是超乎寻常的奢靡。他每个月都会向吴国派出使臣，向夫差送去特产和贡品，以博取夫差的欢心和信任。当他听到夫差准备盖一座大型的宫殿而缺乏承重的正梁之时，立即派出三千工匠，入山伐木。经过整整一年时间，在山里找到了一棵长约百米的梓树，然后刨光后画上五彩的花纹献给了夫差，夫差非常高兴，不听伍子胥的劝阻，收下了大木，并开始大兴土木，扩建姑苏台。姑苏台成，吴国百姓死于劳作者，不可胜数，民力受到了极大的损耗。

但勾践并没有因此而放松对吴国的麻痹。他向文种请教说："我怎样才能灭亡吴国呢？"文种向他献计说："我有七条措施，如果逐一施行，不怕吴国不灭亡。"勾践问："哪七条措施？"

文种说："第一，定期向吴国君臣送上财货，以博取他们的好感，这样一来，就会最大限度地减小吴国对越国的猜忌；第二，用相对较高的价格把吴国的粮食购入越国，这样一来，吴国的粮库就会空虚；第三，向吴国送去绝色美女，以迷惑夫差的心志，使他丧失进取之心；第四，向吴国送去能工巧匠，让夫差大修宫殿，以消耗吴国的财富；第五，设法把那些谄媚的佞臣送到吴国，以扰乱其朝政决策；第六，设计让夫差除掉那些对越国怀有戒心的忠臣，弱化其辅佐力量；第七，相应地，我们要注意积蓄财物，训练士卒，等机会成熟，我们就可以大举进攻，灭亡吴国。"勾践非常赞叹，命文种依次施行这七条策略。

一些史书上把文种的这七个方略称为"破吴七术"，其实在此之前，勾践已经施行了一术，即每月向吴国进贡珍稀物产，从而让夫差感觉越国非常驯服，放松了对勾践的警惕。而此时又有一术奏效，自然令勾践不胜欣喜，他于是命文种继续按既定计划施行这些策略。

勾践和文种对吴国实施的下一个策略就是向夫差进献绝色美女，他们在越国苎罗山下的一个小村里（今浙江省绍兴诸暨市苎萝村）找到一位名叫施夷光的绝色女子（因住在苎萝村的西村，所以人们又叫她西施，尊称为西子），用三年的工夫，让专业的乐师教她歌舞、步态和礼仪。三年之后，西施立即由一个只具备面部姿色的樵夫之女，成长为一个体态婀娜、舞姿迷人、待人接物十分得体的美艳宫女。勾践命人给西施制作了合体而华丽的宫装，然后把她与另一位美女郑旦一起进献给了吴王夫差。

伍子胥劝谏说："夏朝就是因为妹喜而灭亡，商朝就是因为妲己而灭亡，周朝（西周）就是因为褒姒而灭亡，美艳的女子从来都是亡国的祸根，请大王不要接受。"但此时的夫差，西南面的楚国怕他，北面的齐国怕他，西北面的晋国怕他，正是自我感觉最为良好的时期，伍子胥的话他哪里能听得进去！

夫差非常宠爱西施，为她修建了馆娃宫、灵馆等馆舍林园，用来让西施表演歌舞、游玩和憩息。西施喜欢跳一种"响屐舞"，夫差就专门为她修建了一个响屐廊，派人将廊下的地挖空，然后放着数百口专门为此烧制的大缸，然后在缸上面铺上木板。西施穿着木屐，在裙边上系上铃铛，然后在木板上跳舞。翩跹的舞姿，清脆的铃铛，与大缸的声音相互交汇，的确有一种非常奇异的美感，使人如醉如痴，沉湎其中。夫差与西施日夜游乐，不理朝政，伍子胥等人屡谏不听。而另一位美女郑旦，竟因为夫差专宠西施，忧闷而死。

勾践见一计得逞，接着施行下一计。这一年，越国因为年景不好禾谷歉收，存粮又不多，勾践担心遭遇饥荒引发国内动荡，于是与文种商议，到吴国去借粮食。

夫差并未多加考虑，立即答应文种说："越国既已臣服吴国，那么越国人民受灾，就相当于我吴国百姓受灾，再说我国还有不少存粮，哪有见死不救的道理？"伍子胥立即劝谏说："绝对不能给越国借粮，目前的形势已经非常明了，不是吴国吞并越国，就是越国占领吴国，我看他们派来的使者，根本就不像遭受饥荒的样子，他们来借粮，只不过是想要掏空我们的粮仓罢了。大王您千万不能借。"

夫差有些诧异地说："当初勾践战败，自请入吴为臣，天下没有哪个人不知道，是我允许他重新复国，延续祭祀，勾践回国之后，四时贡献，从无断绝，他又怎么会背叛我呢？"

"不是这样的，勾践自回国之后，勤于政务，爱民敬士，立志要报复吴国，现在大王您再把粮食借给他们，这不是帮着越国灭亡我们吴国吗？"

夫差满不在乎地说："勾践已经向我称臣，哪里有臣子攻打君主的道理？"

对于夫差的昏聩，伍子胥真是哭笑不得，他提醒夫差说："当初商汤讨伐夏桀，周武王讨伐殷纣，难道不是臣子在攻打君主吗？"

夫差还没有答话，一旁的伯嚭却大声责骂伍子胥说："相国说这样的话，是不是太过分了？你怎么能把桀纣这些昏君与我们圣明的王上做比较呢？"接着，他又援引之前齐桓公会盟诸侯时制定的盟约条文说，"之前的葵丘之盟说得非常清楚，'邻国发生灾荒，不得禁止粮食买卖'，更何况越国这么多年来给我们进贡了那么多的物产。明年等到越国丰收了，让他们如数偿还给我们，这既对我们吴国没什么损失，还帮了越国一个大忙，有什么不可以的？"

于是夫差当堂决定，借给越国万石谷子。他对前来借粮的文种说："我不顾这么多大臣的反对，把粮食借给你们，等你们明年丰收了，可一定要按数偿还，千万不可失信。"

文种跪地叩谢说："大王怜悯我们越国，不忍心越国百姓遭受饥饿之苦，好心把粮食借给我们，我们怎么敢不守信用呢？"

到了第二年，越国取得了大丰收，但吴国遭受了饥荒。夫差于是派人到越国去，让越国归还粮食。勾践召群臣商议说："我不把粮食还给吴国，就会失信于天下，但如果还了，那么就削弱了我们越国而增强了吴国的实力，怎么办？"文种说："我有一计，可以把粮食还给吴国，保证既让我们越国没什么损失，反而还会极大地损耗吴国的国力。"勾践立即问："什么计策？"文种说："把我们的谷子挑一批颗粒大一点的出来，然后蒸熟了还给吴国。吴国一看我们的谷粒比较大，就会让百姓用这些谷子做种子，这样一来，吴国还会有收成吗？"

勾践十分高兴，吩咐文种依计而行，把蒸熟的谷子还给了吴国。当夫差听到越国如数归还粮食之时，十分感叹地说："勾践可真是个守信义的人啊。"或许说话的时候，他还特意瞥了一眼一旁站着的洋洋得意的伯嚭和满腹狐疑的伍子胥。夫差见越国还来的谷粒十分饱满，于是对伯嚭说："越国的土地靠海，十分肥沃，他们种出来的谷子也非常好，可以把这些谷子发给国内的百姓，让他们都种这种品种的谷子。"于是越国的百姓，都用越国蒸熟的谷子做种子，其结果可想而知，没有一株能够发芽，当年吴国遭遇了罕见的大灾荒。夫差并不怀疑越人捣鬼，反而以为是种子水土不服，以致没有发芽。

至此，越国已经成功实施了"破吴七术"中的三术：定期进贡、高价购米、进献美女，而"耗吴财力""谄臣乱国"这两术，则由吴国自己施行着，还有两术就是除吴谏臣，再就是越国自己积财练兵。想要除掉吴国的忠臣伍子胥，那可不是一件容易的事，虽然夫差非常厌烦伍子胥，但还没到对他完全失去信任的地步，如果越国急于求成实施反间，弄不好就会让夫差有所察觉而适得其反。既然伍子胥一时半刻杀不了，那么越国就最好做自己可以做到的事——积蓄财物，训练士卒。

当时越国国内有一位非常著名的女剑客，剑术非常高超，因为人们都不知道她的真实姓名，所以都把她称为"越女"。又有一位名叫陈音的楚国人，精于射箭，箭箭命中目标，因为躲避仇家居住在越国。范蠡都把他们推荐给越王勾践，重金聘他们为剑师和射师，让两人教习越国士卒练习搏击和射箭技艺。越女的击剑以训练身形的敏捷和出剑的速度为要诀。身形敏捷，可以确保搏斗中的自身安全，使己方立于不败之地；而出剑迅速，则可以先发制人，招招制敌，使士卒的战斗力和杀伤力大增。陈音的箭，确切地说，是弩，安装在人的手臂上，用机械的力来发箭，而且射出的箭不是一支，而是三支，让目标根本无法躲避，是后来连弩的雏形和先驱。

可想而知，一支命中率较高的弩弓队伍，万箭齐发之下，敌方将士要么伤亡惨重，要么被压制得极为被动，而精于搏击的大部队再随后跟进，双方的战况如何，还不难做出判断吗？

伍子胥听到越国大规模训练士卒的消息后，立即求见夫差说："大王您一直以为越国已经臣服于我们吴国，可是如今呢，越国用范蠡为将，日夜训练士卒，军队的战斗力大幅增强。一旦趁我们不备，他们发动突然袭击，那我们吴国就会大祸临头了。您如果不相信，为什么不派人暗中去打探一下呢？"

夫差将信将疑，于是派人到越国去刺探消息。暗探到了越国，探知勾践聘请越女和陈音练兵的消息之后归报夫差，夫差非常吃惊，于是命人叫来伯嚭，问他说："越国已经臣服我国，那他们现在日夜操练士卒，却是为了什么？"伯嚭当然不敢说越国是在为发动对吴作战而进行最后的战备，他替越国辩解说："大王您既然允许越国复国，那么他们作为一个国家，怎么能没有自己守卫国土的军队呢？训练士卒，对于一个国家来说，是非常正常的，大王根本没必要去怀疑。"

夫差心里很有些不痛快，他已经赦免了越国，但越国却在背着他偷偷摸摸地练兵，这让他感觉很不舒服。不舒服之余，他就有了讨伐越国的打算。但就算现在勾践要背反吴国，却也还没有露出明显的迹象，他不好贸然出兵。夫差就是怀着这种极为矛盾的心情，一直为是否要攻击越国而犹豫迟疑。

而在这期间，其他各国的形势也在急剧变化着，国与国之间相互影响，相互制衡，国际大势往往因一两个国家的细微变化而发生剧烈的变化，从而再波及其他的国家，可说是牵一发而动全身，而历史的车轮，就在这种变化中被不断地推动着。

而在历史的发展进程中，令人意想不到的是，一些强大的国家灭亡了，而一些弱小的国家却存活了下来。而在灭亡的强国中，由夫差主政的吴国，可说是一个令人错愕的典型。

吴国的灭亡，固然与骄傲自大的夫差有着直接的关系，但是也与一位著名的舌辩之士有着千丝万缕的联系。这位舌辩之士就是大名鼎鼎的孔夫子的弟子子贡，端木赐！

第二十五节　圣人孔子、问礼老子、阳虎与孔子、孔子相鲁、夹谷之盟、隳三都、周游列国

在介绍子贡之前，先介绍一下他的老师孔子。

孔子名丘，字仲尼，鲁国陬邑人（今山东省济宁曲阜市），著名的思想家、教育家，儒家学派的创始人。生于公元前551年，卒于公元前479年。孔子是我国上古时期集华夏文化之大成者，因为非常博学，在他生前就已经被称赞为"天纵之圣""天之木铎"（铎是古代宣布政教法令或有战事时用的大铃，天之木铎大意就是上天派遣下来惊醒、教育世人的圣使），备受时人推崇。而等到他死后，因为自西汉武帝时罢黜百家，独尊儒术，孔子的地位日渐高显，从孔夫子、孔圣人、至圣、至圣先师等，一直到元武宗海山加封他为"大成至圣文宣王"，孔子的地位到了无以复加的地步，方才停了下来。

孔子的远祖是殷人，殷商被灭后，殷商贵族被迁至成周。为了延续殷商的祭祀，周公将商纣的庶兄微子启分封在宋，而孔子的远祖孔父嘉就是微子启的后人。孔父嘉本是子姓，名嘉，字孔父。因为按照周礼，族人出五服就要另立宗族，孔父嘉的五代祖是宋湣公的儿子，因此到了孔父嘉这一代，就出了五服，要另立宗族，于是变"孔父"这个字为氏，因此，他的后人都开始以孔为姓，先秦以后，姓与氏合而为一，孔也就成了他们这一宗族的姓。孔父嘉是宋殇公时宋国司马，因妻子貌美而遭太宰华督强夺，孔父嘉被华督所杀，孔父嘉的儿子孔木金父其时年纪尚幼，由家臣抱着逃到鲁国。孔子就是孔父嘉的六世孙。

孔子的父亲叫叔梁纥（子姓，孔氏，名纥，字叔梁），力大无穷，屡立战功，曾做过鲁国陬邑的大夫。叔梁纥刚开始娶施氏女子为妻，生了九个女儿，但

没有生下一个儿子，他的姬妾为他生了一个儿子名叫孟皮（或叫伯尼），但腿脚有残疾，按照礼法，不能承嗣。于是叔梁纥就想再娶一房小妾为他生下一个健康的儿子，好延续孔家的香火。叔梁纥到颜氏家族去求婚，颜氏家族的颜襄有五个女儿，都还没有出嫁。因为当时叔梁纥年纪有些大，已经七十岁了，颜襄毕竟也不敢随便委屈哪一个女儿，于是就征求女儿们的意见说："你们谁愿意嫁给陬邑大夫叔梁纥？"其他的女儿都不应声，只有最小的女儿颜徵在回答说："作为未出嫁的女儿，她所要做的就是听从父母的教导，父母说什么，就应该遵守什么，又何必问这些呢？"（这是当时妇女所要遵守的普遍准则，即后来演变而成的三从四德的三从——未嫁从父，既嫁从夫，夫死从子。）颜襄听了颜徵在的回答，感觉非常惊奇，于是就将颜徵在许配给了叔梁纥。

叔梁纥娶回颜徵在，当年就生下了孔子。因为颜徵在曾到尼丘山（在今曲阜市东南，后因避孔子的讳称之为尼山）去祈祷，归而受孕，且孔子出生后头顶百会穴那里略有凹陷，像尼丘山，因此起名为丘，字仲尼（仲是老二之意，上面有老大孟皮）。孔子三岁的时候，叔梁纥去世了，孔家的人对孔丘母子很不友好，于是颜徵在就带着孔子回娘家去居住。由于孔子的外祖父颜襄本身就是一个知识渊博的学者，且孔子天生禀赋异常，记忆力非常出众，因此颇得他外公颜襄的喜爱。颜襄以毕生所学倾囊相授，使孔子在非常年轻的时候就以博学多闻而名显诸侯国，最终成了中国历史上最负盛名的思想家。

史书曾记载叔梁纥与颜徵在野合而生孔子，这里的野合实际上可以理解为一桩不合当时礼制的婚姻，因为叔梁纥已经七十多岁，而颜徵在只有十几岁，年龄悬殊，叔梁纥很有可能把婚事办得极为简单，省去了许多礼节，实质大于形式，"质胜于文谓之野"，故而称之为野合。这种说法见于《孔子家语》和一些儒家经典，为圣人避讳和辩护的意图非常明显。

也有传说称，叔梁纥在迎娶的途中，即在山中与颜徵在发生了性关系，导致颜徵在受孕。这一种说法主要是为了暗示孔子的出生"秉天地之灵气"，意在突出孔子系"天降圣人"，进一步美化的孔子的出生。

还有人说，叔梁纥与颜徵在根本就没有举行什么仪式，而是在当时较为普遍的野合习俗中，产生了这样一段婚姻关系。不过这个说法有一定的疑点，因为按照当时的风俗，野合一般在尚未婚配的青壮年男女之间进行，七十多岁的叔梁纥与十六七岁的颜徵在都不在野合的范围之内，年轻的颜徵在也很难做到对年老的叔梁纥一见倾心。因此有人怀疑，是叔梁纥这个老奴隶主，依仗着权势强奸霸占了颜徵在这个平民女子，孔子是个私生子。这种说法虽然支持的人不多，但是，从叔梁纥死后孔家人并不善待孔丘母子，孔子并没有像叔梁纥所期望的那样承嗣的事实来看，这种说法也并不是毫无依据。

不过实际上，孔子不论以上述何种方式降生，都丝毫不影响他的伟大，也不影响他为弘扬、传播中国文化所做出的巨大贡献，人们也根本没有必要为孔子的出生方式而感到尴尬，更没有理由去指责圣人的双亲有"非礼"之举，因为在远古的时期，野合也是一种被官方允许的婚姻制度，合乎当时的民间习俗。当时女性的贞操观念虽已初步形成，但远未达到后世"饿死事小，失节事大"的地步，社会环境也相当宽松（当时的裤子有裤管而无裤裆，也可略见端倪）。据史料记载，当时为了增加人口，官方甚至会主动组织野合活动，既有固定的时间，也有固定的场所，因此，野合生子也是很正常的，根本没有必要大惊小怪，所以既没有必要去指责什么，也没有必要去掩饰什么。

相反，从孔子成为一个大思想家这一个角度来看，他的母亲颜徵在，实际上是一个非常伟大的母亲，一位知书达礼的女性，否则，孔子既已幼年丧父，如果再缺乏家教，他还能得到后来的成长，那都是不敢想象的。

因为家庭的变故，孔子年幼时，过得非常贫困，他天资聪慧，记忆力超群，许多东西他听一遍或者是看一遍就能记下来，母亲颜氏也刻意创造条件，想办法让他去观看祭祀的礼仪，这就为孔子日后熟谙并发展礼仪制度打下了坚实的基础。孔母颜徵在在孔子十七岁的时候，因为积劳成疾而不幸早逝。孔子曾经为"三桓"之中的季氏当过管理仓库和管理牧场的小官，工作做得非常认真出色。

其时的鲁国，依然是"三桓"把持着朝政。

鲁国自季友拥立鲁僖公之后，拥立有功的季友被任命为相国。鲁僖公在位三十三年而死，其子鲁文公继位。鲁文公在位后期，鲁文公的叔叔东门襄仲开始担任鲁国要职。东门襄仲是鲁庄公的儿子，姬姓，名遂，字襄仲，因为他家住曲阜东门，所以分出了一个新的姓氏东门氏，襄仲因此被称为东门襄仲，或叫东门遂、公子遂。

鲁文公有两个妃子，长妃是齐国的公主称为哀姜，生了两个儿子，分别是姬恶、姬视。次妃名叫敬嬴，受到鲁文公宠爱，生下儿子姬馁。姬馁想当继承人，于是就刻意讨好掌权的东门襄仲。鲁文公死后，东门襄仲想立姬馁为国君，但遭到了其他大夫的反对。为了寻求支持，襄仲于是向齐国的齐惠公寻求帮助。齐惠公刚刚即位，想亲近鲁国，更想结好鲁国掌权的襄仲，于是就答应了。得到齐国支持的襄仲发动政变，杀死了哀姜的两个儿子姬恶、姬视，然后立敬嬴所生的儿子姬馁为国君，这就是鲁宣公。

哀姜两个儿子被杀，伤心之余，不想再在鲁国待下去，于是回到娘家齐国。在齐都临淄的闹市，哀姜放声大哭说："天啊，东门襄仲做事不讲道义，杀死嫡子而拥立庶子。"齐国的百姓非常同情她的遭遇，都跟着她哭。鲁国人因此把她称为"哀姜"，这一段轶事被称为"哀姜哭市"。

东门襄仲拥立鲁宣公之后，继续执掌鲁国朝政，鲁国自此进入东门氏专政时代。

东门氏专政，自然与鲁国的季孙氏、叔孙氏、孟孙氏"三桓"产生了权力之争。叔孙氏和孟孙氏不服，于是向襄仲发难，但却遭到得到鲁宣公大力支持的襄仲的强力压制，孟孙氏甚至被赶出了鲁国。

"三桓"之中，只有季孙氏的季孙行父（季文子，季友之孙）非常睿智，他保持了谨慎低调，表示支持鲁宣公，并依附于襄仲，因此没有遭到清洗。

鲁宣公八年（公元前600年），权倾一时的东门襄仲病死，临死前，他安排自己的儿子公孙归父继任为鲁国执政。但由于此前鲁国的国政长期掌握在"三桓"手中，"三桓"的势力巨大，因此强势的襄仲一死，"三桓"势力立即开始抬头，对东门氏的独断朝纲形成巨大威胁。面对"三桓"的逼人气势，鲁宣公深感不安，想要除掉"三桓"，但仅靠东门氏的公孙归父又难以实现，于是就想借助外国的力量来达到目的。当时鲁国和晋国交好，于是鲁宣公就派公孙归父前往晋国去借兵，准备借助晋国军队来诛伐"三桓"。可是还没等公孙归父搬来晋国的救兵，在位十八年的鲁宣公就死了。

鲁宣公死后，他的儿子鲁成公即位。趁着老国君刚死，执政公孙归父不在国内的有利时机，季孙行父趁机发难，他痛斥当年的东门襄仲说："使我国杀嫡立庶，国政无常，受到邻国非议的，正是东门襄仲。东门襄仲南通于楚，但又不能坚固和楚国的盟约，北通于齐、晋，但也不能坚定地结好齐国、晋国，使我国失去了国外强大的援助。"于是开始驱逐东门氏。鲁国司寇表示愿意支持季孙行父除乱，得到实力派士大夫支持的季孙行父顺利实施了他的计划。归国途中的公孙归父听到这个消息，知道回鲁就是死路一条，于是赶快逃到齐国躲了起来。季孙行父开始执掌鲁国国政。

鲁国的政权，再次回到了"三桓"手中。

鲁成公二年，季孙行父因为受到齐顷公母亲的嘲笑，与晋国的郤克共同打败了齐国的齐顷公，齐国归还了之前侵占的鲁国土地。

季孙行父是春秋时期鲁国一位很有名望的正卿。他担任鲁国正卿，掌握着国政和兵权，有自己的田邑，但是他的妻子儿女没有一个穿绸缎衣服的；他家里的马匹，没有吃精细饲料的。孟献子的儿子仲孙它因为年轻，不理解季孙行父的这种做法，于是就问他说："你贵为鲁国上卿，已经担任了两任国君的相国，可是你的妻子不穿丝绸衣服，你的马匹不用粟米喂养。难道你不怕国人耻笑你吝啬吗？难道你不顾忌与诸侯交往时会影响鲁国的声誉和形象吗？"

季孙行父回答："我当然也愿意穿丝绸衣服、骑千里宝马，可是，我看到国内父老乡亲吃粗粮穿破衣的还有很多，所以我不敢像你所说的那样做。国内的父老乡亲都吃粗饭穿破衣，而我把家里的妻子儿女打扮得美丽漂亮且讲究饮食，这难道是一个辅佐国君的人应该做的吗？并且我听说只有高尚的品德才会给国家带来荣誉，没听说过炫耀自己的美妾良马会给国家增添荣誉的。"

之后，季孙行父把这件事情告诉了孟献子，孟献子听了非常羞惭，一怒之下将儿子仲孙它囚禁了七天。仲孙它在这件事情上受到了深刻的教育，从此以后，他改变了自己以往的做法，也像季孙行父那样俭朴节约，他的妻妾也穿粗布衣服，马匹也喂青草饲料。季孙行父听说之后，称赞他说："有错而能改，可说是百姓的榜样。"于是任命他为上大夫。

在季孙行父身体力行的倡导之下，鲁国朝野出现了勤俭淳厚的风气，受到后世的传颂。这段典故在历史上称为"季文子论妾马"。

因为季孙行父有这样美好的德行，所以人们都非常尊敬他。叔孙氏的叔孙侨如想要杀死季孙行父取而代之，请求晋国支持他的行动，但因为季孙行父受到国人爱戴，并且在国际上负有盛名，因此晋国拒绝了叔孙侨如的无礼要求。

季孙行父执掌鲁国国政长达三十三年，历鲁宣公、鲁成公、鲁襄公三君，死后谥为"文"，称为季文子。季文子死的时候，家里没有穿丝绸的姬妾，马厩中没有吃粟米的肥马，府库中没有金银珠玉，人们都赞叹地说："季文子真是廉洁忠义啊。"

季文子做任何事情都非常谨慎，通常是考虑好多次才去行动，典故"三思而后行"即来源于此。以至于此后的孔子听说后评价说："想两次其实就可以了。"

季文子死后十七年，孔子降生，其时为鲁襄公二十二年。

鲁襄公在位三十一年死，他的太子继位，但在当年的九月就死了，于是他的庶子姬裯被拥立为国君，是为鲁昭公。

鲁昭公即位时已经十九岁了，可他还是小孩子脾气。叔孙氏的叔孙豹不想立他为君，就劝季氏的季武子（季文子之子）说："太子死了之后，他有同母弟就立同母弟，如果没有同母弟就立庶出的长子。如果庶子们都年龄相当，那就选择其中的贤能之人，如果他们都很贤能，那就用占卜的方式来决定。现在公子裯并不是嫡嗣，而且居丧时不仅不显得哀痛反而面有喜色。如果真的立他为君，就必然会为季氏带来祸患。"季武子没有听从叔孙豹的劝说，而最终拥立了鲁昭公。等到安葬鲁襄公后，鲁昭公嬉戏无度，竟然三次更换丧服。当时的鲁国贵族们看在眼里，都纷纷议论说鲁昭公不能善终。

其时的鲁国政治局势，大抵如此。

"三桓"之中孟氏的宗主是孟僖子，他曾经随鲁昭公出访楚国，因为不熟悉礼仪，结果在处理外交事务时受到他人嘲笑。孟僖子深以为耻，回国后发奋学习周礼。也因为这个缘故，孟僖子非常敬重熟谙礼仪制度的孔子，于是让他的两个儿子孟懿子和南宫敬叔都拜孔子为师，跟随孔子学习礼仪。

南宫敬叔也非常敬重孔子，因为他是"三桓"子弟，具备许多便利条件，于是就请求鲁昭公允许他和孔子到成周去学习礼仪制度。鲁昭公同意了他的请求，于是为他们准备了一辆车、两匹马、一个仆童和一个马夫。

孔子和南宫敬叔到达成周之后，见到了老子并虚心向他求教。老子说："你所问的礼，如今倡导它的人和骨头都已腐烂，只有他们的言论还在。君子如果有好的机遇，就可以驾着马车，穿着朝服去做官；要是时运不佳，就要像蓬蒿那样到处飘荡，随遇而安。我听说精明的商人会把他的货物藏得严严实实，就好像什么东西也没有，有远大理想和高尚德行的君子则谦虚得好像非常愚钝似的。摒弃你的骄傲之气和过分的欲望，还有做作的姿态、神色和过于远大的志向，那些东西对你没有好处。我要告诉你的，也就是这些。"

在辞别老子的时候，老子对他说："我听说富贵的人会送给别人钱财，仁义的人会赠给别人言辞，我不是富贵的人，没有财物送给你，我只好送你几句话吧。在这个世界上，聪明而洞察力较强的人，之所以经常遭受厄难并受到死亡的威胁，在于他喜好讥讽他人的短处；辩才出众而见识不凡的人之所以屡次招致危及自身的灾祸，在于他喜欢揭发别人的罪恶。为人子，为人臣，都应该全身心地为父母和国君着想，尊敬他们，而绝不能高傲跋扈，你一定切记。"孔子非常感激，再三向老子拜谢。

在回鲁的时候，老子为他们送行，在黄河岸边，孔子看到河水奔流不息，想到自己将近而立之年，但在政治上还没有一点建树，自己的主张、学说还一点也没有施行，就叹息说："河中的水就这样奔腾不息，人生的年华也在飞快地流逝，河水不知流向何方，而人生也不知道何处是归宿。"（逝者如斯夫，不舍昼夜。）

老子劝导他说："人生在天地之间，实际上与天地万物是一样的。人有童年、青年、壮年与老年的岁齿变化，而天地也有春季、夏季、秋季和冬季的寒暑变化，又有什么为此而悲伤的呢？凡事任其自然，看透变化，那么你就不会因此而徒增烦恼。"

孔子向老子表达了人生短暂、功业难成的忧虑，老子再次劝导他说："你看天上的太阳和月亮，没有哪个人去点亮它们，但它们自己就亮了；你看天上的那些星宿，并没有谁去排列它们，但它们自己就排列好了；你看天地之间的那些飞禽走兽，并没有谁去制造它们，但它们自己就繁衍生息了，这就是自然，一切井然有序，它有它的运行规律，你只要遵循这个规律，那么到一定的时间，国家自然就会得到治理，人民自然就会得到安居，你又有什么需要忧虑的呢？"老子又向孔子讲述了"上善若水"的道理，水流向最低下的地方，它可以接纳任何的污垢，它所处的地方，全是众人所不喜欢的地方，它安于卑下，深厚沉稳，世上最柔弱的莫过于水，但它能摧毁最坚固的东西，它泽被万物，但不与万物发生任何冲突，所以天地之间，最有善行的就是水。这里的"水"，其实象征与世无争、洞悉一切的圣人，能够达到这个境界，就可以称得上是尽善尽美。

孔子带着南宫敬叔回到鲁国，向他拜师学习的人渐渐多起来，有弟子就问孔子老子是怎样的一个人，孔子回答说："天上的鸟，我知道它能飞，水中的鱼，我知道它能游，地上的兽，我知道它能走。走兽可以用网捉住，飞鸟可以用箭射下，游鱼可以用钩钓起，至于龙，我实在不知道该怎么样，龙行的时候，乘风云直上九天。我所见到的老子，他难道不是龙吗？学识渊博但高深莫测，志向远大但难以察觉，就像一条细蛇，随时可以弯曲，但又像龙那样，随时都可以变化自如。老聃，他真是我的好老师！"

公元前517年，孔子三十四岁，这一年，鲁国发生了内乱，内乱的起因还是"三桓"。

季孙氏的季平子（季武子之孙）与郈氏斗鸡，季平子在鸡的翅膀上撒上芥末，想要在斗鸡的过程中让对方的鸡辣得睁不开眼睛，从而作弊取胜；而郈氏的做法更胜一筹，竟然在鸡的脚上装了锐利的金属爪子。所以斗鸡开始不久，季平子的鸡就被郈昭伯的鸡用金属爪子抓得半死。季平子大怒，于是带人侵占了郈氏的宅地，郈昭伯对季平子的行为非常愤恨。

其时的鲁国大夫臧氏之中，臧昭伯的弟弟臧会因为与臧昭伯不和，于是捏造事实诬陷臧氏，然后躲藏在季氏家中。臧昭伯非常生气，于是把季氏的人抓住关了起来。季平子非常恼怒，于是抓住臧氏的家臣关了起来。

因为这件事情，臧氏、郈氏联合起来，向鲁昭公告难。鲁昭公感觉此时是公室摆脱"三桓"控制的大好时机，于是联合郈氏、臧氏讨伐季平子，军队攻入了季氏的家中。

季平子惶然大恐，担心季氏被国君所灭，于是赶快登上高台向战车上的鲁昭公请罪说："国君您听信谗言，不核查我的罪过就来惩罚我，这怎么能行呢？现在事已至此，我不敢与国君对抗，请求把我放逐到沂水边上。"但鲁昭公铁了心要消灭季氏夺回权力，所以没有允许。季平子又请求鲁昭公将他囚禁在季氏的封邑，鲁昭公又没有允许。季平子无奈，只好提出让他带着五辆车子逃亡他国，但鲁昭公仍然没有允许。

季平子三次向鲁昭公请罪都没有得到允许，鲁昭公旁边的大夫子家驹劝谏说："国君您就答应他的请求吧。政权被季氏掌握已经很久了，季氏的党羽非常之多，如果您执意要攻打季氏，那么他们一定会联合起来对付您的。"鲁昭公不想放过消灭季孙氏的好机会，没有采纳子家驹的意见。一旁的郈昭伯鼓动鲁昭公说："一定要杀死季氏。"于是鲁昭公开始指挥军士攻打季氏。

叔孙氏的家臣戾听到鲁昭公攻打季氏的消息，于是问他的党徒们说："有季氏和没有季氏，哪个对我们有利？"

在这个观点上，叔孙氏的家臣们意见是一致的，如果不去救援季氏，季氏被灭之后，鲁昭公下一个消灭的对象就是叔孙氏、孟孙氏两家。于是他们都说："没有季氏，就等于没有叔孙氏。"戾说："确实就是这样，现在让我们去救季氏。"

于是叔孙氏的家臣们立刻出兵，与季孙氏共同打败了鲁昭公的军队。其时，郈昭伯正奉了鲁昭公的命令前往孟孙氏那里，请求孟孙氏保持中立，不要出兵。结果孟懿子听到叔孙氏获胜，趁机杀死了郈昭伯。

之后季孙氏、叔孙氏、孟孙氏三家合兵共同攻打鲁昭公，鲁昭公无法抵挡，只好逃出鲁国前往齐国。齐景公对鲁昭公说："愿意奉送二万五千户人家及土地接待您。"子家驹劝阻鲁昭公说:"抛弃周公的基业而做齐国的属臣,可以吗?"鲁昭公虽然逃亡他国,本人品行也并不怎么高尚,但还是感觉不能做有辱国格的事情,于是就拒绝了。子家驹说:"齐景公不讲信义,不如早一点到晋国求助。"但鲁昭公没有听从。

鲁昭公出逃之后,叔孙氏的宗主叔孙昭子(叔孙豹之子)觉得把国君赶走实在是太过分了,同时他也想抵制季孙氏势力的扩张,于是就与季平子和孟懿子商量,想要迎回鲁昭公。

季平子和孟懿子不便拒绝叔孙昭子,于是就答应了。叔孙昭子见季氏和孟氏同意,于是就前往齐国,准备迎回鲁昭公。但叔孙昭子前脚出门,季平子和孟懿子后脚就后悔了,他们设置了重重障碍,阻止叔孙昭子迎回鲁昭公。叔孙昭子从齐国返回,愤怒地去见季平子,季平子什么也不说,只是跪在地上向他叩头,叔孙昭子被季平子欺骗愚弄,愤恨之下病倒,很快离世。他的儿子叔孙成子继承叔孙氏宗主之位。

鲁昭公出奔的次年,齐景公发兵攻打鲁国,取下鲁国的郓邑(今山东省临沂市沂水县沂水镇)让鲁昭公住在那里。夏天的时候,齐景公想送鲁昭公回国,下令大臣们不准接受鲁国的贿赂。结果鲁国的大夫申丰、汝贾在季平子指使下,许诺送给齐国大臣高龁、梁丘据八万斗粮食。梁丘据于是对齐景公说:"群臣不能侍奉鲁国国君,这是有奇异的征兆的。宋元公为了鲁君前往晋国,请求晋国帮助鲁君回国,结果半路上死了。叔孙昭子请求迎回他的国君,结果无病而死。不知是上天抛弃鲁君,还是鲁君得罪了鬼神呢?希望国君暂且等待一下。"齐景公别的不怕,一听到梁丘据讲起鬼神,一时之间也较为疑惧,鲁昭公回国一事再次搁浅。

鲁昭公无法,只好来到晋国,请求晋国帮助他回国。结果季平子送给晋国六卿重贿,私下与他们达成协议,六卿于是劝谏晋国国君,晋国国君就也没有送鲁昭公回国,而是让鲁昭公居住在乾侯(今河北省邯郸市成安县)这个地方。鲁昭公求助晋国不成,不得已又返回郓邑。齐景公听说鲁昭公返回,于是派高张前去慰问他,并称呼他为"主君"。当时大夫称"主",齐景公把鲁昭公比作大夫,所以称为"主君"。鲁昭公认为受了奇耻大辱,恼怒地离开齐国帮助他打下的郓邑,前往晋国的乾侯。晋国打算送鲁昭公回国,于是就召见季平子。季平子穿着布衣,光着脚行走,以表示非常忧虑,他通过六卿向晋国国君谢罪。晋国六卿于是替季平子帮腔说:"晋国想送鲁昭公回国,但鲁国人民不愿意听从。"晋君于是不再打算送鲁昭公回国。鲁昭公最终客死异乡，死在了晋国的乾侯。

鲁昭公流亡期间，季平子摄行君位将近十年，俨然就是鲁国的国君。鲁昭公死后，季平子立鲁昭公的弟弟公子宋为君，是为鲁定公。

鲁定公即位之后，赵国的赵简子赵鞅（赵成之子、赵武之孙）就问晋国史官蔡墨说："季氏会灭亡吗？"蔡墨回答说："不会灭亡。季友曾经为鲁国立下大功，受封在费邑（今山东省临沂市费县西北），担任鲁国上卿，一直到季文子、季武子，世代扩充季氏的基业。鲁文公死后，东门遂杀嫡立庶，鲁国国君从此失政。政权被季氏把持，至今已历四位国君了。百姓不知道谁是国君，国君怎么能够掌控他的国家呢？因此作为国君要慎重对待车马服饰的品级和爵位名号，不能随便赐给别人。"

再说孔子。

鲁昭公出奔之后，孔子也逃亡到了齐国，他做了齐国大夫高昭子的家臣，并凭借高昭子的这一层关系接近了齐景公。齐景公问孔子如何治理国家，孔子回答说："国君要有国君的样子，大臣要有大臣的样子，父亲要有父亲的样子，儿子要有儿子的样子（君君，臣臣，父父，子子）。"齐景公认为他说得有道理。过了几天，齐景公又问他同样的问题，这一次，孔子回答说："治理国家必须节俭，杜绝铺张浪费。"齐景公非常赞同，他特别欣赏孔子，准备把尼溪一带的田地封赏给孔子。晏婴一方面考虑到之前的陈完来齐国受到齐桓公的封赏并最终掌控齐国的先例，一方面也确实并不赞同儒家的学说，他劝阻齐景公说："像孔丘这样的人，辩才非常出众，所以很难用律法来管束他们，他们生性高傲，自以为是，所以不能任命他们为臣子。他们非常重视丧葬的礼仪，为了举办隆重的葬礼，不惜倾家荡产。我们齐国不能助长这样的不正之风。他们到处游说以谋求职位，所以不能任用他们来治理国家。孔丘的那一套繁文缛节，很多不切实际，如果在齐国大行其道，非出乱子不可。"齐景公深以为然，于是打消了重用孔子并为他置办田产的打算。客观来讲，晏婴的考虑也无可厚非，田氏的前车之鉴就在那里，当初陈完的德行和学识远远比不上孔子，他的后代都能成为齐国举足轻重的人物，并在后来取代了姜氏齐国。现在的孔子既有渊博的学识，又有崇高的威望，取代齐国还不是轻而易举的事情吗？所以说，孔子一生在诸侯国中得不到重用，受到其他大夫的嫉恨，最真实的原因其实就在这里。而至于晏婴讲到的儒家学说的弊病，也确实有一定的道理，这在后面讨论。

自从晏婴向齐景公提出建议之后，齐景公就不再与孔子谈论治理国家的有关事情了，他虽然给予了孔子很高的礼遇，但未授予孔子任何官职。有几位齐国大夫见此情形，就准备谋害孔子，孔子得知消息后，赶快向齐景公求救，齐景公回答说："我老了，既不能帮你实现你的政治抱负，也没办法帮助你了。"孔子知道自己在齐国已经很难立足，于是赶快离开齐国，回到了鲁国。这一年是公元前515年，孔子三十六岁，他在齐国待了两年时间。

孔子回鲁之后，鲁国掌权的季平子仍然没有起用孔子，他只好在家里钻研学问，教授学徒。但到了公元前505年的时候，事情却起了一些变化，因为季氏的宗主季平子死了，他的儿子季孙斯承袭他的宗主之位，称为季桓子。季桓子由于年纪小，还无法打理家族事务，于是季氏的家臣阳虎（字货，因此又称阳货）就想窃取季氏的权柄。阳虎在季平子的葬礼上向季氏的宠臣仲梁怀索要季平子生前摄行君位时戴的玉佩，想要用这块玉佩陪葬，但仲梁怀没有答应。阳虎对仲梁怀很不满，就找到公山不狃，想与公山不狃一齐除掉仲梁怀。公山不狃也是季氏的家臣，因为在为季平子治丧的时候非常尽心，得到季桓子的信任，因此季桓子委派他去季氏的私邑费邑当邑宰，实际上是把季氏的封地交给了他。公山不狃因为深得季桓子信任，他认为仲梁怀那么做是为了国君着想，所以不同意阳虎的提议，阳虎只好作罢。后季氏家族在为季平子送葬路过费邑时，公山不狃出来劳师，季桓子对公山不狃相当尊敬，但仲梁怀对公山不狃非常无礼，公山不狃非常生气，想起了之前阳虎所说的话，于是反过来提议阳虎赶走仲梁怀，阳虎同意了。得到公山不狃的支持，阳虎立即发兵，赶走了仲梁怀，并囚禁了季桓子。阳虎要求季桓子授权自己代季孙氏行政，季桓子当然不同意，阳虎杀鸡儆猴，杀死了季桓子的一个堂弟，季桓子不得已屈服了。

其时"三桓"中叔孙氏的宗主叔孙成子刚死，其子叔孙州仇继位，叔孙州仇也因为太年轻，无法理政，孟氏的孟懿子也很年轻，手段不老辣。这样一来，阳虎执掌了"三桓"中势力最大的季孙氏权柄，其实上就成了鲁国政权的实际掌控者。

阳虎成为实际上的执政之后，就想拉拢一些有名望但不得志的落魄贵族子弟进入朝堂，让他们辅佐自己。而博学多闻的孔子，自然是他第一个想到的。阳虎千方百计地想要邀请孔子，但孔子并不想见阳虎，因为阳虎之前曾经深深地伤害过孔子。这事要一直追溯到孔子十七岁的时候，那一年他的母亲刚刚去世，孔子还小，嘴也馋，尤其爱吃乳猪肉。正好碰上季氏宴请鲁国的士一级贵族，孔子觉得自己的父亲叔梁纥曾为邑宰，自己当然也在士的行列；并且当时自己在鲁国已经小有名声，于是就去了。但被阳虎挡在了门口，阳虎讥讽地说："季氏确实是在款待士人，但是，像你这样的贵客，他却并没有敢请。"孔子只好折身返回。这件事情对刚刚丧母且年幼的孔子来说，无疑是非常大的伤害。阳虎或许是在照章办事，但他以这样的方式对待一个十七岁的少年，也确实有失大家风范，再怎么说，季氏不缺招待孔子的那一个席位，况且孔子已经到了家门口，在素称礼仪之邦的鲁国发生这种事，真是让人嗟叹。

因为这个缘故，孔子一直躲避阳虎，但阳虎并不甘心，他知道孔子熟悉礼仪且遵守礼仪，于是想了个办法，命人做了孔子最爱吃的乳猪肉，派人给送了过去。来而不往非礼也，这是孔子自己提倡的，现在人家送礼物过来了，不回拜人家自然是自己否定自己的主张，孔子没办法，只好跑去答谢阳虎，结果在半路上遇到了。阳虎对孔子说："你过来，我问你几句话，有才能却不愿为国效力，眼看着国家朝纲不振，这样的人也能称之为仁人吗？"孔子老老实实地回答："当然不能。"阳虎又问："想要成就一番大业却屡次失去好时机，这样的人也能称之为智者吗？"孔子说："不能。"阳虎点点头，说了一句非常经典的话："时间就这样白白地流逝，但上天并不会因此而多给你几年的生命。你再好好地考虑一下（日月逝矣，时不我与）。"这句话与孔子本人的"逝者如斯夫，不舍昼夜"之语有异曲同工之妙，是啊，他已经四十八岁了，而他的抱负却一点也没有得到实现，时间不等人，他还有多少年头可以等待呢？孔子被阳虎的劝说深深地打动了，他说："我考虑一下，也许过不多久就会出仕。"不过孔子话虽如此说，或许是因为感情上一时转不过弯，竟一直没有到阳虎那里去做官。

不过孔子不去，并不代表别的人不去，阳虎的身边立即聚集了一大批人，这些人里面甚至包括季孙氏、叔孙氏的一些族人，他们密谋发动政变，将"三桓"取而代之。

公元前502年，阳虎经过精心谋划，指挥季孙氏的军队，假称要宴请季桓子，然后挟持着他向城外走。季桓子立即感觉到了事情的可疑，危急时刻，他策反了为他驾车的马夫，然后由马夫驾着车直奔孟氏宫中。阳虎的弟弟阳越看见，立即带人在后追赶。

而孟懿子早就觉察到阳虎要对"三桓"不利，做了周密的准备，在孟氏的宫中部署了甲兵。等到季桓子的马车进了孟家，孟懿子立即命人关上了大门，然后命三百名射手埋伏在门口。不一会儿，阳越追到，他率人进攻孟氏大门，结果被孟氏的弓箭手射死。

阳虎从后赶来，听到弟弟被射死的消息，再一看孟氏早有准备，知道无法攻克孟氏，于是就想劫持鲁定公和叔孙氏，借助君命并掌控叔孙氏的军队，用来攻打孟氏。关键时刻，孟氏私邑成邑（今山东省泰安市岱岳区）的邑宰公敛阳带兵来救孟氏，公敛阳率领成邑军队与阳虎苦战，阳虎渐渐落败，退守阳关（泰安市东）。"三桓"经过短暂休整，出兵攻打阳虎，阳虎无法抵挡，只好逃到齐国。

早在两年前，孔子就指责阳虎"陪臣执国命"，也就是大夫的家臣执掌国家的政权，可真是难登大雅之堂！

在齐国，阳虎一度曾得到齐景公的重用，大夫鲍国就劝谏齐景公说："阳虎这个人，之前季氏那么信任他，但他想杀死季氏，况且他还说为仁不富这样的话，这是一个丝毫不讲道义的人，国君您怎么能信任他呢？"齐景公一听问题如此严重，就准备把阳虎抓起来杀掉，阳虎得知消息后，赶快又跑到了晋国。

阳虎在晋国被赵简子用为家臣，孔子听说后，恨意难平地预言说："晋国的赵氏，他们家马上就不太平了。"但这一次孔子的预言并没有应验，因为赵鞅比阳虎手腕还高，他不但很好地利用了阳虎卓越的才能，让阳虎辅佐他施行了一系列的改革，使赵氏不断趋于强大，而且他把阳虎死死地捏在手心里，把阳虎治得服服帖帖。阳虎在赵鞅手下也曾为非作歹，赵鞅并没有说什么，而是有一天把一个密折交给了阳虎，阳虎打开一看，只见上面详细地记载着他所做的每一件坏事，阳虎看过之后，吓得大气不敢出一口，从此老老实实地为赵氏卖命，再不敢胡作非为。

从这件事情上可以看出，乱臣贼子也不是天生的，如果能够驾驭他，那他就是人才，如果不能驾驭他，那说明用人者自身的能力就很成问题。所以赵氏最后能成为战国七雄之一，而鲁国却早早地灭亡了，从阳虎一事上也可以略见端倪。

阳虎出奔了，孔子依然没有得到任用。费邑宰公山不狃就征召孔子，想让孔子去辅佐他。这时候的孔子已将近五十岁，到了他认为的"知天命"的年纪了，这个年龄阶段，如果还没有什么建树，恐怕这一生也就这样定局了。公山不狃与孔子无仇，孔子就打算前去。但他的弟子子路很不高兴，他劝阻孔子说："如果没有合适的地方您就别去了，为什么要到公山氏那里去呢？"孔子回答说："他不会让我白白去的，如果有人能任用我，我将会使周文王这些圣人的德政在东方复兴啊。"不过话虽如此说，孔子最终却没有成行，因为这些人本就是他指责的"陪臣执国政"，属于一帮窃权的乱臣贼子，他高喊君君臣臣的礼仪，却跑去为这样的人效力，就连自己的学生都提出了质疑，更何况是其他的人呢？所以说，就算是公山不狃愿意为他提供一个施展才华的平台，他也不能去了。

不过，机遇的大门一直为有才能的人敞开着。因为当了将近十年国君的鲁定公，他不再满足于被"三桓"架空而做一个傀儡，他也很想有一番作为，而孔子所讲的"君君臣臣"的那一套礼仪制度，正是他所迫切需要和热切期盼的。鲁定公召见孔子，并任命他为中都宰（中都邑，今山东省济宁市汶上县，中都宰相当于中都县的县长职务），自此，孔子算是正式步入了鲁国政坛。这一年是公元前501年，孔子五十岁。孔子治理中都颇有政绩，周围的县邑都在效法孔子的做法，到了第二年，孔子即由中都宰升任鲁国司空（主管建筑等类事务），不久升任大司寇（主管刑法），代理国相职务，并兼管外交。

孔子担任代理国相之后遇到的第一件大事情就是齐鲁夹谷会盟，不过孔子凭借他敏锐的洞察力、卓越的辩才和果敢的勇气，不战而屈人之兵，出色地完成了这一个外交任务，为鲁国赢得了一场外交上的大胜利。

齐鲁夹谷会盟的起因，是之前的鲁昭公被季氏所逐，不得已逃往齐国，齐景公在傲慢地对待鲁昭公的同时，却也想帮他复位，却不料遭到了季平子的坚拒，无奈作罢。后鲁昭公又前往晋国搬救兵，谁知晋国的正卿荀跞收了季平子的贿赂，也阻挠晋君帮助鲁昭公，鲁昭公最终客死他乡。因为这件事情，季平子不再与齐国通好，而是专一事奉晋国。齐景公为此很生气，派兵屡次侵伐鲁国边境，季氏无可奈何。但齐景公的志向也并不仅仅是敲打一下鲁国就会感到满足，他也想重振齐国桓公时的雄风，当中原诸侯国的霸主。而这个时候，南面的吴国已经崛起，北面的晋国却腐朽如故，为了联合诸侯对抗吴国，增加争霸成功的胜算，就必须与周边的邻国修好关系。

在这种情势下，齐景公准备与鲁国捐弃前嫌，重归于好，于是派使者前往鲁国，提议修好。

齐国主动提议通好，这对于军事力量相对弱小的鲁国来说，自然是求之不得的好事，鲁定公经与"三桓"商议并权衡利弊，最终答应了。齐国把会盟的地点定在齐鲁两国交界处的夹谷（今山东省泰安市经青石关至淄川、博山一带的道路险隘之处），鲁国未表示异议。按照当时的礼仪，国君相会时必须带一个陪同的人，这个人叫相礼（后世又叫赞礼，再后来发展成为司仪、主持人），主要在举行会盟时宣唱一些礼仪名称并引导着让会盟的仪式进行。鲁国选定的相礼就是代国相孔子，而齐国是国相晏婴。孔子作为相礼人选被确定之后，他立即开始了一系列的准备工作。他建议鲁定公说："有文事者，必有武备，之前的宋襄公与楚国人在盂地会盟被劫持就是先例，齐国人多诈，我们不可不防。"于是命大夫申句须为右司马，乐颀为左司马，带领兵车五百乘，远远随行。

到了夹谷，齐景公已经先到了，于是各自设立营帐，准备次早会盟。孔子打听到齐国的保卫力量非常强大，于是立即传令左右司马申句须和乐颀前来随行护驾。齐国这边，大夫黎弥也在随行之列，他在当时的齐国以多谋善计而著称。当晚，他谒见齐景公说："齐国和鲁国结仇，也不是一天两天了，就算现在与他们结盟，日后他们也有背盟的可能。这次陪鲁君前来的是鲁国的代国相孔丘，我经过仔细观察，发现孔丘这个人熟谙礼制而缺乏勇气，不懂得用兵作战。明天国君您与他们会礼完毕之后，可提议演奏民间乐曲，我预先准备三百个莱人（当地土著居民），让他们假作乐工，吹的吹，打的打，一齐登台，出其不意劫持鲁侯和孔丘，我再指挥台下的兵车，把鲁兵杀散，到那个时候，鲁国君臣是死是活，全由主公您来做主，不论您说什么，鲁国人还不得乖乖听命吗？"

齐景公想了一下，感觉这样做有些唐突，他说："要不要和晏相国商量一下？"

黎弥说："这种事情不能和相国商量，晏相国曾和孔丘有交情，如果事情传到孔丘的耳朵里，这事情就办不成了，让我一个人去办吧！"

齐景公考虑了一下，觉得也可以一试，于是吩咐黎弥去提前准备。

到了第二天，齐、鲁两国国君登台，晏婴和孔丘作为相礼作陪，举行了结盟的仪式之后，互赠礼物，按主客位置坐了下来。

坐定之后，齐景公就对鲁定公说："我这里有一些民歌，今天趁着这个机会，和鲁贤侯一起欣赏一下。"于是命莱人登台献唱。

黎弥事先安排好的三百名莱人立即手持各色旗子、兵器，打着口哨，高声喧哗着相继登台，鲁定公在台上看见，面上立即变了颜色。孔子毫无惧意，走到齐景公面前拱手说："齐、鲁两国国君前来友好会盟，这是国事，应该用庄重的国乐，怎么能用夷狄少数民族的乐曲？请让他们退下去。"旁边作陪的晏子由于不知道黎弥的计策，也觉得让莱人登台很不雅观，奏请齐景公说："孔相国言之有理，国君相会应该用国乐才是正礼。"齐景公非常惭愧，急命莱人全部退下。

再说黎弥，在台下眼巴巴地等着莱人得手之后要挥兵杀出，却见莱人被齐景公打发了下来。心中很恼火，于是叫来宫廷的几个艺人说："等一会儿叫你们奏乐，你们要演奏《敝笱》这首曲子，表演得越狂放越好。"（如前文所述，《敝笱》一诗，是《诗经》中讽刺鲁桓公夫人文姜与齐襄公通奸的诗，大意是破鱼篓不能装鱼，任由鱼儿游来游去。鱼和水在古时常常被隐射为两性关系，如"鱼水之欢"等，黎弥让乐工演奏这样的曲子，是想要在这样的场合借机羞辱鲁国前国君鲁桓公，让鲁定公君臣难堪）

等乐工准备好之后，黎弥登台启奏说："莱人民乐既然不能演奏，那么请允许演奏国乐，为两位国君祝寿。"齐景公同意了。

于是二十多个伶人登上会盟台，穿着奇装异服，跳的跳，舞的舞，大声唱着《敝笱》，一边唱一边笑。齐景公装聋作哑，鲁定公虽然恼羞但无可奈何。孔子见状，立即站了起来，他走到齐景公面前说："平民百姓戏弄诸侯者，其罪当死，请齐国的司马赶快执行法令。"齐景公不置可否，而伶人们仍然在吵闹戏耍着。孔子于是大声说："齐、鲁两国既已通好，那么两国就是兄弟之国，鲁国的司马，就是齐国的司马。"于是挥袖向台下高呼道，"申句须和乐颀何在？"申句须和乐颀听到命令，飞步跑上坛来，按照孔子的号令，将戏班当中的两个领班拿住，当场斩首。其他的伶人见状，吓得赶快抱头鼠窜而去。

齐景公十分震惊，鲁定公立即站起身来，在孔子陪同下向台下走去。黎弥刚开始还想派人在台下把鲁定公截住，后来见孔子居然有这样的见识和手段，再加上申句须和乐颀武艺十分高强，并且探子回报鲁国的五百乘兵车在距离会盟之地不远处下寨，只好眼睁睁地看着鲁国君臣离开。

齐景公回帐之后越想越气，叫来黎弥训斥说："孔丘担任鲁国的代国相，给他的国君教的全是上古圣贤的礼节，而你却让我使用这些难登大雅之堂的夷狄风俗，本来想和鲁国修好，现在反而起了坏作用，和鲁国反目成仇了。"

晏婴启奏说："小人犯了过错，会用花言巧语来为自己辩解，君子犯了过错，会用实际行动来向人道歉。国君您为什么不用实际行动来向鲁国表达诚意呢？现在鲁国有三块地方被我国占领，如果国君您能把这三块田地归还给鲁国，那么鲁国君臣就一定会非常高兴，齐、鲁两国的友谊也就会更加稳固。"

齐景公很高兴，于是下令把三块田地归还给鲁国。

由此可以见出，在外交场合，胆识和口才是多么的不可或缺，如果孔子不懂礼仪的运用场合而放任莱人所谓的演出，如果他没有出色的表达能力而一味克制内心的不满，那么他的结局很可能就是与鲁定公一起成为齐国的阶下囚，或者是被那些优伶调笑侮辱，以此传为诸侯国的笑柄，那么鲁国的威信就会一落千丈，孔子想要实现自己的政治理想，就更是难上加难。

孔子凭着在会盟之中的出色表现，未动一刀一枪帮鲁国取回三城，在鲁国的威信立时大增。此时取回的汶阳（今泰安市西南一带）三田，原是季氏的封地，这个时候说三田归鲁，实际上还是归了季氏，因为这个缘故，季桓子对孔子颇有好感。

得到国君信任和季氏支持的孔子信心大增，他深信只要他继续施行他的政治主张，周文王、周武王时期那种君明臣贤的局面就一定会在鲁国出现。孔子开始酝酿一个更大的计划，这个计划就是从"三桓"手中收回权力，交还给国君——抑私门，强公室。

孔子的具体做法是建议鲁定公隳（音灰，毁坏之意）三都。隳三都就是拆毁"三桓"宗邑高出来的城墙，纠正其违忤礼制的行为。因为按照当时的礼法，大夫封邑的城墙高度不能超过一丈，长度不能超过三百丈，而当时的一个事实是，"三桓"的城墙全都超过了礼制规定的标准。孔子要想收回"三桓"的权力，就必须先从外在的形式上打压"三桓"，让他们把这个"头"低下去。

前文曾经交代，季氏的宗邑是费邑，邑宰是公山不狃，公山不狃曾经在孔子不得志时征召孔子，孔子当时想去，但最终因为子路反对没有去。而孟氏的宗邑是成邑，邑宰是公敛阳，叔氏的宗邑是郈邑（今泰安市东平县东南），邑宰是公若藐。"三桓"架空鲁国国君，而他们的家臣却又架空他们，"三桓"的权柄被家臣所窃，自主权非常有限，实际上也是傀儡，所以此时听到孔子要隳三都，立即表示赞同。

但"三桓"赞同，就有人不赞同，不赞同的人就是"三桓"的家臣。公山不狃得知消息，立即和公敛阳、公若藐二人商量，想要联合起来发兵，先下手为强攻打"三桓"和鲁国公室，但公敛阳和公若藐却都没有同意。

且说公若藐的手下有一个叫侯犯的人，他武艺十分高强，素来也有效法公山不狃等人窃权自立的打算，此时听到鲁定公要毁城，且公山不狃也有反叛之意，于是刺杀公若藐，率郈城的人率先抗命。

叔孙州仇（叔孙成子之子）听到侯犯杀死邑宰造反，立即和孟懿子发兵攻打郈邑，谁知郈邑兵多城固，叔孙氏损兵折将，根本就无法攻克。无奈之下，叔孙州仇只好向齐景公求救。叔孙州仇之所以向齐国求救而不是向鲁定公求援，是因为鲁定公本就是傀儡一个，手下兵微将寡，连自身都难保。侯犯听到叔孙氏向齐国求救，感觉齐、鲁两国如若合兵，郈城难以抵挡，于是也向齐国送信，表示愿意把郈城献给齐国。

齐景公先是接到叔孙氏的求救，接着又收到侯犯的来信，自己一时拿不定主意，就问晏婴该怎么办，晏婴认为齐国既然已经和鲁国结盟了，那么就应该拒绝侯犯，帮助叔孙氏。但齐景公考虑了一下，又生出了一条妙计，他向两边都写了回书，都说要助他们一臂之力。

齐景公派司马穰苴屯兵边境，坐看侯犯与叔孙氏内斗。如果侯犯胜了，那么就接受侯犯的归降，把侯犯迎回齐国；如果侯犯败了，就说齐兵是来帮助叔孙氏攻打侯犯的。两边都能捞着便宜，真是无比精明。

但司马穰苴大军一压境，郈邑的百姓立即就吓坏了，再加上叔孙氏的内应在城中散布谣言，说齐军要把郈城的百姓全部迁到齐国去，如有不从，格杀勿论。百姓们一听，立即起来反抗侯犯，侯犯无奈，只好带着家人逃向齐国，叔孙氏顺利收复郈邑。齐军见状，再没有借口继续屯扎在齐鲁边境，只好撤兵回国。

再说公山不狃，他刚开始想要联合郈邑和成邑攻打"三桓"，但未获响应，此时见叔孙氏和孟孙氏合兵围攻郈邑，预料到曲阜空虚，是一个攻打三桓的大好时机，于是率兵攻打曲阜，曲阜城中公山不狃的内应叔孙辄打开城门。鲁兵一时不能抵挡，孔子和鲁定公只好躲到了季氏的宫中。公山不狃转而攻打季氏，左右司马申句须和乐颀趁此机会集结兵力，夹攻公山不狃，公山不狃大败，和叔孙辄逃到了齐国，后又逃到了吴国。

公山不狃也是一个颇具争议的人，许多人凭此事件将他定位为一个叛国者，而实际上，公山不狃叛的并不是鲁国，他反抗的是"三桓"，他有他的政治主张。公山不狃和叔孙辄逃到吴国之后，夫差准备攻打鲁国，就问叔孙辄："攻打鲁国容易吗？"叔孙辄毫不掩饰地回答说："鲁国只有礼制的名气，而无军事的实力，攻打鲁国非常容易。"叔孙辄出来之后，就把他的话告诉了公山不狃，公山不狃听后责备他说："你不应该这样做，一个品德高尚的人，即使迫不得已要离开自己的祖国，也不能跑到仇敌的国家去。我们在鲁国的时候就没有尽到做臣子的本分，现在还哪里有帮着别人去攻打他的道理呢？就算是接到了这样的任命也要回避，因为一个人再怎么样，也不能因有所怨恨而给他的故乡带来祸患。"由此看来，公山不狃实在是比许多所谓的爱国者不知要强多少倍！

侯犯和公山不狃相继出逃之后，郈邑和费邑的城墙均被拆低了三尺，比曲阜城墙的高度要低。现在就只剩下孟氏的成邑了。孟懿子刚开始也想响应孔子的提议拆低城墙，但他的邑宰公敛阳的一席话，却让他改变了主意。公敛阳说："成邑是鲁国北部的重镇，如果拆毁了成邑的城墙，齐国兴兵来攻，拿什么抵挡？再者说，如果丢了成邑，您就没有封地了。毁城对国家、对个人都没有一点好处，为什么要毁呢？"孟懿子想想也确实如此，如果自毁长城，到时候齐军入侵，那可就说什么都晚了，于是孟懿子明着支持孔子隳三都，暗中却支持公敛阳抵制。

这个时候的季桓子和叔孙州仇，已经成功借助孔子从家臣手中收回了封邑的控制权，那么，他们与孔子的蜜月期也就随之宣告结束。季氏和叔孙氏两家经过权衡，感觉如果孔子拆毁成邑的城墙，隳三都的目的达到，那么马上就会对"三桓"采取下一步的制裁措施，到那个时候，"三桓"的下场可想而知。于是他们都暗中支持公敛阳抵制隳城。鲁定公见成邑不肯拆低城墙，于是亲自带兵围攻成邑，但由于公室的军事力量非常弱小，最终没有使公敛阳屈服，隳三都的行动以失败告终。

至此，"三桓"与孔子的矛盾激化，如果他们继续让孔子执政，那么他们就会失去现有的地位和权力，国君随便找个借口，就可以把他们杀掉，而那是他们说什么也不愿意看到的。当然了，尽管此时的"三桓"对孔子已非常不满，但总还没有与孔子撕破脸皮，他们在表面上还尊重着他这个代国相。鲁国也在他这位代国相的治理下，呈现出一片国中大治、百姓安居、欣欣向荣的景象来。

无论在什么时候，只要是数个国家并存，其中一个国家走向强盛，就立即会让它的邻国感到不安，因为一个弱小的国家不会给其他邻国带来压力，而一个强大的国家却往往会给这些邻国制造麻烦。鲁国的邻国齐国就深深地产生了这样的忧虑，齐景公担心鲁国在孔子的治理下会成就霸业，进而危害齐国的利益，于是向群臣问计该怎样才能阻止鲁国的称霸。其时晏婴已经离世，而以善谋著称的黎弥却还健在，他立即给齐景公出了个主意："送几队女乐给鲁国，鲁君如果收下，就必然会荒于政事，疏远孔丘，像孔丘那样心气高傲的人，见鲁君冷落他，就必然会闹情绪离开鲁国，国君您还有什么可担心的呢？"

齐景公听完，连声夸妙，立即选了八十名美貌的女乐，教以歌舞，着以盛装，用一百二十匹彩色的良马拉车送到了鲁国。季桓子听说之后偷偷地跑去看，立即被女乐的美色所倾倒，看完之后魂不守舍，又拉着鲁定公一起去看，鲁定公的定力可一点也不比季桓子强，在季桓子的怂恿下去看了一次，就立即被迷得神魂颠倒。鲁定公把女乐分给季桓子三十人，之后与季桓子白天欣赏歌舞，晚上宠幸美人，完全不把政事放在心上。

孔子听说后，不禁伤心地叹息，子路正好在他的旁边，劝孔子说："鲁国看来已经是没什么前途了，老师您还是离开鲁国，到别的国家去吧。"孔子犹抱一线希望对子路说："祭祀天地的郊祭（在城郊祭祀天、地、日、月的活动，是周代最隆重的祭礼）活动马上就要进行了，如果大的礼节还能被遵守，那说明鲁国还有希望，我就会留下来。"谁知到了郊祭之日，主持分胙肉的季桓子并没有把祭肉分给孔子，孔子见状，知道季氏已经不愿再任用他，只好选择离开鲁国。

　　他的弟子子路、冉有本来被季桓子用为家臣，此时见老师出走，全都弃官随孔子而走，另外两个弟子子贡和子羔随行。自此，孔子开始了为期十四年的周游列国生涯。

第二十六节　孔子见南子、列国受困、微言大义、《道德经》、孔门十哲

孔子和他的弟子离开鲁国后到达的第一个国家是卫国。孔子来卫国的原因，是因为他认为卫国的第一任国君卫康叔姬封是鲁国首任国君周公姬旦的弟弟，那么鲁、卫二国就是兄弟之国，两国之间至少在名义上有一种情感上的认同，因此孔子来到了卫国，寄居在子路的亲戚家中。

其时卫国的国君是第二十八代君主卫灵公。

卫国的卫成公在位三十五年死后，其子卫穆公继位。卫穆公在位十一年而死，其子卫定公继位。卫定公在位十二年死，其子卫献公继位。

卫定公死的时候，他的夫人姜氏哭丧之后下去休息，发现卫献公竟然并不悲哀。姜氏气得连水也没喝，叹息说："这个人啊，将来不仅会给卫国带来败亡的灾祸，而且必然会从我这个未亡人身上开始动手。唉，这是上天要降祸给卫国啊！"卫国的大夫们听到姜氏的叹息之后，都无不感到恐惧异常。权臣孙文子从此不敢把他的宝器藏在卫国，而是全部放在他的采邑，同时非常友好地对待晋国的大夫们。

卫献公十三年时，他命令乐师曹教宫里的侍妾们弹琴，侍妾不好好学琴，乐师曹就用鞭子抽打她们。侍妾们依仗卫献公的宠爱，就在卫献公面前说乐师曹的坏话。卫献公恼怒之下，也用鞭子抽打了乐师曹三百下，这个仇恨就深深地种在了乐师曹的心中。

卫献公十八年时，卫献公命令孙文子、宁惠子两个人来陪他进餐，两位大夫不敢怠慢，接到命令之后，就穿着上朝的衣服赶快来了。可是他们一直等到太阳

落山，也没等到卫献公宣召他们。两人都是没吃早饭就赶来的，肚子饿得咕咕直叫，于是就打听卫献公去了哪里。一打听，才知道卫献公到园林去射大雁了。两个人于是到园林中去找卫献公，去了之后，卫献公没有脱去射服就和他们谈话。国君如此不重礼节，两位大夫非常生气，于是就去了孙文子的食邑。

孙文子的儿子曾经多次侍奉卫献公饮酒。当着孙文子之子的面，卫献公就让乐师曹歌唱《巧言》的最后一章，想借此讽刺孙文子想要犯上作乱。乐师曹正为五年前卫献公鞭打他而耿耿于怀，于是立即就唱了那一章，想要以此激怒孙文子，通过孙文子来报复卫献公。

孙文子听到卫献公让乐师曹演唱《巧言》这首诗，于是就把这件事情告诉了朝中非常有名望的大夫蘧伯玉。蘧伯玉说："我不知道这件事情啊。"

孙文子见卫献公的所作所为并没有得到其他大臣的支持，于是就起兵攻打并驱逐卫献公，卫献公逃奔到了齐国。赶走卫献公之后，孙文子、宁惠子共同拥立卫定公的弟弟姬秋为卫君，这就是卫殇公。

卫殇公即位之后，把孙文子封在宿邑（今安徽省淮北市砀山县一带）。卫殇公十二年，宁喜与孙文子为了争宠而互相怨恨，卫殇公于是让宁喜攻打孙文子。孙文子逃奔到晋国，请求晋国帮助原来的国君卫献公回国。卫献公当时正在齐国，齐景公听说这件事情之后，就与卫献公前往晋国，然后请求晋国送卫献公回卫。晋国为了把卫献公送回卫国，于是就诱骗卫殇公说要与他结盟。卫殇公不加怀疑，和宁喜前来会见晋平公，结果全部被晋平公扣押。之后，晋平公把卫献公送回了卫国，卫献公在外逃亡十二年之后，再次回到卫国。

卫献公复位后，立刻诛杀了宁喜。

卫献公后三年，吴国的季札出使经过卫国，他拜见了蘧伯玉、史狗、史鳅、公子荆、公子朝等大夫说："卫国有不少君子，他们的国家不会有什么灾难。"其时卫献公刚刚去世，季札经过宿邑之时，听到有人在击磬，就说："听上去一点都不快乐，声音太悲凄了，使卫国发生祸乱的原因就在于此啊。"当他得知是孙文子在家中奏乐之时，就感叹说："真是奇怪了，我听说不修德行、背叛别人的人，必定会为自己招来杀身之祸。这个孙文子，因为得罪了国君住在这里，害怕都来不及，居然还敢高调张扬地敲钟奏乐，这不是自找麻烦吗？这就像燕子在幕布上筑巢那样危险啊。卫献公的灵柩还没有安葬，可以作乐吗？"说完就离开了卫国。孙文子听了之后，如梦初醒，从此以后小心谨慎，终生再没敢听过音乐。

卫献公死后，他的儿子卫襄公继位。卫襄公在位九年死，其子卫灵公继位。

当初，卫襄公有个身份低贱的妾受到他的宠幸，身怀有孕。这个姬妾有一天做了个梦，梦见有人告诉她说："我是康叔，我一定要让你的儿子拥有卫国，你的儿子应取名为'元'。"这个姬妾不知道康叔是谁，感到非常奇怪，于是就问卫国大夫孔成子。孔成子告诉她说："康叔是卫国的始祖。"等到这个妾生下孩子，是个男孩，她就把做梦的事情告诉了卫襄公。卫襄公说："这是上天的安排啊。"于是就给这个儿子起名叫元。由于卫襄公的正室夫人没有儿子，于是就立姬元为继承人，这就是卫灵公。

卫灵公早就听说过孔子的大名，听说孔子来到卫国，立即就召见了他。他问孔子说："你在鲁国的俸禄是多少？"孔子回答说是六万斗小米，于是卫灵公给予了他相同数量的俸米，让他参与卫国的国政。但卫国的一些大臣嫉妒孔子，在卫灵公面前说他的坏话，卫灵公立即起了疑心，开始派兵监视孔子。孔子生怕受到迫害，于是离开卫国前往陈国。路过匡地（今河南省新乡市长垣县西）的时候，被匡人围了起来。因为孔子和阳虎的相貌有些相像，之前阳虎曾经未经匡人允许就私过匡境，被匡人所忌恨，此时见到貌似阳虎的孔子，以为是阳虎，立即把他围困了起来，足足围了五天，他的弟子颜回闻讯后才赶来相救。孔子见到颜回生气地质问他说："你怎么才来，我还以为你死了呢？"颜回不急也不恼地回答说："老师您还没死，我怎么敢先死呢？"匡地脱险之后，孔子与他的弟子前往蒲地（今长垣县北）。一个多月后，重又回到卫国，住在卫国的贤大夫蘧伯玉家里。

卫灵公的夫人名叫南子，生得非常美艳，是宋国贵族。南子十分淫荡，还是在宋国的时候，就与她的堂兄公子朝私通。嫁给卫灵公之后，仍与公子朝旧情不断，不时幽会，卫灵公为了取悦南子，竟然将公子朝以议政的名义从宋国召到卫国，让他与南子相会。卫灵公的长子蒯聩被立为太子，有一天他路过宋国，宋国的老百姓看见他之后，就唱歌讽刺他说："既定尔娄猪，盍归吾艾豭（音佳，公猪之意）？"意思是说既然已经使你们的母猪（指南子）安定了，为什么不把我们那漂亮的公猪（指公子朝）还回来？蒯聩感到非常羞耻，他为此十分痛恨南子，于是指使家臣戏阳遬（音速，同速）在朝会时杀死南子。但到了朝会的时候，戏阳遬反悔了，蒯聩不停地给戏阳遬递眼色，但戏阳遬就是不动手。蒯聩的反常被南子觉察到了，她大声哭叫道："太子要杀我。"然后逃出去向卫灵公哀求，卫灵公大怒，命人捉拿蒯聩，蒯聩赶快逃亡到宋国，之后又从宋国逃到晋国，投奔了赵简子赵鞅。卫灵公于是立蒯聩的儿子辄为世子。

卫国的政局因为太子蒯聩的出奔而趋于平稳，当孔子再一次来到卫国之后，南子夫人非常想见孔子，她派人给孔子传话说："凡是从诸侯国来的君子，只要看得起卫国的国君，就首先要拜见南子夫人，而南子夫人也非常愿意会见他们。"孔子非常为难，一方面他曾说过"唯女子与小人难养也，近之则不逊，远之则怨"（孔子原意：你这样的人，和那些水平较低的小民一样，思想不通难以相处，和他亲近相处时他不懂得谦逊有礼对别人，别人疏远他了，他又有怨恨；而后来，这句话被普遍认作孔子不尊重女性的经典：女人和小人很难相处，相处得亲近一些，他们会因轻佻而不尊重你，疏远他们，他们又会责怪怨恨你不亲近他们）的话，另一方面，南子夫人声名狼藉，她怕人们会因此而非议他。但南子夫人在卫国很有权势，几乎可以说是呼风唤雨，她都能让国君把她的情人接来和她一起相处，她想见孔子一面，还会办不到吗？孔子无奈之下，只好去拜见南子。当然了，孔子决定去见南子，应该也有他自己的打算，那就是希望通过南子，让卫灵公接受自己，推行自己的政治主张。当孔子去见南子的时候，南子夫人坐在帷帐里面，孔子进去之后，跪在地上向她行礼，南子夫人也隔着帘子向他还礼，她身上佩戴的玉器首饰相互撞击，发出清脆的声响。当子路等人听到孔子到南子宫中去拜见这个因淫乱而声闻诸侯国的国君夫人之时，再加上南子身上的首饰发出了声响，都以为孔子和南子夫人做了什么苟且之事。孔子很委屈，他辩解说："我本来就不想见南子夫人，但现在既然决定要拜见她，就必须符合礼仪。"子路听了之后很不高兴，认为孔子言行不一。在这种情况下，孔子就是浑身是嘴也说不清楚，他赌咒发誓说："如果我做了什么见不得人的事情，上天一定会惩罚我的，上天一定会惩罚我的！"

某一天，卫灵公和南子夫人坐同一辆车出行，然后让孔子坐在另一辆车跟在他们的车后边，大摇大摆地经过闹市，街边的老百姓看见，作歌讥讽说："与南子同坐一辆车的那个人好色吗？南子后面那辆车上坐的人好德吗？（同车者色耶，从车者德耶？）"孔子感觉非常羞愧，于是叹息说："我还从没有见过喜好道德超过喜欢美色的人啊（吾未见好德如好色者也）。"于是离开卫国，先是去曹国，然后去宋国。

到达宋国后，孔子经常指导弟子们在大树下面演习礼仪，宋国的司马桓魋是一个依靠色相而得宠于宋景公并受到重用的人（注意，桓魋和宋景公都是男人），听到孔子来到宋国，非常担心孔子会对他的地位造成威胁，于是派人砍掉了那一棵大树,并放言要杀死孔子。孔子没办法,只好离开宋国前往郑国。但到达郑国后,孔子和弟子们走散了,子贡四处向人打听,一个郑国人告诉他说:"我看到东门有一个人,他的相貌看起来就跟尧、舜、禹、皋陶那些古代的圣贤一样,但他那狼狈不堪的样子像一条找不到主人家的流浪狗一样(丧家之犬)。"子贡凭这个郑国人的指点在东门找到了孔子,并把这些话如实地告诉了孔子,孔子自嘲地说:"他说我的相貌像古代的圣贤,这不一定准确,但他说我像一条丧家之犬,实在是太准确了,太准确了!"

其后,孔子与弟子去了陈国,在陈国住了三年之后,重又去了卫国,卫灵公仍然没有起用他,孔子只好离开卫国,打算前往晋国投奔赵简子赵鞅。但刚刚走到黄河岸边,却听到晋国大夫窦犨、舜华被杀的消息,孔子立即改变主意,命人掉头回卫国。子路感到非常奇怪,就问孔子是什么缘故,孔子回答说:"窦犨和舜华都是晋国有名的贤臣,之前赵鞅依靠他们的辅佐才有今天,但赵鞅如今得志后杀死了他们,我怎么能去辅佐如此不讲仁义的人呢?"孔子回到卫国之后,卫灵公向他请教用兵作战的事情,孔子很生气地回答说:"我没学过这些东西。"而实际上,他最希望的是让卫灵公请教他关于仁政的东西。因为卫灵公年龄已大,对孔子也非常轻慢,孔子只好离开卫国,又来到陈国。

他在陈国同样得不到任用,只好又来到蔡国。但恰巧蔡国发生内乱,孔子为躲战乱,来到叶地(今河南省平顶山市叶县南),见到了叶公沈诸梁,沈诸梁向孔子请教如何治理国家,孔子回答说:"治理国家就是把远方的贤才招来,让近处的百姓归附。"但沈诸梁由于和孔子政见不和,也没有重用他。

蔡国的内乱平息后,孔子离开叶地回蔡国,在路途中,孔子派子路向人问路时被两位隐士讥嘲,隐士说:"他不是什么都知道吗?怎么会不知道路怎么走呢?"之后不再理会子路。还有一位隐士,子路和孔子走散后,子路问他说:"你见过我的老师吗?"那位隐士很生气地挖苦他说:"你们这些人,不知道劳动,连五谷都分不清楚(四体不勤,五谷不分之典故),我怎么知道谁是你的老师呢?"

孔子在蔡国三年,因为吴国攻打陈国,楚国打算聘请孔子,孔子也愿意到楚国去。陈国和蔡国的大夫们商议说:"孔子是个贤才,如果他到了楚国得到重用,那么陈国和蔡国就危险了。"于是把孔子围困了起来。孔子和弟子被围,食物吃光了,弟子们饿得站都站不起来了,但孔子还是不停地向弟子们讲学、诵诗、弹琴,子路对老师的做法感到非常不解,他问孔子:"君子也有困厄的时候吗？"孔子回答说："君子身处险境能够坚守节操，但小人身处险境就什么事情都做得出来。"孔子问子路说："你看是因为我的学说不正确，才使我们得不到重用吗？"子路回答说："可能是我们的德行还不够吧，所以没人能信任我们，或者是我们的智谋还不足吧，所以被人围困无法脱身。"孔子批评子路说："你错了，如果品德高尚就可以让人信任，那么伯夷和叔齐就不会饿死在首阳山了，如果足智多谋就可以畅通无阻，那么比干就不会被剖心了。"孔子又以同样的问题问子贡，子贡安慰他说："老师啊，我觉得是因为您的学说太博大了，所以没有一个国家能够容纳您，您应该降低一些您的要求才行啊。"孔子不满地说："好的农民善于种地，但不一定获得好收成，好的工匠虽然技术精湛，但他做出的东西不能让每一个人都满意，有修养的人所研究的学问，也不一定会被别人认可。你现在不继续钻研学问，却想降低标准来迎合世人，你的志向还不够远大。"颜回从外面回来之后，孔子也拿这个问题问他，颜回回答说："老师，您的学说博大到了极点，没有一个国君能够理解您，但那是他的耻辱，而不是老师您的不对。"孔子非常高兴，称赞颜回说："你说得太对了，如果你是个富人的话，我愿意给你当管家。"

孔子派子贡到楚国去求救，楚昭王发动军队解救孔子，把他们接到了楚国。楚昭王打算封一块地给孔子，但被公子申（子西）阻止，子西说："当年周文王这些人，他们刚开始的封地都只有方圆百里左右，但因为他们品德高尚，百姓拥护，最后居然取代了殷商。孔丘这个人，他的德行并不比周文王差，弟子们又都贤能，如果他有了栖身之地，过不多久，就会将楚国取而代之，大王您再考虑一下。"楚昭王想了想确实无法排除这种潜在的危险，于是打消了分封孔子的打算。

孔子在楚国住了一段时间，见楚昭王不打算用他，只好又返回卫国。

其时卫国的卫出公和卫庄公父子争权（卫灵公死后，蒯聩的儿子姬辄被立为国君，是为卫出公，蒯聩后来赶走儿子，自己当了国君，是为卫庄公），孔子觉得他们的做法根本不符合仁义的标准，所以对他们很反感，于是准备离开卫国。

恰好这个时候，事先被季氏召回鲁国的冉有统率军队击败了齐国的军队，季康子（季桓子季孙斯的儿子季孙肥）非常钦佩冉有，就问他的军事才能是与生俱来的还是跟他人学习的，冉有趁机向季康子推荐孔子说："这是我的老师教给我的。"并极力在季康子面前称赞孔子的才能。季康子动了心，决定把孔子从卫国召回鲁国，而此时孔子已离开鲁国整整十四个年头了。

其时鲁定公早已死去，继任的鲁哀公就问孔子说："你周游了这么多国家，看哪个国家的国君贤明啊？"孔子想了想说："没有几个贤明的，卫灵公勉强可以算一个吧。"卫灵公在历史上有知人善任之誉，他任用了几个贤臣，就把卫国治理得井井有条，他在位期间，卫国政局总体来说比较平稳，百姓也大都能丰衣足食。在诸侯国的国君中，卫灵公是对待孔子最好的一个，孔子无论在哪个国家待得不顺心，最想回去的国家居然就是卫国，而卫灵公也自始至终能够接纳他。鉴于这些原因，孔子给予了卫灵公如此高的评价。但也因为孔子不被卫灵公任用，对卫灵公很有怨气，曾说卫灵公是无道之君，这句评价被弟子记载在《论语》中，使卫灵公成了中国历史上昏君的代表人物，可实在是有点冤枉。

关于鲁哀公，有一个著名的典故"食言而肥"和他有关：越国灭亡吴国后，鲁哀公前往强大的越国争取支持，想要借助越国的力量打击"三桓"夺回权力。勾践的太子适郢和鲁哀公非常投缘，就准备把女儿嫁给鲁哀公，并多给鲁哀公一些土地支持他。这个消息被人密报给季康子，季康子等人非常恐惧，于是派人贿赂越国的太宰，最终使越国打消了这个念头。鲁哀公回国之后，季康子和孟武伯前去迎接他。为鲁哀公驾车的郭重远远地看到这两个人，就对鲁哀公说："这两个人在背后说了很多诋毁您的坏话，国君您一定要当面质问他们。"鲁哀公在设宴招待众大夫之时，孟武伯知道郭重对他们有戒心，心里非常厌恶郭重，于是就一边敬酒，一边取笑肥胖的郭重说："您怎么长得这么肥胖呢？"季康子听到孟武伯说出如此不庄重的话，假装打圆场但指桑骂槐地说："孟武伯该受罚喝酒了。因为我们鲁国紧挨着敌国（指鲁哀公想要借越军攻打三桓但未能如愿之事），所以我们没能陪着国君同行，这才避免了长途跋涉鞍马劳顿，可是现在你认为在外劳苦奔波的郭重长得肥胖。"鲁哀公听了之后，对跋扈专权且盛气凌人的季康子、孟武伯更加反感，于是代替郭重回答说："他是吃自己说过的话吃得太多了，能不肥胖吗？"（食言多矣，能无肥乎？）反过来讽刺孟武伯经常说话不算数。在座的大夫们听了都哈哈大笑，孟武伯因此非常尴尬。从此以后，鲁哀公和季康子、孟武伯的关系处得更僵。"食言而肥"这个典故因此而来，形容为了自己占便宜而说话不算数，不守信用。

孔子回鲁之后，季康子也只是礼节性地向他请教了一些如何治理国家的问题，并没有重用他。因为很显然，重用孔子，孔子就会继续推行削弱"三桓"权力的方略，那么"三桓"就会失去现有的优势地位，季康子可不是傻瓜，自己给自己找掘墓人。

此时的孔子，其实也明白"三桓"是不可能起用他的了，于是开始整理《诗》《书》《易》《礼》等古代流传下来但残缺不全的典籍。他研究夏、商、周三朝的礼仪制度，整理编订了《尚书》和《礼记》；他把流传下来的三千多篇诗进行了删减，选择三百零五首编订为《风》《雅》《颂》三个部分，这就是现今人们见到的《诗经》；他反复研读《周易》，以致把穿书简的牛皮条都翻断了好几次（韦编三绝），然后为《周易》撰写了多篇注解，如《象辞》《系辞》《卦传》《文言》等，合称《易传》；孔子根据鲁国的历史编写了《春秋》，记载了从鲁隐公元年到鲁哀公十四年之间鲁国的历史（前722年至前481年，共二百四十二年）。因为孔子编写《春秋》完全按照自己学说中"仁义""礼治"的标准来评价他人，所以主观性很强，孔子也因此说："后人会因为《春秋》而了解我，也会因《春秋》而误解我，但我认为这么做是对的，因此我坚持着这样做了。"另外，孔子在写《春秋》的时候，本意是要将他不认同的一些"乱臣贼子"的行为记入史中，但既然有乱臣贼子，相对应的就必然会有明君贤臣，可是这些明君贤臣也是人，也会有这样那样的缺点，甚至许多都是昏君暴君，孔子在写的时候，感觉非常为难，最后从替他们维护形象的角度出发，为尊者讳，为贤者讳，为亲者讳，为一些国君和权臣掩饰了部分劣行，用曲折、委婉、隐晦的笔法来隐含褒贬，因此被称为"春秋笔法""曲笔"。孔子的这种做法，开辟了中国历史上史学、文学为政治服务的先河，对统治阶级而言，这是有利的，但从发展的眼光来看，弊端也非常明显，自西汉武帝时儒学成为统治思想后，扼杀了许多作者的个性和创造性，使作者的主观能动性受到极大的限制，有时甚至不得不违心地说谎，讴歌盛世，粉饰太平，装点朝廷的门面，刻意地塑造高、大、全的形象，使作品的真实性有不同程度的降低，甚至完全失去了真实性。

　　孔子的政治主张、论理思想、道德观念及教育原则集中体现在儒家经典《论语》之中，《论语》是一部语录体的著作，由孔子的弟子及再传弟子编撰而成，记录了孔子及其弟子的言行。《论语》共二十篇，语言简洁精练，含义深刻，含蓄隽永，其中的许多言论，至今仍被人视为至理。《论语》作为儒家经典，对后世的影响非常大，北宋的宰相赵普曾有"半部论语治天下"之说。

　　孔子的政治思想主要体现在"仁"与"礼"，他主张"为政以德"，用道德和礼教来治理国家。孔子"德治"或"礼治"的理想状态是：有德的仁义之君就像北极星那样，而臣民们都像其他星星那样围绕着北极星转，谁在谁的位置，既不越位，也不缺位，各司其职，各负其责，保证国家机器的正常运转，让所有的一切秩序井然。但是，这只是一个理想状态，通常来讲，大部分的国君或权臣都不愿意这么做，国君想偷懒，想荒淫，想享受，还想让臣子规规矩矩，不要窥伺大位；而权臣呢，也不甘示弱，也荒淫，也享受，也想找机会当国君；所以就会君不君，臣不臣。统治阶级想横征暴敛，想剥削压榨，想垄断特权，想欺男霸女，还想让黎民百姓低眉顺眼，服从奴役，不要造反；而黎民百姓则不希望自己的劳动成果全部让统治者攫取，不想终年劳作却所剩无几，导致衣不蔽体、食不果腹，如果有幸吃饱了饭，还想进一步争取属于自己的权利。所以说，这个对立的矛盾非常尖锐。因此，从这一点上也可以大致找到原因，孔子在有生之年，他的学说为什么不被当权者接受！一是因为当时的国君过于诚实，再就是孔子自己太过认真。因为在孔子看来，国君你要施行我的学说，你自己首先就要按照这样的标准去做，如果连你自己都做不到，你还推行什么仁政？对于这一点，恐怕没有哪一个国君能够真正接受，而且接受了之后还非常烦琐，基于此，晏子建议齐景公拒绝任用孔子，就立即被齐景公所采纳。鲁定公虽然很支持孔子，但仅仅是去看了女乐，孔子就觉得无法忍受，被季氏瞅准时机排挤走了。所以说，孔子一生不得志，没有人愿意重用他，就是因为这个缘故。那么，为什么孔子死了之后，他的儒学却被尊为正统了呢？因为一些聪明的国君发现，他可以让别人去遵守这样的规则和标准，而他自己却完全可以不必遵守，创立这个学说的孔子早就进了坟墓，谁还会在耳边整天唠叨？而且他身边自有大臣为他这个尊者讳，把他塑造成明君、贤君，标榜他为万世楷模，让百姓去遵守所有的规矩，那么这样一来，统治者为什么不独尊儒术来钳制百姓的思想并巩固其统治呢？

以上是"仁政"的弊端，再来看"礼治"的弊端。就拿孔夫子亲自遇到的事情来说，他想凭着他"士"的身份到季氏家去做客，却被阳虎拒之门外，他发誓不见阳虎，但是，阳虎给他送了一头猪之后，他囿于"来而不往非礼也"的教条，却不得不跑去还礼，那么这个礼，是遵守，还是不遵守？如果你处处讲道德讲礼仪，而别人却处处无德无礼，你怎么办？一个人遵守道德礼仪的初衷是想让别人也遵守道德礼仪，这样就会建立起社会秩序。可是他遵守了而别人却不遵守怎么办？那么他也放弃遵守行不行，或者只是表面上遵守行不行？都不行，这会被别人斥为伪君子，假道学。所以说，到得后来，就会出现"满嘴仁义道德，满腹男盗女娼"这样风气大坏的局面。

所以说，光推行"仁政"和"礼治"，还远远不够，还必须有惩罚性措施。不论国君还是庶民，违反了这些科条怎么办？这就需要舆论，这就需要法律！战国末期被尊为"后圣"的荀子,其"隆礼重法"的思想,颇值得思考。让你遵守礼仪,让你讲求仁义,如果你做得好,可以表扬你,如果你不这样做,就用法律来惩罚你。这样一来,是不是就不再觉得空泛,具有了很强的可约束性?但话说回来,不论是"仁政"还是"隆礼重法",如果光是要求下层遵守,而上层完全不遵守,不受舆论监督或是凌驾于法律之上,那么就会失去平等性,阶层之间的道德平衡被打破,社会秩序就会混乱透顶,腐败就会蔓延全身,那么接下来出现的,就会是革命,就会是改朝换代和新秩序的重建。

因此说,中国的封建统治者之所以推崇儒家思想,主要是为了稳固统治的需要,所谓"半部论语治天下",并不是用来治理天下,而是用来统治天下。要想治理好国家,光靠儒学是不够的,还需要兼采道家、法家等各学派的精髓,否则,社会弊病就会非常明显,要么僵硬的礼教横行,要么虚伪的假大空充斥,整个社会都会腐败透顶,病态会蔓延至每一个人!

作为孔子本人,他虽然推行仁政,讲求仁义,但他自己也有因性格急躁而不讲仁义的地方,他担任鲁国大司寇仅七天时间,就罗织罪名公报私仇杀死了一名大夫。这位大夫名叫少正卯(少正原为官名,后演化为氏,卯是名),因博学多才,能言善辩,被鲁国人称为"闻人",就是非常有名的、博学的人之意。少正卯和孔子同时开办私学,招收学生。听少正卯讲课的人非常多,好几次都把孔子的弟子吸引过去,致孔子门下"三盈三虚"(好几次学生是满的,但有好几次学生都走得差不多了),只有颜回没有离开,自始至终跟着孔子。这件事深为孔子所忌恨,孔子上任七日,就找借口杀了少正卯,并将其暴尸三日。当子贡等弟子问孔子为何要杀死少正卯时,孔子回答说:"少正卯这个人,通晓古今之事,但不遵周礼,用心十分险恶;他行为乖张且非常顽固;他花言巧语,强词夺理,想要进行变革;他深知贵族的腐朽之处,且不为之隐讳;顺应错误的观点行为,并进行支持维护(心达而险,行辟而坚,言伪而变,记丑而博,顺非而泽);他的言行会导致鲁国的政局不稳,所以我要杀死他。"

少正卯被孔子所杀,因此他的学说并没有流传下来,但从当时所显露出来的一些迹象看,少正卯的学说有法家的影子,他代表着一股革新的思想和潮流,是战国时百家争鸣的前奏和雏形。而孔子诛杀少正卯,实际上代表着革新与保守的两股势力的博弈,最终,保守的一方凭借手中的权势残酷镇压了试图革新的一派。春秋末期,周礼的弊端已经非常明显,包括国君在内的许多人都不愿意再去遵守它,因此出现了所谓的"礼崩乐坏"的局面,一些熟知古今礼仪制度的士大夫都希望探求一种适应新形势的治国思想，这些人里面就包括少正卯。

少正卯对当时的社会现实和统治阶级的腐朽认识得非常深刻，并且能够通过他的博学和善辩把这一切准确地表述出来，有自己独到的一套近乎成熟的变革想法，因此听他讲学的人非常多，拥护他的人也非常多，这让守旧的孔子非常恼火。而面对当时的社会现实，其实孔子也想革新，但他革新的方式却是守旧。孔子对当时君不君臣不臣的社会秩序非常不满，但他仍然拘泥于周礼的窠臼，视周礼为不二法宝，想要通过"克己复礼"使一切恢复到周礼所规定的范畴中去，只可惜，许多人都已不把周礼当一回事，连国君都不当一回事。那么在这种情况下，孔子为了实现自己的政治理想，就必须除掉与他治国思想不统一且影响力巨大的少正卯，至少在掌握统治权的贵族这一阶层要"统一思想"，那么他除了给少正卯加上"乱政"的罪名并加以诛杀之外，还有什么办法呢？

事实证明，孔子失败了，而且败得非常惨，只可惜枉杀了被他称之为"小人之桀雄"的少正卯。

而与孔子同时代的老子，却静静地观察着这一切，不抱怨，不急躁，以超然物外之态，以自己独特而深邃的思考，形成了哲学发展史上颇具影响的朴素辩证法。老子姓李，名耳，谥号聃，生于公元前571年，卒于公元前471年，楚国苦县厉乡曲仁里（今河南省周口市鹿邑县太清宫镇）人。他曾经做过东周的"守藏室之官"（相当于国家图书馆管理员），阅读了大量的王室典藏书籍和史书，对当时腐败的朝政和政治斗争的残酷性有着非常清醒的认识，他为此变得谨小慎微，不轻易发表自己的见解。不过老子也对政治和战争感到厌倦，因此他把更多的精力投向了对"道"的思考之中。再后来，周室越来越衰微，周王室发生内乱，老子被迫辞职归乡。他骑着青牛准备出函谷关（今河南省灵宝市北），西游秦国。函谷关的关令尹喜早就听说过老子的大名，听说老子要西游秦国，于是非常恭敬地对待老子，希望他把自己的智慧记录下来，留给后人。老子考虑片刻，认为尹喜说得有道理，于是由自己口述，尹喜记录，形成了五千多字的《道德经》。

《道德经》共分上、下两篇，八十一章，上篇以"道可道，非常道，名可名，非常名"句起首，因此被称之为《道经》，讲宇宙起源、天地变化、大自然的运行规律等；下篇以"上德不德，是以有德，下德不失德，是以无德"起首，因此被称为《德经》，上下篇合称为《道德经》，意思就是"关于道德"。

在《道德经》中，老子探索了宇宙的演变和天地万物的起源，并把他认识和理解的自然规律命名为"道"。在第四十二章中，他这样描述万物的起源："道生一，一生二，二生三，三生万物。万物负阴而抱阳，冲气以为和。"宇宙诞生之初，天地之间一片混沌，是为一，一元分为阴、阳，比如天和地、雌和雄等，阴、阳与气构成三，之后万物便因阴、阳、气而生。在第二十五章中，他这样描述说："有物混成，先天地生，寂兮寥兮，独立而不改，周行而不殆，可以为天下母。吾不知其名，强字之曰道……人法地，地法天，天法道，道法自然。"在最初的时候，有一种存在，它独立地存在着，循环往复地运行着，永不消亡，可以称之为天下万物的母本或是起源，我不知道该怎样描述它，于是自作主张给它起了个名字叫道……人要遵循地的规律，地要遵循天的规律，天要遵循道的规律，而道，则要遵循自然的运行变化规律。在这里，老子虽然未能像近代天体物理学所研究的那样，具体而详细地阐述宇宙产生发展的过程，但他却对宇宙的起源和发展进行了一个大体而准确的勾勒。从最初宇宙的形成、单细胞生物的诞生，到物种的分类，再到万物繁衍生息的过程，都有着非常清晰而深刻的认识。而他所说的道，实际上就是自然规律的另外一种表述。人作为最高等的动物，可以说是生物界的代表，人生活在天地之间，就必须认识雨雪、风雷、霜露和四季、寒暑、昼夜等这些自然现象，并遵循万事万物的运行规律和法则，否则，就根本没法生存下去。

《道德经》中有不少朴素辩证法的观点，如一切事物都具有正反两面性，并会向彼此的对立面进行转化，如"祸兮福之所倚，福兮祸之所伏""天下之物生于有，有生于无"等，老子凭直觉认识到一切事物都处在普遍联系和运动的变化之中，且对立面之间存在着统一和斗争的性质，尽管缺乏科学的数据和强有力的论证，但已经处于辩证法的初级形态。

《道德经》中有非常可贵的民本思想，老子依照统治者的水平高低把他们划分为好几个等次，最好的，人民觉察不到他的存在；其次，人民亲近他，歌颂他；再其次，人民畏惧他，害怕他；最差的，人民辱骂他，不尊重他。最好的统治者，他替人民把一切事物都办理妥当，而人民却都说："这都是很正常的啊。"感觉非常自然，不必去感激他的恩德。老子认为自然界理想的状态就是富足的人，拿出多余的那部分，对不足的人进行弥补。可是现实中的情况却通常是掠夺本就不足的人（的东西），去奉养那些已经很富足的人。而他心目中理想的国君就是能够以"有余"奉养天下苍生的人。（天之道，损有余而补不足；人之道，损不足而益有余。）

《道德经》对治国、战争等都有论述，"大国者下流"，说明作为一个强大的国家，在与其他国家交往和相处时要采取谦虚的态度，这才会赢得其他国家的尊重；"治大国若烹小鲜"，说明了治国就像翻炒小鱼那样不易，既不能一动不动把鱼炸焦，也不能动作太大把鱼翻烂；"兵者不祥之器，非君子之器，不得已而用之"，表明了他对战争所持的审慎态度。

老子主张"无为而治"，也就是在不妄为、不违反自然规律的情况下顺其自然地治理国家的意思。老子说："我无为，而民自化；我好静，而民自正；我无事，而民自富；我无欲，而民自朴。"主要强调统治者要通过节制欲望，崇尚节俭等表率作用和道德感化，启发百姓的自立自主意识，让百姓自富自强，这种不扰民、不折腾的思想，是很有可取之处的。老子"无为而治"的治国思想与战国时庄子"天人合一""清静无为"的思想有相似之处，因此，他们的哲学思想体系被学术界尊为"老庄哲学"。战国末期，又有诸子学派尊黄帝和老子为创始人，假托黄帝与老子的思想，结合道家与法家思想，兼采阴阳家、儒家、墨家等观点，创立"黄老之术"，黄老之术盛行于西汉初年，并作为西汉初年的治国思想，统治者采取"休养生息"的政策，对于饱受战乱摧残的汉初经济的复苏和发展起了一定的积极作用。

基于"无为而治"的思想，老子给出了自己理想的国家形态，"小国寡民（国家要小，百姓要少）……使民复结绳而用之……邻国相望，鸡犬之声相闻，民至老死，不相往来"。这却让人感觉有一种复古倾向，过田园式的生活固然清静悠闲，但如若不用农具，不用文字，不相互交流，一味地拒绝文明，这是比较消极的。

除此之外，《道德经》中还有"上善若水""柔能克刚""大器晚成""将欲取之，必先与之"等句，都是令人耳熟能详的至理名言。

东汉张道陵创立道教，尊老子为道教三清道祖之一的"道德天尊"，尊称其为"太上老君"。著作《道德经》被改为《道德真经》，成为道教的主要经典之一。唐代皇帝封老子为"太上玄元皇帝"，宋代封为"混元上德皇帝"，到了近现代，老子被评为世界百位历史名人之一。

老子在名人榜上作为道教的创始人，排名第七十五位，而与他同时代稍后的孔子，作为儒教的创始人，排在了第五位。排名次序如此悬殊，究其主要原因，除了孔子参与政治，在教育上做出了积极的贡献之外，还与他创立的儒教被尊为封建社会的正统思想有非常大的关系。自西汉平帝始，历代统治者都不断为孔子追封追谥，封号的级别也越来越高，至唐玄宗时，被封为"文宣王"，西夏仁宗尊其为"文宣帝"，元成宗加封其为"大成至圣文宣王"，"大成"本是古代秦乐的用语，古乐一变为一成，九变为乐终，至九成完毕，称为大成，后来引申称集中前人的主张、学说等形成的完整的体系，孟子始用"大成"称赞孔子，"至圣"中的"至"字是最高的、顶级的、完美的、不可逾越的意思。至圣，简单来说，就是最高的圣人的意思，"文宣"，根据谥号的解释，含经天纬地，圣善周闻等意，至此，历代帝王对孔子的尊崇达到顶点。

公元前479年，孔子去世，享年七十二岁。孔子死后，鲁哀公亲自为他写了一篇悼词来纪念他。他的弟子们都为他服丧三年，子贡因为赶回来得晚，感觉愧对老师，于是为孔子服丧六年。

孔子的学生大概有三千人，其中精通礼、乐、射、御、书、数这六艺的有七十二人，他们被后人称为"孔门七十二贤"。

孔子在教育上主张"因材施教""有教无类"，也就是根据一个人的资质，看他适合做什么，然后让他学习什么，并且不管是贵族还是平民，都有受教育的权利，都可以拜他为师，向他学习。这样的主张即使在今天看来，也是非常正确的，行得通的。因此，孔子被称为大教育家可说是实至名归。

不过，在大部分的情况下，一个人外在的言行表现和内在的禀赋品质是大体上一致的，但也有一部分情况，一个人的言行举止可能和内心的真实想法有差异甚至是大相径庭。那么，在这样的情况下判断一个人的资质，就会产生难以控制的偏差。基于此，人和人的第一印象非常重要，因为大多数的人，可能再也没有机会见到第二次。

孔子也毕竟是凡人，在这种情况下也犯了以貌取人或以言取人的错误。他的弟子宰予（也称宰我）能言善辩，勤于思考，是他的弟子中唯一一个敢于直面向他提出问题的学生，宰予质疑周礼中"服丧三年"的做法，认为如果服丧期间三年不为礼，则礼必崩，三年不为乐，则乐必坏，被孔子斥之为不仁；宰予又问孔子一个两难的问题："如果有人告诉一个仁人，另一个仁人掉到井里去了，这个仁人如果下井去救，他就会死，那他就害死了一个仁人（自己）；如果他不去救，又会被称为不仁，那么这个仁人到底是下井还是不下井？"这是一个逻辑陷阱，类似于西方的"上帝全能悖论"。孔子对这样的逻辑悖论显然无法回答，并且也非常反感，他批评宰予这是在愚弄人。宰予有一天大白天睡觉，孔子骂他"朽木不可雕，烂泥糊不上墙"，但后来，宰予因为能言善辩，位列"孔门十哲"言语科第一。孔子为此提出了自我批评，他说自己以前对待一个人，是听其言而信其行，而如今，是听其言而观其行，而正是宰予，使他有了这个转变。

孔子的弟子澹台灭明因为额头长得比较低，口唇较窄，且鼻梁不高，按照当时的相面术，被认为是不具大器形貌（大器形貌至少五官要端正，按相士的说法，要天庭饱满，地阁方圆），因此孔子很不喜欢他。澹台灭明受到冷遇后毅然退出孔子的弟子群，之后发奋苦读，刻苦修行，最终在学问上取得了很深的造诣，形成了自己的学说，并且也有了自己的弟子。当消息传到孔子耳中之时，孔子感慨地说："我曾经以貌取人，看错了澹台灭明，曾经以言取人，看错了宰予。"

孔子的弟子之中，比较著名的是孔门七十二贤，也就是比较有名气的七十二位弟子，而七十二位弟子之中，又有十位更加出类拔萃者，被称为孔门十哲，其中德行科非常出色的有颜回、闵损、冉耕、冉雍四位，政事科出色的是冉有和子路，言语科有宰予和子贡，文学科是子游和子夏。

十哲之中，排名第一的是以德行著称的颜回，但他英年早逝，令孔子十分悲痛，闵损、冉耕、冉雍三人也各有出色的德行可称；政事科中的冉有长于政事，曾任季氏的管家，后来由于帮季康子聚敛民财，受到孔子的严厉批评。子游和子夏都比较擅长文学，子游在担任鲁国武城邑宰的时候，曾极力推行礼乐教化，孔子非常高兴；子夏提出了"仕而优则学，学而优则仕"的观点。优，通悠，意思是如果学习之余还有余力和时间，就去做官，这个主张对后世的儒生影响非常大。

子路就是仲由，他也曾做过季氏的家臣，因此也被称之为季路。子路出身寒微，但生性豪爽，很有勇气。他曾经想要欺凌孔子，结果被孔子用礼法收服其心，并收为弟子。孔子对子路的评价非常高，认为他可以执掌一个千乘之国的军队。他还评价子路说："穿着棉絮做的破袍子和穿着裘皮大衣的人站在一起而不感到羞愧的，恐怕只有子路一个人啊。"子路后来当了卫国大夫孔悝的邑宰。孔悝的父亲孔文子娶了卫灵公的女儿，也就是原太子蒯聩的姐姐。孔文子死后，家中的仆人浑良夫因为长相英俊，因此孔悝的母亲与他私通。蒯聩被卫灵公逐走之后，跑到晋国投靠了赵鞅，卫灵公死后，南子立蒯聩的儿子公子辄为国君，是为卫出公。蒯聩请求赵鞅帮助他回国即位，赵简子答应了。赵简子让阳虎找来十几个人装扮成给卫灵公服丧的卫国人，身着孝服前来迎接蒯聩回国即位，之后，赵简子派兵护送蒯聩前往卫国。卫国贵族听到蒯聩回国的消息之后，都不愿意让蒯聩回国即位，于是发兵阻止蒯聩，蒯聩被阻，只好退守宿邑。孔悝的母亲派浑良夫去看望弟弟蒯聩，蒯聩觉得自己夺位的机会来临，于是拉拢浑良夫说："如果你能帮我即位，我一定会重重地报答你，让你当大夫，并免除你三项死罪，再把孔悝的母亲许配给你为妻。"浑良夫在蒯聩的威逼利诱之下答应了，并把蒯聩带到了卫国，装扮成女人混进了孔府。二人在孔悝母亲的房间里密谋夺取卫国政权，孔悝的母亲率家甲进入孔悝的房间，将孔悝劫持，并逼迫作为执政大夫的孔悝与蒯聩盟誓，扶持蒯聩即国君之位。蒯聩的儿子卫出公听到消息后，赶快收拾祭器金银流亡到鲁国避难。这个时候的子路正在外地，得知蒯聩夺位的事情之后，立即赶回卫国。别人都劝子路说："执卫国国政的不是你，所以你没有必要为国君赴难。"但子路说："我食国君之禄，就要为国君分忧。"于是进了城。其时蒯聩已经自立为君，号为卫庄公，子路赶到公宫的时候，蒯聩和孔悝正一起站在高台上，子路正要放火烧台，蒯聩吓坏了，命人下台阻拦子路。在搏斗中，子路被长戟刺中，身受重伤，他的帽缨也断了。子路说："老师曾经说过，君子就是死，也要戴好他的帽子再死。"于是去系帽缨，等他把帽缨系好，也就被杀死了。孔子听到卫国发生内乱，非常着急地说："哎呀，子路恐怕要死了。"过不多久，马上传来了子路被杀的消息。蒯聩、浑良夫等人也没得到好下场。后蒯聩想追回卫出公带走的祭器等宝物，浑良夫就给他出主意说，假借立嗣的名义将卫出公召回，那么宝器不就顺利地回来了吗？蒯聩觉得是个好主意，但已被蒯聩立为太子的公子疾一听急眼了，如果把卫出公召回，那他这个太子将来当国君不是有了变数吗？于是劫持了蒯聩，逼他杀死浑良夫。蒯聩说，当初我回国即位时，曾经与浑良夫盟誓，免他三项死罪，我不能说话不算数。太子疾说："这还不好办？等他犯了第四条死罪，就可以杀死他了。"蒯聩没办法，只好答应了。有一天，蒯聩宴请诸大夫，浑良夫大摇大摆地前来赴宴，他穿着紫衣，佩带宝剑来到宴席上，因为饭太烫，就敞开袖子，袒露出里面的狐裘衣服吃饭，却被太子疾抓了起来。浑良夫惊问："我犯了什么罪？"太子疾数落他说："你作为臣子，穿衣却用国君的服色；袒露狐裘，轻慢国君；陪国君吃饭，不把剑解下来。你有这三宗罪，怎么能说是无罪？"浑良夫解释说："我与国君有盟誓，可以免我三次死罪。"太子疾斥责他说："亡国之君卫出公，他作为儿子却拒绝父亲，如此大逆不道的人，你却想把他召回来，不是第四宗罪吗？"浑良夫张口结舌，不能辩解，被太子疾所杀。蒯聩即位后三年，得罪了晋国的赵氏，赵鞅派兵伐卫，卫国的工商匠人不满蒯聩长期不让他们休息，于是借机暴动，蒯聩和太子疾被赶跑，他们到戎国避难，被戎人所杀。

子路和子贡都曾做过差不多类似的一件好事，不过子路受到了孔子的表扬，而子贡受到了孔子的批评。

鲁国的法律规定：如果有鲁国人沦为其他国家的奴隶，有人能把他们赎出来，那么回来后这个人就可以找政府报销这笔赎金。可是子贡在国外赎了一个人回来后，却不愿意到国库去报销这笔赎金。孔子知道后批评他说："你这样做是不对的，因为从今往后，鲁国就再没有人愿意从国外赎人了。报销了这笔赎金，其实根本无损你的德行，但不去报销这笔赎金，以后哪一个鲁国人还敢在国外赎回自己的同胞呢？"而子路呢，他救了一个溺水的人，那家人为了表示感谢，送给他一头牛，子路收下了。孔子称赞他说，从此以后，鲁国搭救溺水者的人会越来越多。从道德的层次来说，子贡赎了人而不愿意去报销赎金，这种舍己为人的行为，道德层次是很高的，应该被树为道德的典范才对，但仔细想想，其实并不是那么回事。如果子贡被树为道德的典范，那么以后鲁国人在国外赎了人，再去报销赎金就会被视为不道德或是道德水平差，这样导致的结果就是：人人都怕白白损失那笔赎金而不愿意再去赎人。子贡拔高了这个道德标准，从表面上看，道德的水平似乎提高了，但从实际情况来看，道德的水准只会越来越差，因为大部分的普通人并不会像子贡那样富有，那一笔赎人的赎金，或许就是维持他家庭正常运转的全部资金，如果怕被斥为不道德而不去报销赎金，以后谁还敢去赎呢？所以说，超出人的承受能力的道德，只会是假道德、伪道德，它只会败坏社会风气而使更多的人变成伪君子，嘴上说得悦耳动听而不敢或不愿有一丝一毫的实际行动。基于此，孔子表扬了子路，批评了子贡。

当然了，并不能因为子贡做了这一件无意中拔高道德标准的事，就否认他的才能和贤德。子贡名叫端木赐，卫国人，聪颖过人，能言善辩，是言语科的高才生。子贡奉孔子之命出使各诸侯国，凭借他敏锐的洞察力和出色的辩才，一番游说，说动吴国进攻齐国，竟然因此改变了当时诸侯国的形势，不能不叫人惊叹语言的无穷威力。

第二十七节　子贡出使、田氏代齐、伍子胥之死、勾践灭吴、勾践称霸

　　子贡出使的缘由，需要从齐国的齐景公说起。

　　公元前490年，垂危的齐景公把君位传给了宠妾的儿子姜荼，让高氏和国氏辅佐，姜荼号为晏孺子。晏孺子即位后，田氏的田乞表面上非常敬重执政的高氏和国氏，但背地里在众大夫中间散布谣言说："高氏和国氏想把之前的老臣们全部赶走，改用晏孺子的亲信。"其他的大夫都很惶恐，就问田乞该怎么办。田乞于是和鲍氏的鲍牧合谋，率众大夫攻击国氏和高氏，消灭了高氏，赶走了国氏。高、国二氏的爵位由高无平和国书承袭。之后，立鲍牧为右相，田乞任左相。

　　田乞与齐景公的长子姜阳生关系非常密切，其时姜阳生在鲁国避难，田乞把他召回，藏在了自己家里。之后，田乞借口家中要祭祖，把鲍牧和众大夫都请到了自己家中。在宴席上，田乞把装有姜阳生的口袋放在座位中间，然后打开口袋指着姜阳生说："晏孺子年幼，不配当国君，今奉鲍相国之命，立先君长子姜阳生为君，请大家拥护他。"鲍牧其时正喝得醉醺醺的，但理智尚存，见此情景吓了一跳，他辩解说："这事我可压根儿不知道，你怎么能说是奉了我的命令呢，你忘记景公的遗命了吗？"大夫们听鲍牧这么一说，都面面相觑想要反悔，姜阳生一看事情要遭，于是赶快跪地叩头说："废立的事情哪个国家没有？如果你们觉得我行，就同意，如果觉得我不行，就不要勉强。"鲍牧听了姜阳生的话，担心得罪田乞和姜阳生给自己惹来麻烦，于是改口说："都是景公的儿子，立谁还不都一样？"于是田乞拉着鲍牧和众大夫一起下拜，就在家中和姜阳生歃血盟誓，奉姜阳生为国君。姜阳生在众人的护卫下入宫，把晏孺子迁出宫外，之后杀

死了他。姜阳生就是齐悼公。齐悼公即位之后，想起之前鲍牧不愿立自己时的情景，心里很有些不高兴，而正好，田乞也嫉恨鲍牧职位比自己高，于是诬陷鲍牧与其他流亡在外的公子相互勾结意欲图谋不轨，齐悼公借机杀掉了鲍牧，之后立鲍息，继鲍叔牙之祀。田乞独秉齐国之政。

齐悼公因为擅杀大臣，引起众大夫的不满。

齐悼公有个妹妹，为邾国（今山东济宁邹城市）国君夫人，邾国与鲁国不和，被鲁国打破城池，邾国国君被囚禁了起来。齐悼公非常生气，认为鲁国进攻邾国就是轻视齐国，于是联合吴国，一起进攻鲁国。雄心勃勃的吴王夫差正愁找不到东进的借口，接到齐国的来信非常高兴，于是即刻起兵，向鲁国进发。鲁哀公吓坏了，赶快释放了邾国国君，然后派人向齐国请罪。齐悼公见鲁国服软，于是派人前去辞谢吴国的军队，叫他们不要来了。夫差接信大怒说："我吴国的军队难道是齐国说让来就来，齐国说让回就回？我堂堂吴国难道是齐国的属国不成？我要亲自到齐国去问一问，这到底是什么道理。"鲁国听到消息后，反倒与吴国协商，请求一同讨伐齐国。夫差非常高兴，即与鲁国合兵，一同进攻齐国南部边境。齐国贵族惶然大恐，都怨齐悼公无事生非，召来了强横的吴兵。其时田乞已死，他的儿子田常（本名田恒，后因避汉文帝刘恒的讳，称其为田常，谥田成子）承袭爵位。田常对鲍息说："你何不趁机杀掉齐君，对外可以化解吴国的怨恨，对内可以报你的家仇？"鲍息推辞说自己办不到，于是田常自告奋勇地对他说："我替你去办这件事。"之后田常假意邀请齐悼公阅兵，其间用毒酒毒死了齐悼公。之后，田常遣使对夫差说："我们的国君不知天命，得罪了贵国，现在得了暴病，是上天代大王诛杀了他，请大王看在上天的面子上，不要再降罪齐国。我们愿意世世代代服侍贵国，请大王同意。"夫差为了什么而来？怎么会如此轻易地退兵？此时齐悼公一死，刚好找到了攻齐的借口，他在军门外为齐悼公哭丧三日，之后率军从水路攻打齐国，结果被齐兵击败，夫差无奈之下，只好退兵回国。

齐国人都知道是田氏杀死了齐君，但都因为害怕田氏，不敢议论。田常立齐悼公的儿子姜壬为君，是为齐简公。齐简公为了分田常的权，于是任命田常为右相，监止为左相。

田常继承祖上的志向，总想将姜氏取而代之，但因为高氏、国氏的党羽还比较多，就想把这些人全部逐走。想来想去，田常想出一个主意，他对齐简公说："鲁国是齐国的邻国，但联合吴国一起伐齐，真是非常可恨，我们怎么能忘记这个仇恨呢？"齐简公觉得有理，于是按照田常的推荐，派国书为主将，高无平将上军，宗楼将下军，率领千辆战车，向齐国进发。田常亲自把他们送到了齐国边境。

正好这个时候，孔子的弟子子张从齐国来到鲁国，孔子就问齐国的情况，子张就把齐国大军进驻鲁国边境的事情告诉了孔子。孔子听了之后对众弟子说："鲁国是我们的父母之邦，我们不能坐视不理，谁愿意代我为使，出使齐国，让鲁国不受侵伐？"

子张和子石都愿意去，但孔子不同意。子贡站起来问："老师您看我去可以吗？"孔子点头说："你去我就放心了。"

子贡于是当日向孔子辞行，向齐、鲁边境进发。来到齐军屯兵的汶上，拜见了田常。子贡对田常说："鲁国是一个比较难进攻的国家，相国您为什么要攻打鲁国呢？"

田常很惊讶地问："鲁国为什么难攻打？"

子贡回答说："鲁国的城墙既薄又矮，护城河既浅又窄，国君又暗弱，大臣又无能，军队战斗力又不强，因此说，鲁国非常难攻打。我看相国最好是去攻打吴国，吴国的城墙又高，护城河又宽，兵精粮足，将帅又善于用兵，这不是非常容易攻打吗？"

田常很生气地说："你这不是在愚弄我吗？你故意把容易的说成是艰难的，把艰难的说成是容易的，我实在不明白你为什么要这么说？"

子贡说："我听说，忧患在国内，就去攻打强大的国家，忧患在国外，就去攻打弱小的国家。我听说齐侯好几次要加封您，都遭到了其他大夫的反对，由此可见，相国您现在在国内不能和其他的大夫和睦相处。今天您打败了弱小的鲁国，那功劳都是其他大夫的，跟相国您一点关系都没有，其他大夫有了功劳，他们的势力就会变得更加强大，齐侯也会变得骄傲，大夫们势力变强，他们就会和您争权夺利，齐侯变得骄傲，那么他就会疏远您，到那个时候，相国您的处境就非常艰难了。如果您让齐军去攻打吴国的话，打不赢，他们就会长时间困在吴国，打输了，百姓们都会指责国君和带兵的大夫，到那个时候，控制齐国的，不就是相国您一个人吗？"

田常头上的汗都快流下来了，子贡不仅对齐国国内的局势洞若观火，而且对他出兵的心思都了如指掌，而且还为他指了一条最容易实现目的的捷径，怎不叫他惊讶失色？不过田常仍然有顾虑，他请教子贡说："问题是现在齐国的军队已经到了鲁国边境,无缘无故地撤军,国内的大臣们会怀疑我,怎么办?"

子贡说:"这容易,您先让齐国军队不要进攻,我去游说吴国,让吴国出兵帮助鲁国攻打齐国,到那个时候,您派齐军迎战吴军,不就顺理成章了吗?"

田常对子贡佩服得五体投地,非常客气地送走了子贡,然后对带兵的国书说:"我听说吴国将会攻打齐国,你们先不要轻举妄动,姑且驻兵在此,如果消息确实,就应该先打吴国,接下来再攻打鲁国。"之后便自个儿回了国。

子贡来到吴国,拜见夫差说:"之前吴国和鲁国联合伐齐,齐国非常痛恨,现在已经驻兵汶上,准备消灭鲁国。如果齐国灭了鲁国,兼并了鲁国的土地,国力就会更加强盛,就一定会给吴国造成非常大的威胁,吴国还怎么称霸呢?大王您应该派兵去救援弱小的鲁国并攻打强大的齐国,这样一来,不仅诸侯们会称赞您非常仁义,而且还可以削弱齐国,增加吴国争霸的胜算,有什么不好呢?"

夫差回答说:"我也想去攻打齐国,但因为之前我曾经战败越国,现在越王勾践训练士卒,加紧战备,准备报复我国,我准备先打败越国,然后再去攻打齐国不晚。"

子贡说:"这就失算了,越国比鲁国弱小,吴国也没有齐国强大,大王您不去攻打齐国,反而去攻打越国,还没等越国失败,齐国早就吞并鲁国了。如果大王真是担心越国,那么我可以去说服越王,让他派军队来和您一齐去攻打齐国,这样您就不再有后顾之忧了,大王您看怎么样?"

夫差非常高兴地说:"如果越国真能派兵协助我攻打齐国,那么我就不担心了。"于是委托子贡去游说勾践。

再说勾践,听到子贡刚刚去了吴国并将要来越国,早早就叫人清扫道路,然后亲自到郊外来迎接。勾践非常谦恭地问子贡说:"我们越国不过是东海的蛮夷之国,子贡大夫您屈尊到这里来,有什么可以教导我们的呢?"

子贡毫不客气地说:"我来给您送个凶信。"

勾践愕然,行了个礼问道:"敢问是何凶信?"

子贡说:"我在吴国曾劝吴王出兵攻打齐国救援鲁国,但吴王担心您会乘他不备偷袭吴国,因此打算先进攻越国,那样一来,越国就危险了。没有打算报复别人却招致别人的怀疑,这就太拙劣了;有报复别人的打算却让别人知道了,这就太糊涂了;事情还没有去办却传得尽人皆知,这就太危险了。这三点,可是办事的最大祸患啊。"

一席话,说得勾践惶恐不安,他赶快向子贡请教说:"当初我不自量力,出兵攻打吴国，结果被困会稽，最后受尽凌辱。我对吴国恨之入骨，恨不得与夫差同归于尽。但现在事情还没有头绪，就被夫差察觉到了，先生您有什么办法可以助我解脱此厄？"

子贡说："吴王骄傲凶狠，大臣们都非常畏惧；军队经常作战，士兵们都无法忍耐；国家连年用兵，百姓们都非常怨恨；太宰伯嚭为人谄媚却执掌吴国的朝政，伍子胥虽然忠勇却不再受夫差信任，大臣们变乱者何止一二？大王您如果能派兵跟随吴王出征，再用金银财宝讨好他，用谦卑的话语恭维他，夫差就一定会出兵攻打齐国的。如果吴国战败，那么夫差就自然不会再对您造成威胁；如果吴国战胜，夫差就一定会起争霸之心，移兵进攻晋国。到那时，我再说服晋国出兵攻打吴国，这样就会削弱吴国的实力。吴军在对齐作战中受到损折，再在对晋作战中受到牵制，那个时候，大王您再乘机攻打吴国，就一定能消灭吴国。"

勾践非常高兴，赠给子贡黄金百镒，宝剑一口，良矛二支，但子贡拒不接受，告辞还吴。

子贡回到吴国，对夫差说："越王勾践听说大王要进攻齐国，愿意亲率三千士兵，跟随您对齐作战。过不几天，他就会派遣使者前来，向您献上一批宝物和武器。"过了五天，勾践果然派文种为使，来对夫差说："贱臣勾践，听说大王要兴义师，诛强齐，救弱鲁，因此派下臣文种献上铠甲和武器，以恭贺大王。勾践请问大王出师的确切日期，到时将亲自率领三千军士，跟随大王进攻齐国。"

夫差高兴地征求子贡的意见："您说让勾践随我作战可以吗？"

子贡回答说："这好像不太合适，越国本来就弱小，现在几乎出动了全国的军队来帮您作战，如果再让他们的国君来随军作战，别人就会说您太过分了，不如留下他们的军队，辞谢他们的国君。"夫差于是留下越军三千人，辞谢了勾践随军作战的建议。

子贡离开吴国后，马上又去了晋国，对晋国人说吴军将要攻打齐国，如果打败了齐国，马上就会对晋作战，要他们做好准备，晋国人得信不敢小视，赶快在齐、晋边境布防重兵，静观事态的发展。

而等到子贡返回鲁国，吴军就已经击败了齐军。之后向晋国发起挑战，晋军反攻，击败吴军，越王勾践见此情景，立即发动军队袭击吴国，吴军得信后匆忙回援，但打不过以逸待劳且武器精良的越兵，最后战败，直至灭亡。

子贡的这次出使，凭三寸不烂之舌，陈说利害，不仅保存了鲁国，削弱了齐国，还导致了吴国的灭亡。孔门言语科的高才生，真是名不虚传啊！

接下来仔细看一看这一场因子贡的游说而发生的齐、吴，晋、吴，越、吴之战。

公元前484年，越王勾践如约派三千士兵前来助吴，夫差征九郡之兵准备大举伐齐。伍子胥劝谏他说："越王勾践勤于政务，自己饮食节俭，衣着简朴，而百姓有病患伤亡者，却亲自前去慰问吊唁，他这样广收民心，早晚会对吴国不利。越国是我们的心腹之患，而齐国对我们的危害不过就像手上的疥癣一样，今大王率十万大军去伐齐，恐怕齐国还没有战胜，越国对我们的危害就会到达。"但伍子胥这些忠言在夫差听来，无异于恶毒的诅咒，当然了，他应该也不否认伍子胥说得有道理，但因为此时他对伍子胥已极端厌恶，因此因人废言，拒绝接受伍子胥的任何进谏。上天要灭亡一个国家，就必然会在忠臣良将与傲慢的国君之间树起一道无法逾越的墙，而这道墙一直阻挡着夫差，直至其最后覆亡。

夫差对伍子胥感到厌烦，就想借齐国人的手杀死伍子胥，于是写了一封措辞极为傲慢无礼的国书，派伍子胥到齐国出使并挑战。果然，齐简公阅信之后，震怒异常，准备杀死伍子胥，但被鲍息谏阻。鲍息说："伍子胥是吴国的忠臣，现在已与夫差势同水火，夫差派他来齐国，就是想借我们的手杀掉他，以免背上杀贤的恶名，我们可不能上这样的当。不如叫伍子胥回去，叫他与吴国的伯嚭等奸佞之人互相攻击，以此削弱吴国，岂不是更好？"

齐简公于是厚待伍子胥，与伍子胥约定交战的日期，然后打发伍子胥回国。伍子胥料到吴国必定会灭亡，因此来齐国之时，悄悄地带上了他的儿子，并把儿子托付给了鲍息，希望鲍息能够照顾他的儿子。之后，伍子胥返回了吴国。

夫差接到齐国的回书，便立即率军北上，攻克齐国博（今山东泰安市岱岳区一带）、进驻嬴（今山东省莱芜市西北），与齐军在艾陵（今莱芜东北）相遇。吴军这边是夫差自将中军，伯嚭为副，胥门巢将上军，夫差的儿子王子姑曹将下军，展如将右军，还有越国的三千士卒，兵力共十万余众。

齐国这边，总兵力也在十万余，田常本来就没有想要打胜仗，见吴军果如子贡所说的那样来进攻齐国，于是派他的弟弟田逆去督军，传令务必死战。吴将胥门巢率领的上军首先到达艾陵，与齐军中军相遇，结果被兵力占优的齐军左右夹攻，胥门巢大败而回。其时鲁国叔孙州仇率领鲁军前来与吴军会师，夫差命叔孙州仇带大军前往艾陵，在距艾陵五里之处下寨。

次日天明，夫差命叔孙州仇打第一阵，展如打第二阵，王子姑曹打第三阵，胥门巢带鲁兵三千前去诱敌。夫差自引吴国中军，驻扎在山头，作为机动部队，伺机救援各部。因为前一日齐军曾打败吴国上军,因此齐军士气高涨,全不把吴军放在眼里。齐将公孙挥看见昨日的手下败将胥门巢,立即引兵来追,追至中途被叔孙州仇截住,胥门巢也回身助战。齐国主帅国书见状,即派公孙夏出兵助战,胥门巢立即转身又退,公孙夏在后紧追,被吴将展如截住,胥门巢再回身助战,齐国高无平率上军,宗楼率下军全部投入战斗,被吴将王子姑曹率军迎住。国书见吴兵不退,引中军全部投入战斗,想把战场上的吴军一战打垮。此时,齐、吴两军在战场上呈胶着状态,但因吴军实际投入战斗的兵力少,因此在战斗中渐渐落了下风。在高处观战的夫差看见,立即命伯嚭引军一万,下山接应各军,自己亲率三万精兵,分三股斜插进去,将齐军分为三段,齐军首尾不能相顾,立即失去了战斗的统一性和整体性。阵中的吴军将士见吴王亲自参战,勇气倍增,大杀陷入包围的齐军。公孙夏在阵中被生擒,公孙挥被杀,下军主将宗楼被夫差射死。国书见齐军大败,自思无颜回国,于是冲入吴阵之中,被吴乱军所杀。齐军高级将领之中,只有上军主将高无平和前来督战的田逆幸免。

齐、吴艾陵之战,以吴军全歼十万齐军获胜而告终,这是我国春秋时期一场规模最大且最为彻底的歼灭战。在这场战争中,吴王夫差用四万兵力作为预备队,在对方精疲力竭之时投入战斗,对于摧毁敌军的意志并彻底消灭敌军,起了非常重要的作用。艾陵之战是中国战争史上最早使用预备队的战例之一,夫差也是最早在两军对垒中使用预备队的指挥官之一。此后,预备队在战争中的重要性,开始为军事家们所重视。一百多年后,军事家孙膑提出了"斗一,守二"的思想,将三分之一的兵力投入战斗,而将三分之二的兵力作为预备队。公元前331年,欧洲马其顿国王亚历山大在高加米拉之战中建立并适时投入预备队,以四万多兵力击败了十万余众波斯军队,灭亡波斯帝国,建立起了一个横跨欧亚的庞大帝国。另外,战神拿破仑也善于运用预备队。适时运用预备队,对于夺取作战主动权,取得战争的胜利有非常重要的作用。夫差能够创造性地运用预备队,利用强有力的机动主力部队全歼敌军,显示出了他高超的战争指挥艺术和过人的军事天赋。

吴军大获全胜,将齐军的八百乘战车全部缴获,无一幸免。齐简公听到齐国大军全军覆没,惊得心胆俱裂,因为这一次是吴军主动来犯,而齐军是被迫迎战,因此,找不到任何责罚田常的理由,最终,经与田常和监止商议,选择了向吴国赔款并和谈。夫差接受齐国的和谈条件,令齐、鲁两国修好,并与两国结盟后退兵。

齐国战败，田氏家族在齐国的势力果如子贡所预料的那样，变得极其强大。但田常此时还无法独断朝纲，因为在他之上，还有个监止。监止是齐简公的亲信，还是在齐简公的父亲姜阳生流亡的时候，他就陪在姜阳生的身边，齐简公即位后，封监止为右相，让田常担任左相。田常非常担心监止会抓到他的把柄除掉他，因此每次上朝都小心翼翼地察言观色。这种情况被田鞅发现了，他劝谏齐简公说，监止和田常不能同时担任左、右相，二者必去其一，您考虑一下。但齐简公感觉非常难办，重用田常，心里不愿意，辞退田常，又做不到，只好一直拖着。后来，田常的弟弟田逆杀了人，刚好被监止撞见，就把田逆抓起来投进了监狱。田氏兄弟闻讯，都想办法营救田逆，他们让田逆假装生病，然后叫家人带着酒肉去探视，借机灌醉并杀了狱卒，田逆从容逃走。监止见田逆逃走，为了不激化与田氏的矛盾，只好来到田家，与他们盟誓和解。

田氏的田豹曾经做过监止的家臣，监止就征求田豹的意见说："我准备把田氏其他的族人逐走，让你当田氏的族长，你觉得怎么样？"田豹回答说："我只是田氏的远房子孙，没有资格当族长，况且，和您有矛盾的只是田氏家族中的个别人，您何必要把他们全赶走呢？"其后，田豹把这些话告诉了田氏族人，田逆听到后说："监止是国君宠信的人，如果我们不除掉他，他就会杀掉我们。"于是设法到宫中居住，伺机杀死监止。

齐简公四年（公元前481年），田常和其他田氏兄弟共八人乘车来到宫中，监止出来迎接他们。结果田氏兄弟进宫之后，就关上了宫门，宫中的宦官发觉有异，立即拿起武器阻拦，但被田逆所杀。其时齐简公正在与妃嫔饮酒作乐，田常将他们全部赶到寝宫，齐简公非常生气，准备拿起武器攻击田常，他身边的太史担心他寡不敌众，于是劝阻说："不能那样做，他们是来替您除害的。"齐简公听了之后，感觉和田氏硬拼只会是自取其辱，于是听从了太史的建议。田常见齐简公准备动武，心里也十分害怕，于是出宫躲进了兵器库。过了好一会儿，他听说齐简公仍然怒气未消，心里更加恐惧，就准备出亡国外。田逆见田常想要打退堂鼓，于是持剑威胁他说："迟疑，是成功的大敌，谁不是田家的子孙？如果你不顾族人逃走，我不杀死你，就对不起田家的祖宗。"田常只好留了下来。

监止离开宫室回家，召集家兵攻打宫门，结果哪一个门都没有攻破，只好往外跑，田氏族人紧追不舍，监止误入田氏的封邑，结果被田氏所杀。过不多久，田常囚禁了彻底失势的齐简公，齐简公非常后悔地说："我要是早听了田鞅的话，怎么会落得今天这样的下场？"田常杀死齐简公，立齐简公的弟弟姜骜为君,是为齐平公。自此,田常包揽齐国大权,并把安平以东的大片土地割为田氏的封邑。其时,田常享有的封地比齐平公直辖的领地还要大。庄子在他的著作中记载了田常盗齐的这一段往事,并指斥田常为诸侯大盗。也是后世常用之语"窃钩者诛,窃国者侯"的由来。

齐平公死后,他的儿子齐宣公继位,齐宣公在位五十一年而亡,儿子齐康公继位。齐康公沉湎酒色(当了傀儡,不沉湎酒色也没办法),公元前391年,田常的曾孙田和把齐康公放逐到海滨的一座小城中,然后自立为齐侯。齐康公十九年(公元前386年),田和通过贿赂周王室,受到周安王的册封,正式成为诸侯。公元前379年,齐康公死,姜氏齐国的历史就此结束。姜氏齐国共历三十二君,享国六百五十余年。田氏取代齐国政权后,仍保留原来的国号"齐",史称"田齐",与之前的"姜齐"相区别。田氏取得齐国政权的这一段史实,称为"田氏代齐"。

再说在艾陵之战中战胜齐国之后退兵回国的吴王夫差。夫差用他高超的军事才能打赢了艾陵之战,但输掉了整个国家和自己的性命,因为他没有像伍子胥所说的那样,看清自己真正的死敌。他想要成为诸侯霸主,也可以让人理解,但如果在消灭越国之后再进行,无疑会增加成功的胜算,就算不成功,也不至于国灭身亡。

夫差获胜之后,越王勾践立即率群臣前来吴国贺喜,向吴国献上了厚礼,夫差非常高兴,想要增加越国的封地,勾践再三推辞才作罢。伍子胥十分痛心,他劝谏夫差说:"越国是我国的心腹大患,但大王您现在听信小人的奸邪之词去攻打齐国,就算我们占领了齐国,那也就像是得到了一块堆满石头的空地罢了,没有任何用处。况且盘庚之诰上说,那些叛乱之臣就要把他们全部处死,不要让他们留下后代再遗祸子孙,商朝因此兴盛起来。希望大王赶快攻打越国,不然,后悔可就来不及了。"夫差非常生气,他把伍子胥赶出朝堂,并下令以后不许再见。

伯嚭其时与伍子胥已势同水火,他见伍子胥已经触怒夫差,知道时机已经来临,于是向夫差进谗言说:"伍子胥为人残暴,不讲情义,猜忌阴险,内心充满怨气,恐怕会给我国带来深重的灾难。他表面上看起来非常忠诚,但内心异常狠毒,他连他父亲和兄长的生死都不管不顾,还怎么能把大王放在心上呢?之前大王准备伐齐,伍子胥就反对,但大王打了胜仗回来。伍子胥感到非常羞耻,觉得没有用他的计谋却反而取得了胜利,于是为此怨恨大王。伍子胥刚愎自用,想通过强谏来阻挠大王取胜，这样就能显示出他计谋的正确性。但大王没有听他的话而出兵伐齐，所以伍子胥就装病不上朝，也不跟您一齐出征。我叫人暗中观察，发现伍子胥在出使齐国的时候，把他的儿子托付给了齐国的鲍氏。伍子胥作为大王的臣子，在吴国不得志，就与外国的诸侯互相串联，还自以为是先王的谋臣，如今见他不受重用，就对大王心怀怨望。大王您一定要早想对策。"夫差大怒说："之前我还不忍心处死他，没想到现在他把儿子都送到了国外，伍子胥果真是欺骗了我。"于是派人赐给伍子胥一把名叫属镂的宝剑，令伍子胥自裁。伍子胥仰天长叹说："老天啊，奸臣伯嚭乱政害国，大王您居然反过来要杀死我，我千辛万苦辅佐您的父亲成为霸主，又在先王那里为您争来了王位并忠心耿耿地辅佐您，您居然听信小人的谗言要杀我。"他又对他的门客说："我死了之后，在我的坟上种一棵梓树，长大了自然会派上用场（梓树常用来做棺材，意谓吴国灭亡后替夫差收尸），把我的眼珠挖出来，放在吴都的东门上，看越国人是如何进入都城，灭掉吴国的。"说完之后，自刎而死。使者把伍子胥临死前的话告诉夫差，夫差非常生气，他把伍子胥的尸体装进皮革做成的袋子，然后扔进了江中，想让伍子胥形消神灭，挫骨扬灰。吴国百姓非常同情伍子胥，悄悄地把他的尸首打捞出来，然后安葬在了一座小山上，为了纪念伍子胥，那座山因此被称为胥山（今江苏省苏州市境内）。

伍子胥，生年不详，卒于公元前484年。他智勇双全，忠烈耿直，他忍辱负重，替冤死的父兄报仇，他竭尽毕生才智，助阖闾登上霸主地位，只可惜的是，他因为性格直率，犯颜直谏，因此与暴烈的夫差产生了极深的矛盾，并被伯嚭进谗言所害，真是令人扼腕叹息。千百年来，伍子胥都是忠臣的化身，每一个正直善良的人，都对他怀有深深的同情之心。其实，从伍子胥被杀之时往前回溯，他应该是有机会像孙武那样急流勇退的，他在助阖闾攻破楚都并大仇得报之时，就应该退出这个血腥的舞台。他在报仇，而他的手上其实也沾染了不少无辜者的鲜血，吴王僚、庆忌，还有数不清的吴军将士、楚军将士和遭受战乱的黎民百姓，他们又有哪一个生来就注定是要被杀掉或是死于战争的呢？或许，是他对吴国的极度忠诚和牵挂，让他不忍心放手吧，太可惜了，伍子胥，只是，他应该也需要有一些忏悔吧！

夫差杀死伍子胥之后，任用伯嚭为相国，从此没了敢于直谏的人，因此变得更加骄傲自满，目中无人。吴越之地多水，陆路不占优势，因此军民都比较熟悉水战，如果要北上前往齐、晋等国，路途十分遥远，若走陆路，士卒的战斗力就会消耗在行军途中。夫差为了缩短前往齐、晋等国的行程并方便运输兵马粮草，征发数万士卒，开凿邗沟运河（南起今扬州以南的长江，北至淮安以北的淮河），接通了长江和淮河两大水系，想从水路直达齐、晋等国。

他的儿子太子友知道父亲又想去中原争霸，想要进谏，但又怕惹怒夫差，于是就想了个主意。

一天早上，夫差经过后园的时候，发现太子友拿着一个弹弓从园中出来，衣服和鞋子都被露水打湿了。

夫差非常奇怪，就问他在做什么。

太子友回答说："我刚刚去游后园，听到一只蝉在树上鸣叫，于是走近了仔细观察。发现一只蝉正在树枝上安闲自得地鸣叫，可是它不知道，在它的身后，一只螳螂顺着枝条悄悄地爬过来，想要捕食它；而螳螂一心想要捕食秋蝉，却不知道在树荫下面，有一只黄雀正盯着它看，想要把它一口啄入腹中；而那只黄雀只顾盯着螳螂，却不知道孩儿我正在后面拿着弹弓，想把它打下来。而我只顾盯着黄雀，却没有注意到旁边的地上有个小坑，一不小心跌了一跤，因此衣服和鞋子都被露水打湿了。"

夫差感到很好笑，不过也觉得正好是一个教育儿子的好机会，于是对儿子说："你只顾眼前的蝇头小利，却不知顾及身后的祸患，天底下没有比这更愚蠢的了！"

太子友说："不，父王，还有比这更愚蠢的。鲁国不犯临国，齐国却无缘无故地去攻打他们，以为可以十拿九稳地吞并鲁国，殊不知我吴军将士，千里远袭，将齐军打得大败。看起来我国将会占领齐国了，却不知道越王勾践正在阴选死士，准备偷袭吴境，灭亡我国。天底下，没有比这更愚蠢的了。"

夫差听了半天，才发现被儿子绕了进去，立即气得变了脸色，他大骂太子友说："这还不是从伍子胥嘴里崩出的唾沫星子，我早就听得不耐烦了。你旧话重提，想要破坏我争霸的宏伟蓝图吗？你再胡说八道，我就废去你的太子之位！"

太子友没想到夫差会反应如此强烈，一时之间吓蒙了，他不敢再说一句话，赶快走了出去。

公元前482年，夫差让太子友镇守吴都，自己率国中精锐之兵，行程两千余里，由邗沟北上，先后召集鲁国和卫国，并约定诸侯在黄池（晋、卫、宋、郑四国交界处，今河南新乡市封丘县西南）相会，准备与晋国争夺霸主地位。

越王勾践听到夫差已带兵离开吴国国境，立即带领范蠡等人，率国中精卒约五万人，取海路来偷袭吴国。

吴国的精兵都被夫差带走了，剩下的都是些老弱病残或是未经训练的士卒，而越兵是近十年来精心训练的精卒；吴国镇守的指挥官太子友没有任何的实战经验，而越国的勾践、范蠡却都是身经百战、智计超群的宿将；越军是有备而来，作战计划非常周密，而吴军是被动应战，战备很不充分；越军的武器十分精良，弓弩剑戟都十分锋利，而吴军基本上都不是正规军，武器装备非常一般。两军实力十分悬殊，因此太子友还没进行像样的抵抗，就被越军打得一败涂地，吴都被攻陷，太子友被俘。

勾践命人放火焚烧夫差新建的姑苏台，大火烧了一个多月方才熄灭。而建造姑苏台的主梁，还是他进献给夫差的。当初是怎么说的，而现在又是怎么做的？人啊，看不到日后的祸患，只会轻信眼前的花言巧语，愚蠢而浅见的夫差！其时，距公元前494年夫差击败越军并囚禁勾践，仅仅过去了十二年。

其时夫差正与鲁哀公、卫出公在黄池，邀请晋定公前来会盟。晋定公惧怕吴国的势力，只好带着赵鞅等人前来赴会。夫差于是让随行的王孙骆和赵鞅等人商议盟书上各国的排名先后，实际上也就是决定谁会成为新的中原霸主。赵鞅可不比晋定公软弱，他据理力争说："多少年来，一直都是晋国主持华夏的盟会，排名排在最前面是无可争议的，这还有什么可商量的？"王孙骆说："晋国的祖先是周成王的弟弟唐叔虞，而我们吴国的祖先却是周文王的哥哥吴太伯，我们吴国国君的辈分比你们晋国的大多了。况且之前你们晋国虽然是名义上的盟主，但在与楚国的几次会盟中，都排在了楚国的后面，可楚国却是我吴国的手下败将，你们晋国还有什么颜面排在我们吴国前面呢？"两国就这样争执不下，连日不决。

这时，密探送来了吴国国内的告急文书，详细说明了勾践率军偷袭吴国并攻破吴都的情况，请求夫差赶快率军回援。夫差惊得目瞪口呆，伯嚭见状立即拔出剑来，砍杀了使者。夫差不解其意，惊问伯嚭为什么杀死使者，伯嚭说："如果走漏了消息，齐国和晋国就会乘人之危，我们怎么能安全回国？"

夫差想了想也觉得有理，于是严令手下不许把消息走漏出去。但到了次日，却发现军中有人在偷偷议论吴都被越军袭破的事情。夫差恼羞成怒，认为是身边的卫士泄露了机密，拔出剑来，一连砍杀了帐前的七名卫兵。夫差急得六神无主，一会儿想不必会盟，立即率军赶回吴国，一会儿又想把盟主之位让给晋国，等会盟之后再回，一时拿不定主意。王孙骆向他出主意说："我们既不能不会先归，也不能先把盟主让给晋国。如果不会盟就回国，齐、晋这些国家就会趁我之危；如果把盟主之位让给晋国，晋国就会对我们发号施令。必须拿下盟主之位。"王孙骆建议夫差用武力威胁晋国，让晋国屈服，被夫差采纳。当天晚上，夫差命吴军将士悄悄移营，在距离晋军一里之远的地方结成了方阵，中军白旗白甲，左军红旗红甲，右军黑旗黑甲，阵势十分整齐雄壮。天亮之后，吴军阵中金鼓齐鸣，响彻云霄。晋国君臣十分惧怕，担心吴军会发动突然袭击，于是只好派者再次前来与吴国协商。

在协商中，吴国国内被越军偷袭的内情被晋国的使者所察觉，晋国使者回报赵鞅，赵鞅手中立即有了与吴国讨价还价的筹码，因为晋国耗得起，而吴国等不起，夫差要想实现称霸的目的，就必须在其他方面向晋国妥协。两国最后商定：晋国可以让吴国排名在先（当霸主），但吴国国君冒用王号的做法不妥，为了表示对周天子的尊重，吴国国君必须去王号才行。夫差别无选择，答应了晋国提出的条件，于是诸侯歃血会盟，盟书中的记载是"吴公先歃，晋侯次之"，吴国成为盟主国。夫差终于实现了他父亲阖闾生前称霸中原的梦想。但这次会盟并没有给吴国带来任何的实际利益，夫差为了称霸，不顾民生凋敝，国内空虚的现状，穷兵黩武连年征战，极大地消耗了吴国的国力，从内因上加速了吴国的灭亡。

夫差会盟之后，立即率军回国。一路上，不断接到从吴都送来的急报，消息传开，将士们得知家国已被越军袭破，国中被越军烧抢一空，内心既悲伤，又恐惧，再加上千里行师，全都疲惫不堪，因此皆无战心。夫差率军与越军对垒，但几次都被越军击败。夫差无法，只好派人拿着厚礼到越国去请和，勾践认识到灭亡吴国的时机还不成熟，于是就答应与吴国讲和。

此后，越国几乎每年都派兵侵伐吴国，吴国不堪其扰，疲于奔命。吴王夫差自归国之后，心灰意冷，无心理政，国内又无贤臣，导致国内连年灾荒，国力越发不振。

公元前473年，勾践再次大举进攻吴国，吴军无法抵挡，越军攻破吴都，并将夫差围困在姑苏山上（今苏州南阳山）。夫差派王孙骆前去请降并对勾践说："孤臣夫差，向大王表露一下自己的心愿，之前曾在会稽得罪过您，但我不敢违背您的命令，与您讲和之后就撤军回国了。今天大王您亲自来诛杀孤臣，我也会听从您的命令，但我内心真实的想法是希望您能像之前我在会稽山对待您那样赦免我的罪过。"勾践听了有些不忍心，就想答应夫差，但范蠡不同意，范蠡说："之前吴军在会稽打败越军，那是上天把越国赐给了吴国，但吴国没有接受。而今天，是上天把吴国赐给了越国，越国怎么能违背上天的命令呢？再者说了，大王您每天早晚上朝议政，不就是为了吴国吗？至今已谋划了整整二十年，一旦放弃，可以吗？况且上天赐予您却不愿意接受，那反而就会受到惩罚（天与弗取，反受其咎）。用斧头砍伐木材做斧柄，用不着再去找图纸或样子，手里拿的斧柄就是样子。您忘记之前在会稽所受的苦难了吗？"勾践说："我想听从您的建议，但我实在不忍心让他的使者失望。"范蠡于是传令鸣鼓进兵，并对王孙骆说："我的国君已经把政务委托给我了，请你赶快回去吧，不然就会对不起你了。"王孙骆只好哭着回去向夫差复命。勾践于心不忍，随后派去使者对夫差说："我可以安置你到甬东（今浙江舟山市定海区，海中岛，当时属荒蛮之地，相当于囚禁于孤岛上），让你统治三百家夫妇养老。"从一个横跨现今江苏安徽两省、统治数百万人口、锦衣玉食、随心所欲的诸侯国的国君，沦落为一个荒蛮小岛上的囚徒，依靠六百口人的原始手工作业收入来度过余生，这个落差实在是太大了，况且国家被灭，宗庙被毁，夫差想了想，就绝望地拒绝了，他对勾践的使者说："臣老了，没办法再侍奉您了。"之后叹息说，"我杀了忠臣伍子胥，如今自杀，实在是太晚了。如果死后地下有知，实在是无颜见伍子胥啊。"说完遮面自杀而死。吴国遂被越国灭亡，其时，距公元前494年战败越国的夫椒之战，刚好经过了二十一年，正应了伍子胥越国"十年生聚，十年教训"，二十年灭吴的预言。

夫差，继位之初不忘父仇，励精图治，夫椒一役击败越军，使吴国的声望达到顶峰，但他听信伯嚭的谗言，没有除掉自己的劲敌，而是放虎归山，养虎成患，且在位后期骄奢淫逸，穷兵黩武，屡次北上与齐、晋等强国争锋，而不知积蓄国力，休养生息，休整军队，致使越国趁虚而入重创吴国后，吴国竟然在近十年的时间里无法恢复元气，导致一蹶不振，最后国灭身死，真是可悲啊。他心存争霸中原的大志，且也具备这个实力，也不能说毫无可取之处，但他忽略了一个最根本的问题，那就是卧榻之侧，岂容他人鼾睡？把最可怕的敌人留在了自己的身边。从这一点上来说，夫差是一个军事家，但不是一个政治家，他可以在战场上打一个漂亮的歼灭战，但对一些原则性的问题缺乏起码的鉴别力，没有政治远见，最后注定了无可挽回的悲剧。当然了，夫差的下场如此之惨，也与他在心理上对礼法制度的过分依赖和对社会融合发展的方向认识不明有一定的关系。按照当时的惯例，一个诸侯打败了另一个诸侯，基本上都不会赶尽杀绝，因为要让人家延续祭祀，就是所谓的"兴灭国、继绝祀"，至少要给他一块封地，让人家有吃穿，有用度，传承贵族的特权并继续繁衍后代。之前的周武王是这么对待殷商贵族的，夫差也是这么对待战败的勾践的，只不过，他对勾践过于宽容了，而且他把勾践看成了一个他手下的臣子，就像之前的商纣王对待周文王那样，不仅放回去，还允许人家复国。他最后失败的时候，也没有意识到勾践会将他置于死地，他还拘泥于之前的成例，以为勾践也一定会允许他称臣并复国，就算不那样做，也会赐给他一块大的封地，让他的子孙延续吴太伯的祭祀。而最后的结局如何呢，勾践只给了他一个荒凉的小岛，三百家夫妇！就是这样的结局，也还是勾践感觉于心不忍之后对他的宽恕。小岛，三百家？夫差悲愤到了极点，这是对待诸侯应有的礼节吗？吴国的宗庙也被毁了，吴国的祖先也没法祭祀了，那还有什么脸面继续活下去？自杀，其实已经成为夫差保全尊严的最佳方式。

夫差死后，勾践将他以诸侯的礼节安葬在阳山。之后，勾践入吴宫，接受百官的朝贺。伯嚭也在臣列，恬不知耻地向勾践拜贺。勾践非常鄙夷地对他说："你是吴国的太宰，我敢接受你的朝拜吗？你的国君现在在阳山，你为什么不跟随他去呢？"伯嚭十分羞惭，退了下去。勾践随后命人处死了伯嚭，作为对他不忠的惩罚。

纵观吴国的败亡，独是夫差的责任吗？不是。是伯嚭一个人的责任吗？也不是。但不可否认，伯嚭在吴国败亡的过程中，做了其他任何一个人都不容易做到的事。他贪财好色，收受越国的贿赂和美女，与敌国私通，之后在夫差面前不停地替越国美言，利用他的谄媚，使骄横轻狂的夫差轻信了越国，放过了勾践，使在吴越争衡中占绝对优势的吴国，丧失有利时机并最终走向衰亡。但这还不是致命的，因为朝中只要有忠良，一正一邪，相互制衡，总还不致使大厦立刻倾覆，伯嚭利用夫差对他的信任，在夫差面前煽风点火并诬陷伍子胥，使夫差亲手毁掉了支撑吴国危局的中流砥柱。子贡在出使越国的时候就曾对勾践说："吴国的太宰伯嚭当政，只会顺应国君的过失，以保全自己的私利，他不会给吴国带来一点好处，只会使吴国的国政越来越糟糕。"对伯嚭的分析可说是深刻到了骨子里。

再回过头来看看，任何人都知道伯嚭这个人是个谄媚小人，那么为什么夫差却对他信任有加且言听计从呢？这或许就是夫差需要承担的责任了，夫差无识人之明，缺乏作为一个称霸者的最基本要素，他落个败亡的下场，也是非常应该的。

勾践灭亡吴国后，与晋、齐、宋、鲁等诸侯会于徐州（九州之一的徐州，今山东省枣庄市滕州市东南，和今江苏省徐州市还有一段距离），成为诸侯国的霸主。周元王在接到勾践进献的贡品之后，派人赐给勾践王者的服饰和王冠，祭祀用的玉器圭璧，代表征伐权力的朱红色弓矢，并册命他为东方之伯（霸），承认他是诸侯的首领。

需要指出的是，勾践称霸所经的路线，与之前夫差所走的路线一模一样，二者之间的唯一区别是：夫差没有消灭心腹大患越国就去争霸，结果遭到越国的暗算，被越国在心脏部位插了致命一刀，最后连挣扎都没有挣扎一下，就死去了。而勾践则是消灭了心腹大患吴国再去争霸，大后方非常稳固，因此无后患、底气足，其他的诸侯国谁都不敢表示异议，越国最终成为春秋时期的最后一个霸主国。

第二十八节　陶朱公范蠡、鸟尽弓藏、数典忘祖、白公胜之乱、叶公好龙

勾践会盟诸侯之后回到越国，大宴群臣于会稽，进范蠡为上将军。范蠡是一个智者，他知道功高震主会是什么下场，于是向勾践上表请辞说："我听说君主有忧愁，臣子就要为他去操劳，君主受侮辱，臣子就得为他去死节（主忧臣辱，主辱臣死）。之前大王受辱于会稽山的时候，我之所以没有去死，就是要等到今天。今天既已消灭吴国雪了恨，那么我就到了向您辞行的时候了。"勾践当然不会就这样让范蠡走掉，就算他内心里很想让范蠡走，也至少要在表面上进行诚挚的挽留。他对范蠡说："现在刚刚取得霸业，我刚要准备和你共同做越国的主人治理天下，你怎么能走呢？如果你执意要走，我就杀了你！"范蠡回答说："大王有大王的命令，臣下有臣下的意愿。"于是悄悄地收拾好东西，然后带着随从，趁夜离开了。

勾践听到范蠡出走的消息后非常震惊，他问文种说："还能不能把范蠡追回来。"文种回答说："范蠡去意已决，恐怕是追不回来了。"

范蠡如此知趣急流勇退，勾践自然也不会为难他的家人，为了表彰范蠡的功绩，他把会稽山周围三百里的土地封给范蠡，作为范蠡的封地。

范蠡取海路来到齐国，变更姓名，自称为"鸱夷子皮"（皮袋子之意），在海边隐居了起来。他与儿子一边耕作一边做生意，没过多长时间，就积累了不少家产。齐国人听说他很贤能，就想请他做齐国的国相（当然不知道他就是范蠡）。范蠡叹息着说："在家做生意就能成为千金巨富，出仕做官就能成为卿士国相，对于一个平民百姓来说，这已经达到极限了。久居尊贵之位，并不是一个

好兆头。"于是把家产分给邻居，然后带着贵重的财宝，悄悄地离开了那个地方。他来到陶地（今山东省菏泽市定陶县）的时候，发现陶地在函谷关以东的中原国家中，地理位置居中，交通十分便利，非常方便做生意，于是自称为陶朱公。他依据不同的季节和时令储存一些东西并卖出另一些东西，只追求十分之一的利润，薄利多销，过不多久，就成了亿万富翁。当时全天下的人，都知道陶地有一位会做生意、家产过亿的富翁叫"陶朱公"。

有这样一件事情，更能说明范蠡洞悉人性的超凡智慧。

范蠡有三个儿子，在他的小儿子成年的时候，碰巧他的二儿子杀了人，被楚国抓了起来，将要被处死。范蠡说："杀人偿命是很简单的道理，但我家有千金，不应该让儿子在闹市中被杀。"就想让小儿子带着千金到楚国去救二儿子。但范蠡的大儿子不同意让弟弟去，他认为自己在家里是长子，从小跟着父亲一起打理家业，也积累了非常丰富的经验，家里有什么事情，如果父亲不能亲自出面，那也应该由他去才合适，现在范蠡不让他去，分明是不信任他，或者是他做错了什么事情。如果范蠡执意不让他去，他就自杀。范蠡拗不过大儿子，只好同意让他去了。大儿子临走之前，范蠡给他楚国的老朋友庄生（不是庄周）写了一封信，让大儿子捎过去。他对大儿子说："去了之后，把这一千镒黄金交给庄生，一切事情都由他处分，你千万不要过问什么，也不要跟他争论什么。"大儿子答应了。

到了楚国之后，大儿子把千金送给庄生并把范蠡的信交给了他。庄生对范蠡的长子说："事情我已知道了，你要赶快离开楚国，一刻也不要逗留。等你的弟弟被释放的时候，也不要问为什么。"大儿子于是离开了庄生家。但他并没有按庄生的吩咐离开楚国，而是在楚国住了下来，用他私带的黄金贿赂楚国的贵族大臣。

且说这个庄生，虽然家境十分贫困，但因清廉而名闻楚国，受到楚人的一致尊敬。他并不是有意要收下范蠡的金子，而是怕拒收金子会让范蠡的大儿子担心，想等把范蠡的二儿子救出来之后再把金子退给范蠡，这样既帮了范蠡的忙，也不会败坏自己的操行。

过了几天，庄生找了个机会面见楚王说："有某个星宿移动了位置，预示着楚国将要发生灾祸。"楚王对庄生非常信任，就问庄生该怎样才能避免灾祸。庄生回答说："施恩德于天下，灾祸就自然会避免。"楚王说："我知道该怎么做了。"于是命人封了国库的钱，准备大赦天下。楚国那些收受范蠡长子贿赂的权贵见状，立即告诉范蠡的长子说："楚王封了国库的钱，这是大赦天下的先兆，你的弟弟有救了。"范蠡的大儿子听到这个消息，以为弟弟本来就不会死，倒是白白把千金送给了庄生。想来想去不甘心，于是来到庄生的家里，准备索回千镒黄金。他也实在没有仔细想一想，楚王为什么早不大赦晚不大赦偏偏在这个时候大赦？庄生见范蠡的长子去而复来，吃了一惊，就问："你怎么又到楚国来了？"范蠡的大儿子说："我本来就没有离开楚国。刚开始来见您是为了救弟弟，可是现在楚国马上就要大赦了，我弟弟也自然在赦免之列，所以我来向您辞行。"庄生明白范蠡的大儿子是想要回金子，于是对他说："那千镒黄金就在室内，一点也没动，你拿回去吧。"范蠡长子拿回金子，非常高兴。

庄生非常恼恨范蠡的大儿子误解、低估他的品行并愚弄了他，于是去见楚王说："我之前对大王说某星宿移位的事情，大王准备向天下广施恩德来解除灾难。但我这几天听到了不好的传闻，说是陶地商人陶朱公的儿子在楚国杀了人，他的家人拿着钱财贿赂大王您的左右。人们都说大王您不是想要施恩于其他百姓才准备大赦，而是为了释放陶朱公的儿子。"楚王一听立即大怒："我虽然德行浅薄，但也绝不会为了释放一个富人的儿子而大赦天下。"于是命人先杀死范蠡的二儿子，之后再宣布大赦。

范蠡的大儿子只好带着弟弟的尸首悲悲泣泣地回家去了。到家之后，儿子的母亲和周围的邻居都为他们感到悲伤。但只有范蠡苦笑着说："我早就知道大儿子去了之后会送掉他弟弟的性命。并不是他不爱他的弟弟，而是他从小跟着我一起吃过很多苦，经历过太多的艰辛，知道钱财来之不易，所以把钱财看得非常重，不肯轻易花钱。而最小的儿子则不然，他刚一出生就过着非常富足的生活，成天只知道坐在华丽的马车上去打猎，一点也不知道钱财是从哪里来的，所以对钱财看得非常轻。我之前执意要让小儿子去救二儿子，就是知道他可以一掷千金而毫不吝惜，但大儿子做不到这一点，所以他最后只能带着他弟弟的尸首回来。我早就预料到这一点了。"

以范蠡的人生智慧，在越国，贵至卿相，往齐国，家累万金，居陶地，富可敌国，他的每一次战略转移，都是明生死、知进退的结果，如果不离开越国，他就有可能被勾践所诛，如果他继续留在齐国，他就有可能身份败露被齐人所忌恨甚至会引来勾践的追杀，最后到陶地，不干国事，不涉政治，自由自在地行商，利用季节时差赚取利润，最终成为天下巨富。范蠡因其"夏则资皮，冬则资绨，旱则资舟，水则资车，以待乏也"（夏天买进冬天用的皮革，冬天投资夏天用的葛布，干旱的时候预备水中的舟船，水旺时则准备旱地里跑的马车，以备不时之需，供应不足和缺乏，简称"待乏贸易"）等经营思想，被奉为中国儒商之祖。范蠡实在是太聪明了，天下很少有人能及得上他。

在越灭吴的历史事件中，还有一个关键的人物，与范蠡之间有着千丝万缕的联系，这个人就是西施。西施在吴国被灭之后，被勾践带回越国，装入皮袋沉入水中杀死。当然了，也有文人墨客不甘心西施落得如此悲惨下场，于是为她编造了一段美满的爱情故事，说是在她被送往越国之前，勾践为了使她能一心一意地帮助越国复仇，答应将她许配给才貌俱佳的范蠡，吴国灭亡后，她自然而然地随范蠡一同泛舟五湖。实际上这都是站不住脚的，依范蠡出走时的匆忙，连家人都来不及带走，怎么能带走西施这样一个目标如此明显的吴宫宠妃呢？有人猜测范蠡在派人教习西施练习歌舞和礼仪的三年时间里，因与西施长时间的接触，导致暗生情愫，最后情不自禁地爱上了西施，但他作为人臣，这样的感情对他来说只能是可望而不可即，即便是在最后灭吴之后，也没有办法带走西施，只好选择痛苦地出走，并将他的名字改为"鸱夷子皮"，用以纪念西施（因为西施就是被装进名为"鸱夷子皮"的皮革袋子里被沉入水中的）。这种说法也无法排除，因为只要是一个生理正常的男性，面对西施那样的绝色美人，不动心是不可能的，但爱情与生命究竟哪一个更重要？或者是不但得不到这份爱情，甚至还会白白地送掉性命，在这样的境况下，范蠡综合权衡利弊，放弃了根本无法得到的东西，从而选择了保全自己的生命，或许也是一种无奈之中的痛苦抉择吧。

与范蠡的聪明相比，文种就完全可以称得上为愚钝。范蠡在临走时劝文种说："我听说，狡兔死，走狗烹，敌国破，谋臣亡，越王勾践这个人，脖子非常长，嘴就像鸟的喙一样，能忍受屈辱，但也非常猜忌臣下，我们只可与他共患难，但不可与他同富贵，赶快走吧。"文种对范蠡的劝说不以为然，认为刚刚消灭了吴国，取得了霸业，应该好好地享受这种成功所带来的荣耀才是，并没有听从范蠡的忠告。

但这对于急切地想要集中君权的勾践来说，在国内享有威望而不知退隐的文种可就算得上是不识时务了。勾践在吴国过了三年囚徒般的生活，而文种在这三年的时间里待在国内并把越国治理得井井有条，对大多数的越民来说，感激文种的多，而怀念勾践的少。而等到勾践受尽屈辱回到国内，却发现百姓面对他时，眼中满是疑惧和嘲讽的目光，可文种呢，百姓们对他除了尊敬，还有深深的畏服。这不是勾践所愿意看到的，也是任何一个为人君者所不愿意看到的。不过，那个时候的勾践还不能没有文种，因为他还需要依靠文种的辅佐来击败吴国。于是，他再一次选择了忍，连为夫差尝粪这样的事情他都可以忍，还有什么不可以忍呢？不过到了现在，吴国已经灭亡了，诸侯也都臣服了，功高震主的文种，你为什么不赶快选择把手中的权力交出来，然后像野狗一样溜走，好让越国的老百姓明白，他勾践才是这个国家独一无二的主宰者！

但是，文种并没有这样的认识，他不仅没有这样的认识，而且还非常恋栈，想要继续享受荣华富贵。再加上在大的战略方针上，文种主张休养生息，而勾践却想继续推行霸业。在消灭了吴国之后，君臣的目标不再一致，而是出现了严重的裂痕。勾践认为文种有不臣之心，于是开始疏远文种，猜忌文种。

人与人之间的关系是最容易被当事人所及时察觉的，当文种发现勾践对他的态度发生急遽转变之时，他开始寻思起范蠡临别赠言的正确性来。勾践真是那样的人吗？他真的会杀死有功之臣吗？他不怕天下人非议吗？他难道不会从夫差身上吸取不体恤人民的教训吗？想来想去，侥幸心理在文种的心中再一次占了上风，他觉得勾践不会杀死他，或许猜忌只是暂时的，他们在患难中结成的友谊才是主流，他们的关系，过一段时间自然会恢复如初的。

基于这样的判断，文种开始装病不上朝，希望能挨过这一段君臣不和的寒冰期。但勾践哪里肯放过他？他乘车前来探望文种，看文种到底是真病还是假病。文种本来就是在装病，听说越王勾践前来探视，立即装出一副病势沉重的样子，强打精神从室内迎了出来。勾践是什么样的人，如果说他在夫椒之役之前还是一个不经世事的愚鲁小子的话，那么在经历了会稽之辱、卧薪尝胆、消灭吴国、称霸诸侯等一系列大事之后，他还不能通过察言观色一眼洞悉真伪吗？文种这套依仗旧功闹情绪的小把戏，还能骗过他的眼睛吗？现在他勾践还活着，文种就敢这样，那么在他勾践的垂暮之年或是等他死了之后，文种还有人能够制衡吗？没有人！既然留着迟早都是祸根，那么，今天就必须杀了他！

勾践在文种的床边坐了下来，解下佩剑，然后对文种说："我听说，怀有远大理想的人，他并不担心自己有一天会突然死去，但非常担心他的抱负无法施展。你曾经为我制定了伐吴七术，但如今我只用了三术，就已经消灭了吴国，还剩下四术，可以用在哪里？"文种感觉莫名其妙，于是回答说："我也不知道该用在什么地方？"

勾践说："要不，你用你剩下的四术，为我去对付黄泉之下的吴国前国君，不知道可以不可以？"说完之后，就乘车走了，只是把佩剑留了下来。

文种取过勾践留下的佩剑，发现剑匣上有"属镂"两个字，那正是吴王夫差赐死伍子胥时所用的剑。

文种立即明白了，勾践是想让他学伍子胥自裁啊。他仰天长叹说："古人说，大德不报（太大的恩德，让人没办法报答），实在是太对了啊。我不听范蠡的话，今天被越王所杀，难道不是太愚蠢了吗？"不过当他的目光再次落在"属镂"二字上时，却又立即释然，"再过若干年，后人面对这段历史之时，一定会把我和伍子胥相提并论的，我又有什么可遗憾的呢？"于是自刎而死。

实际上，文种虽然谋略超群，智计百出，且治国有方，理民有道，在帮助勾践灭吴并称霸的过程中立下汗马功劳，但他与伍子胥之间，还是存在不小的差距的，或者说，他根本就不配和伍子胥相比。他在建议把谷粒蒸熟后还给吴国并让吴国百姓做种子的时候，他在道义这一层上就永远地低了下去，送美人送木材麻痹吴王这可以理解，但黎民百姓何罪，致吴民饿殍遍野？他的计策太毒辣了，他达到了他想要达到的目的，但手段却十分阴险卑劣，所以从某种意义上来说，文种这个人，心术不正，所以勾践最后决定杀死他，也没有什么错。谁也不提倡人们像乱讲仁义的宋襄公那样迂腐，但如若能像蹇叔、百里奚那样博大、宽容，对敌国的普通百姓也能怀有一颗悲悯的人，这还是可以做得到的。

文种死后，勾践非常高兴，他命人安葬了文种，继续当他的霸主。公元前465年，勾践死，他的儿子继承他的王位。公元前333年，勾践的六世孙越王无疆不自量力，发两路大军，向北攻打齐国，向西攻打楚国，想在诸侯国中重树越国霸主的威信，结果被楚威王率军击败。楚军杀死无疆后，攻占原来吴、越之间的大部分土地，在长江边的石头山建立金陵邑（今江苏南京）。越国自此败落，越国的王族有的称王，有的称君，分散居住在长江南部的沿海地带，向楚国朝贡，闽越、东越、瓯越、南越等，都是越族的后代。公元前307年，楚灭越，设江东为郡。之后，越国王族后裔分散于中国南部一带，分而治之。一直到公元前110年，闽越王居股被汉武帝降封为东成侯，闽越人被迁徙到江淮一带，越国的这些分支在理论意义上才算彻底地灭亡了。

勾践，春秋时期最后一个霸主，他忍辱负重，坚忍不拔，意志坚定，能忍常人所不能忍，自会稽之败后，用范蠡、文种等人之策，卧薪尝胆，朝乾夕惕，十年生聚而十年教训，最终使越国由弱变强，消灭吴国并称霸诸侯。但历史上的君臣关系也在勾践这里有了一个非常不好的发端，他对待敌人毫不手软，对待臣下也阴险刻薄，范蠡的出走，文种的自杀，使"狡兔死，走狗烹，飞鸟尽，良弓藏，敌国破，谋臣亡"这个为人臣者的不安猜想自此成为铁的定律，勾践的气度和胸襟因此饱受后人诟病，勾践也因此成为为人君而不能容人者的反面典型。

在吴、越相继崛起并争衡的这一段时间里，周王室也继续着此前的没落和式微，在位期间未做出任何可值记述之事的周简王，因太子夭折而哀伤死去的周灵王，都无可称道之处。倒是到了周简王的孙子、周灵王的儿子周景王之时，发生了一件较为有趣的事情。公元前527年，晋国执政大夫荀跞代表晋国前往成周参加周王室的葬礼，其时周王室财政困乏，处境艰难，几乎全靠诸侯们的接济来维持生活，所以但凡诸侯来周，有没有带礼物就显得格外重要。但令周景王十分难堪的是，晋国居然没有贡品呈献。周景王就在宴席上指着鲁国送来的酒壶问荀跞说："各国都有宝器进献给王室，为何单单晋国没有？"荀跞不知道该用怎样的措词来回答，随他一齐朝周的晋大夫籍谈就回答说："我们晋国最初受封时，王室就没有赐给明德之器，再加上晋国一直都在镇抚戎狄，所以没有时间送礼物。"周景王可不是好糊弄的，作为一个差不多靠乞讨来度日的天子，哪个诸侯国受过周王室什么样的封赏他记得清清楚楚，他一一列举了从晋国的开国之君唐叔虞接受周成王的封地、战车、铠甲，再到五霸之一的晋文公称霸之时周襄王赐给他战车、酒、斧钺、弓矢、勇士等的往事，然后讽刺籍谈说："你的祖上曾经掌管晋国的典籍，主持国家的大事，所以被称为籍氏，这些往事清清楚楚地记载在典籍上，你作为籍氏的后裔，怎么能忘记你祖先是干什么的了呢？"籍谈羞惭无地，一句话也答不上来。这就是成语"数典忘祖"的来历，比喻做人忘记了自己的本源。

"数典忘祖"还有下文，籍谈回国之后，把周景王所说的这些话告诉了本国的贤才羊舌肸，向羊舌肸求教，羊舌肸替晋国开脱并安慰籍谈说，周景王也并不见得有多贤德，他作为天子，还没有服丧期满就饮宴奏乐，这不合礼法，他倒是把典籍记得很熟，可是他没有遵守那些典籍上记载的礼仪纲常，所以即便他说出了晋国曾受周王室封赏的事例，可是那又有什么用呢？羊舌肸据此断定周景王不得善终。

周景王原立嫡次子姬猛为太子，但后来又想立宠爱的庶子姬朝。结果病重之时，还没有把姬朝立为太子，就病死了。周景王死后，姬猛和姬朝争夺王位，后晋国出兵帮助姬猛，把他护送回都。但姬猛未享国祚，在当年的十月就死掉了，死后被尊为周悼王。他的弟弟姬匄即位，是为周敬王。姬朝又与周敬王争位，他赶走周敬王自立，被当时的人们称为"西王"。公元前516年，姬朝被晋兵击败，带着一些典籍和贵族逃到了楚国。公元前505年春，周敬王趁着吴国攻破了楚都，趁乱派人刺杀了姬朝。自此，周敬王才算除却心头之患，坐稳了王位。

再来看看当时被吴军攻破都城后的楚国都发生了什么事情。且说吴军退走之后，公子申等人返回郢都，一面收拾残局，安抚百姓，一面派出军队，将楚昭王从随国迎回。楚昭王回国之后，重建被吴军毁坏的宗庙社稷，大行祭祀之礼。又因为原来的都城经过战乱，已经残破不堪，于是将都城迁到鄀（音若，今湖北襄阳宜城市东南），仍然称为郢都。之后犒劳秦国军队，派遣秦军回国。又对救楚有功和陪自己逃难的公子申等大臣各行封赏，以凝聚人心。由于楚昭王尴尬的身世，再加上饱受战争和离乱之苦，因此他对世事看得较为开通，也因此养成了平和、通达、宽容的性格，对楚国人民较为体恤，也颇得楚国贵族的支持。楚昭王在位27年时间，在他执政后期，楚国经过十多年的休养生息，渐渐走出战争的创伤，恢复了元气。国民变得殷富，国力变得充沛。曾经被吴军打得一败涂地的楚国，再一次焕发出作为一个强国应有的勃勃生机。也因为此，楚昭王被称为楚国的中兴之主。

公元前489年，楚昭王病危，临终之时，他想把王位传给公子申，但公子申坚决推辞，他又想把王位传给子期和子闾，但都被二人拒绝。楚昭王死后，他的儿子熊章被立为国君，熊章就是楚惠王。

楚惠王二年（公元前487年），担任令尹的公子申从吴国召回故太子建的儿子芈胜，并把他封在白地（今河南信阳市息县东），芈胜也因此被称为白公胜。

白公胜痛恨郑国人杀死了他的父亲，总想向郑国寻仇。但苦于手中没有军权，不能调遣军队，于是他请求令尹公子申出兵伐郑。公子申推辞说："新君初立，楚国还没有安定下来，等以后有机会再说。"但白公胜不愿等那么长时间，他借口在边境防备吴军，派遣自己的心腹石乞筑了一座城，然后治备战具，操练私人武装。等一切准备就绪的时候，他再一次请求公子申出兵伐郑，声称如果公子申同意，他愿意带他的私人武装担当前锋，公子申不好再拒绝，于是就答应了。

公元前481年，晋军伐郑，郑国无法抵挡，于是向楚国求救。楚惠王派公子申率军救郑。晋兵闻讯退去，公子申为了国家利益，选择与郑国结盟并返回楚国。白公胜得知消息后大怒，大骂公子申不伐郑却救郑，根本没把他的父仇放在心上。于是与心腹石乞商议，暗中收养死士，准备刺杀公子申等人。其时吴王夫差正在黄池与晋国争霸，白公胜带兵偷袭吴国边境，掠取了一些民财，之后声言大败吴国，并向楚惠王上表，说要回朝献捷。公子申没有觉察到这是白公胜的阴谋，于是就同意了。到了献俘之日，白公胜叫自己手下的甲士装作是被俘获的吴国士兵，之后进入了郢都。楚惠王召集文武百官，准备在大殿上举行白公胜的受捷仪式，谁料白公胜当庭发动军事政变，将毫无防备的楚惠王、公子申等人全部抓了起来。

公子申责问白公胜说："之前你流亡吴国，我念在都是熊氏子孙的分上，将你召回楚国，并力请大王封你为公爵，有什么对不起你的地方，你要造反？"白公胜回答说："郑国人杀了我的父亲，但你却无视我的仇恨，选择了与郑国讲和，我为了替父亲报仇，自然顾不得之前你对我的那些小恩小惠了。"公子申叹息说："我当初没有听沈诸梁的话，现在真是后悔也来不及了。"

白公胜杀死公子申，废掉楚惠王并把他囚禁了起来，然后自立为楚王。

一些忠于楚惠王的贵族自然不支持白公胜的这种叛乱行为，于是率领家甲攻打白公胜，但都被白公胜击溃，在这期间，被白公胜囚禁的楚惠王被宫人设法营救出去，悄悄地藏了起来。

其时楚国国内，令尹公子申和司马子期都被白公胜所杀，在国内有一定威望且善于用兵的大臣，就数沈尹戍的儿子叶公沈诸梁了。

郢都发生叛乱的事情传到叶地后，沈诸梁立即率领叶地的军队星夜赶赴郢都，准备勤王。当他走到郊外的时候，遇到了一群逃难的百姓。那些百姓见他没有穿盔甲，都惊讶地说："您怎么连盔甲都不穿就来了？楚国的江山社稷现在就全靠您了，万一您被盗贼的暗箭射伤，楚国百姓还会有什么指望呢？"沈诸梁于是赶快披上盔甲，然后准备进城。

刚走了不远，又碰到了另一群百姓，这些百姓看见沈诸梁全副武装，又说："您怎么穿着铠甲来了？郢都的百姓看见您，就如同看见了生身父母一样，虽然都是些老弱病残，但谁不愿意为您出生入死呢？您这样半遮半掩，难道是不想让百姓为您效力吗？"沈诸梁只好又把铠甲脱了。

沈诸梁据此知道楚国百姓非常拥护自己，于是在他的战车上竖起了一面勤王大旗，郢都的百姓看见，偷偷地打开城门，然后把他迎了进去。一些受到白公胜拉拢准备参与叛乱的贵族见沈诸梁威望很高且军纪严明，立即掉转枪口，倒向了沈诸梁。沈诸梁即刻率军民攻打白公胜，白公胜战败，无路可逃，最后自缢而死。他的心腹石乞找了个地方掩埋了他的尸首，还没有来得及逃走，就被沈诸梁手下的追兵抓住了。沈诸梁向石乞追问白公胜的下落，石乞坚决不肯吐露。沈诸梁命人架起一口大锅，把锅里的水烧开之后，把石乞带到了锅前，威胁他说如果不说出白公胜的下落，就把他扔进锅里烹死。石乞说："如果我成功了，就会成为楚国的上卿，现在失败了，被杀死是理所当然的，我怎么会拿一具尸首为自己换取活命的机会呢？"说完之后，自己跳进了大锅，很快就被烹死了。

　　沈诸梁找到楚惠王，帮助他恢复了国君之位，因为救楚有功，沈诸梁被楚惠王封为令尹兼司马。其时的沈诸梁已经七十多岁了，没过多久，他就把令尹之位让给了公子申的儿子公孙宁，把司马之职让给了子期的儿子公孙宽，自己则告老还乡，回叶地安度晚年。

　　沈诸梁在叶地执政达四十九年，在叶期间，他保境安民，发展农耕，兴修水利，政绩十分显著，受到叶地百姓的称赞和爱戴。

　　沈诸梁曾和孔子讨论伦理和法律。

　　孔子与弟子们滞留叶地的时候，因为缺粮，恰巧沈诸梁府上的一只羊跑到了孔子他们住的地方，被孔子的弟子曾点抓起来杀了，然后烧给大家吃。曾点的儿子曾参就把这件事情告诉了孔子，孔子知道曾点是为了他这个老师和其他的师兄弟不致挨饿而违反了律法，因此到沈诸梁那儿去为曾点求情。沈诸梁对孔子说："在我们家乡有一个正直的人，他的父亲犯了罪，他揭发了他的父亲。"而孔子说："我们家乡的正直的人和您所说的正直的人不一样，父亲犯了罪，儿子就帮忙遮掩，儿子犯了罪，父亲也帮忙遮掩，正直自在其中。"因此，在亲情与法律相冲突时，孔子主张应该"为亲者隐"，即父为子隐，子为父隐，近亲属之间互相遮掩过失，而叶公却主张"大义灭亲"。这就是历史上有名的"叶公论政"。

　　沈诸梁在叶地所取得的突出政绩并不为更多的人所知晓，但一则"叶公好龙"的典故，使他成了家喻户晓的人物。说是叶公非常喜好龙，家里用的东西上都画着龙，屋子内外的柱子上也都雕刻着龙。天上的真龙听说后，就降临到他的家里，把龙头从窗户里探进来，把龙尾伸进了厅堂，结果叶公一见真龙，吓得魂飞魄散，转身就跑。因此人们说，叶公并不是真的喜欢龙，他只是喜欢似龙而非龙的东西。叶公也因此而成为表里不一、名不副实者的代表。

　　叶公好龙，并不是历史上的真实事件，叶公喜欢画龙不假，但龙是传说中的东西，绝无可能真的来到叶公家里。这则典故载自刘向编撰的《新序》，刘向是西汉人，其时罢黜百家，独尊儒术，主张"大义灭亲"且与儒教祖师孔子意见相左的叶公，受到当时统治阶级的贬斥、抹黑和丑化，也是自然而然的事情。

　　因为沈诸梁力挽狂澜，及时稳定了楚国政权，为了纪念他的功绩、德行与居住的地方，他的一些后人改姓为"叶"，这就是中国叶姓的来历，沈诸梁是公认的世界叶姓华人的始祖。

　　沈诸梁救楚之事发生在公元前479年，而在这之前八年，宋国灭掉了曹国；在这之后1年，楚惠王杀了依附吴国的陈湣公，彻底灭亡了陈国；在这之后三十二年，楚惠王攻打蔡国，蔡侯齐出逃，蔡国彻底灭亡；在这之后三十四年，楚惠王灭亡杞国，强国兼并弱国的历史大势在继续推演着。而作为天下共主的周天子，则只能无可奈何地眼看着这一切。其时的周天子仍然是周敬王，他是一位享祚时间较长的周王，在位长达四十四年之久。叶公救楚三年之后，也就是公元前476年，周敬王死，他的儿子姬仁即位，称为周元王。周敬王是东周时期非常普通的一位周王，但因为他死时的年份较为特别，所以，历史的文字在他的身上打下了一个轻轻的烙印。因为在历史学上，大部分的学者把这一年作为春秋时期的结束，也把次年公元前475年，作为战国时期的开始。

　　"春秋"这一个时期，因孔子修订鲁国历史《春秋》而得名。《春秋》记载的从公元前722年至公元前476年这一个时间段与东周前期的历史阶段大体吻合，因此一些学者就把这一历史阶段称为春秋时期。现代的学者为了研究方便，把从周平王元年（公元前770年）东周立国起，到周敬王离世（公元前476年）止，界定为春秋时期，共二百九十五年。而把从公元前475年开始，到公元前221年（秦统一六国）止，称为战国时期，共二百五十五年。

　　一个旧的时代结束，一个新的时代开始，请一起走进"战国"时代！